中国近代人物文集丛书

吴 棠 集

（五）

杜宏春　杜　寅　辑校

中 华 书 局

一三八 审结盐官巡役罗荐等命案折

同治九年九月二十一日(1870年10月15日)

头品顶戴四川总督臣吴棠跪奏，为巡役放炮，吓迫货船，溺毙多命，提省审明定拟，恭折仰祈圣鉴事。

窃据署射洪县知县程熙春详报：访闻该县分驻青堤渡盐大使刘肇堂、盐关巡役罗荐等，因盘验唐老板货船、放炮吓迫，致船碰损、沉溺多命一案，经前兼署督臣崇实批饬将刘肇堂撤任，一面委提人证来省，发委审办。嗣因刘肇堂管关家丁李蓉等延不交出，复经臣据情奏参，奉旨：刘肇堂着即行革职，勒交李蓉等到案讯究，按律定拟。钦此。钦遵在案。兹据署成都府知府李德良等审明定拟，由署布政使英祥、署按察使傅庆贻、署盐茶道延祜解勘前来。

臣亲提覆讯，缘罗荐、何沅、何汰、任沅均籍隶射洪县，赵溃籍隶蓬溪县，在逃之李蓉、宋沅系已革青堤渡盐大使刘肇堂家丁。青堤渡向有盘验盐关隘一所，滨临大河。咸丰十年，滇匪窜扰，前往办防，制有小铁炮一尊、火药一匣，驾置关前。嗣军务平息，未经撤去，相沿移交存留。罗荐等向充该关巡役。同治七年，刘肇堂派令李蓉管关，宋沅充当门丁，与典史赵恒泰在关督同罗荐等，盘验稽查。

六月十四日，有太和镇伙开纸铺之朱克兴、杨义兴、陈吉泰、杨兴顺，共雇脚夫左万禄挑银一千二百两，与同县人陈永春、陈在让回铜梁县原籍买货，即在镇外雇坐唐老板船只，并有不知姓名客贩搭载同行，连船夫、挑夫约有七十余人。早饭后，由青堤渡上游放下。李蓉、宋沅及罗荐等望见船只，喊令靠关盘验。唐老板与桡夫张中美等因水急难收,未经理睬。李蓉见喊不应,疑有夹带私盐,起意放炮轰吓,欲使船户畏惧靠验,随取匣内火药,喝令罗荇、何沅装筑点放,因恐伤人,未装炮子。维时船已出隘,仍未停靠,李蓉又令宋沅与罗荇等沿河追喊。唐老板与张中美等听闻炮声,又见追喊,一时惊慌忙乱,船不应舵,致在石上碰损,客货、银两一并沉溺。撑驾渡船之文蛮子、杨长二、刘四望见,各驾小船,先后救起张中美及冯立锐二十余人。唐老板、左万禄、陈永春、陈在让及不识姓名客贩约共五十余人,均溺水殒命。李蓉等逃逸。文蛮子等捞获钱物分别给主认领,变钱分用。冯立锐往告,朱克兴等投邻,报县诣勘,打捞各尸身无获,移提罗荇等,讯供通详,奉批将刘肇堂撤任,委提人证来省,发委审办。嗣因刘肇堂将李蓉等延不交案,当经奏参,奉旨革职勒交。讵该犯何沅、罗荇带寒病进监,拨医调治不愈,何沅于同治八年四月初九日、罗荇于五月十六日,先后在监病故,报验讯详。兹据取结审拟,由布、按两司暨盐茶道解勘前来。臣提犯亲讯无异,诘无起衅别故,众供佥同,案无遁饰。

查例载:豪强凶恶之徒倚势,因事威逼,挟制窘辱,令平民冤苦无伸,情急自尽,致死非一家但至三命以上者,拟绞监候。又,名例载:共犯罪以造意为首,随从者减一等。又,断罪无正条者,援引他律比附定拟。又,例载:人命重案正犯在逃未获,若现获之犯称逃者为首,如现获多于逸犯,供证确凿,隔别研讯,实系逃者为首,即依律先决从罪,毋庸监候待质等语。此案青堤渡盐关巡役罗荇等因唐老板货船由关经过,喊令靠验,水急难收,辄听从在逃之李蓉放炮轰吓,致船碰损,沉溺多命。

查李蓉与宋沅奉派管关,罗荇等身充巡役,均有盘验稽查之责。其放炮追喊,只期令船户畏惧靠验,初无争斗之心。唐老板等惊慌忙乱,致船碰损,沉溺多命,非该犯等意料所及。遍查律例,并无治罪专条,亦无确合成案。惟查豪强凶恶之徒倚势,因事威逼,挟制窘辱,令平民冤苦无伸,情急自尽,致死非一家但至三命以上者,例应拟绞监候。该犯等放炮轰吓,本有可畏之威。沿岸追喊,亦有倚势挟制窘辱情状。虽溺毙与自尽微有不符,而致死之由则同因威逼而起,均非意料所及。事系李蓉主使为首,将来拿获,应比例拟以绞候。罗荇、何沉听从装药点炮,迭经隔别研讯,众证确凿,自应依例先决从罪。罗荇、何沉均合依名例随从者减一等律,于李蓉绞罪上减一等,拟杖一百、流三千里。业已身死,应毋庸议。何汰、任沅、赵溃仅只追喊,并未听从放炮,若一律拟流,未免无所区别,应在于罗荇等罪上量减一等,各拟杖一百、徒三年,到配分别折责充徒。文蛮子、杨长二、刘四捞获货物,悉由冯立锐等认领,仅将无主余物变卖分用,计赃均在一两以下,从宽免其置议。

典史赵恒泰同在关上,当李蓉等放炮追喊之时,并未阻止,亦属不合,应照不应重律杖八十,折责革役。禁卒等讯无凌虐情弊,应与水急难收未经靠验之桡夫张中美,均毋庸议。刘肇堂并无徇庇家丁情事,惟不能严束丁役先事防范,致酿多命,究属办理不善,业已革职,亦毋庸议。李蓉等缉获另结。无干省释,铁炮存库。

此案首犯未获,查取承缉不力职名,另行参办。除供招咨部外,所有审明定拟缘由,理合恭折具奏,伏乞皇太后、皇上圣鉴,敕部核覆施行。谨奏。九月二十一日。

同治九年闰十月初二日,军机大臣奉旨:刑部议奏。钦此。①

---

① 台北故宫博物院藏:军机及宫中档,文献编号:103835。

一三九 奏报川省同治九年八月雨水、粮价折

同治九年九月二十二日（1870 年 10 月 16 日）

头品顶戴四川总督臣吴棠跪奏，为恭报四川省同治九年八月份各属具报米粮价值及得雨情形，仰祈圣鉴事。

窃照治九年七月份通省粮价及得雨情形，前经臣奏报在案。兹查本年八月份成都、重庆、夔州、龙安、绥定、保宁、顺庆、潼川、雅州、嘉定、叙州等十一府，资州、绵州、忠州、眉州、泸州、邛州等六直隶州，石砫、叙永两直隶厅，各属先后具报得雨自一二次至七八次不等。稻谷收毕，小春播种。其通省粮价惟中米及叙州府黄豆价值较上月减二分，余俱与上月相同，据布政使王德固查明列单汇报前来。

臣覆核无异。理合分缮清单，恭呈御览，伏乞皇太后、皇上圣鉴。谨奏。九月二十一日。

同治九年闰十月初二日，军机大臣奉旨：知道了。钦此。①

一四〇 呈川省同治九年八月粮价清单

同治九年九月二十二日（1870 年 10 月 16 日）

谨将四川省同治九年八月份各属具报米粮价值，开具清单，恭呈御览。

成都府属，价贵。中米每仓石价银二两七钱六分至三两八钱，较上月减二分。大麦每仓石价银一两八钱四分至二两一分，与上

---

① 台北故宫博物院藏：军机及宫中档，文献编号：103819。

月同。小麦每仓石价银二两一钱七分至二两三钱四分，与上月同。黄豆每仓石价银一两六分至二两四钱六分，与上月同。荞子每仓石价银一两一钱七分至一两七钱一分，与上月同。

重庆府属，价贵。中米每仓石价银二两五钱六分至三两五钱八分，较上月减二分。大麦每仓石价银一两六钱五分至二两，与上月同。小麦每仓石价银二两三钱一分至二两七钱三分，与上月同。黄豆每仓石价银二两七钱三分至三两三分，与上月同。

保宁府属，价贵。中米每仓石价银二两六钱四分至三两三钱五分，较上月减二分。大麦每仓石价银一两九钱二分至二两一钱三分，与上月同。小麦每仓石价银二两八钱六分至三两六钱，与上月同。黄豆每仓石价银一两八钱三分至二两一钱三分，与上月同。

顺庆府属，价贵。中米每仓石价银二两八钱一分至三两二钱二分，较上月减二分。大麦每仓石价银一两六钱二分至一两八钱一分，与上月同。小麦每仓石价银二两一钱一分至二两一钱四分，与上月同。黄豆每仓石价银一两五钱五分至一两六钱七分，与上月同。

叙州府属，价贵。中米每仓石价银三两七分至三两三钱七分，较上月减二分。大麦每仓石价银一两六钱七分至二两三分，与上月同。小麦每仓石价银二两一钱五分至二两六钱五分，与上月同。黄豆每仓石价银一两一钱至一两五钱一分，较上月减二分。

夔州府属，价贵。中米每仓石价银二两八钱七分至三两二钱二分，较上月减二分。大麦每仓石价银一两七钱九分至二两四钱七分，与上月同。小麦每仓石价银二两九钱六分至三两四分，与上月同。黄豆每仓石价银二两一钱六分至二两二钱六分，与上月同。

龙安府属，价贵。中米每仓石价银二两五钱七分至三两二钱七分，较上月减二分。青稞每仓石价银一两五钱，与上月同。小麦每仓石价银一两八钱至二两一钱九分，与上月同。黄豆每仓石价银一两八钱五分至一两九钱三分，与上月同。

宁远府属，价贵。中米每仓石价银二两九钱至三两二钱三分，较上月减二分。大麦每仓石价银一两四钱九分至一两六钱一分，与上月同。小麦每仓石价银一两六钱二分至二两二钱三分，与上月同。荞子每仓石价银一两四钱六分，与上月同。黄豆每仓石价银一两五钱六分至一两六钱三分，与上月同。

雅州府属，价中。中米每仓石价银二两八钱二分至二两八钱七分，较上月减二分。小麦每仓石价银二两三钱至二两六钱六分，与上月同。黄豆每仓石价银一两六钱八分至二两七分，与上月同。

嘉定府属，价贵。中米每仓石价银二两八钱九分至三两四钱九分，较上月减二分。小麦每仓石价银二两三钱七分至二两七钱四分，与上月同。黄豆每仓石价银一两四钱九分至二两五分，与上月同。

潼川府属，价贵。中米每仓石价银二两九钱二分至三两一钱八分，较上月减二分。大麦每仓石价银一两六钱七分至一两九钱五分，与上月同。小麦每仓石价银二两一钱六分至二两五钱一分，与上月同。黄豆每仓石价银一两七钱九分至二两一钱六分，与上月同。

绥定府属，价中。中米每仓石价银二两五钱九分至二两八钱九分，较上月减二分。大麦每仓石价银一两五钱八分至一两五钱九分，与上月同。小麦每仓石价银一两六钱三分至一两七钱四分，与上月同。黄豆每仓石价银一两四钱三分，与上月同。

眉州直隶州属，价贵。中米每仓石价银二两七钱五分至三两五分，较上月减二分。

邛州直隶州属，价贵。中米每仓石价银二两六钱五分至三两八分，较上月减二分。大麦每仓石价银一两九钱三分，与上月同。小麦每仓石价银二两五钱九分，与上月同。黄豆每仓石价银二两一钱至二两二钱四分，与上月同。

泸州直隶州属，价贵。中米每仓石价银三两八分至三两九分，较上月减二分。

资州直隶州属，价中。中米每仓石价银二两五钱七分至二两九钱二分，较上月减二分。

绵州直隶州属，价贵。中米每仓石价银二两七钱四分至三两六分，较上月减二分。小麦每仓石价银二两三钱四分至二两四钱八分，与上月同。

茂州直隶州属，价中。中米每仓石价银二两六钱二分，较上月减二分。小麦每仓石价银二两六钱八分，与上月同。青稞每仓石价银二两二钱二分，与上月同。荞子每仓石价银一两二钱五分至一两七钱五分，与上月同。

忠州直隶州属，价贵。中米每仓石价银二两五钱九分至三两二钱七分，较上月减二分。大麦每仓石价银一两四钱六分至一两六钱，与上月同。小麦每仓石价银二两五分至二两四钱一分，与上月同。黄豆每仓石价银一两二钱七分至一两三钱七分，与上月同。

酉阳直隶州属，价贵。中米每仓石价银二两六钱至三两一钱，较上月减二分。大麦每仓石价银二两三钱至二两六钱二分，与上月同。小麦每仓石价银二两六钱四分至二两七钱八分，与上月同。黄豆每仓石价银一两三钱九分至一两四钱四分，与上月同。

叙永直隶厅属，价中。中米每仓石价银二两九钱八分，较上月减二分。小麦每仓石价银一两八钱一分，与上月同。荞子每仓石价银一两三钱四分，与上月同。黄豆每仓石价银一两六钱一分，与上月同。

松潘直隶厅,价中。青稞每仓石价银二两七钱六分,与上月同。荞子每仓石价银一两七钱四分,与上月同。

杂谷直隶厅,价中。青稞每仓石价银二两四钱,与上月同。荞子每仓石价银一两七钱九分,与上月同。

石砫直隶厅,价平。中米每仓石价银一两六钱二分,较上月减二分。大麦每仓石价银一两七钱三分,与上月同。小麦每仓石价银二两六分,与上月同。黄豆每仓石价银一两八钱九分,与上月同。

打箭炉直隶厅,价贵。青稞每仓石价银四两九钱二分,与上月同。油麦每仓石价银一两八钱一分,与上月同。

军机大臣奉旨:览。钦此。①

一四一　请将游击甄树德革职讯办片

同治九年九月二十二日(1870 年 10 月 16 日)

再,查前准驻藏大臣恩麟②等咨:驻防前藏游击王虎臣五年班满,照章应行更换,由川派员接替等因。当经会同提督臣胡中和拣

---

① 台北故宫博物院藏:军机及宫中档,文献编号:103819-0-A。
② 恩麟,字君锡、诗樵,号笔花轩,满洲镶黄旗人,生卒年未详。道光十八年(1838),中式进士。二十三年(1843),报捐笔帖式。二十五年(1845),补笔帖式。咸丰三年(1853),升主事,补员外郎。同年,管捐纳房掌印、捐铜局事务。五年(1855),署南档房帮办。同年,充陕西司印、则例馆提调官,加知府衔。六年(1856),升郎中。同年,放甘肃兰州道。九年(1859),迁甘肃按察使。同治元年(1862),护理陕甘总督。同治三年(1864),署陕甘总督。八年(1869),授驻藏办事大臣。光绪五年(1879),补兵部右侍郎。

派重庆左营游击琦明前往换防，嗣查琦明已经派防藏属江卡汛多年，应免重派，并据川东镇道会禀，琦明在任人地相宜。经臣批准留任。会同胡中和另派卸任重庆中营游击甄树德，赴藏接防。甄树德来省后，禀请给假回渝，安置家眷即行〈赴〉藏。讵假限已满，延不起程，突称伤疾举发，不能赴藏，禀请改派。经臣严加驳饬，勒催起程。甄树德辄敢向接署重中游击胡尚瀛暨川东道锡佩屡借公款银两，并因向琦明需索不遂，挟嫌捏禀琦明谋调伊缺，牵诬该管提、镇借公勒捐等情，希图挟制上司、同寅，为规避远差之计。

臣按禀详加查访，均属子虚，似此贪狡之员，未便姑容，相应请旨将重中游击甄树德先行革职，由臣督同两司严讯确供，按律惩办，以肃营伍而儆贪邪；一面另派妥员赴藏接防，俾免贻误。所遗重庆中营游击缺系题缺，容臣会同提臣拣员请补。是否有当，理合附片陈明，伏乞圣鉴训示。谨奏。

同治九年闰十月初二日，军机大臣奉旨：甄树德着先行革职严讯，照例惩办。钦此。①

一四二　川军截剿获胜并会克永北厅城折

同治九年十月初九日（1870 年 11 月 1 日）

成都将军臣崇实、头品顶戴四川总督臣吴棠跪奏，为川军越境②截剿回匪，大获胜仗，并会合滇师，攻克永北厅城，先将大概情形恭折驰报，仰祈圣鉴事。

---

① 台北故宫博物院藏：军机及宫中档，文献编号：103823。此片具奏日期未确，兹据同批折件校正。

② "越境"，军机录副作"进境"，误，兹据《游蜀疏稿》校正。

窃臣等前因建昌边界与滇之永北厅境毗连,时有土匪、逆回,乘间窥伺。于上年十月,附片奏明添募勇丁、豫筹防范在案。迨本年春夏之交,永北厅踞贼窜出二千余人,匿于卢鸡足滇夷草地,勾串赍粮接应。臣等深虑川边支夷种类繁多,性情反复,倘互相煽惑,必多意外之虞。当经檄饬建昌镇总兵刘宝国、建昌道鄂惠、宁远府知府许培身,调集土司、夷目人等,开诚布公,晓以利害,并择其中之骁勇者,酌留协守,庶可明加约束,暗事羁縻。仍一面添派兵团,常川搜探,如滇师急攻永北,即当派队赴援,不得稍存畛域之见。

嗣据该镇道等禀报:八月望间,永北厅同知刘昌笏、参将王遇春等以攻城吃紧,商借军火,随即就近拨给火龙标、火药、铅丸、火绳等项,委弁运解接济。八月二十七、八等日,迭次探得永北城内踞贼因粮尽矢绝,意图出窜,前匿卢鸡足股匪亦欲蠢动。总兵刘宝国饬参将邓全胜等,督带营兵二百名,署会理州知州邓仁垣、云南候补知州马宗龙等率领乡团一千名,会合武安军副将李忠恕等,由新街进扎黄草坝,作为左路。知府许培身饬游击刘镇坤、典史俞圻等,督带府勇五百名,游击钟淮等率领土练夷兵一千五百名,由黑、葛二地进扎万马厂,作为右路。刘宝国亲督定边军,由马木河龙扒树进扎野麻地,居中调度。许培身亲督练勇、乡团继进,以便随时策应,仍留尽先副将杨胜芳、从九品宋兆基,督带勇练,在于黑盐塘一带扼守川边。盐源县知县曾寅光办理城防事宜,兼运粮米。

部署甫定,九月初四日辰刻,传令各军,分路并进,将至衫栗地方,适骨格达逆巢冲出贼匪千余人,势甚凶猛。刘宝国指挥兵勇,迎头截击,鏖战两时之久,该逆屹立不动。另有悍贼一股,约计千人,由附近山坡横轶旁出。副将李忠恕督同府经历李忠烺、游击黄大玉、州吏目郭维垣等，凌厉无前，手刃骑马贼目四名。游击钟淮、刘镇坤督率把总孙鸿泽等，袒臂大呼，杀入贼队。土司巳天锡、喇邦佐、喇祯祥等自率土练，并力夹攻，阵斩悍贼数十名。刘宝国率同郎中许之淦，督饬左右两营都司靳胜正、千总洪万先、吴全礼等，卷旗疾趋，绕至贼后，乘势掩袭。贼众力不能支，纷纷败窜。我军勇气百倍，枪炮齐施，追压二十余里，毙贼数百名，堕岩落涧者，不计其数。生擒贼目五名，立行正法。夺获伪印二颗、枪炮、刀矛无算。日已将暮，遂即收队传餐。

初五日，跟踪搜捕，直至永北厅城下，会商同知刘昌笏、参将王遇春，迅筹攻取之策。约定初七日三鼓，王遇春等挑选精锐敢死之士，携带云梯，由东门奋勇先登，抛掷火蛋、火罐，燃烧内民房，顷刻烟焰蔽天，人声鼎沸。刘宝国等亦率劲旅，从南门腾跃而上，呐喊以助其势。城贼惊溃，夺路狂奔。滇、蜀两军一齐攻入，并先于西、北两门设计埋伏，城内、城外四面围杀，悍回奸除殆尽，逆首刘应溃为乱军砍毙于永成书院。川军都司靳胜正、千总洪万先、勇目姜占春等，生擒伪大将军李亭宾、伪都督虎万双、伪将军漆士才三名，讯明后，即行枭首示众。[①] 割获首级五百余颗，夺获伪印十七颗。当于初八日，将永北厅城克复。所有善后一切事宜，应由永北文武妥为办理，川军仍撤回边界，照旧巡防等情前来。臣等伏查永北为大理门户，沦陷于贼者十有余年，乃杜逆必争之地，幸赖圣主威福，师克在和，俾两省合为一心，悉歼丑类，迅拔坚城，从兹扫穴擒渠，势如破竹。臣等惟有督饬将士等，相机进取，以附其背而扼其吭，冀可同奏肤功，上纾宸虑。

---

① 军机录副脱"众"，兹据《游蜀疏稿》校补。

除滇师克城战状应由云贵督臣、云南抚臣详晰奏报外,此次川军异常出力弁员,合无仰恳天恩,先行鼓励。记名提督建昌镇总兵法克精阿巴图鲁刘宝国,拟请遇有提督缺出,开列在先,请旨简放。宁远府知府许培身,拟请以道员用。已革湖南常德协副将克勇巴图鲁李忠恕,拟请开复原官,留于四川补用,并免缴捐复银两。副将衔留川即补参将会盐营游击钟淮,拟请以副将仍留四川补用,并请赏加总兵衔。湖南尽先游击黄大玉,拟请俟补缺后,以参将仍留湖南,尽先补用,并请赏加副将衔。花翎都司靳胜正,拟请以游击仍留湖北,尽先补用,并请赏加副将衔。世袭恩骑尉李大英,拟请以守备尽先即补,并请赏戴蓝翎。蓝翎千总洪万先,拟请以守备遇缺即补,并请赏加勇号。蓝翎千总吴全礼,拟请以守备尽先补用,并请赏换花翎。把总孙鸿泽、外委郭明珍、勇目姜占春、杨均青,均拟请以千总尽先拔补,并请赏戴五品蓝翎。候选郎中许之淦,拟请分部行走,免缴分部银两,并请赏戴花翎。候选府经历李忠烺,拟请免选本班,以知县归部,不论双单月遇缺即选,并请赏加同知衔。选用州吏目郭维垣,拟请归部,遇缺前先即选,并请赏加六品衔。典史俞圻,拟请免补本班,以府经历县丞留川,归候补班前补用。

其余在事出力人员以及阵亡弁勇,可否容臣等查明,分别奖恤,出自皇上逾格鸿施。谨先将川军越境,截剿回匪,大获胜仗,并会合滇师攻克永北厅城大概情形,合词恭折驰奏,伏乞皇太后、皇上圣鉴训示。谨奏。十月初九日。

同九年十月二十四日,军机大臣奉旨:钦此。①

① 台北故宫博物院藏:军机及宫中档,文献编号:103678。又,吴棠等《游蜀疏稿》,第243—260页。其尾记曰:"同治九年十月初九日,由驿具奏。于本年闰十月十一日,准军机大臣奉旨:另有旨。钦此。"

【案】此折于十月二十四日得允，并饬令奖恤。《清实录》：

以四川官军克复云南永北厅城，予总兵官刘宝国以提督简放，赏千总洪万先巴图鲁名号，吴全礼以守备用，并赏花翎，恩骑尉李大英等蓝翎。余加衔、升叙、开复有差。[①]

一四三　请将道员邓锜等照例议恤片

同治九年十月初九日(1870年11月1日)

再，贵州候补道员健勇巴图鲁邓锜，咸丰十一年，以湘南诸生随前督臣骆秉章入蜀，委办果毅营营务，转战定远、绵州、甘肃阶州、贵州桐梓等处。同治七年，川军援黔，剿办正安、婺川巨匪，克复玉华山、瓮安县城、黄平新旧州城，计先后数百仗，积功洊升道员，渥荷圣明存记，特简云南府遗缺知府。旋据报丁母忧，回籍。经臣等奏请，俟该员百日孝满，敕令赴营。本年夏间，围攻叫鸟贼巢十八昼夜，与士卒共尝艰苦，触冒暑雨，感受瘴疫，犹复力疾督攻螃蟹大洞，奋不顾身。八月初六日，没于瓮安行营，身后囊橐萧然，将士无不流涕。又查有升用知州奋勇巴图鲁王恩溶，[②]前以知县随营带勇，迭著战功，历保今职，亦因积劳过重，于八月初八日在营病故，殊堪悯惜。据道员唐炯具禀、请恤前来。

合无仰恳天恩，俯准将道员邓锜照阵亡例，从优议恤，知州王恩溶照军营立功后病故例优恤，以慰忠魂。谨合词附片陈明，伏乞

---

① 《穆宗毅皇帝实录(六)》，卷二百九十三，同治九年十月下，第1056页。
② "王恩溶"，《游蜀疏稿》作"王恩榕"。

圣鉴训示。谨奏。

同治九年十月二十四日,军机大臣奉旨:邓锜、王恩溶均着照所请,交部从优议叙。钦此。[1]

一四四　委解添拨京饷起程日期折

同治九年十月初九日(1870年11月1日)

头品顶戴四川总督臣吴棠跪奏,为川省委解添拨京饷起程日期,恭折仰祈圣鉴事。

窃查本年初次奉拨京饷银三十万两,已经委员王廷绶等先后解过银二十五万两,暨划拨滇饷银五万两,以符原拨三十万两之数,均经迭次奏报在案。尚有续奉添拨京饷盐厘银六万两、津贴银十万两。虽值川省援邻防边及协济各省军饷,库款万分支绌,而京饷关系正供,亟应勉力筹拨。

臣督同司道严催各属凑集按粮津贴银四万两、盐厘银二万两,共银六万两,饬委试用通判孙开嘉承领,定期于十月初十日由成都起程。现在陕南驿路通塞无常,仍照奏准成案,发交蔚泰厚等银号汇解,委员至京兑齐,解赴户部交纳,用昭慎重,据藩司王德固、盐茶道傅庆贻会详前来。臣覆查无异。除分咨外,理合恭折具奏,伏乞皇太后、皇上圣鉴。谨奏。十月初九日。

---

[1]　台北故宫博物院藏:军机及宫中档,文献编号:103679。又,吴棠等《游蜀疏稿》,第237—241页。其尾记曰:"同治九年十月初九日,附片具奏。于本年闰十月十一日,准兵部火票递回原片,后开军机大臣奉旨:邓锜、王恩榕均着照所请,交部从优议叙。钦此。"

同治九年十月二十四日,军机大臣奉旨:知道了。钦此。[①]

一四五 委解李鸿章行营月饷折

同治九年十月初九日(1870 年 11 月 1 日)

再,川省应拨新调直隶督臣李鸿章行营月饷,前已两次委解银八万两,均经奏报在案。伏思津防情形较之西南各省尤关紧要,必须饷足师雄,以期声威远播。川库虽甚竭蹶,亟应移缓就急,竭力协济。兹臣督同藩司设法挪凑厘金银五万两,饬委通判李傅骏等管解,定期于十月十二日自省起程,驰赴湖北粮台交收,转解李鸿章行营,以应急需。除分咨外,理合附片陈明,伏乞圣鉴。谨奏。

同治九年十月二十四日,军机大臣奉旨:知道了。钦此。[②]

一四六 奏报同治九年秋季合操省标官兵折

同治九年十月初九日(1870 年 11 月 1 日)

头品顶戴四川总督臣吴棠、成都将军臣崇实、四川提督臣胡中和跪奏,为合操省标官兵技艺情形,恭折仰祈圣鉴事。

窃照成都省标官兵,向于每年春秋二季合操一次,以申纪律。兹届秋操之期,臣等于九月十九日调集军、督、提、城十营官弁兵丁,齐赴较场考校。各兵排演新旧各阵式,步伐整齐。施放连环枪

---

① 台北故宫博物院藏:军机及宫中档,文献编号:103684。

② 台北故宫博物院藏:军机及宫中档,文献编号:103685。

炮，声响联贯。长矛藤牌各技亦俱进退便捷。复按照各营官兵饷册，逐名考核弓箭枪炮，其马步箭中靶统计七成有余，弓用六七力不等。各兵演放抬枪、鸟枪，中靶亦有七成。爰择其技艺娴熟者，当场分别奖赏、记拔。间有生疏者，亦即勒限练习，分别劝惩。

伏思川省为边陲重地，省标为各营表率，现在邻氛未靖，防剿紧要，武备尤应认真。臣等严谕各将备等督率弁兵，仍按日轮流操演，勤加训练，务使各兵技艺日益精进，咸成劲旅，不得以秋操已过，稍形懈弛，以期仰副圣主整饬戎行、绥靖边陲之至意。所有秋季合操省标官兵技艺情形，合词恭折具奏，伏乞皇太后、皇上圣鉴。谨奏。十月初九日。

同治九年十月二十四日，军机大臣奉旨：知道了。钦此。①

一四七　奏报川省年班土司进京陛见折
同治九年十月初九日(1870年11月1日)

成都将军臣崇实、头品顶戴四川总督臣吴棠跪奏，为酌派年班土司入觐，先行恭折奏闻，仰祈圣鉴事。

窃照川省各土司向应分班间五年入觐一次。自同治三年头班土司进京后，迄今已间五年，轮应二班土司入觐之期，臣等先后檄饬该管镇、道、厅、营调派去后。兹据禀报，各土司等有自愿进京者，有因患病或年幼出痘未能远行者，各遣土舍、头人恭代；又有因事故未袭告请免调、俟下届再往者，应即扣除。统计亲诣

---

① 台北故宫博物院藏：军机及宫中档，文献编号：103682。

者八家,遣人恭代者十三家,扣除者三家,各据该管文武具禀前来。

臣等各按其道里远近,赶紧催调,定限十月内齐集省垣,再行派员管送入都,并开具各土司职名、人数清折奏报外,谨合词先行恭折具陈,伏乞皇太后、皇上圣鉴。谨奏。十月初九日。

同治九年十月二十四日,军机大臣奉旨:知道了。钦此。[①]

一四八 奏为臣子炳祥中举谢恩折

同治九年十月二十二日(1870年11月14日)

头品顶戴四川总督臣吴棠跪奏,为恭谢天恩,仰祈圣鉴事。

本年恭逢乡试大典,臣于十月二十一日接到江南题名全录,臣子炳祥中式四十八名举人。当即恭设香案,望阙叩头谢恩。窃臣猥以薄植,早玷巍科,叠荷国恩,浮膺疆寄,深切素餐之愧,曾无式谷之诒。臣子炳祥材本凡庸,年尤稚弱,芹宫食饩,方惭蛾术之疏;桂苑标名,幸听鹿鸣之奏。教养胥由造化,父子并戴生成!

伏思周献贤能之书,当循名以责实;汉举孝廉之选,必先行而后文。臣惟有勖以义方,勉其学业,俾臣子知读书立品,上酬熙朝作育之恩;而微臣益洁己奉公,仰答圣主高深之德。所有感激下忱,理合恭折叩谢天恩,伏乞皇太后、皇上圣鉴。谨奏。十月二十二日。

同治九年闰十月二十二日,军机大臣奉旨:知道了。钦此。[②]

---

① 台北故宫博物院藏:军机及宫中档,文献编号:103683。
② 台北故宫博物院藏:军机及宫中档,文献编号:104185。

一四九　奏报川省同治九年九月雨水、粮价折

同治九年十月二十四日(1870 年 11 月 16 日)

头品顶戴四川总督臣吴棠跪奏,为恭报四川省同治九年九月份各属具报米粮价值及得雨情形,仰祈圣鉴事。

窃照同治九年八月份通省粮价及得雨情形,前经臣奏报在案。兹查本年九月份成都、重庆、夔州、龙安、绥定、保宁、顺庆、潼川、雅州、嘉定、叙州等十一府,资州、绵州、忠州、眉州、泸州、邛州等六直隶州,石砫、叙永两直隶厅,各属先后具报得雨自二三次至六七次不等。田水充盈,小春播种。其通省粮价俱与上月相同,据布政使王德固查明列单汇报前来。臣覆核无异。理合分缮清单,恭呈御览,伏乞皇太后、皇上圣鉴。谨奏。十月二十四日。

同治九年闰十月二十三日,军机大臣奉旨:知道了。钦此。①

一五○　呈川省同治九年九月粮价清单

同治九年十月二十四日(1870 年 11 月 16 日)

谨将四川省同治九年九月份各属具报米粮价值开具清单,恭呈御览。

成都府属,价贵。中米每仓石价银二两七钱六分至三两八钱,与上月同。大麦每仓石价银一两八钱四分至二两一分,与上月同。小麦每仓石价银二两一钱七分至二两三钱四分,与上月同。黄豆

---

① 台北故宫博物院藏:军机及宫中档,文献编号:104200。

每仓石价银一两六分至二两四钱六分，与上月同。荞子每仓石价银一两一钱七分至一两七钱一分，与上月同。

重庆府属，价贵。中米每仓石价银二两五钱六分至三两五钱八分，与上月同。大麦每仓石价银一两六钱五分至二两，与上月同。小麦每仓石价银二两三钱一分至二两七钱三分，与上月同。黄豆每仓石价银二两七钱三分至三两三分，与上月同。

保宁府属，价贵。中米每仓石价银二两六钱四分至三两三钱五分，与上月同。大麦每仓石价银一两九钱二分至二两一钱三分，与上月同。小麦每仓石价银二两八钱六分至三两六钱，与上月同。黄豆每仓石价银一两八钱三分至二两一钱三分，与上月同。

顺庆府属，价贵。中米每仓石价银二两八钱一分至三两二钱二分，与上月同。大麦每仓石价银一两六钱二分至一两八钱一分，与上月同。小麦每仓石价银二两一钱一分至二两一钱四分，与上月同。黄豆每仓石价银一两五钱五分至一两六钱七分，与上月同。

叙州府属，价贵。中米每仓石价银三两七分至三两三钱七分，与上月同。大麦每仓石价银一两六钱七分至二两三分，与上月同。小麦每仓石价银二两一钱五分至二两六钱五分，与上月同。黄豆每仓石价银一两一钱至一两五钱一分，与上月同。

夔州府属，价贵。中米每仓石价银二两八钱七分至三两二钱二分，与上月同。大麦每仓石价银一两七钱九分至二两四钱七分，与上月同。小麦每仓石价银二两九钱六分至三两四分，与上月同。黄豆每仓石价银二两一钱六分至二两二钱六分，与上月同。

龙安府属，价贵。中米每仓石价银二两五钱七分至三两二钱七分，与上月同。青稞每仓石价银一两五钱，与上月同。小麦每仓石价银一两八钱至二两一钱九分，与上月同。黄豆每仓石价银一两八钱五分至一两九钱三分,与上月同。

宁远府属,价贵。中米每仓石价银二两九钱至三两二钱三分,与上月同。大麦每仓石价银一两四钱九分至一两六钱一分,与上月同。小麦每仓石价银一两六钱二分至二两二钱三分,与上月同。荞子每仓石价银一两四钱六分,与上月同。黄豆每仓石价银一两五钱六分至一两六钱三分,与上月同。

雅州府属,价中。中米每仓石价银二两八钱二分至二两八钱七分,与上月同。小麦每仓石价银二两三钱至二两六钱六分,与上月同。黄豆每仓石价银一两六钱八分至二两七分,与上月同。

嘉定府属,价贵。中米每仓石价银二两八钱九分至三两四钱九分,与上月同。小麦每仓石价银二两三钱七分至二两七钱四分,与上月同。黄豆每仓石价银一两四钱九分至二两五分,与上月同。

潼川府属,价贵。中米每仓石价银二两九钱二分至三两一钱八分,与上月同。大麦每仓石价银一两六钱七分至一两九钱五分,与上月同。小麦每仓石价银二两一钱六分至二两五钱一分,与上月同。黄豆每仓石价银一两七钱九分至二两一钱六分,与上月同。

绥定府属,价中。中米每仓石价银二两五钱九分至二两八钱九分,与上月同。大麦每仓石价银一两五钱八分至一两五钱九分,与上月同。小麦每仓石价银一两六钱三分至一两七钱四分,与上月同。黄豆每仓石价银一两四钱三分,与上月同。

眉州直隶州属,价贵。中米每仓石价银二两七钱五分至三两五分,与上月同。

邛州直隶州属,价贵。中米每仓石价银二两六钱五分至三两八分,与上月同。大麦每仓石价银一两九钱三分,与上月同。小麦每仓石价银二两五钱九分,与上月同。黄豆每仓石价银二两一钱至二两二钱四分，与上月同。

泸州直隶州属，价贵。中米每仓石价银三两八分至三两九分，与上月同。

资州直隶州属，价中。中米每仓石价银二两五钱七分至二两九钱二分，与上月同。

绵州直隶州属，价贵。中米每仓石价银二两七钱四分至三两六分，与上月同。小麦每仓石价银二两三钱四分至二两四钱八分，与上月同。

茂州直隶州属，价中。中米每仓石价银二两六钱二分，与上月同。小麦每仓石价银二两六钱八分，与上月同。青稞每仓石价银二两二钱二分，与上月同。荞子每仓石价银一两二钱五分至一两七钱五分，与上月同。

忠州直隶州属，价贵。中米每仓石价银二两五钱九分至三两二钱七分，与上月同。大麦每仓石价银一两四钱六分至一两六钱，与上月同。小麦每仓石价银二两五分至二两四钱一分，与上月同。黄豆每仓石价银一两二钱七分至一两三钱七分，与上月同。

酉阳直隶州属，价贵。中米每仓石价银二两六钱至三两一钱，与上月同。大麦每仓石价银二两三钱至二两六钱二分，与上月同。小麦每仓石价银二两六钱四分至二两七钱八分，与上月同。黄豆每仓石价银一两三钱九分至一两四钱四分，与上月同。

叙永直隶厅属，价中。中米每仓石价银二两九钱八分，与上月同。小麦每仓石价银一两八钱一分，与上月同。荞子每仓石价银一两三钱四分，与上月同。黄豆每仓石价银一两六钱一分，与上月同。

松潘直隶厅，价中。青稞每仓石价银二两七钱六分，与上月

同。荞子每仓石价银一两七钱四分,与上月同。

　　杂谷直隶厅,价中。青稞每仓石价银二两四钱,与上月同。荞子每仓石价银一两七钱九分,与上月同。

　　石砫直隶厅,价平。中米每仓石价银一两六钱二分,与上月同。大麦每仓石价银一两七钱三分,与上月同。小麦每仓石价银二两六分,与上月同。黄豆每仓石价银一两八钱九分,与上月同。

　　打箭炉直隶厅,价贵。青稞每仓石价银四两九钱二分,与上月同。油麦每仓石价银一两八钱一分,与上月同。

　　军机大臣奉旨:览。钦此。①

一五一　呈川省同治九年九月得雨清单

同治九年十月二十四日(1870年11月16日)

　　谨将同治九年九月份四川省所属地方报到得雨情形,开具清单,恭呈御览。

　　成都府属:成都、华阳两县得雨四次,播种小春。简州得雨二次,豆麦播种。崇庆州得雨四次,葫豆播种。汉州得雨三次,小春播种。温江县得雨三次,小春播种。郫县得雨三次,豆麦播种。崇宁县得雨三次,小春播种。新都县得雨六次,播种已毕。彭县得雨一次,葫豆播种。双流县得雨一次,播种小春。什邡县得雨三次,杂粮播种。江北厅得雨四次,小春播种。江津县得雨四次,小春播种。长寿县得雨三次,小春播种。永川县得雨四次,小春播种。荣昌县得雨一次,小春栽种。南川县得雨四次,小春播种。铜梁县得

---

　　①　台北故宫博物院藏:军机及宫中档,文献编号:104200-0-A。

雨四次,小春播种。定远县得雨四次,小春栽种。

夔州府属:万县得雨三次,杂粮播种。云阳县得雨二次,豆麦播种。开县得雨一次,小春播种。

龙安府属:平武县得雨二次,豆麦播种。江油县得雨二次,豆麦播种。石泉县得雨一次,播种小春。

绥定府属:达县得雨一次,杂粮播种。东乡县得雨一次,小春播种。太平县得雨一次,杂粮播种。

保宁府属:阆中县得雨一次,地土滋润。南部县得雨二次,田土稍润。广元县得雨一次,地土稍润。通江县得雨一次,豆麦播种。南江县得雨一次,田水欠缺。剑州得雨五次,小麦播种。

顺庆府属:南充县得雨四次,田水充盈。西充县得雨二次,田水欠足。蓬州得雨一次,堰水充足。营山县得雨一次,小麦播种。仪陇县得雨二次,田堰水足。广安州得雨一次,田亩播犁。岳池县得雨四次,现在翻犁。邻水县得雨四次,田水稍盈。

潼川府属:三台县得雨六次,田堰积水。射洪县得雨二次,地土稍润。盐亭县得雨五次,二麦滋长。中江县得雨三次,犁田播种。蓬溪县得雨一次,田水欠足。安岳县得雨一次,田水干润。乐至县得雨四次,田堰积水。

雅州府属:雅安县得雨五次,田水充足。名山县得雨二次,地土稍润。芦山县得雨二次,现在翻犁。清溪县得雨一次,地土稍润。天全州得雨一次,田水欠足。

嘉定府属:乐山县得雨四次,田水充盈。峨眉县得雨三次,田水充足。洪雅县得雨五次,田水充足。犍为县得雨一次,地土稍润。荣县得雨一次,田水将润。威远县得雨五次,田水充盈。峨边厅得雨二次,地土滋润。

叙州府属:南溪县得雨七次,田水充足。富顺县得雨四次,板田翻犁。隆昌县得雨三次,田水欠缺。长宁县得雨一次,地土滋润。

资州直隶州属:资州得雨三次,小春播种。资阳县得雨四次,播种小春。仁寿县得雨二次,小春栽种。井研县得雨三次,小春播种。内江县得雨二次,葫豆栽种。

绵州直隶州属:绵州得雨四次,二麦播种。德阳县得雨五次,小春茂盛。安县得雨四次,小春滋长。绵竹县得雨一次,小春播种。梓潼县得雨六次,小春播种。罗江县得雨三次,豆麦播种。

忠州直隶州属:忠州得雨一次,小春下种。酆都县得雨一次,播种小春。垫江县得雨三次,小春栽种。梁山县得雨三次,播种冬粮。

眉州直隶州属:眉州得雨二次,塘水充满。彭山县得雨三次,堰塘积水。

泸州直隶州属:泸州得雨四次,农民翻犁。江安县得雨三次,小春播种。合江县得雨三次,田亩积水。纳溪县得雨五次,田水充足。

邛州直隶州属:蒲江县得雨四次,田亩积水。

石砫直隶厅得雨一次,播种小春。

军机大臣奉旨:览。钦此。①

一五二　奏报同治九年川省秋禾收成折

同治九年十月二十四日(1870 年 11 月 16 日)

头品顶戴四川总督臣吴棠跪奏,为恭报同治九年四川省秋禾

---

① 台北故宫博物院藏:军机及宫中档,文献编号:104205。

收成分数,仰祈圣鉴事。

　　窃照每年秋禾收成分数,例应奏报。兹查各属俱已次第收获,据藩司王德固查明汇禀前来。臣覆加查核,川省十二府五厅八直隶州,计收成八分有余者,成都、绥定二府。七分有余者,雅州、邛州、资州、茂州、泸州、石砫一府四州一厅。七分者,宁远、嘉定、潼川、理番、酉阳三府一厅一州。六分有余者,重庆、叙州、龙安、眉州、绵州三府二州。五分有余者,保宁、顺庆、夔州、松潘、叙永、忠州三府一州二厅。五分者,懋功一厅。合计通省秋禾收成六分有余。

　　现在粮价尚不甚昂,民情亦属安帖,堪以仰慰圣怀。除循例具题外,理合恭折具闻,伏乞皇太后、皇上圣鉴。谨奏。十月二十四日。

　　同治九年闰十月二十三日,军机大臣奉旨:知道了。钦此。[①]

　　●军机大臣字寄:四川总督吴:同治九年十月初四日,奉上谕:据御史吴镇奏,四川节年被扰,近复津贴邻饷,民力维艰,该省并有私派流差夫马、缉捕经费、委员薪水及弥补历年欠项、前任亏空等名目,莫不取偿于民。其各处厘金有应遵旨停止者,现仍收取如故,请饬严禁等语。四川川东沿江各厅州县本年被水甚重,业经谕令该督查勘情形,优加抚恤,若如该御史所奏各情,民力愈形拮据,着吴棠认真访察,将一切私派名目概行革除。其被灾较重地方无力津贴者,即酌量先行裁减,如查有官绅侵蚀欺蒙等弊,即着据实严参,毋得稍有回护。将此谕令知之。钦此。遵旨寄信前来。[②]

---

① 台北故宫博物院藏:军机及宫中档,文献编号:104216。
② 台北故宫博物院藏:军机及宫中档,文献编号:408018110。

一五三　请以向忠补授提标左营游击折

同治九年十月二十四日(1870 年 11 月 16 日)

头品顶戴四川总督臣吴棠跪奏,为拣员请补游击,以资治理,恭折仰祈圣鉴事。

窃查提标左营游击张金榜年老乞休,前经恭疏题报开缺,声明川省现有应补人员,应请扣留外补,接准部覆在案。伏思提标驻扎省垣,为各营表率,训练操防,最关紧要,非年力精强、营务熟悉之员,不足以资整饬。臣于通省尽先游击内逐加遴选,非出师外省未经归标,即人地未宜,难期整饬。惟查有一等轻车都尉向忠,年二十五岁,四川大宁县人,寄籍华阳县。因祖向荣原任湖北提督,出师江南,在丹阳县大营积劳病故,蒙恩赏给一等轻车都尉世职,于同治四年经前督臣骆秉章奏请承袭,给咨送部。五年五月,蒙钦派王大臣验放请旨:向忠准其承袭。二十六日,覆奏奉谕旨:依议。钦此。是年十一月三十日,到省收标,学习年限已满,现无违碍事故。该员年富才明,营务练习,以之请补提标左营游击,实堪胜任,与例亦属相符。惟收标三年期满,尚未引见,稍有未合。第人地实在相需,例得声明奏请。

合无仰恳天恩,俯准以一等轻车都尉向忠补授提标左营游击,实于营伍有裨。如蒙俞允,俟接准部覆,给咨送部,并案引见。至该员向忠寄籍华阳,请补提标游击系在本境,俟有相当缺出,再行更调,以符定制。是否有当,理合会同提臣胡中和,合词恭折具陈,伏乞皇太后、皇上圣鉴训示。谨奏。十月二十四日。

同治九年闰十月二十三日，军机大臣奉旨：兵部议奏。钦此。①

一五四　奏报吴镜源等期满甄别折

同治九年十月二十四日(1870 年 11 月 16 日)

头品顶戴四川总督臣吴棠跪奏，为州县试看年满，恭折仰祈圣鉴事。

窃查吏部奏定章程：道府州县无论何项劳绩保奏归入候补班者，以到省之日起，予限一年，令督抚详加查看，出具切实考语，奏明分别繁简补用等因。遵照在案。兹查候补知州吴镜源、黄华镐、候补班前先补用知县张清理等三员，均到省一年期满，自应照章甄别，据布政使王德固、按察使英祥造具该员等履历清册，填注考语，会详请奏前来。

臣查该员吴镜源才具明敏，黄华镐年力正强，张清理办事朴实，均堪以简缺州县补用。俟有应补缺出，照例序补。除将该员等履历清册咨部外，理合恭折具奏，伏乞皇太后、皇上圣鉴训示。谨奏。十月二十四日。

同治九年闰十月二十三日，军机大臣奉旨：吏部知道。钦此。②

一五五　奏报黄朴试用期满甄别折

同治九年十月二十四日(1870 年 11 月 16 日)

再，查吏部奏定章程：道府州县无论何项劳绩保奏归入候补班者,以到省之日起,予限一年,令督抚详加查看,出具切实考语,奏明分别繁简补用等因。遵照在案。兹查候补知州黄朴,到省一年期满,自应照章甄别,据布政使王德固、按察使英祥造具该员履历清册,填注考语,会详请奏前来。

臣查该员黄朴才具稳练,堪以简缺知县补用,俟有应补缺出,照例序补。除将该员履历清册咨部外,理合附片陈明,伏乞圣鉴。谨奏。

同治九年闰十月二十三日,军机大臣奉旨:吏部知道。钦此。①

一五六　请仍准黎光照补授会川营参将片

同治九年十月二十四日(1870 年 11 月 16 日)

再,已调会川营参将黎光照,于同治二年在江南大营补授四川提标中军参将,经兵部知照来川。至该员籍贯、履历,未准大营抄咨川省,无从稽查。嗣因该员补缺数年之久,查无赴任信息,提中参将一缺营务纷繁,未便久旷,经臣奏请以会川营参将马晋铭调补提标中军参将。所遗会川营参将缺,即以黎光照抵补,一面分咨各省督抚确查黎光照下落,催令赴任,未准咨覆。复又备文催查,旋湖北抚臣来咨:据湖北军需局司道详:准湖广督营务处咨:四川提标参将黎光照,上年由金陵大营救援杭州,城池失守,不知下落等情,咨覆前来。当经臣会同提督臣胡中和题请开缺,并揭报兵部在案。

正在拣员请补间,接准湖南抚臣刘崐咨:据善化县知县钱绍文

---

①　台北故宫博物院藏:军机及宫中档,文献编号:104215。此片具奏日期未确,兹据同批折件校正。

详：据调补四川会川营参将记名总兵遇缺即补副将黎光照遣丁禀称：该参将黎光照年五十三岁，湖南善化县人，于道光年间投营食粮。咸丰元年，出师广西，转战安徽等省，迭次出力，经前任湖北督抚臣官文等历保千总、都司、游击。咸丰十一年四月，续保参将，留川即补，并加副将衔。同治三年，因迭克金坝、句容、金坛各城出力，复经两江督臣曾国藩并案奏保，是年六月初四日，奉上谕：着遇有四川副将缺出，将该员先行补授等因。钦此。四年，以随同提督鲍超全军援江，踏毁许湾贼垒，克复金溪、新城、南丰、瑞金及宁都解围出力，经李鸿章奏保，四年四月十三日，奉上谕：副将黎光照着交军机处记名，遇有总兵缺出，请旨简放，并赏该员二品封典。钦此。五年，凯撤回籍。连年血战，备极劳苦，在家静养，未及请咨赴川。嗣于九年四月内，奉长沙协行查到籍，始知已于同治二年由部奏补四川提标中军参将，复调补会川营参将。前此数年，转战数省，驰驱靡定，实未接到补缺文札，无从知悉，并无别项事故。今奉文查催，由籍呈明，取具履历、供结，给咨赴川等因，并据黎光照来省禀到。

臣察看该员年力强健，办事勇敢，并询明同治初年在江南、安徽军营督队剿贼，冒险穷追时，与大营隔绝。嗣又赴援江西，实未接奉补缺文札，并无虚饰。且查该员于同治三、四年屡经曾国藩、李鸿章奏保有案，则前次湖北咨称，因救援杭州不知下落之说，自系军中传闻错误。现在会川营参将缺尚未奏补有人，合无仰恳天恩，俯念该员黎光照战功卓著，仍准补授会川营参将，并请敕部将开缺另补之案查销，出自逾格鸿慈。如蒙俞允，俟接准部覆，再行给咨送部引见。是否有当，理合会同成都将军臣崇实、提督臣胡中和附片具陈，伏乞圣鉴训示。谨奏。

同治九年闰十月二十三日，军机大臣奉旨：着照所请，兵部知道。钦此。①

一五七　奏报葛凤修委署眉州知州片

同治九年十月二十四日(1870年11月16日)

再,署眉州直隶州知州张祺期满调省遗缺,查有因公在省之叙永直隶厅同知葛凤修,明干有为,堪以委署。该员正、署各任内并无经征钱粮未完及承缉盗犯已起四参案件,据藩、臬两司会详前来。除檄饬遵照外,谨附片陈明,伏乞圣鉴。谨奏。

同治九年闰十月二十三日,军机大臣奉旨:知道了。钦此。②

一五八　奏报张春熙遵例报捐请免试俸片

同治九年十月二十四日(1870年11月16日)

再,查户部奏定章程:各直省捐免历俸之案于上兑后,应即具奏等因。遵照在案。兹据藩、臬两司会详:据崇庆州分驻怀远镇州同张春熙因试俸未满,遵例报捐银六百四十两,系捐纳人员再倍捐银六百四十两,照例递减四成,即捐实银八百一十九两二钱,请免试俸,于同治九年九月十九日上兑,由藩司填给实收,将银两暂储司库,遇有便员,即行搭解部库。造具简明履历及报捐银数、上兑日期清册,同副收呈请援照捐免历俸章程,分别奏咨前来。除将副

---

①　台北故宫博物院藏:军机及宫中档,文献编号:104217。此片具奏日期未确,兹据同批折件校正。

②　台北故宫博物院藏:军机及宫中档,文献编号:104218。此片具奏日期未确,兹据同批折件校正。

收清册分送吏、户二部查核换照外，理合附片具陈，伏乞圣鉴。谨奏。

同治九年闰十月二十三日，军机大臣奉旨：户部知道。钦此。①

一五九　奏报川省承袭世职汇案办理折

同治九年十月二十四日(1870年11月16日)

头品顶戴四川总督臣吴棠跪奏，为川省承袭世职，照章汇案办理，恭折仰祈圣鉴事。

窃查前准部咨：钦奉上谕：嗣后阵亡、殉难各员子孙承袭世职，均着各该州县将应袭职名迅速查明，经行具报督抚，予限半年具奏一次等因。钦此。历经遵办在案。兹查自同治九年三月起至八月底止，陆续据成都等各厅州县先后详请承袭世职，并将前经请袭年未及岁、现已及岁之员呈请验看，造具故员履历事实暨应袭各员三代宗图、年貌、族邻供结前来。

臣先后验看属实，并将册结、宗图汇总，专咨报部查核。其有并无籍贯可稽者，请俟咨查覆到，另行办理。所有自同治九年三月起至八月底止川省各属请袭世职，遵照奏定章程，谨缮清单，恭呈御览，伏乞皇太后、皇上圣鉴，敕部议覆施行。谨奏。十月二十四日。

同治九年闰十月二十三日，军机大臣奉旨：兵部议奏，单并发。钦此。②

---

① 台北故宫博物院藏：军机及宫中档，文献编号：104219。此片具奏日期未确，兹据同批折件校正。

② 台北故宫博物院藏：军机及宫中档，文献编号：104220。

一六〇 请恤巴塘正土司札喜等并查勘灾情片

同治九年十月二十四日(1870年11月16日)

再,臣钦奉上谕:四川巴塘地震兼被水灾,经该督筹拨厘金等款解往赈济,来春如有应行赈济之处,查明据实覆奏等因。钦此。遵查此次巴塘被灾奇重,前已由省提拨厘金三千两,并由建昌道先于炉库拨银一千两,饬委卸管里塘粮务通判施毓龄驰往勘赈。嗣据该员禀报:查勘巴塘及牛、竹二渡等处衙署、庙宇概行坍毁,并倒塌汉夷民房一千八百四十九间,压毙汉夷军民、喇嘛二千二百九十六名口、塘马十六匹,压伤千总、外委各一名、兵丁十九名。巴塘正土司札喜压伤身死,副土司郭宗班觉压伤后被火焚死。

又,东北至查木多南墩、西南至临卡石盐墩等处周围一千二百余里,同时地震,塘路陷塌,夷民亦有压毙。该员施毓龄会同在台文武疏通塘路,抚恤难民,掩埋尸身,修理官民房屋,前项银两实有不敷等情。臣复督同藩司续筹银四千两,委员星驰解往,饬令施毓龄等于被灾之处不论汉、夷、喇嘛,务须一体赈恤,俾沾实惠,并将赈过户口造册汇报。

计两次筹赈之后,灾民不致失所,来春似可毋庸接济。仍檄饬委员等随时认真安抚,以期仰副圣主轸念民依至意。至巴塘正土司札喜、副土司郭宗班觉被压、被焚身死,深堪惨恻。合无仰恳天恩,敕部照例议恤,出自鸿慈。所有查勘巴塘被灾情形并二次拨款接济缘由,理合附片陈明,伏乞圣鉴训示。谨奏。

同治九年十一月初四日,军机大臣奉旨:札喜、郭宗班觉均着交部照例议恤。钦此。①

一六一 奏报考试武闱事竣折

同治九年闰十月十六日（1870年12月8日）

头品顶戴四川总督臣吴棠跪奏，为考试武闱事竣，恭折仰祈圣鉴事。

窃照本年川省举行庚午科武闱乡试，臣率同提调、监试等官，于九月二十五日起将应试各武生马步箭及弓刀石技勇逐一考校完毕，于闰十月初八日入闱，令各武生默写武经一段，如额取中，于初九日放榜。除题名录另行恭疏具题外，理合恭折具陈，伏乞皇太后、皇上圣鉴。谨奏。闰十月十六日。

同治九年十一月初四日，军机大臣奉旨：知道了。钦此。②

一六二 查明乡试未中老生姓名折

同治九年闰十月十六日（1870年12月8日）

头品顶戴四川总督臣吴棠跪奏，为查明乡试未中老生，恭折仰祈圣鉴事。

窃照乡试未中年老诸生，例准查明年岁具奏。本年四月，川省举行庚午科乡试，所有应试年老诸生，如年未八十及前蒙钦赐副榜、现年未届九十之各生均扣除外，查有酉阳州附生段维祺等九十

---

① 台北故宫博物院藏：军机及宫中档，文献编号：104416。此片具奏日期未确，兹据同批折件校正。

② 台北故宫博物院藏：军机及宫中档，文献编号：104417。

名,俱各三场完竣,未经中式。调阅原卷,文理均尚明顺。经学政核对入学籍册,年岁相符,据布政使王德固开单详请具奏前来。臣查段维祺等幸际熙时,欣逢盛典,青毡励志,俱深蛾术之功;皓首穷经,更夺鹏程之路!现耄年而勤学,犹锁院以观光,洵为圣世祥征,实本作人雅化。已符年例,宜沐恩荣。除造册咨送礼部外,理合缮具清单,恭呈御览,伏乞皇太后、皇上圣鉴,敕部核覆施行。

再,雷甫诚系嘉庆十二年报捐文监生,时年二十八岁,扣至本年九十一岁,前已兼应三科乡试,核与学册年岁无异,是以列入符例名数内。合并声明。谨奏。闰十月十六日。

同治九年十一月初四日。军机大臣奉旨:礼部议奏,单并发。钦此。[①]

一六三　呈查明乡试未中老生姓名清单

同治九年闰十月十六日(1870 年 12 月 8 日)

谨将四川省庚午科乡试未中年老诸生姓名、年岁,缮具清单,恭呈御览。

附生段维祺,酉阳州学,年九十八岁。

副榜甘泉,邻水县学,年九十四岁。

附生袁有绶,彭山县学,年九十三岁。

附生薛克昌,成都县学,年九十三岁。

副榜张镇庠,彭山县学,年九十二岁。

附生刘焕然,简州学,年九十二岁。

---

① 台北故宫博物院藏:军机及宫中档,文献编号:104418。

附生李国培，罗江县学，年九十二岁。

附生禹成功，绵州县学，年九十一岁。

附生刘钦相，江津县学，年九十一岁。

附生王精一，梁山县学，年九十一岁。

附生邹载阳，华阳县学，年九十一岁。

附生吉琼祥，德阳县学，年九十一岁。

监生雷甫诚，巴县学，年九十一岁。

副榜骆增荣，华阳县学，年九十岁。

附生张全易，德阳县学，年九十岁。

附生刘凤池，綦江县学，年九十岁。

附生陈炳，射洪县学，年九十岁。

附生李誉宣，内江县学，年九十岁。

附生黄德湘，资州学，年九十岁。

附生陈继煦，绵竹县学，年九十岁。

附生余怀芳，酆都县学，年九十岁。

附生孔广模，金堂县学，年九十岁。

附生张秀翚，酉阳州学，年八十八岁。

附生乔重英，邛州学，年八十八岁。

附生刘恩湘，崇庆州学，年八十七岁。

附生蔡履芳，雅安县学，年八十七岁。

附生曹席珍，蒲江县学，年八十六岁。

附生骆骥德，崇庆州学，年八十六岁。

附生程云路，崇庆州学，年八十六岁。

附生尹光廷，璧山县学，年八十六岁。

附生李心地，广安州学，年八十六岁。

附生苏天赵,邛州学,年八十五岁。

附生张三台,双流县学,年八十五岁。

附生李方莲,渠县学,年八十五岁。

附生周五福,富顺县学,年八十四岁。

附生潘众,威远县学,年八十四岁。

附生牟廷璕,崇庆州学,年八十四岁。

附生郑蕙芳,崇庆州学,年八十三岁。

附生席经筵,遂宁县学,年八十三岁。

附生冯诩德,资阳县学,年八十三岁。

附生植恒青,邛州学,年八十三岁。

附生熊陈常,眉州学,年八十三岁。

附生程中衢,黔江县学,年八十二岁。

附生戴潘祥,蓬溪县学,年八十二岁。

附生同贞吉,绵州学,年八十二岁。

附生杨荣恩,垫江县学,年八十二岁。

附生杨谦一,遂宁县学,年八十二岁。

附生徐宗德,金堂县学,年八十二岁。

附生林正菁,南充县学,年八十二岁。

附生丁世瑞,广安州学,年八十二岁。

附生何国恩,南部县学,年八十二岁。

附生李南之,名山县学,年八十二岁。

附生夏国珍,简州学,年八十二岁。

附生刘益壮,奉节县学,年八十二岁。

附生杜良臣,广安州学,年八十二岁。

附生周开第,江安县学,年八十二岁。

附生徐官余,富顺县学,年八十二岁。

附生范养廉,大足县学,年八十二岁。

附生刘上观,中江县学,年八十二岁。

附生王金门,安岳县学,年八十二岁。

附生杨亨,彰明县学,年八十二岁。

附生罗宗奎,岳池县学,年八十一岁。

增生施建章,雅安县学,年八十一岁。

附生李兆蓉,中江县学,年八十一岁。

附生傅春田,遂宁县学,年八十一岁。

附生涂正常,南溪县学,年八十一岁。

附生岳山辉,安岳县学,年八十一岁。

附生王定纯,井研县学,年八十一岁。

附生谈春琼,广安州学,年八十一岁。

附生钱玉章,邻水县学,年八十一岁。

附生魏荣封,遂宁县学,年八十一岁。

附生邱志常,双流县学,年八十一岁。

附生陈铨,达县学,年八十一岁。

附生熊席珍,仁寿县学,年八十一岁。

附生胡瀛洲,眉州学,年八十一岁。

附生冯登颐,西充县学,年八十一岁。

岁贡余慎修,眉州学,年八十岁。

附生张文焯,崇宁县学,年八十岁。

附生席右卿,遂宁县学,年八十岁。

附生张维熙,绵竹县学,年八十岁。

附生林厚,南充县学,年八十岁。

附生李朝栋,石泉县学,年八十岁。

附生刘暄,渠县学,年八十岁。

附生陈世英,万县学,年八十岁。

附生向云开,垫江县学,年八十岁。

附生周维心,垫江县学,年八十岁。

附生刘光远,井研县学,年八十岁。

附生罗光藻,安县学,年八十岁。

附生李承绪,绵竹县学,年八十岁。

军机大臣奉旨:览。钦此。①

一六四　委解甘饷起程日期折

同治九年闰十月十六日(1870年12月8日)

头品顶戴四川总督臣吴棠跪奏,为委解甘饷起程日期,恭折仰祈圣鉴事。

窃臣前准军机大臣字寄:同治八年十二月二十八日,奉上谕:袁保恒奏,请饬各省改解协饷一折,着吴棠查照秦州协饷数目,自同治九年正月为始,径解西征粮台接收等因。钦此。遵即先后筹拨银六万两,委员驰解,历将起程日期奏报在案。伏思川省连年筹拨京外协饷,有增无减,加以援邻防边,军需浩繁,入不敷出,库藏搜括早空。今夏川东水灾,筹款赈恤,捐输、厘金,俱形减色,而邻省请拨之饷纷至沓来,实有万难兼顾之势。第查西征粮台垫拨各路军需,为数亦巨,不得不设法筹解,以顾大局。

---

① 台北故宫博物院藏:军机及宫中档,文献编号:104419。

兹督同藩司王德固勉凑津贴一万两、厘金一万两，共银二万两，作为同治九年四月份应解甘饷，饬委候补知县张存福管解，定期于十月二十八日自川起程，驰赴驻陕西征粮台交收，以济急需。除分咨外，理合恭折具陈，伏乞皇太后、皇上圣鉴。谨奏。闰十月十六日。

同治九年十一月初四日，军机大臣奉旨：知道了。钦此。①

【案】袁保恒奏，请饬各省改解协饷一折：同治八年十二月，办理西征粮台袁保恒奏报曰：

办理西征粮台三品衔翰林院侍读学士臣袁保恒跪奏，为归并协饷，请旨饬遵，以昭划一，恭折仰祈圣鉴事。窃臣现准陕甘总督臣左宗棠咨会：转据宁夏将军臣穆图善咨称：叠奉谕旨：穆图善交卸督篆后，将所部兵勇若干、粮饷应用若干，咨由左宗棠妥筹办理，和忠商酌，以顾大局，不得各存意见。左宗棠现经抵甘接印，应将在甘各营通盘筹画，酌量裁并，匀拨饷需各等因。钦此。该将军现饬各营汰弱留强，核实归并，一律照楚军营章办理。又以河南、湖北、江苏、四川、山西各省专拨秦州粮台银一百二十万两，屡催罔应，该将军交卸督篆后，更觉呼应不灵，请归左宗棠催解，由臣统收统拨，以一事权，而期迅速各等语。左宗棠来函，亦意见相同。臣查左宗棠抵甘接印后，所有秦州甘凉、中卫各甘军均已改由西征粮台发饷，遽增数十营，本已分拨为难，十分支绌。穆图善督率本省兵勇，裁并后不过三十营，亦无须协饷一百二十万两之多，况该将军

---

① 台北故宫博物院藏：军机及宫中档，文献编号：104419-1。

僻处一隅,催解各省协饷又甚艰难,叠次咨会由西征粮台拨济,而西征粮台除去各省径解秦州之外,催到饷项只有此数,不克如数应付,不能不随时酌量变通。既据该将军与左宗棠和衷商办,畛域不分,臣曷敢稍存推诿。拟自同治九年正月为始,将穆图善所部统照楚军,按月筹给米粮、盐菜。如来饷渐多,能发若干月饷,亦一律照发,俾无丝毫偏枯。可否请旨饬下河南、湖北、江苏、四川、山西各省督抚,将径解秦州协饷一百二十万两亦自同治九年正月为始,均令改解西征粮台,务各如数按月筹拨,不可再有拖欠,以便由臣统收,统计各军营数,随时咨商左宗棠,分路均匀拨解,以昭公允而免参差。至该五省同治八年十二月以前所欠穆图善协饷与甘军积年旧欠,仍由穆图善自行催提,补发各营,以清界限。是否有当,伏候圣裁。所有现议归并协饷、请旨饬遵各缘由,谨缮折由驿五百里驰陈,伏乞皇太后、皇上圣鉴训示。谨奏。同治八年十二月二十八日,军机大臣奉旨:钦此。[①]

一六五 奏报川省来春毋庸接济折

同治九年闰十月十六日(1870年12月8日)

头品顶戴四川总督臣吴棠跪奏,为委员查勘川东州县被灾情形,会同地方官,分别抚恤完竣,民人安业,来春毋庸接济,恭折覆陈,仰祈圣鉴事。

窃照本年六月间,川东沿江州县均被水灾,经臣委员驰往查勘

---

① 中国第一历史档案馆藏:军机录副,档案编号:03-4828-068。

抚恤，一面恭折奏报在案。嗣奉寄谕：以本年被灾各省地方来春如有应行调剂抚恤之处，着一并查明具奏，听候降旨施恩等因。钦此。仰见圣主轸念民瘼有加无已至意！伏查前据各属报灾，适值分拨京外各省协饷，司、盐两库别无存项，当即飞饬川东道夔州府拟拨货厘银二万五千两，就近发交印委各员，遍加赈恤。旋据委员候补知府彭名湜等会同该管府厅州县先后具禀：查明南充、合州、江北、长寿、涪州、忠州、酆都、万县、云阳、奉节、巫山十一厅州县，冲淤田地七万九千七百七十余亩，巴县、铜梁二县冲淹田地粮食四万三千一百二十余石；各处共溺毙男女三百九十二丁口，实在被灾贫民十九万三千一百五十二丁口。先经各处府厅州县劝谕未曾被水之殷实绅粮各捐银钱、米谷，逐日发赈。或由官捐廉助赈，或开官仓散谷施粥，或捐盖篾棚，俾资栖止。施舍药饵，以疗疫疠。

　　迨委员领银到日，查明灾民确数，分别极贫、次贫，大小丁口一律发赈，灾黎欢声遍野。淹毙人口，早经捞获掩埋。冲毁房舍，给资兴工修理。沙压田亩，悉数间垦补种。并饬将应完捐输津贴，视其被水轻重，分别减免。余如岳池、广安、蓬州、定远、渠县、石砫、梁山、江津近水地方，因江流灌入小河，每处亦报被淹数十户至数百户不等，人口无损，均经地方官绅捐资抚恤。现在各属居民均已一律复业，人心甚属安定，来春似可毋庸接济，由藩、臬两司会详前来。

　　至奉节、万县、酆都、巫山等县城垣、衙署、营汛、监狱、仓库及列在祀典各庙宇，多被冲毁，所需修费甚巨。民间喘息初定，一时难以就地筹款，而要工亦不可缓。臣与在省司道熟商，酌借厘捐等款，先将坍塌城垣择要兴工，寓以工代赈之法，俟明年民气稍苏，再行劝捐接办。各处监犯及库存公项，均已先期搬移，并无散失。其各项仓谷漂失若干、散赈若干,现在分饬查办,容俟覆到之日,另行奏报。所有查办灾赈完竣及来春毋庸接济缘由,理合恭折覆陈,伏乞皇太后、皇上圣鉴训示。谨奏。闰十月十六日。

同治九年十一月初四日,军机大臣奉旨:知道了。钦此。[①]

一六六　查明夹板并无拆损及妥议稽查章程折

同治九年闰十月十六日(1870 年 12 月 8 日)

头品顶戴四川总督臣吴棠跪奏,为查明川省接递夹板公文并未拆损,仍遵旨妥议稽查驿站章程,恭折覆陈,仰祈圣鉴事。

窃臣前准部咨:同治九年七月十五日,奉上谕:曾璧光奏,本年正月间,接到兵部同治八年十二月二十一日封发夹板一副等因。钦此。遵查此案曾璧光来咨,即经饬据臬司严檄隆桥驿以前之荣昌等县至东路入境首站巫山县,陆续查覆:此件夹板公文接递时俱系完好,惟火票沿途递送破烂等语。该司因隆昌县之隆桥驿曾经粘贴,恐有推诿情弊,复饬荣昌县将该县号书易廷瑞、杨超举、马夫熊升解至隆昌县,交知县觉罗国欢,提同隆桥驿号书谢文彬,详细质讯,金称同治九年十二月二十一日签发贵州巡抚夹板一副,内系黄布包,用线缝固,粘贴印花,木板夹定,俱系完好,只有火票破烂。伊谢文彬送前任团县官验明,因火票已烂,无处粘签,即于夹板外面粘贴刷印红签一纸,注明"接到前途火票破烂,隆桥驿声明"十三字,随意送泸州交替,取有收管,实未拆动等情。又据卸署龙昌县知县周岐源及隆昌以下沿途之泸州等州县查覆,俱与该号书等所

---

　　① 台北故宫博物院藏:军机及宫中档,文献编号:104420。

供相符。是曾璧光原奏据大定等处申称夹板上有隆桥驿粘签声明条，业经飞咨曾璧光确切查办，以杜蒙混。

至拆动公文，泄漏军情，定例綦严。同治元年，复经部议通行，嗣后钉封公文用高丽纸捻，连钉两处，于纸捻两头黏贴印花。其下站接上站钉封，仍详细查看，如无私行拆动情迹，即由该站出具印收，填明并无私拆字样，交上站递送。如接到时查有私拆行迹，即由下站递送弁兵、马夫扣留，回明本站该管官，秉公阅看，取具上站弁兵、马夫亲供，一面将公文加封，叙明上站拆动缘由，粘贴印花，赶紧前递，毋得留难迟误；一面将亲供呈报核办。如实因路途辽远，其内裹包封完好，只于外面封皮擦损，查无拆动行迹，准下站接到后将封皮擦损处加添封纸，粘贴印花。或黄绳磨损，别无他故，应即更换黄绳，均于印收内填明，交上站递送弁兵、马夫带回，以凭查核各等语。历经严饬遵办在案。

无如日久生玩，该管官率多漫不经心，应请声明定例，严饬有驿州县备录元年部章，张贴各驿，明白晓谕：凡接到公文务须详加验明，于印收内遵照通行，详细填注。如有拆动行迹，即将马夫扣留讯办，或禀诘提省，严讯根究，仍将接递火票夹板公文按月造报，逐起注明有无拆损，申赍臬司查核。经此次严饬之后，倘该管官仍复玩忽，任听号书、马夫私拆压延，一经下站具禀，即将上站之员先行撤任，一面行提人证讯明，将该管官严行参处，号书、马夫照例惩办。似此严定章程，庶足以重文报而除积弊。

再，川省题奏本章程及部院公文早经改归川北州县，由陕西、山西、直隶往返递送，而云、贵两省题奏本章及各部院公文改道川省，仍绕由川东州县取道湖北、河南，不但事出两歧，抑且本年川东驿路多被水冲，设法绕道，耽延时日。嗣后云、贵两省题奏公文，应改由川北州县取道陕西、山西、直隶，往返接递，以归一律而期迅速，由臬司英祥具详前来。臣查该司所议，系为核实办理、力图整饬起见。除分咨兵部及云贵督、抚臣暨通饬有驿州县遵办外，理合恭折具陈，伏乞皇太后、皇上圣鉴训示。谨奏。闰十月十六日。

同治九年十一月初四日，军机大臣奉旨：知道了。钦此。①

　　【案】此案《清实录》载曰：

　　寻吴棠奏，遵查川省接递夹板，并无私拆，业经飞咨曾璧光确查黔省何处拆动，从严惩办。报闻。②

　　【案】曾璧光奏……封发夹板一副：

　　再，臣于本年正月二十日接准兵部火票，递到同治八年十二月二十一日由京封发夹板一副，查看黄布包、印花、内外封筒、钉封，均已拆损，当饬臬司飞速跟查以凭从严参办。据署臬司林肇元详：据大定、黔西、贵筑、清镇、毕节等府州县申称，前项夹板该府州县各站，均系原接原递，并无私拆情事。惟夹板上有隆桥驿站粘签，声明前途拆损字样等语。该署司以既经粘签声明，显系隆桥驿以前各站私行拆阅。经司札饬四川各县确切查明，均以空词申覆，详请核办前来。臣查夹板公文最关紧要，前准总理各国事务衙门咨会，亦以该衙门近接咨函每被驿站私拆，令即一体严查究办。诚以多事之秋，情伪百出，若不设法严防，傥遇机密重情一经漏泄，贻误已不

① 台北故宫博物院藏：军机及宫中档，文献编号：104421。
② 《穆宗毅皇帝实录(六)》，卷二百八十六，同治九年七月上，第956页。

堪言。或抽添片纸只字，更将何所适从？而事涉中外，尤宜倍加慎密，相应请旨饬下军机处、总理各国事务衙门酌议，嗣后发递夹板，钉封各项公文，应须作何包裹，上下接递作何稽查，以杜弊端而昭妥速之处，咨令各省遵行。除由臣飞咨四川督臣饬司严究外，所有夹板被拆缘由，谨附片陈明，伏乞圣鉴训示。谨奏。同治九年七月十五日，军机大臣奉旨：钦此。①

【案】同治九年七月十五日，奉上谕：此谕旨上谕档载曰：

同治九年七月十五日，内阁奉上谕：曾璧光奏，夹板被拆，请饬稽查，以杜弊端等语。据称本年正月间，接到兵部同治八年十二月二十一日封发夹板一副，查看黄布包、印花、内外封筒、钉封，均有拆损，上有隆桥驿粘签声明前途拆损字样，显系隆桥驿以前各站私行拆阅等情。夹板公文最关紧要，竟敢中途私拆，实属胆大已极，若不严行根究，何以重邮政而昭慎密！着四川总督迅饬臬司确切查明，此项夹板究系何站拆动，从严惩办，不得含糊了事。至各省驿站，亦往往有私拆公文之弊，嗣后着各该督抚责成臬司妥议章程，于上下站接递详细稽察，以杜弊端，如查有拆损情事，即将私拆之人加等治罪，并将管驿之各该地方官从严参处，以儆效尤。将此通谕知之。钦此。②

---

① 台北故宫博物院藏：军机及宫中档，文献编号：101991。

② 中国第一历史档案馆编：《咸丰同治两朝上谕档》，第 20 册，第 158—159 页；《穆宗毅皇帝实录(六)》，卷二百八十六，同治九年七月上，第 956 页。

一六七　奏报川省同治九年十月雨水、粮价折

同治九年闰十月二十一日（1870 年 12 月 13 日）

头品顶戴四川总督臣吴棠跪奏，为恭报四川省同治九年十月份各属具报米粮价值及得雨情形，仰祈圣鉴事。

窃照同治九年九月份通省粮价及得雨情形，前经臣恭折奏报在案。兹查本年十月份成都等十二府，资州、绵州、忠州、茂州、眉州、泸州、邛州等七直隶州，理番、石砫、叙永三直隶厅，各属先后具报得雨自一二次至四五次不等。豆麦播种，小春滋长。其通省粮价俱与上月相同，据布政使王德固查明列单汇报前来。

臣覆核无异。理合分缮清单，恭呈御览，伏乞皇太后、皇上圣鉴。谨奏。闰十月二十一日。

同治九年十一月二十五日，军机大臣奉旨：知道了。钦此。①

一六八　呈川省同治九年十月粮价清单

同治九年闰十月二十一日（1870 年 12 月 13 日）

谨将四川省同治九年十月份各属具报米粮价值，开具清单，恭呈御览。

成都府属，价贵。中米每仓石价银二两七钱六分至三两八钱，与上月同。大麦每仓石价银一两八钱四分至二两一分，与上月同。

---

① 台北故宫博物院藏：军机及宫中档，文献编号：104704。

小麦每仓石价银二两一钱七分至二两三钱四分，与上月同。黄豆每仓石价银一两六分至二两四钱六分，与上月同。荞子每仓石价银一两一钱七分至一两七钱一分，与上月同。

重庆府属，价贵。中米每仓石价银二两五钱六分至三两五钱八分，与上月同。大麦每仓石价银一两六钱五分至二两，与上月同。小麦每仓石价银二两三钱一分至二两七钱三分，与上月同。黄豆每仓石价银二两七钱三分至三两三分，与上月同。

保宁府属，价贵。中米每仓石价银二两六钱四分至三两三钱五分，与上月同。大麦每仓石价银一两九钱二分至二两一钱三分，与上月同。小麦每仓石价银二两八钱六分至三两六钱，与上月同。黄豆每仓石价银一两八钱三分至二两一钱三分，与上月同。

顺庆府属，价贵。中米每仓石价银二两八钱一分至三两二钱二分，与上月同。大麦每仓石价银一两六钱二分至一两八钱一分，与上月同。小麦每仓石价银二两一钱一分至二两一钱四分，与上月同。黄豆每仓石价银一两五钱五分至一两六钱七分，与上月同。

叙州府属，价贵。中米每仓石价银三两七分至三两三钱七分，与上月同。大麦每仓石价银一两六钱七分至二两三分，与上月同。小麦每仓石价银二两一钱五分至二两六钱五分，与上月同。黄豆每仓石价银一两一钱至一两五钱一分，与上月同。

夔州府属，价贵。中米每仓石价银二两八钱七分至三两二钱二分，与上月同。大麦每仓石价银一两七钱九分至二两四钱七分，与上月同。小麦每仓石价银二两九钱六分至三两四分，与上月同。黄豆每仓石价银二两一钱六分至二两二钱六分，与上月同。

龙安府属，价贵。中米每仓石价银二两五钱七分至三两二钱七分，与上月同。青稞每仓石价银一两五钱，与上月同。小麦每仓石价银一两八钱至二两一钱九分,与上月同。黄豆每仓石价银一两八钱五分至一两九钱三分,与上月同。

宁远府属,价贵。中米每仓石价银二两九钱至三两二钱三分,与上月同。大麦每仓石价银一两四钱九分至一两六钱一分,与上月同。小麦每仓石价银一两六钱二分至二两二钱三分,与上月同。荞子每仓石价银一两四钱六分,与上月同。黄豆每仓石价银一两五钱六分至一两六钱三分,与上月同。

雅州府属,价中。中米每仓石价银二两八钱二分至二两八钱七分,与上月同。小麦每仓石价银二两三钱至二两六钱六分,与上月同。黄豆每仓石价银一两六钱八分至二两七钱,与上月同。

嘉定府属,价贵。中米每仓石价银二两八钱九分至三两四钱九分,与上月同。小麦每仓石价银二两三钱七分至二两七钱四分,与上月同。黄豆每仓石价银一两四钱九分至二两五分,与上月同。

潼川府属,价贵。中米每仓石价银二两九钱二分至三两一钱八分,与上月同。大麦每仓石价银一两六钱七分至一两九钱五分,与上月同。小麦每仓石价银二两一钱六分至二两五钱一分,与上月同。黄豆每仓石价银一两七钱九分至二两一钱六分,与上月同。

绥定府属,价中。中米每仓石价银二两五钱九分至二两八钱九分,与上月同。大麦每仓石价银一两五钱八分至一两五钱九分,与上月同。小麦每仓石价银一两六钱三分至一两七钱四分,与上月同。黄豆每仓石价银一两四钱三分,与上月同。

眉州直隶州属,价贵。中米每仓石价银二两七钱五分至三两五分,与上月同。

邛州直隶州属,价贵。中米每仓石价银二两六钱五分至三两八分,与上月同。大麦每仓石价银一两九钱三分,与上月同。小麦每仓石价银二两五钱九分，与上月同。黄豆每仓石价银二两一钱至二两二钱四分，与上月同。

泸州直隶州属，价贵。中米每仓石价银三两八分至三两九分，与上月同。

资州直隶州属，价中。中米每仓石价银二两五钱七分至二两九钱二分，与上月同。

绵州直隶州属，价贵。中米每仓石价银二两七钱四分至三两六分，与上月同。小麦每仓石价银二两三钱四分至二两四钱八分，与上月同。

茂州直隶州属，价中。中米每仓石价银二两六钱二分，与上月同。小麦每仓石价银二两六钱八分，与上月同。青稞每仓石价银二两二钱二分，与上月同。荞子每仓石价银一两二钱五分至一两七钱五分，与上月同。

忠州直隶州属，价贵。中米每仓石价银二两五钱九分至三两二钱七分，与上月同。大麦每仓石价银一两四钱六分至一两六钱，与上月同。小麦每仓石价银二两五分至二两四钱一分，与上月同。黄豆每仓石价银一两二钱七分至一两三钱七分，与上月同。

酉阳直隶州属，价贵。中米每仓石价银二两六钱至三两一钱，与上月同。大麦每仓石价银二两三钱至二两六钱二分，与上月同。小麦每仓石价银二两六钱四分至二两七钱八分，与上月同。黄豆每仓石价银一两三钱九分至一两四钱四分，与上月同。

叙永直隶厅属，价中。中米每仓石价银二两九钱八分，与上月同。小麦每仓石价银一两八钱一分，与上月同。荞子每仓石价银一两三钱四分，与上月同。黄豆每仓石价银一两六钱一分，与上月同。

松潘直隶厅，价中。青稞每仓石价银二两七钱六分，与上月

同。荞子每仓石价银一两七钱四分,与上月同。

杂谷直隶厅,价中。青稞每仓石价银二两四钱,与上月同。荞子每仓石价银一两七钱九分,与上月同。

石砫直隶厅,价平。中米每仓石价银一两六钱二分,与上月同。大麦每仓石价银一两七钱三分,与上月同。小麦每仓石价银二两六分,与上月同。黄豆每仓石价银一两八钱九分,与上月同。

打箭炉直隶厅,价贵。青稞每仓石价银四两九钱二分,与上月同。油麦每仓石价银一两八钱一分,与上月同。

军机大臣奉旨:览。钦此。①

一六九　呈川省同治九年十月雨水清单

同治九年闰十月二十一日(1870年12月13日)

谨将同治九年十月份四川省所属地方报到得雨情形,开具清单,恭呈御览。

成都府属:成都、华阳两县得雨五次,小春播种。简州得雨四次,红花滋生。崇庆州得雨三次,葫豆播种。汉州得雨四次,小春滋长。温江县得雨二次,红花种毕。郫县得雨五次,小春滋长。崇宁县得雨一次,葫豆滋生。新都县得雨三次,二麦播种。灌县得雨五次,四乡播种。金堂县得雨三次,葫豆滋生。新繁县得雨四次,大麦滋生。彭县得雨二次,小麦滋长。新津县得雨一次,葫豆播种。双流县得雨三次,小春滋生。什邡县得雨一次,豆麦渐长。

重庆府属:江北厅得雨二次,小春渐长。巴县得雨四次,小春

---

①　台北故宫博物院藏:军机及宫中档,文献编号:104704-0-A。

渐生。江津县得雨二次，菜子滋长。长寿县得雨三次，大麦播种。永川县得雨三次，小春萌生。荣昌县得雨四次，豆麦稍长。綦江县得雨二次，小麦滋生。南川县得雨二次，小春下种。璧山县得雨三次，大麦滋长。涪州得雨一次，葫豆渐长。大足县得雨三次，小麦渐生。定远县得雨二次，豆麦滋长。

夔州府属：奉节县得雨二次，田水充足。巫山县得雨一次，大麦稍长。云阳县得雨三次，豆麦滋生。开县得雨一次，田水充足。万县得雨三次，杂粮播种。大宁县得雨二次，小麦播种。

龙安府属：平武县得雨一次，豆麦萌芽。江油县得雨二次，葫豆滋长。彰明县得雨四次，大麦渐生。

绥定府属：新宁县得雨三次，二麦滋生。城口厅得雨二次，小春播种。

宁远府属：会理州得雨三次，小春播种。

保宁府属：阆中县得雨二次，小春播种。南部县得雨二次，小麦发生。广元县得雨三次，豌豆滋长。巴州得雨二次，豆麦发生。通江县得雨三次，豆麦滋长。剑州得雨二次，小麦滋长。

顺庆府属：南充县得雨三次，豆麦滋长。西充县得雨二次，农民播种。蓬州得雨三次，堰水充足。营山县得雨二次，豆麦滋长。岳池县得雨二次，冬粮滋长。邻水县得雨三次，播种小春。

潼川府属：三台县得雨四次，田堰积水。射洪县得雨二次，农民播种。盐亭县得雨三次，豆麦萌生。蓬溪县得雨二次，二麦滋长。安岳县得雨一次，田水欠缺。乐至县得雨三次，田堰积水。

雅州府属：雅安县得雨二次，小春播种。名山县得雨一次，田水欠缺。芦山县得雨二次，播种小春。天全州得雨一次，田水欠缺。

嘉定府属：乐山县得雨三次，小春播种。峨眉县得雨二次，豆麦播种。洪雅县得雨三次,豆麦滋长。犍为县得雨二次,豆麦发生。荣县得雨二次,小春渐生。峨边厅得雨四次,小春萌芽。

叙州府属:南溪县得雨三次,小春播种。富顺县得雨二次,小麦滋长。隆昌县得雨三次,豆麦发生。长宁县得雨二次,小麦滋长。

资州直隶州属:资州得雨三次,小春播种。资阳县得雨二次,田土润泽。仁寿县得雨三次,田水足用。井研县得雨二次,小春萌芽。内江县得雨四次,堰水欠足。

绵州直隶州属:绵州得雨一次,二麦种毕。德阳县得雨一次,田水充足。安县得雨四次,小春滋长。绵竹县得雨一次,堰水欠足。梓潼县得雨一次,田水充足。罗江县得雨三次,堰水已足。

忠州直隶州属:忠州得雨二次,播种小春。酆都县得雨三次,播种二麦。垫江县得雨二次,田水充盈。梁山县得雨三次,葫豆滋茂。

茂州直隶州属:茂州得雨二次,堰水充盈。汶川县得雨一次,田水充足。

眉州直隶州属:眉州得雨三次,堰塘积水。彭山县得雨二次,豆麦滋生。丹棱县得雨二次,小春完毕。

泸州直隶州属:泸州得雨四次,小麦发生。合江县得雨三次,小春播种。纳溪县得雨三次,小春发生。

邛州直隶州属:邛州得雨四次,小春播种。蒲江县得雨二次,小春种毕。

理番直隶厅得雨一次,田土滋润。

石砫直隶厅得雨四次,田水充足。

叙永直隶厅属:叙永厅得雨三次,小春播种。永宁县得雨三次,小春发生。

军机大臣奉旨：览。钦此。[1]

一七〇　请将游击李畊心从优议恤片

同治九年闰十月二十一日(1870年12月13日)

再,查淮扬镇标尽先游击李畊心,自咸丰十年以千总随臣转战徐宿、清淮,剿办捻匪,积功洊升今职。上年带队援滇,肃清昭、鲁,经提督唐友耕咨请核奖,未及具奏,遽于本年二月二十七日在营积劳病故,情殊可悯。合无仰恳天恩,敕部将游击李畊心照军营立功后积劳病故例优恤,以慰忠魂。谨附片陈明,伏乞圣鉴训示。谨奏。

同治九年十一月二十五日,军机大臣奉旨：李畊心着交部照军营立功后积劳病故例,从优议恤。钦此。[2]

一七一　阵亡官绅团勇及殉难绅
　　　　民、殉节妇女请旌恤折

同治九年闰十月二十一日(1870年12月13日)

头品顶戴四川总督臣吴棠跪奏,为续查川省剿贼阵亡之官绅

---

①　台北故宫博物院藏：军机及宫中档,文献编号：104730。此清单具呈日期未确。兹据内容判定其为104704号折附件。

②　台北故宫博物院藏：军机及宫中档,文献编号：104712。又,吴棠等《游蜀疏稿》,第261—262页。其尾记曰："同治九年闰十月二十一日附片具奏,同治十年正月初二日准军机大臣奉旨：李畊心着交部照军营立功后积劳病故例,从优议恤。钦此。"

团勇及殉难绅民、殉节妇女,恳恩分别旌恤,以彰忠节,恭折具奏,仰祈圣鉴事。

窃查川省自军兴以来,所有历年各处防剿阵伤、亡故官绅团练并殉难绅民、殉节妇女,诚恐日久湮没不彰,前经奏明在省城设立采访忠节总局,委员会督绅耆,探访汇办,先后十七次奏请旌恤在案。兹据总局司道查明松潘、冕宁等十三厅州县阵亡绅团以及殉难绅民、殉节妇女,共有二百八十三名口,分别造具花名清册,详请具奏前来。

臣覆查册开阵亡绅团张必达等二百二十一名、殉难绅民涂文学等九名、殉节妇女猱女等五十三口,或御贼捐躯,或见危授命,均属深明大义,忠节凛然!合无仰恳天恩,饬部核议,分别旌恤,以慰忠魂而昭节烈,出自鸿慈。除清册咨部外,是否有当,理合恭折具奏,伏乞皇太后、皇上圣鉴训示。谨奏。闰十月二十一日。

同治九年十一月二十五日,军机大臣奉旨:张必达等均着交部分别旌恤。钦此。①

一七二　审拟甲木参功布等京控折

同治九年闰十月二十一日(1870 年 12 月 13 日)

头品顶戴四川总督臣吴棠跪奏,为京控重案审明定拟,恭折仰祈圣鉴事。

---

① 台北故宫博物院藏:军机及宫中档,文献编号:104711。

　　窃查前兼署督臣乐斌[①]任内准都察院咨：据四川鱼通长官甲木参功布等遣抱告朗扎什，以夺袭吞业被诬激变等词，赴该衙门呈诉一案，于咸丰六年八月初十日具奏，十一日，由内阁抄出奉上谕：都察院奏，四川鱼通长官甲木参功布等以夺袭吞业被诬激变等情等因。钦此。钦遵钞录原奏同呈知照等因。遵即提省审办。因被告坚参生朗多吉患病不能赴审，该原告甲木参功布未能久候，亦即回鱼通。当将不能依限完结情形由司详经咨展，嗣准行催，复经咨覆。迨后屡提不到，发交雅州府就近提审，仅据该土司等派令头人赴府代质，提讯各执一词，无从定断。两土司讦讼多年，未便操之过促，致令别生枝节。亦经咨明，并迭次严提去后。兹据雅州府知府黄云鹄讯供议拟，由建昌道鄂惠审移布政使王德固、按察使英祥核详到臣。

　　经臣覆加查核，缘甲木参功布系已故鱼通长官司甲木参彭楚之子，甲木参彭楚系已故穆坪宣慰使甲勒参讷木喀嫡长曾孙。坚参生朗多吉系甲木参功布同曾祖堂叔祖，甲勒参讷木喀之妻朱窝氏生子甲凤翔，甲凤翔生子甲天恩，甲天恩生子甲木参彭楚，甲木参彭楚生子即系甲木参功布。朱窝氏故后，甲勒参讷木喀继娶包氏观神姐，生子甲凤池、甲凤翎、丹紫江楚。又娶妾王氏，生子丹增汪结。乾隆五十五年，甲勒参讷木喀年班进京时，甲凤翔、甲凤池、

---

　　① 乐斌（？—1875），觉罗氏，满洲正黄旗人。道光年间，充印务参领。二十二年（1842），补正红旗蒙古副都统。同年，授乌里雅苏台参赞大臣。二十六年（1846），署正蓝旗满洲副都统。是年，充武职六班大臣、值年旗大臣。二十八年（1848），任值年旗大臣。翌年，补盛京副都统。咸丰元年（1851），擢乌鲁木齐都统，署理盛京将军。二年（1852），兼署正黄旗满洲都统。三年（1853），授绥远城将军。同年，调补成都将军。次年，兼署四川总督。六年（1856），授陕甘总督。光绪元年（1875），卒于任。

甲凤翎先后病故，丹紫江楚已当喇嘛，甲天恩年幼，随带丹增汪结，同往朝觐。曾蒙高宗纯皇帝赏给丹增汪结六品顶戴、蟒袍、补服等件。甲勒参讷木喀旋川时，自揣年老辞退，以丹增汪结曾受天恩，又能办事，禀经前督臣鄂辉[①]题准，以丹增汪结袭职。嗣甲天恩成立，以伊孙嫡孙不能承袭，控经道府讯明，断令丹增汪结拨给土民二百户，内七十二户归甲天恩管理，其余一百二十八户由土司征收银米，与甲天恩母子养赡，结案。嘉庆十四年，丹增汪结因侵用恤赏银两参革，所遗穆坪宣慰使土职，经前督臣常明[②]查验，甲天恩不协番情，甲木参彭楚年稚，难资弹压。惟丹紫江楚年长成，实为番众悦服，遂以丹紫江楚还俗题袭。甲天恩不服翻控，批饬道府提讯。丹紫江楚愿于鱼通地方拨出虔吉、那甲、麦笨三村民户，交甲

①　鄂辉（？—1798），碧鲁氏，满洲正白旗人。乾隆年间，前锋分发四川，保试用守备。三十七年（1772），署建昌镇越嶲营守备。次年，补宁越营都司。三十九年（1774），调补广东潮州镇游击。四十年（1775），升湖北兴国营参将。次年，调贵州上江协副将。四十二年（1777），补四川成都军标中军副将。四十五年（1780），迁四川建昌镇总兵。翌年，加法式尚阿巴图鲁名号。四十八年（1783），擢云南提督。五十一年（1786），授成都将军。五十二年（1787），兼署四川总督。是年，调补福州将军。五十三年（1788），赐双眼孔雀翎、云骑尉世职。五十五年（1790），授四川总督。次年，任驻藏办事大臣。嘉庆元年（1796），加头等侍卫、太子少保，封三等男。二年（1797），调补云贵总督。翌年，卒于任。谥恪靖。有《钦定平苗纪略》等行世。

②　常明（？—1817），佟佳氏，满洲镶红旗人。乾隆四十九年（1784），充步军统领衙门笔帖式。五十二年（1787），选步军统领衙门主事。五十四年（1789），放湖南桂阳州知州。五十六年（1791），升云南曲靖府知府。六十年（1795），迁贵州贵东道，赏戴花翎。同年，擢按察使，加智勇巴图鲁勇号。嘉庆元年（1796），丁母忧，留署贵州按察使。次年，升贵州布政使。三年（1798），署理贵州巡抚，晋二品顶戴。六年（1801），授贵州巡抚。八年（1803），调补伊犁领队大臣。次年，授库车办事大臣。十年（1805），补湖北盐法道。十一年（1806），授山西按察使。同年，调补陕西布政使。十三年（1808），补湖北巡抚。十五年（1810），授四川总督。十八年（1813），署成都将军。二十二年（1817），卒于任。赠太子少保，谥襄恪。

天恩管理,结案。道光七年,丹紫江楚病故。其子坚参生朗多吉年仅六岁,请以丹紫江楚之妻包氏七力洛玛护理,俟坚参生朗多吉年岁合例时袭职,具结咨部覆准。嗣甲木参彭楚总以伊系嫡裔不能承袭,心怀不甘,即以废嫡立庶等词遣抱羊札什赴京控准,递解回川,讯明控出有因免议。旋据包氏七力洛玛以穆坪所管地方辽阔,查难周顾,除前次分给三村之外添拨五村,共计八村,与甲木参彭楚请职分管,奏蒙允准,赏给甲木参彭楚六品顶戴,颁给鱼通长官司印信、号纸,划分地界,俾资约束。夷众仍归穆坪土司统辖,完结。迨后,坚参生朗多吉年长,包氏七力洛玛年衰,即以坚参生朗多吉题袭。甲木参彭楚因不得承袭,心仍不服,时与坚参生朗多吉争讼,并将一切事件不遵定章,径禀径详。迨经上司驳令,由穆坪土司核转,甲木参彭楚愈加怨恨,复行遣抱张兴文赴京控准,咨解回川,呈悔讯结,覆奏完案。

讵甲木参功布因父不得袭职,先后分得村地界址混杂,常起争端,屡酿边患,复起意京控,遂将先年结案,添砌情节,以夺袭吞业等情,遣抱告朗札什赴都察院衙门呈递。奏奉谕旨,咨解回川,提省审办。因被告坚参生朗多吉患病,不能依限完结,迭经咨展覆明,复发交雅州府就近札委清溪、芦山等县,分别将该原告甲木参功布等提解到府,并验明坚参生朗多吉实系患病沉重,不能赴审,派令头人董永曦等赴案代质。旋据该原告甲木参功布以控词失实具悔,该府恐有抑勒贿和情事,提集人证,按照控词,逐加研讯。

如所控坚参生朗多吉谋夺嫡袭,原断十三村,被头目包上云等舞弊、提出五村一节。讯据该头人董永曦等供称:乾隆年间,甲天恩争袭兴讼,蒙断拨给甲天恩土民二百户结案。嘉庆年间,丹紫江楚袭职,甲天恩复告。丹紫江楚愿于鱼通地界拨出虔吉、那甲、麦笨三村民户,交甲天恩管理结案。道光七年,甲木参彭楚京控,包氏七力洛玛愿于分给三村以外添拨五村,共计八村,与甲木参彭楚,请职分管。其时,甲木参功布年幼,过后传闻以为原断十三村被包上云等舞弊,提出五村,实系误听人言,并无其事。

又,如所控该土司仅管八村,仅有土户四百余户,其明虔、德绷两村更逼近寨署前后,坚参生朗多吉播弄残害,致两家夷民碍难安生一节。讯据董永曦等供称:明虔一村实逼近该土司寨署之前,德绷一村实逼近该土司寨署之后,界址夹杂,平时牛马践越,口角是非,事所常有,兼于咸丰十年三月蓝逆窜境,土司、头人等各派土兵防堵。明虔、德绷等村土兵夜巡乱焚岭,撞遇鱼通土兵,疑贼攻剿,互有伤亡,甲木参功布之弟甲逢春因伤身死。当时黑夜,何人杀伤何人,无从分辨。甲木参功布由府道控经前督臣批审,旋因瘟疫流行,病故人多,经阜和协委弁查勘,鱼通受害较众。且甲逢春身故,妻寡子幼,拟照罚赔夷例办理。两造均未到案,无从断结,并非坚土司播弄残害。

又,如所控咸丰三年借朝贡名色勒派盘费,控审概行抹置一节。讯据董永曦等供称:先年甲勒参讷木喀在日,鱼通八村地方共计土民四百六十六户,每届年班进京,共缴银四百六十六两。嗣因甲木参彭楚京控,已将此银断令豁免。至藏匿逸犯家产,本系甲木参彭楚砌词妄控,是以从宽未究。

又,如所控断还逃犯喜乐七力等,并喜乐七力自戕身死、复被诬控一节。讯据董永曦等供称:咸丰四年五月,甲木参功布备文,遣雍忠等赴穆坪具领逃犯,喜乐七力畏罪自戕身死。坚参生朗多吉疑有别故,禀经前任府檄委芦山县验讯,死由自戕,与人无尤。坚参生朗多吉又复禀奉前督臣批府提讯,系属虚诬,将坚参生朗多吉拟杖完结。并无匿犯支杀及夹讯雍忠之事。

又，如所控潜赴钦差载崇[①]行辕，翻控该土司父子为大逆邪教、灭嗣绝嫡长一节。讯据董永曦等供称：坚参生朗多吉先疑喜乐七力死有别故，又因鱼通地方常有广东客民携带洋货到彼发卖，坚参生朗多吉虑恐传习外教，难免失察之咎。是以控奉钦差行辕，咨送督辕，发交成都府审办。坚参生朗多吉续经查明，甲木参功布并无习教情事，曾遣头人代为具悔，并无别故。

又，如所控荫袭被夺、未获更正，遂致嫡长作为支庶，户口、贡赋大有不均一节。讯据董永曦等供称：乾隆五十五年，老土司甲勒参讷木喀年老有病，以丹增汪结曾受天恩，又能办事，禀经前督臣鄂辉题准袭职。迨后甲天恩成立争控，经道府讯明，断令丹增汪结拨给土民二百户。嘉庆年间争讼，拨给虔吉、那甲、麦笨三村民户，交甲天恩管理。道光年间京控，又于前拨三村之外添拨五村，共计八村，与甲木参彭楚请职分管，分纳贡赋，并无不均之事。

又，如所控既夺嫡袭，又复管辖嫡派，凡遇大小公件寻衅报复一节。讯据该土司甲木参功布供称：先年伊父甲木参彭楚出师剿

---

① 载崇(1826—1876)，爱新觉罗氏，满洲正蓝旗人。道光三十年(1850)，封头等辅国将军、散秩大臣。咸丰五年(1855)，任乾清门侍卫、内大臣。次年，署镶黄旗蒙古副都统。八年(1858)，署镶黄旗汉军副都统、正白旗汉军副都统，授内阁学士兼礼部侍郎衔、镶白旗汉军副都统、奏事班领，兼署右翼总兵，管理镶红旗汉军新营房事务。九年(1859)，署刑部左侍郎。同年，任拣选直隶等省营员大臣。十年(1860)，授考验八旗军政大臣，署刑部左侍郎。同年，补正白旗护军统领、兵部右侍郎，署刑部右侍郎、正白旗蒙古副都统。是年，任内阁学士，兼礼部侍郎衔。十一年(1861)，授銮仪使。同年，充翻译乡试正考官，补刑部右侍郎。同治元年(1862)，署镶红旗护军统领、镶黄旗蒙古副都统。同年，授吏部右侍郎、管理健锐营事务大臣、镶蓝旗护军统领。十一年(1872)，充御前侍卫。次年，任覆核朝审大臣。十三年(1874)，授刑部右侍郎。光绪二年(1876)，卒于任。

办猓夷,凯撒后奉文造报土兵名册,包氏七力洛玛揩不转申伊父军前劳疾,请以长子代办,坚参生朗多吉以不知其有无子嗣捏禀,前经伊父京控有案。且自分管鱼通以后,彼此即未往来,虽有管辖虚名,并无管辖实事。将来遇有辞退、承袭等事,冷边土司、咱哩土千户等耳目较近,应请由府取具各结详办,免由穆坪核转。每年应纳贡马、草粮折征银二十七两三钱三分三厘,亦请缴府申解,不致短少等语。他如所控巧使毒计、散布流言、夷众屡遭陷害、祖遗财产悉被霸吞各情,该原告甲木参功布均未能指出切实证据,情甘具悔,嗣后永敦和睦,不敢再行京控等情。由府议拟详道审移藩、臬两司核转前来。经臣覆加确核无异。

此案该土司甲木参功布因伊祖及父未能袭职,迭次兴讼,屡断不遵,乃又牵砌情词遣抱京控,本有不合。惟所控夺袭吞业各情,均系迭咨讯结旧案,即所称包上云等舞弊及藏匿逃犯等事,或系误听人言,或系控出有因,并未指有实据,均系坐诬。且系番酋无知,既据切实悔明,应与不知控情之朗札什并头人包良栋等,均请从宽,免其置议。明庹、德绷两村既逼近该土司甲木参功布寨署,前后界址交杂,易起争端,且甲木参功布之弟甲逢春前因防剿,与土兵黑夜相遇疑贼,互相攻击,致令受伤殒命,妻寡子幼,冻馁堪怜,自应援照罚赔夷例,将明庹、德绷两村划明界址,交清户口,归于甲木参功布管理,以作甲逢春妻子养赡之资,用示体恤。嗣后鱼通土司,即责成雅州府严行稽查,遇有袭替,亦由雅州府饬取冷边、咱哩切结详办;每年应纳贡马、草粮折政银二十七两三钱三分三厘,并准缴由雅州府申解,毋庸再由穆坪核转,永杜争端。倘该土司等再敢寻衅生事,立予参革严办。案已讯明,未到人证,免提省累。除供招咨部并都察院外,所有审拟缘由,理合恭折具奏,伏乞皇太后、皇上圣鉴,敕部核覆施行。谨奏。闰十月二十一日。

同治九年十一月二十五日,军机大臣奉旨:该部议奏。折内书写"钦差载崇"字样,殊与体制不合! 吴棠着交部察议。钦此。[1]

【案】由内阁抄出奉上谕……被诬激变等情等因;此上谕《清实录》载曰:

又谕:都察院奏,四川鱼通长官甲木参功布等以夺袭吞业、被诬激变等情,遣抱告赴该衙门呈控。此案穆坪土司承袭宣慰使,早已断结,何以该长官复以夺嫡具控? 其逃犯喜乐七力自戕一案,既非该长官谋害,何以坚参生朗多吉,复行翻控诬陷? 是否该土司恃强凌弱,抑系该长官挟嫌妄控,均应彻底根究。着交乐斌亲提人证、卷宗,秉公研讯确情,据实具奏。[2]

一七三 奏闻知府彭毓棻期满甄别折

同治九年闰十月二十一日(1870年12月13日)

头品顶戴四川总督臣吴棠跪奏,为知府到省年满,循例甄别,恭折奏祈圣鉴事。

窃照劳绩候补道府一年期满,例应详加察看,出具切实考语,分别堪胜繁简,专折奏闻。兹据候补班前尽先即补彭毓棻,年三十四岁,江苏附贡生,以在籍捐输抚恤及办团助捐出力,两次奏准以主事分部尽先补用,签分刑部,充江西司帮办主稿;由顺天副榜中

---

① 台北故宫博物院藏:军机及宫中档,文献编号:104727。
② 《文宗显皇帝实录(四)》,卷二百五,咸丰六年八月上,第235—236页。

式举人,充江西司正主稿。同治三年,丁忧回籍,委办清淮善后局务,奉旨以郎中即用。起复后,经前陕西抚臣乔松年奏带赴陕差委,以襄办军务出力,保准免选本班,以知府分发省份即补。七年,经臣随带入蜀,奏留差委,嗣指捐四川。八年六月,进京引见,奉旨:着以知府分发四川即补。钦此。十月初一日到省。嗣以建南肃清在事出力,奉旨:着归候补班前尽先即补,并赏加盐运使衔。钦此。兹据藩、臬两司以试看年满,出具考语,详请甄别前来。

臣察看该员彭毓荩,精明廉干,有守有为,先后当差已历三年,委办防剿,发审各局,随同司道等筹画军需,审结积案,实心实力,历久不懈,堪膺知府之任,应请留川无论应题、应调、应选缺出,尽先补用。倘或始勤终怠,仍当随时核办,断不敢以甄别在先稍涉回护。所有甄别知府堪以胜任缘由,理合恭折具陈,伏乞皇太后、皇上圣鉴。谨奏。闰十月二十一日。

同治九年十一月二十五日,军机大臣奉旨:吏部知道。钦此。①

一七四　请将陈克让殉难事迹宣付史馆片

同治九年闰十月二十一日(1870 年 12 月 13 日)

再,查前准吏部咨:转准国史馆移:以现在纂辑臣工列传,自咸丰十一年起至同治四年止已故京外官员事迹,行令详查,造册送馆,以凭纂辑等因。当经转行遵照去后。兹据布政使王德固转据达县知县李铭书详:据绥定府阖郡绅耆吴镇等呈称:窃查已故前绥

---

① 台北故宫博物院藏:军机及宫中档,文献编号:104729。

定府知府陈克让,奉天府承德县优贡,道光壬午科举人,癸未科进士,授职吏部主事。十四年,升本司员外郎。十七年,京察一等,升郎中,历任户部坐粮厅。二十年,授四川绥定府知府,在任勤政爱民,救灾恤患,绥属士民至今感颂不衰。咸丰元年,调升江安十府粮道。三年二月十一日,在江宁府省城巷战殉难,时年五十五岁。其妻李氏、弟陈克诚暨幼子陈松恩,均同时被害,情形最惨!厥后以胞侄陈玉章为嗣,系同治壬戌科举人,现官户部主事。该故员忠孝节义,萃于一门,吁恳奏恤予谥立传,借伸哀慕等情,由该县查明,造具事实清册,详经藩司核明请奏前来。

臣查该故员陈克让,前任绥定府知府,政绩卓著。迨升江安粮道,适值粤匪之难,以身殉国。其妻、子、胞弟三人同时殉难,洵属忠节凛然。除将事迹清册分送外,合无仰恳天恩,敕部查明陈克让曾否请恤议谥,照例办理,并准将该员服官殉难事迹宣付史馆,编入列传,以昭忠荩而顺舆情。臣为表率节烈起见,理合附片陈明,伏乞圣鉴训示。谨奏。

同治九年十一月二十五日,军机大臣奉旨:礼部议奏。钦此。[①]

一七五　确查通省办团官绅请旨汇奖折

同治九年十一月初十日(1870 年 12 月 31 日)

成都将军臣崇实、头品顶戴四川总督臣吴棠跪奏,为确查四川通省各府厅州县历年办理团练尤为出力官绅,请旨核实汇奖,以作

---

① 台北故宫博物院藏:军机及宫中档,文献编号:104728。此片具奏日期未确,兹据同批折件校正。

士气而固民心,恭折仰祈圣鉴事。

窃查川省自咸丰九年以至同治三年,滇匪倡乱于前,发逆纷乘于后,嚣然不靖,用兵将及五年;嗣又有松潘生番、建南猓夷之变,加以陕回黔苗横轶旁出,辄思摇荡蜀疆。然卒能使全省肃清,边防底定,此皆仰赖圣主威福、将士用命所致,而各府厅州县官绅团练捍卫之功,亦正有不可泯没者。前督臣骆秉章暨臣崇实三权督篆,遇有出力绅团,均经随时批准汇奖,间亦附入剿匪防边案内奏请鼓励,属当军书旁午之时,未及悉心考察,恐滋冒滥,而遗漏实多。

迨臣吴棠于同治七年调任川督,又以建南夷患未平,川北邻氛尚炽,会同臣崇实征兵调饷,竭蹶经营。虽迭饬各属整饬团防,而于激劝之行尚有志而未逮也。兹幸两载以来,凡有关乎军政吏治者,加意讲求,内患不生,外侮自无由而入,于是有裁勇节饷之举,将思薄赋轻徭,与民休息。第蜀为用武之地,限蛮隔夷,其民强悍而浮动,非认真团练无以助官军之不足,即无以防土寇之猝乘。近因楚北宣恩县地方会匪滋事,立时扑灭,钦奉寄谕,饬令力行保甲,整顿团练,以期消患未萌。仰见圣谟广运,悚佩难名!又经密饬川东交界地方实力稽查,随时搜捕,冀可上副朝廷慎重边陲之至意。惟念因军兴而后,各府厅州县官绅深明大义,志切同仇,或登陴固守以待援,或杀贼立功以自效,或散财养士,扫除本境之游氛;或誓众出师,恢复邻封之城邑。统计十余年中团练绅耆捐躯殉难者何止数万人,已由臣等另案查明、分别请恤在案。而锋镝余生、裹粮持梃之众尚未能遍沐鸿施,疆吏难辞其责。臣在于本年二月间,即经通饬确查,择尤拟保。兹据陆续详送前来。

合无吁恳天恩,俯准核实汇奖,以作士气而固其心。所有确查四川通省办理团练官绅请旨核实汇奖缘由,谨合词恭折具陈,伏乞皇太后、皇上圣鉴训示。谨奏。十一月初十日。

同治九年十一月二十八日,军机大臣奉旨:着准其择尤酌保,毋许冒滥。钦此。[①]

一七六　请将道员刘岳曙等免议片

同治九年十一月初十日(1870 年 12 月 31 日)

再,查统领援滇果毅后后军道员刘岳曙,前因未能约束勇丁,致有溃散。经臣等奏参,奉旨先行摘去顶戴,以示薄惩。当即饬拨银五万两,解交刘岳曙,妥为资遣。嗣又添拨银两,咨会提督胡中和,驰往督办。迭据胡中和咨报:果后后军勇丁经该提督会同刘岳曙,弹压开导,酌补欠饷,将为首创议李占春等五名正法枭示,各勇咸知畏惧,陆续缴齐军械,资遣回籍,责成该营官等,在毕节城厢及沿途一带驱逐稽查,押令安静行走,不准逗留,均已一律解散竣事,请将刘岳曙及该营官等分别开复免议等情,并据防剿局司道等会详前来。

臣等伏查道员刘岳曙,转战数省,屡著劳绩。此次勇丁溃散,该道虽未能约束于前,尚知愧奋于后。该营官等随同弹压稽查,亦无激变纵容情事。可否仰恳天恩,俯准将道员刘岳曙赏还顶戴,该营官一并免议之处,出自逾格鸿慈。谨合词附片陈明,伏乞圣鉴训示。谨奏。

---

① 台北故宫博物院藏:军机及宫中档,文献编号:104764。又,吴棠等:《游蜀疏稿》,第 263—270 页。其尾记曰:"同治九年十一月初十日,由驿具奏。于本年十二月十二日,准兵部火票递回原折,后开军机大臣奉旨:着准其择尤酌保,毋许冒滥。钦此。"

同治九年十一月二十八日,军机大臣奉旨:着照所请,该部知道。钦此。①

一七七　请将川省团防官绅援案酌奖片

同治九年十一月初十日(1870年12月31日)

再,查省垣团防,向系派委官绅经理。咸丰十一年,臣崇实在署督任内,同治四年,臣崇实在成都将军本任,会同前督臣骆秉章,曾将出力人员两次奏保,均奉谕旨允准在案。兹查各该官绅等,夙夜在公,勤劳备至,又历数年之久。臣等近以邻氛渐息,腹地全清,与司道及绅士等筹议,将省局裁撤,仍酌留官绅,照旧巡查城门,并节省团防之费,作为储谷之资。盖缘成都会垣地广人稠,偶遇粮价腾贵,贫民困苦,辄患日食不敷。

臣吴棠已委成绵龙茂道孙濂,于城内择地,修建仓廒,备储谷石,俟有就绪,另行奏报。惟当撤局之际,所有连年团防出力官绅始终不懈,均属著有微劳,拟请援案择尤酌奖,可否之处,出自皇上逾格恩施。谨合词附片陈明,伏乞圣鉴训示。谨奏。十一月初十日。

同治九年十一月二十八日,军机大臣奉旨:着准其择尤酌保,毋许冒滥。钦此。②

---

① 台北故宫博物院藏:军机及宫中档,文献编号:104778。又,吴棠等《游蜀疏稿》,第271—274页。其尾记曰:"同治九年十一月初十日,附片具奏。于本年十二月十二日,准军机大臣奉旨:着照所请,该部知道。钦此。"

② 台北故宫博物院藏:军机及宫中档,文献编号:104765。又,吴棠等《游蜀疏稿》,第275—278页。其尾记曰:"同治九年十一月初十日,附片具奏。于本年十二月十二日,准兵部火票递回原片,内开军机大臣奉旨:着准其择尤酌保,毋许冒滥。钦此。"

【案】咸丰十一年九月初四日，署川督成都将军崇实具折曰：

署理四川总督新授成都将军奴才崇实跪奏，为遵旨查明省垣办理城防团练，先将出力绅士开具清单，仰恳天恩，优加奖励，恭折附驲，奏祈圣鉴事。窃奴才前因省垣办理城防团练官绅著有微劳，奏请查明续奖在案。咸丰十一年二月初五日，奉上谕：出力员弁，着准其择尤保奏。钦此。窃查奴才自上年七月内接署督篆，正值逆匪窜踞元通场，距省仅数十里。奴才以根本重地，城防一切最关紧要，必须妥为布置，以期有备无患，遂传集现办城防团练官绅，谆谆晓谕，凡城上应用炮位及守御器械，必须多为制备。于各街道添修木栅，定时启闭。添派委员绅士，各分段落，清查户口。夜间即于木栅稽查，以防奸细。并募勇丁，分布城垛。编联保甲，按段抽送练丁，每夜轮流上城，随同新募勇丁，分班守城。四门及添修土城门外，各派委员绅士，稽查出入，以期有密无疏。派委候补道觉罗恒保总理督办，以专责成。设立城防总局，铸造炮位，添制器械，委员监督，以期工精料实。又于城外空心炮台，更臻巩固。是以贼匪屡次窜至省城附近，皆因省垣防守严密，声威震慑，不敢来扑，绕道他窜，偶有奸细窥探，均被擒获。根本重地，固若金汤。在事文武官绅，洵属著有微劳。其微末员弁已由臣随时酌奖，以示鼓励。至尤为出力文武各员，容俟督臣骆秉章到任后，周历城垣，详加察看，由奴才再行会同核实保奏，不敢稍涉冒滥。惟在事绅士当奴才未经接署督篆以前，业已勤劳逾岁，奴才接任后，每于风雨更深轻骑巡历，密自访查，以核勤惰。该绅士等昼夜辛勤,不辞劳瘁,皆奴才之所身睹。拟俟骆秉章接篆后,即赴川北,接办防堵。该绅士等以奴才交卸在即,咸思将其两年以来劳绩早为上达天听,以冀仰邀皇上逾格鸿施。当此军务吃紧之际,首在团结民心,用敢先将出力绅士开具清单,仰邀天恩优加鼓励,俾知有劳必录,感激踊跃,益加奋勉,实于地方大有裨益。所有遵旨查明办理省垣城防团练先将绅士开单请奖缘由,理合恭折附驲具奏,伏乞圣鉴训示。谨奏。九月初四日。咸丰十一年九月十八日,军机处赞襄军务王大臣奉旨:均照所请奖励,该部知道。单并发。钦此。①

【案】同治四年八月初六日,四川总督骆秉章会同成都将军崇实具折曰:

督办四川军务头品顶戴四川总督臣骆秉章跪奏,为酌保省垣历年办理城防团练尤为出力之文武官绅,仰恳天恩,以资鼓励,恭折奏祈圣鉴事。伏查川省自咸丰九年以来,邻氛未靖,边境日事防维,滇匪鸱张,腹地均遭蹂躏,团练城防实为要务。省会重地,更宜慎周。自前署督臣崇实到任之后,督饬委员添滚铸炮,于城上垛口分段各派文武员弁,会同绅士,梭织巡缉。选练壮丁,协同营丁,日夜防守,并编联保甲,按户稽查,以消内患。时值蓝潮柱、蓝潮武等率众上窜圆通场、赵家渡、温江、双流等处,迭次逼近省垣,皆赖文武官绅同心合力,扼隘登陴,城乡民心借以镇定。臣骆秉章莅任以后,仍督饬官绅认真办理,始终罔懈,并添派亲兵于四城门设卡稽查,以杜奸宄。复调副将侯光裕带裕字营暨虎威军,分扎近郊,以资弹

---

① 中国第一历史档案馆藏:军机录副,档案编号:03-4249-067。

压，而树声威。上年，中旗股匪窜至省西，相距不及百里，因省城内外戒备严整，不敢窥伺。并因青神散勇借索饷为名，肆行焚抢，窜至近省一带。臣就近派侯光裕带队，会同团练截剿，立即扑灭，战功尤著。窃维省垣为根本之地，民居稠密，最易藏奸。自办城防团练，前后已逾六年，遇有匪徒潜踪，立时擒获。虽当贼烽正炽，屡次戒严，而奸细无隙可伺，土寇不敢窃发。内防既固，外患自消，居重驭轻，得以四张挞伐，扫荡滇粤各股窜匪，不致有回顾之虞。该文武委员暨团练绅士无间寒暑，沐雨栉风，不惮艰辛，异常出力。核其劳绩，实与身在行间无异。惟历年既久，其中轮流更替，官绅在事者不下数百，未便概予请奖。臣督饬在局司道，细加酌核，择其尤为出力且系历事最久均在两年以上者，未便没其微劳，分别缮具清单，恭呈御览，仰恳格外鸿慈，俯准奖励，则群心鼓舞，弥切报效之忱。除拟保外委另具清册咨部查核外，所有酌保省垣历年办理城防团练之文武官绅，谨会同成都将军臣崇实，恭折由驿具奏，伏乞皇太后、皇上圣鉴训示。谨奏。八月初六日。同治四年八月二十六日，军机大臣奉旨：钦此。[1]

一七八　委解添拨京饷起程日期折

同治九年十一月初十日(1870 年 12 月 31 日)

头品顶戴四川总督臣吴棠跪奏，为川省委解添拨京饷起程日期，恭折仰祈圣鉴事。

---

① 中国第一历史档案馆藏：军机录副，档案编号：03-4762-058。

窃查本年初次奉拨京饷三十万两,已经委员王廷绶等先后解过银二十五万两,暨划拨黔饷银五万两,以符原拨三十万两之数,均经迭次奏报在案。尚有续奉添拨京饷盐厘银六万两、津贴银十万两,亦经委员孙开嘉解过银六万两。现值川省援邻防边及协济各省军饷,库款虽极支绌,而京饷关系正供,亟应勉力筹措。

臣督同司道严催各属凑集按粮津贴银一万五千两、盐厘银三万五千两,共银五万两,饬委试用同知俞鑅承领,定于十一月初五日由成都起程。惟陕南驿路通塞无常,仍照奏准成案,发交蔚泰厚等银号汇解,委员至京兑齐,解赴户部交纳,用昭慎重,据藩司王德固、盐茶道傅庆贻会详前来。臣覆查无异。除分咨外,理合恭折具奏,伏乞皇太后、皇上圣鉴。谨奏。十一月初十日。

同治九年十一月二十八日,军机大臣奉旨:户部知道。钦此。①

一七九　汇解固本饷银片

同治九年十一月初十日(1870 年 12 月 31 日)

再,川省应解固本饷项已先后解过银一十六万两在案。兹据司道竭力筹画,于盐货厘金项下凑集银一万两,作为同治八年四月二十一日起至六月二十一日止两个月固本饷项,饬委试用同知俞鑅领解,定期于十一月初五日自省起程,仍照奏准汇兑京饷成案,发交蔚泰厚等银号汇解,委员至京兑齐,解赴户部交纳,用昭慎

---

① 台北故宫博物院藏:军机及宫中档,文献编号:104768。此片具奏日期未确,兹据同批折件校正。

重等情，详请具奏前来。除咨户部暨管库大臣外，谨附片陈奏，伏乞圣鉴。谨奏。

同治九年十一月二十八日，军机大臣奉旨：户部知道。钦此。①

一八〇 筹拨协滇饷银片

同治九年十一月初十日(1870 年 12 月 31 日)

再，查川省奉拨滇饷，本年已解过银六万两，将起程日期奏报在案。兹复准滇省督、抚臣委员赴川守催，伏思川省连年筹拨京外饷需，有增无减，加以援邻防边，饷需浩繁，库藏搜括早空。今夏川东被水，捐输、厘金俱形减色，而邻省请拨之饷纷至沓来，实有万难兼顾之势。第滇省军务正在得手，需饷甚殷，不能不竭力筹济，以顾大局。

兹督同藩司王德固勉凑协饷银二万两，交滇省来川催饷委员永北厅同知许继衡管解，定期于闰十月二十四日自川起程，驰交云南藩库兑收，以济急需。除分咨外，理合附片陈明，伏乞圣鉴。谨奏。

同治九年十一月二十八日，军机大臣奉旨：知道了。钦此。②

一八一 委解李鸿章淮军月饷片

同治九年十一月初十日(1870 年 12 月 31 日)

再，川省奉拨直隶督臣李鸿章淮军月饷，前已三次委解过银十

---

① 台北故宫博物院藏：军机及宫中档，文献编号：104769。此片具奏日期未确，兹据同批折件校正。

② 台北故宫博物院藏：军机及宫中档，文献编号：104770。此片具奏日期未确，兹据同批折件校正。

三万两,均经奏报在案。昨准李鸿章咨催,以刘铭传奉旨督办陕西军务,深虑粮饷掣肘,即拱卫畿辅、分防江鄂各营,亦系关系大局,已奉谕旨饬将此次的饷如数筹解。伏思川省连月筹拨京饷及直隶、甘肃、云南、贵州各省协饷暨本省裁勇找欠、调军援黔等事,已属不遗余力。

兹复勉强腾挪,提凑厘金银五万两,饬委通判孔庆业管解,定期于十一月初六日自成都起程,解赴湖北粮台交收,拨供李鸿章与刘铭传所部淮军征防饷项,俾资周转。除分咨外,理合附片陈明,伏乞圣鉴。谨奏。

同治九年十一月二十八日,军机大臣奉旨:知道了。钦此。①

一八二 请将朱映南等革职拿问折

同治九年十一月初十日(1870年12月31日)

头品顶戴四川总督臣吴棠跪奏,为特参失防监犯越狱管狱各官,请旨分别革审、勒缉,恭折仰祈圣鉴事。窃据平武县知县屠天培禀报:同治九年十月二十三日,据该县典史朱映南申:据禁卒胡贵等禀称:本月二十二日夜,风雨交作,五更时分,监犯罗三沅乘禁卒人等困倦熟睡,扭脱刑具,攀断栅栏,翻墙逃逸,追捕无获等情。查罗三沅系故杀苏灏惊身死、照律拟斩监候入于本年秋审情实业已奉旨勾决、行司密饬处决之犯。监狱重地应如何严密防范,乃该管狱、有狱各官于未奉文之先漫不经心,以致监犯罗三沅越狱脱

---

① 台北故宫博物院藏:军机及宫中档,文献编号:104771。此片具奏日期未确,兹据同批折件校正。

逃,实非寻常疏忽!且难保禁卒、更夫人等无得贿松刑故纵情弊,亟应提省审究,勒限严缉,据藩、臬两司会详揭参前来。

相应请旨将管狱官平武县典史朱映南即行革职拿问、有狱官平武县知县屠天培革职留任。臣一面饬司委员驰往查勘越狱脱逃确切情形,并行提该典史朱映南与禁卒、更夫人等到省,研审有无得贿松刑故纵情弊,严行惩办。所遗平武县典史一缺,应归部选,惟川省现有应补人员,容臣扣留拣员咨补。除檄饬该县勒限严拿,并通饬各属一体协缉逃犯罗三沅务获究办外,理合恭折参奏,伏祈皇太后、皇上圣鉴训示。遵行。谨奏。十一月初十日。

同治九年十一月二十八日,军机大臣奉旨:钦此。[1]

【案】此案于同治九年十一月获批覆:

同治九年十一月二十八日,奉旨:所参疏防监犯越狱之管狱官四川平武县典史朱映南,着即革职拿问,交吴棠提同刑禁人等严讯有无松刑贿纵情弊,按律定拟具奏;有狱官平武县知县屠天培,着革职留任,并着勒限将逸犯罗三沅严缉务获。傥限满无获,即行从严参办。余着照所议办理。该部知道。钦此。[2]

一八三　奏闻川省文武官员垫支军需请奖折

同治九年十一月初十日(1870年12月31日)

头品顶戴四川总督臣吴棠跪奏,为川省文武官员垫支军需银

---

① 台北故宫博物院藏:军机及宫中档,文献编号:104772。
② 中国第一历史档案馆编:《咸丰同治两朝上谕档》,第20册,第373页。

两,遵照新章恳恩给予奖励,以昭激劝,恭折仰祈圣鉴事。

窃照同治三年十一月间接准部咨:议覆湖南抚臣恽世临奏各州县垫用防堵经费,准其查照银数议叙,并移奖子弟及本族之人,仍照筹饷及现行常例核算不准减成者外,用兵省份事同一律,应令照办等因。奉旨:依议。钦此。咨行来川。当经通饬遵照。伏查川省自咸丰元年起至同治三年六月底止,各属办理防剿收支款目,前由司道逐一勾稽,造册开单,详经前督臣于同治四年十一月二十八日具奏,并将册籍咨部,声明各属自行垫支银一十六万五百三两零。旋准部咨:嗣后各省垫办军需银两,无论本员请奖及移奖子弟并本族之人,均只准给予升衔、职衔、封典、级记,不准给予实职等因。迭经照办在案。兹据前任遂宁县知县卢光吉等十六员,或请本身议叙,或移奖子弟,各造具三代年贯,禀赍到局。该司道等查核,各该员等所垫银两数目,按照定例与所请议叙银数,均属有盈无绌,且距销案到部之日未满五年,造具各员衔名、银数清册,会详请奏前〈来〉。

合无仰恳天恩,饬部核明给奖,以昭激劝。其余尚未禀奖各员,容俟催齐,核明另办。除将清册分咨部、监外,理合恭折具陈,并照缮清单,恭呈御览,伏乞皇太后、皇上圣鉴训示。谨奏。十一月初十日。

同治九年十一月二十八日,军机大臣奉旨:户部核议具奏,单并发。钦此。①

---

① 台北故宫博物院藏:军机及宫中档,文献编号:104773。

一八四　呈川省文武官员垫支军需银两清单

同治九年十一月初十日(1870年12月31日)

谨将川省自咸丰元年起至同治三年六月底止，办理防剿垫支军需银两，应行请叙各员衔名、银数，开具清单，恭呈预览。

计开：前任遂宁县知县卢光吉垫支军需银一千八百六十九两六钱零，拟请旨将该员子弟卢炳煌由俊秀议叙监生，并加通判衔；卢盛奎由俊秀议叙监生。

前署汶川县知县吴鼎立垫支军需银一百九十三两六钱零，拟请旨将该员之子吴福绥由俊秀议叙监生，侄孙吴殿元由俊秀议叙从九品衔。

前任宜宾县知县王金绶垫支军需银七百五十九两二钱零，拟请旨将该员之子王锦章由尽先即补知州议叙加一级，并堂侄王宝章由后补班前补用知县，议叙加二级。

前任泸州直隶州知州李卿谷垫支军需银四百三十五两七钱零，拟请旨将该员之亲谊祝慈望由俊秀议叙监生，加翰林院孔目衔。

前任叙永厅同知祝兢垫支军需银六百八十六两八钱零，拟请旨将该员之子祝慰望由附生议叙贡生，加翰林院孔目衔；祝宪望、祝愈望均由俊秀议叙监生。

升任清溪县知县周岐源垫支军需银三百九十六两六钱零，拟请旨将该员之子周毓桂由监生议叙布政司理问衔。

前任叙永厅同知郑尊仁垫支军需银一百六十六两六钱零，拟请旨将该员之嫡堂侄郑贻彤由俊秀议叙监生。

前署乐山县事候补知县刘仰祖垫支军需银六百三十九两三钱零,拟请旨将该员本身由候补知县议叙寻常加三级。

前署西昌县知县黄华镐垫支军需银一百五十两三钱零,拟请旨将该员之子黄绪浯由俊秀议叙从九品衔。

前任洪雅县知县补用知府梅锦堂垫支军需银一千一百一十八两二钱零,现又补解银一十一两八钱,拟请旨将该员本身由知府议叙加一级并祖父母、父母请三品封典。

前任巫山县知县洪瞻陛垫支军需银四百四十两七钱零,拟请旨将该员之子洪锡彝由五品衔候补知县议叙五品封典,将本身妻室应得封典貤封祖父母。

前四川按察使司蒋征蒲垫支军需银八百二十二两七钱零,拟请旨将该员之子蒋定成由候选员外郎议叙随带加二级,又寻常加一级。

前署万县知县余居宽垫支军需银五百九十八两七钱零,拟请旨将该员之子余椿熙由知州衔尽先补用知县议叙加寻常二级、记录三次。

前任长寿县知县费兆钺垫支军需银一千四百四十七两三钱零,拟请旨将该员本身由知县议叙随带加一级,并子费华龄由俊秀报捐监生,加光禄寺署正衔。

前任鄮都县知县吴锦铨垫支军需银一千九百九十四两三钱零,拟请旨将该员之子吴德庆由步库大使议叙加三级,并孙吴松年、吴鹤年均由俊秀议叙贡生。

前任苍溪县知县杨行端垫支军需银九十九两三钱零,拟请旨将该员之孙杨名珂由俊秀议叙从九品衔。

前署纳溪县知县雷尔卿垫支军需银一百一十二两七钱零,拟请旨将该员本身由知县议叙记录二次。

前署阜和协副将谢国泰垫支军需银三百二两三钱零，拟请旨将该员之孙谢福荫由俊秀议叙监生，加县主簿衔。

军机大臣奉旨：览。钦此。①

一八五 通筹黔省全局事宜折

同治九年十一月十五日(1871 年 1 月 5 日)

成都将军臣崇实、头品顶戴四川总督臣吴棠跪奏，奏为通筹黔省全局事宜，似应先清上游股匪，改从都匀进兵，规取苗疆，请旨敕下贵州抚臣、提臣和衷商办，以期粮道、军情较有把握，恭折覆陈，仰祈圣鉴事。

窃臣等于十一月初六日承准军机大臣字寄：同治九年闰十月二十二日，奉上谕：<u>曾璧光奏，提督赴任，分别筹办军务一折，即着崇实、吴棠，催令周达武驰赴本任，接办下游军务，会同楚省各营，将梗化逆苗次第扫除，以靖边圉。前已有旨，军营紧要机宜，准周达武会同曾璧光，列衔具奏。黔省带兵各员，遇有应剿、应防事宜，悉听周达武调遣，业已优于事权。曾璧光此次所陈，虑及下游各属意见参差，所见亦是。并着照所请，周达武着帮同曾璧光办理军务，所有下游府厅州县悉归该提督节制</u>②等因。钦此。查提督周达武前于十月十一日自川省起程，随带武字马步全军五千九百人，昨准咨报，已于闰十月十七日驰抵瓮安一带布置替防。原拟于唐

---

① 台北故宫博物院藏：军机及宫中档，文献编号：104774。
② 划线部分文字，据《游蜀疏稿》校补。

炯各营中酌留精锐数千人,因恐呼应不灵,概令裁撤,①自行招募新军,以期得力。该提督渥荷殊施,准令列衔奏事,并黔省带兵各员遇有应剿应防事宜,悉听调遣,仰见圣明洞烛万里,优于事权。兹复蒙慈谕,令其帮办军务,下游府厅州县悉归节制。周达武自应感激奋发,迅赴戎机。惟黔省全局事宜,有不得不通盘筹画者,请为皇太后、皇上覆陈之。

溯自同治六年冬间,前督臣骆秉章暨臣崇实先后奏派唐炯督师援黔,正值贵州上下两游苗号交讧、遍地荆榛。经川军转战而前,不数月间,将上游号匪次第扫除,惟余安顺零贼及兴义逆回而已。其时黔师自任都匀一路,唐炯锐意苗疆,遂从黄平、重安悬军深入,不得已檄调提督陈希祥驰赴下游,分防要隘,黔省犹力争之。迨八年都匀得而复失,安顺零贼勾结逆苗,时出清平以扰粮道,川军备多力分,势成骑虎,终不免师疲财匮之讥。今都匀迄未攻克,安顺零贼仍系唐炯移师后抽派安定四营,相机剿抚,据报大致廓清。伏莽尚思蠢动,而兴义之界连滇回者,猖獗如故,若不惩前次之失,先清上游股匪,改从都匀进兵,而遽令周达武驰赴下游,必至孤立无援、饥溃立见。

臣等援黔数载,不惜巨饷重兵,力顾大局,初未敢有贪功之念,亦何敢居偾事之名?况贵州抚臣动以川楚协和为言,而于提督将赴任以前,预为此划界分疆之见。其形诸奏牍者,不过以蜀黔饷章稍异,岂知川军口粮系前督臣骆秉章厘定,仿照楚军营制,有减无增,非此不足以养其身家,用其心力。贵州粮价腾踊,山径崎岖,尤当以乏食为虑。该省兵练往往因饥溃而流为盗贼,一时无以自强,

---

① "裁撤",军机录副作"截撤",兹据《游蜀疏稿》校正。

正坐此病，虽饷项每虞短绌，然就各省协济捐输、省厘金、谷石实在有着之款，每岁约可收集银数十万。如果慎选将领，裁并滥练疲兵，杜绝虚冒，亦足自成一队，所谓兵在精不在多也。前次黔省带兵各员，悉听周达武调遣之命，钦奉特旨，非臣下所敢故违。即臣等会议妥筹改拨协黔的饷，奏请周达武驰赴本任，接办军务，亦以提督有统辖全省、节制各镇之责。得此的实协饷，冀可与抚臣曾璧光协力同心，从容展布，以竟全功，非若客兵之各有主持、互相推诿也。

合无吁恳天恩，敕下贵州抚臣曾璧光、提臣周达武和衷商办，将黔省兵练重加整顿，与武字全军会合，先清上游股匪，改从都匀进兵，规取苗疆，以期粮道、军情较有把握。周达武以本省提督帮办军务，例得列衔奏事。所有原部兵勇及自募新军，应即由该提督会同巡抚，查核奏报，以一事权。除饬令唐炯明白登覆，另行查核具奏外，谨先将通筹黔省全局事宜，请旨敕下贵州抚臣、提臣和衷商办缘由，合词恭折覆陈，伏祈皇太后、皇上圣鉴训示。谨奏。十一月十五日。

同治九年十一月二十八日，军机大臣奉旨：钦此。①

【案】同治九年十一月二十八日，此折获批覆，清廷饬令曾璧光、周达武和衷共济，细心筹画，以竟全功：

军机大臣字寄：成都将军崇、四川总督吴、贵州巡抚曾：同治九年十一月二十八日，奉上谕：崇实、吴棠奏，通筹黔省全局事宜一折。据称黔省军务宜惩前此之失，先清上游股匪，改从都匀进兵，若遽令周达武驰赴下游，必至孤立无援等语。昨因

---

① 台北故宫博物院藏：军机及宫中档，文献编号：104775。又，吴棠等：《游蜀疏稿》，第279—292页。其尾记曰："同治九年十一月十五日，由驿具奏。于本年十二月十二日，准兵部火票递回原折，内开军机大臣奉旨：另有旨。钦此。"

周达武驰抵贵州,筹办进剿,并请添募兵勇,当经谕令该提督与曾璧光妥为筹画。贵州军务日久未见起色,曾璧光、周达武亟应设法整顿,和衷商办,期于实事求是,岂可各存意见? 即着该抚等按照崇实等所奏及贵州现在情形,悉心筹画,妥为布置,以期迅扫贼氛,早除民害。倘因彼此意见两歧,致日久无功,贼势鸱张益甚,恐曾璧光、周达武不能当此重咎也。将此由五百里谕知崇实、吴棠、曾璧光,并传谕周达武知之。钦此。遵旨寄信前来。①

【案】周达武着帮同曾璧光办理军务:同治九年十一月十三日,贵州提督周达武具折曰:

贵州提督博奇巴图鲁奴才周达武跪奏,为恭谢天恩,仰祈圣鉴事。窃奴才前准成都将军臣崇实、四川督臣吴棠咨调赴黔,随带原部武字营马步五千九百人,由成都起程。兹于十月二十六日,在重庆行营复接川省来咨:承准军机大臣字寄:同治九年十月初七日,奉上谕:着崇实、吴棠传知周达武,即赴贵州提督本任,接办军务,遇有军营紧要机宜,准该提督就近会同曾璧光,列衔具奏等因。钦此。当即恭设香案,望阙叩头谢恩。伏念奴才驽骀下质,未悉韬钤。自同治元年带兵入蜀以来,转战大竹、巴州、松潘、建南及甘肃阶州等处,无役不从,幸致克捷。四年十二月间,奉旨补授贵州提督。该省与川境毗连,用兵日久。奴才以职守所在,遇事咨询,于苗疆地势、军情尚为晓悉。兹复仰蒙宠命,准令列衔奏事,并饬黔省带兵各

---

① 台北故宫博物院藏:军机及宫中档,文献编号:408018117;《穆宗毅皇帝实录(六)》,卷二百九十八,同治九年十一月下,第1130—1131页。

员,悉听调遣,事权愈重,报称愈难。刻拟振旅入黔,先赴道员唐炯驻扎之平越州、瓮安县地方,拨队接防,妥为布置,保全已定之区,再行受篆任事,重整戎行,迅图会剿清郎岱、兴义之股匪,使贼势渐孤,而后无跋后疐前之患。从都匀、凯里以进兵,使粮运无阻,而后为长驱深入之谋。凡此应办事宜,惟有与抚臣曾璧光,虚衷商榷,实力维持,以冀仰酬高厚鸿慈于万一。所有奴才感激下忱,理合缮折,叩谢天恩,伏乞皇太后、皇上圣鉴。谨奏。闰十月初三日。同治九年十一月十三日,军机大臣奉旨:知道了。钦此。①

一八六　奏请同治十年川省续办按粮津贴折

同治九年十一月十五日(1871年1月5日)

头品顶戴四川总督臣吴棠跪奏,为川省征防各军暨京、协等饷需用甚巨,拟请援照成案,于同治十年续办按粮津贴,以资供支,恭折仰祈圣鉴事。

窃照川省因需饷浩繁,乏款接济,自咸丰年间起,按粮津贴每条粮银一两津贴银一两,随粮交纳,并声明汶川等处边瘠州县与曾被贼扰之区,量予免征,历经奏准遵办在案。兹据藩司王德固详称:本年自开征以来截至九月底止,共收津贴银四十二万三千二百八十八两零,又续收历年未完津贴银一十一万六千九百七十二两零,统共收银五十四万二百六十两零,均经随时拨供本省兵饷及京饷、协饷并防剿军需之用。

---

① 台北故宫博物院藏:军机及宫中档,文献编号:104581。

其汶川、越嶲等厅、州、县，或地当冲道，或壤接夷疆，或著名瘠苦，历年均系免征。兹查川省内地虽已肃清，而邻氛未靖，云、贵、陕、甘四省催拨协饷奏咨络绎，连月转输不绝于道，而各处积欠尚以数十万计，本年又新添淮军月饷三万，及原拨续拨京饷，筹解均不容缓。其援黔之武字、新字、忠字等营，防滇之振武营，防陕、防甘之武字、达字、虎威宝各营暨分堵边境之武安、定边等营，一切月饷、军火，应用尤繁，叠据文催，急于星火。通盘核计，需费甚巨，库项搜罗早竭，厘捐各款，随到随支，并无存积。若不预为筹备，何以接济供支，惟有仍借民力，冀应急需。

臣督同藩司王德固，悉心筹维，拟请同治十年份再行劝办按粮津贴，每条粮银一两，仍津贴库平库色银一两，于来年办征时如数交纳，并由司刊刻告示，遍贴晓谕。除现办边防暨路当孔道各厅、州、县向设夫马局供应差事暂准减成收支及各处坍塌城工仍应劝捐修理外，其余一切杂派经费概行禁革，不许私立名色添派丝毫。如有不遵，一经访闻，或被告发，即行撤参究办。其边瘠州县照旧免征。

所有征收事宜查明向章，选派公正绅粮设局妥为经理，一俟收有成数，即随地丁批解。局中所需薪水、鞘匣、运费，亦照旧分别程途远近，如夔州、宁远、保宁、重庆、绥定、酉阳、忠州等属，据省较远，每津贴银一百两准扣费银二两。近省各属每百两扣银一两，以资运解，不准格外苛派。仍俟收解完全，总计银数多寡，吁恳天恩加广学额，用昭激劝，实于军饷有益，而于民情无碍。所有同治十年份川省仍请续办按粮津贴缘由，是否有当，理合恭折具陈，伏乞皇太后、皇上圣鉴训示。谨奏。十一月十五日。

同治九年十一月二十八日，军机大臣奉旨：着照所请，户部知道。钦此。①

一八七　委解饷银赴凉州交纳片

同治九年十一月十五日（1871年1月5日）

　　再，查同治七年八月间准户部咨：以凉州副都统瑞云②具奏，凉州、庄浪二营官兵穷困，六、七两年，俸饷无项可指，议在川省协甘月饷二万两内，按月提银五千两，发交该副都统委员领取等因。业于七年九月、八年九月及本年八月三次划拨银二万两，发交凉州委员防御那尔春布、祥元等先后领解，均经咨部在案。兹瑞云复专差防御周呢罕等来川守催，臣督同藩司王德固凑集货厘金银一万两，作为八年二、三两月协甘饷内划出之项，发交周呢罕等承领回凉。计前后共解过银三万两，应请敕部于在川省旧欠甘饷内划扣清楚，以免重催。理合附片陈明，伏乞圣鉴。谨奏。

　　同治九年十一月二十八日，军机大臣奉旨：知道了。钦此。③

　　【案】瑞云具奏……发交该副都统委员领取：同治九年十一月二十一日，凉州副都统瑞云具折曰：

　　　奴才瑞云谨跪奏，为凉、庄官兵穷困危急，防剿紧要，援案续请划拨川饷，以资稍顾操防，接济兵丁，备敌窜匪各缘由，恭

---

　　①　台北故宫博物院藏：军机及宫中档，文献编号：104776。

　　②　瑞云（1811—1876），字代华，满洲镶白旗人。咸丰末年，充宁夏协领。同治元年（1862），署凉州副都统。二年（1863），实授凉州副都统。光绪二年（1876），卒于任。

　　③　台北故宫博物院藏：军机及宫中档，文献编号：104777。此片具奏日期未确，兹据同批折件校正。

折奏闻,仰祈圣鉴事。窃奴才于同治五年四月间,因凉、庄二营官兵俸饷不继,奏蒙谕旨准在于山西协甘饷内借拨银五六万两,作为凉、庄二营五年一岁折减俸饷之需。奴才遵即差员前赴山西支领,仅领获银六千两,尚欠五万四千两。嗣后叠次差员前往,未能领获。至七年五月间,有陕匪窜扰凉境,并南山藏匿西湟各匪,蔓延滋扰,防剿吃紧,甘肃藩库无款可筹。复经奴才奏蒙圣恩怜恤凉、庄二营官兵穷困已久,饬部议奏,由四川协甘饷内每月划拨五千两,作为六、七两年廉俸、兵饷,以资接济。奴才叠次差员赴川支领,共于本年领获银二万两,交商汇兑到营,散放官兵。虽未能按月领汇,而陆续领获,有项可指,众心尚可稍解望梅。至于八、九两年官兵廉俸、饷银,甘肃藩库久经告匮,无以支发。现在东、西两路及北隅沙漠窜匪不时滋扰,奴才督饬官兵会合防剿,更形吃紧。而凉境道路多梗,商贩不通,花布、油斤等项,无一不腾贵百倍于昔。各官兵衣履不能蔽体,城守无资,奴才尤为焦灼,莫可如何。兹准陕甘督臣接准四川督臣咨称:前经办理西征粮台翰林院侍读学士臣袁保恒具奏,请饬各省改解协饷,以同治九年正月为始,归并西征粮台统收统拨等因。现遵照筹拨委员姚建寅等先后管解银六万两,作为同治九年正、二、三三个月协甘新饷,并未划扣凉、庄二营兵饷。所有筹解凉、庄二营饷银,请俟库款充裕、拨解甘饷时,再行划扣等因。奴才窃维凉、庄二营原额每年例支廉俸、饷银十六万两有余,今自同治五年起至同治九年止,已逾五年之久,所请官兵廉俸、饷银并操防等项悉赖乎此,况今仅止领获山西省银六千两、四川省银二万两,官兵之困苦,曷可胜言! 其旧欠六、七两年十万两,并请八、九两年廉俸、兵饷之数，若如该学士所奏，各省改解协饷归并西征粮台，统收统拨，则奴才前请在于四川划拨凉、庄二营官兵俸饷银两，势必无项可措。西征粮台改拨饷银非止四川一省，凉、庄二营饷项仅于每月协甘饷内划拨五千两，在两台需用动辄亿万，每月少此五千两，即如九牛亡一毛，无所损益。若在凉、庄二营得此饷项，救急济困，借资防剿，则于事大有裨益。虽则凉、庄二营原设官兵百有余年，世沐皇恩豢养，沦肌浃髓，悉荷生成。当此帑项支绌、甘省军务吃紧之际，该各官兵即系困苦万状，而莫不仰体时艰，竭力用命。但以饥寒之旅力当劲敌之凶锋，奴才目击情形，弥堪悯恻！且戎机关重，尤所焦急，合无仰恳天恩，如蒙俞允，仍准在于四川协甘饷内续行按月划扣银五千两，作为八、九两年凉、庄官兵俸饷，并请敕下户部转咨四川督臣，并知照西征粮台仍遵前旨在于四川协甘饷内即将旧欠如数筹拨外，再将此次请拨银两按月划扣，以备差员往领，尚请饬部转催山西抚臣将欠拨五年一岁官兵廉俸银五万四千两，赶紧扫数筹拨，差领旋营，以应急需，不惟节省运费，并可鼓舞军心，借资防剿，即各兵眷属亦得稍苏涸辙，庶不致尽填沟壑，实属幸甚！更有请者，奴才前因凉、庄官兵正值防剿吃紧，困苦难支，遂叠次奏动凉、庄二营库存马价银一万四千两，借以暂救眉急，原拟领获饷银，按季归款，本属慎重库储起见，惟是山、川两省未能悉如奴才所请划扣银两之数给拨，现领获者，该各官兵分领无几，若遽令扣还库款，则官兵仍属困苦，无以推广皇仁而示体恤。不得不仰恳天恩，俯准暂缓，一俟军务平定、仍旧支领全份俸饷之时，分作二年，全数归款，则兵力得以稍抒，库款亦归有着矣。又可虑者，现在大兵云

集,甘省以东陕匪宁逆诡诈百出,诛不胜诛。甘、凉通衢一径,
倘兔脱狼奔,余焰蜂拥西窜,兵勇力单,决难支持。当商记名
提督署凉州总镇王仁和、署甘凉道王佐、署凉州府知府李守
愚、署武威县知县陈赓,意见均属相同;咨商督臣左宗棠、驻省
宁夏将军穆图善,以甘、凉是为关键要冲,非加勇队不足以壮
声势而资捍卫。奴才现筹凉、庄二营连次分拨协饷,虽暂顾营
务,实以卫护群生。倘贼势大股西窜,麇聚甘、凉,民遭涂炭,
旗兵困疲,殊为可虑。渥蒙皇上天恩,俯念凉、庄二营穷困,久
荷覆帱,兹因度支万分拮据,请划扣山、川二省微款,聊资接
济,希冀仰邀鸿施俞允。所有奴才现因凉、庄官兵穷困危急,
防剿紧要,续请划拨川饷,以资稍顾操防,接济备敌窜匪各缘
由,谨沥陈下情,仰恳慈恩,是否有当,谨据恭折奏闻,伏祈皇
太后、皇上圣鉴训示施行。谨奏。军机大臣奉旨:另有旨。钦
此。同治九年十月二十二日。①

一八八　奏闻臬司英祥禀留延昌帮办事务片

同治九年十一月十五日(1871年1月5日)

再,臣据臬司英祥禀称:窃英祥胞侄延昌现年二十四岁,由咸
安宫官学生考取内阁中书,在旗候补。同治八年,英祥由湖北安襄
陨荆道升补四川按察使,回京陛见后,驰赴新任,延昌随侍来川。
因启行急迫,未及呈报。臬司为刑名总汇,案牍殷繁,英祥尚乏子
嗣,惟恃延昌一人帮理家务,一时难以回京。其考取内阁中书如序

---

①　中国第一历史档案馆藏:朱批奏折,档案编号:04-01-30-0213-031。

补到班，应请暂为扣除等情，恳请具奏前来。

臣查外任旗员子弟带赴任所帮办事务，不能远离，例应奏咨存案。英祥未有子嗣，赖延昌帮办事务，难以远离，自系实情。理合循例附奏，伏乞圣鉴。谨奏。

同治九年十一月二十八日，军机大臣奉旨：知道了。钦此。①

一八九　奏报川省十七次收捐请予奖叙片

同治九年十一月十五日(1871年1月5日)

再，川省于同治元年劝办富户捐输，经前督臣骆秉章等将捐生姓名、银数及应叙官职先后十六次奏请敕部叙奖在案。兹据省局司道详：续据富顺、罗江等处士民陆续捐输银六万五千三百四十六两二钱，均已如数解到司库弹收，拨充各路军饷，支用无存，统归军需项下汇案报销，造具花名、履历、银数清册，呈请具奏前来。

合无仰恳天恩，敕部核议给奖，颁发请叙实职各官执照来川，以便转给承领，仍将实职人员归入到部，卯期分别掣签，铨选分发，用昭激劝。除清册分咨部、监外，所有十七次收捐请奖缘由，理合附片陈明，伏乞圣鉴训示。谨奏。

同治九年十一月二十八日，军机大臣奉旨：户部核议具奏。钦此。②

---

① 台北故宫博物院藏：军机及宫中档，文献编号：104779。此片具奏日期未确，兹据同批折件校正。
② 台北故宫博物院藏：军机及宫中档，文献编号：105238。此片具奏日期未确，兹据同批折件校正。

一九〇 恭报同治五年抽收盐厘及拨存数目折

同治九年十一月十九日(1871年1月9日)

　　头品顶戴四川总督臣吴棠跪奏,为恭报同治五年分抽收盐厘银两及拨存各数目,恭折仰祈圣鉴事。

　　窃查川省抽收正、余盐厘以来,截至同治四年十二月底止,曾将支收各银数奏报在案。其五年以后实因剿夷防边暨援陕、援黔,援军四出,饷需愈繁,催提愈急,省库难以周转。各路兵饷多饬各该厘局将抽存厘银,就近拨解,或由营派员赴局守提,先令筹款垫解,陆续收厘弥补,事后清算造报,由防剿局核明,移司划拨归款。因是款项牵涉,稽查需时,历年既久,头绪纷繁,若待数年划帐,一律拨清,再行造报,不特耽延时日,抑且积压堪虞。

　　该司道等公同商议,拟请按年分季,次第清厘。兹据盐茶道傅庆贻会同藩司王德固详称:同治五年旧管四年份盐厘银二十二万六百二十三两零,其五年份自正月初一日起至年底止,富、荣、犍、乐、潼属各局与富、犍两厂盐垣并资州等州县,总计抽收九七平盐厘银七十三万四千二百九十四两零,照章每百两提公费银四两,共提出银二万九千三百七十一两零,以作各局卡委员台巡饭食、纸朱、笔墨一切费用。余银以九七平折合库平,共短银二万一千一百四十七两零,实在新收库平、库色银六十八万二千七百七十四两零,管收共银九十万四千四百八两零,开除移解藩库银六十二万二千二百两,实在存银二十八万二千二百八两零,归入六年旧管项下造报。至六年以后销册,容俟核算清楚,照章接办等语,由盐茶道傅庆贻现将造具五年份总散各册呈送前来。

臣覆核无异。除各册咨部并檄饬盐茶道将六年份厂垣厘数暨夔、巫等局卡积年厘数赶紧清厘造报外，理合恭折具陈，伏乞皇太后、皇上圣鉴。谨奏。九年十一月十九日。

同治十年正月十五日，军机大臣奉旨：户部知道。钦此。①

一九一　请准都司范承先暂缓北上片

同治九年十一月十九日（1871 年 1 月 9 日）

再，查兵部咨：尽先都司范承先补授夔州左营都司，应令给咨引见等因。伏查范承先于前年委署酉阳营游击，因该处紧接黔疆，苗、教各匪时虞窥伺，当令随带裕字一营，防守川、黔门户。范承先抵任后，认真操防，首先拿获打毁酉阳教堂之首匪何章，解往前湖广督臣李鸿章，讯明正法，积年教案借以速结。平日缉捕奸匪，扼守边隘，甚合机宜。

值此邻疆未靖，未便更易生手，合无仰恳天恩，准予暂缓北上，敕部先给署札，一俟边疆静谧接替有人，再给咨进京引见。是否有当，理合附片陈明，伏乞圣鉴训示。谨奏。

同治九年十一月二十八日，军机大臣奉旨：着照所请，兵部知道。钦此。②

---

① 台北故宫博物院藏：军机及宫中档，文献编号：105693。

② 台北故宫博物院藏：军机及宫中档，文献编号：104766。此片具奏日期未确，兹据同批折件校正。

一九二 请准游击黄允中暂缓引见片

同治九年十一月十九日(1871年1月9日)

再,查前准统领武字营贵州提督臣周达武咨:现在拔营赴黔,办理军务,差委需员,查有留川补用游击黄允中,随征有年,熟悉戎事,堪资臂助,应请饬令赴营差遣等因。当经转饬遵照在案。该员黄允中业已借补茂州营都司,接准部覆,例当引见,兹因调赴军营,一时未能北上,自应暂缓送部。

合无仰恳天恩,敕部先给署札,俾得起支俸薪,一俟黔氛稍靖,将营务交代清楚,再行给咨引见。是否有当,理合附片具陈,伏乞圣鉴训示。谨奏。

同治九年十一月二十八日,军机大臣奉旨:着照所请,兵部知道。①

一九三 奏报川省同治九年
闰十月雨水、粮价折

同治九年十一月十九日(1871年1月9日)

头品顶戴四川总督臣吴棠跪奏,为恭报四川省同治九年闰十月份各属具报米粮价值及得雨情形,仰祈圣鉴事。

窃照同治九年十月份通省粮价及得雨情形,前经臣恭折奏报

---

① 台北故宫博物院藏:军机及宫中档,文献编号:104767。此片具奏日期未确,兹据同批折件校正。

在案。兹查本年闰十月份成都等十二府,资州等八直隶州,石砫、叙永两直隶厅,各属先后具报得雨自一二次至四五次不等。田堰水足,小春滋长。其通省粮价俱与上月相同,据布政使王德固查明列单汇报前来。

臣覆核无异。理合分缮清单,恭呈御览,伏乞皇太后、皇上圣鉴。谨奏。九年十一月十九日。

同治十年正月十五日,军机大臣奉旨:知道了。钦此。①

一九四　呈川省同治九年闰十月粮价清单

同治九年十一月十九日(1871年1月9日)

谨将四川省同治九年闰十月份各属具报米粮价值,开具清单,恭呈御览。

成都府属,价贵。中米每仓石价银二两七钱六分至三两八钱,与上月同。大麦每仓石价银一两八钱四分至二两一分,与上月同。小麦每仓石价银二两一钱七分至二两三钱四分,与上月同。黄豆每仓石价银一两六分至二两四钱六分,与上月同。荞子每仓石价银一两一钱七分至一两七钱一分,与上月同。

重庆府属,价贵。中米每仓石价银二两五钱六分至三两五钱八分,与上月同。大麦每仓石价银一两六钱五分至二两,与上月同。小麦每仓石价银二两三钱一分至二两七钱三分,与上月同。黄豆每仓石价银二两七钱三分至三两三分,与上月同。

保宁府属,价贵。中米每仓石价银二两六钱四分至三两三钱

---

①　台北故宫博物院藏:军机及宫中档,文献编号:106371。

五分,与上月同。大麦每仓石价银一两九钱二分至二两一钱三分,与上月同。小麦每仓石价银二两八钱六分至三两六钱,与上月同。黄豆每仓石价银一两八钱三分至二两一钱三分,与上月同。

顺庆府属,价贵。中米每仓石价银二两八钱一分至三两二钱二分,与上月同。大麦每仓石价银一两六钱二分至一两八钱一分,与上月同。小麦每仓石价银二两一钱一分至二两一钱四分,与上月同。黄豆每仓石价银一两五钱五分至一两六钱七分,与上月同。

叙州府属,价贵。中米每仓石价银三两七分至三两三钱七分,与上月同。大麦每仓石价银一两六钱七分至二两三分,与上月同。小麦每仓石价银二两一钱五分至二两六钱五分,与上月同。黄豆每仓石价银一两一钱至一两五钱一分,与上月同。

夔州府属,价贵。中米每仓石价银二两八钱七分至三两二钱二分,与上月同。大麦每仓石价银一两七钱九分至二两四钱七分,与上月同。小麦每仓石价银二两九钱六分至三两四分,与上月同。黄豆每仓石价银二两一钱六分至二两二钱六分,与上月同。

龙安府属,价贵。中米每仓石价银二两五钱七分至三两二钱七分,与上月同。青稞每仓石价银一两五钱,与上月同。小麦每仓石价银一两八钱至二两一钱九分,与上月同。黄豆每仓石价银一两八钱五分至一两九钱三分,与上月同。

宁远府属,价贵。中米每仓石价银二两九钱至三两二钱三分,与上月同。大麦每仓石价银一两四钱九分至一两六钱一分,与上月同。小麦每仓石价银一两六钱二分至二两二钱三分,与上月同。荞子每仓石价银一两四钱六分,与上月同。黄豆每仓石价银一两五钱六分至一两六钱三分,与上月同。

雅州府属,价中。中米每仓石价银二两八钱二分至二两八钱七分，与上月同。小麦每仓石价银二两三钱至二两六钱六分，与上月同。黄豆每仓石价银一两六钱八分至二两七分，与上月同。

嘉定府属，价贵。中米每仓石价银二两八钱九分至三两四钱九分，与上月同。小麦每仓石价银二两三钱七分至二两七钱四分，与上月同。黄豆每仓石价银一两四钱九分至二两五分，与上月同。

潼川府属，价贵。中米每仓石价银二两九钱二分至三两一钱八分，与上月同。大麦每仓石价银一两六钱七分至一两九钱五分，与上月同。小麦每仓石价银二两一钱六分至二两五钱一分，与上月同。黄豆每仓石价银一两七钱九分至二两一钱六分，与上月同。

绥定府属，价中。中米每仓石价银二两五钱九分至二两八钱九分，与上月同。大麦每仓石价银一两五钱八分至一两五钱九分，与上月同。小麦每仓石价银一两六钱三分至一两七钱四分，与上月同。黄豆每仓石价银一两四钱三分，与上月同。

眉州直隶州属，价贵。中米每仓石价银二两七钱五分至三两五分，与上月同。

邛州直隶州属，价贵。中米每仓石价银二两六钱五分至三两八分，与上月同。大麦每仓石价银一两九钱三分，与上月同。小麦每仓石价银二两五钱九分，与上月同。黄豆每仓石价银二两一钱至二两二钱四分，与上月同。

泸州直隶州属，价贵。中米每仓石价银三两八分至三两九分，与上月同。

资州直隶州属，价中。中米每仓石价银二两五钱七分至二两九钱二分，与上月同。

绵州直隶州属，价贵。中米每仓石价银二两七钱四分至三两六分，与上月同。小麦每仓石价银二两三钱四分至二两四钱八分，与上月同。

茂州直隶州属,价中。中米每仓石价银二两六钱二分,与上月同。小麦每仓石价银二两六钱八分,与上月同。青稞每仓石价银二两二钱二分,与上月同。荞子每仓石价银一两二钱五分至一两七钱五分,与上月同。

忠州直隶州属,价贵。中米每仓石价银二两五钱九分至三两二钱七分,与上月同。大麦每仓石价银一两四钱六分至一两六钱,与上月同。小麦每仓石价银二两五分至二两四钱一分,与上月同。黄豆每仓石价银一两二钱七分至一两三钱七分,与上月同。

酉阳直隶州属,价贵。中米每仓石价银二两六钱至三两一钱,与上月同。大麦每仓石价银二两三钱至二两六钱二分,与上月同。小麦每仓石价银二两六钱四分至二两七钱八分,与上月同。黄豆每仓石价银一两三钱九分至一两四钱四分,与上月同。

叙永直隶厅属,价中。中米每仓石价银二两九钱八分,与上月同。小麦每仓石价银一两八钱一分,与上月同。荞子每仓石价银一两三钱四分,与上月同。黄豆每仓石价银一两六钱一分,与上月同。

松潘直隶厅,价中。青稞每仓石价银二两七钱六分,与上月同。荞子每仓石价银一两七钱四分,与上月同。

杂谷直隶厅,价中。青稞每仓石价银二两四钱,与上月同。荞子每仓石价银一两七钱九分,与上月同。

石砫直隶厅,价平。中米每仓石价银一两六钱二分,与上月同。大麦每仓石价银一两七钱三分,与上月同。小麦每仓石价银二两六分,与上月同。黄豆每仓石价银一两八钱九分,与上月同。

打箭炉直隶厅,价贵。青稞每仓石价银四两九钱二分,与上月同。油麦每仓石价银一两八钱一分,与上月同。

军机大臣奉旨:览。钦此。①

一九五　呈川省同治九年闰十月雨水清单

同治九年十一月十九日(1871 年 1 月 9 日)

谨将四川省同治九年闰十月份各属具报雨水情形,开具清单,恭呈御览。

成都府属:成都、华阳两县得雨二次,小春滋长。简州得雨一次,豆苗滋长。崇庆州得雨二次,豆麦敷荣。汉州得雨三次,堰水充足。温江县得雨二次,小春畅茂。郫县得雨三次,豆麦滋长。崇宁县得雨一次,葫豆茂盛。新都县得雨一次,四野咸沾。灌县得雨三次,小春齐秀。金堂县得雨四次,葫豆滋茂。新繁县得雨二次,大小麦滋润。彭县得雨一次,小春滋长。新津县得雨三次,葫豆茂盛。双流县得雨二次,小麦竞秀。什邡县得雨一次,豆麦青葱。

重庆府属:江北县得雨一次,小春稍长。巴县得雨二次,品物咸亨。江津县得雨二次,田水充足。长寿县得雨一次,小春滋长。永川县得雨三次,堰水已足。荣昌县得雨二次,小春滋秀。綦江县得雨三次,葫豆渐长。合州得雨一次,小春滋长。南川县得雨二次,山土滋润。涪州得雨二次,豆麦渐长。铜梁县得雨二次,堰水充足。大足县得雨一次,小春竞秀。定远县得雨一次,豆麦滋长。

---

① 台北故宫博物院藏:军机及宫中档,文献编号:106371-0-A。

　　夔州府属:奉节县得雨二次,小春滋长。云阳县得雨二次,豆苗渐长。开县得雨三次,田有积水。万县得雨二次,杂粮滋长。

　　龙安府属:平武县得雨二次,豆麦茂盛。江油县得雨二次,田水充盈。石泉县得雨一次,二麦茂盛。

　　绥定府属:达县得雨三次,小春荣茂。东乡县得雨二次,杂粮滋秀。大竹县得雨一次,田有蓄水。渠县得雨二次,小春滋长。

　　宁远府属:西昌县得雨一次,杂粮渐长。盐源县得雨二次,二麦滋长。

　　保宁府属:阆中县得雨三次,小麦滋长。苍溪县得雨四次,二麦茂盛。南部县得雨二次,豆苗滋长。广元县得雨二次,大小麦滋长。巴州得雨三次,田塘蓄水。南江得雨一次,小春滋长。剑州得雨三次,豆麦茂盛。

　　顺庆府属:南充县得雨四次,田水稍足。西充县得雨二次,二麦滋长。蓬州得雨二次,冬粮滋长。营山县得雨一次,豆麦滋长。岳池县得雨三次,豆苗茂盛。邻水县得雨一次,冬粮滋茂。

　　潼川府属:三台县得雨四次,田堰积水。射洪县得雨二次,豆麦茂盛。盐亭县得雨一次,二麦稍长。蓬溪县得雨三次,二麦滋长。乐至县得雨二次,田堰积水。

　　雅州府属:雅安县得雨三次,小春滋茂。名山县得雨一次,二麦滋长。芦山县得雨二次,豆麦长茂。

　　嘉定府属:乐山县得雨三次,堰水充盈。峨眉县得雨二次,豆麦滋长。洪雅县得雨二次,二麦茂盛。犍为县得雨二次,小麦茂盛。荣县得雨一次,小春渐长。

　　叙州府属:宜宾县得雨三次,小春滋长。南溪县得雨二次,田水稍足。富顺县得雨三次,二麦稍长。隆昌县得雨一次,小春茂盛。长宁县得雨二次，小春茂盛。马边厅得雨一次，小春滋长。

资州直隶州属：资州得雨一次，小春滋长。资阳县得雨二次，田水充足。仁寿县得雨一次，小春渐长。井研县得雨二次，豆麦滋长。内江县得雨三次，小春渐长。

绵州直隶州属：绵州得雨一次，二麦滋长。德阳县得雨三次，小春滋长。安县得雨二次，田水充盈。绵竹县得雨四次，小春茂盛。梓潼县得雨一次，堰塘蓄水。罗江县得雨二次，杂粮荣茂。

忠州直隶州属：酆都县得雨一次，豆麦畅茂。垫江县得雨一次，小春滋长。梁山县得雨一次，小春茂盛。

酉阳直隶州属：黔江县得雨一次，杂粮渐长。秀山县得雨五次，小春竞秀。

茂州直隶州属：汶川县得雨二次，小春渐长。

眉州直隶州属：眉州得雨三次，塘水充盈。彭山县得雨二次，豆麦茂盛。丹棱县得雨一次，小春渐长。

泸州直隶州属：泸州得雨三次，小春滋长。合江县得雨二次，田堰积水。纳溪县得雨三次，小春茂盛。

邛州直隶州属：蒲江县得雨二次，小春畅茂。

石砫直隶厅：石砫厅得雨三次，田水充足。

叙永直隶厅属：叙永厅得雨二次，二麦畅茂。永宁县得雨二次，小麦茂盛。

军机大臣奉旨：览。钦此。①

---

① 台北故宫博物院藏：军机及宫中档，文献编号：105700。

一九六　奏报流犯傅锦堂等捐银赎罪折

同治九年十一月十九日(1871 年 1 月 9 日)

头品顶戴四川总督臣吴棠跪奏,为常犯捐银赎罪,汇案恭折仰祈圣鉴事。

窃照陕甘督臣因饷源室竭,兵需莫继,奏准派员来川设局收捐,并准将非常赦释原亡、遣、军、流、徒、官、常各犯,援照刑部覆准御史江鸿升奏定银数,核减五成收捐,仍逐案简叙缘事案由,由收捐省份督抚具奏请旨等因在案。兹据办理甘省捐输总局前甘省甘凉道杨柄锃会同四川布政使王德固、按察使英祥详称:据绥宁县流犯革武生傅锦堂即傅焕章、内江县减等流犯革监生谢维得、江津县流犯革贡生王硕堂等各亲属先后赴局具呈,以傅锦堂等遵章捐银赎罪,请免发配,移经臬司照录各犯犯事原案,覆局核查,傅锦堂等所犯罪名均不在不准捐赎之列。即据各该亲属代傅锦堂缴银三百六十两、王硕堂缴银六百两、谢维得缴银一千两,分别如数弹收,填给执照等情,造具各犯缘案清册,会详前来。

臣覆核无异,与捐赎定章相符。合无仰恳天恩,俯准流犯革职武生傅锦堂、减等流犯革监生谢维得、流犯革贡生王硕堂等三名捐银赎罪之处,出自鸿慈逾格,俾得共沐皇仁。除将各犯犯事原案简叙汇册咨部查核外,所有常犯捐赎缘由,理合恭折具奏,伏乞皇太后、皇上圣鉴,敕部议覆施行。谨奏。九年十一月十九日。

同治十年正月十五日,军机大臣奉旨:该部议奏。钦此。①

---

① 台北故宫博物院藏:军机及宫中档,文献编号:105701。

一九七　奏闻王蓝琼期满甄别片

同治九年十一月十九日(1871年1月9日)

再,查吏部奏定章程:道、府、同、通、州、县,无论何项劳绩保奏归入候补班者,以到省之日起,予限一年,令督抚详加察看,出具切实考语,奏明分别繁简补用等因。历经遵办在案。兹查候补同知直隶州王蓝琼一员,到省业已一年期满,自应照章甄别,据布政使王德固、按察使英祥造具该员履历清册,会详请奏前来。

臣查该员王蓝琼朴诚谙练,应请留川以繁缺同知直隶州补用。除将该员履历清册咨部外,理合恭折具陈,伏乞圣鉴训示。谨奏。

同治十年正月十五日,军机大臣奉旨:吏部知道。钦此。①

一九八　奏请颁发空白执照片

同治九年十一月十九日(1871年1月9日)

再,查川省历年办理捐输,接济军饷,经前任督臣骆秉章奏请敕部颁发空白执照,随时填用,绅民颇称踊跃。所有职衔、监生等照,现尚敷用,惟贡生执照存剩无几,若俟用竣再请续颁,难免停捐待照,据捐输总局司道详请奏颁前来。

合无仰恳天恩,敕部再颁空白贡生、部监执照各三百张来川,俾臣接续填用,以资观感,借济饷需。除分咨户部、国子监外,理合

---

① 台北故宫博物院藏:军机及宫中档,文献编号:105697。此片具奏日期未确,兹据同批折件校正。

附片陈明,伏乞圣鉴训示。谨奏。

同治十年正月十五日,军机大臣奉旨:该衙门知道。钦此。①

一九九　奏请奖励捐输银两士民片

同治九年十一月十九日(1871年1月9日)

再,川省频年筹办防剿,库款支绌,兼值陕甘军务紧要,滇、黔均须兼顾,征兵协饷,需用浩繁,前办捐输支发已尽,经臣督同司道筹议,于同治八年再行扩办通省捐输,借资接济,当将办理情形于同治七年十二月初三日奏报,奉旨允准在案。兹据简州、崇宁等二十八州县士民陆续捐输银二十九万八千三百七十一两零,均已解司兑收,拨充各路军饷,支用无存,统归军需项下汇案报销。查明各州县捐生足敷议叙者,计银一万五千八百二十八两,造具花名、履历、银数清册,由捐输厘金总局司道核明会详前来。

臣查册开请叙各项,核与筹饷及现行常例减成银数均属相符,合无仰恳天恩,敕部迅予核议给奖,用昭激劝。除将清册分咨部、监外,理合附片陈奏,伏乞圣鉴训示。谨奏。

同治十年正月十五日,军机大臣奉旨:户部核议具奏。钦此。②

---

① 台北故宫博物院藏:军机及宫中档,文献编号:105698。此片具奏日期未确,兹据同批折件校正。

② 台北故宫博物院藏:军机及宫中档,文献编号:105699。此片具奏日期未确,兹据同批折件校正。

二〇〇　审拟许占敖谋杀本管官正法折

同治九年十二月初二日(1871年1月22日)

头品顶戴四川总督臣吴棠跪奏，为勇丁谋杀本管官，讯明正法，恭折奏祈圣鉴事。

窃据按察使英祥核详：宁远府革勇许占敖挟仇谋杀本管官谢国瑞身死，讯明正法一案。缘许占敖籍隶大邑县，同治八年，至宁远府投充勇丁，归五品蓝翎尽先外委谢国瑞管带。许占敖素性懒惰，不守营规，屡经谢国瑞诫斥，许占敖心怀怨望。同治九年四月十六日，谢国瑞因许占敖操演不到，将其斥革。许占敖愈加忿恨，起意将谢国瑞杀死泄忿，探知十九日谢国瑞出城探亲，必由静堡经过。至是日，许占敖带刀藏匿路旁等候，谢国瑞单骑走至，许占敖突出，用刀斫伤其额颅。谢国瑞滚跌落马倒地，许占敖复戳伤其左乳、肚腹殒命，即行跑逃。经队长姜占春等闻知，〈跟〉踪追捕，将许占敖拿获，解经宁远府知府许培身饬验讯供具禀。臣以该犯许占敖身充勇丁，因犯事斥革，辄敢挟仇将本管官谢国瑞谋杀泄忿，实属凶暴已极，目无法纪！当此边防吃紧，若不惩处从严，何以肃军威而儆玩梗！当经批令将该犯许占敖照吏卒谋杀本部长官者斩律，先行处决，以昭炯戒，一面饬令议详去后。兹据该府议拟，由司核详前来。

臣覆核无异。除将供招咨部外，所有讯拟缘由，理合恭折具奏，伏祈皇太后、皇上圣鉴，敕部核覆施行。谨奏。十二月初二日。

同治九年十二月二十日，军机大臣奉旨：刑部速议具奏。钦此。①

---

① 台北故宫博物院藏：军机及宫中档，文献编号：105237。

二〇一　委解滇、黔两省军饷折

同治九年十二月初二日（1871年1月22日）

　　头品顶戴四川总督臣吴棠跪奏，为分拨滇、黔两省军饷委解日期，恭折奏祈圣鉴事。

　　窃臣前准军机大臣字寄：同治八年十一月十七日，奉上谕：刘岳昭等奏，请将应拨月饷迅解一折等因。钦此。又，同治九年四月二十五日，奉上谕：前因曾璧光奏，黔省军务紧急，粮饷两空，当经谕令户部另筹有着之款。兹据该部奏称，拟请再拨四川按粮津贴银十万两协济黔饷等语等因。钦此。伏查滇省月饷本年已解过银八万两，黔省奏拨津贴十万两，已解过五万两划抵京饷，均经先后奏报在案。余欠银两，自应设法筹解，无如川省军兴十有余载，支用浩繁，经费奇绌，援邻防边，饷需尤巨。即以援滇诸军而论，积年拨发勇粮、军需，每省各以数百万计，间阎为之耗敝。加以本年巴塘地震、川东大水，办赈修城，农商交困，捐厘各款愈形减色。现届岁暮，续拨京饷尚未全完，而陕、甘两省甫奉谕旨，提拨巨款。年内各属应解之项寥寥无几，势难顾此失彼。惟滇、黔两省饷需迫切，与陕、甘事同一律，委员守催日久，川省唇齿相依，不得不竭力腾挪，先行分拨，以维大局。

　　兹在司库勉凑滇饷二万两，交滇省委员弥渡通判王肇勋管解赴滇；又凑集按粮津贴银一万两，除照贵州抚臣来咨扣给提塘报资银二百两外，余银九千八百两，饬委候补州同杨宝珩管解，并饬黔省委员试用同知谢廷佐协同照料，赴黔交收。该委员等各定期本年十一月初四、初十等日自川起程，由藩司王德固具详前来。除分咨外，所有续拨滇、黔两省军饷缘由，理合恭折具奏，伏乞皇太后、皇上圣鉴。谨奏。十二月初二日。

同治九年十二月二十日，军机大臣奉旨：知道了。钦此。[①]

二〇二　委解陕西赈垦及协甘银两折

同治九年十二月初二日(1871 年 1 月 22 日)

头品顶戴四川总督臣吴棠跪奏，为分拨陕西赈垦银两及协甘月饷委员起程日期，恭折仰祈圣鉴事。

窃臣承准军机大臣字寄：同治九年十月初三日，奉上谕：蒋志章奏，请饬部添拨有着专款，并就近指拨四川等省协款，以备赈垦一折等因。钦此。又，承准军机大臣字寄：同治九年闰十月二十五日，奉上谕：前据袁保恒奏，各省、关应协陕甘军饷交部议奏，提拨四川十万两，限于年内解交西征粮台等因。钦此。

伏思川省库储向本无盈，尚借他省协济。军兴十数年来，外饷不至，旧存各款搜括已尽。所有添供京外协拨及援剿诸军饷需，无非取资于捐输、厘金，而为时过久，民力不支，一切艰窘情形蒋志章前在四川藩司任内均所目击。即就本年而论，额赋及捐输、厘金等款，总计所入不满四百万，虽将本省额支各款缓支减发，出数尚需五百数十万两，所短不下二百万两，西挪东补，备极支绌，兼之春夏以来巴塘地震、川东大水，灾黎嗷嗷待哺，不异陕北难民。而援黔、援陕诸军欠饷累累，亦无殊西征各部。农商交困，何堪竭泽而渔；兵勇远征，孰不荷戈待食！

---

① 台北故宫博物院藏：军机及宫中档，文献编号：105239。

近年，东南各省或专协秦、陇而不及滇、黔，或分筹饷糈而不预兵事。惟四川介居滇黔、陕甘、台藏之中，时须面面兼顾。援邻之师，既分道而并进；协邻之饷，复四出而纷驰。较诸专顾一方者，似觉为难。前次分发部饷、淮饷、甘饷、滇饷、黔饷各数目，迭经奏咨在案。复因裁减勇丁，先后找拨欠饷七十余万，度支悉索无遗，司、道库空如洗。现届岁暮，待支急款正复不少，续拨京饷尚未全完，而陕、甘两省又需此巨项。恭读十月初三日上谕：四川饷力亦难有余，经此次协拨后，恐亦未能源源接济也等因。钦此。仰见圣主明察，无远不周！第陕、甘久遭兵燹，自筹一省之饷，各有岌岌难支之势。臣与藩司王德固时思不分畛域，竭力协济，无如年内进款无多，纵一并催征，实鲜大批收数。若必俟积有巨款始为凑解，转恐徒延时日，难应急需，计惟有不留余力，尽收尽解。

兹于捐输项下尽数凑银六万两，以三万两作为陕北赈垦之款，饬秦省委员候补知县傅燮，解赴陕西藩库交收；以三万两作为九年五月及六月前半月协甘之饷，委员候补州判韩养正，解赴西征粮台交收，均于十一月二十四日起程。其余饷项合无仰恳天恩，稍宽时日，不分年内年外，尽力催解。至京饷关系最重，仍于年内扫数筹解，不敢稍缓。除分咨陕甘督臣、抚臣及粮台查照外，所有分拨陕、甘两省饷项起程日期，理合恭折具奏，伏乞皇太后、皇上圣鉴训示。谨奏。十二月初二日。

同治九年十二月二十日，军机大臣奉旨：户部知道。钦此。①

【案】蒋志章奏……以备赈垦一折：同治九年九月二十四

---

① 台北故宫博物院藏：军机及宫中档，文献编号：105240。

日，陕西巡抚蒋志章奏报兵饷甚绌、请拨专款救灾曰：

陕西巡抚臣蒋志章跪奏，为陕省兵饷甚绌，北山赈垦银两难筹，请旨饬部添拨有着专款，以济军需，并就近指拨四川、山西两省协银，以救民命，恭折仰祈圣鉴事。窃臣查同治七年前署抚臣刘典奏请添拨陕饷，于十二月二十三日奉上谕：户部奏称，陕省缺饷数月，据刘典奏明每年需银三百万两，除本省所入及江、广、粤海、闽海、江汉协饷外，仍不敷银一百四十万两，自应酌量添拨，以资接济等因。钦此。嗣于同治八年二月初五日复奉上谕：户部添拨西征军饷三百万两，左宗棠于接到饷银时，着照陕、甘两省缺饷多寡，分别接济匀拨，以昭公允等因。钦此。臣抵陕后，细询藩库收支与甘省军需一切，知督臣左宗棠驻师前敌，西攻金积堡，北规河狄，饷需甚为吃重。各省协饷每年报解只十之五六，势实难以分拨。即各省捐输一项，除山西、河南、江苏、四川、浙江、两湖概归甘省收支外，广东捐局业经奏请停止，江西四省捐输局饷分济无多，以致陕库愈形支绌。臣于前督办陕西军务李鸿章大队到时，酌撤陕军十余营，稍节饷糈，借裕军食。嗣李鸿章奉命统师前赴畿辅，陕省兵力本单，未便遽行裁汰，有疏防务。臣当与藩司翁同爵悉心斟酌，竭力撙节支放，计本省额支旗、绿兵饷、各州县驿站夫马、工料、官俸、役食、杂支等项，每年需银一百七十余万两。本省军饷并协济署宁夏将军金顺、固原提督雷正绾各营月饷，以及制造军装、军火等项，每年需银一百九十余万两。旧冬今春，回匪窜陕，刘典以兵力不敷防剿，饬汉中镇李辉武添募律勇二营、直隶州周瑞松、龙锡庆等添募义勇正副各四营、北山二十余州县守城勇各百数十名。五月，知县谭鏖收抚降众，臣

复准照义勇编成一营,每年需银五十余万两,共计需银四百一
十余万两。而本省钱粮因兵燹后民气未苏,仅可征收七八十
万两,厘金可收二十万两,江、广、粤海、闽海、江汉等处协饷可
收六十万两,共计一百五六十万两,尚不敷银二百五十余万
两。再于本省额支各款缓支减发,省出六七十万两外,实尚不
敷银一百八十万两。至广东协饷,截至本年八月止,已欠至四
十九万两,奉文后仍未起解。陕省军兴八年,凋敝万分,库款
则罗掘已罄,军饷则积欠日增,再四筹维,不得不预为之计,应
请旨饬下部臣照数指拨实款,专协陕省,庶拨款得有实际,陕
局借以支持矣。至山北难民、降众,待哺嗷嗷,本年春夏以来,
刘典饬藩司等捐凑银二万两,左宗棠饬援甘捐局酌拨银四万
两,臣复饬藩司设法挪凑,拨备赈垦银计及七万两有余,而杯
水车薪,饿毙者仍不能免。盖山内田土瘠薄,耕垦未易成收。
六、七月间,复值天雨冰雹。八月,又有賈霜之处,均于秋稼有
碍。现与藩司急思源源拯济,终恐力单计穷、未能持久。查同
治六年陕之兴安、汉中等属秋雨为灾,经部奏拨山西省银六万
两、四川省银七万两,以备赈恤。嗣准山西解银一万两,又碾
米五千石抵银一万八百两;四川则未经起解。此次北山流民
困弊情形,较兴、汉奚止十倍!晋、蜀唇齿相依,就近拨解,较
可济急。合无吁恳天恩,饬知四川督臣转檄藩司协拨赈垦银
十二万两,山西抚臣转檄藩司,协拨赈垦银八万两,均于年内
委员赶解来陕,俾穷黎多得一日之赈,即多延一日之命;多给
一人之垦,即多拯一人之生,广沐皇仁,无分远迩。至抚绥、招
徕、垦种诸事宜,臣已督饬司道陆续拨解银两,责成署延榆绥
道成定康、署延安府宫尔铎、直隶州龙锡庆,分路办理;仍不时

遴派明干委员前往，妥为稽查，以期费不虚糜、民有起色。所有陕省兵饷甚绌，北山赈垦银两难筹，请旨饬部添拨有着专款，以济军需，并指拨四川、山西两省协银以救民命情由，谨由驿驰陈，伏乞皇太后、皇上圣鉴训示。谨奏。九月二十四日。同治九年十月初三日，军机大臣奉旨：钦此。①

【案】军机大臣字寄……一折等因：此廷寄《清实录》载曰：

又谕：蒋志章奏，请饬部添拨有着专款，并就近指拨四川等省协款，以备赈垦一折。据称陕省每年额支各项及发给兵勇、协济金顺等营饷项，共需银四百一十余万两，本省征收钱粮、厘金、江、广等处协饷，共可收银一百五六十万两，再于本省额支各款缓支减发，省出六七十万两，实不敷银一百八十万两。至广东协饷，截至本年八月止，已欠至四十九万两，请饬部添拨应用等语。陕省凋敝万分，库款支绌，自系实在情形，着户部照数指拨实款，专协陕省，以资接济。北山难民、降众待哺嗷嗷，虽经蒋志章挪凑银两，以备赈垦，而杯水车薪，饿毙者仍不能免。山内秋稼，又复被灾，亟应速筹拯济，着吴棠督饬藩司协拨赈垦银十二万两，何璟督饬藩司协拨赈垦银八万两，均于年内扫数解赴陕西，不得稍有蒂欠。至抚绥、招徕、垦种诸事宜，蒋志章务当督饬属员认真办理，俾难民、降众等渐复生业，得以自谋衣食，方能日久相安。四川、山西饷力亦难有余，经此次饬拨后，恐亦未能源源协济也。将此由五百里各谕令知之。②

---

① 台北故宫博物院藏：军机及宫中档，文献编号：103377。
② 《穆宗毅皇帝实录（六）》，卷二百九十二，同治九年十月上，第1037—1038页。

【案】同治九年闰十月二十五日,奉上谕:此上谕《清实录》载曰:

又谕:前据袁保恒奏,各省关应协陕甘军饷,截至十月止,积欠一千三十余万,请饬飞速筹解,并请于各省京饷项下暂行通挪,或于海关洋税内酌提协济,以敷一月足饷之用等语。当交户部速议具奏。兹据奏称,部库正项无存,需用甚急,京饷势难通挪,洋税专备要需,亦难动拨,拟于各省积欠军饷内,先行提拨山西十万两、河南十万两、四川十万两、广东十万两、山东五万两、湖北五万两、江苏五万两、浙江五万两,即照所议。着各该督抚严饬藩司,迅速如数筹拨,限于年内解交西征粮台。此系立候应用之款,倘逾限不解,即由左宗棠指名严参。陕甘军饷紧要,各省、关于拨定之款,竟至积欠如许之多!嗣后务须按月如数报解,不准延误。其以前欠解月饷,仍着陆续补解,以资接济。将此由五百里谕知曾国藩、左宗棠、魁玉、李瀚章、瑞麟、英桂、吴棠、何璟、李鹤年、李福泰、丁宝桢、郭柏荫、张之万、杨昌濬,并传谕袁保恒知之。①

二〇三　委解京饷暨固本饷项折

同治九年十二月初八日(1871年1月28日)

头品顶戴四川总督臣吴棠跪奏,为川省委解添拨京饷暨固本饷项起程日期,恭折奏祈圣鉴事。

窃查本年续拨京饷盐厘银六万两、津贴银十万两,共十六万

---

① 《穆宗毅皇帝实录(六)》,卷二百九十五,同治九年闰十月下,第1091页。

两,前已两次委解过十一万两,尚欠解五万两。又,固本饷项前已解过银一十七万两,作为同治五年九月二十一日起至八年六月二十一日止三十四个月协济之款,均经迭次奏报在案。伏思京饷为部库正供,固本亦京畿要款,亟应及早完解。无如川省历拨甘饷、陕饷、淮饷、滇饷、黔饷,连月均奉旨严催,不能不面面兼顾,加以本省援邻防边之师索饷亦无虚日,以致库储悉索无遗,情形万分竭蹶。

臣屡与司道筹商,正供最关紧要,无论如何为难,年内总须全解。连日竭力筹催,勉凑按粮津贴银二万两、盐厘银三万两,共银五万两,以清本年续拨京饷。又凑集盐货厘金银一万两,作为同治八年六月二十一日起至八月二十一日止两个月固本饷项,均饬委候补知县王崇昆承领,定期于十二月初八日由成都起程。惟陕南驿路通塞无常,仍照奏准成案交蔚泰厚等银号汇解,委员至京兑齐,解赴户部交纳,用昭慎重,据藩司王德固、臬司英祥、盐茶道傅庆贻会详前来。臣覆查无异。除分咨外,理合恭折具奏,伏乞皇太后、皇上圣鉴。谨奏。十二月初八日。

同治九年十二月二十六日,军机大臣奉旨:户部知道。钦此。①

二〇四 委解厘金银两赴鄂片

同治九年十二月初八日(1871 年 1 月 28 日)

再,川省奉拨淮军月饷,前已四次委解过银十八万两,均经奏报在案。复承准军机大臣字寄:同治九年十月二十六日,奉上谕:李鸿章奏,淮军月饷,每月加拨四川三万两等因。钦此。伏思川省

---

① 台北故宫博物院藏:军机及宫中档,文献编号:105400。

连年防边剿夷及筹拨京外各省协饷,暨本省裁勇找欠、调军援邻等事,需用浩繁,入不敷出。即如本年十一月内,除报拨淮军月饷外,复分拨陕、甘两省协饷共六万两。竭一省之库储,供数省之支用,业已悉索无遗。

本省军需及例支各款暂行停缓,实因骤难兼顾所致。惟闻甘省军事孔棘,刘铭传入关之师防剿倍形吃紧,需饷尤殷,自应恪遵谕旨,尽力设法筹拨,以维大局。兹饬属挪凑厘金银三万两,檄委直隶州知州邹祖恩,于十二月初二日自成都起程,解赴湖北粮台交收,拨供李鸿章与刘铭传所部淮军征防饷项,以济急需。除分咨外,理合附片陈明,伏乞圣鉴。谨奏。

同治九年十二月二十六日,军机大臣奉旨:知道了。钦此。①

【案】军机大臣字寄……三万两等因:此廷寄《清实录》载曰:

又谕:李鸿章奏,淮军月饷,江苏照从前减拨一半,嗣因援黔征陕,奏准每月加拨湖北五万两,四川三万两,浙江、山东各二万两,江苏、湖北、浙江等省均经如数协济,山东仅解至七月,四川仅解两批。现在刘铭传督军入关,秦中粮食艰贵异常,尤虑饷糈难继,即留扎畿辅分防江、鄂各营,亦皆关系大局,需饷孔殷,请饬各省筹解等语。此项月饷均系有着的款,岂可稍令短绌。着曾国藩、魁玉、李瀚章、吴棠、丁日昌、郭柏荫、杨昌濬、丁宝桢仍照原拨淮军额款,按月如数源源筹解,毋

---

① 台北故宫博物院藏:军机及宫中档,文献编号:105401。此片具奏日期未确,兹据同批折件校正。

稍缺误，以济要需。将此各谕令知之。①

二〇五　奏报齐克慎期满甄别折

同治九年十二月初八日(1871 年 1 月 28 日)

头品顶戴四川总督臣吴棠跪奏，为知府到省年满，循例甄别，恭折具奏，仰祈圣鉴事。

窃查劳绩候补道府到省一年期满，例应详加察看，出具切实考语，分别堪胜繁简，专折奏闻。兹查候补知府齐克慎，年四十三岁，成都驻防正蓝旗满洲翻译举人，咸丰己未科进士，以庶吉士用，十年，散馆引见，奉旨以主事用，签分兵部。十一年二月，奏补总理各国事务衙门章京。同治元年十一月，题升职方司主事。三年四月，任〈职〉总理各国事务衙门，奏准以直隶州知州遇缺即选。七年七月，奏准免选直隶州知州，以知府分发省份。八年五月，在捐铜局捐指四川，六月引见，奉旨：着以知府分发四川补用，并加道衔。钦此。在部领照起程，是年十一月初二日到省，扣至九年十一月初二日，试看一年期满，据藩、臬两司详请甄别前来。

臣察看该员齐克慎才识练达，堪膺表率之任，应请留川以繁缺知府补用。倘或始勤终怠，仍当随时核办，不敢以甄别在先稍涉回护。所有甄别知府堪以胜任缘由，理合恭折具陈，伏乞皇太后、皇上圣鉴训示。谨奏。十二月初八日。

同治九年十二月二十六日，军机大臣奉旨：吏部知道。钦此。②

---

① 《穆宗毅皇帝实录(六)》，卷二百九十三，同治九年十月下，第 1057 页。
② 台北故宫博物院藏：军机及宫中档，文献编号：105402。

二〇六　请以刘玉龙等调补游击等缺折

同治九年十二月初八日(1871年1月28日)

头品顶戴四川总督臣吴棠跪奏,为拣员请补游击、守备,以资治理,恭折仰祈圣鉴事。

窃查重庆中营游击甄树德因案奏参,奉旨革职;普安左营守备谢钢因病出缺。所遗各缺前经声请扣留外补。又,抚边营守备薛占超,驻藏大臣保升参将,开除底缺,接准部咨:由川拣员请补等因。伏思重庆镇为川东各营表率,普安、抚边两营均悬处夷疆,非胆识俱优、熟悉营伍、边防之员,不足以资整顿。臣于通省尽先游击、守备人员内逐加遴选,虽有尽先名次在前之游击何占魁等、守备杨道臻等,非营务生疏、尚须练习,即边防、夷务未能熟谙,人地均不相宜,且多出师外省,未经归标,势难挨次序补,徒滋旷误。

惟查有督标左营游击刘玉龙,年四十岁,直隶衡水县人,由武进士三等侍卫于同治六年选补四川督标左营游击,七年二月到任。该员笃诚稳练,熟悉操防,拟请调补重庆中营游击。又,查有尽先守备城守左营千总王登华,年四十九岁,四川马边厅人,由行伍出师瞻对等处,拔补提标中营把总。咸丰元年,升补城守左营右哨千总。同治四年,以俸满保送,引见回任。是年八月,因历办城防团练尤为出力,经前任督臣骆秉章等保奏,八月二十六日,内阁奉上谕:着以守备尽先补用。钦此。历署普安、峨边等营守备。该员才具朴质,差操勤奋,拟请升补普安左营守备。

至峨边营守备一缺,例应于现任守备内拣员调补,惟现在实缺守备非缺居紧要,即人地未宜,实无合例堪调之员。惟查有尽先前即补游击泸州营千总车重轮,年三十六岁,马边厅人,由行伍拔补泸州营千总,同治四年,承领部札,历保尽先守备。八年,出师云南,攻克鲁甸厅城,歼除多逆,保准免补都司,以游击尽先升用。复以攻克冕宁、西昌之热水、交脚等处夷匪出力保奏,同治九年七月二十三日,内阁奉上谕:车重轮着以游击无论题、推缺出,尽先前即补,并赏加副将衔。钦此。该员戎行历练,弓马娴熟,拟请借补抚边营守备。

以上各员,均系熟悉营务、边防。刘玉龙籍隶外省,王登华等距籍在五百里以外,均无严参、违碍处分。王登华虽尽先名次较后,本系俸满千总保送回任之员,例应请升。车重轮保有游击尽先,亦与借补章程相符。惟调缺请补,稍有未合,第人地实在相需,且已将应调、应补各员人地不宜之处详细声明,合无仰恳天恩,俯准以刘玉龙调补重庆中营游击,王登华升补普安左营守备,车重轮借补抚边营守备,实于营伍、地方均有裨益。

如蒙俞允,刘玉龙系对品调补,毋庸送部。王登华等俟接准部覆,再给咨进京引见。其刘玉龙所遗督标左营游击缺,川省现有应补人员,仍请扣留外补。是否有当,理合会同成都将军臣崇实、提督臣胡中和,合词恭折具奏,伏乞皇太后、皇上圣鉴训示。谨奏。十二月初八日。

同治九年十二月二十六日,军机大臣奉旨:兵部议奏。钦此。[1]

---

[1] 台北故宫博物院藏:军机及宫中档,文献编号:105403。

二〇七　请将喇嘛降白凯珠再留三年折

同治九年十二月初八日(1871年1月28日)

成都将军臣崇实、头品顶戴四川总督臣吴棠跪奏，为堪布喇嘛住持又届期满，援案恳恩再留三年，以顺番情，恭折具奏，仰祈圣鉴事。

窃照新疆广法寺喇嘛住持三年期满，例应更换。兹据布政使王德固、成绵龙茂道孙濂会详：该寺堪布喇嘛降白凯珠于咸丰九年正月初八日到寺，业已三次住持期满，照例应行更换。饬据代理懋功厅同知袁澍详：据大金两河屯弁夷人以该堪布降白凯珠梵行正德，经典熟悉，自留住以来，益励清修，阐扬黄教，实为远近番夷尊重悦服，呈请援照成案，再留三年等情前来。臣等伏查广法寺堪布喇嘛前已两次主持期满，因番夷悦服，历经奏请留住，奉旨允准有案。

今该堪布喇嘛降白凯珠既能振兴黄教，为各番夷所悦服，呈请留住，合无仰恳天恩，俯准将该堪布喇嘛降白凯珠再留三年，以顺番情而资化导。是否有当，谨合词恭折具奏，伏乞皇太后、皇上圣鉴训示。谨奏。十二月初八日。

同治九年十二月二十六日，军机大臣奉旨：着照所请，该衙门知道。钦此。①

---

① 台北故宫博物院藏：军机及宫中档，文献编号：105399。

二〇八　察木多如呼图克图进贡起程片

同治九年十二月初八日（1871 年 1 月 28 日）

再,查察木多如呼图克图向系间五年进京一次。同治十年,轮应进贡之期。兹据察木多粮员赵光燮会同营员申报:据多呼图克图具禀,已将贡物敬谨备齐,选派堪布等于九年十二月十九日,自察木多起程赴京等情。当即飞饬口内外沿途驿站,妥为照料迎护。

除俟该堪布等行抵成都、派员管送北上外,谨合词附片陈明,伏乞圣鉴。至此次堪布进京,因值巴塘地震之后,须俟修理道路,是以起程较迟。合并陈明。谨奏。

同治十年二月二十八日,军机大臣奉旨:知道了。钦此。[①]

二〇九　奏报袁殿邦会保守备尽先片

同治九年十二月初八日（1871 年 1 月 28 日）

再,前准兵部咨:嗣后借补千、把总各弁缺,积至三月开单汇奏一次,以归简易等因。历经遵办在案。兹同治九年秋季份,查有尽先守备袁殿邦,曾经出师著绩,堪以借补普安左营存城千总范金魁斥革遗缺,由营造具袁殿邦年岁、履历清册,详经提督臣胡中和咨请具奏,暨咨部给札前来。臣覆查袁殿邦会保守备尽先,与借补章程相符。除将清册咨部外,理合附片具陈,伏乞圣鉴训示。谨奏。

---

① 台北故宫博物院藏:军机及宫中档,文献编号:106366。

同治九年十二月二十六日，军机大臣奉旨：兵部知道。钦此。[1]

二一〇　请准都司王圻暂缓引见片

同治九年十二月初八日(1871年1月28日)

再，查新补叙马营都司王圻，例应给咨引见。惟该员现署城守营游击，操练巡防，均甚得力。前因时届严冬，诚恐宵小窃发，饬令拣派弁兵分赴各属，会同地方文武认真缉捕。该员约束兵丁，申明赏罚，业已获匪多名，解交文员审办。正在竭力整顿之际，未便遽易生手，合无仰恳俯准暂缓北上，敕部先给署札，一俟经手事件完竣，再行给咨引见。是否有当，理合附片陈明，伏乞圣鉴训示。谨奏。

同治九年十二月二十六日，军机大臣奉旨：着照所请，兵部知道。钦此。[2]

二一一　奏报同治九年川省新赋完欠折

同治九年十二月二十二日(1871年2月11日)

头品顶戴四川总督臣吴棠跪奏，为查明同治九年份川省应征新赋完欠数目，恭折奏闻，仰祈圣鉴事。

---

[1] 台北故宫博物院藏：军机及宫中档，文献编号：105404。此片具奏日期未确，兹据同批折件校正。

[2] 台北故宫博物院藏：军机及宫中档，文献编号：105405。此片具奏日期未确，兹据同批折件校正。

　　窃照新赋完欠实数，例应按年奏报。兹据藩司王德固详：同治九年份川省额征地丁、条粮、屯租、折色等项正、闰共银六十九万二千一百四十一两零，上忙缴过银三十三万七千一百五十五两零，业经分别留支、批解、造册呈报在案。今下忙完银三十万五千九百九十八两零，内除留支各项外，实在解到司库银二十三万三百一十三两零，尚未完银四万八千九百八十七两零。又，应征火耗银一十万三千五百五十五两零，上忙缴过银四万七千七百四十二两零，亦经分别留支、批解、册报。今下忙完银四万八千二百八十五两零，内除扣支各官养廉银外，实在解到司库银一万一千七十二两零，尚未完银七千五百二十六两零等情，具详请奏前来。

　　臣查同治九年份川省应征额赋已完九分有余，比较同治八年年底收数不相上下。现在督饬该司王德固将未完银两实力催提，务在奏销以前扫数全完，以期年清年款。除咨户部查照外，理合循例恭折具奏，伏乞皇太后、皇上圣鉴。谨奏。九年十二月二十二日。

　　同治十年正月二十九日，军机大臣奉旨：户部知道。钦此。[①]

二一二　奏报川省同治九年
十一月粮价、雨雪折

同治九年十二月二十二日(1871年2月11日)

　　头品顶戴四川总督臣吴棠跪奏，为恭报四川省同治九年十一月份各属具报米粮价值及得雪情形，仰祈圣鉴事。

---

① 台北故宫博物院藏：军机及宫中档，文献编号：105888。

窃照同治九年闰十月份通省粮价及得雨情形,前经臣恭折奏报在案。兹查本年十一月份绥定、顺庆、雅州三府,酉阳州、忠州、泸州三直隶州,各属先后具报得雪自一二次积至四五寸不等。田水充足,小春滋长。其通省粮价俱与上月相同,据布政使王德固查明列单汇报前来。

臣覆核无异。理合分缮清单,恭呈御览,伏乞皇太后、皇上圣鉴。谨奏。九年十二月二十二日。

同治十年正月二十九日,军机大臣奉旨:知道了。钦此。①

二一三 呈川省同治九年十一月粮价清单

同治九年十二月二十二日(1871 年 2 月 11 日)

谨将四川省同治九年十一月份各属具报米粮价值,开具清单,恭呈御览。

成都府属,价贵。中米每仓石价银二两七钱六分至三两八钱,与上月同。大麦每仓石价银一两八钱四分至二两一分,与上月同。小麦每仓石价银二两一钱七分至二两三钱四分,与上月同。黄豆每仓石价银一两六分至二两四钱六分,与上月同。荞子每仓石价银一两一钱七分至一两七钱一分,与上月同。

重庆府属,价贵。中米每仓石价银二两五钱六分至三两五钱八分,与上月同。大麦每仓石价银一两六钱五分至二两,与上月同。小麦每仓石价银二两三钱一分至二两七钱三分,与上月同。黄豆每仓石价银二两七钱三分至三两三分,与上月同。

① 台北故宫博物院藏:军机及宫中档,文献编号:105889。

保宁府属，价贵。中米每仓石价银二两六钱四分至三两三钱五分，与上月同。大麦每仓石价银一两九钱二分至二两一钱三分，与上月同。小麦每仓石价银二两八钱六分至三两六钱，与上月同。黄豆每仓石价银一两八钱三分至二两一钱三分。

顺庆府属，价贵。中米每仓石价银二两八钱一分至三两二钱二分，与上月同。大麦每仓石价银一两六钱二分至一两八钱一分，与上月同。小麦每仓石价银二两一钱一分至二两一钱四分，与上月同。黄豆每仓石价银一两五钱五分至一两六钱七分，与上月同。

叙州府属，价贵。中米每仓石价银三两七分至三两三钱七分，与上月同。大麦每仓石价银一两六钱七分至二两三分，与上月同。小麦每仓石价银二两一钱五分至二两六钱五分，与上月同。黄豆每仓石价银一两一钱至一两五钱一分，与上月同。

夔州府属，价贵。中米每仓石价银二两八钱七分至三两二钱二分，与上月同。大麦每仓石价银一两七钱九分至二两四钱七分，与上月同。小麦每仓石价银二两九钱六分至三两四分，与上月同。黄豆每仓石价银二两一钱六分至二两二钱六分，与上月同。

龙安府属，价贵。中米每仓石价银二两五钱七分至三两二钱七分，与上月同。青稞每仓石价银一两五钱，与上月同。小麦每仓石价银一两八钱至二两一钱九分，与上月同。黄豆每仓石价银一两八钱五分至一两九钱三分，与上月同。

宁远府属，价贵。中米每仓石价银二两九钱至三两二钱三分，与上月同。大麦每仓石价银一两四钱九分至一两六钱一分，与上月同。小麦每仓石价银一两六钱二分至二两二钱三分，与上月同。荞子每仓石价银一两四钱六分，与上月同。黄豆每仓石价银一两五钱六分至一两六钱三分，与上月同。

　　雅州府属,价中。中米每仓石价银二两八钱二分至二两八钱七分,与上月同。小麦每仓石价银二两三钱至二两六钱六分,与上月同。黄豆每仓石价银一两六钱八分至二两七分,与上月同。

　　嘉定府属,价贵。中米每仓石价银二两八钱九分至三两四钱九分,与上月同。小麦每仓石价银二两三钱七分至二两七钱四分,与上月同。黄豆每仓石价银一两四钱九分至二两五分,与上月同。

　　潼川府属,价贵。中米每仓石价银二两九钱二分至三两一钱八分,与上月同。大麦每仓石价银一两六钱七分至一两九钱五分,与上月同。小麦每仓石价银二两一钱六分至二两五钱一分,与上月同。黄豆每仓石价银一两七钱九分至二两一钱六分,与上月同。

　　绥定府属,价中。中米每仓石价银二两五钱九分至二两八钱九分,与上月同。大麦每仓石价银一两五钱八分至一两五钱九分,与上月同。小麦每仓石价银一两六钱三分至一两七钱四分,与上月同。黄豆每仓石价银一两四钱三分,与上月同。

　　眉州直隶州属,价贵。中米每仓石价银二两七钱五分至三两五分,与上月同。

　　邛州直隶州属,价贵。中米每仓石价银二两六钱五分至三两八分,与上月同。大麦每仓石价银一两九钱三分,与上月同。小麦每仓石价银二两五钱九分,与上月同。黄豆每仓石价银二两一钱至二两二钱四分,与上月同。

　　泸州直隶州属,价贵。中米每仓石价银三两八分至三两九分,与上月同。

　　资州直隶州属,价中。中米每仓石价银二两五钱七分至二两九钱二分,与上月同。

　　绵州直隶州属,价贵。中米每仓石价银二两七钱四分至三两六分，与上月同。小麦每仓石价银二两三钱四分至二两四钱八分，与上月同。

茂州直隶州属，价中。中米每仓石价银二两六钱二分，与上月同。小麦每仓石价银二两六钱八分，与上月同。青稞每仓石价银二两二钱二分，与上月同。荞子每仓石价银一两二钱五分至一两七钱五分，与上月同。

忠州直隶州属，价贵。中米每仓石价银二两五钱九分至三两二钱七分，与上月同。大麦每仓石价银一两四钱六分至一两六钱，与上月同。小麦每仓石价银二两五分至二两四钱一分，与上月同。黄豆每仓石价银一两二钱七分至一两三钱七分，与上月同。

酉阳直隶州属，价贵。中米每仓石价银二两六钱至三两一钱，与上月同。大麦每仓石价银二两三钱至二两六钱二分，与上月同。小麦每仓石价银二两六钱四分至二两七钱八分，与上月同。黄豆每仓石价银一两三钱九分至一两四钱四分，与上月同。

叙永直隶厅属，价中。中米每仓石价银二两九钱八分，与上月同。小麦每仓石价银一两八钱一分，与上月同。荞子每仓石价银一两三钱四分，与上月同。黄豆每仓石价银一两六钱一分，与上月同。

松潘直隶厅，价中。青稞每仓石价银二两七钱六分，与上月同。荞子每仓石价银一两七钱四分，与上月同。

杂谷直隶厅，价中。青稞每仓石价银二两四钱，与上月同。荞子每仓石价银一两七钱九分，与上月同。

石砫直隶厅，价平。中米每仓石价银一两六钱二分，与上月同。大麦每仓石价银一两七钱三分，与上月同。小麦每仓石价银二两六分,与上月同。黄豆每仓石价银一两八钱九分,与上月同。

打箭炉直隶厅,价贵。青稞每仓石价银四两九钱二分,与上月同。油麦每仓石价银一两八钱一分,与上月同。

军机大臣奉旨:览。钦此。①

二一四　呈川省同治九年
十一月雨雪清单

同治九年十二月二十二日(1871 年 2 月 11 日)

谨将四川省同治九年十一月份所属地方报到得雪情形,开具清单,恭呈御览。

绥定府属:太平县得雪二次,积厚一二寸不等。渠县得雪一次,积厚二三寸不等。

顺庆府属:邻水县得雪一次,积厚一二寸不等。

雅州府属:清溪县得雪一次,积厚四五寸不等。

酉阳直隶州得雪二次,积厚四五寸不等。

忠州直隶州属:忠州得雪二次,积厚二三寸不等。酆都县得雪一次,积厚寸余。

泸州直隶州属:合江县得雪一次,积厚寸许。

军机大臣奉旨:览。钦此。②

---

① 台北故宫博物院藏:军机及宫中档,文献编号:105889-0-A。
② 台北故宫博物院藏:军机及宫中档,文献编号:105897。

二一五 奏报川省同治九年征收
地丁比较上三年完欠折

同治九年十二月二十二日（1871年2月11日）

头品顶戴四川总督臣吴棠跪奏，为查明同治九年四川省征收地丁钱粮比较上三年完欠数目，恭折具奏，仰祈圣鉴事。

窃照前准部咨：嗣后各省征收钱粮统于年底截数，次年二月造报春拨时，即将新旧赋项下各额若干，蠲免若干，已完、未完若干，比较上三年或多或少，另行开单具报等因。历经遵办在案。兹届造报春拨之时，据藩司王德固查明开单，详请具奏前来。

臣查四川省经征地丁钱粮，向系年清年款，所有同治九年份新赋上、下两忙共完过银六十四万三千一百五十四两零，尚未完银四万八千九百八十七两零，计欠数不及一分，比较上三年征收尾欠数目不相上下。除严饬藩司分催各属将未完银两务于奏销前催征全完、另行题报外，谨缮三年比较清单，恭呈御览，伏乞皇太后、皇上圣鉴。谨奏。九年十二月二十二日。

同治十年正月二十九日，军机大臣奉旨：户部知道。单并发。钦此。①

---

① 台北故宫博物院藏：军机及宫中档，文献编号：105890。

二一六　呈川省同治九年征收地丁
比较上三年完欠数目清单

同治九年十二月二十二日(1871 年 2 月 11 日)

謹將同治九年四川省征收地丁銀兩比較上三年完欠數目,繕具清單,恭呈御覽。

一、同治六年份額征舊管地丁錢糧、屯租、折色、秋糧、黃蠟折價、草籽折征,共銀六十六萬八千八百五十兩五錢一分二厘。上忙征完銀四十萬五千五百二十九兩九分四厘五毫,下忙征完銀一十九萬一千五百五十四兩六錢九分一厘七毫,奏銷前征完銀六萬九千九百五十五兩六厘九毫。其名山縣未完銀一千八百一十一兩七錢一分八厘九毫,已據批解到司,入於同治八年春撥冊內報撥在案。統計全完。

一、同治七年份額征舊管地丁錢糧、屯租、折色、秋糧、黃蠟折價、草籽折征,正、閏共銀六十九萬二千一百四十一兩七錢九分四厘六毫。上忙征完銀三十九萬三千三百六十一兩五錢一分三厘五毫,下忙征完銀二十三萬一十七兩一錢九分一厘七毫,奏銷前征完銀六萬九千六十三兩八分九厘四毫,已據批解到司,入於同治九年春撥冊內報撥在案。統計全完。

一、同治八年份額征舊管地丁錢糧、屯租、折色、秋糧、黃蠟折價、草籽折征,共銀六十六萬八千八百五十兩五錢一分二厘。上忙征完銀三十七萬七千七百三十一兩三錢三分五厘一毫,下忙征完銀二十四萬四千七百八十三兩六千八分三厘三毫,奏銷前征完銀四萬四千七百八十七兩三錢六分五厘六毫。其青神縣未完銀一千五百四十八两一钱二分八厘,已据批解到司,入于同治十年春拨册内报拨在案。统计全完。

一、同治九年份额征旧管地丁钱粮、屯租、折色、秋粮、黄蜡折价、草籽折征,正、闰共银六十九万二千一百四十一两七钱九分四厘六毫。上忙征完银三十三万七千一百五十五两九钱七分一毫五丝,下忙征完银三十万五千九百九十八两二钱九厘,尚未完银四万八千九百八十七两六钱一分五厘四毫五丝,定于奏销前催征全完。理合登明。

军机大臣奉旨:览。钦此。①

二一七　循例甄别千总无可参劾折

同治九年十二月二十二日(1871 年 2 月 11 日)

头品顶戴四川总督臣吴棠跪奏,为甄别千总无可参劾,循例恭折仰祈圣鉴事。

窃照定例:千总等官年底甄别,汇咨报部,其甄别不及百之二三者,如该省果无衰庸恋缺、应行甄别之处,该督抚等即将无可参劾缘由声名〔明〕具奏等因。历经遵照办理在案。查四川省各标营额设千总一百十四员,每年例应参劾三员。

查同治九年份各标营千总,或调派出师,或本省防堵,未经凯撤。其在营弁经提臣胡中和与臣陆续调省考验,实无衰庸恋缺之员,自未便拘于定额率行充数,致有屈抑。仍随时留心查察,如有才庸技劣之员,即行分别勒休参革,以肃营伍,断不敢拘泥甄别

---

① 台北故宫博物院藏:军机及宫中档,文献编号:105890-0-A。

年限、稍有姑容。除咨明兵部外,所有同治九年甄别千总无可参劾缘由,理合循例具奏,伏祈皇太后、皇上圣鉴。谨奏。九年十二月二十二日。

同治十年正月二十九日,军机大臣奉旨:知道了。钦此。[①]

二一八　请将葆符等原参之案扣除免议片

同治九年十二月二十二日(1871年2月11日)

再,同治九年奏销八年份茶课税银案内,有雅安县未完茶课税银五千五百二十六两零,当将经征不力各职名随案附参在案。兹据盐茶道傅庆贻详:催据雅安县将欠解前项银两全完,业已弹收存库等情前来。

臣查雅安县未完同治八年份茶课税银既已全完,所有前参经征不力之署雅安县事坐补江北厅同知葆符暨接署雅安县事试用知县祥麟各职名,合无仰恳天恩,敕部照例扣除,免其议处,出自鸿慈。除咨部外,理合附片陈明,伏乞圣鉴训示。谨奏。

同治十年正月二十九日,军机大臣奉旨:着照所请,该部知道。钦此。[②]

二一九　奏报川、陕、楚三省会哨片

同治九年十二月二十二日(1871年2月11日)

再,查川、陕、楚三省交界地方,向定章程于每年十月间,提、镇

---

① 台北故宫博物院藏:军机及宫中档,文献编号:105893。
② 台北故宫博物院藏:军机及宫中档,文献编号:105894。

分年巡哨。本年秋间，经臣饬委川北、松潘二镇循例会哨去后。兹据川北镇总兵杨复东禀报：于十月初一日行抵川、陕交界之渔渡坝，与陕西派出之定远营游击松鹤见面会哨。又于十月二十五日行至川、楚交界之火峰界岭，适湖北宜昌镇总兵黄中元亦抵界所，会同巡哨。并据署松潘镇总兵赓良禀报：于十月二十日在川、甘交界之马尾墩，与河洲镇署之文县营都司吴玉华见面会哨。该镇等查看三省交界处所及往返经过沿途地方，均属静谧，民情亦甚安堵，并无外来匪徒滋扰各等情前来。

臣查三省交界边隘，现在虽均安静，而甘省回逆未平，狄河股匪时虞窜越，防范未可稍懈，仍严饬各镇协营，会同地方文员，随时侦探巡查，实力防守，务期有匪必获，以仰副圣主绥靖边圉之至意。所有三省会哨情形，理合附片具陈，伏乞圣鉴。谨奏。

同治十年正月二十九日，军机大臣奉旨：知道了。钦此。①

二二〇　查看司、道、各府密陈考语折

同治九年十二月二十二日（1871 年 2 月 11 日）

头品顶戴四川总督臣吴棠跪奏，为查看司、道、各府，密陈考语，恭折仰祈圣鉴事。

窃照向例：藩、臬、道、府各员，每届年底应由督抚出考，开单密陈。伏思朝廷设官分职，首重得人。川省邻氛未靖，筹办一切事宜，必须为守兼优之员，方足以资整饬。臣渥荷天恩，畀以边疆重寄，抵任两载有余，惟以整躬率属、勤求吏治为怀，所有在省

---

① 台北故宫博物院藏：军机及宫中档，文献编号：105895。

司道并省外道府各员品行识略,或于因公接见时面加咨询,或于详禀事件中觇其才器,复博采舆〈情〉,密访官常,均已得其梗概。

兹届年底,谨就臣见闻所及,分别出具切实考语,另缮清单,密陈御览。臣仍当随时认真察看,如有改行易辙之员,即据实分别参劾,不敢稍有徇隐,以仰副圣主整肃官方之至意。理合恭折具奏,伏乞皇太后、皇上圣鉴。谨奏。九年十二月二十二日。

同治十年正月二十九日,军机大臣奉旨:知道了,单、片留中。钦此。①

二二一　呈同治九年川省司、
道、府各员考语清单

同治九年十二月二十二日(1871年2月11日)

谨将川省司、道、府各员出具切实考语,缮列清单,密陈御览。

布政使王德固,年五十七岁,河南进士,同治九年五月二日到任。才识老练,筹画周详;洁己奉公,属僚敬畏。

按察使英祥,年四十八岁,满洲正蓝旗翻译生员,同治八年十一月二十九日到任。心地坦白,才具开展;留心鞫谳,尤能矜慎。

盐茶道傅庆贻,年四十七岁,直隶进士,同治七年闰四月初十日到任。操守廉洁,处置精明。

成绵龙茂道孙濂,年五十七岁,贵州进士,同治八年十一月二十九日到任。稳练耐劳,舆情爱戴。

---

① 台北故宫博物院藏:军机及宫中档,文献编号:105896。

建昌道鄂惠，年六十五岁，满洲正黄旗监生，咸丰五年三月初二日到任。练习边防，爱民不扰。

川北道张兆辰，年五十六岁，山东进士，同治八年十一月初六日到任。笃诚练达，吏畏民怀。

川东道锡佩，年四十岁，蒙古镶黄旗监生，同治七年八月十七日到任。办事勤能，堪资表率。

永宁道延祜，年五十四岁，满洲正红旗笔帖式，同治八年七日十五日到任。通晓治体，整饬地方。

成都府知府黄云鹄，年四十三岁，湖北进士，同治九年七月初三日到任。表率清严，听断勤恳；孳孳求治，出自肫诚。

龙安府知府施灿，年六十七岁，汉军镶黄旗荫生，同治二年八月初十日到任。老练朴诚，历久不懈。

宁远府知府许培身，年四十九岁，浙江举人，同治八年十二月十八日到任。讲求吏治，整顿边防。

雅州府知府徐景轼，年四十二岁，安徽进士，同治九年九月十三日到任。勤政爱民，用心抚字。

嘉定府知府王昆，年三十五岁，汉军镶黄旗监生，同治八年二月十三日到任。留心吏事，与民相安。

保宁府知府福兆，年五十五岁，满洲正白旗监生，同治四年三月十七日到任。才具开展，循声颇著。

顺庆府知府李书宝，年六十岁，直隶拔贡，同治六年十月二十四日到任。实力实心，历年无间。

潼川府知府李德良，年五十一岁，顺天拔贡，同治九年八月二十五日到任。勤奋治公，力求振作。

重庆府知府瑞亨，年四十八岁，满洲正红旗官学生，同治八年三月十四日到任。练达有为，舆情协服。

夔州府知府鲍康，年六十岁，安徽举人，同治九年三月十二日到任。吏治精勤，实力振作；办理政务，尤协民心。

绥定府知府顾开第，年六十六岁，江苏进士，咸丰元年七月二十四日到任。老成笃实，有益地方。

叙州府知府朱潮，年五十五岁，浙江进士，同治五年十二月十四日到任。廉明练达，率属有方。[1]

二二二　密陈提、镇胡中和等员考语片

同治九年十二月二十二日(1871年2月11日)

再，实任提、镇各员，每届年底例应出考密陈。伏思提、镇有专阃之责，川省邻氛未靖，各营武备尤宜认真讲求，臣随时察看，查提臣胡中和，熟悉操防，可资整顿。建昌镇刘宝国，边防着力，纪律严明。重庆镇李得太，调省查看，尚资历练。松潘镇联昌，调署重庆镇，办事老成，兵民安辑。川北镇杨复东，营务用心，渐能练达。均知慎重操防，弹压要地。臣于该员等仍当留心访察，如有始勤终怠之员，即行据实奏参，断不敢稍涉徇隐。理合附片密陈，伏乞圣鉴。谨奏。[2]

---

① 中国第一历史档案馆藏：清单，档案编号：04-01-12-0509-025。

② 中国第一历史档案馆藏：军机录副，档案编号：04-01-17-0099-028。此片具奏日期未确，兹据前后折件判定，其当为"同治九年十二月二十二日"。

二二三　奏报护送年班土司起程折

同治九年十二月二十七日(1871年2月16日)

　　头品顶戴四川总督臣吴棠、成都将军臣崇实、四川提督臣胡中和跪奏，为恭报委员护送年班土司起程日期，仰祈圣鉴事。

　　窃照同治九年轮应二班土司入觐，前经臣等将调派缘由奏报在案。兹该土司等先后到省，臣等亲加点验，同亲诣者七家，遣人恭代者十三家，照例筵宴，酌加犒赏。各土司等感颂皇仁，咸形欢忭。随饬查照向例，分作三起，间日行走，头起派城守右营千总杨永祥管领，于十二月二十一日起程；二起派督标中营骑都尉胡世谦管领，定期于二十四日起程；三起派城守左营云骑尉尽先都司萧国珍管领，定期于二十六日起程。另派副将颜有贵统领弹压，责令护送各员妥为照料约束，务期安静遄行，勿任沿途逗留滋事，约计十年三月初间，可以齐抵京城。

　　所有该土司、土舍、头人等赍进贡物与顶戴、衔名、跟役名数，饬司造册咨送军机处查核暨分咨外，谨合词并缮名单，恭折具奏，伏乞皇太后、皇上圣鉴。再，原派土司数内，有呷竹寺等三家均为承袭。阿思洞土千户达那突在途患病，现已扣除，饬俟下届调派。合并陈明。谨奏。九年十二月二十七日。

　　同治十年正月十七日，军机大臣奉旨：该衙门知道，单并发。钦此。①

---

　　①　台北故宫博物院藏：军机及宫中档，文献编号：105715。

二二四　呈派入年班入觐土司等人清单

同治九年十二月二十七日(1871年2月16日)

　　谨将同治九年份派入年班入觐土司、土舍、千户、大小头人名数，缮具清单，恭呈御览。

　　第一起：明正宣慰司甲木参龄庆；土舍一名甲木参旺格。巴旺宣慰司然布彭错遣大头人一名丹巴都结，小头人一名纳尔结。德尔格忒宣慰司侧旺多尔齐罗追盆错遣大头人一名任青。革什咱安抚司古宗江泽遣大头人一名强作工部，小头人一名色波罗。木里安抚司项松郎札什遣大头人一名格里偏初，小头人一名典登。中所土千户喇邦佐，土舍一名喇邦俊，小头人一名郭元品。

　　第二起：里塘宣抚司工布札对，土舍一名莱任登丹，大头人一名工布。陇木长官司何明义，土舍一名何明德，小头人一名牌赉。鄂克什安抚司土妇遣土舍一名屋尔坚，大头人一名苍旺。绰斯甲布宣抚司遣土舍一名擢窝，大头人一名斯丹臻尔甲。卓克基长官司格山朋遣大头人一名豆日思甲，小头人一名板凳耳吉。党坝长官司更噶勒耳晤遣大头人一名格申朋。

　　第三起：静州长官司董子禅，土舍一名董逢金，大头人一名王德贵。沈边长官司余致中遣土舍一名余致和，大头人一名余尚伦，小头人一名吴成良。白利长官司衮卜俄尔珠遣大头人一名札西屯柱。绰倭安抚司索诺木多布丹遣大头人一名四朗札西。麻书安抚司多尔济居密遣大头人一名屯柱。纳林冲长官司丹怎遣大头人一名朗屯柱。七布徐之河寨土千户一员峨博孝。云昌寺土千户一员彭族丹珠。

军机大臣奉旨：览。钦此。①

二二五　续拨甘饷起程日期折

同治九年十二月二十七日(1871年2月16日)

头品顶戴四川总督臣吴棠跪奏，为川省续拨甘饷委解起程日期，恭折仰祈圣鉴事。

窃查同治九年十一月初十日，钦奉上谕：前据袁保恒奏，各省关应协陕、甘军饷交部议奏，提拨四川十万两，限于年内解交西征粮台等因。钦此。当即饬藩司筹银三万两，将委解起程日期并库款竭蹶情形详细奏报在案。伏思本年十一、十二两月共拨解过京、协各饷二十七万两，其本省例支兵饷及援军勇粮尚不在内，均系东挪西凑，司、盐两库罗掘一空。

兹复督同藩司王德固竭力腾挪，勉凑捐输银二万两，作为同治九年六月下半月及七月上半月协甘之饷，委员候补知县寇守智管解，定期于十二月二十四日自川起程，驰赴驻陕西征粮台交收，以济急需。除分咨外，理合恭折陈明，伏乞皇太后、皇上圣鉴。谨奏。九年十二月二十七日。

同治十年正月十七日，军机大臣奉旨：知道了。钦此。②

---

① 台北故宫博物院藏：军机及宫中档，文献编号：105716。
② 台北故宫博物院藏：军机及宫中档，文献编号：105717。

二二六　查明学政阅文幕友折

同治九年十二月二十七日(1871年2月16日)

头品顶戴四川总督臣吴棠跪奏,为查明学政阅文幕友,循例仰祈圣鉴事。

恭照乾隆三十八年,钦奉上谕:各省学政务须多择阅文幕友,即极小省份亦不得不及六七人。其人数、籍贯着该督抚查明奏闻等因。钦此。钦遵在案。兹查四川学政夏子鐊,到任后延有阅文幕友徐敬修六人,系籍隶湖南、江西、山西、江苏、浙江等省。臣等逐加访察,均属文行皆优之士,以之襄校,可期妥协。

除俟该学政开栅考试再当随时留心稽察、不敢稍事徇隐外,谨将该幕友姓名、籍贯另缮清单,恭呈御览。理合恭折具奏,伏乞皇太后、皇上圣鉴。谨奏。十二月二十七日。

同治十年正月十七日,军机大臣奉旨:知道了。钦此。①

【案】乾隆三十八年,钦奉上谕:此谕旨上谕档载曰:

乾隆三十八年十一月二十八日,内阁奉上谕:昨据礼部题驳四川学政吴省钦奏请科考文生录取二、三等者先将坐号一体榜示一本,已照部议驳,并将该学政吴省钦饬行矣。比询及考试生员出案事宜,据大学士于敏中面奏,从前曾任浙江、山东学政,俱按照旧时章程,初按临先考生员,大府约考两栅,小府约考一栅,越二日,即将一等诸生坐号招覆,迨覆试后数日,

---

① 台北故宫博物院藏:军机及宫中档,文献编号:105718。

随将阅定之二、三等试卷分别批评大概，交提调官拆卷填案，晓示发落。每试生员，大学不过十日，小学不过七八日，盖缘优等诸生，例应面加奖励，其劣等生员亦应发落责惩，固未敢令其先行散归，亦不便令其久羁守候。且如学政按临所至，总不宜令生童聚集，久居滋事，即如臣所历浙省之杭、嘉、湖，山东之济、东、兖诸郡，均系殷庶之区，并非艰于旅食，亦从不肯令与考诸生群集久处，是以历来生员阅卷出案，为期从不过迟，各省情形自应大略相等，初不系地方有无公事，以为权衡。至吴省钦以用兵措词，尤属毫无干涉，其所请将二、三等卷同时榜示坐号，更无此政体。但礼部议令邛、雅等属无难于招覆时饬令不与录取者，听其遣归，俟大兵凯旋，仍照章程办理之处，亦未能切中肯綮。若如部议，恐各省先考生员即行发落之旧规因而更改，于事转属未便，盖学臣不能早为阅卷发案者，多缘见小惜费，不肯多延幕友所致，应请通饬各该学政，实力妥办等语。国家所给学政养廉本属丰厚，原以资其办公之用，若于延致幕友，尚思靳惜廉金，不肯多延名幕，致以人少误公，已昧人臣敬事之义。且任学政者，不思校士育材，而斤斤惟养廉是惜，其鄙陋尚可问乎！嗣后各省学政，务须通晓大体，多择工于阅文之幕友，即极小省份亦不得不及五六人，并着各督抚留心稽察，如有不肯多延幕友、办理周章者，即随时据实奏闻，毋得稍涉徇隐。将此通行饬谕知之。钦此。[1]

---

① 中国第一历史档案馆编：《乾隆朝上谕档》，第 7 册，第 492—493 页，广西师范大学出版社，2008；《高宗纯皇帝实录(十二)》，卷九百四十七，乾隆三十八年十一月下，第 836—837 页。

二二七 呈学政夏子鍚阅文幕友清单

同治九年十二月二十七日（1871年2月16日）

谨将四川学政夏子鍚阅文幕友姓名、籍贯，缮具清单，恭呈御览。

徐敬修，湖南善化县附生。

王崇元，江西南昌县附生。

高凤鸣，山西宁武县举人。

程守谦，江苏仪征县附生。

祁寿麐，江苏宝应县举人。

李松寿，浙江仁和县增生。

军机大臣奉旨：览。钦此。①

二二八 州县垫支军需请予奖叙折

同治九年十二月二十七日（1871年2月16日）

头品顶戴四川总督臣吴棠跪奏，为川省州县垫支军需银两，遵照新章恳恩给予奖叙，以昭激劝，恭折仰祈圣鉴事。

窃照同治三年十一月间，接准部咨：议覆湖南抚臣恽世临奏各州县垫用防堵经费，准其查照银数议叙，并移奖子弟及本族之人，仍照筹饷及现行常例核算，不准减成，此外用兵省份事同一律等因。奉旨：依议。钦此。咨行来川，当经通饬遵照。伏查川省自咸丰元

---

① 台北故宫博物院藏：军机及宫中档，文献编号：105719。

年起至同治三年六月底止，各属办理防剿收支款目，前由司道逐一
勾稽，造册开单，详经前督臣于同治四年十一月二十八日具奏，并将
册籍咨部，声明各属自行垫支银一十六万五百三两零。旋准部咨：
嗣后各省垫办军需银两，无论本员请奖及移奖子弟并本族之人，均
只准给予升衔、职衔、封典、级记，不准给予实职等因。迭经遵办在
案。兹复据绵州直隶州知州文棨等五员或请本身议叙，或移奖子
弟，各造具三代年贯，禀赍到局。该司道等查核各该员等所垫银两
数目，按照定例与所请议叙银数，均属有盈无绌，且距销案到部之日
未满五年，造具各员衔名、银数清册，会详请奏前来。

　　合无仰恳天恩，饬部核明给奖，以昭激劝。其余尚未禀覆各
员，容俟催齐核明另办。除将清册分咨部、监外，理合恭折具陈，并
照缮清单，恭呈御览，伏乞皇太后、皇上圣鉴训示。谨奏。十二月
二十七日。

　　同治十年正月十七日，军机大臣奉旨：户部核议具奏，单并发。
钦此。①

二二九　呈州县垫支军需请予奖叙清单

同治九年十二月二十七日(1871年2月16日)

　　谨将川省自咸丰元年起至同治三年六月底止办理防剿、垫支
军需银两应行请叙各员衔名、银数，开具清单，恭呈御览。

　　知府用绵州直隶州知州文棨垫支军饷银四百两零，拟请将该
员本身由现任直隶州知州议叙加一级，并移奖该员之胞侄宝琛，由

---

　　①　台北故宫博物院藏：军机及宫中档，文献编号：105720。

俊秀议叙监生。

前代办会理州知州李英桀垫支军需银三百三十五两五钱零，拟请旨将该员之胞侄李维藩由俊秀议叙监生，并加府经历衔。

前任仁寿县知县张尔周垫支军需银四千六百九十九两一钱零，拟请旨将该员之胞侄张熙谷由试用知县议叙加三级、随带加一级纪录二次，并加同知衔；及侄孙张崇廉由俊秀议叙监生，加捐贡生，并加同知衔。

前任理番厅同知王铭垫支军需银九百八十七两一钱零，除前案请叙监生二名承领执照外，尚余银七百七十一两一钱零，拟请旨将该员之子王溶由候补典史议叙加三级、随带加一级；其孙王为棻由俊秀议叙监生。

前署涪州知州朱百城垫支军需银三千六百七十一两一钱，除前案请叙监生一名承领执照外，尚余银三千二百八十七两，拟请旨将该员之子朱建勋由试用盐大使议叙随带加一级并孙朱学文由俊秀议叙监生，加捐通判衔。朱学诗由监生议叙布理问衔。朱学礼由俊秀议叙监生，加捐布理问衔。朱学书、朱学敬二名均由俊秀议叙监生。族侄朱增由俊秀议叙监生，加捐贡生。

军机大臣奉旨：览。钦此。[①]

二三〇　请以刘钟璟升补泸州知州折

同治九年十二月二十七日(1871 年 2 月 16 日)

头品顶戴四川总督臣吴棠跪奏，为拣员请升要缺知州，以资治

---

① 台北故宫博物院藏：军机及宫中档，文献编号：105721。

理,恭折仰祈圣鉴事。

　　窃查泸州直隶州知州姚宝铭于同治九年十月初七日病故,例应以该员病故本日作为开缺日期,经臣具题开缺,声明所遗泸州直隶州知州系冲、繁、难兼三要缺,容俟在外拣员请补在案。查泸州地当冲要,政务殷繁,且管辖三县及九姓土司,有表率抚驭之责,必须才守兼优、熟悉地方情形之员,方克胜任。臣督同藩、臬两司,在于回省现任直隶州知州内逐加遴选,非现居要地,即历俸未满,一时实无堪调之人。惟有候补同知直隶州知州及劳绩应升各员,亦与是缺不甚相宜。

　　惟查有候补班前先用同知直隶州知州夹江县知县刘钟璟,年五十岁,云南进士,以知县即用,道光三十年九月到川,由攻克猫猫山贼巢出力保奏,咸丰十一年六月初四日,奉上谕:着俟补缺后,以同知直隶州知州即补。钦此。补授夹江县知县,同治二年四月十五日到任。因攻剿马边等处逆匪出力保奏,七年五月十四日,内阁奉上谕:着以同知直隶州知州归候补班前先用。钦此。七年,大计,保荐卓异,调署简州知州,治理裕如。该员才守兼优,循声卓著,以之升补泸州直隶州知州,实堪胜任;以前正、署各任内并无积案五十起以上、承缉盗案五起以上、经征钱粮不及七分已起降调、革职、参限。其余因公处分,例免核计。罚俸银两,现饬完缴。历俸早满三年,且系正途知县奉旨以同知直隶州知州归候补班前先用、曾经保荐卓异人员,与升补之例相符。惟调缺请升稍有未合,第人地实在相需,例得声明奏请。据藩、臬两司会详前来。

　　合无仰恳天恩,俯念员缺紧要,准以候补班前先用同知直隶州知州夹江县知县刘钟璟升补泸州直隶州知州,实于地方有裨。如蒙俞允,俟接准部覆,并案给咨送部引见。所遗夹江县知县系属简缺,应归部选,但川省现有应补人员,应请扣留外补。是否有当,伏乞皇太后、皇上圣鉴训示。再,此案应以同治九年十月三十日截缺之日起限,扣至十二月十一日限满。合并陈明。谨奏。九年十二月二十七日。

同治十年正月十七日,军机大臣奉旨:吏部议奏。钦此。①

二三一　王煜等堪以委署知县片

同治九年十二月二十七日(1871年2月16日)

再,现署华阳县知县事新补万县知县张焜另有差委,所遗要缺系附省首邑,政务殷繁,查有前经调派帘差之高县知县王煜,才具干练,堪以委署。又,署开县知县裕诚调省遗缺,查有调帘在省之阆中县知县何探源,为守兼优,堪以委署。又,署珙县知县张钟瑛年满遗缺,以荥经县知县涂翔麟接署。该员等正、署各任内并无经征钱粮未完及承缉盗劫已起四参案件。据藩、臬两司会详前来。除分咨遵照外,理合附片陈明,伏乞圣鉴。谨奏。

同治十年正月十七日,军机大臣奉旨:知道了。钦此。②

二三二　奏明志秀照例以知县补用片

同治九年十二月二十七日(1871年2月16日)

再,试用知县志秀,京城镶白旗满洲举人,咸丰三年,大挑一

---

① 台北故宫博物院藏:军机及宫中档,文献编号:105722。

② 台北故宫博物院藏:军机及宫中档,文献编号:105723。此片具奏日期未确,兹据同批折件校正。

等,签掣四川。同治二年,借署布政司库大使,接准部覆。嗣准吏部咨:志秀借署布库大使揭帖到部,时有部书俞锡华先与志秀相识,为之赶办题稿,预填科钞日期,随即改正,经部查讯,将俞锡华比例拟办。志秀并无嘱托、酬谢情事,惟曾与书吏往来,照不应重律议降三级调用。该员于六年七月在铜局捐复知县原官,八月二十日具奏,同日奉旨:依议。钦此。由部咨川,经前任藩、臬两司查明具详:志秀系于咸丰年间签掣来川,前年题署布库大使时并未进京,与俞锡华只系先年认识,自复官后并无往来交接之事。其被议降调实系因人连累,事出不虞等情。

臣覆查无异。伏思志秀原议降调之案,既系因人受累,与大计甄别参劾人员不准仍留原省者不同。兹已捐复知县,奉旨允准,可否仍留川省归入知县原班照例补用之处,出自圣裁。理合附片陈明,伏乞圣鉴训示。谨奏。

同治十年正月十七日,军机大臣奉旨:吏部议奏。钦此。①

二三三　奏报黄加焜等年满甄别片

同治九年十二月二十七日(1871年2月16日)

再,查吏部奏定章程:道府州县,无论何项劳绩保奏归入候补班者,以到省之日起,予限一年,令督抚详加查看,出具切实考语,奏明分别繁简〈补〉用等因。通行遵照在案。兹查候补同知直隶州知州黄加焜、候补知县邹隆柄二员,均到省一年期满,自应照章甄

---

① 台北故宫博物院藏:军机及宫中档,文献编号:105724。此片具奏日期未确,兹据同批折件校正。

别。据布政使王德固、按察使英祥造具该员等履历清册,会详请奏前来。

臣查该员黄加焜,年强才裕,堪以繁缺直隶州补用;邹隆柄才识练达,堪以繁缺知县补用。除将该员等履历清册咨部外,理合附片陈明,伏乞圣鉴训示。谨奏。

同治十年正月十七日,军机大臣奉旨:吏部知道。钦此。①

----

① 台北故宫博物院藏:军机及宫中档,文献编号:105725。此片具奏日期未确,兹据同批折件校正。

同治十年(1871)

○○一 奏报川省同治九年 十二月雨雪、粮价折

同治十年正月二十六日(1871年3月16日)

头品顶戴四川总督臣吴棠跪奏,为恭报四川省同治九年十二月份各属具报米粮价值及得雪情形,仰祈圣鉴事。

窃照同治九年十一月份通省粮价及得雪情形,前经臣恭折奏报在案。兹查同治九年十二月份成都、重庆、顺庆三府,忠州、泸州二直隶州,各属先后具报得雪自一二次积至三四寸不等。原隰均沾,小春畅茂。其通省粮价俱与上月相同。据布政使王德固查明列单汇报前来。

臣覆核无异。理合分缮清单,恭呈御览,伏乞皇太后、皇上圣鉴。谨奏。正月二十六日。

同治十年三月初三日,军机大臣奉旨:知道了。钦此。①

---

① 台北故宫博物院藏:军机及宫中档,文献编号:106424。

○○二 呈川省同治九年
十二月粮价清单

同治十年正月二十六日(1871年3月16日)

谨将四川省同治九年十二月份各属具报米粮价值,开具清单,恭呈御览。

成都府属,价贵。中米每仓石价银二两七钱六分至三两八钱,与上月同。大麦每仓石价银一两八钱四分至二两一分,与上月同。小麦每仓石价银二两一钱七分至二两三钱四分,与上月同。黄豆每仓石价银一两六分至二两四钱六分,与上月同。荞子每仓石价银一两一钱七分至一两七钱一分,与上月同。

重庆府属,价贵。中米每仓石价银二两五钱六分至三两五钱八分,与上月同。大麦每仓石价银一两六钱五分至二两,与上月同。小麦每仓石价银二两三钱一分至二两七钱三分,与上月同。黄豆每仓石价银二两七钱三分至三两三分,与上月同。

保宁府属,价贵。中米每仓石价银二两六钱四分至三两三钱五分,与上月同。大麦每仓石价银一两九钱二分至二两一钱三分,与上月同。小麦每仓石价银二两八钱六分至三两六钱,与上月同。黄豆每仓石价银一两八钱三分至二两一钱三分,与上月同。

顺庆府属,价贵。中米每仓石价银二两八钱一分至三两二钱二分,与上月同。大麦每仓石价银一两六钱二分至一两八钱一分,与上月同。小麦每仓石价银二两一钱一分至二两一钱四分,与上月同。黄豆每仓石价银一两五钱五分至一两六钱七分,与上月同。

叙州府属,价贵。中米每仓石价银三两七分至三两三钱七分,与上月同。大麦每仓石价银一两六钱七分至二两三分，与上月同。小麦每仓石价银二两一钱五分至二两六钱五分，与上月同。黄豆每仓石价银一两一钱至一两五钱一分，与上月同。

夔州府属，价贵。中米每仓石价银二两八钱七分至三两二钱二分，与上月同。大麦每仓石价银一两七钱九分至二两四钱七分，与上月同。小麦每仓石价银二两九钱六分至三两四分，与上月同。黄豆每仓石价银二两一钱六分至二两二钱六分，与上月同。

龙安府属，价贵。中米每仓石价银二两五钱七分至三两二钱七分，与上月同。青稞每仓石价银一两五钱，与上月同。小麦每仓石价银一两八钱至二两一钱九分，与上月同。黄豆每仓石价银一两八钱五分至一两九钱三分，与上月同。

宁远府属，价贵。中米每仓石价银二两九钱至三两二钱三分，与上月同。大麦每仓石价银一两四钱九分至一两六钱一分，与上月同。小麦每仓石价银一两六钱二分至二两二钱三分，与上月同。荞子每仓石价银一两四钱六分，与上月同。黄豆每仓石价银一两五钱六分至一两六钱三分，与上月同。

雅州府属，价中。中米每仓石价银二两八钱二分至二两八钱七分，与上月同。小麦每仓石价银二两三钱至二两六钱六分，与上月同。黄豆每仓石价银一两六钱八分至二两七分，与上月同。

嘉定府属，价贵。中米每仓石价银二两八钱九分至三两四钱九分，与上月同。小麦每仓石价银二两三钱七分至二两七钱四分，与上月同。黄豆每仓石价银一两四钱九分至二两五分，与上月同。

潼川府属，价贵。中米每仓石价银二两九钱二分至三两一钱八分，与上月同。大麦每仓石价银一两六钱七分至一两九钱五分，与上月同。小麦每仓石价银二两一钱六分至二两五钱一分，与上月同。黄豆每仓石价银一两七钱九分至二两一钱六分，与上月同。

绥定府属，价中。中米每仓石价银二两五钱九分至二两八钱九分，与上月同。大麦每仓石价银一两五钱八分至一两五钱九分，与上月同。小麦每仓石价银一两六钱三分至一两七钱四分，与上月同。黄豆每仓石价银一两四钱三分，与上月同。

眉州直隶州属，价贵。中米每仓石价银二两七钱五分至三两五分，与上月同。

邛州直隶州属，价贵。中米每仓石价银二两六钱五分至三两八分，与上月同。大麦每仓石价银一两九钱三分，与上月同。小麦每仓石价银二两五钱九分，与上月同。黄豆每仓石价银二两一钱至二两二钱四分，与上月同。

泸州直隶州属，价贵。中米每仓石价银三两八分至三两九分，与上月同。

资州直隶州属，价中。中米每仓石价银二两五钱七分至二两九钱二分，与上月同。

绵州直隶州属，价贵。中米每仓石价银二两七钱四分至三两六分，与上月同。小麦每仓石价银二两三钱四分至二两四钱八分，与上月同。

茂州直隶州属，价中。中米每仓石价银二两六钱二分，与上月同。小麦每仓石价银二两六钱八分，与上月同。青稞每仓石价银二两二钱二分，与上月同。荞子每仓石价银一两二钱五分至一两七钱五分，与上月同。

忠州直隶州属，价贵。中米每仓石价银二两五钱九分至三两二钱七分，与上月同。大麦每仓石价银一两四钱六分至一两六钱，与上月同。小麦每仓石价银二两五分至二两四钱一分，与上月同。

黄豆每仓石价银一两二钱七分至一两三钱七分，与上月同。

酉阳直隶州属，价贵。中米每仓石价银二两六钱至三两一钱，与上月同。大麦每仓石价银二两三钱至二两六钱二分，与上月同。小麦每仓石价银二两六钱四分至二两七钱八分，与上月同。黄豆每仓石价银一两三钱九分至一两四钱四分，与上月同。

叙永直隶厅属，价中。中米每仓石价银二两九钱八分，与上月同。小麦每仓石价银一两八钱一分，与上月同。荞子每仓石价银一两三钱四分，与上月同。黄豆每仓石价银一两六钱一分，与上月同。

松潘直隶厅，价中。青稞每仓石价银二两七钱六分，与上月同。荞子每仓石价银一两七钱四分，与上月同。

杂谷直隶厅，价中。青稞每仓石价银二两四钱，与上月同。荞子每仓石价银一两七钱九分，与上月同。

石砫直隶厅，价平。中米每仓石价银一两六钱二分，与上月同。大麦每仓石价银一两七钱三分，与上月同。小麦每仓石价银二两六分，与上月同。黄豆每仓石价银一两八钱九分，与上月同。

打箭炉直隶厅，价贵。青稞每仓石价银四两九钱二分，与上月同。油麦每仓石价银一两八钱一分，与上月同。

军机大臣奉旨：览。钦此。[1]

○○三　呈四川省同治九年十二月得雪清单

同治十年正月二十六日(1871 年 3 月 16 日)

谨将四川省同治九年十二月份各属具报得雪情形，开具清单，

---

[1]　台北故宫博物院藏：军机及宫中档，文献编号：106424-0-A。

恭呈御览。

成都府属：什邡县得雪一次，积厚一寸有余。

重庆府属：南川县得雪二次，积厚三四寸不等。

顺庆府属：邻水县得雪二次，积厚三四寸不等。

忠州直隶州：忠州得雪一次，积厚寸余。

泸州直隶州：泸州得雪二次，积厚二三寸不等。

军机大臣奉旨：览。钦此。①

○○四　请以杨铭升补峨边厅通判折

同治十年正月二十六日（1871年3月16日）

头品顶戴四川总督臣吴棠跪奏，为拣员升补要缺通判，恭折仰祈圣鉴事。

窃查峨边厅通判赵绥铭病故遗缺，前以内江县知县谭海关升补，该员旋即闻讣丁艰。复以西充县知县徐浩奏补，嗣准部咨：该员徐浩例应回避胞弟徐澄，所请升补峨边厅通判应毋庸议，令另拣合例人员升补等因。伏查峨边〈僻〉处夷疆，汉番杂处，抚绥巡防，均关紧要，非老成干练之员，不足以资治理。兹复督同两司于实缺通判及保归候补班尽先补用通判并现任知县应升各员内，逐加遴选，非员缺紧要，即人地未宜，一时实无升调之人。

惟查有雅安县知县杨铭，年五十六岁，山西灵石县人，由职员在顺天捐输经费，奉旨：着以知县归捐班前先用。钦此。道光二十九年，选绥四川綦江县知县，亲老告近，改选河南沈丘县知县，尚未

---

① 台北故宫博物院藏：军机及宫中档，文献编号：106434。

赴任,旋即丁忧。服满起复引见,奉旨照例坐补原缺。咸丰元年,选授綦江县知县,二年二月初二日到任。同治元年六月,因攻剿石逆并解涪州、綦江城围出力保奏,是月二十八日,奉上谕:着以同知直隶州知州即补。钦此。四年,举行大计,保荐卓异。嗣经调补雅安县知县。该员年健才明,办事稳练,在川年久,熟悉夷情,以之升补峨边厅通判,实堪胜任。前在綦江、雅安各任内并无积案五十起以上、承缉盗案五起以上、经征钱粮不及七分已起降调、革职、参限。其余因公处分,例免核计。罚俸银两,饬催完缴。历俸已满十年,曾保卓异,与应升之例相符。惟调缺请升稍有未合,但人地实在相需,例得声明奏请。据藩司王德固、臬司英祥会详前来。

合无仰恳天恩,俯准以雅安县知县杨铭升峨边厅通判,实于边地有裨。如蒙俞允,该员本系俸满卓异人员,俟接准部覆,给咨送部,并案引见。所遗雅安县知县系冲、繁、难要缺,例应在外拣员调补。是否有当,理合会同成都将军臣崇实,合词恭折具奏,伏乞皇太后、皇上圣鉴。谨奏。正月二十六日。

同治十年三月初三日,军机大臣奉旨:吏部议奏。钦此。①

○○五　奏报委解协黔的饷折

同治十年正月二十七日(1871 年 3 月 17 日)

成都将军臣崇实、头品顶戴四川总督臣吴棠跪奏,为改拨协黔的饷,借提、委解各日期,恭折仰祈圣鉴事。

---

① 　台北故宫博物院藏:军机及宫中档,文献编号:106433。

窃臣等于同治九年十月二十二日承准军机大臣字寄：十月初七日，奉上谕：崇实、吴棠奏，改拨协黔的饷、请饬提督赴任接办军务一折。周达武所需饷银五万八千两，着照崇实等所拟，由川按月筹拨，解赴贵阳省城，专供周达武马步全军之用等因。钦此。当经恭录，札行防剿局司道等，设法筹拨，并准提督周达武咨称：原部马步全军五千九百人，确于九年闰十月十四日接防，新募黔勇四千五百人，亦已次第成军，应请将川省月饷于十四日截止，协黔的饷于十五日起支等情前来。

查协黔的饷，每月应拨银五万八千两，自九年闰十月十五日起，至十二月底止，共应拨银十四万五千两。该提督周达武统兵入黔，道出重庆，于九年闰十月初一、十四及十一月初八等日，在川东道库借拨银一万五千两。嗣于闰十月二十八日，饬委候补知县王光照、候补县丞周启勋，提解银一万五千两。又于十一月二十八日，饬由川东道筹拨银四万两，并委候补县丞赵鸣雁，提解银一万两。复于十二月二十一日，饬委候补知县顾汝尊、试用直隶州州判谭振元，管解银一万两，并委候补知县赵廷璜、试用州判刘炳滐，提解银二万两。兹于十年正月初九日，饬委试用同知邵秉文、试用通判范鸿遂，管解银三万五千两。以上统共借提、委解银十四万五千两，均交周达武查收支放。计自九年闰十月十五日起，至十二月底止协黔的饷，业已一律解清。

其自十年正月起协饷，臣等仍当督饬藩司等，接续筹拨，按月解交。虽当川饷奇绌之时，断不敢因为数较巨，贻误要需。所有改拨协黔的饷，借提、委解缘由，除分咨外，谨合词恭折具陈，伏祈皇太后、皇上圣鉴。谨奏。正月二十七日。

同治十年二月十五日，军机大臣奉旨：知道了。钦此。①

○○六　请将唐友耕军饷运费作正开销片

同治十年正月二十七日(1871年3月17日)

再，同治八年，提督唐有耕统师援滇，克复鲁甸厅城，生擒首逆。迭据咨呈：昭、鲁一带连年汉回互斗，田土久荒，间有产米之区，亦多被贼焚掠，采买兵粮，都在数百里以外，米价固昂，夫价尤重，请照陇、黔成案，发给运费等情。节经札行防剿局核议，以此项运费前值防剿吃紧之时，该提督已饬营官等挪款垫办。各将士荷戟远征，既责以战守之劳，复令有赔累之苦，似不足以鼓励军心，详请酌给前来。

臣等伏查川军援剿汉南及甘肃阶州、贵州苗疆，各营军米运费，迭经前督臣骆秉章暨臣等奏请作正开销，均奉谕旨允准在案。该提督唐友耕统师援滇，越境剿贼，其购米之艰难，运粮之险远，与陇、黔情事相同。合无仰恳天恩，俯准援照成案，将此项运费作正开销，免由月饷内坐扣，以示体恤。谨合词附片陈明，伏乞圣鉴训示。谨奏。

同治十年二月十五日，军机大臣奉旨：着照所请，户部知道。钦此。②

---

① 台北故宫博物院藏：军机及宫中档，文献编号：106135。又，吴棠等：《游蜀疏稿》，第325—331页。其尾记曰："同治十年正月二十七日，由驿具奏。于本年三月初二日，准兵部火票递回原折，内开军机大臣奉旨：知道了。钦此。"

② 台北故宫博物院藏：军机及宫中档，文献编号：106136。又，吴棠等：《游蜀疏稿》，第333—336页。其尾记曰："同治十年正月二十七日，附驿具奏。于本年三月初二日，准兵部火票递回原片，内开军机大臣奉旨：着照所请，户部知道。钦此。"

【案】各营军米运费,迭经前督臣骆秉章暨臣等奏请作正开销:同治三年二月五日,四川总督骆秉章奏请将运费作正开销曰:

再,川省援陕各军前由南江等处进剿汉中贼匪,因购米艰难,经臣奏明,派委前任洪雅县知县梅锦堂等设立粮台、专办军米在案。嗣陕西抚臣刘蓉以梅锦堂等职分较小,呼应不灵,恐误军食,咨请另派大员督办。又经臣檄委新任成绵龙茂道钟峻,拣派随员前往,并先后带解银四万五千两,驰赴川北,采办米石,解济各营。现在刘蓉改由宁、冕进兵,更须分台供支。查经陕各州县山多田少,向以杂粮为食,产米委不甚多,加以大军驻彼日久,搜买渐空。现在南通所驻各营需用米石,系在顺庆、绥定各属购办。宁、冕、昭、广所驻各营兵米,系在保宁、绵州等处采买,由水陆分运前进。惟是兵分两道,需米既多,道途遥远,运脚尤重。除米价银两仍在各营月饷内扣还外,所有水陆运脚等费照例定价值支发,实有万难敷用之势。合无仰恳天恩,俯念援军需米孔急,各处转运维艰,准将运费、一切采买支发作正开销,以示体恤,而免贻误。据防剿局司道具详前来。理合附片陈奏,伏乞圣鉴训示。谨奏。同治二年二月二十八日,议政王军机大臣奉旨:依议,该部知道。钦此。①

○○七 请准建祠并将邓鸿超等入祀片

同治十年正月二十七日(1871 年 3 月 17 日)

再,据前统领果毅营提督刘鹤龄禀称,该提督从征十八年,转

---

① 台北故宫博物院藏:军机及宫中档,文献编号:094666。

战川、陕、黔等省，先后阵亡之总兵邓鸿超、姚华萃、刘洛望、参将吴洪贵、守备骆安邦等员弁勇丁，共计一千数百名，均经随时禀报，并请将邓鸿超等各员奏奉恩旨，交部议恤在案。现在所部全军遣撤〔返〕，念士卒临阵捐躯，殊堪悯恻。该提督籍隶湖南溆浦县，所部弁勇大半幼同乡里，自愿捐集经费，在于原籍地方建立昭忠祠，将邓鸿超等一律入祀，并置产岁时致祭等情。臣等覆查军兴以来，各营阵亡将士呈请建立昭忠祠，均邀俞允。今该提督所禀，亦为激扬士气起见，合无仰恳天恩，俯准提督刘鹤龄在于原籍湖南溆浦县地方捐资建祠，将阵亡总兵邓鸿超等员弁勇丁一并入祀，以彰荩节，而慰忠魂。谨合词附片陈明，伏乞圣鉴训示。谨奏。

同治十年二月十五日，军机大臣奉旨：着准其捐资建祠，将阵亡总兵邓鸿超等一并入祀，以慰忠魂。钦此。①

○○八　请将道员唐炯免其置议片

同治十年正月二十七日(1871 年 3 月 17 日)

再，臣等前奉同治九年闰十月二十二日上谕：唐炯前致席宝田函内，有川中月协黔饷五万归黔自办，闻黔中意甚欣然等语。曾璧光谓当时并无此意。唐炯之言从何而来，必须各还根据。着崇实、吴棠饬令唐炯，明白登覆，即行查核具奏，以惩虚诬等因。钦此。当经恭录，札行道员唐炯钦遵去后。兹据禀覆：九年六月内，据派

---

① 台北故宫博物院藏：军机及宫中档，文献编号：106137。又，吴棠等：《游蜀疏稿》，第337—340 页。其尾记曰："同治十年正月二十七日，附驿具奏。于本年三月初二日，准兵部火票递回原片，内开军机大臣奉旨：着准其捐资建祠，将阵亡总兵邓鸿超等一并入祀，以慰忠魂。钦此。"

驻贵阳省城采办转运委员禀称:黔省闻川中协饷归黔自办之议,意甚欣然。该道是以于致臬司席宝田函内叙及等情。

臣等伏查唐炯致臬司席宝田函内,虽非虚诬无据之言,而贵州抚臣曾璧光既称当时并无此意,则唐炯得自传闻,形诸函牍,究属非是。惟该道已于移师平瓮案内奏参,奉旨摘去顶戴,其与席宝田尚系私函往来。可否仰恳天恩,免其置议,出自逾格鸿慈。谨合词附片陈明,伏乞圣鉴。谨奏。

同治十年二月十五日,军机大臣奉旨:唐炯着免其置议。钦此。①

【案】此片为崇实、吴棠奉旨饬查唐炯于致臬司席宝田函中所称之语及令唐炯明白登覆后所上清廷之奏,得允准。《清实录》:

……唐炯前致席宝田函,内有川中月协黔饷五万,归黔自办,闻黔中意甚欣然等语。曾璧光谓当时并无此意,唐炯之言从何而来? 必须各还根据。着崇实、吴棠饬令唐炯明白登覆,即行查核具奏,以惩虚诬。嗣后该将军、督抚等总当力顾大局,不得惑于浮言,致军务稍涉松劲。寻奏,唐炯以传闻之语形诸函牍,殊属非是。惟系私函往来,且该道已于移师平瓮案内摘去顶带,此次可否免其置议。得旨:唐炯着免其置议。②

---

① 台北故宫博物院藏:军机及宫中档,文献编号:106136。又,吴棠等:《游蜀疏稿》,第341—344页。其尾记曰:"同治十年正月二十七日,附驿具奏。于三月初三日,准兵部火票递回原片,内开军机大臣奉旨:唐炯着免其置议。钦此。"
② 《穆宗毅皇帝实录(六)》,卷二百九十五,同治九年闰十月下,第1088页。

○○九 奏请川省京饷援案汇解折

同治十年正月二十七日（1871年3月17日）

头品顶戴四川总督臣吴棠跪奏，为现探陕西驿路仍多阻滞，请将川省京饷暂行援案汇解，以昭妥慎，恭折仰祈圣鉴事。

窃臣前准户部咨：议奏各省京饷均装齐饷鞘，委员解京，不得再行汇兑，奉旨：依议。钦此。自应遵照办理。惟查川省从前奉拨京饷，均系委解实银，取道陕西进京，赴部交纳。嗣因陕西军务迭兴，道路多阻，经前督臣设法觅商汇兑。迨同治八年秋间，接准部咨，奏准停止汇解，经臣督同藩司查明经过之秦、陇交界地方军务未平，万难冒昧从事。如由水路解运，距海甚远，且川江节节皆滩，舟行动多触碍，与滨海之闽、粤等省情形不同，奏请暂行交商汇兑，一俟秦、陇肃清，即改解饷鞘，奉旨交部议准。现在屡探陕、甘交界各地方，回逆窜逸靡常，加以岷州溃勇势甚猖獗，时虞旁窜，秦中驿路时通时塞。即如上届管解京饷委员王樽回川，行至陕西郿县地方，突遇大股回匪，劫去行李及兵部照票、勘牌，由陕西抚臣咨部有案。若以京饷实银轻临不测之地，设有疏虞，不特委员无力赔偿，即陕西沿途州县疲困居多，亦恐未能分赔，与其疏失之后空事呼追，不如暂行汇兑，用昭妥慎。

合无仰恳天恩，俯念川省自汇解京饷以来不下二百余万，从未贻误，仍准照案发商汇兑，一俟秦、陇交界地方回氛肃清，驿路无阻，即照部议装鞘管解，实为慎重饷需起见，并非畏难借口，据藩司王德固具详前来。臣覆查无异。理合恭折具陈，伏乞皇太后、皇上圣鉴训示。谨奏。正月二十七日。

同治十年二月十五日,军机大臣奉旨:户部知道。钦此。①

○一○　委署尹国珍等建昌道等缺片

同治十年正月二十七日(1871年3月17日)

再,现据雅州府知府徐景轼禀称:建昌道鄂惠因频年剿办越巂彝务,并规复云南永北厅城,积劳成疾,于同治十年正月十六日因病出缺等情。除照例恭疏题报外,伏思建昌道管辖三府二直隶州,接壤滇、藏,兼辖土司部落二百七十余处,为川省巡道中题调要缺,亟应委员接署,查有候补道尹国珍,廉明干练,堪以委署。

又,署德阳县知县曹廷燮病故遗缺,查有彰明县知县何庆恩,堪以调署。所遗彰明县缺,查有新补清溪县知县尚未到任之韩树屏,堪以委署。何庆恩等正、署各任内并无经征钱粮未完及承缉盗劫已起四参案件,据藩、臬两司会详前来。除分咨遵照外,理合附片陈明,伏乞圣鉴。谨奏。

同治十年二月十五日,军机大臣奉旨:吏部知道。钦此。②

○一一　奏陈川省节年办理防剿筹拨经费折

同治十年正月二十七日(1871年3月17日)

再,自军兴以来,川省办理防剿,筹拨经费,均经随时奏报在案。兹据防剿局司道详:前拨银两已陆续支用无存,嗣因征防各营

---

① 台北故宫博物院藏:军机及宫中档,文献编号:106139;中国第一历史档案馆藏:朱批奏折,档案编号:04-01-35-0973-043。
② 台北故宫博物院藏:军机及宫中档,文献编号:106140。

催拨勇粮、军火，并找发欠饷，先后移准藩司在于普捐项下六次拨银三十三万三千二百两，各项厘金项下五次拨银二十二万八百两，按粮津贴项下六次拨银十四万五千两，历年捐输项下二次拨银十四万五千两，夔关盐税项下一次拨银五万六千两，共拨银九十万两，均系随拨随支，并无存剩，容另筹拨等情，详请具奏前来。

臣覆查无异。至历年劝办捐输，均系循照旧章，预先奏明，请旨遵行，节年收捐总数，亦于请奖及加广举额、学额各案内分晰奏咨在案。其各营员弁勇丁细数及征防地方，现据司道督催局员按年挨次造册，陆续报部。理合附片陈明，伏乞圣鉴训示。谨奏。

同治十年二月十五日，军机大臣奉旨：户部知道。钦此。①

○一二 奏报赏福字谢恩折

同治十年二月初八日(1871年3月28日)

头品顶戴四川总督臣吴棠跪奏，为恭谢天恩，仰祈圣鉴事。

窃臣于同治十年二月初六日赏折差弁回川，奉到上年十二月二十二日御赐福字一方。〈臣〉当即恭设香案，望阙叩头，谢恩祗领。伏惟皇上受箓膺图，福由天授，绥猷建极，福与民同，是以盛治宣昭，光四表而嘉祥丕应；慈晖祗奉，侍两宫而蕃祉骈臻！臣谬领双川，渐周三载，欣逢景运，切瞻云就日之诚；忽奉奎章，焕鸾舞螭腾之彩！高悬展拜，合署辉煌！在圣主惠泽旁敷，锡福无分中外，而微臣宠光叠被，造福弥戴生成。

惟有勉效涓埃，宣扬德意，冀三蜀均蒙乐利，绥丰芦亿姓之欢；

---

① 台北故宫博物院藏：军机及宫中档，文献编号：106141。

愿八埏共庆升平,保泰笃万年之祜!所有感激下忱,理合恭折叩谢天恩,伏乞圣鉴。谨奏。二月初八日。

同治十年三月初三日,军机大臣奉旨:知道了。钦此。①

○一三　奏报川、滇两军击退巴夷边境肃清折

同治十年二月十五日(1871年4月4日)

成都将军臣崇实、头品顶戴四川总督臣吴棠跪奏,为巴夷窜扰,迭经川、滇两军击退回巢,边境渐次肃清,恭折仰祈圣鉴事。

窃臣等于同治十年二月初六日,承准军机大臣字寄:正月二十二日,奉上谕:刘岳昭、岑毓英奏,川边蛮夷窜扰滇境、调兵剿办一折,着崇实、吴棠飞饬雷波、屏山附近兵练,并力夹击,毋稍玩延等因。钦此。查叙南、筠连、高、珙等县,接壤滇疆,且时有野夷出巢之患。八年冬间,提督唐友耕援师凯撤,即檄令督率所部三千二百余人,扼守边防,附片奏明在案。

九年十二月十二、二十一等日,据叙州府县禀报:滇匪勾串巴夷散练,分股窜扰,一由永善县副官村直犯横江,一由大关厅盐井波〔渡〕阑入筠连县西南乡场等情。当经批令厚集兵团,严防江岸,并添调驻扎叙永三营,驰往助剿。仍一面飞咨滇省,转饬昭通镇总兵李家福,会同唐友耕,不分畛域,严密搜捕。嗣准云贵督臣、云南抚臣咨称:探得永善县毗连川界之巴布梁山蛮夷,偷渡过江,袭踞营碉数座等语。臣等以蛮匪滋扰,无论为滇夷、为川夷,均应设法驱除。咨覆复通饬会办去后。兹于二月初五日,据叙州府知府朱

① 台北故宫博物院藏:军机及宫中档,文献编号:106433。

潮禀报：永善夷匪，经川、滇两军夹击获胜，现已溃窜回巢，仅有零匪数百人，藏匿老山，距川境五六百里，筠连地方亦有游匪，数十成群，乘机抢夺。现在上紧拿办等情前来。

臣等伏念云南之大关、永善，四川之雷波、马边，夷巢林立，环绕江浔，声息相通，难保不暗中纠合，初未敢谓犬羊之众滇嚣而蜀静也。惟夷情鲜事耕耘，专图劫夺，一遇官兵迎击，豕突狼奔，遁入老巢，习为惯技。故边地虽有夷患，而驾驭得宜，尚不至肆行无忌。此次巴夷窜扰，迭经川、滇两军击退回巢，边境渐次肃清，堪以上纾宸虑。其余零星股匪，皆两省交界游手好闲之徒，乘机窃发。惟有恪遵训示，督饬唐友耕，会合附近兵练，并力扫除，以期净绝根株，①免滋扰累。所有巴夷窜扰，迭经川、滇两军击退回巢、边境渐次肃清缘由，谨合词恭折驰陈，伏乞皇太后、皇上圣鉴训示。谨奏。二月十五日。

同治十年二月二十八日，军机大臣奉旨：钦此。②

【案】此折于二月二十八日获准，清廷饬令崇实、吴棠等督饬唐友耕等军实力防剿，以靖地方。军机及宫中档：

军机大臣字寄：成都将军崇、四川总督兼署成都将军吴、云贵总督刘、云南巡抚岑：同治十年二月二十八日，奉上谕：崇实、吴棠奏，巴夷窜扰，经川、滇两军击退回巢一折。云南之大关、永善，四川之雷波、马边，夷巢林立，声息相通。此次滇匪

① "净绝根株"，《游蜀疏稿》作"尽绝根株"。
② 台北故宫博物院藏：军机及宫中档，文献编号：106363。又，吴棠等：《游蜀疏稿》，第345—352页。其尾记曰："同治十年二月十五日，由驿具奏。于本年三月十二日，准兵部火票递回原折，内开军机大臣奉旨：另有旨。钦此。"

勾串巴夷散练，分股窜扰，虽经川、滇两军夹击，溃窜回巢，惟尚有零匪数百藏匿老山，且该夷不务耕耘，专图劫夺，难保不暗中勾合，乘间复出。着崇实、吴棠、刘岳昭、岑毓英督饬唐友耕、李家福两军，在川、滇毗连一带实力防剿，将老山匪匪搜捕净尽，毋得稍分畛域。其筠连县地方游匪数十成群，乘机抢夺，若不上紧拿办，尤恐酿成大患。崇实等务当严饬唐友耕会合附近兵练，并力扫除，以清余孽。将此由五百里各谕令知之。钦此。遵旨寄信前来。①

【案】刘岳昭、岑毓英奏……调兵剿办一折：同治九年十二月二十二日，云贵总督刘岳昭会同云南巡抚岑毓英具曰：

革职留任头品顶戴云贵总督臣刘岳昭、头品顶戴云南巡抚臣岑毓英跪奏，为川边蛮匪偷渡过江，窜扰滇境，现已调拨兵练急筹剿办情形，恭折仰祈圣鉴事。窃据昭通镇总兵李家福、署昭通府知府贵龄禀称：据署右营游击谭美禀报，探得永善县毗连川界之巴布梁山大木杆、阿禄马各处蛮匪，纠约大股出巢，麇集于下江溜筒口、小屋基、小河内等处，大有窜滇滋扰之势。正在分兵堵御间，该匪忽于十一月十五日夜，潜由上江之小沟、小坝子偷渡过江。滇岸兵练单薄，猝不及防，致被袭踞营碉数座，现又攻破求雨堡，扰至黄果溪、出水洞、燕家寨一带，势甚猖獗。尚有屯集川岸匪党甚众，永善县城戒严，业由该总兵派兵前往，先将城防及各要隘妥为固守，并招募练丁，分投截击，请发重兵剿办等情前来。臣等伏查永善地方，紧连

---

① 台北故宫博物院藏：军机及宫中档，文献编号：408018121；《穆宗毅皇帝实录（七）》，卷三百六，同治十年二月下，第62—63页。

川界，与雷波、屏山厅县所属蛮匪仅隔金沙一江。每值秋冬收割、江水枯涸之时，往往缘流涉浅，偷入滇境，烧杀抢掳，为害匪轻。经臣等筹拨经费，责成昭通右营游击，募练严防，数年以来，幸得堵御无事。讵因本年亢旱太久，蛮地甚属饥荒，而江水低落，几欲断流，沿江上下随处均可涉越，防备难周，以致该匪阑入。所可虑者，大关一带为迤东各属往来要道，井渡、厘金必由之路，乃滇省一线饷源。值此澄江未克，西路军务正殷，万一该匪蔓延，不特入川大道为之梗阻，亦且蹂躏完善，全域攸关。臣等现已飞调驻防寻甸、马龙之副将刘奇义，抽带劲勇三百名，并调各路团练，星夜驰往，听候李家福调遣，庶期兵力稍厚，得以迅殄贼氛。惟此次该匪倾巢出扰，虽未全数过滇，尚多蚁集川岸，必得川军由彼面进剿，俾未渡匪党迅回老巢，而入滇蛮众不难扑灭。除由臣等咨会四川督臣饬令雷波、屏山附近兵练并力夹击，并查明游击潭美疏防情事另行参办外，所有川边蛮匪窜扰滇境急筹剿办情形，谨合词由驿恭折具奏，伏乞皇太后、皇上圣鉴训示。谨奏。九年十二月二十一日。同治十年正月二十二日，军机大臣奉旨：钦此。①

【案】承准军机大臣字寄……毋稍玩延等因：此廷寄军机及宫中档载曰：

军机大臣字寄：成都将军崇、四川总督吴、云贵总督刘、云南巡抚岑：同治十年正月二十二日，奉上谕：刘岳昭、岑毓英奏，川边蛮匪窜扰滇境，调兵剿办一折。云南昭通属之永善县，紧连川界，与雷波、屏山厅县所属各蛮仅隔金沙一江。现

---

① 台北故宫博物院藏：军机及宫中档，文献编号：105800。

因蛮地饥荒，江水低落，以致该匪偷渡过江，袭踞防兵营碉数座，并攻破求雨堡，扰至黄果溪、出水洞、燕家寨一带，势甚猖獗，永善县城戒严。刘岳昭等已调副将刘奇义，抽带劲勇三百名，驰往该处，听候总兵李家福调遣，以期迅殄贼氛。惟大关一带为迤东孔道，且井渡、厘金必由之路，一线饷源，关系紧要。着刘岳昭、岑毓英一面督饬李家福等，克日进剿，一面酌量添拨劲旅，以厚兵力，庶可尽歼丑类，毋致蔓延。此次该匪倾巢出扰，半多蚁聚川岸，若川军同时并举，则未渡各匪，必当迅回老巢，而入滇蛮众不难扑灭。着崇实、吴棠飞饬雷波、屏山附近兵练，并力夹击，毋稍玩延。将此由五百里各谕令知之。钦此。遵旨寄信前来。①

○一四　奏报黔省教案赔款无庸再拨片

同治十年二月十五日（1871 年 4 月 4 日）

再，臣等于同治十年二月初七日承准军机大臣字寄：正月二十二日，②奉上谕：崇实、曾璧光奏，黔省教案仍照原议归结一折。黔省教案九起，经在事各员与教士李万美等商议妥协，一律议结。至赔款银七万两，已由黔省筹发三千两。其余六万七千两，着崇实、吴棠、曾璧光斟酌情形，设法筹办③等因。钦此。查黔省教案，

① 台北故宫博物院藏：军机及宫中档，文献编号：408018118；《穆宗毅皇帝实录（七）》，卷三百三，同治十年正月下，第 20—21 页。

② 此廷寄《游蜀疏稿》与军机录副皆以奉旨时间为"同治十年正月二十二日"，而据上谕档、《清实录》及崇实、曾璧光奏折之军机录副，则奉旨时间皆为"同治十年正月二十三日"，故可断定，《游蜀疏稿》、军机录副记述之奉旨日期当误。

③ 划线部分见于《游蜀疏稿》，军机录副缺，兹据补。

赔款银六万七千两,前于上年十二月,经臣崇实会同贵州抚臣曾璧光议结时,将应拨协饷银两一面飞咨各省,照数动支,一面饬令该教士,持文请领。即如川省应拨银七千两,已于正月十七日发交,附片奏报。其余各该省督臣、抚臣,知大局攸关,众擎易举,当亦次第应付,可以类推。

臣等斟酌情形,似无庸再事筹拨,致多镠辖。除咨会贵州抚臣外,谨合词附片陈明。是否有当,伏乞圣鉴训示。谨奏。

同治十年二月二十八日,军机大臣奉旨：着仍遵正月二十三日谕旨,将黔省教案应拨银两,除各该省业已付给、咨照川省有案外,余银仍由四川筹款垫给,再由各省照数解川,以清款项。钦此。①

【案】崇实、曾璧光奏……仍照原议归结一折：同治十年正月初九日,成都将军崇实会同贵州巡抚曾璧光具奏曰：

成都将军臣崇实、贵州巡抚臣曾璧光跪奏,为黔省遵义等处教案九起,现经先后委员会同查办,仍照原议一律归结,恭折会奏,仰祈圣鉴事。窃照遵义教民滋事一案,经协办大学士调任直隶总督臣李鸿章派委道余思枢来黔,会同臣曾璧光原派司道、委员等责办,并将各属教案一并议结。恭折奏闻时,奴才崇实已钦奉谕旨,驰赴黔省,在途接准臣曾璧光咨送折稿

---

① 台北故宫博物院藏：军机及宫中档,文献编号：106364。又,吴棠等《游蜀疏稿》,第353—357页。其尾记曰："同治十年二月十五日,由驿附奏。于十年三月十二日,准兵部火票递回原片,内开军机大臣奉旨：着仍遵正月二十三日谕旨,将黔省教案应拨银两,除各该省业已付给、咨照川省有案外,余银仍由四川筹款垫给,再由各省照数解川,以清款项。钦此。"

等件,即暂驻重庆府城,督饬在籍道员寒闰等,劝办遵义设堂行教等事,取具士民遵依各结,折回川省,亦经奴才崇实先后奏闻各在案。嗣承准军机大臣字寄:同治九年九月初七日,奉上谕:前据曾璧光奏,黔省教案九起全行议结,并未将如何议结之处详细声叙等因。钦此。是皆臣曾璧光办理疏舛,未能折服远人,以致案结复翻,上廑宸虑,回圈跪读,悚惕莫名,遵即严饬原派司道、委员等切实筹办。旋由奴才崇实奏派已革贵东道多文,先赴黔省,会同各员根查翻案原由。据余思枢、多文等禀称:多文于闰十月初四日驰抵省城,往见教士任国柱,询以案经议结,因何翻异,务即确实言明,以凭核办。据称前结九案,业已议定,并无他说。但议定后仅见委员等办理遵义一案,余尚未办,即议赔偿银两,亦未扫数付清,是以未经具结,寄信伊国公使,催其速结,并非有意翻悔,亦无另有别情等语。该教士即于是月初八日病故,当准教士李万美照会,接管教堂事务,余思枢亦即由遵义回省。该道等带同委员马应镗、王维翰、刘登瀛等,逐件商榷,秉公核办,于十一月二十九日约同原派藩司黎培敬、臬司林肇元、道员吴德溥、陈昌运等,齐赴教堂,与该教士李万美三面会商,悉照原议,全行清结,公具议单、合同、彼此存据,并由李万美送来盖印甘结,出具照会,恳请销案,据该司道等禀请核办前来。奴才等以黔省教案九起,惟遵义毁堂抢夺情节为最重,衅隙为最深,经奴才等先后檄饬余思枢,驰赴遵义,会同寒闰、留署遵义府徐邦达、同知杨荫棠等,挨次清厘,悉心开导,取具士民遵依照旧设堂行教甘结,将乘机抢夺之傅有沅讯明正法,滋事之杨希伯、杨树勋分别拟以军流,核立善后条规,奏奉谕旨允准。一面督饬司道、印委各员办理余案,会同核议。正待奏结,该教士即以未经举办,函致法国使臣,迭奉寄谕饬查。现据该司道等呈送议单,并由教士李万美送来永敦和好甘结,恳请销案,自应逐案议结。查傅有沅纠众抢夺,罪犯应死,业经拿获,讯明正法,应毋庸议。杨希伯挟嫌逞凶,激成众怒,致将经堂打毁,殊属不法,拟请发极边烟瘴充军。杨树勋与杨希伯互相争殴,酿成巨案,亦非寻常肇衅可比,拟请杖二百、流二千里,分别发配,折责安置。并将办理各员举劾,以杜镣辖,而昭劝惩。查黔省司道及地方各均职分应为,不敢仰邀甄叙。四川派往黔省及带赴重庆委员候补同知杨荫棠等,应由奴才崇实分别酌委记功,咨会督臣存记外奖,在籍道员寒闉经臣李鸿章、奴才崇实先后檄委,办理建堂传教各事,竟能调护维持,不避嫌怨,实属力顾大局,业由臣曾璧光另案奏请赏加布政使衔,亦不敢再乞恩施。多文等应照被参原案,专行另叙。按察使衔甘肃补用道余思枢、道衔前任兴义府知府马应镗等,筹办军饷,备极劳勤,辑和中外,悉协机宜,拟请将余思枢赏加布政使衔,马应镗赏加三品衔。籍隶贵州在川办捐之知府用陕西清军同知张鸿绩,密派绅耆,自备资斧,分赴劝导。该绅等亦属著有微劳,前经臣崇实附片奏明在案。拟请将张鸿绩赏加盐运使衔,指发四川。州同举人汤中,拟请补缺后,以知州用。双月州同张绍滨,拟请以州同不论双单月,归部选用。副贡生华国辉,拟请赏给五品衔。前署遵义府知府汪炳璈、前署遵义县知县刘肇观、前署遵义协副将梁正春,于民教仓卒滋事,虽非意料所及,惟未能即时解散,致肇争端,文武均难辞其咎。相应请旨,交部议处。遵义外委范玉芳劝阻不力,应与新站拦回教士之把总陈云龙,均予斥革。

前署永宁州知州尹树棠，前杀教民，虽属危城查办奸细，惟未将案情告知教堂，致启猜嫌，应请摘去顶戴，一年无过，方准开复。前署绥阳县杨嘉禾，于川兵入城损坏经堂，未能立即查拿。前署独山州知州钱埙，因办防剿，误阻教士，不令入城，虽军务吃紧，事出有因，究属不合。应与误用印文签提教士之前署桐梓县知县耿光祺，均交部察议。守备潘永升身充巡捕，随伺巡抚出署，呵禁行人，是其责任，应与弹压中路、失查练营、拣拾经卷之阵亡副将田兴贵，未能约束兵勇损坏绥阳教堂之病故川省营员刘子贵，及委办教案查无不合之道员陈昌运等，均毋庸议。除将会立议单、照会咨送总理各国事务衙门备查，赔款银七万两分咨各省于协黔军饷内划拨银六万七千两，交该教士自行走领，其余三千两由黔省筹拨外，所有仍照原议办结遵义等处教案九起缘由，臣等往返函商，意见相同。谨会同协办大学士调任直隶督臣李鸿章，合词恭折驰奏，并缮录结状，恭呈御览，伏乞皇太后、皇上圣鉴训示。谨奏。正月初九日。同治十年正月二十三日，军机大臣奉旨：钦此。[1]

【案】军机大臣字寄……设法筹办等因：此廷寄上谕档载曰：

军机大臣字寄：成都将军崇、四川总督兼署成都将军吴、贵州巡抚曾：同治十年正月二十三日，奉上谕：崇实、曾璧光奏，黔省教案仍照原议归结一折。黔省教案九起，经在事各员与教士李万美等商议妥协，一律议结，并由该教士出具甘结，照会销案，是民教两面，各无异词，实有完案确据。此后遇有

---

① 台北故宫博物院藏：军机及宫中档，文献编号：105822。

中外交涉事件，曾璧光务当督饬地方官，秉公持平办理，以期永远相安。在事出力之道员余思枢，着赏加布政使衔。知府马应铿，着赏加三品衔。同知张鸿绩，着赏加盐运使衔。州同汤中，着俟补缺后以知州用。章绍滨，着不论双单月选用。副贡生华国辉，着赏给五品衔。前署遵义府知府汪炳璇、前署遵义县知县刘肇观、前署遵义协副将梁正春，于民教仓卒滋事，未能即时解散，实难辞咎，均着交部议处。外委范玉芳、把总陈云龙，着一并斥革。前署永宁州知州尹树棠，着摘去顶带，一年无过，方准开复。前署绥阳县知县杨嘉禾、前署独山州知州钱埙、前署桐梓县知县耿光祺，均着交部察议，以示劝惩。至赔款银七万两，已由黔省筹发三千两，其余六万七千两，崇实等分咨各省，于协黔军饷内划拨，固因黔省饷需支绌，无可应付。惟与其令该教士自行走领，易滋事端，不如由川省先行筹款垫发，一面咨催各省，于协黔饷内照数提出，解还四川，较为直捷。着崇实、吴棠、曾璧光斟酌情形，设法筹办。将此由五百里各谕令知之。钦此。遵旨寄信前来。①

○一五　委解同治十年份京饷起程日期折

同治十年二月十五日（1871 年 4 月 4 日）

头品顶戴四川总督臣吴棠跪奏，为川省委解同治十年份京饷起程日期，恭折仰祈圣鉴事。

---

① 　中国第一历史档案馆编：《咸丰同治两朝上谕档》，第 21 册，第 25 页；《穆宗毅皇帝实录（七）》，卷三百三，同治十年正月下，第 21—22 页。

窃臣承准军机大臣字寄：同治九年十一月二十五日，奉上谕：户部奏，豫拨同治十年京饷，着于来年开印后，分批起解等因。钦此。单开拨四川盐厘银十五万两、按粮津贴十五万两。伏查川省连年防边援邻，并筹拨各省协饷，度支浩繁，库款倍形支绌。惟京饷关系最重，自当先其所急，勉力筹解。兹督同藩司王德固等先凑集按粮津贴银二万两、盐厘银三万两，共银五万两，饬委候补知县尹绍周承领，定期本年二月十四日自川起程。

现探陕、甘交界地方回匪、叛勇时有窜逸，进京驿路，通塞靡常，京饷实银万难冒险径解。臣于本年正月复奏请援照上届成案，发商汇兑，以免疏失在案。所有此次京饷仍发交蔚泰厚等银号汇解，委员至京兑齐，解赴户部交纳，用昭慎重。除分咨外，理合恭折具奏，伏乞皇太后、皇上圣鉴。谨奏。二月十五日。

同治十年二月二十八日，军机大臣奉旨：户部知道。钦此。①

【案】户部奏，豫拨同治十年京饷：同治九年十一月二十五日户部尚书宝鋆等奏拨来年京饷曰：

户部尚书臣宝鋆等谨奏，为豫拨来年京饷，恭折仰祈圣鉴事。窃查历届京饷均系年前豫拨，上年原拨同治九年京饷银七百万两，嗣因例放各款以及内务府借支并恭办大婚典礼等项，需用浩繁，当于七月间添拨银一百万两，统共拨银八百万两。现届应行豫拨同治十年京饷，臣等公同商酌，拟照上年原拨数目，在各省地丁、盐课、关税等款内指拨银七百万两，谨缮清单，恭呈御览。请旨饬下各该督抚、将军、盐政、藩司、运司、

① 台北故宫博物院藏：军机及宫中档，文献编号：106367。

盐道、监督等，务于来年开印后，分批起解，限五月前解到一半，十二月初间，全数解清，不准截留改拨，借词延误。倘届限不到，即照奏定章程，指名严参。其本年未解京饷，节经臣部奏咨飞催，现已年终，报解仍未踊跃，应再催令迅速报解，以供开放。所有酌拨来年京饷缘由，理合恭折具奏，伏乞皇太后、皇上圣鉴。谨奏。同治九年十一月二十五日。户部尚书臣宝鋆，户部尚书臣董恂，户部左侍郎臣魁龄，户部左侍郎臣潘祖荫，户部右侍郎臣宗室延煦，户部右侍郎臣李鸿藻(假)。①

【案】军机大臣字寄……分批起解等因：此廷寄上谕档载曰：

军机大臣字寄：福州将军、直隶、两江、湖广、闽浙、两广、四川、江苏、安徽、江西、福建、浙江、湖北、湖南、河南、山东、山西、广东各督抚，传谕粤海关监督：同治九年十一月二十五日，奉上谕：户部奏，豫拨来年京饷一折。据称历届京饷均于年前豫拨，同治十年京饷拟在各省地丁、盐课、关税等款内指拨银七百万两，请饬各该省于来年分批起解等语。京饷关系紧要，现经该部就各省缓急情形斟酌动拨，自应遵照奏定数目，源源报解，以济要需。着该将军、督、抚、盐政、监督等，务于来年开印后分批起解，限五月前解到一半，十二月初间全数解清，不准截留改拨，借词延误。傥届限不到，即照奏定章程，指名严参。至本年未解京饷，前经该部节次奏咨飞催，现届年终，仍未如数解清，着各该督抚等迅速筹解，毋再迟延干咎。另片奏，内务府同治十年份应需经费，拟拨两浙盐课银五万两、两

---

① 台北故宫博物院藏：军机及宫中档，文献编号：104741。

淮盐课银五万两、广东盐课银五万两、福建茶税银十万两、闽海关常税银十万两、太平关常税银十万两、九江关常税银十五万两,共银六十万两,请饬依限完解等语。着该将军、督、抚、盐政、监督等,按〔各〕按拨定数目,务于来年开印后,陆续径解内务府,并将起程日期报部,限六月前解到一半,十二月初间扫数解清,不准稍有蒂欠。将此由五百里谕知福州将军、直隶、两江、湖广、闽浙、两广、四川、江苏、安徽、江西、福建、浙江、湖北、湖南、河南、山东、山西、广东各督抚,并传谕粤海关监督知之。钦此。遵旨寄信前来。①

○一六　奏报焦毓璋控案已结请予序补折

同治十年二月十五日(1871 年 4 月 4 日)

头品顶戴四川总督臣吴棠跪奏,为捐纳知县被控扣补,现已查讯议结,请俟续有缺出,按班序补,恭折仰祈圣鉴事。

窃查新都县知县霍为荣升补邛州直隶州知州遗缺,经臣以新班遇缺即补知县钱刘选题补,声明尚有名次在前之新班遇缺即补知县焦毓璋,前在陕西原籍被人控告,兹原告潘烜复来川指控,批司委审,并咨查陕西原案尚未覆到,应行扣除在案。嗣准陕西抚臣查明,焦毓璋在大荔县被控原案业经讯结,备录全案咨覆到川。复檄司饬委成都府集证研讯,与陕西原案相符,由司议结具详,经臣核明咨部,先准吏部咨,令即专折具奏等因。随饬据藩司王德固叙

① 中国第一历史档案馆编:《咸丰同治两朝上谕档》,第 20 册,第 367—368 页;《穆宗毅皇帝实录(六)》,卷二百九十八,同治九年十一月下,第 1127 页。

案具详前来。

臣覆加查核，缘潘烜即潘居鼎，籍隶陕西大荔县，住居大村地方。焦毓璋原名兴雅，籍隶陕西渭南县，由发川试用知县加捐新班遇缺即补班次，与潘烜素不相识。同治元年二月，潘烜在大荔县原籍凭媒说合客民朱久长之妹朱氏为室，给过聘礼银二十四两，系潘烜之母潘李氏与朱久长之母朱闵氏主婚，尚未过门，潘烜即赴川贸易。是年四月，回匪滋事，扰及大荔县一带。潘李氏因乡居遭乱，避乱外出。朱闵氏与子朱久长、女朱氏避乱同州府城。维时，焦毓璋尚在原籍，亦避乱至郡。八月间，朱闵氏因贫苦无度，探闻焦毓璋妻已早故，主令朱久长伪称朱氏未字，央张孝先作媒，将朱氏许配焦毓璋为继室。焦毓璋不知前情，迎娶成婚。朱闵氏得受焦毓璋财礼银五十两。

三年，回匪平靖，潘李氏回家，闻知朱氏另嫁，往向朱姓跟问。维时，朱闵氏已故，朱久长邀凭约保张汝宗等，理令潘李氏函询潘烜愿否归娶。嗣潘李氏声称朱氏既已适人，不愿娶回，致令失节等语。张汝宗等处令朱久长将伊母所得财礼银五十两给潘李氏收存，俟潘烜回籍另娶，写立和同一纸息事。是年八月，潘烜族侄潘应焕向焦毓璋需索不遂，控经渭南县讯明前情，调验和同，尚符律意，照断拟结完案。潘烜在川未知。四年二月，潘烜堂叔潘超武复在大荔县具控，亦经移准渭南县查覆销案。迨后潘烜母故回籍，仅闻潘超武述及朱氏另嫁及具控大荔县未讯缘由。因朱氏改嫁已久，焦毓璋早经外出，亦未清理。八年八月，潘烜由籍来川，闻焦毓璋已捐知县发川，亦欲援例报捐，遂托同乡向焦毓璋告贷未允，心怀怨望，即牵列大荔县前案，以霸占恳参等词赴臣衙门具控，批司督饬成都府提审，一面咨准陕西抚臣查覆，檄司饬府核明各供前情无异,诘无知情故娶及霸占别情。

此案新班遇缺即补知县焦毓璋,前在山西原籍续娶朱氏为继室,初不知曾许潘姓,系由朱氏故母朱闵氏欺骗所致。娶者不知情,律不坐罚。其应追财礼已由朱久长给潘李氏收领。潘烜在川贸易,不知伊母及约邻在籍理落及控经渭南县断结情事。嗣因怨望牵控,事出有因,应免置议。其余各情已由陕西省拟结。至焦毓璋于同治七年加捐新班遇缺即补知县,是年十二月,经吏部知照来川,名次在前。惟前遇新都及大竹、大足各县出缺时,因控案未结,听候查审,自应扣补。现在案虽讯结,而核计新都等县开缺日期,均系缺出在前,案结在后,不能越补,且各缺均已题补有人,亦毋庸议。

所有焦毓璋序补班次,应请以此案议结到部后归入原班,续有缺出,再行按班补用。其前次请补之新都、大竹、大足等县各案,并请敕部先行议覆,以免员缺久旷。是否有当,理合恭折具陈,伏乞皇太后、皇上圣鉴。再,此案于同治十年正月初五日接准部咨,限九十日奏覆,今出奏并未逾限,合并陈明。谨奏。二月十五日。

同治十年二月二十八日,军机大臣奉旨:吏部议奏。钦此。①

○一七　奉拨协济黔饷津贴银两片

同治十年二月十五日(1871 年 4 月 4 日)

再,前奉上谕:着崇实、吴棠即在按粮津贴项下,迅拨银十万

---

① 台北故宫博物院藏:军机及宫中档,文献编号:106368。

两,解赴黔省,以资接济,并准以五万两划抵本年京饷等因。钦此。查奉拨津贴银十万两,协济黔饷,曾于上年三次解过银六万两内,以五万两划抵京饷,均经先后奏明在案。嗣由臣崇实会同贵州抚臣曾璧光,将遵义等处教案议结。所有赔款银两,应于各省协黔军饷动拨,令该教持文赴川,请领银七千两。时值岁除,司库搜罗殆尽,无款可筹,且贵州提督周达武统兵赴黔,业经改拨协黔的饷,每月需银五万八千两,仔肩非易,兼顾不遑。诚有如曾璧光、周达武筹办黔省两疏内所称:四川、湖南两省现在援黔,其旧拨饷需未便再计等语,委系实在情形。

惟黔案初完,非设法应付,无以示信远人,当饬川东道库,就近措垫银七千两,已于正月十七日发交渝城教堂,取有领状备案。其项仍在按粮津贴项下凑集划还,以清款目,据藩司王德固具详前来。谨合词附片陈明,伏乞圣鉴。谨奏。

同治十年二月二十八日,军机大臣奉旨:知道了。钦此。[①]

〇一八　奏报委解淮军月饷折

同治十年二月二十八日(1871 年 4 月 17 日)

头品顶戴四川总督臣吴棠跪奏,为续筹直隶督臣淮军月饷委解起程日期,恭折仰祈圣鉴事。

窃臣前准军机大臣字寄:同治九年十月二十六日,奉上谕:李鸿章奏,淮军月饷如数筹解,无稍缺误等因。钦此。伏查淮军月

---

① 台北故宫博物院藏:军机及宫中档,文献编号:106365。又,吴棠等《游蜀疏稿》,第 397—401 页。其尾记曰:"同治十年二月十五日,由驿附奏。于同治十年三月十二日,准兵部火票递回原片,内开军机大臣奉旨:知道了。钦此。"

饷,业经臣督同藩司五次委解过银二十一万两,均经奏明在案。现在川军援陕、援黔,兵勇荷戈待食,又分筹云、贵、陕、甘四省协饷,司库入少出多,实难周转。惟淮军留防畿辅,分援陕西,大局攸关,不能不于万无可筹之中勉力接济。

兹复饬司挪凑厘金三万两,檄委试用知县杨奂章承领,于十年二月二十二日自成都起程,解赴湖北粮台交收,拨供李鸿章与刘铭传所部淮军征防饷项,以济急需。除分咨外,理合恭折具奏,伏乞皇太后、皇上圣鉴。谨奏。二月二十八日。

同治十年三月十七日,军机大臣奉旨:知道了。钦此。[1]

【案】军机大臣寄……无稍缺误等因:此廷寄《清实录》载曰:

戊午……又谕:李鸿章奏,淮军月饷,江苏照从前减拨一半,嗣因援黔征陕,奏准每月加拨湖北五万两,四川三万两,浙江、山东各二万两。江苏、湖北、浙江等省均经如数协济。山东仅解至七月,四川仅解两批。现在刘铭传督军入关,秦中粮食艰贵异常,尤虑饷糈难继,即留扎畿辅、分防江鄂各营,亦皆关系大局,需饷孔殷,请饬各省筹解等语。此项月饷均系有着的款,岂可稍令短绌。着曾国藩、魁玉、李瀚章、吴棠、丁日昌、郭柏荫、杨昌濬、丁宝桢仍照原拨淮军额款,按月如数源源筹解,毋稍缺误,以济要需。将此各谕令知之。[2]

---

① 台北故宫博物院藏:军机及宫中档,文献编号:106755。
② 《穆宗毅皇帝实录(六)》,卷二百九十三,同治九年十月下,第1057页。

○一九 奏报委解甘饷片

同治十年二月二十八日(1871年4月17日)

再,臣前准部咨:四川月协甘饷银二万两,又米价二万两,截至同治九年闰十月底止,共欠解一百五十一万两,一并设法筹解等因。伏查川省筹拨、采办甘肃军米银两,经前署督臣崇实等于同治五年三月二十四日奏明,自五年正月起至是年五月止,按月分解银十万两,以为采办甘肃军粮之费,其五月以后无须川省接济。是年五月初十日,递回原片,军机大臣奉旨:知道了。钦此。当经前督臣等将前项银十万两先后拨解清款。其月协甘饷二万两,除按月拨解甘肃暨同治六年十二月十八、七年三月十三等日两次共奏拨银十八万两、由川办运军米外,复分解左宗棠盐厘银二十万两,穆图善籽种银二万两,均钦奉谕旨在于旧欠甘饷内分别划除各在案。嗣准部咨:自同治九年正月为始,按月改解西征粮台。复先后解银十三万两,作为九年正月至七月上半月欠解之项,又筹给甘肃领饷千总车大亨银一万两,归还穆图善借用甘商殷文尉欠款。

现在陕西、云贵提饷委员络绎而至,日事催索,势难专顾一方。而川库入少出多,支绌莫可名状。若欲将数年前奏明免解及已经拨解奉旨划除之项重迭筹拨,实觉力有未逮。臣忝膺疆寄,惟有通筹各省全局,酌量缓急,尽一省之财赋,均匀分解,庶不敢顾此失彼。兹督同藩司竭力搜罗,凑集捐厘银三万两,作为九年七月下半月并八月份应解甘饷,内应遵旨划扣银一万两,分济凉、庄两营兵饷。该营前曾预借川库银二千一百两,应分别扣还,拨交来弁固呢罕承领汇解,一面咨明副都统臣瑞云,照案划收。余银二万两饬委试用知县张熙谷承领,定于本年二月二十九日起程,解赴驻陕西征粮台,交袁保恒收明转拨。除分咨外,理合附片具陈,伏乞圣鉴训示。谨奏。

同治十年三月十七日,军机大臣奉旨:知道了。钦此。[①]

【案】定于本年二月二十九日起程,解赴驻陕西征粮台,交袁保恒收明转拨:寻袁保恒片奏筹拨凉、庄兵饷咨明吴棠照数扣解曰:

再,臣于上年十一月二十一日接准副都统臣瑞云咨称:凉、庄两营官兵穷困,防剿吃紧,请仍在四川协甘饷内每月划扣银五千两,可否由陕省差领等因。当查此项协饷先于上年八月及十一月,两次接准四川督臣吴棠来咨:七年十月以前应行划解之项俱已解清,嗣又筹解银五千两,现又先后筹拨银二万两,共银二万五千两,作为该营十一、十二暨八年正、二、三等五个月应分甘饷。是四川于甘饷项下按月划解凉、庄兵饷本来停止,经臣咨商督臣左宗棠,应仍由四川省在欠饷内照案划扣,径解凉州,以期便捷在案。嗣于上年十二月二十九日承准军机大臣传谕:十二月二十三日,奉上谕:前因凉、庄两营官兵困苦,准于山西协甘饷内借拨银五六万两,作为该营五年俸饷等因。钦此。随经臣钦遵查照。统计四川省每月应解甘饷并粮价银四万两。八、九两年连闰共应解银一百万两,仅据解交西征粮台银十三万两,应存银八十七万两,内凉、庄官兵每月应分银五千两。八、九两年连闰共应分银十二万五千两。据吴棠咨报,解

---

① 台北故宫博物院藏:军机及宫中档,文献编号:106756。此片具奏日期未确,兹据同批附折件校正。

过凉、庄营八年正、二、三三个月银一万五千两，尚应划解银十一万两，以符该营八、九两年应分之数，即由瑞云派员赴川领取，妥议分咨在案。现准吴棠咨报：续解甘饷银三万两内划出凉、庄兵饷银一万两，交凉州委员固呢罕承领，汇解回凉，以资散放，余俟下次扣收有项，再行咨请派员领取等因。除由臣咨覆川省仍于八、九两年欠饷内再行划拨十万两，陆续发交凉州委员领取，以清款目外，所有遵旨筹拨凉、庄兵饷，咨明吴棠照数扣解缘由，理合覆陈，伏乞圣鉴。谨附片具奏。同治十年四月初八日，军机大臣奉旨：知道了。钦此。①

○二○　请将建昌道鄂惠从优议恤片

同治十年二月二十八日(1871 年 4 月 17 日)

再，已故二品顶戴按察司衔建昌兵备道鄂惠，②道光年间，由部曹简任重庆府知府，署理永宁道。咸丰元年，调补成都府知府，历膺繁剧，卓著循声。迨升任建昌道十有余年，凡抚夷防边事务，均能措置裕如。前值滇、发各逆窜扰川疆，筹剿筹防，辛劳备至，遂患怔忡等症。上年八、九月间，会督川军，越境截剿窜回，并克复永北厅城，竭虑殚思，勉强撑拄，以致旧疾复发，尽瘁边陲，于同治十年正月十六日，因病出缺，业经循例恭疏题报在案。该故道身后囊橐萧然，官民同声感悼，仅有嗣孙光昭，远在京邸，励志读书，据防剿局司道会详请恤前来。

---

①　台北故宫博物院藏：军机及宫中档，文献编号：107045。
②　鄂惠(? —1871)，正红旗满洲监生，历任四川重庆府、成都府知府、建昌兵备道员。咸丰八年(1858)，加按察使衔。其生平履历缺乏详细记述。

臣等覆查无异。合无仰恳天恩，饬部将已故二品顶戴按察司衔建昌兵备道鄂惠，照军营立功后病故例，从优议恤，以慰荩魂。[①]谨合词附片陈明，伏祈圣鉴训示。谨奏。

同治十年三月十七日，军机大臣奉旨：该部议奏。钦此。[②]

○二一　请准候补道觉罗恒保引见片

同治十年二月二十八日(1871 年 4 月 17 日)

再，花翎布政司衔候补道觉罗恒保，经臣崇实先后奏委，署理成都府知府、成绵龙茂道，创办省垣城防，并督办通省团练总局事务，激励绅民，俾各团均能效命，悉力堵剿，屡挫贼锋，省门赖以完固，实属谋勇兼优，厥功甚伟。迨同治七年，复委令整顿团防，撙节经费，井井有条。臣吴棠履任后，留心访察，舆论佥同。今省局裁撤，该员始终不懈，干练有为，立功在前，丁忧在后，似未便遽没成劳，亦未敢再邀甄叙，拟请将花翎布政司衔候补道觉罗恒保，俟服阕后，由吏部带领引见，恭候简用，出自逾格鸿慈。谨合词附片陈明，伏乞圣鉴训示。谨奏。

同治十年三月十七日，军机大臣奉旨：恒保着交部从优议叙，毋庸送部引见。钦此。[③]

---

① 以慰荩魂，《游蜀疏稿》作"以慰忠魂"。
② 台北故宫博物院藏：军机及宫中档，文献编号：106750。又，吴棠等：《游蜀疏稿》，第 359—362 页。其尾记曰："同治十年二月二十八日，附片具奏。于本年四月初五日，准兵部火票递回原片，内开军机大臣奉旨：该部议奏。钦此。"
③ 台北故宫博物院藏：军机及宫中档，文献编号：106754。又，吴棠等：《游蜀疏稿》，第 363—366 页。其尾记曰："同治十年二月二十八日，附驿具奏。于本年四月初五日，准兵部火票递回原片，内开军机大臣奉旨：恒保着交部从优议叙，毋庸送部引见。钦此。"

【案】觉罗恒保，生卒年未详，正蓝旗满洲贡生，历任四川知县、知州、署知府、道员等职。咸丰五年四月初八日，吏部尚书花沙纳等具陈曰：

吏部尚书臣花沙纳等谨奏，为遵旨议奏内阁抄出兼署四川总督成都将军乐斌奏称：资州直隶州知州沈廷贵开缺，所遗员缺系冲繁调缺，例应在外拣员调补。查该州路当孔道，政务殷繁，且管辖四县，有表率之责，非为守兼优之员，不克胜任。在于通省现任直隶州知州内逐加遴选，非本缺紧要，即人地未宜。查候补直隶州知州庆福，暨获盗劳绩保奏应升之涪州知州濮瑗、达县知县白映庚、广元县知县朱凤坛等，均于此缺不甚相宜，实无堪以调补之员。惟查有南充县知县觉罗恒保，才优年富，办事勤能，历任地方，俱能实心整顿，以之升补资州直隶州知州，实堪胜任。该员历俸已满三年，惟调缺请升，与例稍有未符。第人地实在相需，例准折内声明。合无仰恳天恩，俯念员缺紧要，准以南充县知县觉罗恒保升补资州直隶州知州，洵于地方有裨。如蒙俞允，俟接准部覆，再行给咨，送部引见。所遗南充县知县员缺，系首邑要缺，容俟照例拣员调补等因。咸丰五年三月初七日，奉朱批：吏部议奏。钦此。钦遵抄出到部。查定例，州县应调缺出，俱令于现任人员，拣选调补。如无合例堪调之员，始准以候补人员题补。如候补无人，亦准于应升人员内，拣选题升。州县以上官员，俱令送部引见各等语……觉罗恒保，正蓝旗满洲贡生，由四川灌县知县，道光二十八年八月二十四日到任，调补南充县知县，咸丰四年正月二十七日到任，历俸已满三年。据该署督奏请升补资州直隶州知州……可否准其升补之处,恭候钦定……谨奏。咸丰五年四月初八日。朱批:恒保着准其升补。①

【附】咸丰十一年三月初二日,兼署川督崇实奏保觉罗恒保署理成都府知府曰:

署理四川总督驻藏大臣奴才崇实跪奏,为道员署理臬司,丁忧出缺,饬令新任臬司迅速赴任,恭折奏祈圣鉴事。窃前任臬司蒋征蒲钦奉谕旨,饬令赴京。所遗按察使篆务,公事繁多,又值办理咸丰十年、十一两年秋审,案牍愈增,亟应专委署理,慎速较核,期归至当,当经奴才檄委盐茶道韩锦云署理。旋据呈报:该署司继母在籍病故,例应丁忧。奴才查先办秋审,期限甚迫,若调省外实缺道员署理,恐稽时日,致逾定限。现经奴才委令署成绵龙茂道赵有泰暂行兼署。伏查臬司为刑名总汇,最关紧要。新授按察使萧浚兰,前在京师,奴才知其精明谙练,办事认真,仰恳皇上饬令萧浚兰迅速赴任,以专职守,奴才并得借收指臂之效。至盐茶道缺,因候补道员均经委署各缺,查有成都府知府文良,老成干练,前在嘉定府任内熟悉盐务,堪委署理。其成都府缺,查候补知府觉罗恒保,精明稳练,曾任华阳县知县,熟悉地方情形,兼现办城防事宜,经理裕如,委令接署,足资治理。除分饬遵照外,其盐茶道缺应恳天恩,迅赐简放。理合恭折附驿具奏,伏乞圣鉴。谨奏。三月初二日。咸丰十一年三月十三日,奉朱批:钦此。②

【附】同治七年九月二十二日,署理四川总督崇实附片曰:

---

① 台北故宫博物院藏:军机及宫中档,文献编号:406005844。
② 中国第一历史档案馆藏:军机录副,档案编号:03-4160-054。

再，现准部咨：钦奉上谕：四川永宁道恩祥，着即开缺，交吏部带领引见。钦此。钦遵转行在案。伏查永宁道本系简缺，现因所辖之叙州一府暨叙永厅在在与云贵接壤，边防紧要，非熟悉情形之员，难资治理。查有候补道觉罗恒保，干练老成，由四川州县济至道员，在蜀年久，熟悉地方情形。经前督臣骆秉章两次委署川东道篆务，均能治理裕如，堪以委署永宁道篆务。除檄饬遵照外，理合附片陈明，伏乞圣鉴。谨奏。同治七年九月二十二日，军机大臣奉旨：钦此。[1]

○二二　酌保川省城防团练尤为出力官绅折

同治十年二月二十八日(1871年4月17日)

成都将军臣崇实、头品顶戴四川总督臣吴棠跪奏，为遵旨酌保四川省垣连年城防团练尤为出力官绅，恭折仰祈圣鉴事。

窃臣等前将省垣团防出力官绅始终不懈拟请择尤酌奖缘由，附片具奏。嗣于同治九年十二月十二日，准兵部火票递回原片，后开军机大臣奉旨：着准其择尤酌保，毋许冒滥。钦此。臣等伏查四川省垣自军兴以来，设立团防总局，所以保卫地方者，至周且密。

同治四年八月间，前督臣骆秉章会同臣崇实，将省垣城防团练出力官绅奏蒙恩准奖励之后，迄今又历六年，中间有马边逆匪、盐源滇匪之变。边患偶萌，本根辄为之震动，凡夫编联保甲、按户清查、团练壮丁、分门盘诘各事宜，均照旧章办理，悉赖该委员、绅士等触暑冲寒，栉风沐雨，始终不懈，迭著辛勤。

---

① 中国第一历史档案馆藏：军机录副，档案编号：03-4642-069。

现当撤局之余,若不量加甄叙,〈将〉何以孚众志而奖成劳？臣等督饬在局司道,悉心考察。阅时既久,其中轮流更替,人数遂多,欲定去留,颇难斟酌。惟念团防之设,绅士之责较专,则绅士之功亦较重,兹择其尤为出力者,并首列督办之道府等数员,缮具清单,恭呈御览,吁恳圣主逾格恩施,以为〈保〉卫地方者劝。其余在事出力州县佐杂各员,仍由臣等存记外奖。谨合词恭折具陈,伏祈皇太后、皇上圣鉴训示。谨奏。二月二十八日。

同治十年三月十七日,军机大臣奉旨:该部议奏,单并发。钦此。[1]

○二三　呈酌保城防团练尤为出力官绅清单

同治十年二月二十八日(1871 年 4 月 17 日)

谨将遵旨酌保四川省垣连年城防团练尤为出力官绅,缮具清单,恭呈御览。

成绵龙茂兵备道孙濂,查该员前在成都府任内,总办省垣城防。迨升任成绵道,复督办通省团练总局事务,综核精细,擘画周详,夙夜在公,始终其事,拟请赏加按察司衔。

候补班前先用知府恒泰,查该员自奏派倡办通省团练,筹防筹剿,事事尽心。时值省城戒严,昼夜登陴固守,督带团勇,堵剿江口洋马河贼匪获胜,攻剿仁寿县窜贼首逆李什,就擒正法。屡次躬冒矢石,且在局甚久,实属异常出力,劳绩尤著,拟请俟补缺后,以道

---

　　① 台北故宫博物院藏:军机及宫中档,文献编号:106752。又,吴棠等《游蜀疏稿》,第367—372页。其尾记曰:"同治十年二月二十八日,由驿具奏。于本年四月初五日,准兵部火票递回原折,内开军机大臣奉旨:该部议奏,单并发。钦此。"

员归候补班前先用，并请赏加盐运司衔。

潼川府知府李德良，查该员前在团防总局，委办提调事务。嗣署成都府事，总办省垣城防，内缉奸匪，外调团练，昼夜辛勤，异常出力，拟请以道员在任候升，并请赏加盐运司衔。

候补知府李钰，查该员委办提调事务，实力实心，不辞劳瘁，拟请赏加道衔。

候补通判刘溥倡捐炮台，急公好义，拟请俟补缺后，以同知直隶州知州用。

内阁侍读衔候选同知陈寿尊，同知衔内阁中书拣选知县刘希向，国子监学正衔即选训导衷兴鉴，六品衔候选未入流张云锦，候选训导李炳沄，候选从九品张照旭，五品衔王兆麟，五品蓝翎候选府经历韩永晔，蓝翎盐提举衔杨光裕，候选从九品彭敬之，候选州判张圻。该绅等十一员，办理团练城防事务，均能首先襄办，悉心筹画，联络各绅，日夜严密稽察，始终不懈。陈寿尊、刘希向、衷兴鉴、张云锦、李炳沄、张照旭、王兆麟、韩永晔、彭敬之、杨光裕十员，自同治四年八月任事，张圻自咸丰九年十二月任事。陈寿尊拟请交部议叙，刘希向拟请俟选缺后，以同知用。衷兴鉴拟请由岁贡本班不论双单月，尽先前选用。张云锦拟请选缺后，以应升之缺升用。李炳沄拟请赏加国子监学正衔。张照旭拟请赏加六品衔。王兆麟拟请赏加四品衔。韩永晔拟请选缺后，以知县用。杨光裕拟请交部议叙。彭敬之拟请选缺后，以应升之缺升用。张圻拟请赏加知州衔。

花翎候选盐提举陈廷章，五品封职廖琨，候选府经历傅图鸿。该绅等三员委办城防，随同各绅认真稽察，毫无疏懈。陈廷章、廖琨自同治四年八月任事，傅图鸿自同治四年七月任事。陈廷章拟请选缺后，以运同用，先换顶戴。廖琨拟请赏加五品衔。傅图鸿拟请选缺后，以知县用。

候选通判朱邦伸，夹江县教谕傅世达，候选训导薛荣，理问衔温江县教谕曾大鳌，成都县岁贡本班尽先前选用训导李维馥。该绅等五员，委派城门盘查，带勇防守，均能认真将事。朱邦伸、傅世达自咸丰十一年七月任事，曾大鳌自咸丰十年二月任事，李维馥自咸丰十年十月任事。朱邦伸拟请赏加运同衔。傅世达拟请赏加五品衔。薛荣、李维馥均请赏加国子监学正衔。曾大鳌拟请赏加盐提举衔。

候选训导杨承澍，候选巡检戴侨生，候选从九品任铨，候选训导严履端，候选从九品李应菁、刘秉勋，候选按照磨朱启坛，候选县丞柳元遵，候选巡检陈模，从九品衔邱宝贤，府知事衔曾泽遗，候选州吏目秦曰珣，从九品衔张淑培，候选从九品万开鉴、车朝琚。该绅等十五员名，委办团练城防，实心任事。杨承澍、戴侨生、任铨自同治四年八月任事，严履端自同治三年九月任事，李应菁自咸丰十年三月任事，刘秉勋自同治二年正月任事，朱启坛自咸丰十年十月任事，柳元遵自咸丰九年九月任事，陈模自咸丰十年三月任事，邱宝贤自咸丰九年十一月任事，曾泽遗自咸丰十年二月任事，秦曰珣、张淑培自咸丰十年三月任事，万开鉴自同治四年八月任事，车朝琚自咸丰十年二月任事，均拟请赏加六品衔。

国子监学正衔候选训导严心咸，候选从九品晏昌谟，六品衔候选州吏目张玉五，候选从九品郭瑞庭，候选县丞陈润基。该绅等五员，会同委员带练，昼夜巡查街道，著有微劳，均自同治四年八月任事，均拟请俟选缺后，以应升之缺升用。

五品翎顶知县用候选县丞柳廷章，六品衔詹事府主簿曾大銮。

该绅等二员协守城垣,认真出力,均自同治四年八月任事,均拟请交部议叙。

从九品衔叶绪昌、郑国安,县丞衔瑞福嵩,监生马乾、廖秉宽、王昌典,附贡生晏端澍,府经历衔卓景江。该绅等八名,委办帮查保甲,黾勉从公,著有微劳。叶绪昌自同治二年八月任事,郑国安自咸丰九年十一月任事,瑞福嵩自咸丰十年二月任事,马乾、廖秉宽、王昌典、晏端澍、卓景江自咸丰十年三月任事。叶绪昌、郑国安、马乾、廖秉宽、王昌典、晏端澍,均拟请以从九品归部选用。瑞福嵩拟请以县丞归部选用。卓景江拟请以府经历归部选用。

即选从九品梁步云,书识黄汝修、王明德、王德舆、徐孝先、杜荣升、王谦吉。该书识七名,派办团防文案,历年最久,洵属著有辛勤,均自同治四年九月任事。梁步云请以主簿不论双单月,遇缺前先即选。黄汝修等六名,均请以从九品不论双单月,归部选用。

军机大臣奉旨:览。钦此。①

○二四　奏报委解滇饷片

同治十年二月二十八日(1871年4月17日)

再,川省奉拨滇饷,去年先后委解过十万两,均分别奏咨在案。兹滇省督抚臣委员来川催提,与陕省催饷委员并至。臣查滇省军务正在得手之际,虽川库万分支绌,不得不勉力接济。现已督同藩司设法腾挪,凑集协滇兵饷二万两,饬委即补知县刘廷恕,率同改

---

① 台北故宫博物院藏:军机及宫中档,文献编号:106753。

掣云南之候补知县李承杰管解,定期十年三月二十八日自成都起程,解赴云南藩库交收。除分咨外,理合附片陈明,伏乞圣鉴。谨奏。

同治十年三月十七日,军机大臣奉旨:知道了。钦此。①

〇二五 奏报筹解协陕饷项片

同治十年二月二十八日(1871 年 4 月 17 日)

再,臣承准军机大臣字寄:同治九年十月初三日,奉上谕:蒋志章奏,请饬部添拨有着专款,并就近拨四川等省、以备赈垦一折,亟应速筹接济。着吴棠督饬藩司协拨赈垦银十二万两,解赴陕西等因。钦此。遵于九年十二月内先行委解过银三万两,将起程日期奏咨在案。兹复准陕西抚臣蒋志章委员来川守催。伏思川省频年困于四邻,催饷员弁相属于道,一切竭蹶情形,已于去冬分解陕甘协饷案内详细陈明。因筹解新旧京饷及各省协饷,又将库款罗掘一空,现在各属甫经开征,津贴、捐输尚未收解有项。

兹督同藩司王德固将各属新解厘金银一万两,拨交来员候补通判顾宣敏领解回秦,定期二月二十八日自川起程,驰交陕西藩库兑收,以济急需。除分咨外,理合附片陈明,伏乞圣鉴。谨奏。

同治十年三月十七日,军机大臣奉旨:知道了。钦此。②

---

① 台北故宫博物院藏:军机及宫中档,文献编号:106757。此片具奏日期未确,兹据同批折件校正。

② 台北故宫博物院藏:军机及宫中档,文献编号:106758。此片具奏日期未确,兹据同批折件校正。

○二六　奏报川省同治十年正月雨水、粮价折

同治十年二月二十九日（1871 年 4 月 18 日）

头品顶戴四川总督臣吴棠跪奏，为恭报四川省同治十年正月份各属具报米粮价值及得雪情形，仰祈圣鉴事。

窃照同治九年十二月份米粮价值及得雪情形，前经臣恭折奏报在案。兹查同治十年正月份顺庆一府、绵州一直隶州、理番一直隶厅，各属先后具报得雪积至一二寸及五六寸厚不等。原隰均沾，小春畅茂。其通省粮价俱与上月相同，据布政使王德固查明列单汇报前来。

臣覆核无异。理合恭折具奏，并分缮清单，恭呈御览，伏乞皇太后、皇上圣鉴。谨奏。二月二十九日。

同治十年四月初四日，军机大臣奉旨：知道了。钦此。①

○二七　呈川省同治十年正月粮价清单

同治十年二月二十九日（1871 年 4 月 18 日）

谨将四川省同治十年正月份各属具报米粮价值，开具清单，恭呈御览。

成都府属，价贵。中米每仓石价银二两七钱六分至三两八钱，与上月同。大麦每仓石价银一两八钱四分至二两一分，与上月同。小麦每仓石价银二两一钱七分至二两三钱四分，与上月同。黄豆

---

① 　台北故宫博物院藏：军机及宫中档，文献编号：106956。

每仓石价银一两六分至二两四钱六分,与上月同。荞子每仓石价银一两一钱七分至一两七钱一分,与上月同。

重庆府属,价贵。中米每仓石价银二两五钱六分至三两五钱八分,与上月同。大麦每仓石价银一两六钱五分至二两,与上月同。小麦每仓石价银二两三钱一分至二两七钱三分,与上月同。黄豆每仓石价银二两七钱三分至三两三分,与上月同。

保宁府属,价贵。中米每仓石价银二两六钱四分至三两三钱五分,与上月同。大麦每仓石价银一两九钱二分至二两一钱三分,与上月同。小麦每仓石价银二两八钱六分至三两六钱,与上月同。黄豆每仓石价银一两八钱三分至二两一钱三分,与上月同。

顺庆府属,价贵。中米每仓石价银二两八钱一分至三两二钱二分,与上月同。大麦每仓石价银一两六钱二分至一两八钱一分,与上月同。小麦每仓石价银二两一钱一分至二两一钱四分,与上月同。黄豆每仓石价银一两五钱五分至一两六钱七分,与上月同。

叙州府属,价贵。中米每仓石价银三两七分至三两三钱七分,与上月同。大麦每仓石价银一两六钱七分至二两三分,与上月同。小麦每仓石价银二两一钱五分至二两六钱五分,与上月同。黄豆每仓石价银一两一钱至一两五钱一分,与上月同。

夔州府属,价贵。中米每仓石价银二两八钱七分至三两二钱二分,与上月同。大麦每仓石价银一两七钱九分至二两四钱七分,与上月同。小麦每仓石价银二两九钱六分至三两四分,与上月同。黄豆每仓石价银二两一钱六分至二两二钱六分,与上月同。

龙安府属,价贵。中米每仓石价银二两五钱七分至三两二钱七分,与上月同。青稞每仓石价银一两五钱,与上月同。小麦每仓石价银一两八钱至二两一钱九分，与上月同。黄豆每仓石价银一两八钱五分至一两九钱三分，与上月同。

宁远府属，价贵。中米每仓石价银二两九钱至三两二钱三分，与上月同。大麦每仓石价银一两四钱九分至一两六钱一分，与上月同。小麦每仓石价银一两六钱二分至二两二钱三分，与上月同。荞子每仓石价银一两四钱六分，与上月同。黄豆每仓石价银一两五钱六分至一两六钱三分，与上月同。

雅州府属，价中。中米每仓石价银二两八钱二分至二两八钱七分，与上月同。小麦每仓石价银二两三钱至二两六钱六分，与上月同。黄豆每仓石价银一两六钱八分至二两七分，与上月同。

嘉定府属，价贵。中米每仓石价银二两八钱九分至三两四钱九分，与上月同。小麦每仓石价银二两三钱七分至二两七钱四分，与上月同。黄豆每仓石价银一两四钱九分至二两五分，与上月同。

潼川府属，价贵。中米每仓石价银二两九钱二分至三两一钱八分，与上月同。大麦每仓石价银一两六钱七分至一两九钱五分，与上月同。小麦每仓石价银二两一钱六分至二两五钱一分，与上月同。黄豆每仓石价银一两七钱九分至二两一钱六分，与上月同。

绥定府属，价中。中米每仓石价银二两五钱九分至二两八钱九分，与上月同。大麦每仓石价银一两五钱八分至一两五钱九分，与上月同。小麦每仓石价银一两六钱三分至一两七钱四分，与上月同。黄豆每仓石价银一两四钱三分，与上月同。

眉州直隶州属，价贵。中米每仓石价银二两七钱五分至三两五分，与上月同。

邛州直隶州属,价贵。中米每仓石价银二两六钱五分至三两八分,与上月同。大麦每仓石价银一两九钱三分,与上月同。小麦每仓石价银二两五钱九分,与上月同。黄豆每仓石价银二两一钱至二两二钱四分,与上月同。

泸州直隶州属,价贵。中米每仓石价银三两八分至三两九分,与上月同。

资州直隶州属,价中。中米每仓石价银二两五钱七分至二两九钱二分,与上月同。

绵州直隶州属,价贵。中米每仓石价银二两七钱四分至三两六分,与上月同。小麦每仓石价银二两三钱四分至二两四钱八分,与上月同。

茂州直隶州属,价中。中米每仓石价银二两六钱二分,与上月同。小麦每仓石价银二两六钱八分,与上月同。青稞每仓石价银二两二钱二分,与上月同。荞子每仓石价银一两二钱五分至一两七钱五分,与上月同。

忠州直隶州属,价贵。中米每仓石价银二两五钱九分至三两二钱七分,与上月同。大麦每仓石价银一两四钱六分至一两六钱,与上月同。小麦每仓石价银二两五分至二两四钱一分,与上月同。黄豆每仓石价银一两二钱七分至一两三钱七分,与上月同。

酉阳直隶州属,价贵。中米每仓石价银二两六钱至三两一钱,与上月同。大麦每仓石价银二两三钱至二两六钱二分,与上月同。小麦每仓石价银二两六钱四分至二两七钱八分,与上月同。黄豆每仓石价银一两三钱九分至一两四钱四分,与上月同。

叙永直隶厅属,价中。中米每仓石价银二两九钱八分,与上月同。小麦每仓石价银一两八钱一分,与上月同。荞子每仓石价银一两三钱四分，与上月同。黄豆每仓石价银一两六钱一分，与上月同。

松潘直隶厅，价中。青稞每仓石价银二两七钱六分，与上月同。荞子每仓石价银一两七钱四分，与上月同。

杂谷直隶厅，价中。青稞每仓石价银二两四钱，与上月同。荞子每仓石价银一两七钱九分，与上月同。

石砫直隶厅，价平。中米每仓石价银一两六钱二分，与上月同。大麦每仓石价银一两七钱三分，与上月同。小麦每仓石价银二两六分，与上月同。黄豆每仓石价银一两八钱九分，与上月同。

打箭炉直隶厅，价贵。青稞每仓石价银四两九钱二分，与上月同。油麦每仓石价银一两八钱一分，与上月同。

军机大臣奉旨：览。钦此。①

〇二八　汇报借补千总弁缺折

同治十年二月二十九日（1871 年 4 月 18 日）

头品顶戴四川总督臣吴棠跪奏，为借补千总弁缺，按照新章，恭折会奏，仰祈圣鉴事。

窃查前准兵部咨：嗣后借补千总各弁缺，积至三月开单汇奏一次，以归简易等因。兹查川省自同治九年十月起至十二月底止，各营共借补千总二员，各造年岁履历清册，由提督臣胡中和咨请汇奏，暨咨部给札前来。

---

① 台北故宫博物院藏：军机及宫中档，文献编号：106956-0-A。

臣覆加查核,均与定章相符。除册咨部外,理合恭折汇奏,并照缮清单,恭呈御览,伏乞皇太后、皇上圣鉴训示。谨奏。二月二十九日。

同治十年四月初四日,军机大臣奉旨:兵部知道。单并发。钦此。[①]

○二九　呈川省同治九年冬季借补千总清单

同治十年二月二十九日(1871 年 4 月 18 日)

谨将川省自同治九年十月初一日起至十二月底止借补千总应行给札各弁,缮具清单,恭呈御览。计开:一、川北镇属巴州营右哨千总陈沛病故遗缺,查得潼川营左司把总王锡恩,年力强壮,弓马纯熟,曾经出师著绩,奏保以守备尽先补用,堪以借补巴州营右哨千总。一、建昌镇属怀远营右哨千总杜洪病故遗缺,查得建昌中营左司把总洪万先,年力精壮,打仗奋勇,曾经出师著绩,奏保以守备遇缺即补,堪以借补怀远营右哨千总。

军机大臣奉旨:览。钦此。[②]

○三○　奏报知府张桐年满甄别折

同治十年二月二十九日(1871 年 4 月 18 日)

头品顶戴四川总督臣吴棠跪奏,为候补知府到省年满,循例甄

---

① 台北故宫博物院藏:军机及宫中档,文献编号:106962。
② 台北故宫博物院馆藏:军机及宫中档,文案编号:106963。

别,恭折仰祈圣鉴事。

　　窃照劳绩候补道府到省一年期满,例应请详加察看,出具切实考语,分别堪胜繁简,专折奏闻。兹查候补知府张桐,年三十七岁,直隶南皮县监生,由议叙州同衔于咸丰五年投效贵州军营,攻克清水江出力保奏,以州同不论双单月尽先选用,加捐通判,分发河南。八年八月引荐,奉旨:照例发往。钦此。十年四月,委署汝宁府分防通判,因防守出力,奏准候补缺后以知州尽先补用。旋因剿获逆首杜秉德案内,奏准免补通判,以知州尽先补用,并戴蓝翎。同治二年七月,攻克张岗贼巢出力,奏准候补缺后以知府用,先换顶戴,并换花翎。旋因回避,改掣江苏,三年四月到省,委办试行河运出力,奏给三品封典。嗣因年满甄别,请以繁缺知州补用。五年,委带水师巡防运河,历年剿匪案内出力保奏,是年十月二十五日,奉旨:免补本班,以知府补用。钦此。七年,接准行知,以前在宿迁大营防剿出力,于东南肃清案内汇折保奏,奉旨:俟补缺后,以道员用。钦此。旋经臣奏调来川差遣。八年,在驻川陕甘米捐局报捐改发四川候补,接准部咨,扣限减半,应以八年十二月二十九日试看一年期满,据藩、臬两司详请甄别前来。

　　臣察看该员张桐,年壮才长,吏事练达,堪膺表率之任,应请留川以繁缺知府补用。倘或始勤终怠,仍当随时核办,不敢以甄别在先稍涉回护。所有甄别知府堪以胜任缘由,理合恭折具陈,伏乞皇太后、皇上圣鉴训示。谨奏。二月二十九日。

　　同治十年四月初四日,军机大臣奉旨:吏部知道。钦此。①

----

　　①　台北故宫博物院藏:军机及宫中档,文献编号:106964。

○三一　奏报知府黄云鹄捐免历俸片

同治十年二月二十九日（1871 年 4 月 18 日）

再，查户部奏定章程：各直省捐免历俸之案，于上兑后应即具奏等因。遵照在案。兹据藩、臬两司会详：据成都府知府黄云鹄因历俸未满，遵例报捐十成实银九百六十两，请免历俸，于同治十年正月十三日上兑，由藩司填给实收，将银暂储司库，遇有便员即行搭解部库；造具简明履历及报捐银数、上兑日期清册，同副收一并呈请奏咨前来。

臣覆查无异。除将副收、清册分咨吏、户二部查核换照外，理合附片具陈，伏乞圣鉴。谨奏。

同治十年四月初四日，军机大臣奉旨：知道了。钦此。①

○三二　请奖克服永北厅城出力各员折

同治十年三月初二日（1871 年 4 月 21 日）

成都将军臣崇实、头品顶戴四川总督臣吴棠跪奏，为遵旨查明请奖川军越境②截剿回匪，大获胜仗，并会合滇师，攻克永北厅城在事出力各员，恭折仰祈圣鉴事。

窃臣等前于同治九年闰十月十一日奉到同治九年十月二十四日内阁奉上谕：崇实、吴棠奏，川军越境，截剿窜回获胜，并会合滇

---

① 台北故宫博物院藏：军机及宫中档，文献编号：106965。此片具奏日期未确，兹据同批折件校正。

② "越境"，《游蜀疏稿》作"赴境"，误。

军攻克永北厅城,请将出力各员奖励一折。<u>此次尤为出力之总兵刘宝国,着遇有提督缺出,开列在先,请旨简放。知府许培身,着以道员用。其余出力各员及阵亡弁勇,准由崇实等查明,分别奏请奖恤</u>[①]等因。钦此。仰见朝廷廑念边陲、有劳必录之至意,下怀钦感难名! 当经恭录转行建昌镇总兵刘宝国等,宣布恩纶。凡在边陲将吏、荒服蛮夷,罔弗思鼓勇争先,输诚恐后。窃维用兵之道,在觇贼势而毋失权宜,贵得人和而勿矜意气。迤西之不靖,殆亦有年矣。建南戍卒,带甲枕戈,风鹤之惊,一岁数见。初未敢提师轻进冒险贪功者,则以事机有待故也。

今幸邻疆辑睦,回匪披离,川军于越境截剿之余,再接再厉,紧蹑其后。遂会滇师,卒能成夹击之谋,收聚歼之效。坚城告拔,要逆就擒。所有在事出力各员,或裹粮出境,或悬布登陴。华夷之众齐驱,主客之私悉泯。似与用本省之兵办本省之贼者,寻常劳绩不同。据建昌镇总兵刘宝国、宁远府许培身,开单请奖前来。

臣等详加查核,另缮清单,恭呈御览。合无吁恳圣明,立沛鸿施,俾资激劝,一俟澄江攻克,转旆西征,仍当以得胜之师助其扫荡,冀纾邻难,而慰慈廑。除拟保千总以下另册咨部外,谨将遵旨查明请奖川军越境截剿回匪并克服永北厅城在事出力各员缘由,合词恭折具陈,伏祈皇太后、皇上圣鉴训示。再,郎中许之淦,前经随折奏保,嗣准吏部咨,与定章不符,饬令另核请奖,已于清单内酌拟开列。合并声明。谨奏。三月初二日。

---

① 划线部分存于《游蜀疏稿》,军机录副缺,兹据补。

同治十年三月二十日,军机大臣奉旨:钦此。①

○三三 呈攻克永北厅城出力各员清单

同治十年三月初二日(1871 年 4 月 21 日)

谨将攻克永北厅城在事出力文武员弁、绅团、兵勇、土目,缮列清单,恭呈御览。

计开:署会川营参将建昌中营游击尽先副将邓全胜,总兵用李忠楷。以上二员,督兵剿贼,谋勇兼优,均请遇有总兵缺出,开列在先,请旨简放。李忠楷并请赏加提督衔。

副将衔尽先参将署靖远营游击定长,副将衔留川尽先参将彭炳辉,花翎留川补用参将刘镇坤,花翎参将衔建昌左营游击孙廷槐,署建昌中营游击江长泰,花翎即补游击彭得胜,尽先游击谭永林,尽先都司李锡成。以上八员,带队克城,不避矢石。定长、彭炳辉、刘镇坤均请免补参将,以副将仍留四川,尽先补用。定长、刘镇坤并请赏加总兵衔。孙廷槐、江长泰、彭得胜、谭永林均请以参将留川尽先补用,孙廷槐、江长泰、彭得胜并请赏加副将衔。李锡成请以游击尽先补用,并请赏加参将衔。

花翎尽先都司邓衍秩,花翎尽先都司保安营千总萧鸣炳,蓝翎尽先都司会盐营把总黄金图,西阳营守备李玉春,中营世职花翎尽先守备陈新魁,会川营花翎守备鲜俊,花翎尽先守备中营千总罗玉

① 台北故宫博物院藏:军机及宫中档,文献编号:106784。又,吴棠等:《游蜀疏稿》,第 373—380 页。其尾记曰:"同治十年三月初二日,附驿具奏。于本年四月初十日,准兵部火票递回原折,后开军机大臣奉旨:另有旨。钦此。"

龙，蓝翎尽先守备陈秉柯，蓝翎尽先千总马荣武、蒋国恩、范品端、杨三级。以上十二员，截剿窜回，兼擒要逆。邓衍秩、萧鸣炳、黄金图均请以游击尽先补用。李玉春、陈新魁、鲜俊、罗玉龙，均请以都司尽先补用。陈秉柯请以都司留川尽先补用。马荣武、蒋国恩均请以守备尽先补用。黄金图、陈秉柯、马荣武、蒋国恩，并请赏换花翎。范品端、杨三级均请以守备不论双单月，遇缺前先即选。

花翎尽先副将杨胜芳，花翎总兵衔四川补用副将白岐山，蓝翎尽先都司陈仕林。以上三员，督练防边，备尝艰险。杨胜芳请仍以副将归云南，遇缺即补，并请赏加总兵衔。白岐山请俟补副将后，以总兵用。陈仕林请仍以都司留川尽先补用，并请赏换花翎。

署会盐营守备蓝翎试用守备遮克东额，会盐营蓝翎千总尽先守备梁万升，蓝翎把总尽先守备金文品，永定营蓝翎千总尽先守备马应发，越嶲营蓝翎守备杨承恩，蓝翎尽先守备李占春、李忠元、谭友鹏、李茂、毛友升，中营千总尽先守备杨应雄，尽先守备余万发、李星荣。以上十三员，打仗奋勇，擒斩要逆，均请以都司尽先补用。遮克东额等十员，均请赏换花翎。杨应雄等三员，均请赏戴花翎。

蓝翎千总王逢春、李启元，靖远营把总蓝翎尽先千总陶嘉绂、毛正刚，宁越营蓝翎把总尽先千总李春山，蓝翎尽先千总谢秩、马逢乐、罗复盛，署左营守备千总江炳文，尽先千总曹永临，守备衔尽先千总懋功营把总钟圻巫，营千总张鹏，中营世职金慧、魏文彩。以上十四员，斩关夺隘，凌厉无前，均请以守备尽先补用。王逢春、李启元、毛正刚、谢秩、马逢乐、罗复盛，并请赏加都司衔。陶嘉绂、李春山并请赏换花翎。江炳文、曹永临、金慧、魏文彩，并请赏戴蓝翎。

蓝翎把总胡得成，蓝翎外委穆德沛，尽先把总陶玉春，把总宋国桢,外委张得亮,六品衔武生李元龙,六品军功靳学敏,军功刘松茂。以上八名,攻城杀贼,奋勇异常,均请以千总尽先拔补。胡得成、穆德沛并请赏换五品花翎。陶玉春等六名,并请赏戴五品蓝翎。

尽先外委宋定丰,怀远营外委李光荣,泸宁营外委刘文超,六品军功李兴发、夏泰武、宋兆昆、汪世培、曹兴佩、夏宗喜、罗学纬、蔡得胜、柳如山、王占奎。以上十三名,打仗勇往,所向无前,均请以把总尽先补用,并请赏戴蓝翎。

勇目费成志、马占彪、雷有恒、谢登云、史玉春、廖春林、王庆恩、曾得洪,军功马登云、易鸿炳。以上十名,首先破贼,奋不顾身,均请以把总尽先补用,并请赏戴六品顶翎。

中、左、会川、会盐等营额外马步兵张成忠、张照禄、彭仕鳌、何国梁、杨应超、刘文纬、萧腾龙、左廷璧、姚绰、李启荣、傅定远、何缙宗、王明仁、柳如松、郭荣宗、王治彪、沈学兰、张殿元、黄学魁、胡焕然、宋锦泰、高应彪、邱得荣、陶级升、杨映棠,定边、武安两军及会盐乡团刘明忠、李栋枝、梅灿章、乔登云、李文光、崔云彩、吴全恩、何映珉、尤飞雄、李上超、刘得荣、何占品、李春华、柳如刚、宋国正、李春彪、沈青山、唐得胜、郑占超,军功撒仕寿、李芳林、金瀛洲、邓占春、潘安邦。以上四十九名,随队攻城,有战必克,均请以外委尽先拔补,并请赏戴蓝翎。

会川、会盐等营并定边、武安两军及会理、盐源额外马步兵、乡团,六品蓝翎武生陶懋楷,武生刘正模,外委罗国荣,军功何有麟、柳万春、李光明、杨育宽、张荣斌、苏国顺、周廷栋、张鹏高、涂邦庆、王好伦、文连彪、李玉彪、陈学惠、张博林、郑得胜、乔联芳、胡荣升、刘正邦,勇丁白升瀛、易洪元,俊秀李景萃。以上二十四名,超堞先登,英勇无匹。陶懋楷请赏换五品花翎。刘正模等二十三名,均请赏戴蓝翎。

候选郎中许之淦,该员前经随折保奏分部行走,免缴分部银两,并请赏戴花翎。嗣准吏部咨,与定章不符,饬令另核,奏明请奖,奉旨:依议。钦此。兹拟请赏加四品衔,并请赏戴花翎。

道员用候补知府彭名湜,蓝翎升用同知直隶州成都府通判林宝光。以上二员,前于署宁远府盐源县任内,筹办边防,勤劳迭著。彭名湜请赏加盐运司衔。林宝光请赏加知府衔,并请赏换花翎。

同知衔署会理州知州德阳县知县邓仁垣,该员捐廉募勇,志切同仇,请以直隶州仍归原省候补班,前先补用,并请赏加知府衔。

蓝翎知州衔署西昌县事候补知县平心孚,补用同知署盐源县知县昭化县知县曾寅光。以上二员督团办防,运粮无误。平心孚拟请补缺后,以同知直隶州知州用,并请赏换花翎。曾寅光拟请先换同知顶戴,并请赏换花翎。

云南蓝翎候补同知直隶州马宗龙,郎中衔候补主事许之辨,同知衔遇缺前先选用知县邱广生,云南楚雄县知县储济,候选布理问李希邺,知县用候补县丞赵焕,补用县丞刘朝宗,尽先选用县丞刘子元。以上八员冲锋陷阵,克复城池。马宗龙请免补本班,以知县仍留原省,归候补班,前先补用。许之辨请以直隶州知州归部即选,并请赏戴花翎。邱广生请免选本班,以同知直隶州知州分发省份,归候补班,前先补用。储济请开缺以同知即补。邱广生、储济并请赏加知府衔。李希邺请免选本班,以知州不论双单月,遇缺前先选用。赵焕请免补本班,以知县归候补班,前先补用。刘朝宗请免补本班,以知县分发省份,归候补班,前先补用。赵焕、刘朝宗并请赏加同知衔。刘子元请免选本班,以知县留川,归候补班,前先补用。

　　附贡生戴宝勋，附生彭会棣，军功但尚志，俊秀袁宗燮、吴晟、江鹤鸣、江维勋、龚泰寿。以上八员调团助剿，悉合机宜，均请以巡检分发省份，归候补班，前尽先补用，并均请赏戴蓝翎。

　　候补从九品俞镛，未入流范文彬，候选训导吴钦典，候选从九品梁成栋、宋兆基、应光泽、熊钟杰、车如铃、徐镐。以上九员出奇制胜，随克坚城。俞镛、范文彬均请免补本班，以县丞仍留四川，归候补班，前先补用。吴钦典、梁成栋、宋兆基，均请免选本班，以县丞分发省份，归候补班，前先补用。应光泽、熊钟杰、车如铃，均请免选本班，以府经历县丞不论双单月，归部尽先即选，均请赏戴蓝翎。徐镐请以照磨留于四川，归候补班，前先补用。

　　会理州训导吴泽赓，会理州吏目宋可方，新班遇缺先用未入流孙钰，候选巡检李光第，从九品衔朱成彬，从九品张寿彤，六品蓝翎遇缺即选教谕詹映赓，候选教谕何灿然，俊秀沈云龙、张珧、何国栋。以上十一员名，督团御贼，剿守兼资。吴泽赓等六名，均请赏加六品衔，并请赏戴蓝翎。詹映赓、何灿然均请俟选缺后，以知县归部即选，并请赏戴蓝翎。沈云龙、张珧、何国栋，均请以从九品不论双单月，归部尽先即选，并请赏戴蓝翎。

　　分发补用道薛华垣，四川补用同知直隶州知州吕辉，分发江苏试用同知吴祖椿，提举衔试用通判周溱，同知衔分发即补知县王际祜，双月选用同知刘宝莲，指省分发湖北试用知县严鹭昌，选用知县程元第，新班遇缺先选教谕吕兆奎。以上九员，越境剿贼，勇敢争先。薛华垣请俟分发省份后，仍以道员归候补班，前先补用，并请赏戴花翎。吕辉请俟补缺后，以知府用。吴祖椿、周溱请仍留原省，归候补班，前先补用。王际祜请赏给该员祖父母五品封典，并请赏戴花翎。刘宝莲请仍以同知分发省份，归候补班前先用。程元第请仍以知县不论双单月，遇缺前先即选。严鹭昌、程元第并请赏加同知衔。吕兆奎请俟选缺后，以知县不论双单月，在任遇缺前先选用，并请赏加内阁中书衔。

尽先选用县丞朱启才，署盐源县巡检候补未入流赵国源，盐源县典史吴廷镳，新班遇缺选用巡检曾锡恩，四川试用府经历杨泳修，试用从九品苏崇基，未入流周宝清、余方。以上八员协守边防，运粮无误。朱启才请俟选缺后，以知县归部即选。赵国源请俟补缺后，以府经历县丞即补。吴廷镳请以府经历县丞在任候升。曾锡恩请仍以本班归部，尽先即选。杨泳修等四名，均请仍以本班留川，归候补班前补用。

道衔候补班前尽先补用知府谈寿龄，候选府经历马晋锡，蓝翎盐大使张锡嘏，云南在籍候补从九品姜瑞鸿，四川新班遇缺补用州吏目吴国澍，候选从九品但伋傅、周维桢、胡克勤。以上八员克城杀贼，锐不可当。谈寿龄请俟补缺后，以道员前先补用，并请赏给三品顶戴。马晋锡请俟补缺后，以知县即用，并请赏加六品衔。张锡嘏请以盐提举尽先补用，并请赏换花翎。姜瑞鸿、吴国澍请免选本班，以府经历县丞各留原省，归候补班前先补用。但伋傅等三员均请免选本班，以府经历县丞归部，遇缺即选。

候选训导金位坤、杨玉书，候选府经历傅国燮，江苏候补县丞孔显荣，候选从九品李国骏，廪生张金鉴。以上六员随同越剿，朴实耐劳。金位坤、杨玉书均请赏加国子监学正衔，杨玉书并请赏戴蓝翎。傅国燮请赏加六品衔。孔显荣请仍留原省，遇缺即补。李国骏请以从九品留川，归候补班前先补用。张金鉴请以训导不论双单月，归部尽先即选。

六品衔候选从九品孙廷芳、范济川,文生陆志瑞、刘凤翥,监生陈连魁,捐贡生钟山玉、李琴,俊秀吴全、汪端身、李燮元、谢三锡、杨映东、李章德、马中良、汪安泰、龚利金、艾天锡、傅吾级。以上十八员,带团打仗,杀贼多名。孙廷芳、范济川请仍以从九品不论双单月,归部尽先即选,并请赏戴蓝翎。陆志瑞等十六名,均请以从九品不论双单月归部,尽先即选。

花翎副将衔西昌县河西土千总安平康,该弁克城杀贼,勇敢争先,请赏给该土司祖父母、父母二品封典。

二品顶戴瓜别安抚司已天锡,左所三品顶戴候袭土千户喇祯祥,中所土千户喇邦佐,右所土千户八仁祥,莘苴芦土目葛之冕、陈洪贵。以上该土司等督练随征,忠义奋发。已天锡手受重伤,筋断骨折,请赏加勇号。喇祯祥、喇邦佐均请赏加副将衔。八仁祥请赏换三品顶戴。葛之冕请赏换四品顶戴。陈洪贵请赏戴五品蓝翎。

瓜别头目已天受、伍芳桂、已天元、已科元,中所土舍拉邦俊、头目喇廷德、喇凤岐、喇凤桐,左所头目喇应德、喇广德、杨荣德,古柏树头目郎朝华、郎复兴、郎志林,莘苴芦头目康锡葛纯。以上该舍目等,打仗奋勇,迭著战功,均拟请赏戴蓝翎。

军机大臣奉旨:览。钦此。①

【案】同治十年三月二十日,以上折及清单得清廷允行。

《清实录》:

以四川官军攻克云南永北厅城出力,予副将邓全胜等以

---

① 台北故宫博物院藏:军机及宫中档,文献编号:106785。

总兵官简放，赏土司安平康二品封典，已天锡巴图鲁名号，道员薛华垣、都司陈仕林等花翎，千总江炳文等蓝翎。余加衔、升叙有差。[1]

○三四 改拨协黔的饷委解日期折

同治十年三月初二日（1871年4月21日）

成都将军臣崇实、头品顶戴四川总督臣吴棠跪奏，为本年正、二月份改拨协黔的饷委解日期，恭折仰祈圣鉴事。

窃臣等承准军机大臣字寄：同治九年十月初七日，奉上谕：崇实、吴棠奏，改拨协黔的饷一折。周达武所需饷银五万八千两，着照崇实等所拟，按月筹拨，解赴贵阳省城，专供周达武马步全军之用等因。钦此。曾将自同治九年闰十月十五日接防起，至十二月底止，应拨黔饷银十四万五千两，陆续借提委解各日期，专折奏报在案。查川省司库连年入少出多，蹶绌情形，屡见奏牍。自本年以来，捐输甫报接收，厘金尚难起色，左支右绌，更甚于前。惟迭准周达武咨函，拟即出驻龙里，分道进兵，专指协饷接济。臣等以黔省全局所关，既责以驰驱之效，不得不予以储跱之资。

兹复督饬藩司王德固，在于各属应解捐输、厘金项下先行筹拨同治十年正月份黔饷银五万八千两，于正月二十八日，委候补同知华国英、知县张清理，领解起程；续又指提银五万八千两，作为二月份协黔的饷，饬委候补知县陆为菜、徐孙全，于二月二十八日自省起程，均解赴周达武军营交收。所有本年正、二月份改拨协黔的饷

---

[1] 《穆宗毅皇帝实录（七）》，卷三百七，同治十年三月，第75页。

委解缘由,除分咨外,谨合词恭折驰陈,伏乞皇太后、皇上圣鉴。谨奏。三月初二日。

同治十年三月二十日,军机大臣奉旨:知道了。钦此。①

○三五　奏报兼署将军日期并谢恩折

同治十年三月初三日(1871 年 4 月 22 日)

头品顶戴四川总督兼署成都将军臣吴棠跪奏,为暂行兼署成都将军印务,恭折叩谢天恩,仰祈圣鉴事。

窃臣接准部咨:同治十年正月二十三日,奉上谕:崇实奏,恳请陛见一折。崇实着来京陛见,成都将军着吴棠暂行兼署。钦此。旋于三月初三日,经崇实将成都将军印信委员赍送前来。臣恭设香案,望阙叩头,祇领兼署。伏查成都将军有管辖满汉官兵、松、建文武之责,现在建南夷务难平,而邻氛未靖,旗、绿各营均应认真操防。

臣惟有倍加勤慎,会同副都统,并督率地方文武,悉心经理,断不敢以暂时兼署稍涉疏懈。除照例恭疏题报外,所有臣暂行兼署成都将军印务日期,理合恭折具奏,叩谢天恩,伏乞皇太后、皇上圣鉴训示。谨奏。

同治十年四月初四日,军机大臣奉旨:知道了。钦此。②

【案】同治十年正月二十三日,此折得清廷允准,并饬令吴

---

① 台北故宫博物院藏:军机及宫中档,文献编号:106786。又,吴棠等:《游蜀疏稿》,第 381—386 页。其尾记曰:"同治十年三月初二日,恭折具奏。于本年四月初十日,准兵部火票递回原折,内开军机大臣奉旨:知道了。钦此。"

② 台北故宫博物院藏:军机及宫中档,文献编号:106961。

棠兼署成都将军篆务。《咸丰同治两朝上谕档》：

> 同治十年正月二十三日,内阁奉上谕:崇实奏,恳请陛见一折。崇实着来京陛见,成都将军着吴棠暂行兼署。钦此。①

又《清实录》：

> 成都将军崇实陛见,以四川总督吴棠兼署将军。② 与上谕档记述一致。崇实此折得准后,即于三月初三日具折,奏报交卸印务北上起程日期,遂于同治十年三月十二日自成都起程,赴京觐谒。后于同治十年六月,清廷任命崇实为蒙古都统,并调江宁将军魁玉为成都将军。《清实录》:"以成都将军崇实为镶白旗蒙古都统,调江宁将军魁玉为成都将军,镶白旗蒙古都统穆腾阿为江宁将军。"③

○三六　酌保金含章等尤为出力片

同治十年三月初三日(1871 年 4 月 22 日)

再,同治八年十二月间,臣李鸿章会同臣崇实、臣吴棠查办酉阳教案完结后,曾经附奏请将綦江县知县田秀栗等奖励,其余出力员弁查明酌保一片,于九年二月初十日由李鸿章咨准兵部火票递回原片,内开军机大臣奉旨:田秀栗等均照所请,分别奖励。该部知道。余依议。钦此。当经恭录转行钦遵查照。嗣据川东道锡佩开单拟保,因人数过多,驳令核减。臣崇实复奉有查办贵州遵义等处教案之命,旋结旋翻,办理殊形棘手,未及兼营。今诸务清厘,将

---

① 《咸丰同治两朝上谕档》,第 21 册,第 25 页。
② 《穆宗毅皇帝实录(七)》,卷三百四十,同治十年六月下,第 157 页。
③ 《穆宗毅皇帝实录(七)》,卷三百十四,同治十年六月下,第 157 页。

次交卸北上,会同臣吴棠查得川省凡遇民教交涉事件,但期并力顾持,从未敢有所渎请。此次李鸿章会陈,系为鼓舞人材起见,渥邀俞允,钦感难名!谨择其尤为出力之绅士委员,吁恳天恩,优加奖励。

重庆绅士四品衔蓝翎候选同知金含章,拟请赏加三品衔。游击衔蓝翎候补都司罗德山,拟请赏加参将衔。候补从九品黄元炳,拟请赏加六品衔。试用训导金存惠,拟请以知县尽先前选用。候选府经历鲍道元、罗应祥,均拟请以知县尽先选用。同知衔全万琼,拟请赏加运同衔。酉阳绅士五品翎顶分发湖南试用县丞易景晖,拟请免补本班,以知县仍留原省,归候补班补用。拣选知县举人熊永豪,拟请以知县不论双单月,遇缺前先即选,并请赏加五品衔。候选府经历张彬,拟请以知县不论双单月,归部即选补用。参将田丰年,拟请赏加副将衔。候选通判沈福曾,拟请以知州尽先选用。监生陈世煌,拟请赏加五品衔。贡生杨韫玉,拟请赏加布经历衔。候选从九品雷鸣谦,拟请以巡检,遇缺前先选用,并请赏加五品衔。候选训导杨仕笏,拟请以训导不论双单月,遇缺尽先即选,并请赏加光禄寺署正衔。教案局委员同知衔试用知县李鸿钧,拟请仍以知县归候补班,前先即补。候补知县福伦,拟请赏加同知衔。六品衔县丞廖松年,拟请俟补缺后,以知县用。省垣派往川东委员知府衔尽先补用同知张超,拟请俟补缺后,以知府用。川东道带赴酉阳委员同知衔先用知县徐溥,拟请俟补缺后,以同知直隶州知州用。试用从九品金毓崧,拟请仍以从九品归候补班前,遇缺先行补用。其余地方文武员弁,容臣等存记,汇案另奖。所有遵旨查明酌保尤为出力绅士委员缘由,谨合词附片陈明,伏祈圣鉴训示。谨奏。

同治十年四月初四日,军机大臣奉旨:金含章等均着照所请奖励,该部知道。钦此。①

○三七　奏报川省同治十年二月雨水、粮价折

同治十年三月二十六日(1871 年 5 月 15 日)

头品顶戴四川总督兼署成都将军臣吴棠跪奏,为恭报四川省同治十年二月份各属具报米粮价值及得雨情形,仰祈圣鉴事。

窃照同治十年正月份米粮价值及得雪情形,前经臣恭折奏报在案。兹查同治十年二月份成都等十二府、资州等八直隶州、理番、叙永两直隶厅,各属先后具报得雪积至一二寸至六七寸不等。堰塘积水,小春滋长。其通省粮价俱与上月相同,据布政使王德固查明列单汇报前来。

臣覆核无异。理合恭折具奏,并分缮清单,恭呈御览,伏乞皇太后、皇上圣鉴。谨奏。三月二十六日。

同治十年四月二十一日,军机大臣奉旨:知道了。钦此。②

○三八　呈川省同治十年二月粮价清单

同治十年三月二十六日(1871 年 5 月 15 日)

谨将四川省同治十年二月份各属具报米粮价值,开具清单,恭

<hr>

① 台北故宫博物院藏:军机及宫中档,文献编号:106960。又,吴棠等《游蜀疏稿》,第387—395 页。其尾记曰:"同治十年三月初三日附奏。于同治十年六月二十五日,差弁赍回原片,内开军机大臣奉旨:金含章等均着照所请奖励,该部知道。钦此。"

② 台北故宫博物院藏:军机及宫中档,文献编号:107267。

呈御览。

成都府属，价贵。中米每仓石价银二两七钱六分至三两八钱，与上月同。大麦每仓石价银一两八钱四分至二两一分，与上月同。小麦每仓石价银二两一钱七分至二两三钱四分，与上月同。黄豆每仓石价银一两六分至二两四钱六分，与上月同。荞子每仓石价银一两一钱七分至一两七钱一分，与上月同。

重庆府属，价贵。中米每仓石价银二两五钱六分至三两五钱八分，与上月同。大麦每仓石价银一两六钱五分至二两，与上月同。小麦每仓石价银二两三钱一分至二两七钱三分，与上月同。黄豆每仓石价银二两七钱三分至三两三分，与上月同。

保宁府属，价贵。中米每仓石价银二两六钱四分至三两三钱五分，与上月同。大麦每仓石价银一两九钱二分至二两一钱三分，与上月同。小麦每仓石价银二两八钱六分至三两六钱，与上月同。黄豆每仓石价银一两八钱三分至二两一钱三分，与上月同。

顺庆府属，价贵。中米每仓石价银二两八钱一分至三两二钱二分，与上月同。大麦每仓石价银一两六钱二分至一两八钱一分，与上月同。小麦每仓石价银二两一钱一分至二两一钱四分，与上月同。黄豆每仓石价银一两五钱五分至一两六钱七分，与上月同。

叙州府属，价贵。中米每仓石价银三两七分至三两三钱七分，与上月同。大麦每仓石价银一两六钱七分至二两三分，与上月同。小麦每仓石价银二两一钱五分至二两六钱五分，与上月同。黄豆每仓石价银一两一钱至一两五钱一分，与上月同。

夔州府属，价贵。中米每仓石价银二两八钱七分至三两二钱二分，与上月同。大麦每仓石价银一两七钱九分至二两四钱七分，与上月同。小麦每仓石价银二两九钱六分至三两四分，与上月同。

黄豆每仓石价银二两一钱六分至二两二钱六分，与上月同。

龙安府属，价贵。中米每仓石价银二两五钱七分至三两二钱七分，与上月同。青稞每仓石价银一两五钱，与上月同。小麦每仓石价银一两八钱至二两一钱九分，与上月同。黄豆每仓石价银一两八钱五分至一两九钱三分，与上月同。

宁远府属，价贵。中米每仓石价银二两九钱至三两二钱三分，与上月同。大麦每仓石价银一两四钱九分至一两六钱一分，与上月同。小麦每仓石价银一两六钱二分至二两二钱三分，与上月同。荞子每仓石价银一两四钱六分，与上月同。黄豆每仓石价银一两五钱六分至一两六钱三分，与卜月同。

雅州府属，价中。中米每仓石价银二两八钱二分至二两八钱七分，与上月同。小麦每仓石价银二两三钱至二两六钱六分，与上月同。黄豆每仓石价银一两六钱八分至二两七分，与上月同。

嘉定府属，价贵。中米每仓石价银二两八钱九分至三两四钱九分，与上月同。小麦每仓石价银二两三钱七分至二两七钱四分，与上月同。黄豆每仓石价银一两四钱九分至二两五分，与上月同。

潼川府属，价贵。中米每仓石价银二两九钱二分至三两一钱八分，与上月同。大麦每仓石价银一两六钱七分至一两九钱五分，与上月同。小麦每仓石价银二两一钱六分至二两五钱一分，与上月同。黄豆每仓石价银一两七钱九分至二两一钱六分，与上月同。

绥定府属，价中。中米每仓石价银二两五钱九分至二两八钱九分，与上月同。大麦每仓石价银一两五钱八分至一两五钱九分，与上月同。小麦每仓石价银一两六钱三分至一两七钱四分，与上月同。黄豆每仓石价银一两四钱三分，与上月同。

眉州直隶州属，价贵。中米每仓石价银二两七钱五分至三两五分，与上月同。

邛州直隶州属，价贵。中米每仓石价银二两六钱五分至三两八分，与上月同。大麦每仓石价银一两九钱三分，与上月同。小麦每仓石价银二两五钱九分，与上月同。黄豆每仓石价银二两一钱至二两二钱四分，与上月同。

泸州直隶州属，价贵。中米每仓石价银三两八分至三两九分，与上月同。

资州直隶州属，价中。中米每仓石价银二两五钱七分至二两九钱二分，与上月同。

绵州直隶州属，价贵。中米每仓石价银二两七钱四分至三两六分，与上月同。小麦每仓石价银二两三钱四分至二两四钱八分，与上月同。

茂州直隶州属，价中。中米每仓石价银二两六钱二分，与上月同。小麦每仓石价银二两六钱八分，与上月同。青稞每仓石价银二两二钱二分，与上月同。荞子每仓石价银一两二钱五分至一两七钱五分，与上月同。

忠州直隶州属，价贵。中米每仓石价银二两五钱九分至三两二钱七分，与上月同。大麦每仓石价银一两四钱六分至一两六钱，与上月同。小麦每仓石价银二两五分至二两四钱一分，与上月同。黄豆每仓石价银一两二钱七分至一两三钱七分，与上月同。

酉阳直隶州属，价贵。中米每仓石价银二两六钱至三两一钱，与上月同。大麦每仓石价银二两三钱至二两六钱二分，与上月同。小麦每仓石价银二两六钱四分至二两七钱八分，与上月同。黄豆每仓石价银一两三钱九分至一两四钱四分，与上月同。

叙永直隶厅属，价中。中米每仓石价银二两九钱八分，与上月

同。小麦每仓石价银一两八钱一分，与上月同。荞子每仓石价银
一两三钱四分，与上月同。黄豆每仓石价银一两六钱一分，与上
月同。

松潘直隶厅，价中。青稞每仓石价银二两七钱六分，与上月
同。荞子每仓石价银一两七钱四分，与上月同。

杂谷直隶厅，价中。青稞每仓石价银二两四钱，与上月同。荞
子每仓石价银一两七钱九分，与上月同。

石砫直隶厅，价平。中米每仓石价银一两六钱二分，与上月
同。大麦每仓石价银一两七钱三分，与上月同。小麦每仓石价银
二两六分，与上月同。黄豆每仓石价银一两八钱九分，与上月同。

打箭炉直隶厅，价贵。青稞每仓石价银四两九钱二分，与上月
同。油麦每仓石价银一两八钱一分，与上月同。

军机大臣奉旨：览。钦此。①

○三九　呈川省同治十年二月雨水清单

同治十年三月二十六日(1871 年 5 月 15 日)

谨将同治十年二月份四川省所属地方报到得雨情形，开具清
单，恭呈御览。

成都府属：成都、华阳两县得雨二次，小春结实。简州得雨二
次，稻谷播种。崇庆州得雨三次，荞子长发。温江县得雨四次，稻
谷播种。郫县得雨五次，小春结实。崇宁县得雨三次，小春畅茂。
新都县得雨三次，葫豆结实。新繁县得雨三次，小春结实。新津县

---

① 台北故宫博物院藏：军机及宫中档，文献编号：107267-0-A。

得雨二次,小春畅茂。双流县得雨二次,稻谷播种。什邡县得雨二次,蔡麦滋长。

重庆府属:江北厅得雨二次,小春结实。江津县得雨一次,小春结实。长寿县得雨一次,堰塘积水。永宁县得雨七次,稻谷播种。荣昌县得雨三次,田水充足。綦江县得雨五次,小春成熟。南川县得雨四次,山土滋润。铜梁县得雨一次,大足县得雨二次,小春结实。定远县得雨二次,田亩欠水。

夔州府属:云阳县得雨二次,田水尚足。万县得雨一次,小春结实。

龙安府属:平武县得雨二次,田水充足。江油县得雨五次,塘堰积水。石泉县得雨二次,二麦滋长。

绥定府属:达县得雨一次,田水渐积。大竹县得雨一次,田水充足。太平县得雨二次,小春畅茂。

宁远府属:西昌县得雨二次,小春结实。冕宁县得雨一次,稻谷播种。

保宁府属:阆中县得雨一次,地土滋润。南部县得雨二次,田水充足。广元县得雨一次,二麦茂盛。八州得雨二次,豆麦茂盛。通江县得雨四次,豆麦滋长。剑州得雨三次,小麦吐穗。

顺庆府属:南充县得雨一次,葫豆结实。西充县得雨一次,地土滋润。仪陇县得雨一次,田堰积水。广安州得雨一次,小春茂盛。岳池县得雨四次,田水充足。邻水县得雨一次,豆麦吐穗。

潼川府属:三台县得雨二次,杂粮茂盛。射洪县得雨三次,田沟积水。乐至县得雨一次,秧苗播种。

雅州府属:雅安县得雨三次,小春畅茂。清溪县得雨二次,二麦吐穗。

嘉定府属：乐山县得雨四次，豆麦结实。峨眉县得雨三次，田水充足。洪雅县得雨三次，豆麦出穗。犍为县得雨一次，田水充足。荣县得雨六次，田水充盈。威远县得雨七次，早秧萌芽。峨边厅得雨二次，小春扬花。

叙州府属：南溪县得雨九次，田水充盈。富顺县得雨六次，小春结实。隆昌县得雨五次，小春茂盛。长宁县得雨二次，小春结实。兴文县得雨四次，小春畅茂。马边厅得雨三次，小春扬花。

资州直隶州属：资州得雨六次，田堰水平。资阳县得雨二次，田水充足。仁寿县得雨三次，小春含穗。井研县得雨二次，小春扬花。内江县得雨五次，早禾播种。

绵州直隶州属：绵州得雨二次，二麦吐穗。安县得雨二次，小春出穗。绵竹县得雨三次，葫豆扬花。梓潼县得雨二次，小麦吐穗。罗江县得雨一次，豆麦结实。

忠州直隶州属：忠州得雨一次，田水欠足。酆都县得雨二次，大麦发荣。梁山县得雨四次，小春滋长。垫江县得雨一次，葫豆开花。

酉阳直隶州属：彭水县得雨四次，葫豆扬花。

茂州直隶州属：汶川县得雨三次，小春结实。

眉州直隶州属：眉州得雨六次，塘水充足。彭山县得雨二次，豆麦结实。丹棱县得雨四次，地土滋润。

泸州直隶州属：泸州得雨五次，田水充盈。江安县得雨二次，田水充足。合江县得雨三次，田亩积水。纳溪县得雨四次，早秧播种。

邛州直隶州得雨二次，农田有水。

理番直隶厅得雨二次，小春畅茂。

叙永直隶厅属：叙永厅得雨五次，小春扬花。永宁县得雨五次,小春扬花。

军机大臣奉旨:览。钦此。[①]

○四○　请以陈顺理等补授游击等缺折

同治十年三月二十六日(1871年5月15日)

头品顶戴四川总督兼署成都将军臣吴棠跪奏,为拣员请补游击、守备,以资治理,恭折仰祈圣鉴事。

窃照提标左营游击张金榜告病开缺,前经臣以一等轻车都尉向忠请补。嗣准部咨:与例不符,另行拣补。又,督标左营游击刘玉龙调补重庆中营游击,提标中军守备王圻升补叙马营都司,均已接准部覆。王圻因有经手未完事件,奏准暂缓引见,先给署札。所遗各缺未便久旷,伏思督、提两标均驻省垣重地,为各营表率,训练巡防,最关紧要,非年力精强、谙练营务之员不足以资整饬。臣于通省尽先游击、守备内逐加遴选,虽有尽先名次在前之游击何占魁等、守备杨道臻等,非未谙练营务,即人地不宜,且多出师外省,久未归标,势难挨次序补,致滋旷误。

惟查有尽先副将陈顺理,年三十四岁,湖北郧县人,由行伍出师安徽、江南等省,叠著劳绩,历保尽先参将,加副将衔。嗣因调赴河南、山东追剿捻匪,并于淮、徐各防积年剿捻出力,经臣与前漕臣张之万先后保奏,请以副将尽先补用,并加总兵衔。同治七年正月十四日,奉上谕:着照所请奖励,该部知道。钦此。是年臣奏带赴蜀,委管十营精兵。嗣以熟悉戎机、操防得力,奏题留川遇有相当

---

① 台北故宫博物院藏:军机及宫中档,文献编号:107276。

缺出，按班酌补。八年十二月初三日，奉旨：着照所请，兵部知道。钦此。现在委带祜字营楚军。该员胆识素优，兼晓营务，拟请借补督标左营游击。

又，查有尽先游击督标中营都司何鉴，年四十一岁，松潘厅人，由行伍出师瞻对，并在本省剿办滇匪出力，历升冕山营都司，调补督标中军都司。复以固守盐源县城、克复盐井保奏，同治八年五月十四日，内阁奉上谕：都司何鉴着以游击留于四川尽先补用，并赏换花翎。钦此。现在请咨进京引见。该员操防熟悉，人亦朴诚，拟请升补提标左营游击。

又，查有维州右营守备高绍兴，年五十五岁，马边厅人，由行伍历拔千总。同治七年二月，升补维州右营守备，承领部札。该员年健力强，拟请调补提标中军守备。以上各员均系久历戎行，委任得力。陈顺理籍隶别省，曾保尽先副将，与借补章程相符。何鉴、高绍兴均距籍五百里以外，现无违碍事故。惟何鉴尽先名次在后，高绍兴请补推缺，稍有未合。第人地实在相需，且已将尽先在前人员人地不宜之处详细奏明，合无仰恳天恩，俯准以陈顺理借补督标左营游击，何鉴升补提标左营游击，高绍兴调补提标中军守备，实于营务有裨。

至陈顺理履历，已于同治九年四月初八日咨部。何鉴现在给咨北上。高绍兴系对品调补，均毋庸再造履历。所遗督标中营都司暨维州右营守备缺，川省现有应补人员，仍请扣留外补。是否有当，理合会同提督臣胡中和恭折具奏，伏乞皇太后、皇上圣鉴训示。

再，前准部咨：提中守备系部推之缺，川省现有尽先人员，由部另行拟补等因。现在尚未准部拟补有员，臣为因地择人起见，是以由外拣员调补，合并陈明。谨奏。三月二十六日。

同治十年四月二十一日,军机大臣奉旨:兵部议奏。钦此。[①]

○四一 请以黄云鹄升补建昌道折

同治十年三月二十六日(1871 年 5 月 15 日)

头品顶戴四川总督兼署成都将军臣吴棠跪奏,为遴员请升边疆道员缺,恭折仰祈圣鉴事。

窃照建昌道鄂惠于同治十年正月十六日因病出缺,例应以该道病故本日作为开缺日期,经臣恭疏题报,声明所遗员缺系冲、繁、难要缺,应在外拣员升调,并报缺咨部在案。查该道管辖三府二直隶州,兼辖土司部落二百七十余处,南界滇省,西接藏、卫,汉夷杂处,地广政繁,非精明干练、熟悉夷情之员,不足以资治理。臣督同藩、臬两司在于通省道员内逐加遴选,非现署要缺,即人地未宜,实无堪调之员。其候补道员及劳绩应升各员,亦与是缺不甚相宜。

惟查有成都府知府黄云鹄,年四十四岁,湖北进士,以主事用签分刑部。同治六年,补授武选司郎中。七年六月二十日,奉旨:补授四川雅州府知府。钦此。八年三月初六日到任。九年三月,奏调成都府知府,七月初三日到任。该员才识练达,办事勤恳,历任地方均能认真整饬,于夷务情形尤为熟悉,以之升补建昌道边疆要缺,实堪胜任。该员任内并无降革、留任、展参案件,其一切因公处分例免核计。惟历俸未满五年,已据遵例捐免,前将上兑日期奏明在案,例得请升。据藩司王德固、臬司英祥会详前来。

合无仰恳天恩,俯念要缺需员,准以黄云鹄升补建昌道,洵于

---

① 台北故宫博物院藏:军机及宫中档,文献编号:107277。

边疆、吏治均有裨益。如蒙俞允，俟接准部覆，照例给咨赴部引见。所遗成都府知府系省会要缺，应请旨简放。所有拣员请升边疆道缺缘由，理合恭折具奏，伏乞皇太后、皇上圣鉴训示。再，此案应以同治十年正月三十截缺之日起限，扣至四月初十限满。成都将军系臣兼署，无庸会衔，合并陈明。谨奏。三月二十六日。

同治十年四月二十一日，军机大臣奉旨：吏部议奏。钦此。[1]

○四二　简练绿营整顿推广折

同治十年三月二十八日(1871年5月17日)

头品顶戴四川总督兼署成都将军臣吴棠跪奏，为川省简练绿营兵丁，著有成效，现复多方整顿，推广举行，恭折覆陈，仰祈圣鉴事。

窃臣于同治九年十二月初八日承准军机大臣字寄：同治九年十一月十六日，奉上谕：着各直省督抚，将所管各营设法整顿，限奉旨后六个月，将如何汰弱募强，如何分日操练，及各省可得有精锐士卒若干之处，详细奏闻等因。钦此。查蜀中夙有将材，兼多猛士。自舍兵用勇，营务渐形废弛。臣于七年九月莅任后，力戒因循之习，亟思补救之方，会同成都将军臣崇实奏明，挑选旗营精锐子弟五百人、省标绿营精兵一千名，酌给薪粮，认真训练。其训练绿营兵丁之法，遴委千总[2]十二员，分标管带，都司、守备四员，专司操演，将官、帮带、统带，层次钤束，逐日于中营、城守营两处箭道

---

① 台北故宫博物院藏：军机及宫中档，文献编号：107278。

② 千总，《游蜀疏稿》作"千把"。

及臣署箭道,以六成队伍演习枪炮,三成队伍演长矛,一成队伍演藤牌、短刀、杂技。每月逢四、六、九日期,由统带等官将枪炮兵丁带赴东较场,打靶演习准头。每月逢二日期,合操跑演三才阵、黄河阵、冲锋卷帘阵。臣会同将军臣、提臣,[①]分春秋两季,合存营兵丁、驻省勇丁,大操两次。仍于办公暇日,亲诣箭道,不时校阅,以别勤惰。阅时二年之久,训练既成。去岁饬调前赴川东、川西,缉拿土匪,颇称得力。正思轮换以均其劳苦,推行以竟其设施,钦奉寄谕,饬令将所管各营设法整顿。仰见朝廷讲明武备,下怀悚佩难名! 当即恭录移咨将军臣、提臣,并转行各镇协营,妥议章程去后。兹据陆续禀报前来。

臣伏念四川界居滇、黔、秦、陇之间,又有羌、夷、番、猓,出没靡常,幅员既极绵长,形势尤关险要,似未便纷纷抽调,致多顾此失彼之虞。惟省标绿营简练精兵一千名,施放枪炮,均有准头,技艺亦臻纯熟,拟即轮换推行。再于省标绿营另调精壮兵丁一千名,更番演习。并于重庆、川北、建昌、松潘四镇附近中、左、右等营,各挑精兵八百名,先各以四百名仿照省标章程,逐日训练。俟办有就绪,再行续调四百名,更番演习,周而复始,限以一年,咸成劲旅。该四镇各准遴派统带将官一员、管操都、守二员、分营管带千、把总四员,按照省章,酌给薪水。所有调练兵丁悉照前次奏定章程,在于堵剿经费项下,一律加给口粮。统计省标、镇标、绿营,可得精锐士卒五千二百人。此外,各营或因夷患初平,或值邻氛未靖,或相离镇协较远,或分防场堡较多,只能各就营汛,责成都、守、千、把总等官,照章操演,再由该管总兵、副将各员随时查阅,又可得精兵四千

---

① 提臣,《游蜀疏稿》作"提督臣"。

人。第非调练可比，似毋庸议给薪粮，以示限制，合之旗营精锐子弟已近万人。其余额设兵丁，现已饬令各该镇协等，重加点验，俱系精壮，不准以老弱充数。嗣后遇有病故革退，并责成领队弁目，互出连环保结，考校充补。倘查有捏报情事，按律严惩。仍于巡边缉寇之余，勤加训练。如此多方整顿，勿懈始终，庶几营务日有起色，饷糈不至虚縻，以仰副圣主训诫周详、有备无患之至意。

除咨取直隶、江苏等省练习枪炮章程酌量照办外，所有川省简练绿营兵丁著有成效，现复多方整顿、推广举行缘由，谨会同提臣胡中和，恭折具奏，伏乞皇太后、皇上圣鉴训示。再，成都将军现系臣兼署，是以未经会衔。合并声明。谨奏。三月二十八日。

同治十年四月十五日，军机大臣奉旨：钦此。①

【案】此折于同治十年四月十五日得允行，清廷令吴棠着实整顿，以期咸成劲旅。《清实录》：

甲戌，谕军机大臣等：吴棠奏，派队赴黔、留兵以守川边并简练绿营情形一折。前因曾璧光等奏，黔省兵力不敷，当照所请调李辉武一军前往助剿。兹据吴棠奏称，该军扼守汉南，三载以来，边境赖以稍安，若全行撤去，难资缓急，请留二营驻扎陕、甘交界之大安驿，以固川边，其余三营仍令赴黔等语。所奏自为兼顾蜀境起见，即着照所拟办理……川省绿营，既据吴棠奏称，简练整顿，可得精兵九千余人，仍着随时勤加训练，悉成劲旅，不得徒托空言，有名无实。将此由五百里谕知吴棠、

---

① 台北故宫博物院藏：军机及宫中档，文献编号：107183。又，吴棠等：《游蜀疏稿》，第403—414页。其尾记曰："同治十年三月二十八日，由驿具奏。于本年四月二十九日，准兵部火票递回原折，内开军机大臣奉旨：另有旨。钦此。"

蒋志章、曾璧光、刘铭传,并传谕周达武知之。①

【附】因成都将军崇实进京陛见,清廷饬令吴棠兼署成都将军一职。将军崇实于同治十年正月初九日,具折奏请交卸将军篆务,曰:

奴才崇实跪奏,为奴才莅任已逾九年,遵例奏恳天恩,俯准来京陛见,恭折仰祈圣鉴事。窃查道光十二年三月,奉上谕:各省将军,着自到任之日起,扣至三年,奏请陛见。钦此。溯查奴才于咸丰九年十月,由内阁学士任内,仰蒙文宗显皇帝简任驻藏正办大臣,旋于途次,奉命查办川省事件,随即署理总督。十一年七月,复蒙恩补授斯职。即于是年九月交卸督篆到任。扣至同治三年秋季,初届三年期满,曾经遵例陈请,奉谕旨:勿庸来见。钦此。迨六年秋间,两届三年,适值前督臣骆秉章久患目疾,奏请奴才代办本省文武乡闱监临,事竣后,又因骆秉章病势加剧,奴才未便擅离,曾将展缓缘由附片陈明在案。上年九月,又届三年,奴才由重庆回省,方拟缮折陈请,黔省奏结教案,复又翻覆,钦奉寄谕,仍令会同曾璧光,切实筹办。现于年内已将贵州积年各案全行议结,取有完案确据。伏思奴才莅任,将届十年,其中又两次蒙恩,兼署督篆。统计遥隔阙廷,业已十有二载。犬马恋主之忱,无时或释。且查川省现在情形,不特腹地早已肃清,即奴才所辖松、建地方,自从剿平瞻对,疏通越巂后,夷地番疆,悉臻静谧。至会办各路边防、援黔军务,督臣吴棠到任两年有余,情形业经熟悉,布置均各裕如。当此地方无事之时,惟有吁恳天恩,俯准奴才来

---

① 《穆宗毅皇帝实录(七)》,卷三百八,同治十年四月上,第88—89页。

京叩谒天颜,跪聆圣训,俾得事事有所遵循,借伸孺慕之私,克遂瞻依之愿。如蒙俞允,成都将军印务,或照向章移交督臣兼摄,抑令副都统富森保暂行署理之处,恭候命下遵行。所有奴才莅任已逾九载、循例补请陛见、吁恳恩慈俯准缘由,理合恭折附奏,伏乞皇太后、皇上圣鉴。谨奏。正月初九日。同治十年正月二十三日,军机大臣奉旨:钦此。①

【附】崇实之奏旋于同治十年正月二十三日得允行,饬令吴棠兼署成都将军篆务:

同治十年正月二十三日,内阁奉上谕:崇实奏,恳请陛见一折。崇实着来京陛见,成都将军着吴棠暂行兼署。钦此。②

【案】军机大臣字寄……详细奏闻等因:此廷寄上谕档载曰:

军机大臣字寄:各直省督抚、各路统兵大臣:同治九年十一月十六日,奉上谕:兵部奏,请饬各省督抚及各路统兵大臣,依限咨报兵勇数目,并请饬各省将兵丁数目按年题报各折片。同治元年十一月间,曾经谕令各省督抚及各路统兵大臣,将存营、出师各兵数按限造报,并将军营征调兵勇名数及随时有无增减,限三个月咨报一次。兹据兵部奏称,各省兵勇数目,有始则按限咨报,继则并未依限造送,或有咨报一二次后又不续报,且有一次未报者。其兵丁数目,除湖北、四川两省依限题报外,其余仍未按限题报,叠经该部严催,总未遵照办理,实属任意玩延。着各省督抚、统兵大臣等,奉到此旨后,除以前未经造报兵

---

① 台北故宫博物院藏:军机及宫中档,文献编号:105827。
② 中国第一历史档案馆编:《咸丰同治两朝上谕档》,第21册,第25页。

勇各数无庸补报外，即将现在所部兵勇数目仍按三个月咨报一次，以备稽核。倘再视为具文，即着兵部严参。至已造报各处，仍着依限报部，毋得先后参差，以昭核实。其各省兵丁数目，并着该督抚按年造册题报，不得再有耽延。至军兴以来，舍兵用勇，本系权宜之计，而勇丁遣撤，易滋事端，流弊日甚。若不将绿营及早整饬，致国家费千百万帑项，养之于平日，不能用之于临时，身任封疆者，问心何安！现在天津之案虽经了结，何可复事因循。况甘肃、滇、黔各省军务未靖，我君臣卧薪尝胆，正宜力图自强，以期有备无患。着各直省督抚将所管各营设法整顿，限奉旨后六个月，将如何汰弱募强，如何分日操练，及各省可得有精锐士卒若干之处，详晰奏闻。直隶、天津、江苏、上海及刘铭传军营，均练习枪队、炮队，步伐尚为整齐，号令尚为严肃。其教演之法，着各该省自行咨取章程照办，总期实事求是，变疲弱为精强，不得空言粉饰，以至有名无实。年来各督抚曾有裁兵增饷及酌调额兵训练之奏，然为政不在多言，而在实力奉行。若以一奏塞责，日久又渐形废弛，甚非朝廷倚任疆臣之意也。将此各谕令知之。钦此。遵旨寄信前来。[①]

○四三　奏调李辉武赴黔并留两营固守川边折

同治十年三月二十八日(1871 年 5 月 17 日)

头品顶戴四川总督兼署成都将军臣吴棠跪奏，为派队赴黔，留兵

---

① 中国第一历史档案馆编：《咸丰同治两朝上谕档》，第 20 册，第 358—359 页；《穆宗毅皇帝实录(六)》，卷二百九十七，同治九年十一月中，第 1115—1116 页。

以守川边，并请由川酌补欠饷，归黔匀拨月饷，恭折驰陈，仰祈圣鉴事。

窃臣于二月二十二日承准军机大臣字寄：同治十年二月十三日，奉上谕：曾璧光、周达武奏，筹办黔省军务，调队助剿，请拨协饷一折。黔省亟需添兵，李辉武所部，着准其调往以厚兵力等因。钦此。查川省地丁，额征银六十余万，昔年抵支旗、绿各营兵饷、官俸，尚多不足，半仰给于邻疆。今则以一省之力，除奉拨京饷外，尚须协济滇、黔、秦、陇及本省防军月饷。是以按照地丁，有加收津贴一项，又有常捐一项，倍于地丁。偶值军需浩繁，易常捐为普捐，数倍于地丁，而捐办夫马不与焉。朝廷深仁厚泽，休养二百余年，蜀地士民罔不输将恐后，然正未敢征求无已，重累边氓也。臣自七年九月莅任后，首建裁减夫马及练兵节饷之议。八、九两年，陆续撤遣防军、援军不下二万余人，核计所入，仍不敷所出。近来民力益困，断难再办普捐，客秋复有改拨协黔的饷之请，亦为节用整军起见，初与贵州抚臣曾璧光往返函商，定以月协五万。迨周达武统兵赴任，谆请再增八千两，本属竭尽心力，视他省协饷为独多，乃不数月，拟调李辉武所部一军，赴黔助剿，名为添兵，实则益饷。刻据李辉武禀报：前直隶提臣刘铭传拨队替防，请酌补欠饷，以便清厘开拔等情前来。

臣伏念李辉武一军，自同治七年经成都将军臣崇实奏派扼守汉南，于今三载，逆回未尝轻犯，边境赖以少安，非仅援邻，且将固圉。一旦撤去，虽有刘铭传重兵填扎，而缓急机宜，究非川省所能调度。思维至再，当此饷需奇绌之时，实不敢再议增灶，况滇师屡捷，陇事可图，更不得不捪彼注兹，统筹兼顾，拟请将李辉武所部，酌留两营，驻扎陕、甘交界之大安驿地方，以固川边。其余三营，当督饬防剿局司道等，勉凑两个月饷银，解交李辉武，迅即料简启行。

兵视将为转移,李辉武入黔,该省续募新军,交其统带,可期转弱为强,周达武所注意者在此,并请将以前欠饷仍由川省随时酌补,以后月饷即归周达武于各省协饷内,均匀拨放。如此一转移间,黔中既得添将以助剿,川中亦得留兵以防边,民力可望稍纾,邻饷尚能分济,似觉为黔、为蜀,两得其平。

合无仰恳天恩,俯允所请,以苏民困,而固边防。所有派队赴黔、留兵以防川边并请由川酌补欠饷、归黔匀拨月饷缘由,除咨会曾璧光、周达武暨檄饬李辉武查照外,理合恭折由驿驰奏。是否有当,伏乞皇太后、皇上圣鉴训示。谨奏。三月二十八日。

同治十年四月十五日,军机大臣奉旨:钦此。[①]

【案】此折于同治十年四月十五日得批覆,清廷饬令吴棠仍遵前旨,将该军月饷照常筹解,不得意存推诿,贻误事机。《清实录》:

谕军机大臣等:吴棠奏,派队赴黔、留兵以守川边并简练绿营情形一折。……至所称调往之三营先给两个月饷银,解交李辉武料简启行,并请将以前欠饷仍由川省酌补,以后月饷,即归周达武于各省协饷内均匀拨放等语。该军向食川饷,无论在陕在黔,于川省同一支应,并未额外添饷。且黔省兵饷正苦不足,若令李辉武所部由该省匀拨月饷,势必愈形支绌。着吴棠仍遵前旨,将该军月饷照常筹解,不得意存推诿,并着饬令李辉武,统带所部三营,迅速起程。曾璧光、周达武俟该

---

① 台北故宫博物院藏:军机及宫中档,文献编号:107180。又,吴棠等《游蜀疏稿》,第415—424页。其尾记曰:"同治十年三月二十八日,由驿具奏。于本年四月二十九日,准兵部火票递回原折,后开军机大臣奉旨:另有旨。钦此。"

军到黔后，即行酌量添募，归并统带，借资调遣。其陕南一带，已据刘铭传、蒋志章先后奏报，调派唐定奎等营分扎宝鸡等处，仍着饬令在防各军，与川省所留两营联络声势，严密扼守，以固边防。……将此由五百里谕知吴棠、蒋志章、曾璧光、刘铭传，并传谕周达武知之。①

【案】曾璧光、周达武奏……请拨协饷一折：贵州巡抚曾璧光会同提督周达武具折曰：

贵州巡抚臣曾璧光、贵州提督臣周达武跪奏，为筹办黔省两游，请调汉中镇李辉武带勇过黔逐剿，并拟请敕部议派各省协黔的饷，以凭添军，恭折覆陈，仰祈圣鉴事。窃臣等于同治九年十二月十九日承准军机大臣字寄：同治九年十一月二十四日，奉上谕：周达武奏，筹议剿办情形一折。所请添募兵勇一节，着周达武与曾璧光妥为筹画等因。钦此。跪读恩纶，仰见朝廷虑周军食，下怀无任钦感。臣等遵即悉心筹商，查黔省上游，自清镇西达毕节，游匪出没，大道时虞梗阻。而盘江以南诸城久经逆回占据，苗夷狖党倚之以为援，时分时合，往往出安顺趋定广，往来驰突，州县警报频闻。计必以数千人，由郎岱、安南攻其左，以数千人由定番、归化攻其右，再以数千人循安顺向上，节节扫清，然后直指贞丰、兴义，与左右会而夹击，冀使聚歼，则上游用兵以万计也。下游平越、瓮安实为遵义屏障，该处地方粗定，近接群苗，道路错杂，不可无重兵扼防。而都匀新复，前有八寨巨股扰扑，后有独山、麻哈之贼阻截，粮运面面堪虞。现拨六千人固守城垣，兼防后路。至于前

---

① 《穆宗毅皇帝实录(七)》，卷三百八，同治十年四月上，第88—89页。

进机宜,臣达武拟亲率一万四千人,分为两军,一出独荔,以规八寨,一由麻哈,以图凯里。维时并檄平瓮、都匀两路防兵,屡次进逼,一路连营衔接,总期尺寸之地,有得必守,庶能步步深入,迅会楚师,则下游用兵以二三万计也。两游贼匪多遁于龙、贵、定、广之间,必并举兼攻,划为两段,使不得通声息,以相救援,否则上剿下窜,下击上趋,牵缀官军,终于不可收拾。而兼办两游,统计护粮、剿贼,非近四万人不敷分布。盖实在情形如此。查川省边防紧要,无兵可调。赴楚开招,亦缓不济急。惟臣达武武字原部,前经四川署督臣崇实于同治七年奏派分军援陕时,臣达武驻军大安驿,将武字楚勇三千交右路营官今汉中镇总兵李辉武管带,出驻宝鸡、汧阳间。除九年经陕西抚臣蒋志章抽拨王名滔一营外,尚有二千五百人,分扎宝鸡各路。现在陕西军务奉派提臣刘铭传办理,陇右、金积堡之师,又已报捷,秦、陇将士如云,客军李辉武数营自可抽拨出境。查李辉武朴诚勇敢,自隶臣达武军营,由武童游保今职,无不驰驱慷慨,为将率先,实臣达武素所倚赖。相应请旨敕下陕甘督臣左宗棠、陕西抚臣蒋志章,檄饬汉中镇李辉武交卸镇篆,即日带领楚勇二千五百人过黔,交臣达武调遣,以资臂助。其二千五百人系食川饷,并请敕下四川将军臣崇实、督臣吴棠,仍照旧章,将该部月饷由川拨解。想川省以援黔者并而助黔,并非于协黔的饷之外另筹增益。崇实、吴棠素顾大局,当必允从。臣达武随带原部楚勇五千九百,连中字一营楚勇六百,暨募定黔勇一万五千人。又将本省各军核实归并,还留八千人,拟俟李辉武到黔,令其再行添募,并原部足下一万四千人,查照前四川督臣骆秉章厘定章程,每楚勇一千,月饷银五千六百八十两。每黔勇一千，月饷银四千四百四十两。综计募齐三万八千之众，内楚勇九千，月需饷五万一千一百二十两。黔勇二万九千，需饷十二万八千七百六十两。军装及粮道运脚价，月需银三四万两。除川省月协的饷五万八千并李辉武一军由川给饷外，尚须按月添筹银十四万两有奇。查黔省部拨军饷，月约银十二万余，应请敕下部议，除四川、湖南两省现在援黔，其旧拨饷需未便再计，酌派各省新加数万，合旧拨之饷，每月共凑成银十四万两，自同治十年为始，作为协黔的饷，按月拨解交收，由臣等核实报销，断不敢稍有浮冒。属在邻疆，亦非饶裕，何敢一再渎请。惟饷绌兵单，深恐日久无功，转滋咎戾。湖南援军正在办理得手，且虑会师迟缓，一并耽延，不能不早为筹画。倘荷天恩俯准所请，各省疆臣亦欣然慷助，俾获展布宽舒，不敢谓一半年间，遽可告藏成事，而上游现已进兵，幸将永宁收复，以次如议，办理下游，亦已驰师贵定，旋及定广。一经益饷添军，部署更为周妥，敢不激励将卒，分军八寨、麻哈等处，迅图勘定苗疆，借慰宸廑。所有筹办黔省两游，请调汉中镇李辉武带勇过黔助剿，并请敕部议派各省协黔的饷缘由，谨合词恭折由驿驰奏，伏乞皇太后、皇上圣鉴训示。谨奏。正月二十二日。同治十年二月十三日，军机大臣奉旨：钦此。①

【附】此折于同治十年二月十三日得允行：

谕军机大臣等：曾璧光、周达武奏，筹办黔省军务，调队助剿，请拨协饷一折。曾璧光、周达武现在筹商上下游两路

----

① 台北故宫博物院藏：军机及宫中档，文献编号：106112。

同时进兵，上游用兵以万计，下游用兵以二三万计。周达武随带原部楚勇五千九百名并忠字楚勇六百，暨募定黔勇共一万五千，再将本省各军选留八千，拟调李辉武所部二千五百人赴黔，令其再行添募，并原部足一万四千人，兼办上下两游，始敷分布。所筹自系实在情形。黔省军务，日久尚无起色，总由本省兵力过单，以致此剿彼窜。该抚等既拟兼办两游，筹定进兵之路，即当协力同心，相机调度，不可徒托空言。李辉武本系周达武旧部，前带武字营勇三千援陕，经蒋志章抽拨王名滔一营外，尚有二千五百人，分扎宝鸡各路。现刘铭传督办陕西军务，所部不少，黔省亟须添兵，李辉武所部，着准其调往，以厚兵力。陕西南路宝鸡一带，与甘省秦州属境毗连，防务甚关紧要，着蒋志章、刘铭传会商，迅即拨队前往填扎。该提督本有移军前赴汧、陇之奏，着即悉心布置，毋稍疏虞。李辉武所部，俟刘铭传派队接防后，再行起程赴黔，归曾璧光、周达武节制调遣。该军向食川饷，着崇实、吴棠于月协黔饷五万八千两外，仍将月饷照常筹解，毋令缺乏。曾璧光等此次筹添兵勇，除川省月协的饷及李辉武所部由川给饷外，按月尚需饷十四万两有余。部拨黔省军饷，每月约计银十二万余两，数尚不敷。着户部酌度情形，再于各省加派数万，合旧拨之饷，每月凑成银十四万两，自本年为始，作为协黔的饷，催令各该省按月拨解赴黔，以应急需。添兵添饷，均已照请办理，周达武务当会商曾璧光妥为部署，督军进剿，戡定苗疆。黔省现拟分军两路，进规八寨、凯里，冀会楚师合剿下游。着刘岷橄令席宝田，迅督所部扫荡而前，联络声势，不得稍存观望。将此由五百里谕知崇实、吴棠、蒋志章、刘铭传、刘岳昭、曾璧光，并传谕周达武知之。[1]

○四四　奏覆耿继章等所得劳绩片

同治十年三月二十八日(1871 年 5 月 17 日)

再，准吏部咨：各省劳绩保举核与定案不符、应行驳正人员，于同治九年七月三十日具奏，奉旨：依议。钦此。相应抄单知照。计单开贡生耿继章，未声叙何项贡生，碍难办理。州判吴汝谦，查系四川候补从九品，该员于何案得有试用州判。从九品范元恺何年月日丁忧，系何省人。按经历吴煦十同治六年三月丁忧，未经叙明何年月日所得劳绩。均令详细奏覆，再行核办等因。当经分别咨行查覆。兹由提督唐友耕暨防剿局、陕甘捐局司道等先后咨详前来。

据称耿继章系昭通府廪生，于同治五年考取恩贡，给有贡单为凭。吴汝谦系同治八年五月初四日，在驻川陕甘米折捐局捐升州判，仍指分四川试用，奉发实收存执。范元恺系成都府新都县人，随办文案，于同治八年十二月初四日丁母忧，先于同治八年正月、五月川军赴援徽县，并迎剿陕、甘边境回匪两案，著有劳绩。吴熙于六年三月初六日丁母忧，八月领咨，扶柩回籍。八年正月，因胞叔祖坤在云南被回匪戕害，闻信奔往探视，行至昭通府，值昭、鲁回匪蠢动，道路梗塞，资斧缺乏，待至六月初六日服满，在唐友耕行营投效，带队剿贼，于是年十月，克复鲁甸厅城案内著有劳绩各等情。臣覆查无异。除咨吏部外，谨附片陈明，伏乞圣鉴敕部核覆施行。

---

[1] 《穆宗毅皇帝实录(七)》，卷三百五，同治十年二月中，第46—47页。

谨奏。

同治十年四月十五日,军机大臣奉旨:吏部知道。钦此。[①]

○四五　奏报承袭世职汇案办理折

同治十年三月二十八日(1871年5月17日)

头品顶戴四川总督兼署成都将军臣吴棠跪奏,为川省承袭世职,照章汇案办理,恭折仰祈圣鉴事。

窃查前准部咨:钦奉上谕:嗣后阵亡、殉难各员子孙承袭世职,均着各该州县将应袭职名迅速查明,经行具报督抚,予限半年汇奏一次等因。钦此。历经遵办在案。兹查自同治九年九月起至十年二月底止,陆续据成都等各厅州县先后详请承袭世职,并将前经请袭年未及岁现已及岁之员,呈请验看,造具故员履历事实暨应袭各员三代宗图、年貌、族邻供结前来。经臣先后验看属实,并将册结、宗图汇总,专咨报部查核。其有并无籍贯可稽者,请俟咨查覆到,另行办理。

所有自同治九年起至十年二月底止川省各属请袭世职,遵照奏定章程,谨缮清单,恭呈御览,伏乞皇太后、皇上圣鉴,敕部议覆施行。谨奏。三月二十八日。

同治十年四月十五日,军机大臣奉旨:兵部议奏,单并发。钦此。[②]

---

① 台北故宫博物院藏:军机及宫中档,文献编号:107185。又,吴棠等《游蜀疏稿》,第425—430页。其尾记曰:"同治十年三月二十八日,附奏。于四月二十九日,准兵部火票递回原片,后开军机大臣奉旨:吏部知道。钦此。"

② 台北故宫博物院藏:军机及宫中档,文献编号:107181。

○四六　呈川省同治九年至十年请袭世职各案清单

同治十年三月二十八日（1871年5月17日）

谨将同治九年九月起连闰扣至十年二月底止川省请袭世职各案，缮具清单，恭呈御览。

一、王用章，成都县人，现年二十五岁。伊高祖王国英由督标左营千总，于乾隆三十八年出师金川阵亡，经部议一子以把总补用。伊伯曾祖王聘承荫后病故，乾隆六十年，奉旨加恩赏给恩骑尉世袭罔替。伊堂伯王培光承袭后病故乏嗣，伊父王培安补袭后亦故，请以王国英之次房嫡长元孙王用章承袭。

一、王国泰，成都县人，现年十九岁。伊七世祖王化龙由副将，于康熙十四年征剿红苗阵亡，奉旨加恩赏给恩骑尉世职。伊祖王世庆承袭后病故，伊父王霖补袭后辞退，请以王化龙之七世孙王国泰承袭，并将王霖原领敕书，遵照部咨黏贴印花，径送吏部核办。

一、马国安，成都县人，现年十四岁。伊父马腾云由提标右营把总，于咸丰十年正月二十九日在筠连县三圣岩地方打仗阵亡，经部议给云骑尉世职。同治八年十二月十六日奉旨：依议。钦此。请以马腾云之嫡长子马国安承袭。

一、张定邦，华阳县人，现年二十一岁。伊父张文瀚由署崇化营把总，于咸丰二年九月十九日在湖南善化县河西地方打仗阵亡，经部议给云骑尉世职。咸丰七年十一月十四日奉旨：依议。钦此。八年，请以张定邦承袭，时因年未及岁，准食半俸。今年已及岁，请食全俸。

一、马盛荣，华阳县人，现年三十一岁。伊兄马盛年由蓝翎战兵，于咸丰五年十二月初七日在湖北汉阳府西门桥地方打仗阵亡，经部议给云骑尉世职。咸丰七年六月初一日奉旨：依议。钦此。原立官无嗣，请以马盛年之胞弟马盛荣承袭。

一、黄世彬，华阳县人，现年十九岁。伊父黄恩荣由候补县丞，于同治七年十二月十九日随征云南寻甸州阵亡，经部议给云骑尉世职。同治八年六月二十六日奉旨：依议。钦此。请以黄恩荣之嫡长子黄世彬承袭。

一、杨益镇，华阳县人，现年九岁。伊嗣父杨登高由蓝翎马兵，于咸丰八年七月初四日在江南朝阳门地方打仗阵亡，经部议给云骑尉世职。同治六年十月二十一日奉旨：依议。钦此。请以杨登高之嗣子杨益镇承袭。

一、徐怀义，华阳县人，现年三十三岁。伊曾祖徐恩由维州左营千总，于嘉庆四年八月初三日在陕西平利县茅坝地方打仗阵亡，经部议给云骑尉世职，袭次完时给予恩骑尉世袭罔替。于嘉庆五年闰四月二十一日奉旨：依议。钦此。伊祖徐应瑄及伊父徐浩均承袭后病故，应袭胞兄徐怀德亦病故无嗣，请以徐恩之嫡次曾孙徐怀义承袭，并将徐浩原领敕书遵照部咨黏贴印花，径送吏部核办。

一、雷世高，温江县人，现年二十七岁。伊父雷安邦由甘肃肃州镇总兵，于咸丰十年闰三月十五日在江南安德门打仗阵亡，经部议给骑都尉世职。同治八年十二月二十三日奉旨：依议。钦此。原立官嫡长子同时阵亡无嗣，请以嫡次子雷世高承袭，年已及岁，俟接准部覆，给咨赴部引见，恭候钦定。

一、雷升高，温江县人，现年二十五岁。伊胞兄雷登高由花翎尽先把总，于咸丰十年闰三月十五日在江南安德门地方打仗阵亡，经部议给云骑尉世职。同治八年十二月二十三日奉旨：依议。钦此。查原立官未娶无嗣，伊二胞兄雷世高已请袭伊父雷安邦所遗骑都尉世职，请以雷登高之嫡三胞弟雷升高承袭。

一、张照黔，温江县人，现年二十岁。伊父张占鳌由花翎游击，于咸丰八年正月二十二日在贵州麻哈州地方打仗阵亡，经部议给云骑尉世职。同治四年十二月二十二日奉旨：依议。钦此。请以张占鳌之嫡长子张照黔承袭。

一、石光灿，崇庆州人，现年二十三岁。伊父石廷昌由监生，于咸丰十年六月二十五日在州属元通场地方打仗阵亡，经部议给云骑尉世职。同治六年十一月初四日奉旨：依议。钦此。请以石廷昌之嫡长子石光灿承袭。

一、吴文煊，新都县人，现年十二岁。伊嗣父吴三元由尽先守备，于咸丰十一年四月初十日在江南无锡县打仗阵亡，经部议给云骑尉世职。同治六年十二月初九日奉旨：依议。钦此。请以吴三元之嗣子吴文煊承袭。

一、曾树棠，灌县人，现年二十七岁。伊父曾玉龙由尽先千总，于咸丰七年四月二十七日在长沙隘口地方打仗阵亡，经部议给云骑尉世职。咸丰七年八月十六日奉旨：依议。钦此。请以曾玉龙之嫡长子曾树棠承袭。

一、朱明耀，灌县人，现年二十七岁。伊曾祖朱占元由外委，于嘉庆二年二月十五日在南坝场地方打仗阵亡，经部议给云骑尉世职。袭次完时，给予恩骑尉世袭罔替。伊祖朱文华及父朱朝龙均承袭后病故，请以朱占元之曾孙朱明耀承袭，并将朱朝龙原领敕书遵照部咨黏贴印花，径送吏部核办。

一、增生陈运昌，安县人，现年二十二岁。伊父陈传由廪生，于咸丰十一年五月初一日在县属扫桂滩地方带团击贼,打仗阵亡,经部议给云骑尉世职。同治五年十一月二十八日奉旨:依议。钦此。请以陈传之嫡长子增生陈运昌承袭。

一、张忠信,松潘厅人,现年二十三岁。伊父张宗泗由文生,于咸丰十年十二月十四日在平番营石嘴地方督团御贼,打仗阵亡,经部议给云骑尉世职。同治七年十二月初二日奉旨:依议。钦此。请以张宗泗之嫡长子张忠信承袭。

一、张凤翎,松潘厅人,现年二十六岁。伊胞兄张凤翮由文生,于咸丰十年十二月十四日在平番营老罐嘴地方带团御贼,打仗阵亡,经部议给云骑尉世职。同治六年十一月初四日奉旨:依议。钦此。查张凤翮无嗣,请以其胞弟张凤翎承袭。

一、梁仕德,松潘厅人,现年二十一岁。伊祖梁起禄由候选从九品,于咸丰十年十二月十四日在平番营南门外打仗阵亡,经部议给云骑尉世职。同治七年十二月初二日奉旨:依议。钦此。查梁起禄之子梁时柱同时阵亡,请以其嫡长孙梁仕德承袭。

一、徐治朝,松潘厅人,现年二十九岁。伊父徐国琎由尽先守备,于咸丰十一年四月初九日在漳腊营城外打仗阵亡,经部议给云骑尉世职。同治八年四月初七日奉旨:依议。钦此。请以徐国琎之嫡长子徐治朝承袭。

一、杨廷辉,松潘厅人,现年二十五岁。伊父杨禄由漳腊营千总,于咸丰十一年四月初九日在漳腊营东门外打仗阵亡,经部议给云骑尉世职。同治八年四月初七日奉旨:依议。钦此。请以杨禄之嫡长子杨廷辉承袭。

一、罗定国,松潘厅人,现年二十三岁。伊父罗廷喜由署松潘左营把总,于咸丰十一年七月初七日在松潘厅东门外打仗阵亡,经部议给云骑尉世职。同治八年四月初七日奉旨：依议。钦此。请以罗廷喜之嫡长子罗定国承袭。

一、季如超，松潘厅人，现年十九岁。伊父季长源由署南坪营把总，于咸丰十一年三月二十二日在下较场地方打仗阵亡，经部议给云骑尉世职。同治八年四月初七日奉旨：依议。钦此。请以季长源之嫡长子季如超承袭。

一、刘珍，松潘厅人，现年二十一岁。伊胞伯刘庆喜由松潘中营外委，于咸丰六年五月初五日在镇江高资地方打仗阵亡，经部议给云骑尉世职。原立官无嗣，伊父刘庆元承袭后身故，请以刘庆喜之胞侄刘珍承袭。

一、李如萱，松潘厅人，现年十九岁。伊父李得福由漳腊营外委，于咸丰十一年六月十一日在营城西门顶打仗阵亡，经部议给云骑尉世职。同治八年四月初七日奉旨：依议。钦此。请以李得福之嫡长子李如萱承袭。

一、唐光裕，松潘厅人，现年二十一岁。伊父唐有福由维州左营外委，于咸丰二年十一月初三日在湖南巴陵县地方打仗阵亡，经部议给云骑尉世职。同治九年六月初四日奉旨：依议。钦此。请以唐有福之嫡长子唐光裕承袭。

一、李桂林，松潘厅人，现年二十五岁。伊父李玉春由尽先外委，于咸丰十一年四月初九日在漳腊营南门外打仗阵亡，经部议给云骑尉世职。同治八年十二月十六日奉旨：依议。钦此。请以李玉春之嫡长子李桂林承袭。

一、罗元动，叙永厅人，现年四十三岁。伊父罗文治由从九职衔，于同治元年四月十三日在厅属古兰地方堵御发逆被害，经部议给云骑尉世职。同治八年四月二十日奉旨：依议。钦此。请以罗文治之嫡长子罗元动承袭。

一、何沛,马边厅人,现年十九岁。伊父何其俊由普字左营外委,于咸丰四年在云南宾川州打仗阵亡,经部议给云骑尉世职。何沛前于同治三年请袭时,年未及岁,准食半俸。今年已及岁,请食全俸。

一、张荣芳,酉阳州人,现年二十四岁。伊父张崇礼由把总,于咸丰七年五月二十日在安徽青阳县陵阳镇地方打仗阵亡,经部议给云骑尉世职。张荣芳前于咸丰九年请袭时,年未及岁,准食半俸。今年已及岁,请食全俸。

一、刘万斌,通江县人,现年二十四岁。伊父刘国珍由六品军功,于咸丰十年正月三十日在湖南邵阳县尹坡地方打仗阵亡,经部议给云骑尉世职。于咸丰十年六月二十二日奉旨:依议。钦此。请以刘国珍之嫡长子刘万斌承袭。

一、唐启明,阆中县人,现年十九岁。伊父唐大成由花翎候选同知,于同治元年八月二十六日在陕西十里铺地方打仗阵亡,经部议给云骑尉世职。唐启明前于同治七年请袭时,年未及岁,准食半俸。今年已及岁,请食全俸。

一、金朝祯,三台县人,现年二十二岁。伊父金鹏由已革守备,于咸丰十一年二月十九日在太和镇地方打仗阵亡,经部议给恩骑尉一次。金朝祯前于同治四年请袭时,年未及岁,准食半俸。今年已及岁,请食全俸。

一、李蔚廷,蒲江县人,现年二十七岁。伊祖李荣峰由报捐县丞充本县团正,于咸丰十年三月十二日因城陷阵亡,经部议给云骑尉世职。同治三年六月十七日奉旨:依议。钦此。原立官嫡长子李培祚年老多疾,不能请袭,请以李荣峰之嫡长孙李蔚廷承袭。

一、杨鼎琦,西昌县人,现年十九岁。伊祖杨连奎由外委,于嘉庆五年三月十六日御贼伤亡,经部议给云骑尉世职。原立官嫡长子杨苣承袭后辞退,请以杨连奎之嫡长孙杨鼎琦承袭,并将杨苣原领敕书遵照部咨粘贴印花,径送吏部核办。

一、赵逢原,合江县人,现年五十一岁。伊父赵佑由监生,于同治元年四月初七日在本籍带团堵贼,打仗阵亡,经部议给云骑尉世职。同治七年闰四月初二日奉旨,准给世职。请以赵佑之嫡长子赵逢原承袭。

一、彭先魁,冕宁县人,现年二十二岁。伊父彭士睿由把总,于咸丰四年八月二十八日在湖北大沙嘴地方打仗阵亡,经部议给云骑尉世职。彭先魁于咸丰八年承袭时,年未及岁,准食半俸。今年已及岁,请食全俸。

一、邓文淮,冕宁县人,现年十九岁。伊父邓启煜由文生,于同治二年二月初四日在该县沙沟地方带团堵贼,打仗阵亡,经部议给云骑尉世职。同治六年三月十七日奉旨:依议。钦此。请以邓启煜之嫡长子邓文淮承袭。

一、郭恩,温江县人,现年十八岁。伊父郭子荣由外委,于咸丰十年正月三十日在湖南与贼打仗阵亡,经部议给云骑尉世职。十年六月二十二日奉旨:依议。钦此。同治五年请以郭恩承袭时,因年未及岁,准食半俸。今年已及岁,请食全俸。

一、李克涛,垫江县人,现年二十三岁。伊父李永和由陕西把总,于咸丰三年十月十五日在广西瓜州与贼打仗阵亡,经部议给云骑尉世职。十一年,请以李克涛承袭时,因年未及岁,准食半俸。今年已及岁,请食全俸。

一、张照元,华阳县人,现年十八岁。伊父张冀由庆宁营外委,于咸丰九年四月二十三日在安徽茶江地方与贼打仗阵亡,经部议给云骑尉世职。咸丰十年四月十二日奉旨：依议。钦此。十一年，请以张照元承袭时，因年未及岁，准食半俸。今年已及岁，请食全俸。

一、张庆元，温江县人，现年三十一岁。伊父张定泰由六品军功，于咸丰九年四月二十日在湖南宝庆府与贼打仗，力战阵亡，经部议给云骑尉世职。咸丰十年五月二十六日奉旨：依议。钦此。伊胞兄张庆云承袭后，未领敕书即病故乏嗣，所遗世职请以张定泰之嫡次子张庆元承袭。

军机大臣奉旨：览。钦此。①

○四七　续查川省阵亡绅团、殉难绅民、殉节妇女请予旌恤折

同治十年三月二十八日(1871年5月17日)

头品顶戴四川总督兼署成都将军臣吴棠跪奏，为续查川省剿贼阵亡绅团并殉难绅民、殉节妇女，恳恩分别旌恤，以彰忠节，恭折仰祈圣鉴事。

窃查川省自军兴以来，所有历年各处防剿阵亡官绅、团练及殉难、殉节绅民、妇女，诚恐日久湮没不彰，前经奏明在省城设立采访忠节总局，委员会督绅耆，采访会办，先后十八次奏请旌恤在案。兹据总局司道查明永川等县阵亡绅团并殉难、殉节绅民、妇女，共一百五十一名口，分别造具花名清册，详请具奏前来。臣覆查册开阵亡绅团戴国兴等六十六名，殉难绅民潘恩寿等四十九名，殉节妇女江邓氏等三十六口，或攻剿逆匪，力战捐躯；或被执不屈，骂贼被

① 台北故宫博物院藏：军机及宫中档，文献编号：107182。

害;或恐受侮辱,拼死全贞,均属深明大义,忠节凛然!

合无仰恳天恩,敕部核议,分别旌恤,以慰忠魂而昭节烈。除将清册咨部外,是否有当,理合恭折具奏,伏乞皇太后、皇上圣鉴训示。谨奏。三月二十八日。

同治十年四月十五日,军机大臣奉旨:戴国兴等均着交部分别旌恤。钦此。①

〇四八　奏报同治十年春季合操省标官兵折
同治十年四月十八日(1871年6月5日)

头品顶戴四川总督兼署成都将军臣吴棠、四川提督臣胡中和跪奏,为合操省标官兵技艺情形,恭折仰祈圣鉴事。

窃照成都省标官兵,向于每年春秋二季合操一次,以申纪律。兹届春操之期,臣等于三月十六日,调集军、督、提、城十营官弁兵丁,齐赴较场考校。各兵排演新旧各阵式,步伐整齐。施放连环枪炮,声响联贯。长矛藤牌各技,亦俱进退便捷。复按照各营官兵饷册,逐名考核弓箭枪炮并马步箭,中靶统计七成有余,弓用六七力不等。各兵演放抬枪、鸟枪,中靶亦有七成。爰择其技艺娴熟者,当场分别奖赏、记拔。间有生疏者,亦即勒限练习,分别劝惩。伏思川省为边陲重地,省标为各营表率,现在邻省逆氛未靖,防剿紧要,武备尤应认真。臣等严谕各将备等督率弁兵,仍按日轮流操演,勤加训练,务使各兵技艺日益精进,咸成劲旅,不得以春操已过,稍行懈弛,以期仰副圣主整饬戎行、绥靖边陲之至意。

---

① 台北故宫博物院藏:军机及宫中档,文献编号:107184。

所有春季合操省标官兵技艺情形,谨合词恭折具奏,伏乞皇太后、皇上圣鉴。再,成都将军系臣暂行兼署,未经列衔,合并陈明。谨奏。四月十八日。

同治十年五月初七日,军机大臣奉旨:知道了。钦此。①

○四九　请敕核议拣发人员仍照旧例轮补片

同治十年四月十八日(1871年6月5日)

再,臣迭准部咨:嗣后武职如遇请升各缺,必须按照奏定章程,拣选尽先名次在前之员,不得将未保尽先及不合例人员请补等因。诚以尽先班次最优别项人员,自难相提并论。惟查川省现有拣发副将、参将、游击、都司各员,均于咸丰年间到省,迄今十有余载,未经补缺。此项人员或由侍卫挑选,或在京旗当差出力,由部臣带领引见,恭候钦简发往,与特旨外用人员无异。该员等未经拣发之前,当差已久,迨到省多年,历练既深,营务愈熟,较诸军营保举初任人员尤为可悖。兹因有专补尽先新章,致令补缺无望,情殊向隅。

伏思定例陆路副、参、游、都、守应题缺出,有豫保省份拣发人员三缺一轮,无豫保省份拣发人员两缺一轮,本与应升、应补人员各归各班。现在尽先人员固应疏通,而拣发人员亦未便竟听壅滞。相应请旨敕下部臣核议所有拣发人员,可否仍照旧例分缺轮补,或于补过尽先数人之后,挨次插补一人。该员等及时自效,不致终于

---

① 台北故宫博物院藏:军机及宫中档,文献编号:107519。此片具奏日期未确,兹据同批折件校正。

摈弃,用昭平允。是否有当,理合会同提督臣胡中和,合词附陈,伏
乞圣鉴训示。谨奏。

同治十年五月初七日,军机大臣奉旨:兵部议奏。钦此。[①]

○五○　覆查马中麒保案片

同治十年四月十八日(1871 年 6 月 5 日)

再,前准兵部咨:嗣后借补千、把总各弁缺,积至三月开单汇奏
一次,以归简易等因。历经遵办在案。兹同治十年春季份,查有尽
先千总镇远营左哨额外马中麒,曾经出师著绩,堪以借补提标左营
二司把总宓观成拔补川北左营千总遗缺,由营造具马中麒年岁、履
历清册,详经提督臣胡中和咨请具奏,暨咨部给札前来。

臣覆查马中麒曾保以千总尽先拔补,与借补章程相符。除将
清册咨部外,理合附片具陈,伏乞圣鉴训示。谨奏。

同治十年五月初七日,军机大臣奉旨:兵部知道。钦此。[②]

○五一　续解直隶淮军月饷起程日期折

同治十年四月十八日(1871 年 6 月 5 日)

头品顶戴四川总督兼署成都将军臣吴棠跪奏,为续筹直隶督
臣淮军月饷委解起程日期,恭折仰祈圣鉴事。窃臣前准军机大臣字
寄:同治九年十月二十六日,奉上谕:李鸿章奏,淮军月饷,每月加拨

---

①　台北故宫博物院藏:军机及宫中档,文献编号:107520。此片具奏日期未确,兹据同批折件校正。

②　台北故宫博物院藏:军机及宫中档,文献编号:107521。

四川三万两等因。钦此。伏查淮军月饷业经臣督同藩司六次委解过银二十四万两,均经奏明在案。现在川省援邻各军待饷孔亟,又分筹京外各省协饷,司库入不敷出,实有万难周转之势。惟淮军留防畿辅,分援陕西,饷项未可稍缺,不能不勉力接济,以维大局。

兹复饬司挪凑厘金银三万两,檄委试用同知杨恒庚承领,于十年四月初二日自成都起程,解赴湖北粮台交收,拨供李鸿章与刘铭传所部淮军征防饷项,俾资接济。除分咨外,理合恭折具陈,伏乞皇太后、皇上圣鉴。谨奏。四月十八日。

同治十年五月初七日,军机大臣奉旨:知道了。钦此。①

○五二　委解京饷五万两起程日期折

同治十年四月十八日(1871 年 6 月 5 日)

头品顶戴四川总督兼署成都将军臣吴棠跪奏,为川省第二次委解同治十年份京饷起程日期,恭折仰祈圣鉴事。

窃臣前准军机大臣字寄:同治九年十一月二十五日,奉上谕:户部奏,豫拨同治十年京饷,着于来年开印后分批起解等因。钦此。单开四川盐厘银十五万两、按粮津贴十五万两,当经督饬司道委解过银五万两,将起程日期奏报在案。伏查川省频年分拨各省协饷及防边援邻军糈,需用浩繁,入少出多,库款异常支绌。惟京饷关系最重,自应勉力及早筹解。

兹复督同藩司王德固等,凑集津贴三万两、盐厘二万两,共银五万两,饬委新升泸州直隶州知州刘钟璟承领,定期于四月十六日

---

① 台北故宫博物院藏:军机及宫中档,文献编号:107522。

自川起程。前因秦、陇交界地方回匪、溃勇出没靡常，驿路时通时塞，京饷关系重大，实难冒险径解，于本年正月间，复奏请援照上届成案，暂行发商汇兑，奉旨敕部知照在案。所有此次京饷仍发交蔚泰厚等银号汇解，委员至京兑齐，解赴户部交纳，用昭慎重。除分咨外，理合恭折具陈，伏乞皇太后、皇上圣鉴。谨奏。四月十八日。

同治十年五月初七日，军机大臣奉旨：户部知道。钦此。[1]

○五三　奏报川省同治十年
三月雨水、粮价折

同治十年四月二十五日(1871 年 6 月 12 日)

头品顶戴四川总督兼署成都将军臣吴棠跪奏，为恭报四川省同治十年三月份各属具报米粮价值及得雨情形，仰祈圣鉴事。

窃照同治十年二月份米粮价值及得雪情形，前经臣恭折奏报在案。兹查本年三月份成都、重庆、夔州、龙安、绥定、保宁、顺庆、潼川、雅州、嘉定、叙州十一府、资州、绵州、忠州、眉州、泸州、邛州六直隶州、叙永一直隶厅，各属具报得雨甚稀，间有在五六次以上者不过十数州县，亦有报通月皆晴并未得雨者。其离省较远未经报到之处，闻俱晴多雨少。秧田缺水，三农望泽甚殷。臣现在率属虔祷，并通饬各属矜恤庶狱，省察宽抑，以迓祥和。近日，成都、重庆、泸州各属已连得时雨数次，堪以及时栽插。至通省三月份粮价，中米及叙州府黄豆价值较上月增一分，余俱与上月相同。据布政使王德固查明列单汇报前来。臣覆核无异。

---

[1]　台北故宫博物院藏：军机及宫中档，文献编号：107523。

理合恭折具奏,并分缮清单,恭呈御览,伏乞皇太后、皇上圣鉴。谨奏。四月二十五日。

同治十年六月十六日,军机大臣奉旨:知道了。钦此。[①]

○五四　呈川省同治十年三月粮价清单

同治十年四月二十五日(1871 年 6 月 12 日)

谨将四川省同治十年三月份各属具报米粮价值,开具清单,恭呈御览。

成都府属,价贵。中米每仓石价银二两七钱七分至三两八钱一分,较上月增一分。大麦每仓石价银一两八钱四分至二两一分,与上月同。小麦每仓石价银二两一钱七分至二两三钱四分,与上月同。黄豆每仓石价银一两六分至二两四钱六分,与上月同。荞子每仓石价银一两一钱七分至一两七钱一分,与上月同。

重庆府属,价贵。中米每仓石价银二两五钱七分至三两五钱九分,较上月增一分。大麦每仓石价银一两六钱五分至二两,与上月同。小麦每仓石价银二两三钱一分至二两七钱三分,与上月同。黄豆每仓石价银二两七钱三分至三两三分,与上月同。

保宁府属,价贵。中米每仓石价银二两六钱五分至三两三钱六分,较上月增一分。大麦每仓石价银一两九钱二分至二两一钱三分,与上月同。小麦每仓石价银二两八钱六分至三两六钱,与上月同。黄豆每仓石价银一两八钱三分至二两一钱三分,与上月同。

顺庆府属,价贵。中米每仓石价银二两八钱二分至三两二钱

---

① 台北故宫博物院藏:军机及宫中档,文献编号:108111。

三分，较上月增一分。大麦每仓石价银一两六钱二分至一两八钱一分，与上月同。小麦每仓石价银二两一钱一分至二两一钱四分，与上月同。黄豆每仓石价银一两五钱五分至一两六钱七分，与上月同。

叙州府属，价贵。中米每仓石价银三两八分至三两三钱八分，较上月增一分。大麦每仓石价银一两六钱七分至二两三分，与上月同。小麦每仓石价银二两一钱五分至二两六钱五分，与上月同。黄豆每仓石价银一两一钱一分至一两五钱二分，较上月增一分。

夔州府属，价贵。中米每仓石价银二两八钱八分至三两二钱三分，较上月增一分。大麦每仓石价银一两七钱九分至二两四钱七分，与上月同。小麦每仓石价银二两九钱六分至三两四分，与上月同。黄豆每仓石价银二两一钱六分至二两二钱六分，与上月同。

龙安府属，价贵。中米每仓石价银二两五钱八分至三两二钱八分，较上月增一分。青稞每仓石价银一两五钱，与上月同。小麦每仓石价银一两八钱至二两一钱九分，与上月同。黄豆每仓石价银一两八钱五分至一两九钱三分，与上月同。

宁远府属，价贵。中米每仓石价银二两九钱一分至三两二钱四分，较上月增一分。大麦每仓石价银一两四钱九分至一两六钱一分，与上月同。小麦每仓石价银一两六钱二分至二两二钱三分，与上月同。荞子每仓石价银一两四钱六分，与上月同。黄豆每仓石价银一两五钱六分至一两六钱三分，与上月同。

雅州府属，价中。中米每仓石价银二两八钱三分至二两八钱八分，较上月增一分。小麦每仓石价银二两三钱至二两六钱六分，与上月同。黄豆每仓石价银一两六钱八分至二两七钱，与上月同。

嘉定府属，价贵。中米每仓石价银二两九钱至三两五钱，较上月增一分。小麦每仓石价银二两三钱七分至二两七钱四分,与上月同。黄豆每仓石价银一两四钱九分至二两五分,与上月同。

潼川府属,价贵。中米每仓石价银二两九钱一分至三两一钱九分,较上月增一分。大麦每仓石价银一两六钱七分至一两九钱五分,与上月同。小麦每仓石价银二两一钱六分至二两五钱一分,与上月同。黄豆每仓石价银一两七钱九分至二两一钱六分,与上月同。

绥定府属,价中。中米每仓石价银二两六钱至二两九钱,较上月增一分。大麦每仓石价银一两五钱八分至一两五钱九分,与上月同。小麦每仓石价银一两六钱三分至一两七钱四分,与上月同。黄豆每仓石价银一两四钱三分,与上月同。

眉州直隶州属,价贵。中米每仓石价银二两七钱六分至三两六分,较上月增一分。

邛州直隶州属,价贵。中米每仓石价银二两六钱六分至三两九分,较上月增一分。大麦每仓石价银一两九钱三分,与上月同。小麦每仓石价银二两五钱九分,与上月同。黄豆每仓石价银二两一钱至二两二钱四分,与上月同。

泸州直隶州属,价贵。中米每仓石价银三两九分至三两一钱,较上月增一分。

资州直隶州属,价中。中米每仓石价银二两五钱八分至二两九钱三分,较上月增一分。

绵州直隶州属,价贵。中米每仓石价银二两七钱五分至三两七分,较上月增一分。小麦每仓石价银二两三钱四分至二两四钱八分,与上月同。

茂州直隶州属,价中。中米每仓石价银二两六钱三分,较上月增一分。小麦每仓石价银二两六钱八分，与上月同。青稞每仓石价银二两二钱二分，与上月同。荞子每仓石价银一两二钱五分至一两七钱五分，与上月同。

忠州直隶州属，价贵。中米每仓石价银二两六钱至三两二钱八分，较上月增一分。大麦每仓石价银一两四钱六分至一两六钱，与上月同。小麦每仓石价银二两五分至二两四钱一分，与上月同。黄豆每仓石价银一两二钱七分至一两三钱七分，与上月同。

酉阳直隶州属，价贵。中米每仓石价银二两六钱一分至三两一钱一分，较上月增一分。大麦每仓石价银二两三钱至二两六钱二分，与上月同。小麦每仓石价银二两六钱四分至二两七钱八分，与上月同。黄豆每仓石价银一两三钱九分至一两四钱四分，与上月同。

叙永直隶厅属，价中。中米每仓石价银二两九钱九分，较上月增一分。小麦每仓石价银一两八钱一分，与上月同。荞子每仓石价银一两三钱四分，与上月同。黄豆每仓石价银一两六钱一分，与上月同。

松潘直隶厅，价中。青稞每仓石价银二两七钱六分，较上月增一分。荞子每仓石价银一两七钱四分，与上月同。

杂谷直隶厅，价中。青稞每仓石价银二两四钱，较上月增一分。荞子每仓石价银一两七钱九分，与上月同。

石砫直隶厅，价平。中米每仓石价银一两六钱二分，较上月增一分。大麦每仓石价银一两七钱三分，与上月同。小麦每仓石价银二两六分，与上月同。黄豆每仓石价银一两八钱九分，与上月同。

打箭炉直隶厅，价贵。青稞每仓石价银四两九钱二分，与上月同。油麦每仓石价银一两八钱一分，与上月同。

军机大臣奉旨:览。钦此。①

○五五　呈川省同治十
年三月得雨清单

同治十年四月二十五日(1871 年 6 月 12 日)

谨将同治十年三月份四川省所属地方报到得雨情形,开具清单,恭呈御览。

成都府属:成都、华阳两县得雨一次,田堰缺水。简州未经得雨,秧田缺水。崇庆得雨六次,田土滋润。汉州得雨三次,田水仍缺。温江县得雨二次,田水未足。郫县得雨五次,田水尚足。崇宁县未经得雨,秧田缺水。新都县得雨六次,早秧葱秀。灌县得雨二次,堰水未充。双流县未经得雨,田堰缺水。什邡县得雨三次,早秧栽插。

重庆府属:江北厅得雨四次,晚秧茂盛。江津县得雨三次,田水尚缺。长寿县得雨四次,田水尚缺。永川县得雨五次,小春收获。荣昌县得雨一次,田水甚缺。綦江县得雨二次,田水不足。南川县得雨七次,晚禾滋长。合州得雨七次,田水稍积。涪州得雨四次,田水未足。铜梁县未经得雨,田堰缺水。大足县未经得雨,秧田缺水。定远县得雨一次,田亩缺水。

夔州府属:奉节县得雨四次,田水尚足。云阳县得雨二次,田水未缺。万县得雨十一次,早秧栽插。

龙安府属:江油县得雨二次,田水未足。彰明县得雨三次,秧苗滋长。

---

①　台北故宫博物院藏:军机及宫中档,文献编号:108111-0-A。

绥定府属：达县得雨二次，田水未足。新宁县得雨六次，田水尚足。

保宁府属：广元县未经得雨，田亩缺水。剑州得雨三次，豆麦成熟。

顺庆府属：南充县未经得雨，秋田缺水。西充县得雨二次，田水尚缺。蓬州得雨三次，田水尚缺。营山县得雨三次，田水尚缺。仪陇县得雨一次，田水甚缺。广安州得雨一次，田水甚缺。岳池县得雨五次，田水尚足。邻水县得雨四次，田土滋润。

潼川府属：三台县得雨五次，田水稍积。射洪县得雨一次，田水干润。乐至县得雨一次，田水不足。盐亭县未经得雨，田堰缺水。蓬溪县未经得雨，田塘缺水。

雅州府属：雅安县得雨三次，小春黄熟。清溪县得雨一次，田水尚缺。天全州得雨三次，田水未足。

嘉定府属：乐山县得雨六次，早秧栽插。峨眉县得雨四次，田水充足。洪雅县得雨七次，田有积水。犍为县得雨三次，田水稍积。荣县得雨六次，田水尚足。威远县得雨六次，早秧栽插。峨边厅得雨三次，小春结实。

叙州府属：南溪县得雨三次，秧苗栽插。富顺县得雨四次，田水仍缺。隆昌县得雨一次，田水甚缺。长宁县得雨一次，田水甚缺。兴文县得雨二次，田水仍缺。

资州直隶州属：资州得雨五次，田水未足。资阳县得雨四次，秧苗渐长。仁寿县未经得雨，田水干润。井研县得雨一次，田亩缺水。内江县得雨三次，田水未足。

绵州直隶州属：绵州得雨一次，田亩缺水。安县得雨二次，田水未足。绵竹县未经得雨，田水甚缺。梓潼县得雨四次，田水未足。罗江县得雨一次,田亩缺水。

忠州直隶州属:忠州得雨四次,田水仍缺。酆都县得雨一次,田亩缺水。梁山县得雨三次,秧针出水。

眉州直隶州属:眉州得雨三次,田水尚缺。彭山县得雨三次,田水尚缺。丹棱县得雨六次,田水仍缺。

泸州直隶州属:泸州得雨四次,早秧栽插。江安县得雨二次,禾苗栽插。合江县得雨四次,田水稍积。纳溪县得雨三次,田水尚缺。

邛州直隶州属:浦江县得雨一次,田水不足。①

○五六 奏闻监犯罗三沅越狱案审拟折

同治十年四月二十五日(1871 年 6 月 12 日)

头品顶戴四川总督兼署成都将军臣吴棠跪奏,为平武县监犯罗三沅越狱脱逃,百日限内拿获,讯明处决,恭折仰祈圣鉴事。

窃臣前因平武县典史朱映南、知县屠天培疏防,监犯罗三沅越狱脱逃,专折参奏,一面勒缉提审。据藩、臬两司檄委试用通判周上达驰往,勘得该县监狱墙垣俱属坚固,各犯刑具亦皆结实。该犯罗三沅系乘夜间风雨交作,禁更人等困倦睡熟,扭断锁链镣铐,扳断栅栏,撬开阴沟逸出,攀援栅木,翻墙脱逃。查讯同监各犯,供俱无异。将该典史朱映南同禁卒、更夫人等提解到省,即据彭明县知县何庆恩以该犯罗三沅逃至该县漫坡渡地方,经平武县兵役与该典史家丁带同禁更人等、家属、雇工踵至,与该县巡役会同擒获等

---

① 台北故宫博物院藏:军机及宫中档,文献编号:108132。

情。经臣批司檄委即用知县胡廷琼驰往，会同何庆恩提犯讯明，就地处斩。旋于同治九年十一月二十八日奉旨：所参疏防监犯越狱之管狱官四川平武县典史朱映南，着即行革职拿问，交吴棠提同刑禁人等严讯有无松刑贿纵情弊，按律定拟具奏。有狱官平武县知县屠天培，着革职留任，勒限将逸犯罗三沅严缉务获，倘限满无获，即行从严参办。余着照所议办理，该部知道。钦此。钦遵行司，发委审办去后。兹据成都府知府黄云鹄等审明定拟，由布政使王德固、按察使英祥会详到臣。

随亲加覆核，缘罗三沅籍隶该县，因故杀苏灏惊身死，照律拟斩监候，入于同治九年秋审情实，业已奉旨勾决，行司密饬处斩，值该县尚未奉文。罗三沅向禁南仓第二间栅房内，十月二十二日傍晚，典史朱映南进监验明各犯镣铐，收房歇宿，谕令禁卒、更夫小心巡守。是夜风雨交作，禁卒胡贵、王僖在栅房外坐守，更夫石友在夹道巡视。四更后，风雨愈烈。胡贵等各处巡查，衣均被雨淋湿，赴厨房烤衣。因夜深困倦，随各睡熟。罗三沅因未闻听更声，知禁卒人等睡卧，自知罪重，起意独自乘间逃走。

五更时，扭脱刑具丢弃，扳断栅木二根，携至内墙东北角阴沟边，撬开沟上石块，随带栅木由沟洞钻出，解带将栅木捆接，斜靠外墙西南角，攀援上墙，抽去棘茨，翻出墙外街道空地，虑恐发长被人看破，用布帕将头包裹，逃至城边，城门甫启，混出城外逃逸。黎明时，石友睡醒，出巡查见，喊同胡贵等往看，禀知典史朱映南，申报该县屠天培，勘捕无获，禀报通缉，并据藩、臬两司转据该管府道揭参前来。

经臣专折参奏，一面批饬委员前往勘明越狱脱逃情形，将该典史与禁更人等提省。该犯罗三沅逃后，在途雇不识姓名人剃去头发，复用身带旧存医病膏药贴盖面上刺字，日行偏僻小路，摘取野菜充饥，夜宿古庙、岩洞。十一月初十日，逃至彰明县漫坡渡地方，即经平武县兵役、家丁带同禁卒、家属、雇工踉至，与彰明县巡役会同拿获，禀经臣批司委员驰往提犯，会审明确，就地处斩。据成都府等审拟，由藩、臬两司会详前来。臣覆核无异。

查例载：犯罪囚禁在狱，仅只一人乘间穿穴，逾墙脱逃，并无预谋纠伙情事，原犯斩候应入情实人犯改为立决。又，监犯越狱，如狱卒果系依法看守，一时疏忽，偶致脱逃并无贿纵情弊，审有确据者，百日限内能自捕得，准其依律免罪各等语。

此案罗三沅前因故杀苏灏惊身死，拟斩监候秋审情实，奉旨勾决，于该县未经奉文之先，辄敢乘间越狱脱逃，实属不法。查该犯讯只一人起意逃走，并无预谋纠伙情事。原犯斩候应入情实人犯改为立决，例应该拟斩立决，业已正法，应毋庸议。禁卒胡贵、王僖，究明实系依法看守，并无松刑贿纵情弊，且经家属、雇工随同丁役，于百日限内将犯拿获，与自行捕得无异，应与更夫石友，均请照例依律免罪，仍俱革役。薙发之不知姓名人无从查究，栅木、阴沟、监墙、棘茨，已据修理完固。

所有协获邻境越狱脱逃斩犯一名应叙职名，系彰明县知县何庆恩。疏防斩犯越狱脱逃一名四个月拿获职名，管狱官系平武县典史朱映南、有狱官系平武县知县屠天培，相应一并开送。除供招咨部外，所有提省审拟缘由，理合恭折具奏，伏祈皇太后、皇上圣鉴，敕部核覆施行。谨奏。四月二十五日。

同治十年六月十六日，军机大臣奉旨：刑部知道。钦此。①

---

① 台北故宫博物院藏：军机及宫中档，文献编号：108128。

○五七　请以费兆钺升补合州知州折

同治十年四月二十五日(1871年6月12日)

头品顶戴四川总督兼署成都将军臣吴棠跪奏，为拣员请升要缺知州，以资治理，恭折仰祈圣鉴事。

窃照重庆府属合州知州陈琠，于同治十年正月十八日在任病故，例应以该员病故本日作为开缺日期，经臣恭疏题报，声明所遗合州知州缺系冲、烦、难要缺，容俟在外拣补在案。查合州地当冲要，民俗浮嚣，政务烦剧，必须精明干练之员，方克胜任。臣督同藩、臬两司在于通省现任、候补各知州内，逐加遴选，非现居要缺，即人地未宜，实无合例堪调之员。其应升卓异班内，虽有犍为县知县林之洛、西充县知县徐浩二员，或甫经改选来省，未熟民情；或呈明毋庸回避，未接部议。均例不准补。

惟查有成都县知县费兆钺，年四十九岁，江苏武进县监生，遵例报捐通判。道光二十九年，改捐知县。是年四月初八日，奉上谕：着以知县不论双月选用。钦此。咸丰六年九月，签掣长清县知县。十月初二日，由吏部带领引见，奉旨：四川长清县知县员缺，着以费兆钺补授。钦此。七年八月二十一日到任。四年，大计保荐卓异，接准部覆。该员年强才敏，卓著循声，历任繁要州县，治理裕如，以之升补合州知州，实堪胜任。其正、署各任内并无降革、留任、展参及承缉盗劫已起四参案件，皆无经征钱粮不及七分。其余因公处分例免核计。罚俸银两，饬催完缴。历俸早满三年，曾经保荐卓异，与升补之例相符。惟系调缺请升，例得声明奏请。据藩司王德固、臬司英祥会详前来。

合无仰恳天恩,俯念员缺紧要,准以成都县知县费兆钺升补合州知州,洵于地方有裨。如蒙俞允,俟接部覆,再行给咨送部引见。所遗成都县知县缺系冲、繁、难要缺,例应在外拣员调补。是否有当,理合恭折具奏,伏乞皇太后、皇上圣鉴训示。再,此案以同治十年二月三十截缺之日起限,扣至五月十一日限满,合并陈明。谨奏。四月二十五日。

同治十年六月十六日,军机大臣奉旨:吏部议奏。钦此。[1]

○五八　都司范承先等请免射箭片

同治十年四月二十五日(1871年6月12日)

再,尽先游击新补夔州左营都司范承先,历在军营打仗出力,右臂、左乳、左腿迭受枪矛重伤。同治二年,在山东攻剿教匪,复被贼砍伤右手大指,骨损筋断,虽创痕早合,不时作痛。又,尽先副将峨边左营守备刘绍富,先年转战江、浙等省,右手、右臂、两腿均中枪伤,子多未出。咸丰六年,在龙游县打仗,被贼刀穿左手背。同治元年十一月,在镇江攻贼,右肩胛、右眼角、小腹近左、左乳下,各受矛伤。其左手指现已成废,均难挽强运重。伏查咸丰八年准兵部咨:湖北尽先都司陆得胜进攻蔡甸,左臂受伤,难以挽运,经湖广督臣官文奏奉上谕:陆得胜着于带领引见时,免其射箭。嗣后送部引见武职,遇有因伤不能射箭者,即由各该督抚奏明办〈理〉等因。钦此。

兹查夔州左营都司范承先、峨边左营守备刘绍富,出师数省,迭著战功，历受重伤，现在逐加查验，创痕虽平，而范承先右手大指骨损作痛，刘绍富左手三指不能直伸，右臂及两腿枪子尚未取出，均难挽强运重，合无仰恳天恩，俯念该员等均系打仗出力受伤，将来送部引见时俱免其射箭，以示体恤，出自鸿慈。理合附片具陈，伏乞圣鉴训示。谨奏。

同治十年六月十六日，军机大臣奉旨：着照所请，兵部知道。钦此。①

【案】咸丰八年兵部咨……难以挽运：咸丰八年七月十五日，兵部尚书全庆等具奏都司陆得胜打仗受伤不能射箭曰：

兵部尚书臣全庆等谨奏，为请旨事。据湖广总督官文咨称：尽先都司陆得胜于咸丰五年，粤逆窜扰楚北，分股盘踞德安府城，官兵进剿时，密派办理内应。是年十月初三日夜，该员首先斩卡杀贼，逆众奔溃，克复德安府城。奏奉谕旨，赏给四品顶戴，并赏戴花翎。旋于进攻蔡甸，奋勇争先，匹马冲阵，被贼枪伤左臂，子由肩甲穿透，犹复手刃数贼，大获胜仗，乘胜移扎沌口，进围汉阳，密办间谍，使贼自戕者千余，望风投诚者数百。嗣于大兵进攻汉阳府城，督勇在西门外三里坡地方一带，进扑贼营，被悍贼刀伤左膀，首先进攻，破垒拔帜，杀毙贼目多名，克复汉阳府城。奏奉谕旨：军功陆得胜着以都司尽先选用等因。钦此。钦遵各在案。该员赴部候选，膀臂受伤，难以挽强运重，各情属实等因，咨部前

---

① 台北故宫博物院藏：军机及宫中档，文献编号：108130。此片具奏日期未确，兹据同批折件校正。

来。查陆得胜,湖北人,祖籍江苏,由投诚义勇军功赏给四品顶戴,并赏戴花翎。因在湖北节次打仗出力,以都司尽先选用,选补江西临江营都司。臣部堂考时,臣等公同验看,该员左肩枪伤、刀伤疤痕四处。虽尚能开引软弓,实不能挽强命中。查武职各官,引见射箭,系属定例。该员既不能射箭,于引见定制未符。惟查该员系军营迭次打仗出力受伤,臣部自应奏明,伏候训示。再,查武职以弓马为重,即打仗受伤,亦所时有。嗣后各该督抚必应据实奏明,候旨遵行。若仅以咨文报部,惟恐纷纷效尤,不足以昭体制而杜规避。为此谨奏请旨。咸丰八年七月十五日。兵部尚书臣全庆,太子少保尚书臣朱凤标,左侍郎臣宗室载堪(选□),左侍郎臣万青藜(留署),右侍郎臣宗室春佑,右侍郎臣徐树铭(差),头品顶戴署右侍郎臣陈孚恩。①

【案】奏奉上谕……即由各该督抚奏明办理:此谕旨上谕档载曰:

咸丰八年七月十五日,内阁奉上谕:兵部奏,例应引见之都司不能射箭,请旨遵办一折。尽先都司陆得胜既据官文咨明兵部,因在湖北打仗,枪伤膀臂,难以挽强运重。该部验看属实。陆得胜着于带领引见时,免其骑射。嗣后送部引见武职员弁,遇有因伤不能射箭者,即由各该督抚奏明办理,不得仅以咨文报部,以符定制。钦此。②

---

① 中国第一历史档案馆藏:军机录副,档案编号:03-4213-028。
② 中国第一历史档案馆编:《咸丰同治两朝上谕档》,第8册,第336页。

○五九　奏闻知县李光烈期满甄别片

同治十年四月二十五日(1871年6月12日)

再,查吏部奏定章程:道府州县无论何项劳绩保奏归入候补班者,以到省之日起,予限一年,令督抚详加查看,出具切实考语,奏明分别繁简补用等因。遵照在案。兹查候补知县李光烈,已到省一年期满。据署布政使王德固、按察使英祥造具该员履历清册,详请甄别前来。

臣查该员李光烈才具稳慎,堪以简缺知县留川补用。除将该员履历清册咨部外,理合附片具陈,伏乞圣鉴训示。谨奏。

同治十年六月十六日,军机大臣奉旨:吏部知道。钦此。[①]

○六○　续拨同治十年三、四月协黔的饷起程日期折

同治十年五月二十二日(1871年7月9日)

头品顶戴四川总督兼署成都将军臣吴棠跪奏,为续拨本年三、四月份协黔的饷委解日期,恭折仰祈圣鉴事。

窃臣会同成都将军臣崇实奏明,改拨协黔的饷,专供周达武马步全军之用,钦奉谕旨允准,曾将上年冬间应拨饷银十四万五千两、又本年正、二月份两次共应拨饷银十一万六千两,先后委解驰

---

① 台北故宫博物院藏:军机及宫中档,文献编号:108131。此片具奏日期未确,兹据同批折件校正。

陈各在案。嗣据藩司王德固详报:先行筹拨三月份协黔的饷银五万八千两,饬委试用同知彭克俨、试用知县余家驹领解,于同治十年三月二十九日自省起程,解往贵州提督周达武军营交收,尚未具奏,适值川省天气亢晴,民情浮动,煤洞、纸厂因粮贵而停工,散练游兵借岁旱而滋事。臣以关系边陲大局,晨夕率同司道各官,多方虔祷,持之以静而济之以严。通饬所属地方捐资平粜,减价养夫,遇有抢劫匪徒,立拿重办。幸于四月二十六日渥沛甘霖,各属一律普沾,人心为之大定。而蜀地莳秧最早,得雨较迟,厘款抽收未能遽旺,捐输催缴仍属维艰。

第念周达武全军专指川饷接济,不得不于无可设法之中代为筹画。复督同藩司王德固等百计搜罗,凑成银五万八千两,作为四月份协饷,饬委试用通判杨鸿藻、试用同知和顺,会同黔省来川催饷委员候补同知谭其遇领解,定于五月二十日自省起程,星驰前进,交周达武贵州行营查收,以济急需。除分咨外,所有续拨三、四月份协黔的饷委解缘由,理合恭折具陈,伏乞皇太后、皇上圣鉴。谨奏。五月二十二日。

同治十年六月十一日,军机大臣奉旨:知道了。钦此。[1]

○六一　请准暂缓查阅四川营伍折

同治十年五月二十二日(1871 年 7 月 9 日)

头品顶戴四川总督兼署成都将军臣吴棠跪奏,为本年轮应查

---

[1]　台北故宫博物院院藏:军机及宫中档,文献编号:107990。又吴棠等《游蜀疏稿》第 431—436 页。其尾记曰:"同治十年五月二十二日由驿具奏,于本年六月二十九日,准兵部火票递回原折,内开军机大臣奉旨:知道了。钦此。"

阅川省营伍，恳恩暂缓办理，恭折仰祈圣鉴事。

窃臣于同治十年四月三十日准兵部咨：内阁抄出二月十一日奉上谕：本年轮应查阅直隶、山西、陕西、甘肃、四川五省营伍之期等因。钦此。仰见我皇上轸念边陲、慎重营伍之至意，当即分别移行遵照在案。惟查川省腹地虽已肃清，而邻氛未靖，各标营将弁兵丁或出师近省，或分防边隘，催调回营，尚需时日，且成都将军崇实现已进京陛见，系臣兼署军篆，事务较繁，又当饷需奇绌之时，督同防剿局司道等兼顾统筹，未便遽行出省。

所有四川本年查阅营伍，合无仰恳天恩，准予暂缓，拟俟成都将军回任有期，容臣察看情形，再行遵旨亲往查阅，以昭慎重。理合恭折具陈，伏乞皇太后、皇上圣鉴。谨奏。五月二十二日。

同治十年六月十一日，军机大臣奉旨：着照所请，兵部知道。钦此。①

【案】二月十一日奉上谕……五省营伍之期：此上谕《清实录》载曰：

辛未……谕内阁：本年轮应查阅直隶、山西、陕西、甘肃、四川五省营伍之期，直隶着即派李鸿章，山西即派何璟，陕西即派蒋志章，甘肃即派左宗棠，四川即派吴棠，逐一查阅，认真简校，如查有训练不精，军实不齐，即将废弛之将弁据实参奏。

---

① 台北故宫博物院藏：军机及宫中档，文献编号：107988。

现在甘肃尚有剿匪事宜,尤须随时加意整顿,毋得视为具文。①

○六二 审拟范金魁砍毙文明等案折

同治十年五月二十二日(1871年7月9日)

头品顶戴四川总督兼署成都将军臣吴棠跪奏,为营弁因勇丁窃饷正法,复将尸父砍毙,审明定拟,恭折仰祈圣鉴事。

窃臣前据邛州文生文湘呈控,普安营千总范金魁于管带常胜军时,杀死伊兄文明父子三名,营官李述吉与张伦贿和等情。当经批饬臬司提审,并行统带靖边军记名总兵丁永升,查讯军功邵洪林②供词禀覆,一面附片具奏,奉旨:范金魁着即行革职,提省审讯,按律定拟。钦此。钦遵行司提集人证,并檄饬普安营参将韩廷贵,将范金魁并贿和之李述吉派弁押解来省,发委成都府等审办去后。兹据成都府知府黄云鹄、候补知府胡廷柱③等审明定拟,解由按察使英祥覆审无异,转请提勘覆奏到臣。即经亲提审讯,缘范金魁籍隶西充县,由行伍拔补普安营千总,因军功历保都司升用。文

① 《穆宗毅皇帝实录(七)》,卷三百五,同治十年二月中,第44页。
② "邵洪林",下文作"邹洪林",存疑。
③ 胡廷柱(1817—?),浙江山阴人,监生。咸丰二年(1852),遵例报捐双月知县。四年(1854),投效军营,赏加同知衔。嗣遵例加捐分发,指省云南。七年(1857),经蒋霈远奏留贵州军营差遣,旋奏准留黔,保知州,赏戴花翎。是年,报捐知府。同治二年(1863),加捐知府三班,分发四川试用。同治十一年(1872),署理叙州府知府。

明籍隶邛州,于道光二十五年经学臣蔡振武[①]岁考取进第四名附生,与范金魁先不认识。咸丰五年,文明因经收邛州按粮津贴,侵吞银三百余两,详革官顶,审依监守自盗例,杖一百,流三千里。奏准部覆,限满无缴,发配陕西凤翔县安置,九年四月二十六日到配。是年六月二十六日,在配脱逃,准部缉拿。嗣恭逢咸丰十一年十月初九日大赦,应准免缉。文明闻知,始行回籍。同治四年春间,范金魁奉委管带常胜军勇丁,驻扎越嶲厅,剿办夷匪。值文明随带其子文仔垣、文星斗投营,范金魁见文明字迹端楷,将其补充字职,派令帮缮文案、禀启事件,并将文仔垣、文星斗充补勇丁,月给口粮。文仔垣、文星斗不安本分,时常出营滋事,文明溺爱纵容,范金魁屡责不悛。

六年五月初九日,范金魁左营哨官李述吉出营护送行旅,领有饷银一匣,存放棚内,尚未散发。次日转回查点,被窃银一百三十八两七钱。清查勇丁,不见文仔垣、文星斗二人。当即带勇追至中厅坝地方,将文仔垣等拿获,并在身上搜出原赃,一并送至范金魁营中。范金魁提讯,文仔垣等供认乘李述吉外出、行窃饷银、得赃同逃不讳。范金魁因文仔垣等身充勇丁,胆敢行窃饷银,即将文仔垣、文星斗军前正法,以肃营规,并传文明查讯有无知情纵容情事。文明不服顶撞。范金魁见其目无官长,亲向殴责,文明碰头拼命。

---

① 蔡振武(1811—?),字宜之,号麟洲,浙江仁和人。道光十六年(1836),中式进士,选庶吉士。十八年(1838),授翰林院编修。二十年(1840),充贵州乡试正考官、会试同考官。二十二年(1842),补江南道监察御史。二十三年(1843),授四川学政。同年,署礼部掌印给事中。二十七年(1847),补授广东肇庆府知府。二十八年(1848),护理广东肇罗道。咸丰三年(1853),题补南雄州知州。五年(1855),署广东肇罗道。九年(1859),署广东按察使。同年,委总理通商事宜。同治二年(1863),加道衔,赏戴花翎。六年(1867),补授淮南监掣同知。

范金魁顺拔佩刀向其吓砍,适伤文明项颈倒地。勇丁劝阻无及,将其挟出,移时,文明因伤殒命。范金魁虑恐尸属查知不依,即捏称文明与子文仔垣等同盗饷银,就地正法,在前督臣骆秉章任内具禀在案。嗣因文明之弟文湘闻知,痛兄情切,起意上控,虑难邀准,随添砌索讨脩银及李述吉、张伦贿和各情,控经臣批饬臬司提审,并檄饬记名总兵丁永升查覆,一面附片奏奉谕旨,将范金魁革职审办,当经发委讯悉前情。因所供与记名总兵丁永升禀覆情形不符,恐有捏饰,行据丁永升讯明,邹洪林前在常胜营充当百长,早因误操斥退,其杀毙文明等之时,并未在营目睹,前供委系听闻传误之词,是以不符。并据声明,前因奉文勒限查覆,为时甚促,致未据详细供明,现已将邹洪林责处等语。复提人证研鞫,诘无起衅别故,比律定拟,由成都府等解经臬司覆审,转请提勘具奏前来。臣亲审无异。

此案已革普安营千总升用都司范金魁因部下勇丁文仔垣等行窃饷银潜逃,即经人赃俱获,当于军前正法,并因其父文明不服查讯,顶撞拼命,复自将文明砍伤致毙。查文仔垣、文星斗收充勇丁,辄敢偷窃饷银潜逃,例应斩决。该革弁将其正法,系属应死罪人,应予勿论。文明既充营中字职,该革弁亦有管辖之责。因伊子窃取饷银,向其查讯,尚属因公。惟因文明不服查讯,顶撞拼命,并不移厅审理,亦不具禀请示,辄自拔刀将其砍伤身死,复于事后添捏情节,蒙混具禀,实属任性妄为。遍查律例并无恰合专条,自应比律加重问拟。范金魁除将偷窃饷银勇丁文仔垣、文星斗正法应予勿论外,合比依监临管军官因公事亲自以金刃殴人致死者杖一百、徒三年律,拟杖一百、徒三年,仍请从重发往新疆当差,以为捏情混禀、任性妄为者戒,并追埋葬银一百两给属具莹葬。

李述吉讯无贿和情事，其将文仔垣等人赃追获送究，并无不合。军功邹洪林供未尽实，系属误于传闻，已由统带官丁永升责处。文湘所控李述吉与张伦贿和，并未指定确数，张伦亦查无其人。其所控范金魁因文明索讨脩银将其父子杀毙各情，亦由痛兄情切所致，且所告重事得实，均请免议。文明等尸棺均埋越巂厅地方，其弟文湘因案已讯明，不愿请检，应饬自行搬回安葬。无干省释。除将供招咨部查核外，是否有当，谨将审明定拟缘由，恭折具奏，伏乞皇太后、皇上圣鉴，敕部核覆施行。谨奏。五月二十二日。

同治十年六月十一日，军机大臣奉旨：刑部议奏。钦此。[1]

〇六三　奉拨协滇饷银起程日期片

同治十年五月二十二日(1871年7月9日)

再，川省奉拨滇饷，自去年至本年春间先后委解过银十二万两，均分别奏咨在案。兹滇省督、抚臣复添派委员来川催提。伏查川省连年奉拨各省协饷，纷至沓来，库储悉索无遗。今岁春夏之交，雨泽愆期，节逾芒种，农田多未栽插，各属地丁、津捐各款，一时骤难催收。兹虽据各属陆续已报得雨，而批解尚属寥寥，未能周转。惟滇省军务正值得手，不得不勉力接济。

臣复督同藩司设法腾挪，凑集协滇兵饷银二万两，饬委来川催饷委员云南宾川州知州杨士恒承领，定期于十年五月二十六日自成都起程，解赴云南藩库交收。除分咨外，理合附片陈明，伏乞圣鉴。谨奏。

---

① 台北故宫博物院藏：军机及宫中档，文献编号：107989。

同治十年六月十一日,军机大臣奉旨:知道了。钦此。^①

○六四　奏报川省同治十年四月雨水、粮价折

同治十年五月二十八日(1871 年 7 月 15 日)

头品顶戴四川总督兼署成都将军臣吴棠跪奏,为恭报四川省同治十年四月份各属具报米粮价值及得雨情形,仰祈圣鉴事。

窃照同治十年三月份米粮价值及得雪情形,前经臣恭折奏报在案。兹查本年四月份成都等十二府、资州等八直隶州、石砫、叙永两直隶厅,各属具报得雨自一二次至十余次不等。田有积水,禾苗栽插。间有报雨尚未足者,饬令虔诚祈祷,并劝民补种杂粮晚禾,借资接济。至通省粮价俱与上月相同,据布政使王德固查明列单汇报前来。

臣覆核无异。理合恭折具奏,并分缮清单,恭呈御览,伏乞皇太后、皇上圣鉴。谨奏。五月二十八日。

同治十年七月初五日,军机大臣奉旨:知道了。钦此。^②

○六五　呈川省同治十年四月粮价清单

同治十年五月二十八日(1871 年 7 月 15 日)

谨将同治十年四月份四川省所属地方各项粮价,开具清单,恭

呈御览。

成都府属，价贵。中米每仓石价银二两七钱七分至三两八钱一分，与上月同。大麦每仓石价银一两八钱四分至二两一分，与上月同。小麦每仓石价银二两一钱七分至二两三钱四分，与上月同。黄豆每仓石价银一两六分至二两四钱六分，与上月同。荞子每仓石价银一两一钱七分至一两七钱一分，与上月同。

重庆府属，价贵。中米每仓石价银二两五钱七分至三两五钱九分，与上月同。大麦每仓石价银一两六钱五分至二两，与上月同。小麦每仓石价银二两三钱一分至二两七钱三分，与上月同。黄豆每仓石价银二两七钱三分至三两三分，与上月同。

保宁府属，价贵。中米每仓石价银二两六钱五分至三两三钱六分，与上月同。大麦每仓石价银一两九钱二分至二两一钱三分，与上月同。小麦每仓石价银二两八钱六分至三两六钱，与上月同。黄豆每仓石价银一两八钱三分至二两一钱三分，与上月同。

顺庆府属，价贵。中米每仓石价银二两八钱二分至三两二钱三分，与上月同。大麦每仓石价银一两六钱二分至一两八钱一分，与上月同。小麦每仓石价银二两一钱一分至二两一钱四分，与上月同。黄豆每仓石价银一两五钱五分至一两六钱七分，与上月同。

叙州府属，价贵。中米每仓石价银三两八分至三两三钱八分，与上月同。大麦每仓石价银一两六钱七分至二两三分，与上月同。小麦每仓石价银二两一钱五分至二两六钱五分，与上月同。黄豆每仓石价银一两一钱一分至一两五钱二分，与上月同。

夔州府属，价贵。中米每仓石价银二两八钱八分至三两二钱三分，与上月同。大麦每仓石价银一两七钱九分至二两四钱七分，与上月同。小麦每仓石价银二两九钱六分至三两四分，与上月同。

黄豆每仓石价银二两一钱六分至二两二钱六分,与上月同。

龙安府属,价贵。中米每仓石价银二两五钱八分至三两二钱八分,与上月同。青稞每仓石价银一两五钱,与上月同。小麦每仓石价银一两八钱至二两一钱九分,与上月同。黄豆每仓石价银一两八钱五分至一两九钱三分,与上月同。

宁远府属,价贵。中米每仓石价银二两九钱一分至三两二钱四分,与上月同。大麦每仓石价银一两四钱九分至一两六钱一分,与上月同。小麦每仓石价银一两六钱二分至二两二钱三分,与上月同。荞子每仓石价银一两四钱六分,与上月同。黄豆每仓石价银一两五钱六分至一两六钱三分,与上月同。

雅州府属,价中。中米每仓石价银二两八钱三分至二两八钱八分,与上月同。小麦每仓石价银二两三钱至二两六钱六分,与上月同。黄豆每仓石价银一两六钱八分至二两七分,与上月同。

嘉定府属,价贵。中米每仓石价银二两九钱至三两五钱,与上月同。小麦每仓石价银二两三钱七分至二两七钱四分,与上月同。黄豆每仓石价银一两四钱九分至二两五分,与上月同。

潼川府属,价贵。中米每仓石价银二两九钱一分至三两一钱九分,与上月同。大麦每仓石价银一两六钱七分至一两九钱五分,与上月同。小麦每仓石价银二两一钱六分至二两五钱一分,与上月同。黄豆每仓石价银一两七钱九分至二两一钱六分,与上月同。

绥定府属,价中。中米每仓石价银二两六钱至二两九钱,与上月同。大麦每仓石价银一两五钱八分至一两五钱九分,与上月同。小麦每仓石价银一两六钱三分至一两七钱四分,与上月同。黄豆每仓石价银一两四钱三分,与上月同。

眉州直隶州属,价贵。中米每仓石价银二两七钱六分至三两六分，与上月同。

邛州直隶州属，价贵。中米每仓石价银二两六钱六分至三两九分，与上月同。大麦每仓石价银一两九钱三分，与上月同。小麦每仓石价银二两五钱九分，与上月同。黄豆每仓石价银二两一钱至二两二钱四分，与上月同。

泸州直隶州属，价贵。中米每仓石价银三两九分至三两一钱，与上月同。

资州直隶州属，价中。中米每仓石价银二两五钱八分至二两九钱三分，与上月同。

绵州直隶州属，价贵。中米每仓石价银二两七钱五分至三两七分，与上月同。小麦每仓石价银二两三钱四分至二两四钱八分，与上月同。

茂州直隶州属，价中。中米每仓石价银二两六钱三分，与上月同。小麦每仓石价银二两六钱八分，与上月同。青稞每仓石价银二两二钱二分，与上月同。荞子每仓石价银一两二钱五分至一两七钱五分，与上月同。

忠州直隶州属，价贵。中米每仓石价银二两六钱至三两二钱八分，与上月同。大麦每仓石价银一两四钱六分至一两六钱，与上月同。小麦每仓石价银二两五分至二两四钱一分，与上月同。黄豆每仓石价银一两二钱七分至一两三钱七分，与上月同。

酉阳直隶州属，价贵。中米每仓石价银二两六钱一分至三两一钱一分，与上月同。大麦每仓石价银二两三钱至二两六钱二分，与上月同。小麦每仓石价银二两六钱四分至二两七钱八分，与上月同。黄豆每仓石价银一两三钱九分至一两四钱四分，与上月同。

叙永直隶厅属，价中。中米每仓石价银二两九钱九分，与上月同。小麦每仓石价银一两八钱一分,与上月同。荞子每仓石价银一两三钱四分,与上月同。黄豆每仓石价银一两六钱一分,与上月同。

松潘直隶厅,价中。青稞每仓石价银二两七钱六分,与上月同。荞子每仓石价银一两七钱四分,与上月同。

杂谷直隶厅,价中。青稞每仓石价银二两四钱,与上月同。荞子每仓石价银一两七钱九分,与上月同。

石砫直隶厅,价平。中米每仓石价银一两六钱二分,与上月同。大麦每仓石价银一两七钱三分,与上月同。小麦每仓石价银二两六分,与上月同。黄豆每仓石价银一两八钱九分,与上月同。

打箭炉直隶厅,价贵。青稞每仓石价银四两九钱二分,与上月同。油麦每仓石价银一两八钱一分,与上月同。

军机大臣奉旨:览。钦此。[①]

○六六　呈川省同治十年四月雨水清单

同治十年五月二十八日(1871 年 7 月 15 日)

谨将同治十年四月份四川省所属地方报到得雨情形,缮具清单,恭呈御览。

成都府属:成都、华阳两县得雨九次,禾苗耘薅。简州得雨四次,禾苗滋长。崇庆州得雨四次,秧苗栽插。汉州得雨八次,秧苗栽插。温江县得雨七次,秧苗栽插。郫县得雨八次,秧苗栽毕。崇宁县得雨五次,禾苗栽插。新都县得雨五次,秧苗栽插。金堂县得

---

① 台北故宫博物院藏:军机及宫中档,文献编号:108400-0-A。

雨一次，补种秧苗。新繁县得雨二次，秧苗栽插。彭县得雨四次，禾苗已栽。新津县得雨四次，农田栽插。双流县得雨六次，农田栽插。什邡县得雨四次，栽插及半。

重庆府属：江北厅得雨六次，农田栽插。巴县得雨七次，晚秧遍栽。江津县得雨八次，秧苗滋长。长寿县得雨六次，秧苗滋长。永川县得雨八次，晚秧栽插。荣昌县得雨五次，农田栽插。綦江县得雨三次，禾苗栽插。南川县得雨七次，禾苗栽插。合州得雨八次，新苗遍插。涪州得雨三次，秧苗播种。铜梁县得雨六次，禾苗栽插。大足县得雨六次，农田栽毕。定远县得雨五次，田水充盈。

夔州府属：奉节县得雨二次，田水尚足。云阳县得雨三次，田水充足。万县得雨七次，秧苗滋长。

龙安府属：平武县得雨四次，包谷栽插。江油县得雨六次，禾苗播种。石泉县得雨五次，田水尚足。彭明县得雨三次，田水尚足。

绥定府属：达县得雨一次，田水尚缺。东乡县得雨一次，田水尚缺。新宁县得雨二次，秧苗栽插。大足县得雨一次，田亩栽插。太平县得雨二次，秧苗栽插。

宁远府属：越嶲厅得雨二次，田水充盈。

保宁府属：阆中县得雨二次，地土稍润。苍溪县得雨一次，田水未足。南部县得雨二次，田水尚缺。广元县得雨四次，田有积水。昭化县得雨三次，田土滋润。巴州得雨二次，田水未足。通江县得雨二次，田水未足。剑州得雨三次，稻粟播种。

顺庆府属：南充县得雨二次，田水尚缺。西充县得雨七次，田水充盈。蓬州得雨五次，田水充足。营山县得雨六次，田有积水。仪陇县得雨二次，田水尚缺。广安州得雨五次，田水未足。岳池县得雨五次,田有积水。邻水县得雨一次,田水尚缺。

潼川府属:三台县得雨六次,田水已足。射洪县得雨四次,田土滋润。盐亭县得雨四次,田有积水。中江县得雨六次,田水充盈。绥宁县得雨三次,地土滋润。蓬溪县得雨三次,田土滋润。安岳县得雨二次,田堰缺水。乐至县得雨五次,田水已足。

雅安府属:雅安县得雨三次,秧苗滋长。清溪县得雨五次,杂粮播种。天全州得雨四次,地土滋润。

嘉定府属:乐善县得雨八次,田水充足。峨眉县得雨六次,田水未足。洪雅县得雨一次,田堰缺水。夹江县得雨二次,早秧栽插。犍为县得雨九次,田水充盈。荣县得雨六次,禾苗栽插。威远县得雨十一次,田水充足。峨边厅得雨五次,地土滋润。

叙州府属:南溪县得雨八次,田有积水。富顺县得雨四次,禾苗滋长。隆昌县得雨十一次,田水充足。高县得雨四次,田有积水。珙县得雨二次,田水已足。长宁县得雨六次,田水充盈。兴文县得雨七次,田有积水。屏山县得雨二次,地土滋润。马边厅得雨二次,秧苗葱秀。

资州直隶州属:资州得雨十二次,秧苗补栽。资阳县得雨九次,秧苗栽插。仁寿县得雨九次,秧苗栽插。井研县得雨六次,秧苗栽插。内江县得雨十次,秧苗栽插。

绵州直隶州属:绵州得雨六次,秧苗栽插。德阳县得雨三次,禾苗已栽。安县得雨十次,田禾滋茂。绵竹县得雨三次,秧苗栽插。梓潼县得雨八次,田水充足。罗江县得雨六次,秧苗栽插。

忠州直隶州属:忠州得雨四次,秧苗栽插。酆都县得雨九次,秧苗栽插。梁山县得雨五次,禾苗滋长。垫江县得雨五次,禾苗栽插。

酉阳直隶州属:彭水县得雨二次,禾苗秀茂。汶川县得雨四次,豆麦葱秀。

眉州直隶州属:眉州得雨五次,田堰水足。彭山县得雨三次,杂粮播种。丹棱县得雨五次,田有积水。青神县得雨四次,地土滋润。

泸州直隶州属:泸州得雨八次,田土滋润。江安县得雨三次,早秧畅茂。合江县得雨六次,田有积水。纳溪县得雨六次,田水尚足。

邛州直隶州属:邛州得雨四次,地土滋润。大邑县得雨四次,田有积水。浦江县得雨二次,地土滋润。

石砫直隶厅得雨三次,秧苗栽插。

叙永直隶厅属:叙永厅得雨九次,田水足用。永宁县得雨九次,田水足用。

军机大臣奉旨:览。钦此。①

○六七 奏报刊刻书籍颁发各属折

同治十年五月二十八日(1871 年 7 月 15 日)

头品顶戴四川总督兼署成都将军臣吴棠跪奏,为川省刊刻书籍颁发各属,以广流传,恭折具奏,仰祈圣鉴事。

窃照前准吏部咨:同治六年五月初六日,内阁奉上谕:鲍源深奏,请刊刻书籍颁发各学一折,着各直省督抚转饬所属,将列圣御纂钦定经史各书先行敬谨重刊,颁发各学,并准书肆刷印,以广流传,俾士子得所研求,用敦实学等因。钦此。仰见圣主振兴文教、乐育人材至意。伏查四川僻处西陲,各学旧存书籍既多散佚,闾里

---

① 台北故宫博物院藏:军机及宫中档,文献编号:108380。

藏书之家亦不敷观。坊间偶有大部经史,均系购自江、浙等省。军兴以后,至者殊少,惟御纂钦定"九经"先年曾经恭刊,板存省内锦江书院,尚易刷印流传,余多阙如。臣思士人读书,必以研求性理为本,以博通经史为先,庶可明体达用,不致徒骛词章。当商同在省司道先行捐廉,饬局敬谨重刊《钦定朱子全书》,去冬业已竣工,并刷印颁发通省府厅州县地书院,以资讲习。顾既有经学以养其心性,尤须有史学以增其识力。恭查殿本前后《汉书》,考核精详,洵为士林圭臬。臣复率属捐筹款项,访延宿学,详细校刊,亦次第告竣。现又筹款接刊《史记》、《三国志》两书,合成四史。除俟刊刷齐全即分发各学并准书肆刷印,务期流传日庶,俾多士咸敦实学外,所有设局刊刷书籍缘由,理合恭折具奏,伏乞皇太后、皇上圣鉴训示。谨奏。五月二十八日。

同治十年七月初五日,军机大臣奉旨:知道了。钦此。①

【案】鲍源深奏,请刊刻书籍颁发各学一折:同治六年四月十八日,江苏学政鲍源深具奏曰:

江苏学政臣鲍源深跪奏,为被兵各省书籍散佚,拟请敕下督抚饬属购觅遗书,藏置学校,并敬谨重刊御纂钦定经史诸书,以延教濡而惠艺林,仰祈圣鉴事。臣伏查《学政全书》,各省府州县学向有尊藏御纂钦定诸书,并于雍正、乾隆初年叠经奏准,令各省抚藩将颁发御纂钦定经史诸书敬谨重刊并听坊间印售,以广流传。又议准督抚将十三经、廿一史诸书购买,颁发各学收管,令士子讲习等因在案。仰见列圣右文稽古、嘉

———————

① 台北故宫博物院藏:军机及宫中档,文献编号:108377。

惠士林至意。近年各省因经兵燹，书多散佚。臣视学江苏，所经留心访察，如江苏松、常、镇、扬诸郡，向称人文极盛之地，学校中旧藏书籍荡然无存。藩署旧有恭刊钦定经史诸书版片，亦均毁失。民间藏书之家，帙悉成灰烬。乱后虽偶有书肆，所刻经书俱系删节之本，简陋不堪。士子有志读书，无从购觅。苏省如此，皖、浙、江、广诸生情形，谅亦相同。以东南文明大省，士子竟无书可读，其何以兴学校而育人才。臣拟请旨将殿版诸书，照旧重颁各学，诚恐内存书籍无多，武英殿书版久未修整，亦难刷印，因思由内颁发，不如由外购求，敬请敕下各督抚，转饬所属府州县，将存学中书籍设法购补，俾士子咸资讲习，并筹拨经费，择其书之尤要者，循例重加刊刻，以广流传。现在江宁省城已设局刊刻四书五经，惟所刻皆系塾中读本，于经史大部书尚未遑及。窃维士子读书以穷经为本，经义以钦定为宗。臣伏读世祖章皇帝御注《孝经》，圣祖仁皇帝御纂《周易折中》、钦定《书》、《诗》、《春秋》三经传说汇纂，世宗宪皇帝御纂《孝经集注》，高宗纯皇帝御纂《周易述义》、《诗义折中》、《春秋直解》、《钦定三礼义疏》，均阐发精瀚，权衡至当，足使穷经之士不淆于众说，得所指归。以上各书，请敕下各督抚先行敬谨重刊，颁发各学，并遵旧例，听书贾印售，以广流传，庶使僻壤穷乡皆得研求经学。至穷经之外，读史为先。全史卷帙浩繁，现在经费未充，重刊匪易，恭请饬令先将圣祖仁皇帝御批《通鉴纲目》、高宗纯皇帝御批《通鉴辑览》敬谨先刊，分发各学，士子读之，已可贯串古今，赅通全史，其余各书再行陆续刊刻。或疑现在各省经费支绌，筹饷艰难，似购书刊书，无暇遽及。夫勘乱则整武为先，兴学则修文宜亟，况购书刊书经费每年不过筹饷中百之二三,筹措尚易。诚令学校经史重修,士子深于经者,窥圣学之原;深于史者,达政事之要,体用兼赅,益卜人才蔚起,于以光列圣右文之治、广皇上教育之仁,岂非黼黻中兴之盛举哉!臣愚昧之见,谨缮折具奏,伏乞皇太后、皇上圣鉴训示施行。谨奏。四月十八日。同治六年五月初六日,军机大臣奉旨:钦此。①

【附】同日,鲍源深又奏曰:

江苏学政臣鲍源深跪奏,为请旨饬部增修《学政全书》通行颁发,以资循式而昭画一,仰祈圣鉴事。窃维《学政全书》自嘉庆十七年增修刊发,其间例案分明,规条灿备,历来各省学臣无不恪遵办理。惟其书所载条例至嘉庆十七年止,嘉庆十八年以后条例未经续行纂辑,各省学臣往往遇有疑难事件无例案可循者,或奏明请旨,或咨部请示。然属在平时,事事照常办理,其疑难者尚不多见。今当大乱之后,被兵各省学政衙门文案册籍,多不齐全。又每遇考试,或数案并行,并加额取进,其中一切事宜,如补廪出贡之类,多有不能拘守常例、因时变通者,往往同一事情,此省与彼省办理两歧,前任与后任援照各异,总由新例未颁莫由奉画一章程之故。查乾隆三十二年,前学臣吴俊诏奏定部颁《学政全书》,统以十年为期纂辑一次。溯自乾隆五十七年修辑后至嘉庆十七年增修,迄今已阅五十余年之久,应敬请敕下部臣,将嘉庆十八年以后本部颁行条例有关学校事宜者重加纂修,并将今年以来各省考试变通章程较定画一,增入《学政全书》,刊发各省,俾学臣及提调、教

---

① 中国第一历史档案馆藏:军机录副,档案编号:03-4587-048。

官等确然有所遵循，不致办理参差，互形出入，庶于学政益昭慎重。臣愚昧之见，谨缮折具奏，伏乞皇太后、皇上圣鉴训示施行。谨奏。四月十八日。同治六年五月初六日，军机大臣奉旨：钦此。①

【案】内阁奉上谕……用敦实学：此上谕上谕档载曰：

同治六年五月初六日，内阁奉上谕：鲍源深奏，请饬刊刻书籍，颁发各学一折。江苏等省自遭兵燹以后，各府州县学中旧藏书籍大半散佚，经史板片亦皆毁失无存。现在地方已就肃清，亟应振兴文教，士子有志读书，而载籍难于购觅，其何以资讲贯而惠艺林。着各直省督抚转饬所属，将旧存学中书籍广为购补，并将列圣御纂钦定经史各书先行敬谨重刊，颁发各学，并准书肆刷印，以广流传，俾各省士子得所研求，同敦实学，用副朝廷教育人才至意。钦此。②

〇六八　奏报千总车重轮暂缓引见片

同治十年五月二十八日(1871 年 7 月 15 日)

再，查前准兵部咨：抚边营守备员缺准以尽先前即补游击泸州营千总车重轮借补，应令赴部引见等因。当经转行遵照在案。兹据统领振武全军前云南提督臣唐友耕咨：新升抚边营守备车重轮，先经该提督调赴军营，现在筠连、高拱等县防堵滇匪，熟悉边情，布置甚合机宜，应请暂缓赴部等情。臣查该员车重轮既在军营带勇

---

①　中国第一历史档案馆藏：军机录副，档案编号：03-4994-054。

②　中国第一历史档案馆编：《咸丰同治两朝上谕档》，第 17 册，第 134 页；《穆宗毅皇帝实录(五)》，卷二百二，同治六年五月上，第 604 页。

办防正资得力,未便遽令离营,合无仰恳天恩,准其暂缓送部,并请敕部先给署札,一俟边境静谧,防军凯撤,即饬令请咨引见。是否有当,理合附片具陈,伏乞圣鉴训示。谨奏。

同治十年七月初五日,军机大臣奉旨:着照所请,兵部知道。钦此。①

○六九　委任李溶等知州等员缺片

同治十年五月二十八日(1871 年 7 月 15 日)

再,署剑州知州王燕琼期满调省,遗缺系川北通衢,过往饷鞘、军装,络绎不绝,差繁事剧,查有绥宁县知县李溶,精明稳练,堪以调署。所遗绥宁县缺,查有尚未赴任之已补珙县知县吴羹梅,吏治谙练,堪以委署。该员等正、署各任内无经征钱粮未完及承缉盗劫已起四参案件,据藩、臬两司会详前来。除分咨遵照外,理合附片陈明,伏乞圣鉴。谨奏。

同治十年七月初五日,军机大臣奉旨:知道了。钦此。②

○七○　续解淮军月饷起程日期折

同治十年六月十二日(1871 年 7 月 29 日)

头品顶戴四川总督兼署成都将军臣吴棠跪奏,为续筹直隶督

---

① 台北故宫博物院藏:军机及宫中档,文献编号:108378。此片具奏日期未确,兹据同批折件校正。

② 台北故宫博物院藏:军机及宫中档,文献编号:108379。此片具奏日期未确,兹据同批折件校正。

臣淮军月饷委解起程日期,恭折仰祈圣鉴事。

窃臣前准军机大臣字寄:同治九年十月二十六日,奉上谕:李鸿章奏,淮军月饷,每月加拨四川〈三〉万两等因。钦此。伏查淮军月饷业经臣督同藩司七次委解过银二十七万两,均经奏明在案。现在川军援邻防边,兵勇荷戈待食,又奉拨京饷及云、贵、陕、甘四省协饷,催解几无虚日,库储屡空,兼之本年自春徂夏,雨泽愆期,禾苗未能及时栽插,值此青黄不接,民力拮据,各属额征地丁、津捐等款既批解寥寥,而边楚盐引滞销,厘金尤复大减,实有万难周转之势。第淮军留防畿辅,分援陕西,大局攸关,不得不作移缓就急之计,勉力拨解。

兹督同藩司设法凑集厘金银三万两,饬委候补知县唐楚翘承领,定于同治十年五月三十日自成都起程,解赴湖北粮台交收,拨供李鸿章与刘铭传所部淮军征防饷项,以济急需。除分咨外,理合恭折具陈,伏乞皇太后、皇上圣鉴。谨奏。六月十二日。

同治十年七月初一日,军机大臣奉旨:知道了。钦此。[1]

○七一　改补新都等县员缺折

同治十年六月十二日(1871年7月29日)

头品顶戴四川总督兼署成都将军臣吴棠跪奏,为改补新都、大竹、大足三县知县,恭折仰祈圣鉴事。

窃臣于同治十年二月十五日具奏四川捐纳知县焦毓璋被陕西职员潘烜控告之案,业已讯结。该员曾捐新班遇缺即补知县,名次

---

[1]　台北故宫博物院藏:军机及宫中档,文献编号:108335。

在前,惟前遇新都及大竹、大足等县,当时因控案未结,听候查审,暂行扣补,应俟案结达部归入原班,续有缺出,再行按班补用。奉旨:吏部议奏。钦此。嗣准部咨:该员焦毓璋控案既经议结,并无别情,亦无应议处分,自应毋庸扣补。其前出之新都县知县一缺,照例仍以该员序补。续出之大竹、大足两县,一并更正,迅即专折具奏等因。当即行司照办。兹据布政使王德固、按察使英祥会详:查新都县知县一缺,前以新班遇缺即补知县钱刘选拟补。其续出之大竹、大足两知县缺,以新班遇缺即补知县王德嘉、李玉琅分别拟补,已先后题在案。兹准部议,令即一并更正,自应遵照分别改补。所有新都县知县霍为叶升补邛州直隶州知州遗缺,仍以新班遇缺知县名列在前之焦毓璋请补。续出大竹县知县王济宏告休遗缺,即以前补新都县知县之钱刘选改补。又,大足县知县罗廷权升补资州直隶州知州遗缺,即以前补大足县知县之王德嘉改补等情前来。

臣覆加查核,均与部议相符。除照例分别恭疏具题外,理合恭折陈明,伏乞皇太后、皇上圣鉴。谨奏。六月十二日。

同治十年七月初一日,军机大臣奉旨:吏部议奏。钦此。[1]

○七二　委署白映庚等知州等员缺片

同治十年六月十二日(1871年7月29日)

再,资州直隶州知州罗廷权现在饬令赴部引见,所遗员缺水陆交冲,兼辖四县,政务殷繁,查有因公在省之酉阳直隶州知州白映

---

① 台北故宫博物院藏:军机及宫中档,文献编号:108338。

庚,安详稳练,堪以委署。又,富顺县知县张焕祚亦调取引见,已委现署成都县知县吴鼎立前往接署。所遗成都县缺系省会首邑,公事尤剧,查有中江县知县白庚棣,才具优长,堪以调署。又,双流县知县钟肇贵调省差委,遗缺以因公在省之璧山县知县江怀廷调署。该员等正、署各任内并无经征钱粮未完及承缉盗劫已起四参案件,据藩、臬两司会详前来。除批饬遵照外,理合附片陈明,伏乞圣鉴。谨奏。

同治十年七月初一日,军机大臣奉旨:知道了。钦此。①

○七三 筹解陕、甘两省饷项片

同治十年六月十二日(1871年7月29日)

再,川省提饷过繁,库款愈绌,前于分拨滇饷及现解淮军月饷暨成禄一军协饷各折片内详细陈明。惟连月迭准陕西抚臣蒋志章、办理西征粮台臣袁保恒、凉州副都统臣瑞云,各咨提陕、甘饷项,为数既多,又难刻缓。值此川省民情拮据,度支匮乏,殊觉应接不暇。而各邻省需饷孔殷,事同一律,亦未敢专顾一方。

臣复谆嘱藩司严催各属竭力腾挪,勉凑捐厘银四万两,作为陕北赈垦之款,委员试用通判耿斯立,解赴陕西藩库交收,于五月二十八日自成都起程;以三万两作为同治九年十月暨闰十月份应协甘饷,内除遵旨划扣银一万两分济凉、庄两营兵饷,发交凉州来弁恩彻、合恩等承领,汇解回凉,并除西宁办事大臣豫师

---

① 台北故宫博物院藏:军机及宫中档,文献编号:108336。此片具奏日期未确,兹据同批折件校正。

委员借拨甘饷银五百两外,余银一万九千五百两,委候补直隶州知州田立慈承领,于五月二十九日自成都起程,解赴西征粮台交收,以应要需。所有凑解陕、甘两省饷项缘由,理合附片陈明,伏乞圣鉴。谨奏。

同治十年七月初一日,军机大臣奉旨:知道了。钦此。①

○七四　筹解成禄军营协饷片

同治十年六月十二日(1871 年 7 月 29 日)

再,四川奉拨成禄军营协饷,前已解过至同治六年七月份止,经臣附片奏报在案。伏查川省频年奉拨各省协饷,纷至沓来,月内筹解淮军及关陇、滇、黔各处饷需,合计为数甚巨,库款已悉索无遗。第成禄军营需饷迫切,委员守催已久,又不能不竭力接济。

兹督同藩司设法挪凑厘金银二万两,作为同治六年八、九两月份应解之饷,内除该营来川委员胡飞鹏解领过银二百两,余银一万九千八百两,饬委来员总兵胡飞鹏同总兵衔四川尽先副将张克慎承领,定于本年五月二十九日自成都起程,解赴成禄军营交收。除分咨外,理合附片陈明,伏乞圣鉴。谨奏。

同治十年七月初一日,军机大臣奉旨:知道了。钦此。②

---

① 台北故宫博物院藏:军机及宫中档,文献编号:108337。此片具奏日期未确,兹据同批折件校正。

② 台北故宫博物院藏:军机及宫中档,文献编号:108339。此片具奏日期未确,兹据同批折件校正。

○七五　奏报王廷绶等期满甄别片

同治十年六月十二日（1871 年 7 月 29 日）

再，查吏部奏定章程：道府州县无论何项劳绩保奏归入候补班者，以到省之日起，予限一年，令督抚详加查看，出具切实考语，奏明分别繁简补用等因。遵照在案。兹查候补班前先用知县王廷绶、顾汝尊二员，均到省一年期满，据署布政使王德固、按察使英祥造具该员等履历清册，详请甄别前来。

臣查该员王廷绶才具明敏，顾汝尊吏事谙习，均堪以简缺知县补用。俟有应补缺出，照例序补。除将该员等履历清册咨部外，理合附片陈明，伏乞圣鉴。谨奏。

同治十年七月初一日，军机大臣奉旨：吏部知道。钦此。①

○七六　奏报川省同治十年五月雨水、粮价折

同治十年六月二十三日（1871 年 8 月 9 日）

头品顶戴四川总督兼署成都将军臣吴棠跪奏，为恭报四川省同治十年五月份各属具报米粮价值及得雨情形，仰祈圣鉴事。

窃照同治十年四月份通省米粮价值及得雨情形，前经臣恭折奏报在案。兹查本年五月份成都、重庆、夔州、龙安、绥定、保宁、顺庆、潼川、雅州、嘉定、叙州十一府、资州、绵州、忠州、酉阳州、眉州、

---

① 台北故宫博物院藏：军机及宫中档，文献编号：108340。此片具奏日期未确，兹据同批折件校正。

泸州、邛州七直隶州、石砫、叙永两直隶厅,各属具报得雨自一二次至十余次不等,田水充足,秋苗滋长。其通省粮价俱与上月相同,据布政使王德固查明列单汇报前来。

臣覆核无异。理合恭折具奏,并分缮清单,恭呈御览,伏乞皇太后、皇上圣鉴。谨奏。六月二十三日。

同治十年七月二十五日,军机大臣奉旨:知道了。钦此。[1]

○七七　呈川省同治十年五月粮价清单

同治十年六月二十三日(1871年8月9日)

谨将同治十年五月份四川省所属地方各项粮价,开具清单,恭呈御览。

成都府属,价贵。中米每仓石价银二两七钱七分至三两八钱一分,与上月同。大麦每仓石价银一两八钱四分至二两一分,与上月同。小麦每仓石价银二两一钱七分至二两三钱四分,与上月同。黄豆每仓石价银一两六分至二两四钱六分,与上月同。荞子每仓石价银一两一钱七分至一两七钱一分,与上月同。

重庆府属,价贵。中米每仓石价银二两五钱七分至三两五钱九分,与上月同。大麦每仓石价银一两六钱五分至二两,与上月同。小麦每仓石价银二两三钱一分至二两七钱三分,与上月同。黄豆每仓石价银二两七钱三分至三两三分,与上月同。

保宁府属,价贵。中米每仓石价银二两六钱五分至三两三钱六分,与上月同。大麦每仓石价银一两九钱二分至二两一钱三分,

---

[1]　台北故宫博物院藏:军机及宫中档,文献编号:108400。

与上月同。小麦每仓石价银二两八钱六分至三两六钱,与上月同。黄豆每仓石价银一两八钱三分至二两一钱三分,与上月同。

顺庆府属,价贵。中米每仓石价银二两八钱二分至三两二钱三分,与上月同。大麦每仓石价银一两六钱二分至一两八钱一分,与上月同。小麦每仓石价银二两一钱一分至二两一钱四分,与上月同。黄豆每仓石价银一两五钱五分至一两六钱七分,与上月同。

叙州府属,价贵。中米每仓石价银三两八分至三两三钱八分,与上月同。大麦每仓石价银一两六钱七分至二两三分,与上月同。小麦每仓石价银二两一钱五分至二两六钱五分,与上月同。黄豆每仓石价银一两一钱一分至一两五钱二分,与上月同。

夔州府属,价贵。中米每仓石价银二两八钱八分至三两二钱三分,与上月同。大麦每仓石价银一两七钱九分至二两四钱七分,与上月同。小麦每仓石价银二两九钱六分至三两四钱,与上月同。黄豆每仓石价银二两一钱六分至二两二钱六分,与上月同。

龙安府属,价贵。中米每仓石价银二两五钱八分至三两二钱八分,与上月同。青稞每仓石价银一两五钱,与上月同。小麦每仓石价银一两八钱至二两一钱九分,与上月同。黄豆每仓石价银一两八钱五分至一两九钱三分,与上月同。

宁远府属,价贵。中米每仓石价银二两九钱一分至三两二钱四分,与上月同。大麦每仓石价银一两四钱九分至一两六钱一分,与上月同。小麦每仓石价银一两六钱二分至二两二钱三分,与上月同。荞子每仓石价银一两四钱六分,与上月同。黄豆每仓石价银一两五钱六分至一两六钱三分,与上月同。

雅州府属,价中。中米每仓石价银二两八钱三分至二两八钱八分,与上月同。小麦每仓石价银二两三钱至二两六钱六分,与上月同。黄豆每仓石价银一两六钱八分至二两七分，与上月同。

嘉定府属，价贵。中米每仓石价银二两九钱至三两五钱，与上月同。小麦每仓石价银二两三钱七分至二两七钱四分，与上月同。黄豆每仓石价银一两四钱九分至二两五分，与上月同。

潼川府属，价贵。中米每仓石价银二两九钱一分至三两一钱九分，与上月同。大麦每仓石价银一两六钱七分至一两九钱五分，与上月同。小麦每仓石价银二两一钱六分至二两五钱一分，与上月同。黄豆每仓石价银一两七钱九分至二两一钱六分，与上月同。

绥定府属，价中。中米每仓石价银二两六钱至二两九钱，与上月同。大麦每仓石价银一两五钱八分至一两五钱九分，与上月同。小麦每仓石价银一两六钱三分至一两七钱四分，与上月同。黄豆每仓石价银一两四钱三分，与上月同。

眉州直隶州属，价贵。中米每仓石价银二两七钱六分至三两六分，与上月同。

邛州直隶州属，价贵。中米每仓石价银二两六钱六分至三两九分，与上月同。大麦每仓石价银一两九钱三分，与上月同。小麦每仓石价银二两五钱九分，与上月同。黄豆每仓石价银二两一钱至二两二钱四分，与上月同。

泸州直隶州属，价贵。中米每仓石价银三两九分至三两一钱，与上月同。

资州直隶州属，价中。中米每仓石价银二两五钱八分至二两九钱三分，与上月同。

绵州直隶州属，价贵。中米每仓石价银二两七钱五分至三两七分，与上月同。小麦每仓石价银二两三钱四分至二两四钱八分，与上月同。

　　茂州直隶州属，价中。中米每仓石价银二两六钱三分，与上月同。小麦每仓石价银二两六钱八分，与上月同。青稞每仓石价银二两二钱二分，与上月同。荞子每仓石价银一两二钱五分至一两七钱五分，与上月同。

　　忠州直隶州属，价贵。中米每仓石价银二两六钱至三两二钱八分，与上月同。大麦每仓石价银一两四钱六分至一两六钱，与上月同。小麦每仓石价银二两五分至二两四钱一分，与上月同。黄豆每仓石价银一两二钱七分至一两三钱七分，与上月同。

　　酉阳直隶州属，价贵。中米每仓石价银二两六钱一分至三两一钱一分，与上月同。大麦每仓石价银二两三钱至二两六钱二分，与上月同。小麦每仓石价银二两六钱四分至二两七钱八分，与上月同。黄豆每仓石价银一两三钱九分至一两四钱四分，与上月同。

　　叙永直隶厅属，价中。中米每仓石价银二两九钱九分，与上月同。小麦每仓石价银一两八钱一分，与上月同。荞子每仓石价银一两三钱四分，与上月同。黄豆每仓石价银一两六钱一分，与上月同。

　　松潘直隶厅，价中。青稞每仓石价银二两七钱六分，与上月同。荞子每仓石价银一两七钱四分，与上月同。

　　杂谷直隶厅，价中。青稞每仓石价银二两四钱，与上月同。荞子每仓石价银一两七钱九分，与上月同。

　　石砫直隶厅，价平。中米每仓石价银一两六钱二分，与上月同。大麦每仓石价银一两七钱三分，与上月同。小麦每仓石价银二两六分，与上月同。黄豆每仓石价银一两八钱九分，与上月同。

　　打箭炉直隶厅，价贵。青稞每仓石价银四两九钱二分，与上月同。油麦每仓石价银一两八钱一分，与上月同。

军机大臣奉旨:览。钦此。①

○七八　呈川省同治十年五月雨水清单

同治十年六月二十三日(1871 年 8 月 9 日)

谨将同治十年五月份四川省所属地方报到得雨情形,开具清单,恭呈御览。

成都府属:成都、华阳两县得雨八次,秧苗耘薅。简州得雨九次,秧苗茂盛。崇庆州得雨九次,田水充足。汉州得雨九次,禾苗滋长。温江县得雨八次,秧苗茂盛。郫县得雨八次,堰水充盈。崇宁县得雨一次,禾苗茂盛。新都县得雨十一次,秧苗耘薅。什邡县得雨十一次,堰水充足。

重庆府属:江北厅得雨六次,田水充足。巴县得雨六次,早禾吐穗。江津县得雨三次,禾苗茂盛。长寿县得雨六次,田水充足。永川县得雨三次,田水充足。荣昌县得雨六次,禾苗滋长。綦江县得雨三次,田水充足。南川县得雨四次,田水充足。合州得雨八次,禾苗被淹。涪州得雨二次,田水充足。铜梁县得雨三次,田土滋润。大足县得雨三次,田水仅敷。定远县得雨四次,秧苗渐长。

夔州府属:巫山县得雨一次,禾苗滋长。云阳县得雨三次,田水充足。万县得雨三次,禾苗畅茂。

龙安府属:平武县得雨六次,秧苗滋长。江油县得雨六次,禾苗茂盛。石泉县得雨五次,田水充足。

绥定府属:达县得雨二次,田水尚缺。新宁县得雨二次,秧苗

①　台北故宫博物院藏:军机及宫中档,文献编号:108400-0-A。

滋长。

保宁府属：广元县得雨六次，杂粮滋长。通江县得雨三次，黄豆滋长。剑州得雨十次，稻粟滋长。

顺庆府属：南充县得雨三次，田水充盈。西充县得雨八次，田水充盈。蓬州得雨三次，堰水充足。营山县得雨七次，田水充足。仪陇县得雨二次，田水充足。广安州得雨一次，禾苗栽插。岳池县得雨四次，田水充足。

潼川府属：三台县得雨九次，堰水充足。射洪县得雨四次，杂粮滋长。盐亭县得雨八次，田水充足。蓬溪县得雨二次，田水充盈。安岳县得雨一次，杂粮滋长。乐至县得雨八次，堰水充盈。

雅州府属：天全州得雨五次，田水充足。

嘉定府属：乐善县得雨八次，堰水充盈。峨眉县得雨五次，田水充足。洪雅县得雨十二次，田水充足。夹江县得雨三次，堰水畅流。犍为县得雨二次，田水尚足。荣县得雨八次，田有积水。威远县得雨八次，田水充足。峨边厅得雨四次，黄豆畅茂。

叙州府属：南溪县得雨十一次，田水充足。富顺县得雨八次，禾苗滋长。隆昌县得雨九次，田水充足。长宁县得雨二次，禾苗扬花。兴文县得雨十次，田水充盈。

资州直隶州属：资州得雨十次，秧苗茂盛。资阳县得雨六次，秧苗滋长。仁寿县得雨二次，绵花渐长。井研县得雨六次，秧苗滋长。内江县得雨九次，堰水充足。

绵州直隶州属：绵州得雨九次，秧苗滋长。安县得雨十一次，田禾滋茂。绵竹县得雨十一次，堰水充足。梓潼县得雨九次，禾苗滋长。罗江县得雨十次，秧苗滋长。

忠州直隶州属：忠州得雨二次，秧苗耘薅。梁山县得雨二次，禾苗滋长。垫江县得雨四次,农民薅秧。

西阳直隶州属:彭水县得雨二次,田禾滋长。

眉州直隶州属:眉州得雨十次,塘堰水足。彭山县得雨五次,早禾含苞。丹棱县得雨四次,秧禾遍插。

泸州直隶州属:泸州得雨四次,早稻扬花。江安县得雨二次,田水不缺。合江县得雨七次,田水充盈。纳溪县得雨九次,田水充盈。

邛州直隶州属:浦江县得雨十次,田水充盈。

石砫直隶厅得雨一次,田水充盈。

叙永直隶厅属:叙永厅得雨八次,早秧滋长。永宁县得雨四次,早秧耘薅。

军机大臣奉旨:览。钦此。①

○七九　奏报同治十年川省夏熟收成分数折

同治十年六月二十三日(1871 年 8 月 9 日)

头品顶戴四川总督兼署成都将军臣吴棠跪奏,为恭报四川夏熟收成分数,仰祈圣鉴事。

窃照每年夏熟收成,例应约计分数,先行奏报。兹据各府厅州县将大小二麦成熟分数先行报由藩司会禀前来。臣覆加查核,通省各府厅州县内成都、雅州二府收成七分;叙州、夔州、龙安、宁远、嘉定、绥定、泸州、绵州、忠州、石砫、理番六府三州二厅,收成六分有余;邛州、西阳二州收成六分;重庆、保宁、潼川、资州、叙永三府

一州二厅,收成五分有余;汶川一县收成五分;顺庆、眉州一府一州,收存四分有余。统计通省夏熟实在六分有余。

至茂州一州、松潘、懋功、打箭炉三厅,向不产夏粮。除照例造册题报外,所有夏熟收成分数,理合恭折奏闻,伏乞皇太后、皇上圣鉴。谨奏。六月二十三日。

同治十年七月二十五日,军机大臣奉旨:知道了。钦此。①

○八○　请颁匾额悬挂关帝庙折

同治十年六月二十三日(1871年8月9日)

头品顶戴四川总督兼署成都将军臣吴棠跪奏,为庙灵显著,地方转危为安,请颁匾额,以酬灵贶,恭折仰祈圣鉴事。

窃据布政使王德固详:据梁山县知县沙藻生禀称:梁山县属西路八十里之佛利山向有关帝庙。咸丰十一年十二月十六日,逆首周拜了率众窜踞屏锦铺一带,经该县绅团在佛利山堵御接仗,未能得手,随诣关帝庙虔祷庇佑。二十三日夜,雨雪交作,该匪正在围攻民寨,势甚危急,忽见贼众惊退,纷纷狂奔,自坠崖谷,死者无算。经官兵追获贼匪,讯据供称:是夜攻寨之时,火光隐约中见有金甲神人拥兵林立,是以贼众骇遁出境等语。兹据该县绅民以地方转危为安,实赖神佑,由县禀州详司查明请匾前来。

臣敬查关圣帝君素昭灵应,上年梁山县属被匪围攻民寨,已事在危急,默叨神力,遂得化险为夷,与请匾之例相符,合无仰恳天恩,颁发匾额来川,送庙敬谨悬挂,用答神庥。为此恭折具陈,伏乞

---

① 　台北故宫博物院藏:军机及宫中档,文献编号:108719。

皇太后、皇上圣鉴训示。谨奏。六月二十三日。

同治十年七月二十五日,军机大臣奉旨:钦此。[①]

【案】此案于是年七月二十五日得允行。《清实录》:

癸丑,以神灵显应,颁江西安义县龙神祠扁额,曰:德周泽
洽;四川梁山县关帝庙扁额,曰:神功佑顺。[②]

○八一　奏报川省额设马匹均各膘壮折

同治十年六月二十三日(1871年8月9日)

头品顶戴四川总督兼署成都将军臣吴棠跪奏,为查明同治九
年份川省标、镇、协、营及各路驿站额设马匹均各膘壮并无疲乏等
弊,恭折具奏,仰祈圣鉴事。

窃查同治元年八月间,钦奉上谕:京外各营、各直省驿站额设
马匹,支应差操及接递公文,均关紧要,着该管大臣确切查核具奏。
如查有缺额、疲乏等弊,即着从严参办等因。钦此。当经移行遵照
办理在案。查川省各标、镇、协、营额设马三千四百六十七匹,东南
西北四路驿站额马七百六十三匹,或支应差操,或接递公文,均关
紧要。际此邻省军务未平,尤宜力为整顿,以昭核实。节经严饬各
标、镇、协、营及有驿州县,督率兵丁、马夫人等,认真牧养,加意照
料。遇有口老、疲乏、倒毙,随时买补足额,不准悬缺,亦不准暗借
民马充数。前于同治九年底经委员分路查验,各该镇、标、协、营及

①　台北故宫博物院藏:军机及宫中档,文献编号:108720。
②　《穆宗毅皇帝实录(七)》,卷三百十六,同治十年七月下,第182—183页。

有驿州县额设马匹均各膘壮精良,驰骋稳捷,并无缺额及疲惫不堪情事,由委员具禀前来。

臣等覆加密查属实,除仍随时确查,如有缺额疲乏等弊,即从严参办,总期驿递、军务两无贻误,以仰副圣主训饬周详之意。除咨兵部外,谨会同提督臣胡中和,合词恭折具奏,伏乞皇太后、皇上圣鉴训示。再,成都将军系臣兼署,故未列衔。合并声明。谨奏。六月二十三日。

同治十年七月二十五日,军机大臣奉旨:兵部知道。钦此。①

○八二　请将知县张源泉等摘顶勒催折

同治十年六月二十三日(1871年8月9日)

头品顶戴四川总督兼署成都将军臣吴棠跪奏,为知县欠解税契银两延不解清,请旨摘顶勒催,恭折仰祈圣鉴事。

窃照各属经征税契银两,关系正供,例应按年全完,不容丝毫蒂欠。查同治九年份各属应解税契银两,叠次催提,已据陆续解司完纳。惟有璧山、奉节、盐亭、巫山、合江五县应解同治九年份前项银两,经臣督饬藩司节次勒催,迄今尚未解楚〔清〕,实属泄玩! 若不分别参追,何以警玩愒而重正赋! 据藩、臬两司详请奏参前来。相应请旨将现署璧山县知县张源泉、奉节县知县吕辉、前署盐亭县知县郭尔键一并摘去顶戴,同前任巫山县丁忧知县李咏,暨前署合江县事已故知县李宗畴家属名下,勒限严追完解。如依限解清,再行奏恳恩施,倘若逾限不解,或解不足数,即予从严参办。

---

①　台北故宫博物院藏:军机及宫中档,文献编号:108721。

至叙永厅额征盐杂税银七千四十四两零,除已解司库共银二千八百六十三两零,计前署厅徐斯匡尚短征银三千四百八十七两零,现署厅宋恒山尚短征银六百九十四两零,均因滇、黔邻氛未靖、商贩稀少所致,与经征不力者有间。现在严饬该丞等设法赔缴,另行办理。除咨部外,理合恭折具奏,伏乞皇太后、皇上圣鉴训示。谨奏。六月二十三日。

同治十年七月二十五日,军机大臣奉旨:着照所请,吏部知道。单并发。钦此。①

○八三 呈同治九年未完
契税银两各员清单

同治十年六月二十三日(1871年8月9日)

谨将同治九年份未完田房契税银两各员,开具清单,恭呈御览。

璧山县未完同治九年份税契银三百二十八两三钱一分,系现署县张源泉征收,屡次催提,延不批解,应请旨将张源泉摘去顶戴,勒限两月完解,逾限不完,从严参办。

奉节县未完同治九年份税契银三百二十六两六钱,系现署县吕辉征收,屡次催提,延不批解,应请旨将吕辉摘去顶戴,勒限两月完解,逾限不完,从严参办。

盐亭县未完同治九年份税契银一百八十三两九钱七分七厘,系前署县郭尔键征收,屡次催提,延不批解,应请旨将郭尔键摘去顶戴,勒限两月完解,逾限不完,从严参办。

---

① 台北故宫博物院藏:军机及宫中档,文献编号:108727。

巫山县未完同治九年份税契银二百四十八两零二分三厘,系前任县丁忧知县李咏征收,屡次催提,延不批解,应请在于该员李咏名下着追,勒限两月完解,逾限不完,从严参办。

合江县未完同治九年份税契银一百三十八两四钱八分二厘,系前署县已故知县李宗畴征收,屡次催提,延不批解,应请在于李宗畴家属名下着追,勒限两月完解,逾限不完,从严追办。

叙永厅同治九年份额征盐杂税银七千四十四两三钱二分七厘,除已解过银二千八百六十三两二钱零六厘,计前署厅徐斯匡短征银三千四百八十七两零一分二厘,现署厅宋恒山短征银六百九十四两一钱一分九厘,屡次催提,据报滇、黔不靖,商贩稀少,并非经征不力。现已分别饬赔,另案办理。

军机大臣奉旨:览。钦此。[1]

○八四　请准知县李玉宣暂缓引见折

同治十年六月二十三日(1871年8月9日)

再,前准部咨:巴县知县李玉宣由定远县知县调补今职,十年俸满,行令给咨赴部引见等因。自应遵照办理。惟查巴县为重庆府首邑,水陆交冲,商贾辐辏,民教杂处,素称难治,且又近接黔疆,散勇游匪,时虞窜越。该员李玉宣自调任以来,抚辑商民,整饬团防,力行保甲,办理正资得力。值此边防未靖,未便遽易生手。据藩、臬两司具详前来。

合无仰恳天恩,俯准暂缓赴部,一俟邻氛稍靖,再行给咨引见,

---

① 台北故宫博物院藏:军机及宫中档,文献编号:108728。

洵于防务、地方均有裨益。理合附片陈明，伏乞圣鉴训示。谨奏。

同治十年七月二十五日，军机大臣奉旨：着照所请，吏部知道。钦此。①

○八五　奏报华阳等县士民捐饷请奖片

同治十年六月二十三日（1871年8月9日）

再，查前兼署督臣崇实任内奏办同治五年份捐输，所有简州、汉州等厅州县士民捐输银两内足数议叙各捐生姓名、银数及官阶、履历，已于七年三月及八年十一月两次奏请敕部奖叙在案。兹查华阳、灌县等县士民陆续捐输银一十万一千一百六十二两零，均已解司兑收，拨充各路军饷，支用无存，统归军需项下〈汇〉案报销；查明各县捐生足敷议叙并未广额者，计银一万四百三十两，造具花名、银数、履历清册，由捐输厘金总局司道核明会详前来。

臣查册开请叙各项，核与筹饷及现行常例减成银数均属相符，合无仰恳天恩，敕部迅予核议给奖，以昭激劝。一俟接准部覆，即将此项捐数划除，不准请加学额、中额，以符定章。除将清册分咨〈部〉、监外，理合附片具奏，伏乞圣鉴训示。谨奏。

同治十年七月二十五日，军机大臣奉旨：户部核议具奏。钦此。②

---

① 台北故宫博物院藏：军机及宫中档，文献编号：108722。此片具奏日期未确，兹据同批折件校正。

② 台北故宫博物院藏：军机及宫中档，文献编号：108723。此片具奏日期未确，兹据同批折件校正。

○八六　奏报王槐生等期满甄别片

同治十年六月二十三日(1871 年 8 月 9 日)

再,查吏部奏定章程:道府州县无论何项劳绩保奏归入候补班者,以到省之日起,予限一年,令督抚详加察看,出具切实考语,奏明分别繁简补用等因。通行遵照在案。兹查候补前先补用知州王槐生、军功候补班前尽先即补知县张楂二员,均到省一年期满,自应照章甄别,据布政使王德固、按察使英祥造具该员等履历清册,会详前来。

臣查该员王槐生,年强才敏,堪以简缺知州补用;张楂年壮才明,堪以简缺知县补用。除将该员等履历清册咨部外,理合附片陈明,伏乞圣鉴训示。谨奏。

同治十年七月二十五日,军机大臣奉旨:吏部知道。钦此。①

○八七　奏报简州等处捐输银两请奖片

同治十年六月二十三日(1871 年 8 月 9 日)

再,川省前因筹办防剿,库藏支绌,兼值滇、黔边防吃重,援军四出,需饷浩繁,前办捐输,支用无存。经原任督臣骆秉章督同司道筹议,于同治七年展办通省捐输,借资接济,当将办理情形于同治六年十月二十二日奏报,奉旨允准在案。旋据简州、温

---

① 台北故宫博物院藏:军机及宫中档,文献编号:108724。此片具奏日期未确,兹据同批折件校正。

江、郫县等五十一州县士民陆续捐输银五十六万八千六百十四两零,均已解司兑收,拨充军饷,统归军需项下汇案报销。兹查各该州县捐生足敷议叙并未广额者,计银一万六千二百八两,造具花名、履历、银数各清册,由捐输厘金总局司道核明,会详前来。

臣查册开请叙各项,核与筹饷及现行常例减成银数均属相符,合无仰恳天恩,敕部迅予核议给奖,以昭激劝。一俟接准部覆,即将此项捐数划除,不准请加学额、中额,以符定章。除将清册咨送部、监外,理合附片具奏,伏乞圣鉴训示。谨奏。

同治十年七月二十五日,军机大臣奉旨:户部核议具奏。钦此。^①

○八八　请将同知陈枝莲短征税银之案查销片

同治十年六月二十三日(1871年8月9日)

再,臣前因署叙永厅同知陈枝莲短征同治八年份盐杂税银一千四百四十四两零,又接署该厅同知徐斯匡短征八年份盐杂税银二千二百四十七两零,实系滇、黔道路多阻、商贩稀少所致,与经征不力有间,于同治九年办理八年奏销案内声明,责令该厅等设法赔缴在案。嗣据藩司详称:陈枝莲已将八年份短征银一千四百四十四两零如数解缴司库收储等情。

---

① 台北故宫博物院藏:军机及宫中档,文献编号:108725。此片具奏日期未确,兹据同批折件校正。

合无仰恳天恩，敕部先将陈枝莲短征税银之案查销。其徐斯匡短征银两，现在饬司严催速缴，勿任久延。理合附片陈明，伏乞圣鉴。谨奏。

同治十年七月二十五日，军机大臣奉旨：着照所请，该部知道。钦此。①

○八九　奏报刘光锡等请免置议片

同治十年六月二十三日（1871 年 8 月 9 日）

再，同治十年奏销九年份茶课税银案内，有天全州未完茶课税银四千三百七十一两四钱六分三厘，当将经征不力各职名随案附参。兹据盐茶道傅庆贻详：催据天全州将欠解银两全完，业已弹收存库等情前来。

臣查天全州未完同治九年份茶课税银既已全完，所有前参经征不力之卸署天全州事试用知州刘光锡，暨接任天全州知州易绍琦各职名，合无仰恳天恩，敕部照例扣除、免其议处之处，出自鸿慈。除咨部外，理合附片陈明，伏乞圣鉴训示。谨奏。

同治十年七月二十五日，军机大臣奉旨：着照所请，该部知道。钦此。②

---

① 台北故宫博物院藏：军机及宫中档，文献编号：108729。此片具奏日期未确，兹据同批折件校正。

② 台北故宫博物院藏：军机及宫中档，文献编号：108730。此片具奏日期未确，兹据同批折件校正。

○九○　奏留总兵李辉武助剿折

同治十年七月十一日(1871 年 8 月 26 日)

　　头品顶戴四川总督兼署成都将军臣吴棠跪奏,为川省边隅腹地时势多艰,恳恩暂留带队得力总兵,以资防剿,恭折由驿奏祈圣鉴事。

　　窃查汉中镇总兵李辉武,分统川军,前奉寄谕后,遵即檄行,酌留两营勇丁,驻扎陕、甘交界之大安驿。其余三营由防剿局筹拨两个月饷银,催令料简开拔。先是蜀境天久不雨,粮价翔贵,民气浮嚣。川南之泸州,川北之遂宁,川东之合州、巴县,借估吃大户为名,聚众滋事。〈当〉经飞饬向驻省垣之裕字营,并抽拨派防川北之虎威宝营,驰往查拿,分别惩治、解散。幸获游氛迅扫,甘泽频施。而界连甘南之徽、两、礼、成一带,突有逆回窜扰,摇荡边陲。

　　其时,李辉武尚未交卸汉中镇篆,接据各路探报,该镇所部各营,于奉调援黔之际,尚能剪除丑类,保卫岩疆,志趣公忠,甚堪嘉尚。并传闻汉南士庶,于成都将军臣崇实过境时,遮道请留,情词恳挚,臣犹未敢以为深信也。嗣得臣崇实自陕省来函,述悉李辉武驻扎汉南数载,甚得民心。现今甘省回氛未靖,川北不可不加意预防,汉南必宜兼顾,李辉武必宜请留,以固门户等语。正在筹画间,复据西阳州营禀报:湖南会匪滋事,连陷龙阳、益阳两县城。虽立时克复,而首逆未擒,余氛尚炽。黔江、彭水边界地方,现在妥筹防堵。又据驻防永宁之忠字营总兵何行保禀报:贵州毕节县所辖之观音洞,有匪首罗么纠集杠匪,与云南镇雄州所辖之猪拱箐①遗孽

---

　　①　"猪拱箐",《游蜀疏稿》作"猪拱簧"。

复萌,勾结为患,拟请分兵助剿各等语。伏念川省自军兴以来,所入不敷所出,兵食则时虞缺乏,民生则久苦输将。

臣督蜀三年,屡有裁勇节饷之议,截至上年冬季止,已裁勇不下二万人,尚存勇三万余人,以安定、果毅、武字三军为大枝劲旅。唐炯统带安定、果毅等军,剿办苗匪,为日既久,所伤实多。臣与成都将军臣崇实殚虑竭思,知不免财匮师疲之诮,因即分别裁汰撤回,奏请改派周达武督率武字马步全军,赴黔接办,于是蜀之精兵良将尽畀于黔,救灾恤邻,自问不遗余力。迨周达武续请添调李辉武一军,臣满谓酌留两营,以固川边,可资缓急,而黔事早竣,川军即可凯旋,未始非计之得者。无如军情瞬息变更,不两月间,边隅、腹地时势多艰,刻须面面增兵,实有应接不遑之势,加以汉南军事,虽经刘铭传派队替防,只能专顾陕西一面。甘省之徽、两、阶、平,在在与川边接壤,尤不可无雕剿之师,非两营所能抵御。成都将军臣崇实道出秦中,犹殷殷以蜀事为虑。

如臣梼昧,深惧弗胜,若不量予变通,将苗疆之戡定难期,蜀境之空虚立见,大局所系,必应计出两全。惟有吁恳天恩,俯准暂留带队得力总兵李辉武,以资防剿。李辉武本有陕甘随征之律、勇两营、马队一营,仍归统带,月饷即由防剿局支发,先于该镇所部武字右军酌拨两营,饬令周达武原派久历行阵之营官,管带入黔,亦可收指臂之助。其月饷谨当恪遵圣谕,由川筹拨,断不敢稍有推诿。

近接周达武函称:各省协饷,仅准浙、闽、山东三省共报解银六万两,其余尚无消息。川省则自客冬至今,已解过银四十三万五千两,刻又增拨两营月饷,是蜀为黔省饷源所在,必保蜀始能谋黔,而不惮委曲求全者,为蜀计,亦为黔计,贵州抚、〈提〉诸臣可共谅其心之无他矣。所有川省边隅、腹地时势多艰,恳恩暂留得力总兵以资助剿缘由,恭折由驿驰陈,伏乞皇太后、皇上圣鉴训示。谨奏。七月十一日。

同治十年七月二十九日,军机大臣奉旨:钦此。①

【案】同治十年七月二十九日,此折得允准。《清实录》:

谕军机大臣等:吴棠奏,川省边隅、腹地时势多艰,请暂留带队得力总兵一折。前准曾璧光等奏,请将李辉武一军调赴黔省助剿。嗣据吴棠奏留该军两营,驻扎大安驿,以固川边,其余三营,仍令赴黔。兹复据吴棠奏称,湖南会匪滋事,首逆未捨,余氛尚炽。黔江、彭水边界,现在筹防。贵州毕节所辖之观音洞有匪首罗么纠集杠匪,与云南镇雄所辖之猪拱箐,遗孽复萌,勾结为患。该处均近接川边,必须分兵助剿。甘省之徽、两等处,与川接壤,时虞回匪窜扰,非两营所能抵御。李辉武带队得力,请准暂留等语。川省边隅、腹地既须增兵,即着照吴棠所请,将李辉武暂留川省,以资防剿。该总兵现已拔队赴黔,着吴棠飞檄截留,妥为布置。黔省剿办上下游股匪,亦需兵力,吴棠已于武字右军酌拨两营,入黔协助。即着曾璧光、周达武于该营到黔后,酌量调遣,以资得力。该营月饷,吴棠当宽为筹拨,毋令缺乏。观音洞、猪拱箐系滇、黔交界处所,既有匪徒窃发,亟宜及早扑灭,免致蔓延。着刘岳昭、岑毓英、曾璧光酌量派兵前往搜捕,并责成各该地方官查拿奸究,毋任伏莽潜匿,以靖地方。将此由四百里谕知吴棠、刘岳昭、岑毓

---

① 台北故宫博物院藏:军机及宫中档,文献编号:108821。又,吴棠等《游蜀疏稿》,第437—448页。其尾记曰:"同治十年七月十一日,由驿具奏。于七月二十九日,递到奉有寄信谕旨粘单一纸,内开奉旨:另有旨。钦此。"

英、曾璧光，并传谕周达武知之。①

【附】同治十年十一月初二日，陕西巡抚蒋志章以陕西地方辽阔，甘回窜扰，奏请李辉武仍回本任，兼顾陕防，得清廷允准，饬令李辉武即回本任，以资防守。折曰：

陕西巡抚臣蒋志章跪奏，为请旨准饬总兵仍回本任，俾令兼顾陕防，恭折仰祈圣鉴事。

窃查汉中镇总兵李辉武，前准贵州抚臣曾璧光等奏调赴黔助剿，是时，臣以前直隶提臣刘铭传奉命督办陕西军务，兵力甚厚，沿边尽足布置，因即催令李辉武一军开拔前去。兹据提臣刘铭传咨称：蒙恩旨赏假回籍，所部淮军交前甘肃提督曹克忠来陕接统，迅赴甘肃。其余队伍即由刘铭传带回徐州驻扎等语。臣思淮军去后，陕境辽阔，多与甘肃接壤，界连边墙之处亦复不少。现在进攻河州之师屡有捷音，加以楚、淮各军陆续而进，肃州等处回逆不难剿荡。其狡悍者难保不避兵而行，乘机肆窜。臣察提督谭仁芳，器识稳练，队伍整饬，拟令移扎延、绥一带，与北山防军联络声势，严为守御，以期密益加密。惟汉、凤等处防务尚需得人经理，昨准四川督臣吴棠来咨，知将李辉武暂留带队，驻扎大安驿，以固川边。查大安驿已在陕境，为汉中所属之地，若令李辉武就近回汉中镇任，该总兵素得兵民之心，并熟悉地方形势，由臣再拨数营，交其统带，与所部川军更相联络，互壮声援，则川北门户仍自周密，而汉中、凤翔一带防务即可兼顾矣。臣与督臣左宗棠函商，意见相同。

合无仰恳天恩，俯准饬令总兵李辉武仍回汉中镇任，于陕

① 《穆宗毅皇帝实录（七）》，卷三百十六，同治十年七月下，第186—187页。

境西南防务实多裨益。所有请旨准饬总兵仍回本任缘由,谨会同督臣左宗棠恭折由驿具陈,伏乞皇太后、皇上圣鉴训示。谨奏。十一月初二日。

同治十年十一月初十日,军机大臣奉旨:钦此。①

【附】同治十一年正月二十二日,李辉武具折谢恩曰:

陕西汉中镇总兵奴才李辉武跪奏,为恭折叩谢天恩,仰祈圣鉴事。

窃奴才于同治十年十一月二十九日,在大安驿防所接准代办陕西巡抚布政使臣翁同爵咨开:同治十年十一月初十日,奉上谕:前因川省防务紧要,经吴棠奏准,将陕西汉中镇总兵李辉武暂留川省等因。钦此。钦遵行知到营。奴才闻命之后,感悚交深,当即恭设香案,望阙叩谢天恩。遵于同治十年十二月初八日驰赴汉中,接印任事。伏念奴才一介武夫,知识浅陋,于咸丰七年带勇随征,转战数省,由军功擢升记名提督,于同治八年四月,渥荷鸿慈,补授陕西汉中镇总兵,仍管带武字右路营军、律勇各营,驻扎宝鸡、凤翔县地方,防剿回逆,涓埃未报,兢惕殊深。

同治十年四月,转奉恩命,饬令奴才管带武字右路各营赴黔助剿。旋即交卸汉中镇篆,开拔起程,经四川督臣吴棠奏请,将奴才暂留川省带队驻扎大安驿,固守川北边境。兹复仰沐圣恩,饬令奴才即回汉中镇本任,责令兼顾川北边防及陕省凤翔一带防务。奴才受恩深重,报称愈难。查汉中为秦、蜀咽喉,界连甘省,所辖营汛皆南山要隘。当此邻氛未靖,属境戒

---

① 台北故宫博物院藏:军机及宫中档,文献编号:110403。

严。总兵职司专阃，责任綦重，且值奴才统带川省防军律武六营及先拨陕军五营，驻扎大安驿、凤翔、宝鸡、凤县等处，凡一切筹防筹剿机宜，在在均关紧要。

奴才赋质庸愚，深惧弗克胜任。惟有矢勤矢慎，不敢稍涉疏虞，以期仰报高厚生成于万一。除将回任接事日期恭疏题报外，所有奴才感激下忱，谨缮折叩谢天恩，伏乞皇太后、皇上圣鉴训示。谨奏。正月二十二日。

同治十一年二月二十九日，军机大臣奉旨：知道了。钦此。[①]

○九一　委解同治十年京饷等项起程日期折

同治十年七月十一日（1871年8月26日）

头品顶戴四川总督兼署成都将军臣吴棠跪奏，为川省委解本年京饷暨固本饷项起程日期，恭折仰祈圣鉴事。

窃查川省本年奉拨京饷银三十万两，前已解过银十万两。又固本饷项月解银五千两，前已解过银十万两，作为同治五年九月二十一日奉文之日起至八年八月二十一日止三十六个月协济之项，均经迭次奏报在案。伏查川省频年防边援邻，并分拨各省协饷，需用浩繁，出多入少，库款异常支绌。惟京饷为部库正供，固本亦京畿要款，自应勉力筹解。臣复督同司道凑集按粮津贴银三万两、盐厘银三万两，共银六万两，作为本年奉拨京饷，又于盐货厘金项下提银一万两，作为同治八年八月二十一日起至十月二十一日止两

---

① 　中国第一历史档案馆藏：军机录副，档案编号：03-4747-072。

个月固本饷项,均饬委资州直隶州知州罗廷权承领,定期于六月二十六日由成都起程。

前因秦、陇交界地方回匪溃勇出没靡常,驲路时通时阻,〈京〉饷关系甚重,实难冒险径解,于本年正月间,复奏请照案发商汇兑,奉旨敕部知照在案。所有此次饷项仍发交蔚泰厚等银号汇解,委员至京兑齐,解赴户部交纳,用昭慎重,据藩司王德固、臬司英祥、盐茶道傅庆贻会详前来。臣覆查无异。除分咨外,理合恭折具奏,伏乞皇太后、皇上圣鉴。谨奏。七月十一日。

同治十年七月二十九日,军机大臣奉旨:户部知道。钦此。①

○九二　请以彭毓棻等委署知府等缺片

同治十年七月十一日(1871 年 8 月 26 日)

再,成都府知府黄云鹄现已升补建昌道,接准部覆。所遗成都府员缺应先委员接署。查该府管辖十六州县,政务殷繁,且时有发审要案,非精明干练之员,不克胜任。查有候补知府彭毓棻,精明安详,办事稳练,堪以委署。又,成都府水利同知吴宝林丁忧遗缺,查有因公在省之江北厅同知曾定泰,办事勤慎,堪以委署。又,署江北厅同知试用通判顾德谦调省遗缺,查有潼川府分驻太和镇通判严清荣,堪以调署。所遗太和镇通判缺,以夔州府通判张保龄调署。曾定泰正、署各任内并无经征钱粮未完展参及承缉盗劫已起四参案件,据藩、臬两司会详前来。除分饬遵照外,理合附片陈明,伏乞圣鉴。谨奏。

---

① 台北故宫博物院藏:军机及宫中档,文献编号:108820。

同治十年七月二十九日，军机大臣奉旨：知道了。钦此。[1]

○九三 奏报知县周熙炳等期满甄别片

同治十年七月十一日(1871年8月26日)

再，查吏部奏定章程：道府丞、倅、州、县，无论何项劳绩保奏归入候补班者，以到省之日起，予限一年，令督抚详加察看，出具切实考语，奏明分别繁简补用等因。通行遵照在案。兹查候补班前先补用知县周熙炳、留川即补知县刘廷恕二员，均到省一年期满，自应照章甄别，据布政使王德固、按察使英祥造具该员等履历清册，会详前来。

臣查该员周熙炳才具明敏，刘廷恕办事稳慎，均堪以简缺知县补用。除将该员等履历清册咨部外，理合附片陈明，伏乞圣鉴。谨奏。

同治十年七月二十九日，军机大臣奉旨：吏部知道。钦此。[2]

○九四 审明彭胡氏京控重案分别定拟折

同治十年七月十一日(1871年8月26日)

头品顶戴四川总督兼署成都将军臣吴棠跪奏，为审明京控重案，分别定拟，恭折仰乞圣鉴事。

案准都察院咨：据四川民妇彭胡氏以抢杀押毙等词来京呈诉

---

① 台北故宫博物院藏：军机及宫中档，文献编号：108822。
② 台北故宫博物院藏：军机及宫中档，文献编号：108823。

一案,奏奉谕旨:此案着交吴棠督同臬司,亲提人证、卷宗,秉公研讯确情,按律定拟具奏。原告民妇彭胡氏,该部照例解往备质。钦此。钦遵钞录原奏、原呈移咨到臣。当经札饬臬司委员提集人证、卷宗,督同成都府等审讯去后。兹据按察使英祥督同成都府知府黄云鹄、候补知府胡廷柱等,审明定拟,详请提勘具奏到臣。

即经督同臬司亲提审讯,缘〈彭〉先受、胡洸莽、蔺麻二、邓代奇、冉正修,均籍隶酉阳州。彭胡氏系彭声远之妻,彭先受系彭声远之子,彭声蒿系彭声远胞兄、彭先受期亲胞伯,分居各炊。杨再濚系彭声蒿妻父,向依彭声蒿度日。早年,彭声蒿因与彭声远分家口角有嫌。同治七年四月十四日,彭声远与子彭先受在彭声蒿田边车水,适杨再濚走至,斥其不应窃车田水,拢向阻止。彭声远斥说多管,杨再濚不依谩骂,彭声远回詈。杨再濚拔刀斫伤彭声远脑后,戳伤右腿后,彭声远转身夺刀过手,杨再濚揪住彭声远发辫揿按。彭声远用刀戳伤其左右腿,松手倒地。维时,彭声蒿踵至瞥见,赶拢帮护。彭先受虑恐彭声远受亏,即携长柄尖刀拦住,连戳伤彭声蒿左腿,彭声蒿扑向夺刀,彭先受一时情急,复向吓斫,适伤其额颅倒地。经彭先受母舅胡洸莽、雇工李芒万并路过之周铜匠,趋救无及,询悉情由。彭先受带刀先逃。移时,杨再濚、彭声蒿均各因伤殒命。周铜匠当欲报案,彭声远吓说,如敢张扬,将来定行报害。周铜匠畏累走回。

彭声远恐被尸属查见,破案问罪,见妻、媳彭胡氏等俱回母家,家中无人,起意毁尸灭迹,央恳胡洸莽等帮同烧尸。胡洸莽念系至戚,李芒万系属雇工,均各应允,同将各尸抬至彭声远屋后山边干沟内,搬取柴草堆放,用火点燃,不期风大火烈,将草房引燃。彭声远等扑救不及,致房屋同各尸一并焚毁。彭声远等当各逃逸。嗣杨再瀱之妻杨田氏因杨再瀱与彭声蒿数日未回，报知彭声蒿分居胞伯彭术学等，查至彭声远家，见房屋焚毁，内有烧残尸骨，疑其将杨再瀱等诱至家内，烧毁房屋、尸身逃逸，赴州县具报。经前署州胡圻驰诣勘明，仅存烧剩零星骨殖一百二十六节，掷地不响，无从辨验。烧尸之处系山边干沟，乱石凹凸，亦难以检地，详请通缉，并饬该处屯弁白映光一体严缉。其时，彭声远之媳彭李氏由母家回归，见屋已被焚毁，即在彭声榜家借住。数日后，知彭胡氏回家另修草房，即行搬去。闰四月初三日，彭声远潜回探信，会遇胡洸彝、李芒万，同回藏匿。素好之王毛子、谭信复、冉正修、蔺麻二、邓代奇先后前往探望。彭声远告知前情，并因差拿严紧，央其跟随保护，日后重谢。王毛子等俱各应允。

是日，差役李贵等查知，转告屯弁白映光督饬团首陈胜德等，带同团丁、兵役，前往协拿。彭声远意拒捕，喝令胡洸彝等帮助。彭声远自携团练鸟枪，胡洸彝等分携刀石，同出门外抵拒。彭声远放枪将团丁雷世江轰伤倒地，各兵役亦上前放枪、格斗，李芒万被刀砍伤左额角、左腮颊，枪子轰伤右血盆骨、左手腕。王毛子被石殴伤囟门，枪子轰伤左额角、脊背，刀戳伤胸膛、左臂膀。谭信复被石殴伤鼻梁，刀戳伤肚腹，枪子轰伤右腿。均各倒地。团丁陈光耀、屯兵梁万芒、团首陈胜德、差役杜发，亦均被拒受伤。因人多手杂，不知何人杀伤何人部位。邓代奇仅只在场助势，并未帮殴伤人。彭声远弃枪逃跑，当将胡洸彝、冉正修、蔺麻二、邓代奇拿获。雷世江、李芒万、王毛子、谭信复，均各因伤殒命。报州会营勘验讯详，奉批缉审，讵该犯胡洸彝、冉正修、蔺麻二带病进监，先后在监病故。禀经胡圻验详。嗣于八月二十日，州属猪浮江死一无名男子，身受印伤。经巡役何文等访知，与约邻度瀱海等看明具报。彭胡氏闻知，因伊夫彭声远在逃,查拿严紧,起意冒认为彭声远尸身,免被拿获问罪。经胡圻诣验,并传彭术学等查认,均称死者素不认识,并非彭声远尸身。因彭胡氏呈刁狡执,复其四子彭四如法滴血,并不沁入。讯取供诘,详请通缉,并将承缉、接缉各职名详参在案。

乃彭胡氏因夫与子身罹重辟,恐复获案问罪,起意京控抵制,即添捏杀害、抢夺各情,并以夫伯彭术学及彭声榜不为帮认死尸、团首陈胜德将伊夫围拿、伊媳彭李氏曾在彭声榜家借住,遂砌饰陈胜德等听从彭声蒿将伊夫斫毙、彭声榜强占伊媳为妾等词,雇不知姓名人缮就呈词二张,适川东道杨佩因公赴州,前往呈递,并未候批,即进京赴都察院陈诉,奏奉谕旨交审,咨解回川。其时,署州曾传道已将彭先〔光〕受拿获。经臣行据委提人卷来省,督同成都府等审明定拟,解请提勘具奏前来。臣督同臬司逐加亲审,据供前情不讳,诘讯彭先受实系有心干犯,彭胡氏并无教唆之人。众供佥同,案无遁饰。

〈查律〉载:侄殴伯死者,斩。又例载:犯死罪事发,官司差人持票拘捕,如其逞凶拒捕,杀死差役,为从在场助势,未经帮殴成伤者,改发极边足四千里充军。又律载:诬告人死罪未决者,杖一百、流三千里,加徒役三年。又例载:妇女翻捏之案,实系挟忿,或恃系妇女,自行翻捏,审明实系虚诬,免其实发,监禁三年,由该管官察看情形,实知改悔,据实结报、释放各等语。

此案彭先受因彭声蒿见伊父彭声远与杨再瀍争殴拢护,该犯拦阻,用刀叠将彭声蒿戳伤身死。彭声蒿系该犯胞伯,服属期亲。讯系有心干犯,自应按律问拟。彭先受合依侄殴伯死者斩律,拟斩立决,照例刺字。胡洸燊听从烧尸灭迹,复与冉正修等听从拒捕。查团丁雷世江奉派查拿,即与差役无异,讯被彭声远轰毙。该犯等虽未帮殴有伤，惟其中或在伤〔场〕助势，或另伤兵役，亦应按例问拟。胡洸蘩除听从烧尸轻罪不议外，应与冉正修、蔺麻二、邓代奇均合依犯罪事发，官司差人持票拘捕，如有逞凶拒捕，杀死差役，在场助势，未经帮殴成伤者，改发极边足四千里充军。胡洸蘩、冉正修、蔺麻二均已在监先后病故，邓代奇照例刺字，到配杖一百，折责安置。彭胡氏因伊夫彭声远、子彭先受犯罪脱逃，虑恐拿获问罪，冒认无名男尸，抵塞不遂，辄即捏情京控。查所控团首陈胜德杀毙伊夫及彭声榜强占伊媳为妾，如果得实，陈胜德等均罪犯应死。今讯系全虚，自应照律反坐。彭胡氏除越诉轻罪不议外，合依诬告人死罪未决者，杖一百、流三千里、加徒役三年。系妇人，照律收赎。惟该犯妇始则冒认死尸，旋复蓦越京控，拖累多人，实属恃妇呈刁，应请照例监禁三年，俟限满察看，如知改悔，再行收赎保释。书役余光德、何文等并无贿串情事，应与无干之彭术学等及阻救不及之周铜匠，并究无凌虐之禁卒人等，均毋庸议。李芘万听从烧尸，复与王毛子等听纠拒捕，均罪有应得，业已格毙，应毋〈庸〉议。团丁陈光耀等伤均平复，各兵役格毙李芘万等，律得勿论。团丁雷世江被拒身死，已由该州捐资抚恤。逃犯彭声远并受伤无名男尸案逃凶饬缉，获日另结。无干省释。各尸棺与骨匣分别饬埋。凶刀供弃免追，起获鸟枪存库，案结销毁。

此案首伙八人拒捕，当时格毙三人，拿获三人，首犯未获，仍饬查明补参。鸟枪系练团制造，业已起获，各犯系带病进监病故，所有失察鸟枪及管狱官请免查参。未到人证应免提省，以省拖累。除将供招咨部查核外，合将审明定拟缘由恭折具奏，伏乞皇太后、皇上圣鉴，敕部核覆施行。谨奏。七月十一日。

同治十年七月二十九日，军机大臣奉旨：刑部速议具奏。
钦此。①

【案】同治八年十二月十七日，左都御史灵桂等奏报四川
民妇彭胡氏京控折：

都察院左都御史臣宗室灵桂等跪奏，为奏闻请旨事。

据四川民妇彭胡氏以杀抢押毙等词，赴臣衙门呈诉。臣
等公同讯问，据彭胡氏供：年五十岁，四川酉阳州人。缘氏夫
彭升远于同治七年四月间，与族人彭升高口角。彭升高同防
首陈胜德、彭术贵不准氏夫运水，用铁刀将氏夫砍伤身死。氏
弟胡光顺控州，被陈胜德等贿通不验，纠合数十人，将胡光顺
家围抢泄忿，并将蔺麻二、冉正修、石宗城绑送州署，贿托门
丁，与胡光顺四人俱严押饿毙。陈胜德等复同屯弁白映光、乡
痞任三喜、王世才、张瑞金等，率众将氏家箱笼、器皿、银钱、牲
畜、粮谷、文契、什物搜劫一空，房屋焚烧，雇工李仁万、王毛
子、谭位幅三人均捆绑彭术贵家中，杀毙悬杆，并将氏媳李氏
抢与彭术贵子彭升榜为妾。控州，被陈胜德同武生陈定邦等
贿弄州官不究。氏子彭寿控道批州，陈胜德、陈定邦同房书余
光德贿嘱田州主、曹门丁舞弄，氏夫尸棺抬州不验，反将氏子
彭寿传押勒结，并将干证胡光德等严押，为此来京呈诉等语。
余与原呈大略相同。

臣等查该民妇彭胡氏呈称，上年四月间，族人彭升高与伊
夫彭升远口角，同陈胜德等不准伊夫运水，用铁刀将伊夫砍

死。伊弟胡光顺控州,被陈胜德等贿通不验,纠人将胡光顺家围抢,并将蔺麻二、冉正修、石宗城捆送州署,贿托门丁,与胡光顺四人均押毙;复同白映光等率众将伊家搜劫一空,房屋焚烧,雇工李仁万等三人杀毙悬杆;并将伊媳李氏抢与彭升榜为妾。控州,被贿弄不究。控道批州,仍被贿同门丁等抬尸不验,反将伊子传押勒结,并将干证严押各情。案关纠众焚掠,贿串衙蠹,连毙八命,如果属实,亟需严究,以儆凶顽而靖地方。谨抄录原呈,恭呈御览,伏乞圣鉴训示。

再,据该民妇结称,在本道控告一次,并未亲提。合并声明。谨奏。同治八年十二月十七日。都察院左都御史臣宗室灵桂,左都御史臣沈桂芬,左副都御史臣觉罗达庆,左副都御史臣继格,左副都御史臣彭久余,左副都御史臣胡瑞澜(差)。①

【附】同治八年十二月十七日,都察院附呈四川民妇彭胡氏为夫伸冤呈文:

具呈:孀妇彭胡氏,年五十岁,系四川酉阳州学堂坪人,呈为杀害良民,抢夺家业,焚烧房屋,劫掠妇女,贿买官役,押毙逞凶事。

窃氏夫彭升远,祖居学堂坪,种地度日,于同治七年四月间,因与族人彭升高耘田口角,彭升高气忿,约同防首陈胜德、彭术贵,吓令氏夫不准运水。复与氏夫寻事殴斗,用铁刀将氏夫砍伤身死。氏子彭寿贸易外出,未能报冤,遂遣氏弟胡光顺控州,经陈胜德等贿通州署,按控不验。陈胜德等纠合数十人,将胡光顺家围捆,抢掠泄忿,并将解劝劈公良邻蔺麻二、冉

---

① 中国第一历史档案馆藏:军机录副,档案编号:03-5030-019。

正修、石宗城均行绑送州署,贿托段门丁私将胡光顺等四人严押饿毙。陈胜德等复会屯弁白映光、乡痞任三喜、王世才、张瑞金等,率领不识姓名众多,拥至氏家,将箱笼、器皿、银钱、牲畜、粮谷、文契、什物搜劫一空,复将氏住房屋举火焚烧,将氏用雇工李仁万、王毛子、谭位幅三人捆绑彭术贵家中,杀毙悬杆,并将氏儿媳李氏抢与彭术贵之子彭升榜,强行为妾。氏奔死控州,未验尸骸,久抗。经陈胜德串同武生陈定邦等走通衙门,贿弄手眼,州官不究。氏子彭寿贸易回家,含冤切齿,奔叩诉控川东道宪,蒙批州究。陈胜德、陈定邦商同房书余光德在新任田州主、曹门丁贿嘱舞弄,经州役何文、李文将氏夫尸骸抬州不验,州官仍行不办,反将氏子彭寿传押,勒逼具甘,并干证胡光德、邓代奇二人严押未放。

氏子八命冤仇,生父杀,生身含冤未报,何能具结!被押沉冤,生死未卜;田业家财,全被陈胜德等霸占耕种。氏孤苦子幼,生夫冤仇,家财被抢,房屋被烧,儿媳被污。似此恶徒肆行,王法昭章,含冤莫白,心实不甘,冒死匍匐来京,沥诉奔叩奏送,严提恶徒陈胜德等一干人证偿命,以伦民纪而伸冤海,伏乞慈鉴,则感激公侯万代矣。上呈。①

○九五　奏报士民陆续捐输请予核奖片

同治十年七月十一日(1871 年 8 月 26 日)

再,川省前因频年筹办防剿,经费支绌,加以援黔、援滇、援陕,

---

① 中国第一历史档案馆藏:呈文,档案编号:03-5030-020。

征军四出，欠饷浩繁，前办捐输，支用无存，经臣会同成都将军臣崇实督同司道筹议，于同治九年另筹普捐一次，借资接济。当将办理情形于同治八年八月初六日，奏奉谕旨允准在案。旋据简州、崇宁、新都等二十六州县士民陆续捐输五十二万六千五百八两零，均已解司兑收，拨充军饷，统归军需项下汇案报销。查明各州县捐生足数议叙并未广额者，计银八千三百二十四两，造具花名、履历、银数清册，由捐输厘金总局司道核明，会详前来。

臣查册开请叙各项，核与筹饷及现行常例减成银数均属相符，合无仰恳天恩，敕部迅予核议给奖，用昭激劝，一俟接准部覆，即将此项银数划除，不准请加学额、中额，以符定章。除将清册咨送部、监外，理合附片具奏，伏乞圣鉴训示。谨奏。

同治十年七月二十九日，军机大臣奉旨：户部核议具奏。钦此。①

○九六　奏报办理防剿筹拨经费片

同治十年七月十一日(1871 年 8 月 26 日)

再，自军兴以来，川省办理防剿，筹拨经费，均经随时奏报在案。兹据防剿局司道详：前拨银两已陆续支用无存，嗣因征防各营催拨勇粮、军火，并找发欠饷，先后移准藩司于本年酌捐项下六次拨银五十五万八千一百两，历年捐输项下六次拨银九万九千九百两，各项厘金项下三次拨银十七万两，共拨银八十二万八千两，均系随拨随支，并无存剩，容另筹拨等情，详请具奏前来。臣覆查

---

① 台北故宫博物院藏：军机及宫中档，文献编号：108825。

无异。理合附片陈明,伏乞圣鉴训示。谨奏。

同治十年七月二十九日,军机大臣奉旨:知道了。钦此。[①]

○九七　奏报同治九年征收地丁并十年新赋折

同治十年七月二十九日(1871年9月13日)

头品顶戴四川总督兼署成都将军臣吴棠跪奏,为恭报同治九年份四川征收地丁并十年新赋完欠各数,仰祈圣鉴事。

窃照每年钱粮完欠各数目,例应于奏销时查明奏报。兹查办理同治九年奏销,据布政使王德固详称:九年额征地丁钱粮、屯租等项,共银六十九万二千一百四十一两零,随征加一五火耗银一十万三千五百五十五两零,共应征正、闰、耗银七十九万五千六百九十七两零,实在上下两忙征完银七十三万九千一百八十三两零,续完银五万六千五百一十四两零。又,一切杂项课税等款共银三十二万五千九百二十四两零,内惟璧山、奉节、盐亭、合江、叙永、打箭炉等厅县未完及短征、豁免共银六千六百三两零,业经另案分别参办,余俱全完。又,额征米豆一万三千三十石七斗五升零,均于奏销前扫数全完,此外并无丝毫拖欠。至同治十年份额征地丁钱粮、屯租等项,已据各属册报共征过银三十九万三千九百一十三两零,未完银三十七万五千一两零等情,造册详请具奏前来。

臣查川省钱粮历系年清年款,同治十年新赋已完过半。其未完银两仍当督饬藩司严催各属赶紧征解,断不致稍有延欠。除恭

---

①　台北故宫博物院藏:军机及宫中档,文献编号:108826。

疏具题并将清册送部外,理合循例缮折奏闻,伏乞皇太后、皇上圣鉴。谨奏。七月二十九日。

同治十年九月初六日,军机大臣奉旨:户部知道。钦此。①

○九八 奏报川省同治十年六月雨水、粮价折

同治十年七月二十九日(1871年9月13日)

头品顶戴四川总督兼署成都将军臣吴棠跪奏,为恭报四川省同治十年六月份各属具报米粮价值及得雨情形,仰祈圣鉴事。

窃照同治十年五月份米粮价值及得雨情形,前经臣恭折奏报在案。兹查同治十年六月份成都等十二府、眉州等八直隶州、石砫、叙永两直隶厅,各属具报得雨自一二次至七八次不等,田水充足,稻多结实。惟据合州具禀:五、六月间,连日江水反涨,城乡民田、庐舍淹没不少,幸人口无失。业经批饬委员驰往查勘,一面筹款发赈,务使灾黎不致失所。其重庆以下沿江各府州县,水势旋涨旋消。其通省粮价俱与上月相同,据布政使王德固查明列单汇报前来。

臣覆核无异。理合恭折具奏,并分缮清单,恭呈御览,伏乞皇太后、皇上圣鉴。谨奏。七月二十九日。

同治十年九月初六日,军机大臣奉旨:知道了。钦此。②

---

① 台北故宫博物院藏:军机及宫中档,文献编号:109298。
② 台北故宫博物院藏:军机及宫中档,文献编号:109299。

○九九　呈川省同治十年六月粮价清单

同治十年七月二十九日(1871 年 9 月 13 日)

　　谨将同治十年六月份四川省所属地方报到各项粮价,开具清单,恭呈御览。

　　成都府属,价贵。中米每仓石价银二两七钱七分至三两八钱一分,与上月同。大麦每仓石价银一两八钱四分至二两一分,与上月同。小麦每仓石价银二两一钱七分至二两三钱四分,与上月同。黄豆每仓石价银一两六分至二两四钱六分,与上月同。荞子每仓石价银一两一钱七分至一两七钱一分,与上月同。

　　重庆府属,价贵。中米每仓石价银二两五钱七分至三两五钱九分,与上月同。大麦每仓石价银一两六钱五分至二两,与上月同。小麦每仓石价银二两三钱一分至二两七钱三分,与上月同。黄豆每仓石价银二两七钱三分至三两三分,与上月同。

　　保宁府属,价贵。中米每仓石价银二两六钱五分至三两三钱六分,与上月同。大麦每仓石价银一两九钱二分至二两一钱三分,与上月同。小麦每仓石价银二两八钱六分至三两六钱,与上月同。黄豆每仓石价银一两八钱三分至二两一钱三分,与上月同。

　　顺庆府属,价贵。中米每仓石价银二两八钱二分至三两二钱三分,与上月同。大麦每仓石价银一两六钱二分至一两八钱一分,与上月同。小麦每仓石价银二两一钱一分至二两一钱四分,与上月同。黄豆每仓石价银一两五钱五分至一两六钱七分,与上月同。

　　叙州府属,价贵。中米每仓石价银三两八分至三两三钱八分,与上月同。大麦每仓石价银一两六钱七分至二两三分,与上月同。

小麦每仓石价银二两一钱五分至二两六钱五分，与上月同。黄豆每仓石价银一两一钱一分至一两五钱二分，与上月同。

夔州府属，价贵。中米每仓石价银二两八钱八分至三两二钱三分，与上月同。大麦每仓石价银一两七钱九分至二两四钱七分，与上月同。小麦每仓石价银二两九钱六分至三两四分，与上月同。黄豆每仓石价银二两一钱六分至二两二钱六分，与上月同。

龙安府属，价贵。中米每仓石价银二两五钱八分至三两二钱八分，与上月同。青稞每仓石价银一两五钱，与上月同。小麦每仓石价银一两八钱至二两一钱九分，与上月同。黄豆每仓石价银一两八钱五分至一两九钱三分，与上月同。

宁远府属，价贵。中米每仓石价银二两九钱一分至三两二钱四分，与上月同。大麦每仓石价银一两四钱九分至一两六钱一分，与上月同。小麦每仓石价银一两六钱二分至二两二钱三分，与上月同。荞子每仓石价银一两四钱六分，与上月同。黄豆每仓石价银一两五钱六分至一两六钱三分，与上月同。

雅州府属，价中。中米每仓石价银二两八钱三分至二两八钱八分，与上月同。小麦每仓石价银二两三钱至二两六钱六分，与上月同。黄豆每仓石价银一两六钱八分至二两七分，与上月同。

嘉定府属，价贵。中米每仓石价银二两九钱至三两五钱，与上月同。小麦每仓石价银二两三钱七分至二两七钱四分，与上月同。黄豆每仓石价银一两四钱九分至二两五分，与上月同。

潼川府属，价贵。中米每仓石价银二两九钱一分至三两一钱九分，与上月同。大麦每仓石价银一两六钱七分至一两九钱五分，与上月同。小麦每仓石价银二两一钱六分至二两五钱一分，与上月同。黄豆每仓石价银一两七钱九分至二两一钱六分。

绥定府属,价中。中米每仓石价银二两六钱至二两九钱,与上月同。大麦每仓石价银一两五钱八分至一两五钱九分,与上月同。小麦每仓石价银一两六钱三分至一两七钱四分,与上月同。黄豆每仓石价银一两四钱三分,与上月同。

眉州直隶州属,价贵。中米每仓石价银二两七钱六分至三两六分,与上月同。

邛州直隶州属,价贵。中米每仓石价银二两六钱六分至三两九分,与上月同。大麦每仓石价银一两九钱三分,与上月同。小麦每仓石价银二两五钱九分,与上月同。黄豆每仓石价银二两一钱至二两二钱四分,与上月同。

泸州直隶州属,价贵。中米每仓石价银三两九分至三两一钱,与上月同。

资州直隶州属,价中。中米每仓石价银二两五钱八分至二两九钱三分,与上月同。

绵州直隶州属,价贵。中米每仓石价银二两七钱五分至三两七分,与上月同。小麦每仓石价银二两三钱四分至二两四钱八分,与上月同。

茂州直隶州属,价中。中米每仓石价银二两六钱三分,与上月同。小麦每仓石价银二两六钱八分,与上月同。青稞每仓石价银二两二钱二分,与上月同。荞子每仓石价银一两二钱五分至一两七钱五分,与上月同。

忠州直隶州属,价贵。中米每仓石价银二两六钱至三两二钱八分,与上月同。大麦每仓石价银一两四钱六分至一两六钱,与上月同。小麦每仓石价银二两五分至二两四钱一分,与上月同。黄豆每仓石价银一两二钱七分至一两三钱七分,与上月同。

西阳直隶州属，价贵。中米每仓石价银二两六钱一分至三两一钱一分，与上月同。大麦每仓石价银二两三钱至二两六钱二分，与上月同。小麦每仓石价银二两六钱四分至二两七钱八分，与上月同。黄豆每仓石价银一两三钱九分至一两四钱四分，与上月同。

叙永直隶厅属，价中。中米每仓石价银二两九钱九分，与上月同。小麦每仓石价银一两八钱一分，与上月同。荞子每仓石价银一两三钱四分，与上月同。黄豆每仓石价银一两六钱一分，与上月同。

松潘直隶厅，价中。青稞每仓石价银二两七钱六分，与上月同。荞子每仓石价银一两七钱四分，与上月同。

杂谷直隶厅，价中。青稞每仓石价银二两四钱，与上月同。荞子每仓石价银一两七钱九分，与上月同。

石砫直隶厅，价平。中米每仓石价银一两六钱二分，与上月同。大麦每仓石价银一两七钱三分，与上月同。小麦每仓石价银二两六分，与上月同。黄豆每仓石价银一两八钱九分，与上月同。

打箭炉直隶厅，价贵。青稞每仓石价银四两九钱二分，与上月同。油麦每仓石价银一两八钱一分，与上月同。

军机大臣奉旨：览。钦此。①

一〇〇　呈川省同治十年六月雨水清单

同治十年七月二十九日(1871 年 9 月 13 日)

谨将同治十年六月份四川省所属地方报到得雨情形，开具清

---

① 台北故宫博物院藏：军机及宫中档，文献编号：109299-0-A。

单,恭呈御览。

成都府属:成都、华阳两首县得雨五次,稻谷出穗。简州得雨五次,稻田扬花。崇庆州得雨六次,晚稻穮毕。汉州得雨七次,堰水充足。温江县得雨七次,稻谷结实。郫县得雨八次,晚禾吐穗。崇宁县得雨二次,晚稻畅茂。新都县得雨三次,晚稻出穗。金堂县得雨二次,禾豆结实。新繁县得雨三次,禾茂水足。彭县得雨四次,禾渐吐穗。新津县得雨三次,谷豆结实。双流县得雨五次,晚禾含苞。什邡县得雨四次,早禾渐熟。

重庆府属:江北厅得雨三次,晚稻吐穗。巴县得雨四次,晚稻吐穗。长寿县得雨四次,田水充足。永川县得雨七次,禾豆渐熟。荣昌县得雨六次,田水充足。南川现得雨六次,晚禾吐穗。合州得雨三次,积水渐消。璧山县得雨二次,晚稻含胎。铜梁县得雨四次,秧苗吐穗。大足县得雨四次,禾苗吐穗。定远县得雨四次,晚禾渐秀。

夔州府属:奉节县得雨二次,五谷渐熟。云阳县得雨三次,晚禾含胎。万县得雨四次,晚稻吐穗。

龙安府属:江油县得雨四次,晚禾茂盛。章明县得雨五次,禾苗含苞。

绥定府属:达县得雨四次,秧苗含胎。大竹县得雨三次,五谷渐熟。渠县得雨二次,晚禾吐穗。城口厅得雨二次,谷豆渐熟。

宁远府属:盐源县得雨三次,五谷成熟。冕宁县得雨三次,谷豆结实。

保宁府属:苍溪县得雨三次,早稻畅茂。通江县得雨三次,黄豆滋长。剑州得雨六次,稻粟滋长。

顺庆府属:南充县得雨四次,早禾吐穗。西充县得雨五次,田水充盈。蓬州得雨四次，堰水充足。营山县得雨三次，早禾扬花。仪陇县得雨四次，田水充足。广安州得雨三次，早禾含胎。岳池县得雨二次，早稻扬花。邻水县得雨四次，田水充盈。

潼川府属：三台县得雨五次，田堰积水。盐亭县得雨五次，田水充足。蓬溪县得雨三次，田水充盈。安岳县得雨六次，早禾含苞。乐至县得雨五次，田堰积水。

雅州府属：天全州得雨三次，田水充盈。

嘉定府属：乐山县得雨四次，堰水充盈。峨眉县得雨五次，田水充足。洪雅县得雨三次，田水充盈。犍为县得雨二次，早谷结实。荣县得雨四次，田水渐盈。威远县得雨五次，早禾结实。

叙州府属：南溪县得雨五次，田水充足。富顺县得雨四次，早稻结实。隆昌县得雨三次，田水充足。长宁县得雨三次，禾苗结实。兴文县得雨四次，田水稍足。

资州直隶州并属：资州得雨七次，晚秧含胎。资阳县得雨六次，禾苗吐穗。仁寿县得雨八次，秧尽吐穗。井研县得雨二次，晚禾茂盛。内江县得雨四次，晚禾吐穗。

绵州直隶州并属：绵州得雨三次，晚禾含胎。安县得雨六次，早稻扬花。绵竹县得雨四次，禾豆结实。梓潼县得雨六次，晚禾畅茂。罗江县得雨六次，禾苗吐穗。

忠州直隶州并属：忠州得雨五次，禾渐结实。酆都县得雨六次，早谷收割。梁山县得雨四次，早禾结实。垫江县得雨七次，晚禾含胎。

酉阳直隶州属：黔江县得雨二次，五谷结实。

茂州直隶州属：汶川县得雨二次，大春含花。

眉州直隶州并属：眉州得雨六次，堰塘充盈。彭山县得雨六次，早禾结实。丹棱县得雨三次，堰水充盈。

泸州直隶州并属：泸州得雨四次，早禾结实。江安县得雨三次，田水不缺。合江县得雨四次，田亩积水。纳溪县得雨四次，田水充足。

邛州直隶州属：浦江县得雨三次，田亩积水。

石砫直隶厅得雨四次，晚禾吐穗。

叙永直隶厅并属：叙永厅得雨五次，早稻扬花。永宁县得雨五次，早禾扬花。

军机大臣奉旨：览。钦此。[①]

一〇一　请奖捐输京仓各官片

同治十年七月二十九日(1871 年 9 月 13 日)

再，查上年川省大小官员捐输京仓米价银十三万两有奇，经原任督臣骆秉章暨前署督臣崇实先后奏请奖叙，声明尚有已捐未叙各员随时咨部请奖。嗣准部咨，仍应汇案奏奖，亦经转饬遵办在案。兹据藩司王德固查明未经奖叙之大竹县知县胡书云等五员所捐银两，按照筹饷事例及现行常例照章减二成核算，与所请议叙均属有盈无绌，会造各员衔名、银数、请奖、移奖、官阶清册，详请具奏前来。

合无仰恳天恩，敕部核议给奖，颁发执照来川，并将请叙实职人员归入到部，卯期分别签掣，注册铨选，用昭激劝。除清册分咨

---

①　台北故宫博物院藏：军机及宫中档，文献编号：109306。

部、监外，理合附片陈明，伏乞圣鉴。谨奏。

同治十年九月初六日，军机大臣奉旨：户部核议具奏。钦此。[①]

一〇二　奏报司库年例应支杂款片

同治十年七月二十九日(1871年9月13日)

再，查川省司库年例应支杂款，为数甚巨，历由盐茶道征收盐茶耗羡银两，陆续解司支放。近年因滇、黔军务未平，盐茶边引口岸尚未疏通，兼之淮纲渐复，楚岸滞销，以致同治九年盐茶羡截及带征历年积欠，仅据各属批解银九万二千五百八十两零。核计司库例支各款，尚不敷银七万八千有奇，而应支之银均系书吏、水手工食及故兵月米等项，断难缺缓，亟应设法筹款接济。兹据藩司王德固详称：查司库正杂各款，已悉索无遗。惟盐厘及养廉截旷减成两项积有成数，拟请在于盐厘项下筹借银三万九千二百两，并将同治九年文职养廉截旷银一万四千两、文职养廉核减三二一成银二万五千两尽数借拨，共银七万八千二百两，一并入于九年盐茶奏销案内新收项下，照数开支，核实照报等情前来。

臣查该司所详，系属通融接济要款、俾免乏缺起见。除饬催盐茶道将各属未完盐茶羡截银两勒限严征缴齐全，解交司库，分别归款支发并咨部外，理合附片陈明，伏乞圣鉴。谨奏。

---

① 台北故宫博物院藏：军机及宫中档，文献编号：109302。此片具奏日期未确，兹据同批折件校正。

同治十年九月初六日,军机大臣奉旨:知道了。钦此。[①]

一〇三　奏报杨泽溥俸满撤回折

同治十年七月二十九日(1871年9月13日)

头品顶戴四川总督兼署成都将军臣吴棠跪奏,为要缺通判边俸期满,循例撤回,恭折仰祈圣鉴事。

窃照雷波厅要缺通判,前经奏定三年边俸期满,查其任内并无焚抢捆人之案,准其撤回,以同知直隶州知州保题升用,历经照办在案。兹查雷波厅通判杨泽溥,年五十一岁,贵州毕节县人,由举人大挑一等以知县用,签掣东河,旋遵例改指四川。同治六年,升补雷波厅通判。是年,进京引见回川,于七年闰四月二十四日到任,连闰扣至十年三月二十四日,边俸三年期满。该员年健才明,办事稳练,于所辖地方抚辑得宜,任内并无凶夷焚抢捆人及降革、留任、展参案件,核与撤回升用之例相符,据藩、臬两司会详请奏前来。

相应循例撤回,奏恳天恩,俯准将该员杨泽溥遇有应题、应调同知直隶州知州缺出,即行升用。所遗雷波厅通判系属要缺,容俟接准部覆,拣员请补。除饬取册结送部外,理合恭折具奏,伏乞皇太后、皇上圣鉴,敕部核覆施行。谨奏。七月二十九日。

同治十年九月初六日,军机大臣奉旨:吏部议奏。钦此。[②]

---

① 台北故宫博物院藏:军机及宫中档,文献编号:109303。此片具奏日期未确,兹据同批折件校正。

② 台北故宫博物院藏:军机及宫中档,文献编号:109304。

一〇四　奏报候补道冯昆病故片

同治十年七月二十九日(1871年9月13日)

再,四川候补道冯昆系陕西咸阳县人,由湖南岳州府知府荐升道员。同治二年,经原任四川督臣骆秉章奏调赴川差遣,复请留川不论繁简,遇缺即补,委署建昌道。六年,奏署按察使。七年,交卸。本年五月,请假赴湖南措资,当经咨部在案。讵该道起程后,于八月初一日在云阳县舟次猝患中风病故,据云阳县知县叶庆将具详前来。除咨部外,理合附片陈明,伏乞圣鉴。谨奏。

同治十年九月初六日,军机大臣奉旨:知道了。钦此。①

一〇五　委解协黔的饷起程日期折

同治十年八月初七日(1871年9月21日)

头品顶戴四川总督兼署成都将军臣吴棠跪奏,为续拨本年五、六月份协黔的饷,委解起程日期,恭折仰祈圣鉴事。

窃臣会同前任成都将军崇实,奏请改拨协黔的饷一折,嗣经承准军机大臣字寄,钦奉上谕:周达武所需饷银五万八千两,着照崇实等所拟,由川按月筹拨,解赴贵阳省城,专供周达武马步全军之用等因。钦此。遵即将上年冬季应拨银十四万五千两,又于本年正、二、三、四等月应拨银二十三万二千两,先后具奏解交各在案。查川省邻疆协款,边地防军,无一非借资于民力,竭蹶不遑之状,早

---

① 台北故宫博物院藏:军机及宫中档,文献编号:109305。

在圣明洞鉴之中。本年春杪夏初,雨泽稀少,农田栽插失时,继值川江异涨之期,重庆、夔州一带复被水灾,念民情则重在抚绥,论军事则亟应筹济。现在秋收已届,既不能不酌办捐输,亦不得不量为减免,事须兼顾,费愈难支。惟贵州提督周达武进剿苗疆,未便以饷需支绌,坐误戎机。

臣督同藩司王德固,先尽各属解到厘金项下凑拨五月份协黔的饷银五万八千两,札委候补同知直隶州丁盛荣、试用同知区士安、试用布经历刘毓俊管解,于六月十六日自省起程。兹复据王德固详报:将所收厘金等款动支银二万两,檄提富荣局盐厘银三万八千两,作为六月份协黔的饷,饬委候补知县刘廷恕、试用通判周溱管解,定期于七月二十八日自省起程,统交周达武贵州军营查收,专供所部马步全军之用。

此外尚有武字右军抽拨两营勇丁一千人,赴黔助剿,亦须支给月饷。臣谨当与在省司道等虚衷商榷,实力维持,以仰副朝廷廑念边陲之至意。所有续拨五、六月份协黔的饷委解起程日期,理合恭折驰陈,伏乞皇太后、皇上圣鉴。谨奏。八月初七日。

同治十年八月二十八日,军机大臣奉旨:知道了。钦此。①

一〇六　续筹淮军月饷委解起程日期折

同治十年八月初七日(1871年9月21日)

头品顶戴四川总督兼署成都将军臣吴棠跪奏,为续筹直隶督

----

①　台北故宫博物院藏:军机及宫中档,文献编号:109216。又,吴棠等《游蜀疏稿》,第449—455页。其尾记曰:"同治十年八月初七日,由驿具奏,于本年九月十八日,准兵部火票递回原折,后开军机大臣奉旨:知道了。钦此。"

臣淮军月饷委解起程日期,恭折仰祈圣鉴事。

窃臣前准军机大臣字寄:同治九年十月二十六日,奉上谕:李鸿章奏,淮军月饷,每月加拨四川四万两①等因。钦此。伏查淮军月饷,前经臣督同藩司八次解过银三十万两。兹值刘铭传遵旨派队填扎汉南,扼守秦、陇要隘,天津防务亦关紧要,粮饷均难稍缺。川库虽极支绌,不能不勉力筹解,以顾大局。

兹据藩司王德固设法凑集银四万两,饬委候补知县陆镕承领,定期于同治十年七月二十八日自省起程,解赴湖北粮台交收,拨供李鸿章与刘铭传所部淮军征防饷项,以济要需。除分咨外,理合恭折具陈,伏乞皇太后、皇上圣鉴。谨奏。八月初七日。

同治十年八月二十八日,军机大臣奉旨:知道了。钦此。②

一〇七　请以李得太委署松潘镇总兵片

同治十年八月初七日(1871 年 9 月 21 日)

再,署松潘镇总兵事维州协副将虞良,业经饬回维州协本任,以重职守。所遗松潘镇署缺,悬处夷疆,界连陇右,驾驭巡防,均关紧要。查有前经奏明调省之重庆镇总兵李得太,久历戎行,年力壮盛,营务渐已练习,堪以委署松潘镇篆务。除檄饬遵照外,理合附片陈明,伏乞圣鉴。谨奏。

同治十年八月二十八日,军机大臣奉旨:知道了。钦此。③

---

① "四万两",上谕档、《清实录》及前后折件均作"三万两"。此处疑误。
② 台北故宫博物院藏:军机及宫中档,文献编号:109218。
③ 台北故宫博物院藏:军机及宫中档,文献编号:109217。此片具奏日期未确,兹据同批折件校正。

一〇八　委解滇省协饷起程日期片

同治十年八月初七日(1871年9月21日)

再,川省奉拨云南协饷,前已解过银十四万两,先后奏咨在案。兹滇省督抚臣复委员来川催提。伏思蜀中频年分解各省协饷,转输不绝于道,库储悉索无遗。今岁春夏之交,雨泽愆期,农田栽种过晚,厥后川东州县又患水潦,现届秋收,丰歉不齐,一切征解之款殊形减色,饷源支绌万分。惟滇省军务正值得手,不得不竭力接济,以维大局。

兹臣督同藩司凑集滇饷银三万两,发交来员候补知县安宝宸领解,定于七月二十五日自成都起程,解赴滇省藩库,以济要需。除分咨外,理合附片陈明,伏乞圣鉴。谨奏。

同治十年八月二十八日,军机大臣奉旨:知道了。钦此。①

一〇九　筹解陕、甘两省饷项起程日期片

同治十年八月初七日(1871年9月21日)

再,川省频年拨饷过繁,库储屡匮。本年,各属旱涝相继,秋收不齐,饷源愈形支绌。现于起解滇饷案内附片陈明。惟叠准陕西抚臣蒋志章、办理西征粮台臣袁保恒来咨,以北山难民待赈孔急,援甘各军需饷尤殷,复委员来川守提,不得不竭力分筹,以

---

① 台北故宫博物院藏:军机及宫中档,文献编号:109219。此片具奏日期未确,兹据同批折件校正。

期兼顾。

　　兹臣督同藩司王德固严催各属，勉凑厘金银四万两，以一万两作为陕北赈恳〔垦〕之款，委试用通判谈廷桢承领；以三万两作为九年闰十月下半月暨十一月份应协甘饷，委候补知县陈锡鬯，协同粮台来员从九品杨式荣承领。该委员等均定期于七月二十七日自成都起程，分别解赴陕西藩库及西征粮台交收，用济要需。所有凑解陕、甘两省饷项缘由，理合附片陈明，伏乞圣鉴。谨奏。

　　同治十年八月二十八日，军机大臣奉旨：知道了。钦此。①

一一〇　　奏报川省同治十年七月雨水、粮价折

同治十年八月二十六日(1871 年 10 月 10 日)

　　头品顶戴四川总督兼署成都将军臣吴棠跪奏，为恭报四川省同治十年七月份各属具报米粮价值及得雨情形，仰祈圣鉴事。

　　窃照同治十年六月份米粮价值及得雨情形，前经臣恭折奏报在案。兹查本年七月份成都等十二府、资州等八直隶州、叙永一直隶厅，各属具报得雨自一二次至六七次不等，早稻收获，晚谷结实。其通省粮价俱与上月相同，据布政使王德固查明列单汇报前来。

　　臣覆核无异。理合恭折具奏，并分缮清单，恭呈御览，伏乞皇太后、皇上圣鉴。谨奏。八月二十六日。

　　同治十年十月初六日，军机大臣奉旨：知道了。钦此。②

―――――――――――

　　① 台北故宫博物院藏：军机及宫中档，文献编号：109220。此片具奏日期未确，兹据同批折件校正。

　　② 台北故宫博物院藏：军机及宫中档，文献编号：109842。

一一一　呈川省同治十年七月粮价清单

同治十年八月二十六日（1871 年 10 月 10 日）

谨将四川省同治十年七月份四川省所属地方各项粮价，开具清单，恭呈御览。

成都府属，价贵。中米每仓石价银二两七钱七分至三两八钱一分，与上月同。大麦每仓石价银一两八钱四分至二两一分，与上月同。小麦每仓石价银二两一钱七分至二两三钱四分，与上月同。黄豆每仓石价银一两六分至二两四钱六分，与上月同。荞子每仓石价银一两一钱七分至一两七钱一分，与上月同。

重庆府属，价贵。中米每仓石价银二两五钱七分至三两五钱九分，与上月同。大麦每仓石价银一两六钱五分至二两，与上月同。小麦每仓石价银二两三钱一分至二两七钱三分，与上月同。黄豆每仓石价银二两七钱三分至三两三分，与上月同。

保宁府属，价贵。中米每仓石价银二两六钱五分至三两三钱六分，与上月同。大麦每仓石价银一两九钱二分至二两一钱三分，与上月同。小麦每仓石价银二两八钱六分至三两六钱，与上月同。黄豆每仓石价银一两八钱三分至二两一钱三分，与上月同。

顺庆府属，价贵。中米每仓石价银二两八钱二分至三两二钱三分，与上月同。大麦每仓石价银一两六钱二分至一两八钱一分，与上月同。小麦每仓石价银二两一钱一分至二两一钱四分，与上月同。黄豆每仓石价银一两五钱五分至一两六钱七分，与上月同。

叙州府属，价贵。中米每仓石价银三两八分至三两三钱八分，与上月同。大麦每仓石价银一两六钱七分至二两三分，与上月同。

小麦每仓石价银二两一钱五分至二两六钱五分，与上月同。黄豆每仓石价银一两一钱一分至一两五钱二分，与上月同。

夔州府属，价贵。中米每仓石价银二两八钱八分至三两二钱三分，与上月同。大麦每仓石价银一两七钱九分至二两四钱七分，与上月同。小麦每仓石价银二两九钱六分至三两四分，与上月同。黄豆每仓石价银二两一钱六分至二两二钱六分，与上月同。

龙安府属，价贵。中米每仓石价银二两五钱八分至三两二钱八分，与上月同。青稞每仓石价银一两五钱，与上月同。小麦每仓石价银一两八钱至二两一钱九分，与上月同。黄豆每仓石价银一两八钱五分至一两九钱三分，与上月同。

宁远府属，价贵。中米每仓石价银二两九钱一分至三两二钱四分，与上月同。大麦每仓石价银一两四钱九分至一两六钱一分，与上月同。小麦每仓石价银一两六钱二分至二两二钱三分，与上月同。荞子每仓石价银一两四钱六分，与上月同。黄豆每仓石价银一两五钱六分至一两六钱三分，与上月同。

雅州府属，价中。中米每仓石价银二两八钱三分至二两八钱八分，与上月同。小麦每仓石价银二两三钱至二两六钱六分，与上月同。黄豆每仓石价银一两六钱八分至二两七分，与上月同。

嘉定府属，价贵。中米每仓石价银二两九钱至三两五钱，与上月同。小麦每仓石价银二两三钱七分至二两七钱四分，与上月同。黄豆每仓石价银一两四钱九分至二两五分，与上月同。

潼川府属，价贵。中米每仓石价银二两九钱一分至三两一钱九分，与上月同。大麦每仓石价银一两六钱七分至一两九钱五分，与上月同。小麦每仓石价银二两一钱六分至二两五钱一分，与上月同。黄豆每仓石价银一两七钱九分至二两一钱六分，与上月同。

　　绥定府属，价中。中米每仓石价银二两六钱至二两九钱，与上月同。大麦每仓石价银一两五钱八分至一两五钱九分，与上月同。小麦每仓石价银一两六钱三分至一两七钱四分，与上月同。黄豆每仓石价银一两四钱三分，与上月同。

　　眉州直隶州属，价贵。中米每仓石价银二两七钱六分至三两六分，与上月同。

　　邛州直隶州属，价贵。中米每仓石价银二两六钱六分至三两九分，与上月同。大麦每仓石价银一两九钱三分，与上月同。小麦每仓石价银二两五钱九分，与上月同。黄豆每仓石价银二两一钱至二两二钱四分，与上月同。

　　泸州直隶州属，价贵。中米每仓石价银三两九分至三两一钱，与上月同。

　　资州直隶州属，价中。中米每仓石价银二两五钱八分至二两九钱三分，与上月同。

　　绵州直隶州属，价贵。中米每仓石价银二两七钱五分至三两七分，与上月同。小麦每仓石价银二两三钱四分至二两四钱八分，与上月同。

　　茂州直隶州属，价中。中米每仓石价银二两六钱三分，与上月同。小麦每仓石价银二两六钱八分，与上月同。青稞每仓石价银二两二钱二分，与上月同。荞子每仓石价银一两二钱五分至一两七钱五分，与上月同。

　　忠州直隶州属，价贵。中米每仓石价银二两六钱至三两二钱八分，与上月同。大麦每仓石价银一两四钱六分至一两六钱，与上月同。小麦每仓石价银二两五分至二两四钱一分，与上月同。黄豆每仓石价银一两二钱七分至一两三钱七分，与上月同。

酉阳直隶州属,价贵。中米每仓石价银二两六钱一分至三两一钱一分,与上月同。大麦每仓石价银二两三钱至二两六钱二分,与上月同。小麦每仓石价银二两六钱四分至二两七钱八分,与上月同。黄豆每仓石价银一两三钱九分至一两四钱四分,与上月同。

叙永直隶厅属,价中。中米每仓石价银二两九钱九分,与上月同。小麦每仓石价银一两八钱一分,与上月同。荞子每仓石价银一两三钱四分,与上月同。黄豆每仓石价银一两六钱一分,与上月同。

松潘直隶厅,价中。青稞每仓石价银二两七钱六分,与上月同。荞子每仓石价银一两七钱四分,与上月同。

杂谷直隶厅,价中。青稞每仓石价银二两四钱,与上月同。荞子每仓石价银一两七钱九分,与上月同。

石砫直隶厅,价平。中米每仓石价银一两六钱二分,与上月同。大麦每仓石价银一两七钱三分,与上月同。小麦每仓石价银二两六分,与上月同。黄豆每仓石价银一两八钱九分,与上月同。

打箭炉直隶厅,价贵。青稞每仓石价银四两九钱二分,与上月同。油麦每仓石价银一两八钱一分,与上月同。

军机大臣奉旨:览。钦此。[1]

一一二　呈川省同治十年七月得雨清单

同治十年八月二十六日(1871年10月10日)

谨将同治十年七月份四川省所属地方得雨情形,开具清单,恭呈御览。

---

[1]　台北故宫博物院藏:军机及宫中档,文献编号:109842-0-A。

　　成都府属：成都、华阳两县得雨五次，稻谷结实。简州得雨五次，黄豆收获。崇庆州得雨四次，早稻黄熟。汉州得雨五次，稻谷成熟。温江县得雨三次，谷渐收获。郫县得雨四次，晚稻结实。崇宁县得雨三次，禾渐成熟。新都县得雨三次，晚稻成熟。新繁县得雨二次，谷熟水充。彭县得雨六次，豆谷成熟。双流县得雨二次，晚稻黄熟。什邡县得雨五次，谷渐收获。

　　重庆府属：江北厅得雨四次，早稻收毕。巴县得雨三次，晚禾成熟。江津县得雨二次，早稻收获。长寿县得雨二次，田渐翻犁。永川县得雨二次，晚稻成熟。荣昌县得雨二次，谷渐收获。綦江县得雨四次，晚稻收获。南川县得雨六次，早禾登场。合州得雨四次，谷收水充。涪州得雨二次，田水充足。铜梁县得雨三次，早稻收获。大足县得雨六次，稻收水足。

　　夔州府属：巫山县得雨二次，谷尽收获。万县得雨三次，晚谷收获。开县得雨四次，豆谷登场。

　　龙安府属：江油县得雨二次，豆谷收获。石泉县得雨三次，稻谷收获。

　　绥定府属：东乡县得雨四次，稻谷收获。太平县得雨四次，田水充足。

　　宁远府属：会理州得雨四次，豆谷收获。保宁府属：阆中县得雨四次，晚稻成熟。苍溪县得雨二次，早稻收获。南部县得雨三次，稻谷收获。广元得雨四次，早稻黄熟。昭化县得雨二次，稻谷渐收。巴州得雨三次，早稻收获。剑州得雨五次，稻粟吐穗。

　　顺庆府属：南充县得雨三次，早稻收获。西充县得雨一次，稻谷收获。蓬州得雨四次，早稻成熟。营山县得雨三次，早稻收毕。仪陇县得雨二次，早稻收毕。广安县得雨二次，早稻成熟。岳池县得雨四次，早稻收获。邻水县得雨四次，早稻收获。

潼川府属：三台县得雨四次，早稻收获。盐亭县得雨二次，早稻成熟。安岳县得雨三次，早稻收获。乐至县得雨五次，早稻收毕。

雅州府属：雅安县得雨五次，早谷已收。名山县得雨二次，稻谷收获。清溪县得雨二次，早稻渐收。

嘉定府属：乐山县得雨五次，稻谷收毕。峨眉县得雨二次，早稻收获。洪雅县得雨四次，稻谷渐收。夹江县得雨三次，早禾渐收。荣县得雨三次，早稻收获。威远县得雨五次，早稻收毕。

叙州府属：南溪县得雨五次，早稻收获。富顺县得雨四次，稻谷收获。隆昌县得雨二次，稻谷收获。兴文县得雨四次，早稻收获。马边厅得雨二次，稻谷收毕。

资州直隶州属：资州得雨七次，晚禾扬花。资阳县得雨四次，豆谷收获。井研县得雨四次，稻谷成熟。仁寿县得雨六次，稻收水充。内江县得雨七次，晚谷黄熟。

绵州直隶州属：绵州得雨六次，迟秧穗齐。安县得雨六次，晚禾结实。绵竹得雨二次，堰水充足。梓潼县得雨三次，晚禾成熟。罗江县得雨五次，稻谷渐收。

忠州直隶州属：忠州得雨三次，晚禾成熟。酆都县得雨四次，晚禾收获。梁山县得雨一次，晚禾结实。垫江县得雨三次，早谷黄熟。

西阳直隶州属：彭水县得雨五次，田禾吐穗。

茂州直隶州得雨二次，田禾结实。

眉州直隶州属：眉州得雨五次，早稻收获。彭山县得雨四次，早谷收获。丹棱县得雨三次，早稻收获。青神县得雨二次，早稻收获。

泸州直隶州属：泸州得雨四次,稻谷收获。江安县得雨二次,稻谷收获。合江县得雨四次,早稻收毕。纳溪县得雨四次,早稻收毕。

邛州直隶州属：蒲江县得雨四次,稻谷收获。

叙永直隶厅属：叙永厅得雨五次,早稻收获。永宁县得雨四次,早稻收获。

军机大臣奉旨：览。钦此。[①]

一一三　奏报李春培年满甄别折

同治十年八月二十六日(1871 年 10 月 10 日)

头品顶戴四川总督兼署成都将军臣吴棠跪奏,为知府到省年满,循例甄别,恭折仰祈圣鉴事。

窃照试用道府等官到省一年期满,例应察看才具,分别堪胜繁简,专折奏闻。兹查发川试用知府李春培,年四十六岁,江西南昌县人,由吏员在籍投营效力,迭保蓝翎知县,归部选用,并换花翎。同治三年,保守抚州府城出力,保准免选知县,以同知直隶州知州遇缺即选。四、五两年,因截击窜贼出力,续保免选本班,以知府遇缺尽先即选,接准部覆。八年八月,在陕州捐输局补足两班,指发四川试用,并捐免保举。十一月,赴部引见,奉旨：李春培发往四川,以知府试用。钦此。随即请假回籍修墓,领照起程。嗣于九年七月二十四日到川,扣至十年七月二十四日一年期满,据藩、臬两司详请甄别前来。

---

① 台北故宫博物院藏：军机及宫中档,文献编号：109844。

臣察看该府李春培,年强才裕,办事勤能,堪膺表率之任,应请留川以繁缺补用。倘或始勤终怠,仍当随时核办,断不敢稍事姑容,致滋贻误。除咨吏部外,理合恭折陈明,伏乞皇太后、皇上圣鉴。谨奏。八月二十六日。

同治十年十月初六日,军机大臣奉旨:吏部知道。钦此。①

一一四　请以朱潮调补成都府知府折

同治十年八月二十六日(1871年10月10日)

头品顶戴四川总督兼署成都将军臣吴棠跪奏,为遵旨拣员调补省会要缺知府,并请补新遗员缺,恭折仰祈圣鉴事。

窃臣接准部咨:同治十年五月二十二日,奉上谕:四川成都府知府员缺紧要,着该督于通省知府内拣员调补。所遗员缺着宜成补授。钦此。伏查成都府管辖十六州县,为通省领袖,时有委审要案,政务极形繁剧,必须老成练达、守洁才优之员,方足以资治理。臣督同藩、臬两司在于通省知府内逐加拣选,查有叙州府知府朱潮,年五十六岁,浙江进士,改庶吉士,授职编修。咸丰九年,奉旨以御史用,充顺天乡试同考官。十年,补授江西道监察御史,转掌山西道监察御史,丁忧起复。同治四年,补授陕西道监察御史,转掌贵州道监察御史,任满截取引见,记名以繁缺知府用。五年四月十七日,奉旨:四川叙州府知府,着朱潮补授。钦此。是年十二月十四日到任。该员心细才长,堪资表率,为知府中结实可靠之员,任内并无降革、留任、展参案件,以之调补成都府知府,实堪胜任;

---

① 台北故宫博物院藏:军机及宫中档,文献编号:109843。

且历俸早满三年,又系正途出身,亦与调补之例相符,据藩、臬两司会详前来。

合无仰恳天恩,俯准以叙州府知府朱潮调补成都府知府,实于吏治、地方均有裨益。如蒙俞允,该员系实任知府调补知府,衔缺相当,毋庸送部引见。其因公罚俸银两,饬令依限完缴。所遗叙州府员缺,遵旨即以宜成补授,各重职守。所有拣员调补省会要缺知府并请补遗缺知府缘由,理合恭折具奏,伏乞皇太后、皇上圣鉴训示。再,此案应以同治十年六月二十九日截缺之日起限,除小建一日,扣至九月十一日限满。合并陈明。谨奏。八月二十六日。

同治十年十月初六日,军机大臣奉旨:吏部议奏。钦此。[1]

一一五　咨请钞录前上奏折朱批暨
　　　　奉旨日期及有无寄发上谕事

同治十年九月初一日(1871 年 10 月 14 日)

头品顶戴都察院右都御史总督四川等处地方提督军务兼理粮饷管巡抚事兼署成都将军吴,为咨请钞录事。

窃照本督部堂于同治十年七月十一日午时,由成都省城拜发驰驿三百里奏折夹板一副,内计正折三件、附片四件,迄今五十余日,尚未奉到批折发回。伏查八月二十九日准刑部钉封咨文,内有七月十一日具奏酉阳州彭胡氏京控审明定拟一案,系七月二十九日奉旨,其部文系八月初八日发行,以此而论,则同日所奏折片,均已奉有批旨。惟发回折件计一月之久,尚未递到,是否沿途雨水阻

---

① 台北故宫博物院藏:军机及宫中档,文献编号:109845。

隔,抑系驿站捺搁,难以遥揣。除一面牌行沿途各驿站查催外,理合摘录折片事由,咨请查覆。为此咨呈贵军机大臣,谨请查照前项奏事折片,希将折上朱批暨奉旨日期及有无寄发上谕,敬希钞录赐覆,以便核办,望切施行。须至咨呈者。计钞录折片事由一纸,右咨呈军机大臣。同治十年九月初一日。

奏川省边隅腹地时势多艰,恳恩暂留带队得力总兵李辉武以资防剿一折。奏川省委解本年京饷暨固本饷项起程日期一折。奏酉阳州民妇彭胡氏京控一案审明分别定拟一折。奏简州等州县士民陆续捐输银两恳请给奖一片。奏候补知府彭毓菜等委署成都府等各篆务一片。奏川省办理防剿经费银两一片。奏候补知县周熙炳等到省一年期满甄别留省补用一片。①

一一六　奏报合州等州县水灾现经抚恤折

同治十年九月十二日(1871 年 10 月 25 日)

头品顶戴四川总督兼署成都将军臣吴棠跪奏,为川省合州、广元各州县多遭水患,现经分别委勘抚恤,恭折奏闻,仰祈圣鉴事。

窃臣先后接据合州、广元、昭化、绵州、梓潼、罗江、彰明、江油、平武、彭县、灌县、什邡、崇宁、射洪、遂宁、南充等州县禀报:本年八月初旬,连日大雨滂沱,嘉陵、岷、涪各江同时泛涨。沿江城堤、桥梁、民田、庐舍间被冲淹,居民迁徙不及,亦有溺毙。现经筹款赈恤,民情尚属安贴。又据潼川府暨广安、合州等府州县续禀,蓬溪、广安、合州、定远、岳池等处田亩,早谷已登,晚稻未熟。因阴雨过

① 台北故宫博物院藏:军机及宫中档,文献编号:109574。

久,田间遍生蟛蟓。农民冒雨搜除,旋去旋长,蚕食稻穗,谷坠空壳,秋收甚歉各等情。

臣查沿江居民大抵贫苦居多,此次突遭水患,不但口食无资,亦恐栖身无所。虽经地方官量为资给,借可接济,而失业者众,虑难遍及。至广安、合州等处晚禾多受虫伤,秋成歉薄,闾阎亦虑艰食,当即批饬司道委员分驰前往查勘,并飞饬该管知府及各地方官赶紧查明被淹若干户,溺毙大小男女若干丁口,田禾损若干亩,除富厚之家毋庸赈济外,其贫难自存之户,应先确查户口人丁实数,分别被灾轻重,设法筹款,并劝谕未经被灾之殷富绅粮,不论银钱谷米,公同捐助,优加抚恤。冲毁房屋,量给修费,俾有栖止。淹毙人口,捞获掩埋。沙压田亩,一律挑挖,早种杂粮,借资补救。其冲毁城堤、桥梁,次第筹款修筑,以工代赈,总期民情安辑,渐复旧业,不致一夫失所,以仰副圣主惠爱黎元至意。

除俟覆到再行奏报外,所有合州、广元等处沿河居民被水及现在办理情形,理合先行由驿驰奏,伏乞皇太后、皇上圣鉴。谨奏。九月十二日。

同治十年十月初一日,军机大臣奉旨:知道了。钦此。[1]

一一七　奏请川东道员缺迅赐简放片

同治十年九月十二日(1871年10月25日)

再,臣前据川东道锡佩具禀:向有肝气之疾,本年入夏以来,旧病增剧,猝难就痊,请假两个月,并委员接办等情。当经檄饬候补

---

① 台北故宫博物院藏:军机及宫中档,文献编号:109779。

道钟肇立前往代办,俾锡佩调治病痊。正具奏间,即据重庆府知府瑞亨禀报:该道锡佩医治罔效,已于本年八月二十四日因病出缺前来。伏查川东道统辖三府、三直隶州、一直隶厅,毗连贵州、湖南、湖北、陕西四省,幅员辽阔,政务殷繁。所属酉阳、巴县等处民教杂居,时有控案,必须督属持平审断,以期消患未形,兼值黔氛未靖,苗、号股匪时窥川界,内抚外防,尤关紧要,非廉明干练、熟悉边防之员,不足以资整顿。

臣于通省候补道员中逐加遴选,惟查有已经捐指四川、奏明奉旨允准先行委用之候补道钟肇立,吏事精详,才识稳练,历办通省防剿总局,措置裕如,于各处边备及民教情形均为熟悉,堪以委署川东道篆务。除檄饬遵照外,所有川东道员缺相应请旨迅赐简放,以重职守,理合循例由驿附陈,伏乞圣鉴。谨奏。

同治十年十月初一日,军机大臣奉旨:钦此。[1]

【案】此折于是年十月初一日获批覆:

同治十年十月初一日,内阁奉上谕:四川川东道员缺,着姚觐元补授。钦此。[2]

一一八　奏报同知萧锦等期满甄别片

同治十年九月十二日(1871年10月25日)

再,查吏部奏定章程:州府丞倅无论何项劳绩保奏归入候补班

---

[1]　台北故宫博物院藏:军机及宫中档,文献编号:109780。此片具奏日期未确,兹据同批折件校正。

[2]　中国第一历史档案馆编:《咸丰同治两朝上谕档》,第27册,第278页。

者,以到省之日起,予限一年,令督抚详加察看,出具切实考语,奏明分别繁简补用等因。遵照在案。兹查有候补班前先补用同知萧锦、遇缺补用知州李传骏二员,均到省一年期满,自应照章甄别,据布政司王德固、按察司英祥分造该员等履历清册,会详请奏前来。

臣查该员萧锦,年壮才明,请留川以繁缺同知补用;李传骏吏事明练,请留川以繁缺知州补用。除将该员等履历清册咨部外,理合附片陈明,伏乞圣鉴训示。谨奏。

同治十年十月初一日,军机大臣奉旨:知道了。钦此。①

一一九　奏请川省援案续办酌捐折

同治十年九月十二日(1871年10月25日)

头品顶戴四川总督兼署成都将军臣吴棠跪奏,为川省军饷、协饷均已不继,请援案续办酌捐一次,借资接济,恭折仰祈圣鉴事。

窃查川省频年办理防剿,援邻助饷,库储悉索无遗,不能不借捐输以资周转。虽近岁酌裁营勇,军糈已可稍节,而现计各路征防处所,尚有前云南提督臣唐友耕统率振武六营及总兵李忠恕所部武安两营,分扼叙南、会理等处,以固滇防。其汉中镇总兵李辉武原统武字右军三营及续添律字马步三营,仍扎陕西大安驿,遏陇回东窜之路。而以达字、安吉、虎威宝等十二营分布川北龙安各路要隘,联络策应。又有忠字、裕字、新字、亲兵等八营,暨建昌镇、越嶲、峨边、雷波、马边、酉阳各厅州招募勇练,共四千八百余名,或分

①　台北故宫博物院藏:军机及宫中档,文献编号:109781。此片具奏日期未确,兹据同批折件校正。

防边要，或驻守夷疆。连省城旗、绿各营及四旗抽练之师，统计四十余营，均难遽撤，饷需、军火所费不赀。加以台藏、新疆、陕甘、云贵各处委员来川催提协饷，几无虚日。

至贵州提臣周达武统带武字各营入黔援剿，原定月饷五万八千两，又续调武字右军两营赴黔，均由川供给饷项。本年原拨、添拨京饷尚欠解二十九万两。津贴、捐输、盐货、厘金均已随到随用，毫无存积。综计年内必不可少之需，除有款可指外，约短百数十万两，而来年应需经费尚不在内。若不通盘筹算、早为之计，临时设有贻误，关系非轻。

臣督同在省司道公同会议，惟有按照历办成案，劝谕通省绅民续办酌捐一次，以资接济。第查本年春夏之交，雨泽稀少。入秋以后，又苦久雨，江水盛涨，沿河稻田多有淹没，兼患螟虫，收成颇形减色。差幸各处被灾地方虽广狭不同，多系一隅偏灾，现经饬据各属确查秋收分数，详加稽核，惟合州、广安等处被灾较重，其余各属收成有与上年相等者，有比上年歉收二三四分者。除瘠苦之区及被灾最重之处悉予免捐，其收成稍歉者切实核减外，应请饬令各厅州县富户粮民，量力捐输，仍照历届劝办章程，计粮数之多寡，定捐输之等差。如有中等之户只能捐银数两或十数两不敷议叙者，亦一律收缴，俾免阻其报效之忧，仍汇计银数，加广学额。体察舆情，尚可遵办。至零星小户，一概免捐，总期于饷有济，于民无扰。据省司道详请具奏前来。

臣覆查该司道所请，系为勉筹军实、兼恤民情起见，似应照办，以维大局。第念自军兴以来，劝办捐输已逾十稔，民情艰苦，固不待言，但使库款渐充，亦何忍于正供之外重累边氓！无如本省防剿之师虽多方撤减，各省协拨之款仍逐岁请增。现计上年筹办酌捐，仅及历届普捐之半。本年续办酌捐,剔除被灾最重及核减收成较歉之区,更比上年酌捐损之又损。明知经费入不敷出,大费周章,而民困方殷,岂容膜视。兹就收捐银数,审度再三,只能尽力筹办,撙节动支。所有本省防剿兵勇需用口粮,已多蒂欠。至于外省协饷纷至沓来,实难兼顾。惟有随力匀拨,恐未能限以成数、时日。此又臣责守所在,不敢不预为陈明者也。是否有当,理合恭折具陈,伏乞皇太后、皇上圣鉴训示。谨奏。九月十二日。

同治十年十月初一日,军机大臣奉旨:户部知道。钦此。①

一二〇 奏报委解京饷起程日期折

同治十年九月十二日(1871 年 10 月 25 日)

头品顶戴四川总督兼署成都将军臣吴棠跪奏,为川省委解京饷五万两起程日期,恭折仰祈圣鉴事。

窃臣钦奉上谕:户部奏,请饬催各省赶解京饷,四川盐厘津贴银二十万两,统于年内扫数解齐等因。钦此。伏查川省频年援邻防边,并分协各省月饷,拨款过繁。本年秋收丰歉不齐,司、盐两库入少出多,莫名支绌。惟京饷关系最重,自应先其所急,勉力筹解。前将原拨饷项三次解过十六万两,均经奏报在案。兹复督同司道催集按粮津贴银三万五千两、盐厘银三万五千两,共银七万两,饬委蓬州知州李德迪承领,定期于九月十五日自川起程。

前因秦、陇交界地方回匪溃勇出没靡常,驿路时通时阻,京饷

---

① 台北故宫博物院藏:军机及宫中档,文献编号:109782。

重款，实难冒险径解，于本年正月间，复奏请照案发商汇兑，奉旨敕部知照在案。所有此次饷项仍发交蔚泰厚等银号汇解，委员至京兑齐，解赴户部交纳，用昭慎重。余银即陆续筹解，不敢稍迟，据藩司王德固、盐茶道傅庆贻会详前来。臣覆查无异。除分咨外，理合恭折具奏，伏乞皇太后、皇上圣鉴。谨奏。九月十二日。

同治十年十月初一日，军机大臣奉旨：户部知道。钦此。①

【案】钦奉上谕……扫数解齐：此上谕上谕档载曰：

军机大臣字寄：福州将军、直隶、两江、湖广、闽浙、两广、四川、江苏、安徽、江西、福建、浙江、湖北、湖南、山东、山西、河南、广东各督抚，传谕粤海关监督：户部奏，请饬催各省赶解京饷一折。上年十一月间，经户部奏拨本年京饷银七百万两，限五月前解到一半，年终解清。兹据该部查明，截至七月初十日止，除天津关常、洋两税银十五万两，无庸依定五月前初限，统令年底解齐。江西地丁、厘金，河东加课、羡余，广东盐课、帑息，粤海、闽海、江汉关税，报解均已过半。山东、山西、安徽地丁，浙江地丁、厘金，福建、湖北、湖南盐课、盐厘，江海关税，亦据报解及半。至湖北等省地丁、厘金，两淮等处盐课，九江等处关税，或解不及半，或丝毫未解。京饷关系紧要，岂容任意延宕。除缓解划拨解到外，尚有山西地丁银五十万两，山东地丁银十六万两，浙江地丁银十五万两，湖北地丁银十九万两，湖南地丁银三万两，河南地丁银十五万两，安徽地丁银十万两，江西地丁银十万两，长芦盐课银二十五万两，两淮盐课、

---

① 台北故宫博物院藏：军机及宫中档，文献编号：109783。

盐厘银二十七万两,两浙盐课、盐厘银十五万两,河东加课、羡余银五万两,广东盐课、帑息银十二万两,山东盐课加价银十三万两,福建盐课银十万两,湖北盐厘银五万两,湖南盐厘银一万五千两,四川盐厘、津贴银二十万两,福建茶税银十二万两,粤海关新增赢余银二万两,闽海关洋税银十六万两,九江关洋税银三十五万两,浙海关常、洋两税银十六万两,江海关洋税银十五万两,江汉关洋税银十四万两,天津关常、洋两税银十五万两,赣关税银五万两,江苏厘金五万两,浙江厘金二万五千两,广东厘金三万两,湖北厘金二万两。着各该将军、督、抚、监督等即将前项应解银两统于年内扫数解齐,毋得迟延干咎。至山西京饷内地丁项下划拨库伦军饷十万两,除已据报解外,尚欠五万两,并着该抚赶紧解清,以资接济。另片奏,请添拨京饷等语。部库需用甚繁,该部拟添拨山东地丁银十万两,河南地丁银五万两,荣工加价奏准解部归款银五万两,福建春拨实存地丁等银五万两,税厘银五万两,浙江厘捐银五万两,两淮盐厘银十万两,广东盐课银十万两,四川盐厘银五万两,按粮津贴银十万两,闽海关洋税银十五万两,浙海关洋税银十五万两。着各该将军、督、抚连本年原拨未解京饷一并于年内解齐,毋得稍涉推诿,致误要需。将此由五百里谕知福州将军、直隶、两江、湖广、闽浙、两广、四川、江苏、安徽、江西、福建、浙江、湖北、湖南、山东、山西、河南、广东各督抚,并传谕粤海关监督知之。钦此。遵旨寄信前来。①

---

① 中国第一历史档案馆编:《咸丰同治两朝上谕档》,第21册,第214—215页;《穆宗毅皇帝实录(七)》,卷三百六,同治十年七月下,第183—184页。

一二一　奏报川省同治十年八月雨水、粮价折

同治十年九月二十六日（1871年11月8日）

头品顶戴四川总督兼署成都将军臣吴棠跪奏，为恭报四川省同治十年八月份米粮价值及得雨情形，仰祈圣鉴事。

窃照同治十年七月份通省粮价及得雨情形，前经臣恭折奏报在案。兹查本年八月份成都等十二府、资州、绵州、忠州、酉阳州、眉州、泸州、邛州直隶州、叙永一直隶厅，各属具报得雨自一二次至十一二次不等。田水充溢，稻谷收毕。其通省粮价俱与上月相同，据布政使王德固查明列单汇报前来。

臣覆核无异。理合恭折具奏，并分缮清单，恭呈御览，伏乞皇太后、皇上圣鉴。谨奏。九月二十六日。

同治十年十月二十七日，军机大臣奉旨：知道了。钦此。[①]

一二二　呈川省同治十年八月粮价清单

同治十年九月二十六日（1871年11月8日）

谨将同治十年八月份四川省所属地方各项粮价，开具清单，恭呈御览。

成都府属，价贵。中米每仓石价银二两七钱七分至三两八钱一分，与上月同。大麦每仓石价银一两八钱四分至二两一分，与上月同。小麦每仓石价银二两一钱七分至二两三钱四分，与上月同。

---

① 台北故宫博物院藏：军机及宫中档，文献编号：109842。

吴棠集

黄豆每仓石价银一两六分至二两四钱六分，与上月同。荞子每仓石价银一两一钱七分至一两七钱一分，与上月同。

重庆府属，价贵。中米每仓石价银二两五钱七分至三两五钱九分，与上月同。大麦每仓石价银一两六钱五分至二两，与上月同。小麦每仓石价银二两三钱一分至二两七钱三分，与上月同。黄豆每仓石价银二两七钱三分至三两三分，与上月同。

保宁府属，价贵。中米每仓石价银二两六钱五分至三两三钱六分，与上月同。大麦每仓石价银一两九钱二分至二两一钱三分，与上月同。小麦每仓石价银二两八钱六分至三两六钱，与上月同。黄豆每仓石价银一两八钱三分至二两一钱三分，与上月同。

顺庆府属，价贵。中米每仓石价银二两八钱二分至三两二钱三分，与上月同。大麦每仓石价银一两六钱二分至一两八钱一分，与上月同。小麦每仓石价银二两一钱一分至二两一钱四分，与上月同。黄豆每仓石价银一两五钱五分至一两六钱七分，与上月同。

叙州府属，价贵。中米每仓石价银三两八分至三两三钱八分，与上月同。大麦每仓石价银一两六钱七分至二两三分，与上月同。小麦每仓石价银二两一钱五分至二两六钱五分，与上月同。黄豆每仓石价银一两一钱一分至一两五钱二分，与上月同。

夔州府属，价贵。中米每仓石价银二两八钱八分至三两二钱三分，与上月同。大麦每仓石价银一两七钱九分至二两四钱七分，与上月同。小麦每仓石价银二两九钱六分至三两四分，与上月同。黄豆每仓石价银二两一钱六分至二两二钱六分，与上月同。

龙安府属，价贵。中米每仓石价银二两五钱八分至三两二钱八分，与上月同。青稞每仓石价银一两五钱，与上月同。小麦每仓石价银一两八钱至二两一钱九分，与上月同。黄豆每仓石价银一两八钱五分至一两九钱三分，与上月同。

宁远府属，价贵。中米每仓石价银二两九钱一分至三两二钱四分，与上月同。大麦每仓石价银一两四钱九分至一两六钱一分，与上月同。小麦每仓石价银一两六钱二分至二两二钱三分，与上月同。荞子每仓石价银一两四钱六分，与上月同。黄豆每仓石价银一两五钱六分至一两六钱三分，与上月同。

雅州府属，价中。中米每仓石价银二两八钱三分至二两八钱八分，与上月同。小麦每仓石价银二两三钱至二两六钱六分，与上月同。黄豆每仓石价银一两六钱八分至二两七分，与上月同。

嘉定府属，价贵。中米每仓石价银二两九钱至三两五钱，与上月同。小麦每仓石价银二两三钱七分至二两七钱四分，与上月同。黄豆每仓石价银一两四钱九分至二两五分，与上月同。

潼川府属，价贵。中米每仓石价银二两九钱一分至三两一钱九分，与上月同。大麦每仓石价银一两六钱七分至一两九钱五分，与上月同。小麦每仓石价银二两一钱六分至二两五钱一分，与上月同。黄豆每仓石价银一两七钱九分至二两一钱六分，与上月同。

绥定府属，价中。中米每仓石价银二两六钱至二两九钱，与上月同。大麦每仓石价银一两五钱八分至一两五钱九分，与上月同。小麦每仓石价银一两六钱三分至一两七钱四分，与上月同。黄豆每仓石价银一两四钱三分，与上月同。

眉州直隶州属，价贵。中米每仓石价银二两七钱六分至三两六分，与上月同。

邛州直隶州属，价贵。中米每仓石价银二两六钱六分至三两九分，与上月同。大麦每仓石价银一两九钱三分，与上月同。小麦每仓石价银二两五钱九分，与上月同。黄豆每仓石价银二两一钱至二两二钱四分,与上月同。

泸州直隶州属,价贵。中米每仓石价银三两九分至三两一钱,与上月同。

资州直隶州属,价中。中米每仓石价银二两五钱八分至二两九钱三分,与上月同。

绵州直隶州属,价贵。中米每仓石价银二两七钱五分至三两七分,与上月同。小麦每仓石价银二两三钱四分至二两四钱八分,与上月同。

茂州直隶州属,价中。中米每仓石价银二两六钱三分,与上月同。小麦每仓石价银二两六钱八分,与上月同。青稞每仓石价银二两二钱二分,与上月同。荞子每仓石价银一两二钱五分至一两七钱五分,与上月同。

忠州直隶州属,价贵。中米每仓石价银二两六钱至三两二钱八分,与上月同。大麦每仓石价银一两四钱六分至一两六钱,与上月同。小麦每仓石价银二两五分至二两四钱一分,与上月同。黄豆每仓石价银一两二钱七分至一两三钱七分,与上月同。

酉阳直隶州属,价贵。中米每仓石价银二两六钱一分至三两一钱一分,与上月同。大麦每仓石价银二两三钱至二两六钱二分,与上月同。小麦每仓石价银二两六钱四分至二两七钱八分,与上月同。黄豆每仓石价银一两三钱九分至一两四钱四分,与上月同。

叙永直隶厅属,价中。中米每仓石价银二两九钱九分,与上月同。小麦每仓石价银一两八钱一分,与上月同。荞子每仓石价银一两三钱四分,与上月同。黄豆每仓石价银一两六钱一分,与上月同。

松潘直隶厅,价中。青稞每仓石价银二两七钱六分,与上月同。荞子每仓石价银一两七钱四分,与上月同。

杂谷直隶厅,价中。青稞每仓石价银二两四钱,与上月同。荞子每仓石价银一两七钱九分,与上月同。

石砫直隶厅,价平。中米每仓石价银一两六钱二分,与上月同。大麦每仓石价银一两七钱三分,与上月同。小麦每仓石价银二两六分,与上月同。黄豆每仓石价银一两八钱九分,与上月同。

打箭炉直隶厅,价贵。青稞每仓石价银四两九钱二分,与上月同。油麦每仓石价银一两八钱一分,与上月同。

军机大臣奉旨:览。钦此。①

一二三　呈川省同治十年八月得雨清单

同治十年九月二十六日(1871 年 11 月 8 日)

谨将四川省同治十年八月份各属具报得雨情形,开具清单,恭呈御览。

成都府属:成都、华阳两县得雨十一次,早稻收获。简州得雨十二次,棉花采摘。崇庆州得雨九次,黄豆成熟。汉州得雨十一次,收获将竣。温江县得雨十次,田现翻犁。郫县得雨十二次,田多积水。新都县得雨十一次,早稻收毕。金堂县得雨七次,田堰水足。新津县得雨九次,晚稻收毕。双流县得雨九次,豆谷收毕。什邡县得雨十一次,晚谷多淹。

重庆府属:江北厅得雨三次,田水充盈。江津县得雨四次,田水充足。长寿县得雨三次,田水充足。永川县得雨四次,田水充

---

① 台北故宫博物院藏:军机及宫中档,文献编号:109842-0-A。

足。荣昌县得雨一次,五谷收毕。南川县得雨三次,田亩翻犁。合州得雨三次,田多积水。铜梁县得雨三次,田水欠足。大足县得雨二次,田水欠足。定远县得雨三次,田多积水。

夔州府属:云阳县得雨二次,晚稻全收。万县得雨二次,棉花收捡。大宁县得雨三次,田次翻犁。

龙安府属:江油县得雨五次,田多积水。

绥定府属:东乡县得雨二次,五谷收毕。新宁县得雨六次,晚禾收获。城口厅得雨二次,田水欠足。

宁远府属:南部县得雨三次,田水充足。广元县得雨四次,田水过多。剑州得雨五次,稻粟收获。

顺庆府属:南充县得雨二次,积水未消。西充县得雨二次,田水稍足。营山县得雨二次,田亩翻犁。仪陇县得雨二次,田堰水足。岳池县得雨五次,秋收甚歉。邻水县得雨三次,早稻收毕。

潼川府属:三台县得雨七次,稻谷登场。射洪县得雨三次,河水泛涨。盐亭县得雨三次,杂粮收获。蓬溪县得雨二次,黄豆皆收。乐至县得雨四次,晚稻收毕。

雅州府属:雅安县得雨五次,早稻收获。清溪县得雨二次,黄豆结实。芦山县得雨三次,地土滋润。

嘉定府属:乐山县得雨四次,堰水充盈。峨眉县得雨三次,田水充足。洪雅县得雨四次,稻谷收毕。犍为县得雨三次,早稻登场。荣县得雨四次,晚稻收竣。威远县得雨四次,山地润泽。峨边厅得雨三次,豆麦收获。

叙州府属:南溪县得雨二次,田亩翻犁。富顺县得雨三次,晚禾收毕。隆昌县得雨二次,田水缺少。

资州直隶州并属:资州得雨七次,田堰积水。资阳县得雨六次,田水充足。井研县得雨四次,四乡调匀。仁寿县得雨十二次,棉花收捡。内江县得雨四次,堰水充足。

绵州直隶州并属:绵州得雨十次,堰水过多。安县得雨八次,田水有余。绵竹县得雨十二次,迟谷渐获。梓潼县得雨九次,田水有余。罗江县得雨十二次,堰水盈溢。

忠州直隶州并属:忠州得雨二次,棉花收捡。丰都县得雨三次,棉花收捡。垫江县得雨四次,收获已毕。梁山县得雨三次,禾稻收获。

西阳直隶州属:黔江县得雨二次,五谷收毕。

眉州直隶州并属:眉州得雨六次,收获已毕。彭山县得雨五次,稻谷收毕。丹棱县得雨五次,早稻收毕。

泸州直隶州并属:江安县得雨二次,田水不缺。合江县得雨三次,田亩积水。纳溪县得雨四次,田水尚足。

邛州直隶州属:蒲江县得雨六次,雨水充盈。

叙州直隶州并属:叙永厅得雨四次,晚稻收获。永宁县得雨四次,晚稻收获。

军机大臣奉旨:览。钦此。①

一二四　奏报道员宝森期满甄别折

同治十年九月二十六日(1871 年 11 月 8 日)

头品顶戴四川总督兼署成都将军臣吴棠跪奏,为道员候补年满,循例甄别,恭折仰祈圣鉴事。

---

① 台北故宫博物院藏:军机及宫中档,文献编号:110166。

窃照候补道府等官到省一年期满,例应察看,出具分别堪胜繁简,专折奏闻。兹查发川候补道宝森,年四十三岁,镶白旗满洲文生,报捐笔帖式,签分礼部,补授太常寺帖式。七年,改捐知县,指省分发河南,并捐免回避,十月到省。九年,报捐同知衔。十年,接奉新章,回避胞兄河南候补知府宝福,改省直隶,六月到省。同治元年,题补饶阳县知县。三年,捐升知府,在任候选。七年,因海运验收米石出力,保奏以知府留于直隶补用,随补交分发银两。复因前在饶阳县任内拿获逆犯多名,保奏以道员仍留直隶补用,并戴花翎。八年六月,捐离直隶原省,改发四川,以道员归军功班补用。十一月十一日引见,奉旨:着以道员发往四川补用。钦此。是月,领照起程,九年四月二十二日到省,扣至十年四月二十二日一年期满。

臣察看该道宝森,心地朴诚,器识阔达,堪膺监司之任,应请留川以繁缺道员补用。倘或始勤终怠,仍当随时核办,断不敢稍事姑容,致滋贻误。理合循例恭折具奏,伏乞皇太后、皇上圣鉴。谨奏。九月二十六日。

同治十年十月二十七日,军机大臣奉旨:吏部知道。钦此。①

一二五　奏报承袭世职汇案办理折

同治十年九月二十六日(1871 年 11 月 8 日)

头品顶戴四川总督兼署成都将军臣吴棠跪奏,为川省承袭世职,照章汇案办理,恭折仰祈圣鉴事。

窃查前准部咨:钦奉上谕:嗣后阵亡、殉难各员子孙承袭世职,

---

①　台北故宫博物院藏:军机及宫中档,文献编号:110156。

均着各该州县将应袭职名迅速查明,经行具报督抚,予限半年汇案具奏一次等因。钦此。历经遵办在案。兹查自同治十年三月起至八月底止,陆续据成都等各厅州县先后详请承袭世职,并将前经请袭年未及岁、现已及岁之员呈请验看,造具各故员履历事实,暨应袭各员三代宗图、年貌、族邻供结前来。经臣先后验看属实,并将册结、宗图汇总,专咨报部查核。其有无籍贯可稽者,请俟咨查覆到,另行办理。

所有自同治十年三月起至八月底止川省各属请袭世职,遵照奏定章程,谨缮清单,恭呈御览,伏乞皇太后、皇上圣鉴,敕部核覆施行。谨奏。九月二十六日。

同治十年十月二十七日,军机大臣奉旨:兵部议奏,单并发。钦此。①

一二六　呈同治十年三月至八月请袭世职各案清单

同治十年九月二十六日(1871 年 11 月 8 日)

谨将同治十年三月起至八月底止川省请袭世职各案,缮具清单,恭呈御览。

一、邓祖芳,成都县人,现年二十一岁。伊胞叔邓玉春由军标右营蓝翎尽先外委于咸丰十年三月二十八日,在溧水县打仗阵亡,经部议给云骑尉世职。同治七年三月十四日,奉旨:依议。钦此。原立官阵亡无嗣,请以邓玉春之胞侄邓祖芳承袭。

---

① 台北故宫博物院藏:军机及宫中档,文献编号:110157。

一、周孝先,成都县人,现年三十二岁。伊父周峻书由提标左营千总于咸丰十年七月二十三日,在浙江嘉兴府城外打仗阵亡,经部议给云骑尉世职。同治九年九月二十二日,奉旨:依议。钦此。请以周峻书之嫡长子周孝贤承袭。

一、游定业,华阳县人,现年二十二岁。伊曾祖游金阶由懋功营千总于嘉庆五年正月十一日,在陕西西乡县属陈家山地方打仗阵亡,经部议给云骑尉世职。伊祖父游官云、伊父游焕凯,均先后承袭病故。所遗恩骑尉世职,有嫡长曾孙游定业曾于咸丰七年请袭,时年未及岁,准食半俸。今年及岁,请食全俸。

一、赵绍光,华阳县人,现年三十八岁。伊曾祖赵坤,由督标中营外委于乾隆三十二年,奉派出师云南,在缅甸阵亡,未奉议袭。乾隆六十年,蒙恩追赏,给予恩骑尉世袭罔替。伊祖父赵国柱、伊父赵俊先后承袭病故。伊胞兄赵绍芳由城守营马兵亦在江南打仗阵亡,无嗣。所遗世职,请以赵坤之嫡次曾孙赵绍光承袭,并将赵俊原领敕书遵照部咨黏贴印花,径送吏部核办。

一、张再经,华阳县人,现年十八岁。伊祖张应祥由绥宁协右营外委咸丰元年出师广西,是年闰八月二十日,在永安州打仗阵亡,经部议给云骑尉世职。咸丰五年十一月十八日,奉旨:依议。钦此。伊父张耀和承袭后病故,未领敕书无凭咨缴。请以张应祥之嫡长孙张再经承袭。

一、汤焯,原籍浙江杭州府钱塘县,寄籍华阳县,现年二十二岁。伊父汤泽沛由未入流于同治五年四月初三日奉派带团,在安岳县御贼阵亡,经部议给云骑尉世职。同治十年三月初二日,奉旨:依议。钦此。请以汤泽沛之嫡长孙汤焯承袭。

一、赵玉元,灌县人,现年二十九岁。伊胞兄赵占元由蓝翎尽先把总于同治三年五月二十五日，在叙永厅属大坝地方打仗阵亡，经部议给云骑尉世职。同治七年三月十四日，奉旨：依议。钦此。原立官阵亡无嗣，请以赵占元之胞弟赵玉元承袭。

一、陈光祖，灌县人，现年二十五岁。伊父陈大烈由代理直隶清河县知县于咸丰十年四月初七日，因城陷殉节，经部议给云骑尉世职。同治元年三月十八日，奉旨：知道了。钦此。请以陈大烈之嫡长子陈光祖承袭。

一、陈光汉，灌县人，现年二十岁。伊父陈大镛，监生，于咸丰十年四月初七日，在直隶清河县因城陷殉难，经部议给云骑尉世职。同治元年三月十八日，奉旨：知道了。钦此。请以陈大镛之嫡长子陈光汉承袭。

一、陈大泽，灌县人，现年二十四岁。伊父陈政魁由候选教谕于咸丰十年四月初七日，在直隶清河县因城陷殉难，经部议给云骑尉世职。同治元年三月十八日，奉旨：知道了。钦此。请以陈政魁之嫡长子陈大泽承袭。

一、戴锡濂，崇宁县人，现年二十六岁。伊父戴占彪由蓝翎六品军功，于咸丰九年十二月二十二日，在安徽潜山县属木林棕地方阵亡，经部议给云骑尉世职。咸丰十年五月二十六日，奉旨：依议。钦此。请以戴占彪之嫡长子戴锡濂承袭。

一、刘正纪，富顺县人，现年四十四岁。伊父刘开兴由从九品于咸丰十一年三月初四日，带团追贼，在县属周家坝地方阵亡，经部议给云骑尉世职。同治三年十一月初七日，奉旨：知道了。钦此。原立官嫡长子刘正心、次子刘正纲均故无嗣。所遗世职，请以刘开兴之嫡三子监生刘正纪兼袭。

一、罗锡文，富顺县人，现年十四岁。伊父罗国安由增生于咸丰九年九月初八日，在县属大草山地方骂贼被害，经部议给云骑尉世职。同治七年十二月初二日，奉旨：依议。钦此。原立官嫡长子罗金文残废无嗣，请以罗国安之嫡次子罗锡文承袭。

一、张崇谟，阆中县人，现年二十七岁。伊父张汝平由蓝翎候选通判，于咸丰八年九月十八日，在江苏溧水县因城陷殉难，经部议给云骑尉世职。咸丰八年十二月二十五日，奉旨：依议。钦此。请以张汝平之嫡长子张崇谟承袭。

一、赵长卿，原籍江南徐州府宿迁县，寄籍阆中县，现年十八岁。伊父赵永标由蓝翎尽先外委于咸丰十年闰三月十五日，在江南雨花台地方打仗阵亡，经部议给云骑尉世职。同治九年九月二十二日，奉旨：依议。钦此。请以赵永标之嫡长子赵长卿承袭。

一、葛云霓，阆中县人，现年二十四岁。伊胞兄葛云腾由花翎尽先守备于咸丰十年正月二十六日，在安徽宁国府泾县打仗阵亡，经部议给云骑尉世职。咸丰十年六月二十六日，奉旨：依议。钦此。原立官阵亡无嗣，请以葛云腾之胞弟葛云霓承袭。

一、王肇棠，松潘厅人，现年二十四岁。伊父王庆由漳腊营蓝翎外委于咸丰五年正月初七日，在湖北汉阳县属大沙口地方打仗阵亡，经部议给云骑尉世职。同治九年九月二十二日，奉旨：依议。钦此。请以王庆之嫡长子王肇棠承袭。

一、李占先，松潘厅人，现年二十八岁。伊胞兄李占魁，由平番营把总于咸丰十一年正月十五日，在松潘城外上泥巴地方打仗阵亡，经部议给云骑尉世职。同治八年四月初七日，奉旨：依议。钦此。原立官阵亡无嗣，请以李占魁之胞弟李占先承袭。

一、李永柏，温江县人，现年十九岁。伊父李岐凤，由通江营守备于咸丰九年十二月初七日，在叙州府属青山地方打仗阵亡，经部议给云骑尉世职。同治三年五月二十日，奉旨：依议。钦此。李永柏前于同治四年请袭，时年未及岁，准食半俸。今年已及岁，请食全俸。

一、韩金铭，茂州人，现年二十一岁。伊父韩逢春由平番营世袭恩骑尉，于咸丰十年九月二十日，因番逆攻城，在萨那墩地方打仗阵亡，经部议给云骑尉世职。同治八年四月初七日，奉旨：依议。钦此。请以韩逢春之嫡长子韩金铭承袭。

一、韩金瑞，茂州人，现年十九岁。伊曾祖韩世贵由重庆中营守备出师金川阵亡，经部议给恩骑尉世袭罔替。伊伯祖韩有彪、伯父韩遇春及伊父韩逢春先后承袭病故、阵亡。伊长胞兄韩金铭已经承袭伊父韩逢春阵亡所得云骑尉世职，所遗恩骑尉世职，请以韩世贵之嫡次曾孙韩金瑞承袭，并将韩逢春原领敕书遵照部咨黏贴印花，径送吏部核办。

一、张继常，绵州人，现年二十岁。伊嗣父张朝纲由两广督标左营参将于咸丰九年四月二十五日，在苏州府城阵亡，经部议给云骑尉世职。同治三年十二月二十六日，奉旨：依议。钦此。原立官阵亡无嗣，请以张朝纲之继子张继常承袭。

一、贺开甲，三台县人，现年二十岁。伊父贺安邦由太平营外委于咸丰六年五月初四日，在镇江府高资地方打仗阵亡，经部议给云骑尉世职。咸丰七年九月二十六日，奉旨：依议。钦此。请以贺安邦之嫡长子贺开甲承袭。

一、田得谦，广元县人，现年十二岁。伊曾祖田自贵由越嶲营蓝翎外委于嘉庆四年十月二十九日在陕西茅坪地方阵亡，经部议给云骑尉世职。伊祖田麒、伯父田国瑞、父田国藩先后承袭病故。所遗恩骑尉世职，请以田自贵之嫡长曾孙田德谦承袭，并将田国藩原领敕书遵照部咨粘贴印花，径送吏部核办。

一、张祖珏,忠州人,现年三十九岁。伊胞兄张祖珍由增生于同治元年三月十八日,在陕西汉中府殉难,经部议给云骑尉世职。同治六年六月二十五日,奉旨:依议。钦此。原立官嫡长子张其珧、次子其均俱殉难无嗣,所遗世职,请以张祖珍之胞弟张祖珏承袭。

一、张其堃,忠州人,现年九岁。伊父张希仲由从九品衔于同治元年三月十八日,在陕西汉中府殉难,经部议给云骑尉世职。同治六年六月二十五日,奉旨:依议。钦此。请以张希仲之嫡长子张其堃承袭。

一、诸柄梁,邛州人,现年十九岁。伊父诸宗哲由贡生于咸丰十年九月十二日,在州属川主庙地方带团御贼阵亡,经部议给云骑尉世职。同治五年十一月二十八日,奉旨:依议。钦此。请以诸宗哲之嫡长子诸柄梁承袭。

一、阵光汉,酉阳州人,现年二十一岁。伊父陈序烈由盐厂营花翎守备于咸丰九年十月二十八日,在江南江浦县属浦口地方阵亡,经部议给云骑尉世职。咸丰十年五月二十三日,奉旨:依议。钦此。请以陈序烈之嫡长子陈光汉承袭。

一、魏连恩,广元县人,现年二十岁。伊高祖魏攀举由云南永北营参将于嘉庆三年出师达州阵亡,经部议给云骑尉世职。伊曾祖魏国藩、祖父魏象奎、父魏德元均先后承袭病故,未领敕书,无从咨缴。所遗世职,请以魏攀举之嫡长曾孙魏连恩承袭。

一、江起恩,盐亭县人,现年十六岁。伊父江应远由叠溪营外委咸丰七年出师江南,于是年八月二十六日在龙都阵亡,经部议给云骑尉世职。同治五年八月三十日,奉旨:依议。钦此。请以江应远之嫡长子江起恩承袭。

一、刘在德,崇宁县人,现年二十六岁。伊胞兄刘在福由蓝翎尽先外委于咸丰十一年八月十六日，在眉州属张家坎地方打仗阵亡，经部议给云骑尉世职。同治元年四月十八日，奉旨：依议。钦此。原立官阵亡无嗣，请以刘在福之胞弟刘在德承袭。

一、安继光，原籍直隶顺天府大兴县，入籍成都县，现年二十二岁。伊父安德车由永川县典史于咸丰十年十一月十二日，因城陷殉难，经部议给云骑尉世职。同治元年十一月初十日，奉旨：依议。钦此。请以安德车之嫡长子安继光承袭。

一、曾世承，丰都县人，现年十二岁。伊父曾贵良由蓝翎尽先千总于同治二年四月二十六日，在陕西南郑县防守城打仗阵亡，经部议给云骑尉世职。同治八年十二月十六日，奉旨：依议。钦此。请以曾贵良之嫡长子曾世承承袭。

军机大臣旨：览。钦此。①

一二七　奏报借补千、把总照章办理折

同治十年九月二十六日（1871 年 11 月 8 日）

头品顶戴四川总督兼署成都将军臣吴棠跪奏，为借补千、把总弁缺，按照新章，恭折汇奏，仰祈圣鉴事。

窃查前准兵部咨：嗣后借补千、把总各弁缺，积至三月开单汇奏一次，以归简易等因。兹查川省自同治十年四月起至六月底止，各营共借补千、把总各一员，分造年岁履历清册，由提督臣胡中和咨请汇奏，暨咨部给札前来。

臣覆加查核，均与定章相符。除册咨部外，理合恭折汇奏，并

---

① 台北故宫博物院藏：军机及宫中档，文献编号：110158。

照缮清单,恭呈御览,伏乞皇太后、皇上圣鉴训示。谨奏。九月二十六日。

同治十年十月二十七日,军机大臣奉旨:兵部知道。单并发。钦此。①

一二八　呈同治十年四月至六月借补千、把总清单

同治十年九月二十六日(1871年11月8日)

谨将川省自同治十年四月初一日起至六月底止借补千、把总应行给札各弁,缮具清单,恭呈御览。

计开:一、城守左营右哨千总王登华升补普安左营守备遗缺,查得泸州营右哨二司把总李文光,年壮技娴,曾经出师著绩,奏保以都司尽先补用,堪以借补城守左营右哨千总。

一、泸州营右哨二司把总李文光借补城守左营右哨千总遗缺,查得峨边右营左司外委周寿龄,年力精壮,曾经出师著绩,奏保以守备尽先补用,堪以借补泸州右营二司把总。

军机大臣奉旨:览。钦此。②

一二九　审明涂利科等谋杀重案折

同治十年九月二十六日(1871年11月8日)

头品顶戴四川总督兼署成都将军臣吴棠跪奏,为谋杀一家四

---

① 台北故宫博物院藏:军机及宫中档,文献编号:110159。
② 台北故宫博物院藏:军机及宫中档,文献编号:110160。

命重案，审明正法，恭折仰祈圣鉴事。

　　窃据大足县详报：县民涂利科等谋杀袁有才、袁周氏、袁牛儿、袁长秀一家四命，私埋匿报，放火烧毁房屋一案，经臣以案情重大，批饬提府审拟，解司核办，恐案情未确，发委审办。兹据成都府知府黄云鹄等审明定拟，由按察使英祥勘解到臣。亲提研审，缘涂利科与子涂贞榜、孙涂小尔均籍隶该县。涂利科与袁有才素相认识。同治九年二月间，涂利科借用袁有才钱八千文，约缓无偿，袁有才常向辱骂，涂利科含忍未较。十月初十日早，袁有才之女袁长秀至涂利科家闹要遗失项带银圈一根，袁有才与妻袁周氏往向涂利科查询，声言银圈系被涂利科窃藏，如不给还，即连欠项一并控官究追。涂利科分辩，袁有才等不依，向其滋闹。经潘兴发路过劝散。涂利科被诬不甘，忿恨莫遏，忆及常被袁有才辱骂之嫌，起意商同伊子涂贞榜、孙涂小尔将其夫妻、子女一并杀死泄忿。涂贞榜等应允。即于是日傍晚，涂利科携带木棒，涂贞榜手拿铁斧，涂小尔畏惧，未经同行。涂利科等行抵袁有才门首，见袁有才正在院坝闲立，涂利科赶拢，用木棒连殴，伤其右手腕相连右胳肘。袁有才声喊，仰跌倒地。涂利科殴伤其左右膝，丢弃木棒，顺拾地上柴斧，用斧背殴其额颅，并砍伤其顶心、左额角、肚脐近右、左臁肋。袁周氏闻闹出视，涂贞榜上前用斧连砍，伤其囟门、额颅近右相连右眉、左眼胞倒地。袁周氏喊叫杀人，在地滚骂。涂贞榜砍伤其鬓际近左、左胯膝相连左臁肋、右脚腘瞅，斧刃划伤其右眼胞相连右太阳穴。袁有才之子袁牛儿、女袁长秀先后趋至哭喊。涂利科拾石殴伤袁牛儿顶心相连偏左额颅、左额角倒地。袁长秀抓住涂贞榜衣襟大声哭喊，涂贞榜用斧连砍伤其鼻梁、左额角相连左太阳穴，斧刃带划伤其额颅倒地。涂贞和趋救无及，查看袁有才等，先后均因伤身死。当向查问,涂利科不能隐瞒,告知实情,吓禁不许声张,并称如敢张扬到官,定欲报害。涂贞和畏累走散。涂利科商同涂贞榜埋尸灭迹,当与涂贞榜将袁有才等各尸先后抬至附近张荣清管业土坑内,挖土掩埋。复虑被人告知,因见袁有才住居草房附近并无人户,起意放火烧毁房屋,装点自行失火烧毙,有人查找,可以掩饰。

维时一更以后,涂利科即令涂贞榜用火媒点燃房檐谷草,当将房屋烧毁转回。嗣袁有才之堂兄袁有良往寻袁有才,见其房屋烧毁,人无下落,心生疑惑。途遇涂贞和告知实情,正欲报案,即经巡役访闻,向涂利科询问属实,协同约邻报验,获犯讯详,批府审拟,解司发委审办。兹据成都府知府等审明定拟,由臬司解勘前来。臣亲提研鞫,据供前情不讳。诘无起衅别故及掠取什物并另有同谋加功及帮同掩埋之人,众供佥同,案无遁饰。

查律载:杀一家非死罪三人者,凌迟处死,财产断付死者之家。为从者,斩。又例载:杀一家三命以上凶犯,审明后依律定罪,一面奏闻,一面恭请王命,先行正法各等语。此案涂利科因袁有才与妻袁周氏诬指伊窃藏其女袁长秀项带银圈,称欲控究,向伊滋闹。该犯被诬不甘,忿恨莫释,忆及屡被袁有才索欠辱骂夙嫌,起意商同伊子涂贞榜,将袁有才、袁周氏并其子女袁牛儿、袁长秀一并谋杀身死,实属凶残不法。袁有才等死系夫妻、子女一家四命,自应按律问拟。涂利科除起意私埋匿报,并放火烧毁房屋各轻罪不议外,合依杀一家非死罪三人者凌迟处死律,拟凌迟处死。涂贞榜听从加功,虽一家共犯,惟事关谋杀应从凡人为从论。涂贞榜除听从埋尸、放火各轻罪不议外,合依为从者斩律,拟斩立决。经臣审明后照例恭请王命,饬令按察使英祥、督标中军副将文升,将该犯涂利科、涂贞榜即在省垣绑缚市曹,分别凌迟、处斩，仍将涂利科首级解回犯事地方枭示，以昭炯戒。涂小尔同谋未经同行，合依从者不行减行而不加功者一等，应于谋杀人不加功者杖一百、流三千里律上减一等，拟杖一百、徒三年，到配折责充徒。涂利科财产饬县查明，照例办理。其妻已故，无从缘坐。涂贞和救阻不及，先因畏累隐匿，旋向巡役告知获犯，应与始虽失察，嗣即协同巡役报案之约邻谢源渌等，均免置议。无干省释。各尸棺饬理。凶器柴斧、木棒、石块，供弃免追。铁斧饬存县库，案结销毁。

再，此案私理匿报系该县自行访闻，获犯究办。所有不知情不行申报职名，例免开送。除供招咨部外，所有审明正法缘由，理合循例恭折具奏，伏乞皇太后、皇上圣鉴，敕部核覆施行。谨奏。九月二十六日。

同治十年十月二十七日，军机大臣奉旨：刑部议奏。钦此。①

一三〇　请将知县张源泉原参之案查销片

同治十年九月二十六日(1871 年 11 月 8 日)

再，查同治九年份税契银两前于奏销时，因璧山县知县张源泉欠解税契银两三百二十八两三钱一分，经臣奏明请旨将该员摘去顶戴、勒限二个月完解在案。兹据布政使王德固、按察使英祥会详：该员张源泉欠解前项银两，已于限内如数解缴司库收储，尚知愧奋，详请具奏前来。合无仰恳天恩，俯准将璧山县知县张源泉原参摘顶之案敕部查销，出自鸿慈。除咨部外，谨附片陈明，伏乞圣

① 台北故宫博物院藏：军机及宫中档，文献编号：110161。

鉴训示。谨奏。

同治十年十月二十七日,军机大臣奉旨:着照所请,吏部知道。钦此。[1]

一三一 请将知县吕辉原参之案查销片

同治十年九月二十六日(1871年11月8日)

再,查同治九年份税契银两前于奏销时,因奉节县知县吕辉欠解银三百二十六两六钱,经臣奏明请旨将该员摘去顶戴、勒限两个月完解在案。兹据布政使王德固、按察使英祥会详:该员吕辉欠解前项银两,已于限内如数解缴司库收储,尚知愧奋,详请具奏前来。合无仰恳天恩,俯准将奉节县知县吕辉原参摘顶之案敕部查销,出自鸿慈。除咨部外,谨附片陈明,伏乞圣鉴训示。谨奏。

同治十年十月二十七日,军机大臣奉旨:着照所请,吏部知道。钦此。[2]

一三二 奏报赵恩祜照章甄别片

同治十年九月二十六日(1871年11月8日)

再,查吏部奏定章程:州、县、丞、倅无论何项劳绩保奏归入候

---

① 台北故宫博物院藏:军机及宫中档,文献编号:110162。此片具奏日期未确,兹据同批折件校正。

② 台北故宫博物院藏:军机及宫中档,文献编号:110163。此片具奏日期未确,兹据同批折件校正。

补班者,以到省之日起,予限一年,令督抚详加察看,出具切实考语,奏明分别繁简补用等因。通行遵照在案。兹查候补班前补用同知赵恩祜一员,到省一年期满,自应照章甄别,据布政使王德固、按察使英祥造具该员履历清册,会详前来。臣查该员赵恩祜,年富才优,堪以繁缺同知补用。除将该员履历清册咨部外,理合附片陈明,伏乞圣鉴。谨奏。

同治十年十月二十七日,军机大臣奉旨:吏部知道。钦此。①

一三三　奏报林克让暂缓赴部候选片

同治十年九月二十六日(1871 年 11 月 8 日)

再,臣前准统带武字营贵州提臣周达武咨:该营防剿吃紧,需员差遣,查有四川候补同知林克让,业经改指江西省,尚未起程,堪以调黔差遣等情。当经转饬遵办,并查明林克让已加捐员外郎双月候选,随即据情咨部。嗣准吏部咨,应由臣奏明办理等因。

臣查该员林克让,系由四川候补同知改指江西,捐升员外郎双月候选,川省并无经手未完事件。既经周达武咨调赴黔,似应准其留营差遣,俟黔省军务完竣,再给咨赴部候选。理合附片陈明,伏乞圣鉴训示。谨奏。

同治十年十月二十七日,军机大臣奉旨:吏部知道。钦此。②

---

① 台北故宫博物院藏:军机及宫中档,文献编号:110164。此片具奏日期未确,兹据同批折件校正。

② 台北故宫博物院藏:军机及宫中档,文献编号:110165。此片具奏日期未确,兹据同批折件校正。

一三四　奏报成都驻防
考试翻译童生折

同治十年十月初三日(1871年11月15日)

臣吴棠、奴才富森保跪奏,为成都驻防考试翻译童生完竣,恭折奏祈圣鉴事。

窃查各省驻防翻译童生试,曾经奉文宜照京旗三年两考岁试年份,于八月内由该将军、副都统等出题考试等因在案。兹届同治十年辛未举行岁试之年,据八旗协领将应试翻译童生一百六名造册呈报,均经考验骑射、合武,此内并无考试蒙古文字之人。臣吴棠、奴才富森保在于将军衙署内设列桌凳,编明字号,派员弹压,严密稽查,于八月二十六日黎明点名搜检局试,照例于性理经义内选出汉字题一道,命各童生翻译,当日完场。

臣吴棠会同奴才富森保将各童生试卷秉公校阅,择其文理稍通、字画端楷者,张贴图案,面加覆试,核对原卷笔迹,均各相符。遵照例定额数,取进五名,公同开拆弥封,填榜晓示。除将原拟题纸并取进试卷包封妥固,钤盖印信,造具年貌、三代清册咨送礼部核办外,所有考试翻译童生完竣缘由,理合恭折具奏,伏乞皇太后、皇上圣鉴。谨奏。十月初三日。

同治十年十一月初六日,军机大臣奉旨:知道了。钦此。①

---

① 台北故宫博物院藏:军机及宫中档,文献编号:110342。

一三五 委解协黔的饷折

同治十年十月十三日(1871年11月25日)

头品顶戴四川总督兼署成都将军臣吴棠跪奏,为续拨本年七、八月份协黔的饷委解起程日期,恭折驰陈,仰祈圣鉴事。

窃臣会同前任成都将军臣崇实,奏请改拨协黔的饷,钦奉寄谕:周达武所需饷银五万八千两,着照崇实等所拟,由川按月筹拨,解赴贵阳省城,专供周达武马步全军之用等因。钦此。遵将上年冬季应拨饷银十四万五千两,又本年正月起至六月止应拨饷银三十四万八千两,先后具奏解交各在案。查川省本年旱潦并臻,秋成歉薄,各属解款,均属寥寥,旧捐强半缴清,积欠势须展缓。刻虽仿照历届办法,劝谕输将,而当民情竭蹶之时,为军饷补苴之计,既未便拘夫成数,亦断难定以限期,遂致①库储搜括无遗,撑持乏术,惟赖各局现收盐货、厘金等款,或随时凑解,或约数预提,择其必不可少、必不能缓者,尽力供支。前于八月间,将各属解到厘金等款,凑集银五万八千两,作为同治十年七月份协黔的饷,饬委候补同知萧锦、候补直隶州州判潘润之管解,于九月初二日自省起程,前赴贵州提督周达武军营交收。

兹因八月份协黔的饷届计逾期,不得已复于川东道库动拨银三万两,并提富荣局盐厘银二万八千两,作为解司之款,饬委候补同知直隶州印启祥、试用布经历胡良生,守催管解,定期于十月初八日,自省起程,交周达武军营,专供马步全军之用,据藩

---

① "遂致",《游蜀疏稿》作"遂至"。

司王德固具详前来。所有续拨本年七、八月份协黔的饷委解起程缘由，除分咨外，理合恭折驰陈，伏乞皇太后、皇上圣鉴。谨奏。十月十三日。

同治十年十一月初四日，军机大臣奉旨：知道了。钦此。①

一三六　黔省教案银两给清
　　　　并准各省咨解归款片

同治十年十月十三日（1871年11月25日）

再，查黔省教案，应拨银六万七千两，前准贵州抚臣来咨，当经饬拨银七千两，会同前任成都将军臣崇实，附奏陈明在案。嗣奉谕旨，饬将黔省教案应发银两，除各该省业已付给咨照川省有案外，余银仍由川省筹款垫给，再由各省照数解川，以清款项等因。钦此。旋准鄂省来咨：已于正月十九日，将前项汇拨银二万两，由军需总局转送法国领事查收。续又准黔省函称：已于五月朔日，备文交给该教士，令其赍案承领银两四万两各等语。臣比即饬据藩司王德固详称，库款万分支绌，移会川东道，无论何款，先行筹垫银四万两，就近发交渝城教堂去后。

兹据该司道详报：本年七月十六日，八月初五、十四、二十七等日，分四次在于川东库存盐厘项下，动拨银四万两，如数照交教堂查收，取具收单备案等情前来。并准广东、浙江两省先后咨解银各一万两，饬司兑收归款。尚有江苏应拨还银二万两，亦据咨报起

____

① 台北故宫博物院藏：军机及宫中档，文献编号：110287。又，吴棠等：《游蜀疏稿》，第457—462页。其尾记曰："于同治十年十月十三日，由驿具奏。于十一月二十一日，准兵部火票递回原折，后开军机大臣奉旨：知道了。钦此。"

解,谅不日即可到川。所有黔省教案应拨银两扫数给清并准各省咨解归款缘由,理合附片陈明,伏乞圣鉴。谨奏。

同治十年十一月初四日,军机大臣奉旨:该衙门知道。钦此。①

【案】嗣奉谕旨……以清款项:此上谕《清实录》载曰:

成都将军崇实等奏,遵查黔省教案赔款上年议结时,将应拨协饷银两飞咨各省,照数动支,一面饬令该教士持文请领,似无庸再事筹拨,致多撂辘。得旨,着仍遵正月二十三日谕旨,将黔省教案应发银两,除各该省业已付给咨照川省有案外,余银仍由四川筹款垫给,再由各省照数解川,以清款项。②

【案】鄂省来咨……各等语:此案据总理衙门档案曰:

(同治十年)三月十六日,湖北巡抚郭柏荫文称:遵饬划拨黔饷,详请奏咨事。据总办湖北军需总局司道会详称,案奉札开:据英国领事官坚申赍贵州抚部院曾咨开:贵州遵义等处教案,业经会饬司道委员议结,所有应拨天主堂银两,咨请希于应协黔饷项下,动支库平色银二万两,发交汉口教堂收领,饬取收单见覆等因。准此,行局查照。同日,又奉札开:据兼署法领事官坚申,缘上年贵州遵义教案内,应拨银二万两,请由鄂省代拨,即请饬拨库平色银二万两,即日填注银票,掷交敝领事,以便发给湖北天主堂教士,代为收领等情。转行到局查照各等

---

① 台北故宫博物院藏:军机及宫中档,文献编号:110289。又,吴棠等:《游蜀疏稿》,第463—467页。其尾记曰:"同治十年十月十三日,由驿附奏,于本年十一月二十一日,准兵部火票递回原片,内开军机大臣奉旨:该衙门知道。钦此。"

② 《穆宗毅皇帝实录(七)》,卷三百六,同治十年二月下,第62—63页。

因。奉此,遵查湖北饷项,本极支绌,前项奉拨法国教堂银两,固系事关中外,自应如数赶紧凑拨。惟查鄂省协济外省饷项,向用长沙市平。此次黔省来文,注明库平色银字样,应照藩署库平每长沙平百两加银三两六钱,照数申足,统作湖北协黔之款。当于正月十九日,将前项汇拨银二万两并加平银七百二十两,如数咨解江汉关道衙门,转送兼署法国坚领事查收,转给天主堂教士去后。兹准监督江汉关李道转据兼署法国领事官坚,取具湖北天主堂教士余作宾收单一纸,咨送到局。查前项长沙平银二万七百二十两,应作为湖北协济黔省军饷开支。合将遵拨协黔饷项,汇交法国教堂收领缘由,备文详乞查核,附案奏咨,并咨明贵州抚部院查照。再,法国教士收单一纸,缘恐驿递贻误,应请存局备案。合并声明等情,到本部院。据此,除附奏并分咨外,相应咨明。为此,合咨贵衙门,请烦查照施行。①

【案】尚有江苏应拨还银二万两……不日即可到川;关于江苏解还四川垫付贵州教案赔款银两咨函,据总理衙门档案:

九月二十二日,江苏巡抚张之万文称:据江海关道涂宗瀛详称:窃奉通商大臣曾札:准总理衙门函开:本月初三日,接据仲宣来函内开:准黔省曾中丞咨,请将江苏、浙江、广东三省未拨银四万两,饬司筹垫,发给教堂承领等因。准粤东咨会,业经发交西商票号汇兑,谅可克期到川。其江、浙两省应拨银三万两,请即函催迅解等情。本处查贵州教案赔款,奉旨由江苏拨银二万两、浙江一万两,屡经本处函达。兹准前因,即希将江苏拨款二万两,迅饬照数解川,是为至要等因,到本大臣。

---

① 台北中研院近代史所编:《教务教案档》,第三辑,第三册,第1838页。

准此,查此项银两,本年正月,经苏抚部院咨准贵州抚院咨拨时,系令在于苏省司库应协黔饷项下动支。当因苏省应协黔饷上年九月内已据江苏各司道详明,委实无力再解,即经咨询总理衙门核覆,应查照川、黔各省咨文,钦遵办理,均经转行江海关知照在案。兹准前因,所有苏省拨银二万两,江苏两藩司均属支绌,应由江南海关全数筹拨,刻日委解四川归款,以清案牍,札道遵照办理等因到关。奉此,伏查苏省应协黔饷,早经详明无力筹解,所有前项教堂赔款银二万两,既蒙札饬由关筹拨,自应赶解。惟四川省城距沪较远,若钉解现银,道阻且长,疏失堪虞,一时实乏妥员可派领解。因照粤东成案,交号商汇兑,较为简捷。现于关税项下动支库平银二万两,发交号商蔚泰厚汇至川省,于八月初七日由沪起程,解赴四川藩库兑收。理合具文,详析咨明总理衙门暨户部、贵州抚院查照,并咨四川督院,饬司兑收,印发批回,交商赍回备案。至汇费银两,已照京饷成案给发,合并陈明等情到本部院。据此,除分咨外,相应咨呈贵衙门,谨请查照施行。①

一三七　奏报历年防剿出力员弁恳恩酌奖折

同治十年十月十三日(1871年11月25日)

头品顶戴四川总督兼署成都将军臣吴棠跪奏,为川省历年防剿秦、陇回逆,并援黔之达字营剿办上游股匪尤为出力员弁,恳恩俯准汇案酌奖,以励戎行,恭折仰祈圣鉴事。

---

① 台北中研院近代史所编:《教务教案档》,第三辑,第三册,第1856—1857页。

窃查川省历次防剿滇、黔各匪尤为出力人员，同治四年，经前任四川督臣骆秉章，会同前任成都将军臣崇实，开单请奖，钦奉谕旨允准。其时，秦、陇连疆，回氛已炽，虽有戍边之卒，而无越剿之师。迨同治七年正月，调拨楚军，迎击渭北回逆，兼顾汉南，于是记名提督李辉武所部武字营勇丁三千人，驰骤于宝、凤、汧、陇之间，殆无虚日。是年二月，会合陕军，则有攻克陇州县头镇之捷。四月，复有平毁周原贼巢之捷。

八年五月，扫荡甘肃两当县境大股回逆，并于陕西唐藏地方追剿窜匪，大获胜仗。九年正月，越境雕剿窜回，屡战屡捷，力保汉南门户。又抽调劲旅，驰赴武功、醴泉，相机援剿，兼顾西安省垣。均经前兼署督臣崇实暨臣吴棠奏报声明，存记汇奖各在案。而当日戍边之卒，则有记名提督陈希祥所部达字营、总兵李有恒所部虎字营、威宝营。嗣由臣续派裕字亲兵各营，随时侦探应援，俱能出暑荷戈，冲寒陷阵，俾李辉武得以前驱自效，后顾无虞。

七年秋间，陈希祥带队援黔，从上游之清镇、安平转战而前，所向克捷，迭破郭家屯等处贼巢，遂复定南汛城。贼酋贺兴仁反正，降其众三千人。乘胜进剿扁担山、犵狫坟，一鼓下之。由贵州抚臣曾璧光汇奏，请归川省，酌核奖励，并经臣会同前任成都将军臣崇实，并入克复清平县城案内请旨准奖亦在案。

伏查川省保宁、龙安两府所属之广元、昭化、平武等县，绵亘数百里，与秦、陇唇齿相依，患莫切于游匪之纵横，不仅在逆回之窜突。自李辉武雕剿于外，陈希祥、李有恒等军固守于内，夺取民寨，平毁贼巢，所以保川北而卫汉南者，厥功甚伟。陈希祥奉调援黔，剿办上游股匪，亦复阵擒要逆，规服汛城。凡此战胜攻克情形，久经上达夫宸聪，未获同邀乎懋赏，似不足以激扬士气、鼓舞众心。

现在汉中镇总兵李辉武渥荷温纶,准留川省,仍饬令出扎陕、甘交界之大安驿地方,以防为剿。提督陈希祥、李有恒各军,亦皆分驻川北边疆,计前后已阅数年,未敢少懈,所有在事各营员弁,久著成劳。

刻当邻难未纾、正在用人之际,合无吁恳天恩,俯准由臣汇案酌奖,出自逾格鸿慈。谨将川省历年防剿秦、陇回逆尤为出力员弁,恳恩汇案酌奖缘由,理合恭折具陈。是否有当,伏乞皇太后、皇上圣鉴训示。谨奏。十月十三日。

同治十年十一月初四日军机大臣奉旨:着准其择尤汇案酌保,毋许冒滥。钦此。①

【案】窃查……兼顾汉南:此节所述,《清实录》载之较详:

又谕:崇实奏,调拨楚军,迎击渭北回匪,刘岳昭奏,苗匪投诚,分别安插,并滇省军务吃紧,难顾贵阳暨请饬川省协饷各一折。陕省回匪肆扰,股数较多,兵力难于兼顾。前因回逆窜扰宝鸡,谕令崇实派周达武,驰赴汧、陇扼剿。该署督现已派令周达武所部之提督李辉武,率劲卒三千人,由襄城取道留坝、凤县,出驻汧阳。仍令周达武统率所部,并增募千人,驻防大安驿一带。着即饬令与李辉武联络声势,并兼扼徽、文两当之冲,以固川北门户。所有该两营粮米,仍由川省设法转运,

① 台北故宫博物院藏:军机及宫中档,文献编号:110286。又,吴棠等:《游蜀疏稿》,第460—478页。其尾记曰:"同治十年十月十三日,由驿具奏。于十一月二十一日,准兵部火票递回原折,后开军机大臣奉旨:着准其择尤汇案酌保,毋许冒滥。钦此。"

毋令缺乏。①

【案】记名提督李辉武……头镇之捷：此处可参见《清实录》：

又谕：崇实奏，川军赴陕助剿连获胜仗一折。李辉武所部，在陇州地方剿回迭胜，攻克陇属之县头镇，与刘典等前奏大略相同。汧、陇之间回氛肆扰，虽经川、陕官军会剿，稍挫凶锋，该逆遁回陇西，仍恐乘隙纷窜。李辉武所部，现驻宝、凤一带，扼要堵截，即着饬该提督与陕军联络声势，相机防剿。襃、沔仅驻数营，兵力尚嫌单薄，着崇实仍遵前旨，酌量添拨，以固川省门户，兼为李辉武后路声援。建南军务，即着责成周达武认真剿办，迅速蒇事，以便腾出兵力，回顾汉中，毋得顾此失彼。此次攻克县头镇出力、伤亡人等，着崇实查明分别奏请奖恤。②

【案】四月，复有平毁周原贼巢之捷：此案《清实录》记之曰：

又谕：崇实奏，川军驻防陕境，连获胜仗等语。四川李辉武一军，赴陕助剿，扼守宝、凤一带，在宝鸡等处屡挫贼锋，乘胜直捣周原，将贼巢平毁，该逆悉数逃窜。崇实复派提督唐友耕等为该军援应，着即传谕李辉武等，互相联络，以壮声威。渭北一带，得此一军扼守，据崇实奏称回逆不敢窜入南山，兴、汉两府皆可无虞。其应否令李辉武尽率所部会合陕军跟踪追剿之处，着崇实、刘典相度机宜，会商办理，

---

① 《穆宗毅皇帝实录（六）》，卷二百二十五，同治七年二月下，第84—85页。
② 《穆宗毅皇帝实录（六）》，卷二百二十八，同治七年四月上，第135页。

不得顾此失彼。①

【案】八年五月……大获胜仗：同治八年六月三十日，左宗棠奏报进剿甘肃南路获胜曰：

奏为官军进剿甘肃南路窜回，连获全胜，及现筹剿办情形，恭折驰陈，仰祈圣鉴事。窃甘肃全境回、土各匪，蜂屯蚁聚，撮其大要，北则宁夏、灵州，南则河州、狄道，西则西宁。而固原、平凉介居东路之中，为进兵冲要。以机局论，固宜注意中权。而以时势言之，必先疏通南路。盖用兵以顾饷源为先，布阵以防后路为急，理固不易也。甘肃饷源，现恃秦州一线转输，而此次河州逆回专以断官军饷道为主。秦州西通河、狄，东连凤、宝，北倚平、泾，南枕阶、文，为度陇间道。如不早图，则兰州既成孤注，难以图存，而河、狄之回与陕回勾结为奸，凶焰又将复炽。此穆图善所以请增调南路之军，而微臣所以檄诸军先指秦州也。五月十四日，汉中镇总兵记名提督李辉武时驻宝鸡，诇河州逆回马步六七千人，自成县窜陷两当，立饬所部分驻凤县方石铺。营官王名滔、王照南率两营迎剿，自率大队继之。旋以另股由陇州火烧寨窜齐家庄，恐其窥伺汧、宝，遂派营官胡国珍、杨恩泽驰赴两当，会王名滔、王照南进剿，而自率四营留宝鸡，以待王名滔等倍道赴援。约凤县知县郭建本，带团丁堵马岭关，以防分窜。十六日，王名滔等抵杨家店，适该逆五六百骑，蜂拥突至。王名滔、王照南严阵却之，胡国珍、杨恩泽两营驰至，遂会商共捣贼垒。胡国珍由左，杨恩泽由右，王名滔、王照南由中，三路并进。贼悉众抗拒，相持

① 《穆宗毅皇帝实录(六)》，卷二百三十五，同治七年六月上，第244页。

者久之。王照南跃马陷阵,连毙数贼,贼势稍却。忽一贼目执黄旗,嗾悍党数百,斜出力堵,诸贼仍回旗冲扑。胡国珍急率所部,从贼后杀入,矛伤黄旗贼目坠马,斩其首以徇,贼大惊溃。官军悉锐环攻,枪轰矛击,毙贼甚夥。自巳至酉,鏖战逾数时,贼尸枕藉,余逆溃围向徽县窜走。官军追杀二十余里,至韩家湾收队,是夜即驻两当县城。次日,侦贼远遁,乃收队回防。是役约毙贼近千名,救出难民三百余名,夺获骡马牛驴、旗帜无算。官军亦阵亡六人,受伤者四十一人。讯据生擒回逆蓝廷和等十六犯,供称此股回逆约三千有奇,由河州窜徽成,转窜两当,贼目是伪元帅马阿浑、马海臣两人。阵斩黄旗悍目即马海臣也。讯毕,斩之。方贼逼两当时,臣虑李辉武兵力尚单,檄留陕补用道李耀南、候选道汤聘珍、员外郎衔中书吴士迈,由汧、陇分出清水、宝鸡,向秦州助剿。未到之前,另股回逆又由马龙坡窜至清水县之唐藏、张家庄等处。李辉武饬王名滔留四成队守营,以六成队裹粮驰剿,饬前驻凤县各营,截其南窜。二十二日,王名滔等抵唐藏,诇贼踞张家庄,距唐藏十五里。杨恩泽率所部趋山右拊其背,王照南率所部从山左上攻。王名滔、胡国珍各率所部,伏于山坳。王照南先与贼遇,引军伴退,贼欺其怯,倾巢拥出。王照南且战且走,退至山坳,伏军突起夹击。贼觉中计,惶惧溃退,官军三面蹙之,贼自相蹂藉,死者累累。官军蹑踪追剿,越唐藏四十余里之余步关,沿途贼尸遍野,余贼向吴家河一带窜去。官军收队,翌日,乃还原营。是役计毙贼六七百名,救出难民百余名,夺获马骡、器械无数。阵亡勇丁八名,带伤三十七名,生擒回逆刘兴林等十二名。讯供此股系蓝、陈两伪帅所带,陈逆名民市,已中洋枪毙矣。此李辉武一军先后剿两当县回匪、收复县城、剿清水县唐藏回匪获胜及阵斩贼目之实在情形也。二十六日，华亭县回逆零股周永龙率千余人，窜向秦州属之陇城，驰之百花川一带，肆行焚掠。时李耀南、汤聘珍方自宝鸡指秦州。该逆闻官军将至，折而北窜渡渭，扰及赤沙、香泉等处。李辉武旋饬所部，出车辙镇以达香泉，自率队扰趋赤沙。该逆又闻风窜陇州南路石庄子去矣。陇州防军陕西候补知府喻步莲闻贼至石庄子，立派所部总兵萧群魁、参将龚晓亭率队出大栗树剿之，饬副将喻光彪率队出咸宜关，以截撒家店去路，均冒雨前进。讵该匪已由石庄窜过撒家店。比六月初一日，萧群魁、龚晓亭至石庄，则贼已狂奔已过。比喻光彪由撒家店横出截之，仅斩尾贼二十余名，救出被裹难民五十余人而已。五月二十六日，员外郎衔中书吴士迈率所部六营，由陇州故关行抵清水，拟径赴秦州，中途接士民呈诉，秦安辖陇城镇有回逆大股窜踞，马步纷逐，四出剽掠，焚杀甚惨。吴士迈立饬各营，次日驰剿。清水距陇城八十里，二十八日辰刻始至。沿路绅民迎诉，河州逆回伪元帅周瑞即周七十，上年带贼千余人，来陇城掳粮，攻破康坪堡，即踞为巢穴，所掳财物悉运河州。而就抚回目李德昌伙党所称南八营者，阳投诚而阴助逆，请速进剿，以拯残黎。吴士迈询悉，康坪堡距陇城尚十七里，险据山腰，东有马家寨，西有龙山寨，南有马家河，皆南八营回民所居之堡。当雇向导，亲率两营由高山进，派四营及马队由平川进，直捣康坪。该逆凭险设卡，四营用劈山炮仰攻弗克，又无别径可绕。百长罗如松、游石怀愤甚，率敢死士肉薄而上，悉被叉子枪击退，再前再却，壮士死者十二人。罗如松等益愤，仍裹创猛扑，前者甫颠，后者继进，破卡而入，刺死悍贼多名，贼始却退。官军方整队深入，忽续到黄巾贼目，执黄旗挥马步大股冲来，势甚凶猛。官军列方阵待之。贼四次冲突，官军屹如山立不动。少顷，吴士迈见贼气渐衰，即麾各营如墙而进，枪炮止，刀矛接，毙贼约百，而执旗贼目仍死拒不退。壮士胡高绅等乘间擎线枪测准，轰之坠马，余贼大溃，望康坪堡而奔。吴士迈即麾两营，逾山脊截之。贼狂奔不止，坠岩受创者什九。堡内贼约数百，见马贼大败，亦遂齐出，将弃堡而逃。官军截令入堡，以开花炮轰之，复派马队飞追逃贼逾十里，又毙贼百余名。而堡内贼被创已甚，夜分突逸。官军急起截之，则分窜龙山寨、马家寨，负隅不出，生擒十三名，夺获战马五十五匹、红黄旗二十九面，日暮收队。讯据生贼供，河州回民三十六村，伪总帅穆阿浑派周瑞即周七十为元帅，带千余人，踞康坪堡，方拟收割二麦，闻秦军将到，又加派马步贼前来。阵前轰毙执黄旗之贼，即伪帅周瑞也。当将十三贼正法，毁平康坪堡回巢，并出示阳抚阴叛之龙山、马家山两寨，谕知回目李德昌，破其暗相勾结之奸臣。前因李德昌于董志原回巢荡平时，递禀自陈，哀祈免剿。因摘该回目上年通陕回书中密语示之，谕以祸福。至是勒其缚献河州逆回，以定其志。此喻步莲追杀华亭零股与吴士迈痛剿秦安、康坪堡逆回克获全胜、扫除巢穴之实在情形也。臣维甘肃逆回，频年扰攘，千里萧条。不独汉民被其伤，夷即良回亦遭其荼毒。甘之南路，惟秦州一带被祸略轻。陕之西路，惟凤、宝两县较为完善。河州回匪之垂涎于此者，一则肆其剽掠，一则绕出甘肃各军之前，截其饷道，俾不战自溃也。有此数捷，庶可破骄贼之胆，而树度陇先声。吴士迈、李耀南、汤聘珍等，现均驰抵秦州。臣复调提督马德顺马步全军驻陇州，李辉武仍驻宝、凤，节节搜薙，会商防剿，期渐清陇境，以通饷源，庶于大局有济。谨会同西安将军臣库克吉泰、署陕西巡抚臣刘典，恭折驰陈。所有援剿两当县回逆及冒险攻破康坪老巢之战，可否由臣择其尤为出力员弁勇丁酌保汇案请奖之处，出自圣裁，伏乞皇太后、皇上圣鉴训示。谨奏。[①]

一三八　奏报同治十年川省秋禾收成分数折

同治十年十月十三日(1871年11月25日)

头品顶戴四川总督兼署成都将军臣吴棠跪奏，为恭报同治十年四川省秋禾收成分数，仰祈圣鉴事。

窃照每年秋禾收成分数，例应奏〈报〉。兹查各属俱已次第收获，据藩司王德固〈查〉明汇禀前来。臣覆加查核，川省十三府五厅八直隶州，计收成七分有余者，宁远一府。七分者，嘉定、雅州、泸州三府[一州]。六分有余者，成都、叙州、绵州、忠州、西阳二府三州。六分者，石砫、理番、邛州二厅一州。五分有余者，潼川、绥定、夔州、叙永、松潘、茂州三府二厅一州。五分者，懋功一厅。四分有余者，重庆、保宁、顺庆、龙安、眉州、资州四府三州。合计通省秋禾收成五分有余。

现在粮价尚不甚昂，民情亦属安帖，堪以仰慰圣怀。除循例具题外，理合恭折奏闻，伏乞皇太后、皇上圣鉴。谨奏。十月十三日。

---

① 《左宗棠全集·奏稿》，第六册，第4913—4923页，上海书店，1986。

同治十年十一月初四日,军机大臣奉旨:知道了。钦此。①

一三九　委解成禄军营协饷起程日期片

同治十年十月十三日(1871 年 11 月 25 日)

再,四川奉拨成禄一军协饷,前已解至同治六年九月份止,叠经臣附奏在案。兹成禄奉旨出关,需饷孔亟,屡次奏催。伏查川省连年奉拨直隶淮军及云、贵、陕、甘各省协饷,每处岁以数十万计,而援黔、防陕、防边各军勇粮、军火,需用犹繁,岁入之款有减无增。以一省之财力分作五、六省之用,本难兼顾。今岁,蜀中旱涝相继,螟螣伤禾,秋收歉薄,小民自顾不遑,津贴、捐输、厘金更极减色,尤非往年可比,只可尽力匀拨,以免顾此失彼。从前成禄驻军肃州,距蜀已遥,道路多梗,委员由川领饷回营,往往在途经年,尚无抵营消息。此时该军出关,相距逾远,甘省溃匪游勇出没靡常,若以万难筹措之款轻临不测之地,实觉在在堪虞。

臣与藩司悉心筹商,挪凑厘金三万两,作为同治六年冬季三个月之饷,饬委试用同知郭凤明、补用布经历萨弼善承领,定于本年九月二十九日自成都起程,解至甘肃秦州,暂交州库,一面咨会成禄转饬该营后路粮台,多派兵弁提解回营,以昭慎重,而免疏虞。理合附片陈明,伏乞圣鉴。谨奏。

同治十年十一月初四日,军机大臣奉旨:知道了。钦此。②

---

①　台北故宫博物院藏:军机及宫中档,文献编号:110285。

②　台北故宫博物院藏:军机及宫中档,文献编号:110288。此片具奏日期未确,兹据同批折件校正。

一四〇　奉拨云南协饷起程日期片

同治十年十月十三日(1871年11月25日)

再，川省奉拨云南协饷，前已解过银十六万两，先后奏咨在案。兹滇省督抚臣复委员来川催提。伏查川省频年奉拨京外各饷，有增无减，转输不绝于道，库款悉索无遗。今岁春夏之交，雨泽愆期。厥后沿河州县又患水潦，加以螟螣伤稼，秋收歉薄，征解各款大形减色，实有万难兼顾之处。惟滇省军务正在得手，不能不竭力接济，以维大局。

兹臣督同藩司凑集滇饷银二万两，发交来员候补知府许继衡管解，定期于十年十月初五日自成都起程，解赴云南藩库交收。除分咨外，理合附片陈明，伏乞圣鉴。谨奏。

同治十年十一月初四日，军机大臣奉旨：知道了。钦此。①

一四一　奏报省标官兵合操折

同治十年十月二十九日(1871年12月11日)

头品顶戴四川总督兼署成都将军臣吴棠、四川提督臣胡中和跪奏，为合操省标官兵技艺情形，恭折仰祈圣鉴事。

窃照成都省标官兵，向于每年春秋二季合操一次，以严纪律。兹届秋操之期，臣等于九月十九等日调集军、督、提、城十营官弁兵

---

① 台北故宫博物院藏：军机及宫中档，文献编号：110290。此片具奏日期未确，兹据同批折件校正。

丁,齐赴较场考校。各兵排演新旧各阵式,步伐整齐。施放连环枪炮,声响联贯。长矛藤牌各技,亦俱进退便捷。复按照各营官兵饷册逐名考核弓箭枪炮并马步箭,中靶统计七成有余,弓用六七力不等。各兵演放抬枪、鸟枪,中靶亦有七成。爰择其技艺娴熟者,当场分别奖赏、记拔。间有生疏者,亦即勒限练习,分别劝惩。

伏思川省为边陲重地,省标为各营表率,现在邻省逆氛未靖,防剿紧要,武备尤应认真。臣等严谕各将备等督率弁兵,仍按日轮流操演,勤加训练,务使各兵技艺日益精进,咸成劲旅,不得因秋操已过,稍行懈弛,以期仰副圣主整饬戎行、绥靖边陲之至意。所有秋季合操省标官兵技艺情形,谨合词恭折具奏,伏乞皇太后、皇上圣鉴。再,成都将军系臣兼署,未经列衔,合并陈明。谨奏。十月二十九日。

同治十年十二月初二日,军机大臣奉旨:知道了。钦此。①

一四二 审拟通江县民刘裕骢京控一案折

同治十年十月二十九日(1871年12月11日)

头品顶戴四川总督兼署成都将军臣吴棠跪奏,为京控重案审明定拟,恭折仰祈圣鉴事。

窃照同治八年八月初五日准都察院咨:据四川民人刘裕骢等遣抱告刘垂馨,以贪擅枉杀等词赴该衙门呈诉一案,于同治八年四月初八日具奏,初九日,内阁抄出奉旨:此案着交吴棠督同臬司,亲提人证、卷宗,秉公严讯确情,按律定拟具奏。抱告民人刘垂馨,该

---

① 中国第一历史档案馆藏:军机录副,档案编号:03-4830-006。

部照例解往备质。钦此。相应钞录原奏、原呈，并咨四川总督督同臬司，钦遵谕旨办理等因。遵即饬据前署臬司傅庆贻、前升藩司蒋志章将署懋功厅事通江县知县娄诗澄撤任调省，并饬候补知州张兆兰即张兆南投案听质。一面查明刘鹤龄、谢鸿章、邓鸿超、吴巡捕及已升总兵吴宏亮，均在贵州等处，随同援黔安定营即补道唐炯进剿苗疆，由司详经檄饬回川投质。嗣据先后禀报：邓鸿超已经阵亡，吴宏亮亦已病故，刘鹤龄、谢鸿章攻剿正在得手，势难远离等情。并经委提人卷来省，发委审办。讵原告刘裕聪即于同治九年六月十九日夜，因被告军务羁身，势难到案对质，不能为父伸冤，一时痛父情切，且恐日久拖累，悲忿莫释，乘间在省城黄家祠地方投井身死。报经前署成都府知府李德良，檄委成、华两县会验讯详，批饬取结审拟详办去后。兹据成都府知府黄云鹄等讯供议拟，由布政使王德固、按察使英祥详解到臣。

经臣亲提研讯，缘刘裕聪、刘垂馨均籍隶通江县。刘沛壬即刘垂麟，系刘裕聪之父、刘垂鼎之胞兄。刘垂鼎早年报捐监生，领有执照。刘沛壬于道光十八年经前学臣何桂馨①岁考，取入通江县学第二名文生，二十六年补廪。军兴后，即充当团首。嗣于同治六年，因终年旷课，由教谕朱辙成、训导车嗣炘详准褫革。刘沛壬性情强悍，曾于同治二年挟制官长，阻挠湘、果各营军米，经升任陕西抚臣刘蓉咨请，饬县拿办。其时刘沛壬带团，抗不赴质，又值军务

———————

① 何桂馨，字见复，号一山，江苏长洲人，生卒年未详。嘉庆二十五年(1820)，中式进士，选庶吉士。道光二年(1822)，授翰林院编修。四年(1824)，补内阁中书。同年，充顺天乡试同考官。十五年(1835)，充广东乡试副考官。十六年(1836)，升军机章京。十七年(1837)，授四川学政。二十年(1840)，补宗人府主事。二十二年(1842)，迁刑部员外郎。二十四年(1844)，授陕西道监察御史。翌年，充会试同考官。二十八年(1848)，选云南昭通府知府，未赴任。

吃紧,各该前县恐激成事端,不敢操之过急,暂与宽容。四年二月,选授通江县知县娄诗澄奉饬到任。

五年,边防吃紧,兵差络绎。因支应繁多,无款可筹,娄诗澄查照奉准奏定章程,按粮筹办夫马经费,复以一时征收不齐,会同局绅商劝富户暂借应急,并给印票为信,当借到银一千三百六十五两、钱三千五百八十串,内有刘沛壬银二百两。后于六年夫马经费收齐,立即逐户清还,掣回印票。惟刘沛壬借款发还时,因阻挠军米,屡传不到,无从发领。娄诗澄交卸,当将前项银两移交后任转交家属,仍未具领。先是六年春,发、捻各匪窜逼滇南,经前兼署督臣崇实檄调总兵刘鹤龄,统领果毅全军驻扎通江,分防要隘。所需军米先发银,照市价采买。

是年十月,刘鹤龄复奉调分派前、右两营,由两河口移扎最要之平溪坝地方,兵多米少,不敷军食。因知该处为产米之区,经刘鹤龄会同娄诗澄,谕派刘沛壬与易蔚楠分别设局采买,由县派差罗吉、袁文、倪朝持谕前往;并派刘元、熊明、余元、袁明武、谢文先帮同照料。刘沛壬当给该役等往返盘费、饭食钱各五千文,声言县役照料转恐多事,嘱先回县销差。罗吉等当各走回,易蔚楠即遵照采办,尚无贻误。惟刘沛壬违抗多日,不肯设局,前、右两营官副将邓鸿超等因刘沛壬抬价,把持营中,无处买米,兵食不足,有饥溃之虞,禀由刘鹤龄复书朱谕,委派参将吴宏亮驰往开导,令其赶紧采买。

讵刘沛壬以屡办军米捐输、无力再办为词,气忿掷谕不收。经刘鹤龄复派简用提督谢鸿章等于十一月初八日,将刘沛壬拿获送县,讯供收禁,禀经前兼署督臣崇实饬县严究。该县娄诗澄提讯刘沛壬,供认阻挠军米不讳。再向研诘,咆哮顶撞。当将其藐法情形具禀请示,刘裕聪闻知,即令刘垂馨四处恳求,途遇县丁柳二、黄二,经刘垂馨恳其代求将刘沛壬释放,允许日后谢银四十两,柳二等未允各散。嗣经前兼署督臣崇实批饬,将刘沛壬按军法斩首示众。维时汛弁何心一因公出境,刘鹤龄驻防在外,该革生团众颇多,恐酿他事,即经娄诗澄于同治七年正月十四日,会同剿办。果毅营营务委员候补知州张兆兰派队监视刘沛壬,绑缚市曹,按军法立予斩首示众。后值举行县试,突有监生朱廷美专欲为报复,布谣阻考。因此,诸童不免惶惑。迨经保宁府知府福兆暨委员候补知县敖立榜,与该县娄诗澄出示晓谕,即据文童王炳章等指控投考,当即照常考试,并未稽考,并经前兼署督臣崇实具奏在案。嗣刘沛壬之弟刘垂鼎列词上控,均未批提。其子刘裕骢与刘垂鼎因痛父兄情切,以该县曾经借银应差,刘垂馨又许过家丁柳二等银两,刘沛壬亦给过差役罗吉等盘费、饭食钱文,疑系县官多借银两不遂,挟恨捏诬,并丁役有搕诈情事。刘裕骢即起意京控,遂以贪捏诬杀情事,由刘裕骢自作呈词,商同刘垂鼎列名,遣叔刘垂馨作抱,赴都察院衙门呈控。奏奉谕旨交审,咨解回川,提集人证讯办。因被控武员远在黔省,防剿吃紧,迭经札调,尚未回川。

同治九年六月二十九日夜,刘裕骢被告谢鸿章等军务羁身,势难到案对质,不能为父伸冤,一时痛父情切,且恐日久拖累,悲忿莫释,乘间在省自行投井身死。报验讯详,并据被告文武各员投据亲供,经成都府等审议,由藩、臬两司详解前来。经臣提集人证,讯悉前情,核与各亲供相符。诘无起衅别故,亦无唆讼作词之人,众供佥同,似无遁饰。

臣查此案,通江县知县娄诗澄因已革廪生刘沛壬即刘垂麟,阻挠军米,由营获送,讯认不讳,禀经前兼署督臣崇实批饬,按照军法,将其斩首示众。刘沛壬前曾阻挠湘、果各营军米,经升任陕西抚臣刘蓉咨饬拿办有案。兹于总兵刘鹤龄率军驻防时，复敢抗不办米，几致兵勇哗溃，迨经派弁开导，复以屡办军米捐钱、无力再办为词，气忿掷谕不收，并于获案后咆哮顶撞，目无官长。当时防剿吃紧，军食攸关，若不治以军法，难保不纷纷效尤。各军饥溃，所关匪轻，经统领官刘鹤龄与该县娄诗澄先后具禀，前兼署督臣崇实据禀批饬正法，系为慎重军务起见。刘沛壬死于军法，亦属罪由自取。惟查娄诗澄前在通江县任内，官声本属平常，即刘沛壬等阻挠军米，亦属操之大急。其子刘裕骢京控不无有因，嗣在省寓痛父情切，投井殒命，究由该员娄诗澄办理不善，且以印票借刘沛壬银两，尚未给还，即于奉批将刘沛壬正法之时，率邀营员监斩。又值斋戒日期，毫无觉察，致使应试诸童同怀疑惧，几酿事端。虽经该府赴县晓谕督试，犹以武童未考禀请委员接署，益征该员办事乖方，应请旨交部将该员通江县知县娄诗澄严加议处。

候补署州张兆兰系襄办营务之员，既非通江汛弁，又非带兵将领，并无监斩之责，乃敢侧身监斩，致骇听闻，亦属谬妄，并请将运同衔四川候补知州张兆兰一并议处。刘裕骢等京控各情及所指丁役搕索银两，或系痛亲情切，或系控出有因，均属情有可原，无凭反坐。其令刘垂馨四处恳求，亦属痛父常情，且并未嘱令许人财物，更无不合。抱告刘垂馨口许空赃，例免着追。兼其侄刘裕骢已死非命，情殊可矜，均请免议。差役罗吉等讯无搕诈情事，其各得受饭食钱五千文，计赃五两，均合依不枉法赃折半科罪一两以上杖七十无禄人减一等律，各拟杖六十，折责革役。刘元、袁明武均已病故，应毋庸议。

果毅营统领总兵刘鹤龄，因刘沛壬不办军米，拿获送县，尚无不合，应与奉派往拿之简用提督谢鸿章、阵亡之副将邓鸿超、病故之参将吴宏亮及因旷课详革该廪生刘沛壬之教谕朱黻成、训导车嗣炘，均免置议。刘裕骢尸棺饬埋。娄诗澄票借刘沛壬银两，据称移交后任，应即提解到日，如数发还。易蔚楠并无阻挠军米情事，应免提究。监生朱廷美等有无阻考，饬缉获日另结。未到人证或现患重病，或查无其人，案已讯结，应予免提省累。

除供招咨部并都察院外，所有审拟缘由，理合恭折具奏，伏乞皇太后、皇上圣鉴，敕部核覆施行。谨奏。十月二十九日。

同治十年十一月初二日，军机大臣奉旨：娄诗澄着交部严加议处。张兆兰着交部议处。余着刑部议奏。钦此。[①]

【案】同治八年四月初八日，左都御史灵桂等奏报川民刘裕骢京控一案折：

都察院左都御史臣宗室灵桂等跪奏，为奏闻请旨事。

据四川民人刘裕骢同胞叔监生刘垂鼎遣抱刘垂馨，以贪捏枉杀等词赴臣衙门呈诉。臣等公同讯问，据刘垂馨供：年三十八岁，同刘裕骢、刘垂鼎均系四川通江县人。刘裕骢等遣身递呈，所有情节求阅呈词便悉。查原呈内称，刘裕骢之父刘沛壬系通江县廪生，同治元年，因军兴劝捐助饷，曾捐钱一千串。二年，捐米一百石。自是年冬月至六年三月，因各军驻扎平溪场，屡次奉派为果后四营、湘果、虎威及武字等营采办军米，并无缺乏。衅由五年冬，县主娄诗澄到任，借支应夫马，遣差票谕身父借银千两。身父当措银二百两送县，后叠次催缴，无力全办。娄县主怀恨在心。至六年，果毅营统领刘鹤龄所带之

前、右两营移扎平溪场,谕身父及绅粮等照常办理,已及一月。讵娄主心生毒计,串通刘鹤龄,尽撤各场米局,于十一月初旬,委吴巡捕,手持朱单,派身父与易蔚楠各办军米千石,令三日措缴。因期迫数多,均向营官谢鸿章等哀缓。娄主暗嘱营官,诬身父阻挠,立捆送县,卡禁不讯。管卡柳二、黄二搕身父银四十两,差役熊明等搕身父钱四十串,均有过付可证。时绅耆赴县、营,哀恳宽释,而娄主声称要银一万两、米一千石,方准释回。奈身家止载正粮四两六分,未能措办。不知娄主何意,并不申详学宪,亦未提讯取供,突于次年正月十四日同文案张兆南,将身父提出斩首。身当即控府、控省,及奉督批,始知娄主与刘鹤龄附和捏禀,诬以阻挠军米、武断挟制等情,而署督崇一味袒庇,以致冤无可伸。窃思身家本平常,安能于三日之间办米千石?且身父与易蔚楠同檄办米,同恳宽期,何以一获平安、一遭惨祸?如谓身父系土豪恶棍,何以通江士子投考者千有余人,因其含冤,同动公愤?明系娄主与刘鹤龄捏词诬陷,假公济私。为此情急,抄呈宪批,遣抱来京沥诉等语。

臣等查该民人刘裕骢等遣抱刘垂馨呈称,伊父刘沛壬系通江县廪生,同治二年以来,屡次奉派为官军采办军米,并无缺乏。五年冬月,该县娄诗澄到任,借支应夫马,票谕刘沛壬借银千两。刘沛壬仅送银二百两,因此怀恨。至六年,果后营统领刘鹤龄移扎平溪场,复谕伊父办米。讵该县娄诗澄生计,与刘鹤龄尽撤米局,于十一月初间,派伊父与易蔚楠各办军米一千石,限三日全缴。伊父因期迫数多,向营官谢鸿章等求缓,该县即暗嘱营官,诬以阻挠,立捆送县卡禁。绅耆哀恳宽释,该县声称要银一万两、米一千石,方准开释。伊父未能措解,该县即与刘鹤龄附和捏禀,诬以阻挠军米、武断挟制等情,于次年正月十四日提出斩首。该民人控府、控省,署督一味袒庇,以致冤莫能伸各情。案关挟嫌枉杀,如果属实,亟需彻底究办。谨抄录原呈,恭呈御览,伏乞圣鉴训示。

再,据该抱告结称,在本府、本道、臬司衙门各控告一次,学政、总督衙门各控告一次,均未亲提,合并声明。谨奏。同治八年四月初八日。都察院左都御史臣宗室灵桂,左都御史臣毛昶熙(差),署左都御史臣谭廷襄,左副都御史臣觉罗达庆,左副都御史臣继格,左副都御史臣童华(差),左副都御史臣郑锡瀛。①

【附】同治八年四月初八日,都察院呈四川民人刘裕璁京控呈文:

具呈:四川保宁府通江县民人刘裕璁,年十八岁,同胞叔监生刘垂鼎,年三十八岁,抱告堂叔刘垂馨,年三十八岁,为贪捏枉杀,恳恩奏请伸雪事情。

民父刘沛壬系四川通江县廪生,不干外事,阖邑共知。自川、陕军兴,各州县劝捐助饷,民父于同治元年捐钱一千串。二年,捐米一百石。即蒙前县主奖保举,咨川防剿局可查。是年冬月,果后四营驻扎平溪场,民父供应柴米,源源不竭,致距民二百余里之湘果营亦檄民父办粮。民父以现供四营辞难兼顾,伊虽前有嫌言,及县主蒋据情禀覆,亦皆悦息。嗣果后营去,民父复与湘果、虎威等营分番办米,并无贻误。

六年三月,防堵陕西武字四营复驻平溪场。民父奉派与

---

① 中国第一历史档案馆藏:军机录副,档案编号:03-5028-029。

易蔚楠等同办军米，半载无缺，又沐分统李辉武许以保举，民父愈加感激，凡遇绅粮、士众，恒谆谆以急公奉上为勖。衅由同治五年冬县主娄诗澄到任，借支应夫马遣差票谕民父借银一千两，民父当措银二百两呈县。数注票尾，审呈可查。嗣因叠次催缴，无力全办，娄主怀恨在心。至六年十月，果毅营统领刘鹤龄所带之前、右两营移扎平溪场，复谕民父及绅粮等照常办理，已及一月，有簿可查。娄主心生毒计，串通刘鹤龄尽撤各场米局，于十一月初旬委吴巡捕，手持朱单，派民父与易蔚楠各办军米一千石，谕令三日措缴。因其期迫数多，均向谢鸿章、邓鸿超等哀缓。娄主暗嘱营官，独诬民父阻挠，立捆送县。娄主卡禁不讯，管卡柳二、黄二搕民父银四十两，系堂叔垂馨交付；差役熊明、袁文、罗吉、余元等搕民父钱四十串，系贾元士过证。同办绅耆当即赴县、营，各恳宽释。而娄主声称要银一万两、米一千石，方准释回。有邓普田可质。奈民家止载正粮四两六分，何能措办，不知娄主何意？并不申详学宪，即捏民父已革，恳查学宪衙门有无革案，便知虚实。

自冬月初八收卡至次年正月十四两月有余，并未提讯取供，不知如何提禀署督，突于正月十四日，娄主同营文案张兆南将民父提出斩首。民当即叩府、叩道，并叩臬宪、学宪及奉署督宪批，始知概由娄主、刘鹤龄附和捏禀，诬以阻挠军米、武断挟制等情，而署督宪意在护前，一味袒庇，蒙达天听，致民父冤无可伸。窃民父家本平常，不惟收谷无几、不能办米千石，即使盈千累万，家中碾确无多，岂能三日措办？纵令入市采买，而平溪场山僻小市，三日逢集，米不过二十石，又岂能依限完交？显系娄主、刘鹤龄设计图索，期在必得属实。至于阻买军米，更属不情，谷贱伤农，古今同患，农民之望谷贵，先望米石行销，军营采买粮米，此即行销之由。富民望米价昂，岂肯遏其销路？况谷米户有之物，并非一家奇货，高值既可即得，纵使百端诱胁，谁肯故昂延跌？民父五办军粮，供营十二，不惟前届十营俱各得其欢心，即与果毅、右两营办粮一月，亦无嫌隙。若非娄主以利动其心，必不肯迫人于险，又何至捏词陷人？况民父与易蔚楠同檄办米，同恩宽期，伊何以独复平安，而民父偏遭惨祸？明系罪名之有无，视乎其人之肥瘠。且民父如果系土豪、恶棍，平日既为富不仁，武断乡曲，控案累累，素为地方一霸，则受害必多，在生前或可以势勒平民，及其禀请正法，阖邑士民何不感戴县恩，为娄主上"除暴安良"之匾？转以枯朽恶骨哀感阖邑，致令文武诸童舍自己之功名，而为豪棍伸不白之冤，亦大不近人情！况赴考诸童俱系读书明理之人，恶党纵布谣言，岂能将其惶惑？又况通江士子投考千有余人，民父党羽即多，安能一一阻止？明系含冤负屈、动人公愤可知。

至若挟制官长，何官何事？党类甚多，何姓何名？聚众抗官，何时何地？即未提讯，又未取供，狂悖抵触，何由得见？捏词蒙禀，耸准宪台，一纸空谈，便成信谳，身已冤死，又负恶名，而娄主、刘鹤龄方且以鬼域之情济贪残之性，始则假公事以饱私囊，继则逞淫刑以纾积愤，层节图捲，狼狈为奸，荼毒士林，草菅人命，控桌与督，均未蒙提。民情急心伤，只得抱呈来京沥诉。伏乞恩准奏闻，钦派大员至省查办，以生民命，实感鸿慈无既矣。①

---

① 中国第一历史档案馆藏：呈文，档案编号：03-5030-050。

【案】经前兼署督臣崇实具奏在案:同治七年闰四月初二日,兼署四川总督崇实奏将廪生刘沛壬当即正法曰:

再,楚军各营所需军米向系随地采买。上年十一月间,堵防秦、陇驻扎通江之管带果后营升用总兵刘鹤龄令其所部副将邓鸿超等移屯平溪坝,照市价采买米石,以供军食。乃有该处已革廪生刘沛壬率众阻挠,不容该营买米,且诱胁乡恶故昂其值,遏籴不粜。该革生富甲一乡,附近农民皆其佃户,听彼指挥,莫敢违拗。被其阻遏,军无宿粮。善向开导,藐抗不理。勇升愤激,恐滋事端,经该总兵拿交地方官审办等情,具禀前来。当经檄饬通江县究明,严行惩办去后。旋据通江县知县娄诗澄禀称:该革生平日为富不仁,武断乡曲,挟制官长,控案累累,本系土豪恶棍,前曾阻挠湘果营军米,抗不赴质,今又阻遏果毅营军米,实属怙恶不悛。该县提讯,该革生狂悖异常,抵触无状,且其党类甚多,动辄聚众抗官,非借楚军之力断不能将其获案。查米粮为行军要需,似此阻买军米,致误军食,殊于戎务大有关系。且该革生素为地方一霸,若不从严惩办,诚恐贻患将来,请将刘沛壬即以军法从事,消患未萌等情。臣以该革生刘沛壬胆敢率众阻买军米,又不服地方官讯究,实属大干法纪,核其情节,与刁民假地方公事强行出头、逼勒平民、约会抗粮、罪应斩决者无异,即批饬该县将刘沛壬按军法斩首示众,以昭炯戒而儆效尤。嗣风闻该县将刘沛壬正法之后,适值举行县试,有刘沛壬之党与布散谣言,阻止士子投考。臣即饬委候补知县敖立榜密往访查,而该管保宁府知府福兆先已闻风,至县查办。兹据该府同委员查实禀覆,乃系刘沛壬之党监生朱庭美、朱通侯、蒲建阁、武生李联升等欲为刘沛壬报复,布散谣言,意图阻考,以挟制地方官吏。在赴考诸童当时不免惶惑,迨经该县明白晓谕,文武童生仍即照常考试,并未罢考。有文童王炳章等指控呈词可据。该县地方现亦安静如常等情。除批饬该府严拿阻考之朱庭美等务获究办外,所有已革廪生刘沛壬阻抗军米、当即正法缘由,理合附片陈明,伏乞皇太后、皇上圣鉴训示。谨奏。同治七年闰四月初六日,军机大臣奉旨:知道了。钦此。①

一四三 奏报川省同治十年九月雨水、粮价折

同治十年十月二十九日(1871 年 12 月 11 日)

头品顶戴四川总督兼署成都将军臣吴棠跪奏,为恭报四川省同治十年九月份各属具报米粮价值及得雨情形,仰祈圣鉴事。

窃照同治十年八月份通省粮价及得雪情形,前经臣恭折奏报在案。兹查本年九月份成都等十二府,资州等八直隶州,松潘、叙永三直隶厅,各属先后具报得雨自一二次至十一二次不等,田水充盈,小春播种。其通省粮价俱与上月相同,据布政使王德固查明列单汇报前来。

臣覆核无异。理合恭折具奏,并分缮清单,恭呈御览,伏乞皇太后、皇上圣鉴。谨奏。十月二十九日。

同治十年十二月初二日,军机大臣奉旨:知道了。钦此。②

---

① 中国第一历史档案馆藏:军机录副,档案编号:03-4819-074。
② 中国第一历史档案馆藏:军机录副,档案编号:03-4965-338。

一四四　呈川省同治十年九月粮价清单

同治十年十月二十九日(1871 年 12 月 11 日)

谨将同治十年九月份四川省所属地方各项粮价,开具清单,恭呈御览。

成都府属,价贵。中米每仓石价银二两七钱七分至三两八钱一分,与上月同。大麦每仓石价银一两八钱四分至二两一分,与上月同。小麦每仓石价银二两一钱七分至二两三钱四分,与上月同。黄豆每仓石价银一两六分至二两四钱六分,与上月同。荞子每仓石价银一两一钱七分至一两七钱一分,与上月同。

重庆府属,价贵。中米每仓石价银二两五钱七分至三两五钱九分,与上月同。大麦每仓石价银一两六钱五分至二两,与上月同。小麦每仓石价银二两三钱一分至二两七钱三分,与上月同。黄豆每仓石价银二两七钱三分至三两三分,与上月同。

保宁府属,价贵。中米每仓石价银二两六钱五分至三两三钱六分,与上月同。大麦每仓石价银一两九钱二分至二两一钱三分,与上月同。小麦每仓石价银二两八钱六分至三两六钱,与上月同。黄豆每仓石价银一两八钱三分至二两一钱三分,与上月同。

顺庆府属,价贵。中米每仓石价银二两八钱二分至三两二钱三分,与上月同。大麦每仓石价银一两六钱二分至一两八钱一分,与上月同。小麦每仓石价银二两一钱一分至二两一钱四分,与上月同。黄豆每仓石价银一两五钱五分至一两六钱七分,与上月同。

叙州府属，价贵。中米每仓石价银三两八分至三两三钱八分，与上月同。大麦每仓石价银一两六钱七分至二两三分，与上月同。小麦每仓石价银二两一钱五分至二两六钱五分，与上月同。黄豆每仓石价银一两一钱一分至一两五钱二分，与上月同。

夔州府属，价贵。中米每仓石价银二两八钱八分至三两二钱三分，与上月同。大麦每仓石价银一两七钱九分至二两四钱七分，与上月同。小麦每仓石价银二两九钱六分至三两四分，与上月同。黄豆每仓石价银二两一钱六分至二两二钱六分，与上月同。

龙安府属，价贵。中米每仓石价银二两五钱八分至三两二钱八分，与上月同。青稞每仓石价银一两五钱，与上月同。小麦每仓石价银一两八钱至二两一钱九分，与上月同。黄豆每仓石价银一两八钱五分至一两九钱三分，与上月同。

宁远府属，价贵。中米每仓石价银二两九钱一分至三两二钱四分，与上月同。大麦每仓石价银一两四钱九分至一两六钱一分，与上月同。小麦每仓石价银一两六钱二分至二两二钱三分，与上月同。荞子每仓石价银一两四钱六分，与上月同。黄豆每仓石价银一两五钱六分至一两六钱三分，与上月同。

雅州府属，价中。中米每仓石价银二两八钱三分至二两八钱八分，与上月同。小麦每仓石价银二两三钱至二两六钱六分，与上月同。黄豆每仓石价银一两六钱八分至二两七分，与上月同。

嘉定府属，价贵。中米每仓石价银二两九钱至三两五钱，与上月同。小麦每仓石价银二两三钱七分至二两七钱四分，与上月同。黄豆每仓石价银一两四钱九分至二两五分，与上月同。

潼川府属，价贵。中米每仓石价银二两九钱一分至三两一钱九分，与上月同。大麦每仓石价银一两六钱七分至一两九钱五分，与上月同。小麦每仓石价银二两一钱六分至二两五钱一分，与上月同。黄豆每仓石价银一两七钱九分至二两一钱六分，与上月同。

绥定府属，价中。中米每仓石价银二两六钱至二两九钱，与上月同。大麦每仓石价银一两五钱八分至一两五钱九分，与上月同。小麦每仓石价银一两六钱三分至一两七钱四分，与上月同。黄豆每仓石价银一两四钱三分，与上月同。

眉州直隶州属，价贵。中米每仓石价银二两七钱六分至三两六分，与上月同。

邛州直隶州属，价贵。中米每仓石价银二两六钱六分至三两九分，与上月同。大麦每仓石价银一两九钱三分，与上月同。小麦每仓石价银二两五钱九分，与上月同。黄豆每仓石价银二两一钱至二两二钱四分，与上月同。

泸州直隶州属，价贵。中米每仓石价银三两九分至三两一钱，与上月同。

资州直隶州属，价中。中米每仓石价银二两五钱八分至二两九钱三分，与上月同。

绵州直隶州属，价贵。中米每仓石价银二两七钱五分至三两七分，与上月同。小麦每仓石价银二两三钱四分至二两四钱八分，与上月同。

茂州直隶州属，价中。中米每仓石价银二两六钱三分，与上月同。小麦每仓石价银二两六钱八分，与上月同。青稞每仓石价银二两二钱二分，与上月同。荞子每仓石价银一两二钱五分至一两七钱五分，与上月同。

忠州直隶州属，价贵。中米每仓石价银二两六钱至三两二钱八分，与上月同。大麦每仓石价银一两四钱六分至一两六钱，与上月同。小麦每仓石价银二两五分至二两四钱一分，与上月同。黄豆每仓石价银一两二钱七分至一两三钱七分，与上月同。

酉阳直隶州属，价贵。中米每仓石价银二两六钱一分至三两一钱一分，与上月同。大麦每仓石价银二两三钱至二两六钱二分，与上月同。小麦每仓石价银二两六钱四分至二两七钱八分，与上月同。黄豆每仓石价银一两三钱九分至一两四钱四分，与上月同。

叙永直隶厅属，价中。中米每仓石价银二两九钱九分，与上月同。小麦每仓石价银一两八钱一分，与上月同。荞子每仓石价银一两三钱四分。黄豆每仓石价银一两六钱一分，与上月同。

松潘直隶厅，价中。青稞每仓石价银二两七钱六分，与上月同。荞子每仓石价银一两七钱四分，与上月同。

杂谷直隶厅，价中。青稞每仓石价银二两四钱，与上月同。荞子每仓石价银一两七钱九分，与上月同。

石砫直隶厅，价平。中米每仓石价银一两六钱二分，与上月同。大麦每仓石价银一两七钱三分，与上月同。小麦每仓石价银二两六分，与上月同。黄豆每仓石价银一两八钱九分，与上月同。

打箭炉直隶厅，价贵。青稞每仓石价银四两九钱二分，与上月同。油麦每仓石价银一两八钱一分，与上月同。

军机大臣奉旨：览。钦此。[1]

---

[1]　中国第一历史档案馆藏：清单，档案编号：03-4965-339。

一四五　呈川省同治十年九月得雨清单

同治十年十月二十九日(1871 年 12 月 11 日)

谨将四川省同治十年九月份各属具报得雨情形,开具清单,恭呈御览。

成都府属:成都、华阳两县得雨五次,小春播种。简州得雨四次,红花滋生。崇庆州得雨二次,小春滋生。汉州得雨一次,堰水充足。温江县得雨二次,田亩翻犁。郫县得雨六次,播种小春。新都县得雨三次,葫豆播种。金堂县得雨二次,小春播种。新繁县得雨二次,晚稻收获。彭县得雨二次,堰塘积水。双流县得雨三次,葫豆滋生。什邡县得雨二次,晚稻收获。

重庆府属:江北厅得雨十次,小春播种。江津县得雨七次,田水充足。长寿县得雨七次,堰塘积水。永川县得雨五次,小春播种。荣昌县得雨八次,田水充足。綦江县得雨六次,田水充足。南川县得雨五次,山土滋润。合州得雨十二次,田水充足。涪州得雨三次,田水充足。铜梁县得雨六次,田水充足。定远县得雨十一次,荞子结实。

夔州府属:云阳县得雨二次,田土翻犁。万县得雨六次,棉花捡毕。大宁县得雨二次,小春播种。

龙安府属:江油县得雨五次,塘堰积水。

绥定府属:渠县得雨二次,小春播种。城口厅得雨二次,小春发生。

宁远府属:会理州得雨二次,河水泛涨。越巂厅得雨三次,稻谷登场。

保宁府属：阆中县得雨一次，地土翻犁。南部县得雨二次，小春播种。广元县得雨二次，麦豆播种。巴州得雨六次，田水充足。通江县得雨四次，田水充足。剑州得雨三次，小麦播种。

顺庆府属：南充县得雨五次，二麦滋长。西充县得雨四次，田水充盈。蓬州得雨三次，农民播种。营山县得雨三次，地土潮润。仪陇县得雨二次，豆麦播种。广安州得雨四次，田亩翻犁。岳池县得雨八次，田水充足。邻水县得雨五次，翻犁田亩。

潼川府属：三台县得雨五次，杂粮播种。射洪县得雨二次，豆麦皆生。盐亭县得雨二次，小麦萌芽。安岳县得雨二次，田水干涸。乐至县得雨九次，小春播种。

雅州府属：清溪县得雨二次，田水充足。天全州得雨二次，小春萌芽。

嘉定府属：乐山县得雨九次，堰水充盈。峨眉县得雨一次，地亩翻犁。洪雅县得雨七次，豆谷收毕。夹江县得雨三次，二麦皆种。犍为县得雨三次，小春播种。荣县得雨四次，小春栽种。威远县得雨六次，小春种毕。

叙州府属：南溪县得雨十次，田水颇足。富顺县得雨八次，小春将种。隆昌县得雨九次，栽种小春。长宁县得雨三次，田水充足。

资州直隶州并属：资州得雨十次，田堰水平。资阳县得雨九次，田水充足。仁寿县得雨五次，田水充足。内江县得雨四次，堰水充足。

绵州直隶州并属：绵州得雨二次，堰水充盈。安县得雨一次，田水充盈。梓潼县得雨四次，田水充足。罗江县得雨一次，堰水充足。

忠州直隶州属：梁山县得雨八次，播种小春。垫江县得雨七次,小春萌芽。

酉阳直隶州属:彭水县得雨二次,秋禾获毕。

茂州直隶州得雨二次,小春萌芽。

眉州直隶州并属:眉州得雨五次,稻谷收获。彭山县得雨六次,豆麦播种。丹棱县得雨六次,小春播种。

泸州直隶州属:泸州得雨八次,小春萌芽。江安县得雨四次,田畴翻犁。合江县得雨九次,播种小春。纳溪县得雨八次,小春萌芽。

邛州直隶州属:蒲江县得雨八次,秋收甫毕。

松潘直隶厅得雨二次,小春播种。

叙永直隶厅并属:叙永厅得雨八次,水田翻犁。永宁县得雨八次,水田翻犁。

军机大臣奉旨:览。钦此。[①]

一四六　请准杨志凌暂缓赴部片

同治十年十月二十九日(1871 年 12 月 11 日)

再,接准驻藏大臣恩麟等咨:新补绥靖营守备杨志凌,例应由川给咨引见,惟该守备现在驻防前藏,班期未满,藏中乏员接署,且委办夷务尚形得力,亦未便遽易生手等情前来。

臣覆查无异。合无仰恳天恩,俯念藏中差务紧要,准其暂缓北上,并饬令先给署札,一俟班满回川,再行给咨引见。是否有当,理合附片陈明,伏乞圣鉴训示。谨奏。

――――――――――――

① 中国第一历史档案馆藏:清单,档案编号:03-4965-340。

同治十年十二月初二日,军机大臣奉旨:着照所请,兵部知道。钦此。①

一四七　请准游击陈顺理等暂缓赴部片

同治十年十月二十九日(1871年12月11日)

再,新补督标左营游击陈顺理及新升重庆右营都司督标左营守备滑元吉,均应给咨引见。惟陈顺理前经委带裕字右、前两营楚勇,巡缉内地奸匪,策应各路边防;滑元吉委令解运滇、黔两省火药,出入重地,均甚得力,未便遽易生手。

合无仰恳天恩,俯准该员等暂缓北上,饬部分给署札,并开滑元吉督标左营守备底缺,扣留川省,拣员另补,一俟该员经手事竣,再行给咨送部。是否有当,理合附片具陈,伏祈圣鉴训示。谨奏。

同治十年十二月初二日,军机大臣奉旨:着照所请,兵部知道。钦此。②

一四八　捐建旗营书院落成片

同治十年十月二十九日(1871年12月11日)

再,臣本年二月奉命兼署成都将军印务,每当训练官兵之余,日以振兴文教为急务。查成都驻防向有官学在于各旗兵丁

---

① 中国第一历史档案馆藏:军机录副,档案编号:03-4655-006。此片具奏日期未确,兹据同批折件校正。

② 中国第一历史档案馆藏:军机录副,档案编号:03-4746-013。此片具奏日期未确,兹据同批折件校正。

内挑取通晓翻译者,充当教习,令八旗子弟学习清文,累应国家考试翻译乡、会各科,取中举人、进士,为外省之冠,成效昭然。惟素习经学、制艺生童,原系附入官学肄业,并无专设书院,似不足以宏教育而培本根。经臣督饬协领等即在旗营宽闲之处,度地庀材,捐建书院一所。自本年四月兴工,兹已一律告成,名曰:少城书院。其地本系少城,旧制因以为名。谨择品学兼优之士,延订主讲,率诸生于十月初一日入院肄业,彬雅可观,多士同深抃舞。

凡建修书院一切工料费用,臣自行倡捐廉银一千两,而每年教习束脩、诸生膏火,必应为长久之计。复率同司、道、府、厅、州、县,公捐廉银五千二百两,札发成都府知府转交典商生息,每年计得息银六百二十两,由臣酌定章程,责成该协领经管,仍按季呈报成都将军衙门查核,庶几有举莫废,永远遵行。此项银两均未敢动用正、杂公款,应请免其造册报销。合并声明。所有捐建旗营书院落成缘由,理合附片陈明,伏乞圣鉴。谨奏。

同治十年十二月初二日,军机大臣奉旨:知道了。钦此。[1]

【案】关于少城书院支放章程:

同治十年(1871),四川总督吴棠建于成都满城内,专为驻防成都的八旗子弟而设。吴棠捐银八百两,并司、道、府、州、县各官捐银五千二百两,交商生息,以年息银六百二十四两作束脩膏火。山长年束脩银二百两,薪火银一百两,节敬每节四

① 中国第一历史档案馆藏:军机录副,档案编号:03-5005-021;吴棠等:《游蜀疏稿》,第511—514页。此片具奏日期未确,兹据同批折件校正。

两。每年订十课,每课文生超等六名,每名银一两五钱。特等六名,银各一两。文童上取三名,每名银一两,中取五名,银各八钱。斋夫一名,月工食银二两。余作每年修葺及每课造册、试卷之费,由协领按季呈报查考。每月初二日官课、十六日师课,山长关卷,协领具束,延师订正。院务皆由署将军札仰管理,协领固勒洪阿、札木丹等协助。①

一四九　奏明川省盐斤碍难加价折

同治十年十一月初三日(1871年12月14日)

头品顶戴四川总督兼署成都将军臣吴棠跪奏,为川省盐斤碍难加价,恭折仰祈圣鉴事。

窃臣前准户部咨:议覆西征粮台翰林院侍读学士袁保恒奏,请权加盐价接济军饷一折,行令监管盐务各督抚转饬运司、盐道,体察现时商力民情,悉心筹议,据实覆奏等因。遵即转行妥议去后。兹据藩司王德固、盐茶道傅庆贻详称:川省盐岸除本省外,向惟滇、黔两边暨湖北鹤峰等八州县。咸丰四年以后,黔匪滇回相继煽乱,两省边地人民流亡,引岸全失,川省井厂亦遭滇匪蹂躏,商号不行,节年引滞税悬。经前任督臣骆秉章于同治二年奏准将边积引张,展限行楚。嗣因展限届满,楚运仍未畅行。

臣抵任后,查明七年以前旧引积至九万余张,所欠税羡数近百万,不得不亟图补救,于八年冬间,续请展限济楚,适值两江督臣曾国藩有禁止川盐入楚之奏,臣又将未能遽禁缘由分晰陈明。而江、

---

① 季啸风:《中国书院辞典》,浙江教育出版社,1996。

楚两省督臣先议川销八成准销二成,旋又议川盐虽多,不得过四成。因其淮盐上运日多,川盐销路仍滞,各厂盐价日跌,较前十减五六。且连年楚省力整淮纲,迭加川盐厘税,销愈难而税愈重,商虞折本,大半歇业。灶户堆积之盐贱价尚难出售,奚能加价? 纵督饬地方官强令议加,而价出于盐,盐既难行,加项无自而取,不过徒托空言。况物价难齐,常情趋利。官盐之价加重,小民锱铢必较,势必竞食偷漏之私盐,恐川、楚两省盐法因之大坏,而于西征军饷仍无裨益。再四筹商,万难强办,应请免议加增等情,会详请奏前来。

臣覆查袁保恒原奏,系为助饷停捐起见,如果事属可行,自应亟为筹劝,以维大局。无如川省行盐之地,边岸既未收复,楚销日形窒滞,商人厘税过重,大半折本停贸,井盐存积愈多,减价尚难售销,势实不能议加。昨准户部咨会,江南及闽、浙、直隶各省,均未能议加,各省盐务情形大都相同,现在川省尤难独办,致妨盐法。所有筹议川盐碍难加价情形,理合恭折覆陈,伏乞皇太后、皇上圣鉴训示。谨奏。十一月初三日。

同治十年十一月二十一日,军机大臣奉旨:户部知道。钦此。①

一五〇 委解京饷暨固本饷银起程日期折
同治十年十一月初三日(1871年12月14日)

头品顶戴四川总督兼署成都将军臣吴棠跪奏,为川省委解本年京饷暨固本饷项起程日期,恭折仰祈圣鉴事。

---

① 台北故宫博物院藏:军机及宫中档,文献编号:110600。

　　窃查川省本年原拨京饷银三十万两,续拨银十五万两,共银四十五万两,前已四次解过银二十三万两。又固本饷项月解银五千两,前已先后解过银十九万两,作为同治五年九月二十一日奉文之日起至八年十月二十一日止三十八个月协济之项,均经迭次奏报在案。伏查川省频年援邻防边,并分协各省月饷,拨款过繁。本年夏旱秋涝,秋收减色,司、盐两库入少出多,异常支绌。惟京饷为部库正供,固本亦京畿要款,自应勉力筹解。

　　臣复督同司道凑集按粮津贴银五万两、盐厘银三万两,共银八万两,以七万两作为本年原拨京饷,连前解过之二十三万两,共银三十万两,以清原拨之数。余银一万两即作为续拨京饷。又于盐货厘金项下提银一万两,作为同治八年十月二十一日起至十二月二十一日止两个月固本饷项,均饬委南溪县知县雷尔卿承领,定期于十月二十八日自川起程。前因秦、陇交界地方回匪溃勇出没靡常,驿路时通时阻,京饷重款,实难冒险径解,于本年正月间,复奏请照案发商汇兑,奉旨敕部知照在案。所有此次饷项仍发交蔚泰厚等银号汇解,委员至京兑齐,解赴户部交纳,用昭慎重。余银仍陆续筹解,不敢迟缓,据藩司王德固、臬司英祥、盐茶道傅庆贻会详前来。

　　臣覆查无异。除分咨外,理合恭折具奏,伏乞皇太后、皇上圣鉴。谨奏。十一月初三日。

　　同治十年十一月二十一日,军机大臣奉旨:户部知道。钦此。①

---

　　①　台北故宫博物院藏:军机及宫中档,文献编号:110601。

一五一　奏闻委解淮军月饷片

同治十年十一月初三日(1871 年 12 月 14 日)

再,臣前准军机大臣字寄:同治九年十月二十六日,奉上谕:李鸿章奏,淮军月饷,每月加拨四川三万两等因。钦此。伏查淮军月饷前经臣督同藩司九次解过银三十四万两,先后奏报在案。现在川军援邻防边,口粮、军火支用浩繁,京饷、协饷催解复急。年谷欠丰,解款寥寥,实有万难周转之势。惟淮军留防畿辅,分援陕西,大局攸关,不能不勉力筹解。

兹据藩司王德固凑集厘金银五万两,饬委候补知县王基寅、试用未入流吴云爕承领,于同治十年十一月初三日自省起程,解赴湖北粮台交收,拨供李鸿章与刘铭传所部淮军征防饷项,以济要需。除分咨外,理合附片陈明,伏乞圣鉴。谨奏。

同治十年十一月二十一日,军机大臣奉旨:知道了。钦此。①

一五二　查办已革酆都知县徐濬镛片

同治十年十一月初三日(1871 年 12 月 14 日)

再,臣于同治九年八月十四日钦奉上谕:酆都县知县徐濬镛于江水进城时先行远避,置难民于不顾,殊出情理之外。徐濬镛着即革职,听候查办等因。钦此。遵即行司檄委候补知府彭名

---

① 台北故宫博物院藏:军机及宫中档,文献编号:110602。此片具奏日期未确,兹据同批折件校正。

湜、知县李世琮驰往酆都县，会同接署该县张瑞麟确切查办去后。兹据该委员等查明，覆由藩司王德固、臬司英祥核办具详到臣。

臣随覆加查核，缘酆都县城垣滨临大江，三面近水，惟北门路接山坡，中隔小溪及民田百余亩，溪上向建石桥以通往来。同治九年六月十七、十八等日，江水连涨十数丈，灌涌入城。其北门溪桥、田塍亦俱淹没。环城悉成巨浸，城内居民无路走避。该县船只稀少，徐溶镛先自封船数只，于十八日带印携眷登舟，并令典史丁达熙管带监犯，渡至近城之鹿鸣山寺。城中老幼男妇攀城登屋，号呼求救。壮者各觅木筏、小船，将难民陆续救至鹿鸣、平都等山。徐溶镛至十九日，始派丁役雇备筏船，赴西门救出难民数十人。城中庙宇、衙署、仓库、民房悉沦于水。遗民逃生不及，亦有溺毙。其避水登山之难民多未携带粮糗，徐溶镛亦带米无几，不能分散，束手无策，民皆愤怨。至二十一日以后，水始渐退。徐溶镛回城雇夫挑挖，淤泥内找获库存银钱，均未遗失短少。惟各处仓廒冲淹，谷多漂失，仅于县署三堂后仓内拣得水浸未坏湿谷三千七百二十九石。后于近仓泥淖中淘出带泥霉变之谷约数千石。徐溶镛当饬绅士郎廷臣等，将泥污霉变之谷分给灾民，随自捐钱一千串助赈，并将未坏湿谷分交局绅，减价平粜，共粜获钱一千二百八十六千文，先后发给挑泥人工饭食钱四百六十六千文，余钱八百二十千文，连挖得公项银钱一并储库。维时，川东道锡佩就近探闻，并据该县绅民以徐溶镛当江水涨发先自携眷登舟，置难民于不顾，万难筹办赈务，纷纷赴道呈诉。经锡佩据情具禀，一面委员童沛霖携带银两，驰往办赈。

臣接禀后，飞饬于川东道库就近拨银三千两，发交委员，查明户口,遍加赈恤,并将徐濬镛撤任奏参,奉旨革职查办。该县绅民复赴臣衙门具控,徐濬镛亦以天降之灾非关伊咎,饰词辩渎,并据委员等查悉前情,并据接署酆都县知县张瑞麟清算徐濬镛交出库存银钱、谷价,尚无亏挪,详由藩、臬两司会详前来。臣查已革酆都县知县徐濬镛于水涨进城时,辄先登舟出避,不即救护灾黎,致有溺毙。虽系天灾流行,人事究有未尽。迨难民渡水登山,又不能于数日之内设法赈济。其事后捐钱助赈,为时过迟,民情嗟怨,实难辞咎,未便因其库项无亏稍事姑容。该员前已革职,应请永不叙用,用以为玩视民瘼者戒。

至委员查勘水灾及发帑赈恤情形,已于去年汇案奏报。民早复业,冲毁城垣、庙宇、衙署、仓库,已次第筹款修理。所有查办已革酆都县知县徐濬镛不恤民灾情形,理合附片陈明,伏乞圣鉴训示。谨奏。

同治十年十一月二十一日,军机大臣奉旨:钦此。①

【案】此片于是年十一月得允行:

同治十年十一月二十一日,内阁奉上谕:前因四川酆都县知县徐濬镛于江水进城时先行远避,置难民于不顾,当将该员革职查办。兹据吴棠奏称,查明上年六月间江水陡涨,酆都城内居民无路走避,徐濬镛先自封船,带印携眷登舟,迟至数日,始雇备船筏,救出难民数十人,遗民逃生不及,亦有溺毙等语。已革酆都县知县徐濬镛,于水涨进城时,辄先

---

① 台北故宫博物院藏:军机及宫中档,文献编号:110603。此片具奏日期未确,兹据同批折件校正。

登舟出避，并未救护灾黎，以致民多溺毙，实难辞咎。徐濬
镛前已革职，着永不叙用，以为玩视民瘼者戒。该部知道。
钦此。①

一五三　川省按粮津贴酌量减免折

同治十年十一月初三日（1871 年 12 月 14 日）

头品顶戴四川总督兼署成都将军臣吴棠跪奏，为川省按粮津
贴未能停止，仍遵旨酌量减免，恭折仰祈圣鉴事。

窃照同治十年九月十五日承准军机大臣字寄：同治十年
八月二十五日，奉上谕：本日，据翰林院代奏编修吴鸿恩奏，四
川按粮津贴几成永远定额，而劝捐、抽厘同时并举。去年大
水，本年大旱后又大水，米价之昂甚于往岁，农民两遇荒年。若
再责令照前津贴，民力实有不支，请饬停止等语。该编修所陈民
生苦累，自系实在情形。虽京饷、军需借资抴注，而灾区必当抚
恤，吏胥或恐侵渔，均应认真办理。其按粮津贴一项能否停止，
抑或变通裁减以纾民困之处，着吴棠悉心筹酌，奏明办理。原片
着抄给阅看，将此谕令知之。钦此。钦遵寄信，并钞录原奏
前来。

伏查川省赋额本轻，军用甚巨，所入不敷所出。承平之时，
历由部臣于邻省指拨银二三十万两协川接济。军兴以来，筹办
防剿，库储空匮，邻省协饷不至，而川中奉拨协邻之款纷至沓来，

---

①　中国第一历史档案馆编：《咸丰同治两朝上谕档》，第 21 册，第 339 页；《穆宗毅
皇帝实录（七）》，卷三百二十四，同治十年十一月下，第 281 页。

常苦应接不暇。咸丰三年冬间，前督臣裕瑞遵旨查明川省从前教匪滋事并剿办峨边夷务，均经按粮津贴，奏准援照举行，按正粮一两津贴银一两。其地瘠当冲、接壤夷疆、曾被贼扰元气未复之梓潼、广元、昭化、剑州、汶川、卢山、青神、松潘、峨边、屏山、马边、雷波、越巂、盐源、石泉、綦江、理番、石砫、天泉、筠连、兴文、高县、叙永、永宁、荥经、大宁等二十六厅州县，先后议明免征在案。是川省津贴本未一律普办，按全省正粮六十六万八千余两，除梓潼、广元等厅州县共免津贴银四万两有奇，计应收银六十二万余两，其中尚有公田、兵田、零星小户免征者，所收不过五十余万两，向于秋冬之间体察情形，奏奉谕旨允准，始饬属遵办。初非视为定额，去年重庆、夔州等处沿江被水州县，经臣督同藩司筹拨派员逐一勘赈，民皆复业。本年夏旱秋涝，收成减色，各处被灾地方虽广狭不同，多系一隅偏灾，亦经委员勘明。惟合州被灾最重，当即饬拨捐输银三千两，按户赈济。其余各属收成有与上年相等者，有比上年歉收二三四分者，已劝谕殷实之家无论银钱米谷，量捐助赈，并酌发社济仓库，减价平粜。现值田野栽种小春，民情安帖如常。第念军兴已逾十稔，绅民频年助饷，竭蹶固不待言，但使库谷稍充，亦何忍于正供之外重累斯民？无如津贴一项历有专拨之款，如本年京饷，奉旨分拨津贴银十五万两，又添拨十万两。又本省辛未年旗、绿各营兵饷，经部指拨津贴银十万两，又贵州省辛未年兵饷拨津贴银六万两，合计已逾四十万两，均系京外正供，势难停解。其余拨供防剿经费为数无几。至捐输厘金，历经奏拨直隶、云贵、陕甘、新疆各处协饷，积欠尚巨，若将津贴遽行停止，正饷虚悬无着，势不能不于捐输项下增如其数。与其名去实存，转致纷扰，不若暂循其旧，免误正供，据司道会详前来。

臣查筹饷之法大都利弊相因，惟川省津贴系属按粮照收，乡僻咸知，官绅书吏无从高下其手，尚不致侵渔滋弊。且全蜀粮额本轻，幅员亦广，虽增收津贴，仍较他省赋额为轻，合无仰恳天恩，俯念川省奉拨京、协各饷为数过繁，捐厘有减无增，不敷支应，现在春粮已播，民情安谧，所有明年津贴仍准体察情形，照旧办理。

其被灾及收成较欠之区，臣复檄委明干之员再行周历查勘。凡有失业贫困粮户，均令开报粮数、姓名，将来年应完津贴等项按名分别剔除，或一州一县地方概系地瘠民贫，力难支持，亦与历年免征之梓潼等二十六厅州县一律并免，余俟邻省军务肃清，支用复旧，即行奏请停止，并不永以为例。是否有当，理合恭折具陈，伏乞皇太后、皇上圣鉴训示。谨奏。十一月初三日。

同治十年十一月二十一日，军机大臣奉旨：着照所请，户部知道。钦此。①

【案】吴鸿恩奏……请饬停止：同治十年八月二十五日，翰林院编修吴鸿恩奏曰：

再，咸丰三年，部臣以军饷告匮，议请于山、陕、四川三省豫征一年钱粮。旋因四川未能与山、陕比较，改借征为津贴，按粮加收。嗣后山、陕两省借征随即议停，惟四川津贴于咸丰四年经督臣乐斌奏请，再行接办。五年，督臣黄宗汉

---

① 台北故宫博物院藏：军机及宫中档，文献编号：110604。

奏称,川民虽叠次捐输津贴,闾阎已觉空虚,而急公慕义之忱实为他省所未有,请于六年再行劝谕绅民按粮津贴,并晓谕阖省绅粮,此项津贴实因军需浩繁,万不得已,一俟军务平靖,即行停止。倘实系民贫无力,亦即免征,以示体恤等语。复奉旨允行。其时川省尚属完善,津贴之外,并无别项派捐名目,民间竭力输忱,不以为苦。迨至滇匪窜入,数千里均遭蹂躏,五六年未就肃清,历任督臣以本省军务方兴,借充兵饷,势难议罢。至我皇上登极之后,大难削平,川省尚未一律安堵,又奉旨协济邻省饷需,办理已多竭蹶。同治元年,前顺天府尹臣蒋琦龄条奏内,有谓厉民之政大端在津贴、抽厘、劝捐。津贴仅行之四川,抽厘、劝捐,天下皆然。其言曰:括民以养兵杀贼,即所以为民,然杀贼而贼愈多,是贼未杀而民先死矣。又况缘劝捐、抽厘而激变,已踵相接,所得锱铢,所失山岳,民将去而为贼,尚何杀贼之云乎?该府尹曾任四川道员,臣籍隶四川,见闻无异。我朝家法以爱民为本,度支虽绌,不肯加赋,列圣深仁厚泽二百余年,川民浃髓沦肌,情殷报效,是以举行津贴十八年,无不勉力供输。今津贴几成永远定额,而劝捐、抽厘又复同时并举,已有搜括一空之势,加以去年大水、本年大旱后又大水,米价之昂,甚于往岁,民何以度日?近闻各乡饥民千百成群,有拦截谷米不许入城者。愚民迫于饥寒,必为盗贼。川省五方杂处,傥纠结啯匪,更恐滋蔓难图。诚如该府尹所云,得不偿失。前闻同治三年叙永厅、永宁县两属津贴业经前督臣骆秉章先行停止,非无见也。为今之计,与其贻害于后,曷若消患于先!查劝捐可量力输将,抽厘可随时增减,独按粮津贴为加赋之别名，且川省多系按粮摊派，不独洋药税一项亦派农民。现在农民两遇荒年，益增苦累，即有殷实田户，尚赖其捐资助赈，若再责令照前津贴，民力实有不支！可否仰恳天恩，饬下四川督臣吴棠，将津贴即行停止。川省实在情形该督所目睹，闻其莅任以来，洁己爱民，于地方弊政亟图补救，特以事多掣肘，未便遽停。窃思藏之于民者，只有此数；取之自上者，贵酌其通。但使各属官绅办理劝捐、抽厘，滴滴归公，每年入款已多，所有要需自可源源接济，无须再存津贴名目，转涉烦苛，穷黎感荷鸿慈，疲敝稍纾，则捐输必倍形踊跃，实于国计民生均有裨益。此两得之道也。谨附片具奏。①

一五四　奏报夷匪滋事现经剿除折

同治十年十一月二十二日(1872年1月2日)

头品顶戴四川总督兼署成都将军臣吴棠跪奏，为逆夷纠众滋事，抗拒官兵，现经设法诱擒，地方安静，恭折仰祈圣鉴事。

窃维川省幅员辽阔，介在羌夷、番猓之间。臣重寄忝膺，日以察吏筹边为急务。查有逆夷普得狤，向充会理州所属者保土司禄恩锡头人，贪狠性成，擅作威福。前因团首彭汶沅协差捕获，中道脱逃，遂于同治三年正月间，纠约夷众，仇杀彭汶沅全家暨亲戚人等男女二十九名口，并砍戮、烧伤彭先沅等十三人。由州详报前督臣骆秉章，通饬勒缉。该逆窜入川、滇毗连夷地，深藏若虚，复冒充

---

① 台北故宫博物院藏：军机及宫中档，文献编号：109145。

会理村土妇禄禄氏之义子,改名禄克昌,自为土司,与大桥夷地居住之民人胥国祥互争雄长,积不相能。

九年十二月间,率领野夷,仇杀胥国祥家男妇老幼四十余命。禄恩锡有管辖之责,因其子禄福糠与普得猖狼狈为奸,知情容隐,当经臣会同前任成都将军臣崇实,批令该署州邓仁垣,勘验情形,填格录供详报,并饬准补州杨昶,迅赴新任,会同邓仁垣,密访严拿,仍一面大张示谕:如有能捆献普得猖者,赏银一千两。盖自古制夷之道,未尝轻言用兵,慑之以威,不若诱之以计也。正在筹办间,旋据禀报:胥国祥之子胥万和逃出在外,忿激复仇。本年正月二十九夜,邀集不识姓名汉夷多人,将福糠戮伤,割落头颅身死,并杀毙雇工刘斗垣等四命。胥、普两姓各集滥练、野夷千余人,分扎红果、赊租地方,两下攻击,迭有杀伤,一时恐难解释,且有土匪借端焚掠,已由署会川营参将邓全胜带领兵团,前往鳊鱼汛一带弹压等情。经臣飞檄建昌镇总兵刘宝国,会商宁远府知府许培身,酌带制兵募勇,迅往查办。并饬会理州知州杨昶等,添调得力乡团,扼防隘口,保护城垣。复密札刘宝国等,先令驱除土匪,解散胁从,尤须设法钩致该土司禄恩锡来城,以孤其势。乃逆夷普得猖于三月初七日,乘大兵未到之先,胆敢纠党出巢,直扑参将邓全胜营垒,经该参将派队击退,轰毙马贼数名,杀毙贼匪数十名,随即遁去。查点兵团,阵亡九名,受伤三十五名。刘宝国抵州后,遴派土司安平康、都镇国,多方劝戒,已将禄恩锡带来谒见。并经官军将普得猖围困观音洞。臣以该地林密箐深,困兽犹斗,虑其走险生心,札饬驻防越嶲之副将李忠恕,抽拨武安军勇丁数百名,带往助剿。该逆普得猖被围后,复敢内结夷目侯添受、侯添幅兄弟为腹心,外通云南木期古土司禄世魁,邀集凉山野夷为羽翼,意在乘机窜突,狡诈多端。

该总兵等会商定计，添调现操精兵五百名、府勇五百名、土练一千名，交署中营游击麦炽昌统带，于十月初十日，驰抵防所，协同副将李忠恕等，各就大小松林、黄水塘、古柏树等处，面面埋伏，步步为营。

十一日，传餐毕后，直趋麦了口，先以亲兵小队诱之。该逆见我军单薄，大声疾呼，贼党蜂拥而出。李忠恕佯为却退。时近黄昏，伏兵四起。李忠恕等麾军回击，枪炮齐施，轰毙野夷数百名，阵斩逆党侯添幅、侯添受。惟普得猡攀藤附葛，跃入山梁。土司都镇国等亲率土练，跟踪追剿，立将普得猡生擒，解府拘禁，地方一律肃清，由该镇、守等先后禀报前来。臣伏念逆夷普得猡怙恶不悛，久稽显戮，复敢纠集丑类，抗拒官兵，实属罪大恶极。臣深恐夷情叵测，祸结兵连，案无了期，重蹈昔年故辙，是以悬立重赏，指授机宜，不惜以全力制之，防其奔逸。兹幸仰赖圣主威福，士卒用命，数月之间，竟能驱夷兵为向导，涉险缒幽，扫穴擒渠，为边陲除一巨患。

除批令该镇、守等，将逆夷普得猡就地凌迟处死、传首犯事地方以昭炯戒并妥议善后章程、禀候察办外，此次异常出力人员，合无吁恳天恩，先行鼓励。记名提督建昌镇总兵刘宝国，拟请赏给该员三代一品封典。道员用宁远府知府许培身，拟请赏加盐运司衔。副将李忠恕，拟请遇有总兵缺出，开列在先，请旨简放。游击麦炽昌，拟请以参将尽先补用。会理州知州杨昶，拟请以同知直隶州在任候升。土司都镇国，拟请赏给土游击衔花翎。其余在事出力弁兵，容臣查明，汇入理番厅等处剿匪案内，核实请奖，出自逾格鸿慈。

所有逆夷纠众滋事、抗拒官兵，现经设法诱擒、地方安静缘由，理合恭折驰陈，是否有当，伏乞皇太后、皇上圣鉴训示。再，查逆夷普得猖焚杀彭汶沅一案，早经照例参处。又，普得猖杀毙胥国祥及胥万和、戮毙禄福糠各一案，现在元恶就擒，应参之土司禄恩锡业经病故，拟请敕部议结。合并声明。谨奏。同治十年十一月二十二日。

同治十年十一月二十二日，由驿恭折具奏，于同治十一年正月初一日，准兵部火票递回原折，后开军机大臣奉旨：另有旨。钦此。①

【案】此折于是年十二月十三日得允行。《清实录》：

以四川会理拿获逆匪，赏总兵官刘宝国一品封典，土司都镇国游击衔花翎。余加衔、升叙有差。②

一五五　被灾各处来春毋庸接济折

同治十年十一月二十二日(1872年1月2日)

头品顶戴四川总督兼署成都将军臣吴棠跪奏，为川省被水、被虫各州县业经委勘抚恤，民人安业，来春毋庸接济，恭折仰祈圣鉴事。

窃臣前因川省合州、广元等州县被水，广安、蓬溪等处晚禾多被虫伤，当经筹办抚恤情形奏报在案。嗣奉寄谕：将来春应否接济之处查明具奏，候旨施恩等因。钦此。仰见圣主轸念民瘼有加无已至意！当即钦遵分饬查办，并添派委员驰往被灾州县，会同各地

① 吴棠等：《游蜀疏稿》，第479—494页。
② 《穆宗毅皇帝实录(七)》，卷三百二十五，同治十年十二月上，第303—304页。

方官详细确勘去后。兹据藩、臬两司会详：该委员等勘明本年被灾之处，惟合州沿河地方既多被水，高田复有虫伤，灾害较重，已经提拨捐输银三千两，查明户口，分别赈济，并将来年应办捐输亟行停免。

其广元、昭化、绵州、梓潼、罗江、彭明、江油、彭县、泸州、什邡、崇宁、射洪、绥宁、南充、广安、蓬溪、定远、岳池、仪陇、营山、铜梁、大足、达县、渠县、东乡各州县，或底田被淹，而山粮无碍，或晚稼多损，而早稻全收，尚系一隅偏灾，亦经酌拨社济仓谷，减价出粜。复劝谕未经被灾之殷实绅粮，无论银钱米谷，量捐助赈；并捐凑资本赴邻近产米之区，采办米粮，运回平粜。各处捐输切实核减，或令缓收，如有水冲失业之户，津捐、差役，一概豁免。淹毙人口，早经捞获掩埋。冲毁庐舍，给资修复。沙淤田亩，一律开垦。冲毁城堤、桥梁，次第筹款修筑，以工代赈。

其汶川、梓潼、广元、昭化、剑州、庐山、青神、松潘、峨边、屏山、马边、雷波、越嶲、盐源、石泉、綦江、理番、石砫、天全、筠连、兴文、高县、叙永、永宁、荥经、大宁等处津贴，照旧免缴，或并免捐输。西昌、庆符、长宁、太平、城口、平武、丹棱等厅州，均各停捐。犍为、乐山、富顺、荣县各井厂，因盐钱销滞，商皂大半歇业，饬将厘金酌量减缓，劝令开煎开运，俾盐厂丁夫各安生理，通省民力亦可少纾。现在各处田野已种小春，居民均已复业，人心安帖如常，来春似可毋庸接济等情，请奏前来。臣详加查访无异。理合恭折覆陈，伏乞皇太后、皇上圣鉴训示。谨奏。十一月二十二日。

同治十年十二月十一日，军机大臣奉旨：知道了。钦此。[1]

---

[1] 中国第一历史档案馆藏：军机录副，档案编号：03-4679-039。

一五六　委解京饷起程日期折

同治十年十一月二十二日(1872 年 1 月 2 日)

头品顶戴四川总督兼署成都将军臣吴棠跪奏,为川省委解本年添拨京饷暨固本饷项起程日期,恭折仰祈圣鉴事。

窃查川省本年续奉添拨京饷十五万两,前已解过银一万两。又固本饷项月解银五千两,前已先后解过银二十万两,作为同治五年九月二十一日奉文之日起,至八年十二月二十一日止四十个月协济之项,均经迭次奏报在案。伏查川省频年援邻防边,并分协各省月饷,拨款过繁。本年夏旱秋涝,收成减色,司、盐两库入少出多,异常支绌。惟京饷为部库正供,固本亦京畿要款,自应勉力筹解。

臣复督同司道催集按粮津贴银四万五千两、盐厘银二万五千两,共银七万两,作为本年添拨京饷;又于盐货厘金项下提银一万两,作为同治八年十二月二十一日起至同治九年二月二十一日止两个月固本饷项。均饬委邛州直隶州知州霍为荼承领,定期于十一月十四日自川起程。前因秦、陇交界地方回匪、溃勇出没靡常,驿路时通时阻,京饷重款实难冒险径解,于本年正月间,复奏请照案发商汇兑,奉旨救部知照在案。所有此次饷项仍发交蔚泰厚等银号汇解,委员至京兑齐,解赴户部交纳,用昭慎重。余银仍陆续筹解,不敢迟缓,据藩司王德固、臬司英祥、盐茶道傅庆贻会详前来。臣覆查无异。除分咨外,理合恭折具奏,伏乞皇太后、皇上圣鉴。谨奏。十一月二十二日。

同治十年十二月十二日，军机大臣奉旨：户部知道。钦此。[①]

一五七　请从湘欠川饷内划扣留湘备用折

同治十年十一月二十二日(1872年1月2日)

头品顶戴四川总督兼署成都将军臣吴棠跪奏，为川省岁歉民困，无从添拨湘饷，拟请在于湘省积欠川省旗、绿兵饷内划扣银十万两，留湘备用，以资周转，恭折仰祈圣鉴事。

窃臣前准户部咨：议覆湖南巡抚臣刘崐奏请饬部指拨实银一折，行令四川在盐货厘金项下，月协湖南饷银一万两等因。遵即行司妥议筹拨去后。兹据布政使王德固详称：川省自军兴以来，兵食时形缺乏，民生久困输将。本年夏旱秋涝，螟虫伤稼，一切入款俱极减色，库藏支绌，较诸往岁尤甚。而接壤之云、贵、甘肃苗回各匪，时萌窥伺，边防难撤，奉拨京外协饷纷至沓来，应接不遑，屡于报解邻饷各折内详细奏明在案。

总计川省常年额征粮赋、课税仅只一百三十余万两，以之拨供本省例支各款，本有不敷。每年津贴、捐输及盐货厘金通共不过收银三百一十余万两。而连年奉拨初次、二次京饷、直隶练饷、淮军月饷、滇饷、黔饷、陕饷、甘饷及贵州提臣周达武援黔勇粮、汉中镇总兵李辉武防甘勇粮、本省防夷防边勇粮与省标四镇抽练精兵之费，暨新疆、台藏各饷，岁共需银四百六七十万两，实在不敷银一百五六十万两。在丰稔之岁尚觉难于分拨，故频年积欠已至数百万两之多。现值秋收歉薄，小民缺食，各属告饥之

---

① 中国第一历史档案馆藏：军机录副，档案编号：03-4948-074。

禀,络绎不绝。川省民情浮动,弥虑借灾生事,连月迭饬各地方官筹办抚恤,酌减捐厘,尚恐民力难支,奚能加筹巨款?

伏思川、湘两省,同一援黔,兹值湘省年谷顺成,专顾一方,饷尚不足,而川省年饥民困,复欲于协滇、协黔、协陕、协甘并兼拨京饷、练饷、淮饷、新疆、台藏各饷之外,为助湘军援滇之饷,实属无从设法。惟查历年接准户部来咨:尚有岁拨湘省协川旗、绿兵饷一款,亦积欠数十万两,前经委员催提,均未解到,应请奏明饬令湘省在于欠解川省兵饷项下,暂行划出银十万两留湘应用,以期彼此兼顾等情前来。

臣查刘崐原奏系为缺饷起见,如果川省有款可拨,原应竭力接济,无如蜀中频年奉拨各省协饷及援邻各营勇粮,积欠已属累累,加以今秋收成歉薄,业经迭饬各州县酌减捐厘,以恤民困,势难过事追索,致生内顾之忧,亦未便以空言塞责,致误邻饷,合无仰恳天恩,俯念川省现在岁歉民困,财力交殚,甚于湖南,无款可拨,所有部拨月协湖南饷银一万两,准在湖南历年应解川省旗、绿兵饷内暂行划拨银十万两,留于湘省,用资周转而期兼顾。其余各省协饷臣仍当匀拨,以维大局。所有拟请划拨湖南协饷缘由,理合恭折具奏,伏乞皇太后、皇上圣鉴训示。谨奏。十一月二十二日。

同治四年十二月十二日,军机大臣奉旨:户部议奏。钦此。①

【案】刘崐奏请饬部指拨实银一折:同治十年七月二十四日,湖南巡抚刘崐具折曰:

---

① 中国第一历史档案馆藏:军机录副,档案编号:03-4830-025。

革职留任湖南巡抚臣刘崐跪奏，为遵旨统筹援防全局，酌拟办理情形，并恳饬部指拨有着实饷，以资协济，恭折仰祈圣鉴事。窃臣承准军机大臣字寄：同治十年六月十七日，奉上谕：御史张沄奏，湖南莠民滋事、条陈办法一折。内有补行伍、减援军二条，详加批阅，所奏不为无见。湖南撤回勇丁，前曾效力行间，内多保有官职，闲散日久，生计维艰。该御史请将撤回之楚勇酌量补入行伍，以示体恤而遏乱萌，亦因事制宜之策。着李瀚章、刘崐体察该省情形，即行妥议章程具奏。原折着抄给阅看。至席宝田援黔一军，岁縻饷银二百余万，顿兵日久，疲于供支。现在黔省军务方有眉目，又亟须临封援应，断难半途撤退，尽弃前功。楚省伏莽甚多，本省兵力不足以资镇慑。该御史请将援黔一军一半留黔，一半调回本省，自固疆围。着刘崐通筹全局，酌度办理，总期两有裨益，不得顾此失彼。至援黔军饷，本归楚省筹济，该御史深虑独力难支，请令湖南从长核算，每岁实协黔饷若干万两，再于两广、四川、湖北、江南、江西等省厘金项下酌量拨济。着各该督抚酌度该省情形，能否协济若干，毋稍推诿，庶众擎易举，楚、黔均受其利也。楚省目前须举行团练、保甲诸法，以靖乱源。而江苏等省时有遣散勇丁解回本籍者，清查亦难，钳束亦复不易，必致滋生事端。着各路统兵大臣、各直省督抚即将安插散勇章程悉心酌议具奏。原折片均着抄给阅看。将此各谕令知之。钦此。跪聆之下，仰见宸谟广运，指示周详，莫名钦感！除补行伍一条容商督臣李瀚章妥议章程会折覆奏外，窃惟援黔之举，大局所关，义应不分畛域。即以湖南而论，西路州郡节节界黔，自苗教倡乱以来，靖、沅各属无岁不有兵患，氛且及于辰州。其时防边之兵已将万计，而患未息者，地广贼众，防不胜防也。督臣李瀚章在湘抚任内审知徒防亦终耗饷，自守不如薄人。同治五年，定以剿为防之议，维时本省无事，财力差足供支，故遣将出师，冀扼其冲，以固吾圉。臣受事后，踵而行之，虽曰援邻实以保境，非得已也。荆竹园既克，教匪已平，因复肆力征苗，城寨头、江口坉诸捷，苗疆渐有可窥之势，楚军亦蹈深入之机，于是剿局多而防局少，沅、靖乃定，辰州亦无氛侵。厥后复镇远府卫，克施洞、清江，略地既宽，需兵益多，兵以增而饷愈绌，楚之不支，已非一日。幸而新城、台拱相继俱下，至本年凯里、雷公山之捷，而悍苗巢穴固已无坚不破矣。就援局而论，臣始愿实不及此，而每进辄胜，逆苗毒楚滋深，不能不加以重兵，使悍酋畏威而远寨慑服。今则黎平、八寨相率投诚，黔省官兵亦进扫乱苗，而约通驿道，剿抚略有端倪矣。惟外援已稍就绪，而内应恒切隐忧。咸丰初年，湖南湘勇出境从征，各乡夜不闭户，盖无赖之徒皆窜名武籍，不复以盗窃为生活也。近日散遣归来，无所事事，又复游食，已愤不能如前之耐饥与寒，而胆壮气粗，击杀又其所习，于时以在营结会之名转而行诸乡里，桀黠者倡之，愚懦者附之，徒党纷纭，随在皆是。既无巢穴，不待聚谋，一旦相遇，或数十人，或十数人，轻则骤起抢劫，重则焚掠杀人。其甚者且恃众以抗兵团，致成巨案，其中非不杂有饥民、地痞，而获犯研讯，非素被诱入会中，即临时裹入各山堂名下。是虽不可概自为勇，而不谓之会匪不得也。年来，严饬各该州县清查族团，密缉伏匪，结会者就地正法，抢掠者立斩以徇。其被诱被胁者，酌予从宽，取具团族保状，领回管束。而匪党略除，归勇无已，率不安居本籍，四出游行。所至之处，地方官查无逆迹，未能遽执而戮之，清查既难，钳束不易。湖南之隐患已在圣明洞鉴之下。然究非极力清查钳束不可。清查惟保甲为先，钳束以团练为妥，而镇慑于未事之先，掩捕于甫起之际，则非借资兵力、扼要分屯，终无以弭乱萌而消异志。臣审时度势，未尝不筹维及此，顾欲抽调援黔之队，而前敌之兵事方殷，欲增募剿匪之军，而本省之饷源已竭，外援内防，岌岌有不能兼顾之势，盖楚军三万余人，除省防一千三百人外，其余尽在黔疆。上年，匪扰湘潭，猝筹所应调回锐字六营，稍资分布。本年，益阳、龙阳之变，迅就扑灭、不致蔓延者，深得调回一军之力也。臣窃就湖南时局通盘计之，非援黔则楚边不能遽靖。近年匪扰腹地，若边围尚未安谧，匪讧于内而苗应之，两害交乘，剿办安能迅速？而黔事甫有眉目，一经罢战，恐残苗将尚收合余烬，以复扰边。此非得黔、楚会师，妥筹善后，势不可止，减军之举亦尚须设法腾挪，未能出之太骤。而本省伏莽遍地，荡除尤难。溯查嘉庆年间平定三省教匪，十余年后，安插散勇始竣，然非一省之勇也。今则各路用兵，大半湘勇，指日一律底定，凯撤全归，忠义诚悫之士固多，而谓会匪并无十之一二，其何敢信？现奉谕旨饬下各路统兵大臣、直省督抚，妥议安插散勇章程，必即钦遵定议，顾勇中良莠不齐，安插终不易言。以臣之愚，料今之事，章程即善，湖南亦非数年后勇患不弭。于此欲镇压以查缉之，非在在安营不为功，大约援军、防军各须一万人为率。诚使事机顺手，早就成规，则勉力供支，尚足为持久之计。无如援黔一军欠饷已积至二百余万两，即随时减调，亦须随手清厘。而统计常年军饷及一切军火、器械等项，每年实需银二百四五十万两。本省入款以厘金为大宗,除解京饷及长江水师饷外,所存不过九十余万两。从前奏准协拨之省如江西原拨月饷银一万八千两,现在拨解四、五、六个月不等;江苏原拨月饷银二万两,现只在淮盐、厘金项下每月划拨四五千两不等;湖北原拨月饷银二万两,现在只在鄂厘项下每月划拨三四千两不等。统计三省协饷每年不过二十万两,核实计算常年应用之款,已不敷八九十万两,而清厘欠饷及本省猝遇有事、临时添募设防之费,且不在内。夫兵勇冒瘴疬,荷戈矛,效力行间,求饷不得,饥疲之众哗溃可虞。设溃一营,即添一股之匪,其患更有不可言者。臣每念及此,寝馈难安。此湘省援防两顾而饷项万难接济之实在情形也。兹者钦承恩谕,敕臣通筹全局,酌度办理。臣职任封圻,责无旁贷,随与在省司道悉心商酌,念图黔之不易,未敢遽贪前功,思固围宜先,尤在力弭后患。臣惟有督饬席宝田迅速联络黔军,疏通驿道,就已成之局为善后之谋,总不使楚军已复地方一旦委诸不顾,一面料简军伍,汰得一分疲弱,即省一分饷需;抽得一旅援师,即增一旅防卒。盖曩日腹地靖而外寇张,因专力以援外;今者苗势衰而匪党盛,必兼筹以安内。但期本省兵力足敷布置,设有窃发,无难急起掩捕,虽有伏莽,亦可早资镇慑。臣仍当督饬两司慎选牧令,力行保甲、团练诸政,以清乱源。倘能如臣悬议,将来以一万人作援局,以一万人作防局,则湘力庶几少纾,湘事渐可措手。惟目前勇数未能即时大减,减勇又不能不预筹积欠,而入款支绌,筹措万难,情形极为可虑,亟须借资协济,俾无顾此失彼之虞。仰荷天恩俯念湘勇独力难支,谕令查奏,合无吁恳饬下户部,就现在有力省份,按月指拨有着实银十万两,务令源源解济,勿任有名无实,岂惟湘省实受其利。臣不胜悚惶待命之至。是否有当,伏乞皇太后、皇上圣鉴训示。遵行。谨奏。七月二十四日。同治十年八月初九日,军机大臣奉旨:钦此。①

一五八 奏报同治十年七月
至九月借补千、把折

同治十年十一月二十八日(1872年1月8日)

头品顶戴四川总督兼署成都将军臣吴棠跪奏,为借补千、把总弁缺,按照新章,恭折汇奏,仰祈圣鉴事。

窃查前准兵部咨:嗣后借补千、把总各弁缺,积至三月开单汇奏一次,以归简易等因。兹查川省自同治十年七月起至九月底止,各营借补千总一员、把总三员,分造年岁履历清册,由提督臣胡中和咨请汇奏暨咨部给札前来。

臣覆加查核,均与定章相符。除册咨部外,理合恭折汇奏,并照缮清单,恭呈御览,伏乞皇太后、皇上圣鉴训示。谨奏。十年十一月二十八日。

同治十一年正月初八日,军机大臣奉旨:兵部知道。单并发。钦此。②

---

① 台北故宫博物院藏:军机及宫中档,文献编号:108897;《刘中丞奏稿》,第1159—1171页,(台北)文海出版社,1966。

② 中国第一历史档案馆藏:军机录副,档案编号:03-4703-058。

一五九　呈同治十年七月至九月借补千、把总清单

同治十年十一月二十八日(1872年1月8日)

　　谨将川省自同治十年七月起至九月底止借补千、把总应行给札各弁,开具清单,恭呈御览。

　　计开:一、泸州营左哨千总车重轮升补抚边营守备,所遗泸州营千总弁缺,拣选得提标中营右哨头司把总李文魁,曾经出师防守著绩,奏保以守备尽先补用,堪以借补泸州营千总。

　　一、重庆镇属绥宁右营左司把总陈治安病故,所遗绥宁右营把总弁缺,拣选得重庆左营右哨头司外委万全,年力正强,弓马娴熟,曾经出师著绩,咨部注册以千总补用,堪以借补绥宁右营把总。

　　一、建昌中营左司把总刘得魁阵亡,所遗建昌中营把总弁缺,拣选得越嶲营左司外委穆德沛,年力精壮,曾经出师著绩,奏保以千总尽先拔补,堪以借补建昌中营把总。

　　一、建昌镇属泸宁营右司把总赵世勋病故,所遗泸宁营把总弁缺,拣选得越嶲营左哨二司外委杨映柱,年力精壮,曾经出师著绩,咨部注册以千总尽先补用,堪以借补泸宁营把总。

　　军机大臣奉旨:览。钦此。①

---

　　①　中国第一历史档案馆藏:清单,档案编号:03-4703-059。

一六〇　奏报川省同治十年十月雨雪、粮价折

同治十年十一月二十八日(1872年1月8日)

头品顶戴四川总督兼署成都将军臣吴棠跪奏，为恭报四川省同治十年十月份各属具报米粮价值及得雪情形，仰祈圣鉴事。

窃照同治十年九月份通省粮价及得雪情形，前经臣恭折奏报在案。兹查本年十月份成都、重庆、夔州、绥定、顺庆、潼川、雅州、嘉定、叙州等九府，忠州、资州、邛州、泸州等四直隶州，各属先后具报得雪积厚一二寸至六七寸不等，原隰均沾，小春畅茂。其通省粮价俱与上月相同，据布政使王德固查明列单汇报前来。

臣覆核无异。理合恭折具奏，并分缮清单，恭呈御览，伏乞皇太后、皇上圣鉴。谨奏。十一月二十八日。

同治十一年正月初八日，军机大臣奉旨：知道了。钦此。①

一六一　呈川省同治十年十月粮价清单

同治十年十一月二十八日(1872年1月8日)

谨将同治十年十月份四川省所属地方报到米粮价值，开具清单，恭呈御览。

成都府属，价贵。中米每仓石价银二两七钱七分至三两八钱一分，与上月同。大麦每仓石价银一两八钱四分至二两一分，与上月同。小麦每仓石价银二两一钱七分至二两三钱四分，与上月同。

---

① 中国第一历史档案馆藏：军机录副，档案编号：03-4965-395。

黄豆每仓石价银一两六分至二两四钱六分，与上月同。荞子每仓石价银一两一钱七分至一两七钱一分，与上月同。

重庆府属，价贵。中米每仓石价银二两五钱七分至三两五钱九分，与上月同。大麦每仓石价银一两六钱五分至二两，与上月同。小麦每仓石价银二两三钱一分至二两七钱三分，与上月同。黄豆每仓石价银二两七钱三分至三两三分，与上月同。

保宁府属，价贵。中米每仓石价银二两六钱五分至三两三钱六分，与上月同。大麦每仓石价银一两九钱二分至二两一钱三分，与上月同。小麦每仓石价银二两八钱六分至三两六钱，与上月同。黄豆每仓石价银一两八钱三分至二两一钱三分，与上月同。

顺庆府属，价贵。中米每仓石价银二两八钱二分至三两二钱三分，与上月同。大麦每仓石价银一两六钱二分至一两八钱一分，与上月同。小麦每仓石价银二两一钱一分至二两一钱四分，与上月同。黄豆每仓石价银一两五钱五分至一两六钱七分，与上月同。

叙州府属，价贵。中米每仓石价银三两八分至三两三钱八分，与上月同。大麦每仓石价银一两六钱七分至二两三分，与上月同。小麦每仓石价银二两一钱五分至二两六钱五分，与上月同。黄豆每仓石价银一两一钱一分至一两五钱二分，与上月同。

夔州府属，价贵。中米每仓石价银二两八钱八分至三两二钱三分，与上月同。大麦每仓石价银一两七钱九分至二两四钱七分，与上月同。小麦每仓石价银二两九钱六分至三两四分，与上月同。黄豆每仓石价银二两一钱六分至二两二钱六分，与上月同。

龙安府属，价贵。中米每仓石价银二两五钱八分至三两二钱八分，与上月同。青稞每仓石价银一两五钱，与上月同。小麦每仓石价银一两八钱至二两一钱九分，与上月同。黄豆每仓石价银一两八钱五分至一两九钱三分，与上月同。

宁远府属，价贵。中米每仓石价银二两九钱一分至三两二钱四分，与上月同。大麦每仓石价银一两四钱九分至一两六钱一分，与上月同。小麦每仓石价银一两六钱二分至二两二钱三分，与上月同。荞子每仓石价银一两四钱六分，与上月同。黄豆每仓石价银一两五钱六分至一两六钱三分，与上月同。

雅州府属，价中。中米每仓石价银二两八钱三分至二两八钱八分，与上月同。小麦每仓石价银二两三钱至二两六钱六分，与上月同。黄豆每仓石价银一两六钱八分至二两七分，与上月同。

嘉定府属，价贵。中米每仓石价银二两九钱至三两五钱，与上月同。小麦每仓石价银二两三钱七分至二两七钱四分，与上月同。黄豆每仓石价银一两四钱九分至二两五分，与上月同。

潼川府属，价贵。中米每仓石价银二两九钱一分至三两一钱九分，与上月同。大麦每仓石价银一两六钱七分至一两九钱五分，与上月同。小麦每仓石价银二两一钱六分至二两五钱一分，与上月同。黄豆每仓石价银一两七钱九分至二两一钱六分，与上月同。

绥定府属，价中。中米每仓石价银二两六钱至二两九钱，与上月同。大麦每仓石价银一两五钱八分至一两五钱九分，与上月同。小麦每仓石价银一两六钱三分至一两七钱四分，与上月同。黄豆每仓石价银一两四钱三分，与上月同。

眉州直隶州属，价贵。中米每仓石价银二两七钱六分至三两六分，与上月同。

邛州直隶州属，价贵。中米每仓石价银二两六钱六分至三两九分，与上月同。大麦每仓石价银一两九钱三分，与上月同。小麦每仓石价银二两五钱九分，与上月同。黄豆每仓石价银二两一钱至二两二钱四分，与上月同。

泸州直隶州属，价贵。中米每仓石价银三两九分至三两一钱，与上月同。

资州直隶州属，价中。中米每仓石价银二两五钱八分至二两九钱三分，与上月同。

绵州直隶州属，价贵。中米每仓石价银二两七钱五分至三两七分，与上月同。小麦每仓石价银二两三钱四分至二两四钱八分，与上月同。

茂州直隶州属，价中。中米每仓石价银二两六钱三分，与上月同。小麦每仓石价银二两六钱八分，与上月同。青稞每仓石价银二两二钱二分，与上月同。荞子每仓石价银一两二钱五分至一两七钱五分，与上月同。

忠州直隶州属，价贵。中米每仓石价银二两六钱至三两二钱八分，与上月同。大麦每仓石价银一两四钱六分至一两六钱，与上月同。小麦每仓石价银二两五分至二两四钱一分，与上月同。黄豆每仓石价银一两二钱七分至一两三钱七分，与上月同。

酉阳直隶州属，价贵。中米每仓石价银二两六钱一分至三两一钱一分，与上月同。大麦每仓石价银二两三钱至二两六钱二分，与上月同。小麦每仓石价银二两六钱四分至二两七钱八分，与上月同。黄豆每仓石价银一两三钱九分至一两四钱四分，与上月同。

叙永直隶厅属，价中。中米每仓石价银二两九钱九分，与上月同。小麦每仓石价银一两八钱一分，与上月同。荞子每仓石价银一两三钱四分，与上月同。黄豆每仓石价银一两六钱一分，与上月同。

松潘直隶厅，价中。青稞每仓石价银二两七钱六分，与上月

同。荞子每仓石价银一两七钱四分，与上月同。

杂谷直隶厅，价中。青稞每仓石价银二两四钱，与上月同。荞子每仓石价银一两七钱九分，与上月同。

石硅直隶厅，价平。中米每仓石价银一两六钱二分，与上月同。大麦每仓石价银一两七钱三分，与上月同。小麦每仓石价银二两六分，与上月同。黄豆每仓石价银一两八钱九分，与上月同。

打箭炉直隶厅，价贵。青稞每仓石价银四两九钱二分，与上月同。油麦每仓石价银一两八钱一分，与上月同。

军机大臣奉旨：览。钦此。[①]

一六二　呈川省同治十年十月得雪清单

同治十年十一月二十八日(1872 年 1 月 8 日)

谨将同治十年十月份四川省所属地方报到得雪情形，开具清单，恭呈御览。

成都附属：成都、华阳两县得雪一次，积厚寸余。灌县得雪一次，积厚六七寸不等。新都县得雪一次，积厚三四寸不等。新津县得雪一次，积厚七八寸不等。

重庆府属：永川县得雪一次，积厚寸余。涪州得雪一次，积厚三四寸不等。

夔州府属：万县得雪一次，积厚二三寸不等。

绥定府属：太平县得雪二次，积厚二三寸不等。

---

① 中国第一历史档案馆藏：清单，档案编号：03-4965-396。

顺庆府属:南充县得雪一次,积厚一二寸不等。仪陇县得雪一次,积厚二三寸不等。岳池县得雪一次,积厚一二寸不等。邻水县得雪一次,积厚一二寸不等。

潼川府属:乐至县得雪一次,积厚寸余。

雅州府属:雅安县得雪一次,积厚一二寸不等。

嘉定府属:峨边厅得雪二次,积厚二三寸不等。

叙州府属:富顺县得雪一次,积厚一二寸不等。

忠州直隶州属:忠州得雪二次,随落随消。酆都县得雪二次,旋落旋消。梁山县得雪一次,旋落旋消。

资州直隶州属:仁寿县得雪二次,积至数寸不等。

邛州直隶州属:蒲江县得雪一次,积厚寸余。

泸州直隶州属:合江县得雪一次,积厚二三寸不等。

军机大臣奉旨:览。钦此。①

一六三　请以李发祥借补提标左营游击折

同治十年十二月初二日(1872年1月11日)

头品顶戴四川总督兼署成都将军臣吴棠跪奏,为拣员借补游击,以资治理,恭折仰祈圣鉴事。

窃照提标左营游击张金榜告病开缺,前经臣以一等轻车都尉向忠、督标左营都司何鉴先后请补,均准部覆,与例不符,令另行拣补。伏查提标左营游击员缺驻扎省垣,为各营表率,训练巡防,最关紧要,且现值裁减勇丁、勤操兵技之际,尤须年力精强、谙练营务

---

① 中国第一历史档案馆藏:清单,档案编号:03-4959-121。

之员,用资整顿,实未便草率迁就。臣于通省尽先游击内逐加遴
选,非出师外省未经归标,即人地未宜难期振作。

惟查有留川尽先副将李发祥,年三十三岁,湖南湘乡县人,由
武童投入湘果左营,援剿四川滇匪,迭次出力,历保尽先参将。嗣
因生擒逆首李泳和等解省正法、滇匪全股肃清并攻克横江汛双龙
桥石逆坚巢在事出力,经原任督臣骆秉章先后保奏,请以副将留川
补用,并加总兵衔,均经奉旨允准。旋于克复甘肃阶州案内出力保
奏,同治四年闰五月十二日,奉上谕:副将李发祥留于四川尽先补
用,并赏给果勇巴图鲁名号。钦此。前署左营游击,现署马边协副
将,均甚得力。该员夙历戎行,留心营伍,以之借补提标左营游击,
实堪胜任。且系籍隶别省,现无事故,曾保尽先副将,亦与借补章
程相符。

合无仰恳天恩,俯准以李发祥借补提标左营游击,实于营伍有
裨。如蒙俞允,俟接准部覆,照例给咨送部引见。除饬取履历咨部
外,是否有当,理合会同提督臣胡中和,合词恭折具奏,伏乞皇太
后、皇上圣鉴训示。谨奏。

同治十年十二月初二日,军机大臣奉旨:兵部议奏。钦此。①

一六四　请以文明留川以知县改补折

同治十年十二月十三日(1872年1月22日)

头品顶戴四川总督兼署成都将军臣吴棠跪奏,为笔帖式六年
期满,循例出考,恭折仰祈圣鉴事。

---

① 中国第一历史档案馆藏:军机录副,档案编号:03-4746-014。

　　窃照定例:督抚衙门笔帖式六年期满,如有才具优长堪膺地方之选者,出具考语,奏请送部引见,候旨补用等语。兹查四川总督衙门笔帖式文明,年四十三岁,系正红旗蒙古河萨喇佐领下文生员,由托忒学生考列二等,作为理藩院学习笔帖式。咸丰六年,补授实缺。同治元年、三年两次京察一等,均奉旨记名以理事同知通判用,并各加一级。四年四月,吏部奏请钦派大臣拣选四川总督衙门笔帖式。二十一日,缮写清单,请旨简用。奉御章钤书:四川总督衙门笔帖式着文明补授。钦此。五年正月初五日到任,扣至十年十二月初五日,六年期满,例应更换。

　　除员缺咨部另行拣员请补外,臣查文明年强才敏,堪膺地方之选,理合循例出具考语,可否仰恳天恩,俯准留川以知县改补,俟新拣之员到川后,再行送部引见,恭候钦定。理合恭折具奏,伏乞皇太后、皇上圣鉴训示。谨奏。十年十二月十三日。

　　同治十一年正月初二日,军机大臣奉旨:吏部议奏。钦此。①

一六五　请将林耀龙与赵定邦对调折

同治十年十二月十三日(1872年1月22日)

　　头品顶戴四川总督兼署成都将军臣吴棠跪奏,为拣员对调游击,以资治理,恭折仰祈圣鉴事。

　　窃查松潘镇属三营悬处夷疆,管辖土番大小寨落数百处,钤制匪易,兼有甘肃野番出没窥伺,防范尤关紧要,必须熟悉边隘形势、群番詟服之员,方足以资治理。查有督标右营游击林耀

龙,年四十八岁,马边厅人,由行伍拔补把总,出师湖北、江南、浙江、安徽等省著绩,历保游击花翎,以参将尽先补用,并加副将衔。同治二年,推补松潘左营游击。六年,调补督标右营游击。该员向在松潘,于边势、夷情最为熟悉,驾驭悉合机宜,拟请调补松潘中营游击。

所遗督标中营游击员缺,查松潘中营游击赵定邦,年五十九岁,浙江武进士,选补督标右营守备,升补松潘右营都司,历署泸州、叙马各营都司、绥宁营游击、护理懋功协副将。同治六年,升补今职。该员久历行伍,熟悉差操,拟请对调督标右营游击。

该二员任内并无违碍处分,均与调补之例相符。如蒙俞允,系对品调补,毋庸造具履历,惟前补各游击后,俱有经手要务,尚未送部引见。俟接准部覆,饬照例办理。臣为人地相需起见,是否有当,理合会同提督臣胡中和,合词恭折具奏,伏乞皇太后、皇上圣鉴训示。再,成都将军系臣暂行兼署,未经列衔,合并陈明。谨奏。十年十二月十三日。

同治十一年正月初二日,军机大臣奉旨:兵部议奏。钦此。[1]

一六六　查明川省办团防剿出力官绅酌保折

同治十年十二月十三日(1872年1月22日)

头品顶戴四川总督兼署成都将军臣吴棠跪奏,为查明四川通省历年办理团练,防剿滇、发各逆出力官绅,遵旨择尤酌保,恭折仰

---

[1]　中国第一历史档案馆藏:军机录副,档案编号:03-4747-001。

祈圣鉴事。

窃臣于同治九年十一月间，会同前任成都将军臣崇实，具奏川省各府厅州县历年办理团练尤为出力官绅恳请核实汇奖一折，嗣于十二月十二日准兵部火票递回原折，后开军机大臣奉旨：着准其择尤酌保，毋许冒滥。钦此。仰见圣明于甄叙人材之中，仍寓慎重名器之意，下怀感悚难名。维时各该府州等已陆续送到清册，虽查照历届批准成案，核减过半，约计绅团仍不下数千人。臣凛遵毋许冒滥之慈训，会同将军臣崇实，再三驳饬，责令该管府州等，旁咨舆论，参考事功，择其劳绩最优者，量加奖励。其劳绩稍次者，概予删除，或改为咨奖及存记外奖。迟至一稔，经臣逐细清厘，秉公核定，共计七十六州县，共择尤酌保官绅五百四十五员名。以一州一县而论，每处仅保十余人及三五人不等。盖分之则只形其少，合之则顿觉其多也。

溯查咸丰九年，滇逆蓝潮鼎、蓝潮柱、李泳和自云南牛皮寨倡乱，窜扰川疆，贼焰既张，贼情尤狡。迨同治元年，发逆石达开初由湖北利川入蜀，继复分股赖裕新由宁远、越嶲窥伺川边。石达开率党踵至，加以土匪朱二九、谭潶魁等闻风起事，处处戒严。虽有征剿之师，不敷分布，蹂躏几遍通省，首尾将及五年，全赖各州县地方官绅士庶，敌忾同仇，卒能次第荡平，剪除元恶。成都将军臣崇实在任时，每与臣语及当年危困情状，未常不慷慨欷歔。念蜀事之多艰，知民情之足恃也。

今追叙其争城夺地、毁家纾难之功，固非若寻常团练可比，以视募勇制兵之例支粮饷，素习战争者，此中甘苦难易之分，人所共见。即与前次请奖同治四年以后省垣团防出力官绅，亦迥不相侔。现当邻患未平，臣因节饷恤民起见，屡经裁撤勇丁，不得不为此激扬士气、鼓舞人心之请。谨遵照部臣奏定章程，凡克复城池、斩擒要逆及固守待援、克保危城并率师救援、力解城围者，准越级保陞、免补、免选各条，缮具清单，恭呈御览。吁恳恩施立沛，俾遐陬僻壤咸知十余年血战成劳，渥荷朝廷轸念，无远弗周。其踊跃奋兴，边圉益臻底定矣。

除将出力稍次官绅咨部议叙、营弁团丁由臣核实存记以千、把总、外委拔补及酌给军功顶戴、列册咨部外，所有查明四川通省历年办理团练防剿出力官绅、遵旨择尤酌保缘由，理合缮折具陈，伏乞皇太后、皇上圣鉴训示。谨奏。十年十二月十三日。

同治十一年正月初二日，军机大臣奉旨：该部议奏，单并发。钦此。①

一六七　呈历年办团防剿出
力官绅择尤酌保清单

同治十年十二月十三日（1872 年 1 月 22 日）

谨将四川通省历年办理团练，防剿滇、发各逆出力官绅，择尤酌保，缮列清单，恭呈御览。

计开：成都县：双月选用府经历蔡光亨，试用训导张映南，蓝翎盐大使衔刘瑞图。查咸丰十年，滇逆窜扰邻县，并分股突来苏家碾焚掠。该绅等督带乡团，随同官军追剿，杀毙贼匪多名，并夺获旗

---

① 中国第一历史档案馆藏：军机录副，档案编号：03-4747-002。又，吴棠等《游蜀疏稿》，第 495—504 页。其尾记曰："同治十年十二月十三日，由驿具奏，于同治十一年正月二十一日，准兵部火票递回原折，后开军机大臣奉旨：该部议奏，单并发。钦此。"

帜、枪炮、刀矛多件。蔡光亨请仍以府经历遇缺前先选用，并赏加六品衔。张映南请仍以训导遇缺前先即选，并赏加国子监学正衔。刘瑞图请赏戴五品花翎。

华阳县：双月选用州同范宗儒，州同衔赖登道，五品军功徐玉堂，都司衔蓝翎外委张万育。查咸丰十年、十一年，蓝、李诸逆围攻彭县、图扑井研县及同治元年游勇滋事，该绅等总办乡团，随同地方官驰赴邻县，剿除踞贼，力解城围，并拿获滋事首犯，解散胁从。范宗儒请仍以州同不论双单月，遇缺前先选用，并赏加五品衔。赖登道请以县丞不论双单月选用，并赏加六品衔。徐玉堂请以从九品不论双单月尽先补选用。张万育请以千总收标，尽先拔补，并请赏换花翎。

双流县：举人刘廷扬，候选县丞郑方南、彭阳照，从九品衔晏鸣岗、张克施，监生帅定邦。查咸丰十一年，蓝逆窜扰察耳岩地方，与县城相距甚近，岌岌可危。该绅等率领团练，分途迎剿，与贼接仗，斩馘无算。刘廷扬请以知县即选。郑方南请俟选缺后，以知县用。彭阳照请分缺前先选用，并赏戴蓝翎。晏鸣岗、张克施均请以巡检不论双单月，遇缺即选。帅定邦请赏加国子监典簿衔。

温江县：布理问衔在任候选县丞典史窦文智，武举王开泰，蓝翎武监生郭安邦。查咸丰十年、十一年，蓝逆分股窜扰县境，并由舒家渡屡扑城垣。该官绅等激励团丁，登陴固守，以待官军援应，转危为安。窦文智请俟选缺后，以知县补用，并赏戴蓝翎。王开泰请以守备尽先补用，并赏戴蓝翎。郭安邦请以千总收标，遇缺即补，并赏加守备衔。

新繁县：候选训导周之翰，候选从九品周光泽，监生何鸿图，候选巡检姜骏章，附生黄进琼，贡生宁肇封，监生余开基，前署汛弁都司江思山。查咸丰十年，滇逆窜扰。该绅弁等屡在严家桥、清流场、蒙阳场、羊马渡各隘口，督团击贼，手刃骑马贼数人，生擒数十人，并拿获奸细边保华、沈伦文、张信如等九名，就地正法，克保危城。周之翰等三名均请赏戴六品翎顶。姜骏章、黄进琼均请赏给六品顶戴。宁肇封、余开基均请以从九品选用，宁肇封并请赏戴蓝翎，余开基并请赏给六品顶戴。江思山请以游击尽先升用。

金堂县：教谕赵树萱，监生梁开甲。查咸丰十年，粤逆蓝潮鼎窜踞赵家渡地方。十一年，蓝潮鼎与女贼谢花妖合股复扰及淮口镇土桥沟、仔高寺一带，乘夜偷犯天王关。该官绅等督团堵剿，杀贼多名，逆众始行遁去，全境肃清。赵树萱请以教授在任遇缺，前先选用。梁开甲请以从九品不论双单月即选。

郫县：附贡生郑澍昌，附生李觐光，从九品衔彭振基，监生邓经元、蓝钟秀、宋人杰，职员邓绅元，理问衔李含英，武举尹光增。查咸丰十年、十一年，蓝逆窜近龙家湾、普兴桥、竹影寺、太和场、大禹庙、罗家寺等处，势甚猖獗。又，土匪朱二九等从彭县黑写子起事，肆扰邻封。该绅团督率练丁，冲锋陷阵，毙贼不计其数。并越境助剿土匪，解散胁从。郑澍昌请以训导不论双单月选用，李觐光、彭振基均请以巡检分发省份，归候补班尽先补用。邓经元、邓绅元均请赏戴六品蓝翎。蓝钟秀、宋人杰均请以从九品未入流，不论双单月尽先选用，并均请赏戴蓝翎。李含英请赏给五品顶戴。尹光增请赏给守备衔，并请赏戴蓝翎。

灌县：举人陈炳魁，廪生董用威，州同衔易芳廷，贡生张树铭，增生吴国珍，附生高翔、周郁文，监生王钧，六品军功张汝晕、唐友仁，从九品张朝钧。查咸丰十年，蓝逆窜扰邻境。该绅团等督率练丁，扼要堵剿，并会合官军攻克崇庆州属之元通场。十一年，蓝逆复由彭什阑入县境蒲阳场、驾虹桥、太平场等处。该绅团分领河东、河西各团随时击退,地方赖以无虞。陈炳魁请以教谕不论双单月选用。董用威请以训导不论双单月,遇缺前先即选,并赏加国子监典簿衔。易芳廷请以州同即选。张树铭等六名均请以从九品不论双单月选用。张树铭、周郁文并赏戴蓝翎。唐友仁并赏戴蓝翎。张朝钧请赏戴六品蓝翎。

彭县:候补知县约敦,主事杨奉昌,六品衔蓝翎知县用分缺先用府经历刘玉,庆符县教谕谢宝森,候选教谕李培堃,训导胡德鑫,贡生许必达、弓文教,附生方凤枟,监生弓思进,世袭云骑尉陈得祥。查咸丰十一年,蓝逆勾结山匪,围困县城。嗣复分股窜扰。同治二年,发逆上犯,扰及县境。该官绅等调集丁壮,倡捐口粮,或苦守以待援,或出奇而制胜。均属深明大义,保卫地方。约敦请赏加同知衔。杨奉昌请以知州不论双单月,尽先选用,并赏加运同衔。刘玉请以知县仍留四川补用。谢宝森请以知县尽先前补用。李培堃请选缺后以知县不论双单月选用,并赏给五品顶戴。胡德鑫请赏加国子监学正衔。许必达等三名均请以从九品,不论双单月遇缺前先选用。弓思进请赏加六品衔。陈得祥请以守备尽先补用,并赏戴蓝翎。

崇宁县:委员候补知县国璋,江西永兴县县丞杨定魁,尽先选用从九品邓长耀,试用未入流宋沄,从九品职衔韩锡侯、林耀缙,附生霍镇衡,文童张万治。查咸丰十年,蓝逆由丹棱上窜,旁扰县境。经该官绅等调团集练,屡挫凶锋,贼匪始行败退。十一年,朱二九、谭滩魁直扑县城。该绅等率众固守,并设法翦除党羽,解散胁从。谭滩魁情急自缢,遂将首逆朱二九生擒,解省正法。国璋俟补缺后,以同知直隶州知州尽先补用。杨定魁请以知县不论双单月在任候选,并赏加同知衔。邓长耀请选缺后，以府经历县丞用，并赏戴蓝翎。宋泓请以典史遇缺前先用。韩锡侯等四名均请以从九品选用。

简州：委员在任候选同知按司狱汤臣鸠，举人田昌槎，廪生蒋先声，附生汪恕。查咸丰十年、十一年，滇逆四次犯境，并踞扰施家坝、禾丰场等处，直扑州城。均经该官绅等亲督练丁，屡战皆捷，毙贼三百余名，生擒要逆陈玉隆等七名。贼始败退，全境赖以保全。汤臣鸠请赏加知府衔。田昌槎请以知县不论双单月，尽先选用。蒋先声请以训导不论双单月尽先选用。汪恕请以巡检不论双单月尽先选用。

崇庆州：吏部主事周盛典，训导李世瑛，候选从九品赵登华，指发江西县丞黄际中，前任江西萍乡县芦溪巡检周宗濂，附生彭兆炳、萧寿兰、朱萼，九品军官孔昭恕。查咸丰十年，蓝逆窜踞元通场。十一年，逆匪何蚂蚁子攻扑州城，并分窜白塔山、三鹤顶等处。又，蓝逆另股扰及怀远镇山边。该官绅等率团助剿，先后毙贼多名，并生擒伪都统胡大刀、伪先锋陈麻山、护法道人刘飞升等百余名，弃械投诚者三千二百余人。周盛典请以知州分发省份，归候补班前先用。李世瑛、赵登华请各以本班不论双单月，遇缺先选用。黄际中请俟到省补缺后，以知县用。周宗濂请以府经历县丞仍归江西原省，遇缺尽先补用。李世瑛等四员并请赏戴蓝翎。彭兆炳请以巡检遇缺前先选用。萧寿兰等三名均请以从九品，不论双单月遇缺前先选用。

新津县：知县用候选县丞吴敦培，监生杨治平，附生林椿、李如松、倪含章，职员曾勤政，武举田家禄。查咸丰十年，蓝、李二逆窜扰眉、彭，距县境三十余里，嗣又分股直扑西城。该官绅等督率团练，会合官军，在广会桥、平岗志等处与贼鏖战三时之久，迭有斩

擒,立解城围,厥功甚伟。十一年,越境剿匪,复攻破大邑县连界韩
场贼巢。吴敦培请免选本班,以知县分发省份,归候补班前先补
用,并赏加同知升衔。杨治平等五名均请以从九品不论双单月,遇
缺前先选用。杨治平并请赏戴蓝翎。田家禄请以营千总补用,并
赏戴蓝翎。

汉州:蓝翎知州衔前署汉州事候补知县平心孚,吏目赵国玺,
廪生刘桢,从九品衔黄春霖、曾允中,附生胡学淮、王德斌、刘清宇,
监生萧清旭,从九品衔黄俊昌。查咸丰十年、十一年,蓝逆大股四
次纷扰,州城戒严。该官绅等倡练同仁、敬字、威镇、仁和、忠义数
大团,以守以战,并会同官军屡挫凶锋,所向皆捷,俾地方危而复
安。其功绩自不可没。平心孚请俟补缺后,以同知直隶州用。赵
国玺请以府经历县丞升用。刘桢请以训导尽先前即选,并赏加光
禄寺署正衔。黄春霖等六名,均请以巡检,不论双单月遇缺尽先即
选。黄春霖、刘清宇并赏戴蓝翎。黄俊昌请以从九品尽先选用。

什邡县:教谕陈伟元,附生赵禄、张履端,贡生史青云,武生严
太平。查咸丰十一年,土匪朱二九聚众起事,围困县城,教谕陈伟
元等督团苦守,勿懈始终。同治二年,发逆赖裕新等屡次犯境,势
甚披猖。贡生史青云等带练堵剿,斩擒逆匪多名,勤劳倍著。陈伟
元请以知县在任尽先即选,并赏给五品顶戴。赵禄等三名均请以
巡检遇缺即选,赵禄、史青云并请赏戴蓝翎。严太平请以外委收
标,尽先拔补,并赏戴六品蓝翎。

资州:附生郑必达、林贻谋、王孔遗,监生郑钦模,候选州判何
懋恺,府知事衔张宏瑜、曾英,盐运使衔湖北候补知府何应钟,守洁
所千总周能敏。查咸丰十年,李逆窜踞苏家湾。该绅团等督同城
练、乡兵多方攻剿,竭七十余日之力始将该逆击退,保全上游。嗣

蓝逆由赵家渡窜入州境，该绅团率领练丁二万余人，始而分路横冲，使该匪首尾不能相顾，既而整齐队伍从上压下，斩获极多，肃清全境。郑必达等四名均请以从九品不论双单月选用。郑必达、郑钦模并请赏戴蓝翎。何懋恺请以州判遇缺前先选用，并赏加盐提举衔。张宏瑜、曾英均请赏加布经历衔。何应钟拟请俟补缺后，以道员用。周能敏请赏加都司衔，并赏戴蓝翎。

仁寿县：委员蓝翎同知用候补知县沈蕴荣，提举衔试用通判祝士棻，副榜陈粹明，附生范星云、刘菜芳、胡照炳，五品军功胡琛、孔兴泰，文童江宜仁、马德培，监生陈以新、杨钟麟，六品军功陈精明、杨灼、林秉江。查咸丰十一年，李逆攻陷县城。该绅团等督率练丁，协同楚勇亲冒矢石，奋不顾身，克复城池斩擒要逆。嗣后屡遭贼扰，复随同官军助剿解围，铲除余匪。沈蕴荣请赏换花翎。祝士棻请赏戴花翎。陈粹明请以训导不论双单月遇缺前先选用，并赏加六品衔。范星云等三名均请以从九品不论双单月遇缺前先即选，并均请赏加六品衔。胡琛、孔兴泰均请以州吏目不论双单月遇缺前先即选。江宜仁、马德培均请以从九品未入流留川遇缺前先补用。陈以新等五名均请以巡检、典史不论双单月遇缺前先选用。

资阳县：同知衔前任云南禄丰县知县陈国器，教谕杨作桢，岁贡生刘正钧，廪生赖超伦，蓝翎五品衔驻省提塘黄英。查咸丰十一年，李逆窜入县境，攻扑城池。该官绅等督团击退，克保危城，并于县属南津驿伍隍场、丹山镇各隘口迭次接仗，均有斩擒，洵属奋勇争先，战功卓著。陈国器请赏给四品顶戴。杨作桢请赏加内阁中书衔。刘正钧、赖超伦均请以训导不论双单月尽先选用。黄英请以守备衔遇缺前先补用，并赏加都司衔。

内江县：典史范汝诚，即补典史李国柄，拣选知县举人晏鸿业，珙县训导郭肇林,廪生晏思洛,附贡生晏作霖,云骑尉增贡生李沛霖。查咸丰十年、十一年,李逆大股窜入县境贾家场、便民场等处,直抵对河东衔,偷渡扑城,势甚危急,况该县为富荣监厂,北面要隘一经攻破,则井灶悉遭蹂躏,大局不堪设想。该官绅等或登陴固守,或督队先驱,卒能保衔有功,肃清全境。范汝诚请以县丞在任,遇缺尽先前补用,并赏戴蓝翎。李国柄请俟补缺后,以县丞用。晏鸿业、郭肇林均请以知县遇缺尽先前选用,并均请赏加知州衔。晏思洛请以训导不论双单月选用,并赏加国子监助教衔。晏作霖、李沛霖均请以巡检不论双单月遇缺尽先前即选,并均请赏戴蓝翎。

　　绵州:前任绵州学正在籍翰林院待诏范德渊,训导徐兴甲,候选从九品梁成彦,新班尽先选用训导何天祥,州同衔候选教谕孙秉吉,六品衔贵州同仁府经历李本棠,尽先训导陈鼎,职员梁进禄。查蓝逆率领悍党十万之众,围困州城五月之久。该绅团等内筹守备,外御凶锋,卒能使全境解严,妖氛迅扫。范德渊请赏加内阁中书衔。徐兴甲、梁成彦均请赏给六品顶戴蓝翎。何天祥请赏加翰林院待诏衔,并赏戴蓝翎。孙秉吉、李本棠均请赏给五品顶戴蓝翎。陈鼎请以训导,遇缺前先即选。梁进禄请以从九品不论双单月,尽先选用。

　　德阳县:拣选知县冉正域,崇庆州训导萧登恕,候选直隶州州判刘开绪,贡生陈良贵,武举杨逢春。查咸丰十年,蓝逆窜入县境之柏社镇、孝泉场、大汉镇,相距县治仅十余里,渡河扑城。该绅团等带练堵剿,奋不顾身,将贼匪立时击退,并越境攻破略坪场、隆与场贼巢,擒斩无算。冉正域请仍以本班不论双单月遇缺前先选用。萧登恕请以知县不论双单月遇缺前先在任候选。刘开绪请仍以直隶州州判不论双单月遇缺前先选用。陈良贵请以从九品不论双单月遇缺即选。杨逢春请以千总收标，尽先前补用，并赏戴五品蓝翎。

绵竹县：训导张登蓬，蒲江县训导萧柏青，举人唐天爵，附生帅捷，从九品李传纶，廪生李锡铭、朱光烈，团首仲三魁。查咸丰十年，蓝逆大股窜扰县境，逼近城池，官军未及赴援，全赖该绅团踊跃用命。其守城也，则荷戈达旦，戒备綦严。其击贼也，则执梃争先，歼除殆尽。洵属急公好义，保卫地方。张登蓬、萧柏青均请赏加光禄寺署正衔。唐天爵请以知县遇缺即选。帅捷请以巡检不论双单月，尽先选用。李传纶等四名均请赏给六品翎顶。

罗江县：训导刘宪，县丞衔江津典史寸联级，新班遇缺选用教谕张翼，候选州判冯举，新班遇缺选用训导唐懋德，廪生邓英，附生范祖尧，五品蓝翎三等武举李楷，团总范鹏飞。查咸丰十年，蓝、张两逆先后分窜绵竹、德阳等县，与该县唇齿相依，贼焰既张，贼股甚众。十一年，该逆合股围困绵州，并踞扰略坪场。该官绅等苦守危城，严防隘口，复于慧觉场与贼接仗，毙匪多名，会合邻团克复略坪场，肃清全境。刘宪请赏加内阁中书衔。寸联级请以县丞归候补班前尽先补用，并赏戴蓝翎。张翼请赏加国子监学正衔。冯举请仍以本班遇缺前先选用。唐懋德请赏加国子监典簿衔。邓英请以训导不论双单月尽先选用。范祖尧请赏戴六品蓝翎。李楷请以守备尽先补用。范鹏飞请赏戴五品蓝翎。

南部县：委员同知衔安岳县知县查文瀚，新镇坝县丞周墉，候选训导孙式训，富村驿巡检马德霖。查咸丰十一年五月，滇逆由盐亭、西充窜踞县境之镇江庙、花牌楼。该官绅等督团迎剿，毙匪数百名，立时击退。十二月，蓝逆分股四窜，该官绅等复于盘龙场与贼接仗，大挫凶锋，夺获马匹、旗帜、刀矛无算。查文瀚请赏戴蓝翎。周埔等三名均请赏戴六品翎顶。

昭化县:增生王懋修,蓝翎千总昭化汛把总王启春,六品军功何运升、王怀仲。查同治元、二年间,滇逆、发逆窜扰县境蔡溪河、白水河等处,正值官军跟追未及之时,该官绅等督率兵团,以少击众,擒斩多名。该逆力细计穷,亡命北窜,边境一律肃清。王懋修请以巡检不论双单月遇缺即选。王启春请免补千总,以守备遇缺拔补,并赏加都司衔,赏换花翎。何运升、王怀仲均请以外委尽先拔补,并均请赏戴五品翎顶。

巴州:运同衔升用同知直隶州巴州知州陈洪绪,大挑知县喻秉渊、截取知县罗星晖,候选训导余洁,候选府经历陈振纲,试用通判钱乃钤,知县用试用县丞江继祖,岁贡生苟旁边、喻介祉,附生赵思闵,贡生李卓然、王友正,花翎尽先补用守备苟耀先。查咸丰十一年,贼匪朱、刘二逆由达县窜扰州境岳家寺、得胜山一带。该官绅等率领兵团迎头截剿,所向皆捷,扫荡妖氛。同治二年,发、捻诸逆攻陷汉郡州县,游匪溃勇嚣然不靖。该官绅等筹办防堵、转运事宜,为时最久,备著勤劳。陈洪绪请俟补直隶州后,以知府用。喻秉渊请赏加同知衔。罗星晖请仍以本班尽先选用,并赏加同知衔。余洁请赏加光禄寺署正衔。陈振纲请赏加州同衔。钱乃钤请俟补缺后,以知州归候补班前先用,并赏戴蓝翎。江继祖请赏戴六品翎顶。苟旁边、喻介祉均请以训导遇缺即选。赵思闵、李卓然均请以巡检遇缺即选。王友正请赏加州判衔。苟耀先请赏加都司衔。

南江县:尽先前补用知州南江县知县金凤洲,候选教谕举人徐炳唐,选用训导傅文涛、陈春暄,廪生包辑五,附生石宗海。查咸丰十一年,逆匪窜扰巴州得胜山,与县境相距甚近,经该官绅等团练设防,同治元年春,邓逆踞扰汉南,窥伺边界。是年冬,郭逆回窜。

二年,发逆大股陷汉郡州县,震动邻疆。均经该官绅随方堵御,俾地方得以乂安。金凤洲请赏给四品顶戴。徐炳唐请仍以教谕不论双单月尽先选用,并赏加光禄寺署正衔。傅文涛、陈春暄均请赏加中书衔。包辑五请以训导不论双单月尽先选用。石宗海请以巡检不论双单月尽先选用。

剑州:同知衔高县知县前署剑州知州王煌,六品蓝翎新班遇缺先选训导谭体迨,候选从未王炯,团首高凤鸣、田砚丰,千总王镶。查咸丰十一年,蓝逆分股窜踞武连驿。该官绅等带练击退,保全地方。同治元年,蓝逆余党邓添亡由平武、昭化阑入州境。该官绅等复由马鹿坪迎头截剿,并越境攻坚夺垒,擒斩要逆多名。王煌请以同知直隶州在任候选,并赏戴花翎。谭体迨请俟选缺后,以知县不论双单月在任候选,并赏给五品顶戴。王炯请以县丞遇缺前先选用。高凤鸣、田砚丰均请以从九品不论双单月遇缺尽先选用。王镶请以卫守备不论双单月遇缺前尽先即选。

南充县:户部员外郎胡辑瑞,试用同知杨仪成,拣选知县萧应元,分发直隶试用知县文邦从,举人曾开忠,廪生弋翰举、林遇春,附生保奠川,州吏目衔徐炳然,增贡生邓庆元,附生李英、林聚瑞、曾殿镶,增生陈炳南。查咸丰十一年,逆首何国梁纠党数万,由牛腹渡昼夜狂奔,直赴顺庆围攻,志在必得。该官绅等于援军未到之先,且战且守,力保危城。贼匪败遁下游,扎筏数百,图窜河东地方。东岸团民上下游联络,扼守近三百里,相持几及一月,卒未能偷渡,地方赖以无虞。胡辑瑞请赏加道衔。杨仪成请归候补班前先补用。萧应元请以知县不论双单月,遇缺前先选用。文邦从请以知县归候补班前先补用,并赏加同知衔。曾开忠请以教谕不论双单月,尽先选用。弋翰举、林遇春均请以训导不论双单月,遇缺选用。保奠川、徐炳然均请以州吏目不论双单月,遇缺尽先选用。邓庆元等五名,均请以从九品不论双单月,遇缺即选。

营山县:候选知县蔡文钰,教谕张运春,提举衔候选通判李玉棻,候选训导于腾蛟,教谕陈全模,训导罗培荣,附生王泽垓、王敬铭,监生官肇修,署把总向阳春。查咸丰十一年,张、郭二逆由蓬州青石镇间道夜驰,突临城下,屡用云梯、地雷,四面环攻。该官绅等督率勇丁,挖通地道数处,复相机出战,于援兵未到之先,将近城逆匪击退,焚毁贼营二十余座,重围遂解。蔡文钰请不论双单月遇缺前先即选。张运春请以府教授在任候选,并赏加国子监学正衔。李玉棻、于腾蛟均请赏戴蓝翎。陈全模、罗培荣请各以本班不论双单月遇缺尽先即选。王泽垓、王敬铭均请以巡检不论双单月,遇缺尽先选用。官肇修请以从九品不论双单月选用。向阳春请以千总尽先拔补,并赏加守备衔,赏戴蓝翎。

岳池县:典史钱丙,同知衔顾宗煋,布经历罗书云,州同职衔严嘉绩,候选训导蔡克猷,廪生黄煦,增生董垣、董培。查咸丰十年、十一年,滇逆窜扰遂宁、南溪。该官绅等筹办防剿,历久弗懈。嗣值大股贼匪接踵而至,围攻县城。昼夜登陴固守,并两次迎剿获胜。该逆始胆寒溃退。钱丙请以府经历县丞尽先,在任候升。顾宗煋请以同知不论双单月,尽先选用。罗书云请赏加盐提举衔。严嘉绩请以州同不论双单月尽先选用。钱丙等四名并均请赏戴蓝翎。蔡克猷、黄煦均请以训导不论双单月尽先选用。董垣、董培均请以州吏目不论双单月选用。蔡克猷等四名并均请赏给六品顶戴。

宜宾县:前署叙州府知府候补道李祜,试用按经历李璠,先用府经历钱炳垲,廪生陈先柱,增生朱恕,附生尹照垣、邓觐光,监生蒋受龙,文童韩贞俊。查同治元年,李、邛二逆先后窜至县境八角寨,拥众万余,势极鸱张,为恃险久踞之计。该官绅等督同团练,会合官军,铲除悍党多名,解散胁从无算。继后合围困之,绝其粮道,将坚寨多方攻克,全境乂安。李祜请交部优叙。李瑶请免补本班,以知县归候补班前先补用,并赏加知州衔。钱炳垲请以知县用。陈先柱请以训导选用。朱恕等五名均请以从九品选用。

富顺县:盐运使衔选用道王余照,双月选用知府颜怀珍,附贡生欧阳文俊,候选巡检何占辅。查咸丰十年,李逆股匪窜扰自流井。该绅团等激励练丁,会合官军攻剿,屡有斩擒。复捐资创筑大安、久安两圩寨。十一年,邛先锋周踸踔先后复窜自流井。该绅团等募勇杀贼,并焚毁坚巢,招抚逆首郭安邦数万之众。王余照请以道员尽先选用,并赏加按察使衔。颜怀珍请以知府不论双单月选用,并请赏加盐运使衔。欧阳文俊请赏加光禄寺署正衔。何占辅请选缺后,以府经历县丞升用,并赏戴蓝翎。

南溪县:候选从九品伍培文,候选教谕邬国瑛,增贡生温以奎,从九品衔李长吉。查咸丰九年,滇匪倡乱,县境戒严,筹剿筹防,殆无虚日。迨十年冬,该逆分股数千人直扑城寨,幸赖绅团得力,立解重围,遂退踞离城七里之瀛洲阁。复乘机进剿,毙匪百余名,始行远遁。伍培文请赏戴六品翎顶。邬国瑛请赏加国子监学正衔。温以奎、李长吉均请以从九品不论双单月尽先选用。李长吉并请赏戴蓝翎。

筠连县:蓝翎遇缺即选教授教谕张绍兰,遇缺即选训导陈世辅。查同治元年,县城失守,该绅等分调川、滇团练,约期克复。迨后滇匪、夷匪三次窥伺边境,复经招募勇丁,并力击退,实属始终勤奋,著有成劳。张绍兰请赏加光禄寺署正衔。陈世辅请仍以训导遇缺尽先前选用。

隆昌县:廪生郭人澍、匡宗鼎、彭达谋,监生曾广升,附生王章、刘宗兰、邓忠国,从九品衔李时春、薛肇端。查咸丰十年、十一年,滇逆窜踞牛腹渡,距县城不及百里,屡次分遣悍党四面围攻。经该绅团等防剿兼施,始终弗懈,幸克歼除巨寇,保守危城。郭人澍请以训导选用。匡宗鼎等三名均请赏加布理问衔。王章等五名均请以从九品不论双单月选用。王章、刘宗兰、邓忠国并请赏戴蓝翎。

巴县:陕西候补知府前任巴县知县张秉堃,委员提举衔四川候补通判缪嘉誉,候补知县廖葆恒,试用县丞萧升梧,四品衔升用同知候选知县金含章,四品衔傅益,前署汛弁蓝翎千总刘鉴。查咸丰十年至同治元年,滇匪张五麻子由永川、璧山窜扰县西老关口、欧家坝、大哑口等处,王刀刀、曹伪统领窜扰县南走马岗、铜罐驿等处。又滇、发各匪复窜县南铁瓦寺、分水岭、观音桥等处。该官绅等分任防剿,迭著战功,斩擒要逆多名,夺获马匹、器械无算。张秉堃请以知府归候补班前遇缺补用,并赏加道衔。缪嘉誉请免补本班,以知州归候补班前尽先补用。廖葆恒请俟补缺后,以同知直录州补用。缪嘉誉、廖葆恒并请赏戴蓝翎。萧升梧请俟补缺后,以知县升用。金含章请以同知直隶州遇缺尽先前选用,并赏戴花翎。傅益请赏加三品衔。刘鉴请赏加守备衔。

江津县:同知衔前代办江津县事珙县知县吴龚梅,候选直隶州判钟涛,监生何子玲、彭绍南,都司衔张澍,营千总杨懋功。查该官绅等于咸丰十年五月,在牛门口与滇逆接仗获胜,贼退踞昆罗场,复奋勇追击,擒斩颇多。十一年五月,在陡蓊子地方,又与滇逆接仗,生擒贼党数十名,夺获大旗十四面。同治元年四月,督练移扎狮头河。发逆造筏抢渡对岸,开炮轰毙贼匪无算,贼始远遁,合邑赖以保全。吴羮梅请以同知直隶州在任候补，并赏加升衔。钟涛请赏加提举衔。何子玲请以从九品未入流不论双单月尽先选用。彭绍南请赏给六品顶戴。张澍请赏戴蓝翎。杨懋功请俟补缺后，以守备升用，并赏戴蓝翎。

长寿县：前任长寿县教谕蒋茂龄，候选道胡允林，选用州同周焯，已满吏叶春和。查同治元年滇匪周逆、朱逆分股攻扑县城，援兵未至。经该官绅等督率练丁，同心固守，并调附近乡团数千名，抄袭贼尾，毙匪尤多。该逆大受惩创，败窜菩提山葛兰场，重围遂解。蒋茂龄请以知县尽先选用。胡允林请赏加盐运使衔。周焯请赏加知州衔。叶春和请赏给六品顶戴。

永川县：增生张舜臣，把总曾祥萱，团总蔡昌海、李必珍、张仁怀。查咸丰十年十一月，滇匪张逆窜陷县城，分扰场镇。该绅等倡义集团，先后杀毙匪首赵四统领等多名。十二月，歼贼于侯家沟。十一年正月，追贼于太平镇。十月，击贼于跳石河。克复城池，斩擒要逆。张舜臣请以从九品尽先选用。曾祥萱、蔡昌海均请赏给六品翎顶。李必珍、张仁怀均请以外委尽先补用，并均请赏给六品翎顶。

綦江县：典史王杏林，候选州判饶履丰，举人霍会昌、李英万，六品顶戴附贡生廖承熙，附贡生翁武龄，增贡生戴文熙，选用巡检吴光曦。查该县界连黔疆，为川东门户。自苗、号各匪滋事以来，贼踪飘忽。贵州之铜仁、正安各州县相继失陷，千里为墟，而綦邑安堵如故，皆在事官绅苦守血战、不避艰危之所致。王杏林请以县丞在任补用。饶履丰、霍会昌、廖承熙均请赏给五品顶戴。翁武龄、戴文熙均请赏加国子监典簿衔。李英万请以盐大使不论双单月尽先选用。吴光曦请仍以巡检不论双单月即选。

南川县：举人韦灿，贡生唐锐、鲜国栋，增生唐橌，附生谢璜，职员韦才柏。查咸丰十一年，发逆阑入县境，直扑城垣，意图抵隙乘虚为窥伺渝城之计。幸赖绅团同心协力，以剿为防，立将逆首黄伪丞相轰毙，大挫凶锋，兼之各乡赴援勇丁接踵而至，内外夹攻，该逆夺路狂奔，我军跟踪追剿，重围遂解，全境获安。韦灿请以知县选用。唐锐等五名均请以巡检，遇缺前先即选。

合州：合州学正文代言，候选布经历黄锡爵，布经历衔云南候补府经历陈骞，六品顶戴岁贡生潘一仓，附生唐遇清、蔚德辉，六品军功朱湘，理问衔杜炳铨，尽先选用盐大使禹澊，附贡生王中相，增生石国权，卫守备衔石中瑛。查咸丰十年起至同治元年止，滇匪张、蓝二逆及李逆、何伪统领，又周踎踎、曹逆等先后围窜州境，并窜入州属地方。该官绅等率领团丁与贼接仗，迭有斩擒，俾逆匪受创远扬，不致蔓延为患。文代言请赏加国子监典簿衔，并赏戴蓝翎。黄锡爵请俟选缺后，以知州用，先换顶戴。陈骞等六名均请赏戴蓝翎。禹澊请以知县分发省份，归候补班尽先补用。王中相、石国权均请以巡检不论双单月遇缺尽先选用，石国权并请赏戴蓝翎。石瑛请赏加都司衔。

涪州：委员候补知府余隆廷，前新津县教谕高伯楷，运同衔孟光裕，附生陈颂，从九品陈实录。查咸丰十一年，滇匪周逆窜踞州之鹤游坪，为时最久，北岸一带蹂躏已深。同治元年，黔匪扰及南川之水江石等处，紧与州境毗连。三年，黔匪复扰及州属之龙洞场，势尤狡捷，均经该官绅等激励团丁，多方堵剿，斩擒要逆，规复乡场。余隆廷请俟补缺后，以道员用，并赏戴花翎。高伯楷请赏加国子监助教衔，并赏戴蓝翎。孟光裕请赏戴花翎。陈颂请以巡检选用。陈实录请赏戴六品蓝翎。

铜梁县：湖北即用知县向时鸣，拔贡生李钟白，附生刘学愚、白嘉绶，职员刘秉钺、魏崇俭，蓝翎都司衔尽先守备前任铜梁汛外委罗占彪。查咸丰十年、十一年，李、蓝二逆先后窜境。该官绅等督率团丁婴城固守，并乘间出奇制胜，力解重围。复于陡沟子、平滩场、砖坝等处与贼接仗，三战三捷，均属奋勇异常。向时鸣请归候补班前先即补。李钟白请以教谕遇缺即选。刘学愚等四名均请以从九品尽先选用。罗战彪请以都司尽先即补。

大足县：岁贡生廖沛霖，廪生舒荣先，附生陈新柏、江坦，监生罗钧，从九品职衔胡汝观、周志洁、刘百川。查咸丰十年，逆匪彭绍幅随同蓝、张诸逆，纠众数万，攻陷隆昌、永川两城，转入该县，蚁聚附郭之东关场，在于西郊北山分布贼垒，环伺县城。该绅粮等誓众坚守，枪炮齐施，轰毙贼匪千余名。复邀集乡团，前后夹击。该逆溃退狂奔，阵斩伪统领谢大顺等多名，生擒要逆彭绍幅，解营讯明正法。廖沛霖、舒荣先均请以训导不论双单月前先选用，并均请赏戴蓝翎。陈新柏请以州吏目不论双单月选用。江坦等五名均请以从九品不论双单月遇缺尽先即选。江坦、罗均、胡汝观并请赏戴蓝翎。

璧山县：同知衔前任璧山县、富顺县知县张焕祚，教谕饶有成，增生邱瑞兰，监生张大任，附生谭正淦，蓝翎把总张光斗。查咸丰十年、十一年，滇匪张五麻子、曹伪统领王刀刀前后三次窜扰县境，逼近县城。该官绅等督团固守，扼要严防，并屡次击退股匪，亲冒矢石，卓著战功，生擒要逆王刀刀及伪统领袁邦学、罗胜风等多名。张焕祚请以同知直隶州升用，并赏戴花翎。饶有成请赏加国子监学正衔。邱瑞兰等三名，均请以巡检不论双单月，尽先前即选，并均请赏戴蓝翎。张光斗请免补千总，以守备尽先拔补，并赏换花翎。

定远县：举人范母音，候选训导刘照慕，监生李志仁、冯如登、蒋汝涛，遇缺尽先选用巡检李映奎。查咸丰十年、十一年，何逆率悍党数万之众围攻县城，势甚猖獗，经该绅团等会合楚军，上下夹击，擒斩殆尽，危城赖以保全。范母音请以教谕不论双单月尽先选用。刘照慕请免选本班，以教谕不论双单月尽先即选，并赏加六品衔。李志仁等三名均请以从九品不论双单月尽先即选，并均请赏戴蓝翎。李映奎请赏戴六品翎顶。

江北厅：照磨彭永年，州同职衔王绍槐、赖余安，廪生吴秉中，从九品衔何济川、童治平，监生萧志中。查咸丰十年至同治元年，滇逆、发逆屡次窜扰川东厅境，水陆各隘处处戒严。该官绅等筹办团防，始终弗懈，并于天池、白岩漕、大面坡等处与贼接仗，斩首极多，肃清全境。彭永年请以府经历县丞在任尽先升用，并赏戴蓝翎。王绍槐、赖余安均请以州同不论双单月选用。吴秉中请以训导不论双单月遇缺即选，并赏戴蓝翎。何济川请赏加州同衔，并赏给六品封典。童治平、萧志中均请赏给六品翎顶。

秀山县：前署秀山县事提举衔候补通判吴学曾，布理问衔从九品王道凝，四川试用县丞吴楚玉，盐大使衔候选盐知事吴西成，五品衔候选通判吴文升。查同治三年，黔匪包毛仙与另股悍贼罗放榜率众万余，窜扰川境。该官绅招勇练团，会同楚军追剿出境，计大小数十战，均获全胜。其滥桥汛之役，阵斩伪将军敖大进、要逆杨满四等多名，余匪溃退，全境肃清。吴学曾请俟补缺后，以知州归候补班前补用。王道凝请俟补缺后，以府经历县丞归候补班前先补用。吴楚玉请免补本班，以知县归候补班前先补用。吴西成请免选本班，以盐大使不论班次，遇缺即选。吴文升请以同知直隶州知州，分发省份，归候补班前先补用。

石砫厅：江苏补用盐大使马光勋，石砫世袭土通判马驾，拔贡生冯兴洁，廪生李钊明，附生张福宜，选用未入流陈家奥，已满吏陈家祥，守备衔武举马政德。查同治元年，发逆由楚北越审，厅城失陷。经该绅粮、土司等督率团丁，分路进剿，轰毙贼匪多名，生擒伪统领俞二亡等，即于军前正法，累战皆捷，遂将贼匪驱除，城池克复。马光勋请俟补缺后，以知县用。马驾请赏加五品衔，并赏戴蓝翎。冯兴洁请以教谕不论双单月选用，并赏加光禄寺署正衔。李钊明请以训导不论双单月尽先选用，并赏加国子监典簿衔。张福宜请以巡检不论双单月选用，并赏加六品衔。陈家奥、陈家祥均请以从九品不论双单月选用。马政德请以守备尽先选用，并赏加都司衔。

达县：蓝翎候选同知达县知县李铭书，新选龙安府教授杨振绪，绥定府训导焦桐，达县训导杨鸣岐，试用训导李培仁，廪生李治，附生刘雄、吴逢源，监生龙彰德。查咸丰十一年，蓝、张各逆股匪先后窜扰县境之石桥河、罗江口、蒲家场、苦竹溪等处，逼近郡城。该官绅等督率团丁，分头堵剿，躬冒矢石，迭有擒斩，与贼相持数月之久，未敢少懈，危城赖以保全。李铭书请赏换花翎。杨振绪请赏加光禄寺署正衔。焦桐、杨鸣岐均请赏加国子监学正衔。李培仁请以教谕不论双单月遇缺即选。李治请以训导不论双单月，遇缺选用。刘雄、吴逢源均请以巡检不论双单月，遇缺选用。龙彰德请以典史不论双单月，遇缺选用。

渠县：渠县知县张钟瑛，教谕艾存阳，训导罗凤藻，拔贡生金傅培，从九品衔雷金音，廪生李儒林、王步唐、萧汉裔。查咸丰十一年，朱逆、曹逆大股贼匪与蓝逆、张逆股匪相继而至。该官绅等督同团练，力保危城，并于新市镇、大堰口、高石坎各要隘与贼接仗，擒斩伪军师赵滔泷及贼目官大兴、郑头魁等多名，立解大寨坪、文峰寨、凤头寨之围。张钟瑛请以同知直隶州知州用，并赏戴花翎。艾存阳、罗凤藻均请赏加国子监助教衔。金傅培请以教谕选用。雷金音请以从九品选用，并赏加六品衔。李儒林等三名均请以训导遇缺即选，并均请赏戴蓝翎。

大竹县：在籍候选知府江都定，军功李本廉、陈定邦、王从道。查咸丰十一年，周逆全股窜扑县城。该绅团等招募练丁，捐给口食，驰赴黄沙坎地方，设奇埋伏，乘贼拥至，奋力攻击，擒斩击毙贼匪多名。该逆不敢攻城，纷纷逃窜，地方赖以保全。江都定请以知府分发省份，归候补班前先即补，俟补缺后，以道员用，先换项戴。李本廉、陈定邦均请以把总收标补用，并均请赏戴蓝翎。王从道请赏戴五品蓝翎。

江油县：委员捐升同知夏福昌，试用训导罗青选，候选训导段湘，廪生王丕振，附生袁万宝，监生李启元，武生李廷瑞、母自培、牛崇先，团首许天佐，军功罗文富。查咸丰十一年三月，蓝逆大股犯境，县城与绵州连界之中坝场先后失陷。该绅等深明大义，志切同仇，募勇联团，不旬日间，即将城池克复。该逆退踞中坝场，复经该绅团招降伪统领姜百党即姜荩臣，会合练丁，累战皆捷，遂能规取乡场，廓清县境。夏福昌请赏戴花翎。罗青选、段湘均请以本班，遇缺前先选用。罗青选并请赏戴蓝翎。王丕振请以训导不论双单月，遇缺即选。袁万宝、李启元均请以从九品不论双单月，遇缺即选。李启元并请赏戴蓝翎。李廷瑞等三名均请以把总收标补用，并均请赏戴六品翎顶。许天佐请以经制外委收标，尽先拔补，并赏戴六品翎顶。罗文富请赏戴蓝翎。

彰明县：选用县丞吴琼，教谕李运，岁贡生杨大任，廪生曾溥，增生洪锡惠。查咸丰十一年，滇逆窜踞县城。该绅团等奋勇争先，誓灭此贼，并力攻取，一鼓克之。该逆被剿狂奔，我军跟踪追杀，毙贼无算，夺获器械甚夥，并分赴漫坡渡、青野坝、观音桥、张家坪等处，与贼接仗，大获全胜。吴琼请俟选缺后，以知县用，并赏戴蓝翎。李运请以教谕尽先选用，并赏加国子监典簿衔。杨大任请以训导用，并赏戴蓝翎。曾溥请以训导不论双单月选用。洪锡惠请以巡检不论双单月选用，并赏给六品顶戴。

射洪县：举人于绍谦、杨涛，岁贡生许贻毂，廪生李翔，附贡生吴森棠，附生刘体心、廖本安、汤之铭，军功廖安仁、汤思化。查咸丰十一年，谢逆阑入县城，与围扑潼郡之蓝逆大股相为犄角，势颇披猖。经该绅团等合力围攻，遂将城池克复。嗣又有朱逆分股由绵州窜扰天仙寺，复经该绅团等扼要严防，相机兜剿，斩擒逆匪多名。于绍谦、杨涛均请以知县尽先选用，并均请赏加五品衔。许贻毂、李翔均请以训导不论双单月，尽先选用。吴森棠等四名均请以巡检不论双单月尽先选用。廖安仁、汤思化均请以外委拔补，并均请赏戴蓝翎。

盐亭县：典史金熙治，分缺先用教谕马来宝，即选府经历县丞杨三升，候选从九品寇安平、王谦吉，廪生何文瀚，从九品衔樊学津、康文松，附生李开第、王淦清，武举毛治仁。查咸丰十一年，滇逆屡犯县境。该官绅等督团固守，扼隘严防，并于泥坝桥、冯家河、大碑垭一带与贼接仗，冒险冲锋，迭有斩擒，俾不至阑入为患。金熙治请以府经历县丞在任遇缺尽先升用，并赏戴蓝翎。马来宝请俟选缺后，以知县补用。杨三升请俟选缺后，以知县尽先前补用。寇安平、王谦吉均请免选本班，以府经历县丞不论双单月遇缺尽先前选用。何文瀚请以训导不论双单月尽先选用。樊学津等三名均请以从九品不论双单月尽先选用。樊学津、康文松并请赏戴蓝翎。王淦清请赏给六品顶戴。毛治仁请赏加守备衔,并赏戴蓝翎。

遂宁县:县丞衔典史郝万章,选用县丞卢绍曾,训导田逢吉,廪生乐安和、张鸿基,增贡生冉谦光,增生胡锟,附贡生田逢春,附生刘世焕,从九品衔伍祥庆、余长泽,训导李若兰,县丞职衔吴桢,候选县丞潘璜,监生邱邦泰,已满吏刘锡嘏,蓝翎守备钱国英。查咸丰十年,滇逆蓝潮鼎、蓝潮柱、谢大德三股众逾二十余万,先后窜至县境,围扑城池。该官绅等协力同心,誓死固守。该逆屡次安放地雷,偷挖地道,并修筑土山及吕公车,百计环攻,均经设法击退,使贼无所施其伎俩,并缒勇焚毁贼巢。迨援兵至后,复内外截剿,贼匪溃窜,得以保全危城,厥功甚巨。郝万章请以县丞在任尽先前即补,并赏戴蓝翎。卢绍曾请免选本班,以知县遇缺前尽先即选,并赏戴蓝翎。田逢吉等三名均请以训导不论双单月,遇缺尽先前即选。田逢吉、乐安和并请赏戴蓝翎。张鸿基并请赏给六品顶戴。冉谦光等六名均请以巡检不论双单月,遇缺即选。冉谦光、刘世焕、余长泽并请赏戴蓝翎。李若兰请以直隶州州判不论双单月,遇缺即选。吴桢请以县丞不论双单月,尽先选用。潘璜请归遇缺前尽先即选。邱邦泰、刘锡嘏均请以从九品不论双单月,尽先选用。刘锡嘏并请赏戴蓝翎。钱国英请以守备遇缺即补,并赏加都司衔。

蓬溪县:前署蓬溪县事蓝翎知州用南充县知县李璲,五品蓝翎教谕谭光廷,分发贵州通判谭克明,从九品黄祖培,附贡生申用霖,附生龙纯珏。查咸丰十年,滇逆窜踞县境蓬莱镇。经该官绅等奋力围攻,随时克复。十一年,蓝逆大股由遂宁直扑县城。该官绅等密遣得力团丁,设法招降伪统领夏三春率领贼众去逆效顺作为内应。复亲督乡兵分途进剿，夏三春倒戈杀贼，鏖战一昼夜，奋不顾身。该逆力不能支，遂披靡而遁，县城得以保全。李璲请赏加同知衔，并赏换花翎。谭光廷请以知县不论双单月在任候选，并请赏换花翎。谭克明请归候补班前先用，并赏戴蓝翎。黄祖培请俟选缺后，以县丞遇缺前先即选。申用霖、龙纯珏均请以巡检遇缺即选，并均请赏加六品衔。

乐至县：委员候选县丞刘紫勋，候选巡检江九如，复设训导罗孝敦，增贡生杨风点，县丞职衔蒋邦彦，候选从九品邓耀昆、吴先典，贡生张载纶、林文连，附生郑仕范，监生余恩溥。查咸丰十年，蓝逆股匪攻扑县城。该绅粮等督带团丁，奋力击退。十一年，张逆久困遂宁，重围不解，奉调率练赴援，扫荡而前，直薄城下，焚毁贼垒多座，击毙贼众多名，邻县危城赖以保全无事。刘紫勋请免选本班，以知县尽先选用。江九如请仍以本班遇缺尽先前即选，俟选缺后，以县丞升用。罗孝敦请仍以本班遇缺前先即选。杨风点请赏加国子监典簿衔。蒋邦彦请以县丞尽先前选用，并请赏戴蓝翎。邓耀昆请赏加六品衔。吴先典等五名，均请以从九品不论双单月选用。吴先典、张载纶并请赏戴蓝翎。

安岳县：附生蔡绍襄，监生童开泰。查咸丰十年，滇逆张五麻子率悍党万余，窜扰县城北门，筑垒附郭诸山，居高临下，俯视猛攻。该绅粮等督率团丁，昼夜苦守，迭用滚木礌石击毙贼匪无算，力保危城。蔡绍襄请以巡检选用。童开泰请赏给布经历衔。

眉州：举人焦山鼎，廪生张锡琳，廪贡生杨春晖，恩贡生李重光，附生石璧、刘启周，监生黄建光，分发从九品余文辉，武举胡安邦。查咸丰十一年，滇匪李逆分股由青神窜扰州境，围扑城池，昼夜环攻，意在必得。该绅团等志切同仇，会合官军堵剿，历时七月之久,冒险冲锋,不遗余力,始克驱除逆匪,保护地方。焦山鼎请以知县选用。张琳、杨春晖请以训导不论双单月选用。李重光请以直隶州州判遇缺即选。石璧等三名均请以从九品不论双单月尽先选用。余文辉请仍以从九品,归候补班,遇缺前尽先补用。胡安邦请以守备用。

彭山县:分发训导李从先,廪生刘作桢,增生管泽,附生张步青,县丞刘乐坝。查咸丰十年,滇逆窜扰县治,经该绅团等倡举义兵,立时克复。迨十一年,李逆大股上扰青、眉,逼近县境。该绅团等激励练丁,分头堵剿,屡次与贼接仗,斩首颇多。并会合官军攻破眉州之快活山贼巢。李从先请仍以训导遇缺尽先选用,并赏加六品衔。刘作桢请以训导不论双单月即选,并赏加六品衔。管泽、张步青均请以巡检,不论双单月即选。刘乐坝请仍以县丞遇缺尽先选用。

青神县:候选府经历王汝明,候选从九品聂平章,廪生段文敦、吴世璁。查咸丰十年、十一年,滇逆两次阑入县治,分遣伙党四出焚掠,绅民惨遭蹂躏,苦不堪言。犹能于危困之中疏财仗义,联络乡兵,作为官军向导,并力截剿,奋勇争先,卒能所向有功,恢复全境。王汝明请免选本班,以知县不论双单月遇缺前先选用。聂平章请免选本班,以县丞不论双单月遇缺前先选用。王汝明、聂平章并请赏戴蓝翎。段文敦、吴世璁均请以训导不论双单月遇缺即选,并均请赏加国子监学正衔。

乐山县:委员蓝翎同知衔候补知县苗本植,乐山县典史方性淦,候选直隶州州判严柄寅,候选训导罗士铎,就职训导魏绍万,从九品衔黄文馥,分发湖南试用知县唐步瀛,附生张精一,分发湖北补用巡检谢含春。查咸丰十一年,蓝、周各逆围攻郡城百有七日。

该官绅等督率团丁，出奇制胜，计大小数十仗，击毙要逆多名，始克力保危城，肃清全境。苗本植请俟补知县后，以同知直隶州归候补班，前先补用，并换花翎。方性淦请赏戴六品蓝翎。严柄寅请赏加知州衔。罗士铎请仍以训导遇缺尽先即选。魏绍万请以训导不论双单月尽先即选。黄文馥请以从九品不论双单月尽先即选。罗士铎、黄文馥并请赏戴蓝翎。唐步瀛请俟补缺后，以同知直隶州用。张精一请以巡检不论双单月尽先即选。谢含春请赏戴六品蓝翎。

峨眉县：委员候补知县王樽，分发省份补用县丞茅樾，升用知县试用府经历杨其浩，试用从九品熊英才，廪生郎谟，附生李耀林，增生李国英，文童夏奇勋，前署峨右守备普安左营守备王登华。查咸丰十年，蓝逆率众窜扰县境，攻扑城垣，濒于危者屡矣。幸赖该绅团等同心杀贼，俾得化险为夷，立解重围，战功卓著。王樽、杨其浩均请以知县归候补班前补用。茅樾请以盐大使留川补用。熊英才请免补本班，以府经历县丞尽先补用。王樽、杨其浩、熊英才并赏戴蓝翎。郎谟请以训导即选。李耀林、李国英均请以巡检尽先即选，并请赏加六品衔。夏奇勋请赏戴六品蓝翎。王登华请以都司遇缺即补，并赏换花翎。

洪雅县：夹江县训导张维铣，试用从九品袁经湘，试用府经历解元斌，前任长宁县教谕邓敏修，候选训导傅大经，附贡生李耀奎，峨边右营千总余殿华。查咸丰九年，蓝逆由高家场、牛喜土匾上窜，分股围攻县城，倏往倏来，贼踪靡定。该绅等督同团练，防剿兼施，勿懈始终，俾贼匪无从阑入。张维铣请以教授在任候升，并赏给五品顶戴。袁经湘请以同知照磨归候补班前先补用。解元斌请仍以府经历归候补班，遇缺前先补用，并赏戴蓝翎。邓敏修请赏戴六品顶翎。傅大经请仍以本班遇缺尽先前选用。李耀奎请以巡检不论双单月选用。余殿华请以守备尽先即补,并赏加都司衔,赏戴蓝翎。

夹江县:训导萧景楚、王秉衡,就职复设教谕王嘉锡,附生邓琳,增生江承诰,监生薛治勋。查咸丰十年,蓝逆两次攻扑城垣,势甚危急。该官绅等督同团练,力遏凶锋。复亲燃大炮,轰毙贼匪多名,带勇追剿出境。萧景楚请以训导遇缺前先即选。王秉衡请赏加光禄寺署正衔,并赏戴蓝翎。王嘉锡请以复设教谕不论双单月尽先选用。邓琳、江承诰均请以巡检不论双单月,遇缺即选。薛治勋请赏戴六品翎顶。

威远县:训导魏源普,同知职衔萧吉亨,候选道颜怀惺,府经历衔萧平榘,从九品衔欧阳镛,监生周大鹏,附生夏谦言,委员同知衔分缺先用知县杜瑞征。查咸丰十一年,李逆大股及张伪统领先后率众二万,由资仁窜踞县境高石桥,直扑城池。该官绅等督率团丁登陴固守,并悬赏募敢死之士,破其地道,夺其云梯,使贼匪无隙可乘,始行退去。复出队追剿,接仗数次,击毙逆目多名,救出难民五千余人。魏源普请赏加国子监学正衔。萧吉亨请赏戴蓝翎。颜怀惺请赏加盐运使衔。萧平榘请以府经历即选,并赏戴蓝翎。欧阳镛、周大鹏均请赏戴六品蓝翎。夏谦言请以巡检不论双单月选用,并请赏加六品衔。杜瑞征请俟补缺后,以直隶州归候补班前先补用。

邛州:附生徐翰昭、刘兴和,监生李耀文,武生李锡川。查该州地方咸丰十年、十一年间,滇逆股匪窜扰,循去环来,共计六次。该绅团等督率练丁,在于十里桥、三通碑、东岳镇、马湖营等处与贼接仗,歼毙贼匪多名,并击拿获何逆分股首匪孔昭存,廓清全境,迭著战功。徐翰昭等三名均请以从九品不论双单月遇缺即选。李耀文并请赏戴蓝翎。李锡川请以把总归标补用，并赏戴蓝翎。

大邑县：候选知县陶鸿淦，教谕王煦，尽先选用训导汪涉，新班遇缺尽先选用教谕牟廷勋，湖南尽先补用州判康敷盛，廪生何炳灵，增生查体仁，附生杨荫堂，贡生杨凤国。查咸丰十一年，何逆、蓝逆率领悍党，迭次攻扑县城。经该绅团等分督练丁以守以战，奋勇杀贼，立解重围，生擒要逆多名，夺获伪印、旗帜、枪炮、刀矛无算。陶鸿淦请仍以知县遇缺即选。王煦请赏加内阁中书衔。汪涉请仍以训导尽先前选用，并赏加内阁典籍衔。牟廷勋请赏加国子监典簿衔。康敷盛请赏加盐提举衔。何炳灵等四名，均请以巡检不论双单月遇缺即选。

蒲江县：候选从九品李东阳，附生杜澄清，武生卢三刚。查咸丰十年，滇逆窜扰县境，阑入县城。当经该绅团等倡举乡兵，随时克复。嗣复分防隘口，堵剿兼施，并会同官军越境，在于邛州平乐坝及丹棱县石桥场击贼获胜，斩首极多。李东阳请免选本班，以县丞不论双单月，遇缺即选。杜澄清请以从九品不论双单月，遇缺即选，并均请赏戴蓝翎。卢三刚请以把总尽先拔补，并赏戴蓝翎。

泸州：云南提饷委员知府用直隶州知州觉罗明图，江安县知县贾鑫，典史管镛，试用县丞叶绍范、黄平熙，选用教职熊开先，候选教谕陈超然，从九品钟基。查咸丰十年、十一年，李、周、王、曹诸逆窜踞石峰山等场，窥伺州城，势甚猖獗。全赖该官绅等督率练丁，四面兜剿，立将贼匪歼除殆尽，克复乡场。觉罗明图请以知府分发省份补用。贾鑫请以直隶州升用，并赏戴花翎。管镛请仍以本班遇缺前先即补，并赏戴蓝翎。叶绍先、黄平熙均请归候补班前先补用，并均请赏加六品衔。熊开先请免选本班，以知县分发省份，归候补班，遇缺前先用，并赏加五品衔。陈超然请仍以教谕不论双单月遇缺前先选用,并赏戴蓝翎。钟基请赏戴蓝翎。

纳溪县:候选训导丁成刚、李天祚,廪生罗全璧,从九品萧金声,从九品衔罗文富、苏卿云,州同衔成国材,监生陶以隆。查咸丰十年至同治元年,发逆、滇逆迭次窜扰县境。经该绅团等在于合面场、绍坝场、超禅寺等处激励练丁,多方击退,并生擒要逆,救出难民多人,咨送回籍。丁成刚等三名均请以训导不论双单月,遇缺尽先选用。萧金声等三名,均请以从九品不论双单月,尽先选用。陶以隆请以未入流选用。

荥经县:拔贡生俸尹德,岁贡生阎相和,都司衔邱秉义。查咸丰十年、同治二年,滇匪、发逆两次攻陷县城。经该绅粮等联络乡团,屡战屡捷,斩擒多名,会合官军立将城池克复,并选带得刀练丁越境,克复天全州城。俸尹德请以教谕不论双单月,尽先前遇缺即选。阎相和请以训导不论双单月,尽先前遇缺即选。邱秉义请以都司,尽先前选用,并赏加游击衔。

军机大臣奉旨:览。钦此。①

一六八　奏报同知廷桢等期满甄别片

同治十年十二月十三日(1872 年 1 月 22 日)

再,查吏部奏定章程:道、府、丞、倅、州、县,无论何项劳绩保奏归入候补班者,以到省之日起,予限一年,令督抚详加察看,出具切实考语,奏明分别繁简补用等因。通行遵照在案。兹查候补同知廷桢、遇缺即补同知直隶州知州印启祥、候补班遇缺即补

①　中国第一历史档案馆藏:军机录副,档案编号:03-4747-003。

知县廖葆恒、候补知县洪锡彝、黄锦生五员,均到省一年期满,自应照章甄别,据布政使王德固、按察使英祥造具该员等履历清册会详前来。

臣查该员廷桢,年强才敏,堪以繁缺同知补用;印启祥心地朴诚,堪以简缺同知直隶州补用;廖葆恒才具明练,堪以繁缺知县补用;洪锡彝年壮才明,黄锦生办公勤慎,均堪以简缺知县补用。除将该员等履历清册咨部外,理合附片陈明,伏乞圣鉴训示。谨奏。

同治十一年正月初二日,军机大臣奉旨:吏部知道。钦此。①

一六九　请以沈芝林调补成都县知县折

同治十年十二月二十日(1872 年 1 月 29 日)

头品顶戴四川总督兼署成都将军臣吴棠跪奏,为拣员调补省会要缺知县,以资治理,恭折仰祈圣鉴事。

窃照成都府属成都县知县费兆钺,现已升补合州知州。所遗员缺系冲、繁、难要缺,例应在外拣员调补。查该县系附省首邑,政务殷繁,且时有委审事件,必须精明干练、为守兼优之员,方足以资治理。臣督同两司,于通省现任正途知县内逐加遴选,非现居要缺,即人地未宜,一时实无堪调之员。惟查有彭县知县沈芝林,年五十四岁,安徽芜湖县监生,遵例报捐知县,分发四川,道光二十四年到省。丁艰服满来川,回避亲父,改发陕西。

---

① 中国第一历史档案馆藏:军机录副,档案编号:03-4656-002。此片具奏日期未确,兹据军机处随手登记档(档案编号:03-0208-4-1110-350)校正。

咸丰三年十月,题署洋县知县,四年正月到任。因捐输军饷请叙,奉旨赏加同知衔,并加一级。是年十月,闻讣丁父忧,交代清楚,奔丧来川。因原籍尚未克复,就近在川守制,服满起复,旋遵新例捐离原省,改指四川,七年九月到省。因剿办滇逆出力保奏,同治元年二月初八日,奉上谕:着归军功候补班,遇缺即补,并赏戴蓝翎。钦此。历署资阳、梁山、安岳等县知县,请补彭县知县,六年十二月十八日到任。该员年健才优,办事稳练,历任地方,政声卓著,以之调补成都县知县,实堪胜任。其正、署各任内并无降革、留任、展参及承缉盗劫已起四参案件,亦无经征钱粮不及七分。其余因公处分,例免核计,且历俸早满三年。该员本任彭县,亦系繁、疲、难三字要缺,今调补三字要缺。又,系捐纳出身,与例稍有未符,惟成都县系省会首邑,时有发审案件,人地实在相需,例得声明奏请,据藩司王德固、臬司英祥会详请奏前来。

合无仰恳天恩,俯念员缺紧要,准以彭县知县沈芝林调补成都县知县,实于地方有裨。如蒙俞允,该员系现任知县,衔缺相当,毋庸送部引见。系初调人员,其任内罚俸银两,遵照新章,饬令依限完缴。所遗彭县知县系繁、疲、难要缺,例应在外拣员调补。是否有当,理合恭折具陈,伏乞皇太后、皇上圣鉴训示。再,此案应以同治十年九月三十截缺之日起限,扣至十二月十二日限满。该司等于十二月初五日详员请补,仍在限内,合并陈明。谨奏。十年十二月二十日。

同治十一年正月初八日,军机大臣奉旨:吏部议奏。钦此。[1]

---

[1] 中国第一历史档案馆藏:军机录副,档案编号:03-4656-015。

一七〇　委员管解甘饷折

同治十年十二月二十日(1872年1月29日)

头品顶戴四川总督兼署成都将军臣吴棠跪奏,为川省分解甘饷银数,恭折仰祈圣鉴事。

窃臣承准军机大臣字寄:同治十年十一月十九日,奉上谕:前因袁保恒奏,西征全军盼饷甚急,交户部议奏,四川提饷五万两,限于年内解交西征粮台,以应急需等因。钦此。臣查川省连年分拨各省协饷及援邻勇粮,需用繁巨,库藏久空。本年夏旱秋涝,收成减色,加以川东、川北州县虫食禾苗,报灾报歉之禀纷至沓来。经臣督饬司道酌减津捐,筹办粜赈,小民自顾不遑,收款因之大减,支绌情形难以罄述。本日甫经筹拨京饷七万两,委员起解,库储已悉索无遗。惟甘省需饷急迫,不能不于无可设措之中竭力筹画。

兹督同藩司设法催集厘金四万两,内除甘肃委员杨柄铿遵照陕甘督臣来札,在川制办军火预借甘饷银七千六百两应行划扣外,余银三万二千四百两,饬委候补知府王喆、试用府经历周埔承领,于十二月十九日自成都起程,解赴西征粮台,交袁保恒收拨。又遵旨于应解甘饷项下,先划拨洮、庄饷银一千两,发交凉、庄催饷委员诗御、恩彻、合恩承领,汇解回凉,交副都统瑞云兑收,以济急需。以上共拨银五万两。除分咨外,所有凑拨甘饷缘由,理合恭折陈明,伏乞皇太后、皇上圣鉴。谨奏。十年十二月二十日。

同治十一年正月初八日,军机大臣奉旨:知道了。钦此。[1]

---

① 中国第一历史档案馆藏:军机录副,档案编号:03-4831-003。

【案】袁保恒奏,西征全军盼饷甚急:同治十年十月二十八日,办理西征粮台翰林院侍读学士袁保恒奏曰:

办理西征粮台三品衔翰林院侍读学士臣袁保恒跪奏,为全军经年未发月饷,时逼岁暮,战事方殷,盼饷益切,仍无可指之款,恳恩饬部速筹接济,以定军心而免觖望,恭折仰祈圣鉴事。窃维西征全军马步一百数十营,需用浩繁,而荷戈之士一日不再食,则众心不固,不能不先尽采办转运,且图军有现粮、暂为揩挂之计。近以进兵日远、劳费日增,督臣左宗棠竭尽撙节腾挪之计,而各处月解之款随到随罄,无可积存。前向上海华商借银六十万两,以利师行,而移后补前,虽暂救然眉,以后各省解款即须按月扣还,来源愈竭,是以左宗棠与臣先后奏恳饬催,以救危局。仰蒙圣主垂念边军,两奉谕旨,严饬各省关新旧并解,满望各处遵旨迅筹,于月解常数外,各奉加增,年终可冀积存成数,筹发月饷一次,以慰士卒经年之望。乃自奉旨以来,仅湖北筹解积欠四万两,两江筹解积欠二万两,浙江加解捐款五万两,江苏、山东各并解月饷一次,此外丝毫未有增加。除并解之饷系补按月常解之数不计外,仅较平时增银十一万两,而统计全军满饷一月将近六十万两,所短尚多。驻陕军需局仰屋持筹,无可为计,不得已禀商督臣,拟请奏恳饬令闽、浙等省提前筹解。督臣以该两省力顾大局,协款较各省为畅旺,再请提前,未免取憎于人,或于山东、山西、河南、安徽、四川欠解最多省份,由臣查明,仿照上年年终旧案,奏请提解巨款,较为持平等语,咨商到臣。查各省关除江西一省、闽海一关向无积欠,闽、浙两省虽较他省为畅旺,而福建每月短解三万两,浙江每月短解二万两,积欠亦均不少。在左宗棠虽不肯尽人之欢,而该两省自当如数补解。山东、山西、河南、安徽、四川等省或兼顾北路新疆,或兼顾云、贵两省,或兼顾本省征军,虽积欠不为无辞,而当此下忙全数解司之时,非平常科比,如能实力筹画,于月解常数外添拨大批积欠,并非无可措手。且上年年终奉旨饬提之款均能如数筹解,是其明证。惟河南一省上次奉旨饬提三十万两,抚臣奏明任解,而事已经年,自初次批解二万两之后至今,委员接续守催,迄无续解消息,恐再令筹解,仍属无济,且恐各省以为口实,万难指望。可否仰恳天恩,俯念风雪严寒,将士渡洮力战,兵刃方接,不可无以安其心而鼓其气,长此困苦,不免觖望,实成败利钝所关,饬下部臣通盘筹画,妥速定议,务指有着可考之款,限令年前解到,以资散放,庶免哗噪之虞,用速扫除之效,大局幸甚。臣更有请者,近年各海关洋税项下收数颇多,遇有拨款,可望济急,能否暂时酌拨一次,臣不敢擅请。可否饬下部臣筹议之处,恭候圣裁。总之,非当万不得已,臣断不敢屡渎宸聪、仰烦圣虑,而束手无策,又不敢坐视军心之涣散。谨缮折由驿五百里驰陈,是否有当,伏乞皇太后、皇上圣鉴训示。谨奏。十月二十八日。同治十年十一月初六日,军机大臣奉旨:户部速议具奏。钦此。①

---

① 台北故宫博物院藏:军机及宫中档,文献编号:110329。

一七一　奏报蔡懋康等期满甄别片

同治十年十二月二十日（1872年1月29日）

再，查吏部奏定章程：州、县、丞、倅，无论何项劳绩保奏归入候补班者，以到省之日起，予限一年，令督抚详加察看，出具切实考语，奏明分别繁简补用等因。遵照在案。兹查有候补班遇缺即补同知蔡懋康、补用直隶州知州田立慈、候补班即补知县王光照三员，均到省一年期满，自应照章甄别，据布政使王德固、按察使英祥造具该员等履历清册，会详请奏前来。

臣查同知蔡懋康，吏事谙练，请留川以繁缺同知补用；知州田立慈才具明达，请留川以繁缺直隶州补用；知县王光照年强才敏，请留川以简缺知县补用。除将该员等履历清册咨部外，理合附片陈明，伏乞圣鉴，谨奏。

同治十一年正月初八日，军机大臣奉旨：吏部知道。钦此。①

一七二　奏报吴涛等期满甄别片

同治十年十二月二十日（1872年1月29日）

再，查吏部奏定章程：道、府、丞、倅、州、县，无论何项劳绩保奏归入候补班者，以到省之日起，予限一年，令督抚详加察看，出具切实考语，奏明分别繁简补用等因。通行遵照在案。兹查候补班前

---

① 中国第一历史档案馆藏：军机录副，档案编号：03-4656-013。此片具奏日期未确，兹据同批折件校正。

先补用同知吴涛、候补班尽先补用知县徐孙全二员，均到省一年期满，自应照章甄别，据布政使王德固、按察使英祥造具该员等履历清册会详前来。

臣查同知吴涛年富才明，堪以繁缺同知补用；知县徐孙全吏事留心，堪以简缺知县补用。除将该员等履历清册咨部外，理合附片陈明，伏乞圣鉴训示。谨奏。

同治十一年正月初八日，军机大臣奉旨：知道了。钦此。①

一七三　请将知县杨铭扣除免议片

同治十年十二月二十日(1872 年 1 月 29 日)

再，同治十年奏销九年份茶课税银案内，尚有雅安县未完茶课税银三百八十五两二钱一分九厘，当将接征不力职名随案附参。兹据盐茶道傅庆贻详催雅安县将欠解银两全完，业已弹收存库等情前来。臣查雅安县未完同治九年份茶课税银既已全完，所有前参接征不力之雅安县知县杨铭职名，合无仰恳天恩，敕部照例扣除，免其议处，出自鸿慈。除咨部外，理合附片陈明，伏乞圣鉴训示。谨奏。

同治十一年正月初八日，军机大臣奉旨：着照所请，该部知道。钦此。②

---

① 中国第一历史档案馆藏：军机录副，档案编号：03-4656-014。此片具奏日期未确，兹据同批折件校正。

② 中国第一历史档案馆藏：军机录副，档案编号：03-4891-064。此片具奏日期未确，兹据同批折件校正。

一七四　甄别千总不及分数折

同治十年十二月二十二日(1872 年 1 月 31 日)

头品顶戴四川总督兼署成都将军臣吴棠跪奏,为甄别千总不及分数,循例恭折奏祈圣鉴事。

窃照定例:千总等官年底甄别,汇咨报部,其甄别不及百之二三者,如该省果无衰庸恋缺、应行甄别之处,该督抚等即将无可参劾缘由声明具奏等因。历经遵照办理在案。查四川省各标营额设千总一百十四员,每年例应劾参三员。同治十年份,查有重庆左营千总敬思成、永宁营千总张占元,均违误差使,降为把总者二员。此外各标营千总或调派出师,或本省防堵,均未凯撤。其在营各弁经提臣胡中和与臣陆续调省考验,实无衰庸恋缺之员,自未便拘于定额,率行充数,致有屈抑。仍随时留心查察,如有才庸技劣之员,即行分别勒休参革,以肃营伍,断不敢拘泥甄别年限,稍有姑容。

除咨明兵部外,所有同治十年甄别千总不及分数缘由,理合循例具奏,伏祈皇太后、皇上圣鉴。谨奏。十年十二月二十二日。

同治十一年正月二十三日,军机大臣奉旨:知道了。钦此。①

一七五　密陈司、道、府考语折

同治十年十二月二十二日(1872 年 1 月 31 日)

头品顶戴四川总督兼署成都将军臣吴棠跪奏,为察看司、道、

---

① 中国第一历史档案馆藏:军机录副,档案编号:03-4747-010。

各府,密陈考语,恭折仰祈圣鉴事。

窃照向例,藩、臬、道、府各员,每届年底应由督抚出考,开单密陈。伏思朝廷设官分职,首重得人。川省邻氛未靖,筹办一切事宜,尤须为守兼优之员,方足以资整饬。臣渥荷天恩,畀以边疆重寄,惟以整躬率属、勤求吏治为怀。所有在省司道并省外道府各员品行识略,或于因公接见时面加咨询,或于详禀事件中觇其才器,复博采舆论,密访官常,均已得其梗概。兹届年底,谨将臣见闻所及分别出具切实考语,另缮清单,密陈御览。

臣仍当随时认真察看,如有改行易辙之员,即据实分别参劾,不敢稍有徇隐,以仰副圣主整肃官方之至意。理合恭折具奏,伏乞皇太后、皇上圣鉴。谨奏。十年十二月十二日。

同治十一年正月二十三日,奉朱批:知道了。单、片留中。钦此。①

一七六　呈同治十年川省司、道、府考语清单

同治十年十二月二十二日(1872年1月31日)

谨将川省司、道、府各员,出具切实考语,缮列清单,密陈御览。

布政使王德固,年五十八岁,河南进士,同治九年五月初二日到任。理财详审,察吏清严,朴质耐劳,堪资整顿。

按察使英祥,年四十九岁,满洲正蓝旗翻译生员,同治八年十一月二十九日到任。器识稳练,心地慈祥,鞫谳持平,尤能矜慎。

盐茶道傅庆贻,年四十八岁,直隶进士,同治十年闰四月初十

---

① 中国第一历史档案馆藏:军机录副,档案编号:03-4656-066。

日到任。办事勤敏,操守清廉。

成龙绵茂道孙濂,年五十八岁,贵州进士,同治八年十一月二十九日到任。吏事勤明,循声素著。

建昌道黄云鹄,年四十四岁,湖北进士,同治十年八月二十六日到任。勤求民隐,素洽舆情。

川北道张兆辰,年五十七岁,山东进士,同治八年十一月初六日到任。办事老成,民怀吏服。

新补川东道姚觐元①尚未到川。

永宁道延祜,年五十五岁,满洲正红旗笔帖式,同治八年七月十五日到任。才识练达,表率有方。

成都府知府黄云鹄升补建昌道,遗缺以叙州府知府朱潮奏请调补,尚未接准部覆。

龙安府知府施灿,年六十八岁,汉军镶黄旗荫生,同治二年八月初十日到任。老成稳练,与民相安。

宁远府知府许培身,年五十岁,浙江举人,同治八年十二月十八日到任。吏治勤能,边防安靖。

雅州府知府徐景轼,年四十三岁,安徽进士,同治九年九月十三日到任。实心求治,舆论允孚。

嘉定府知府玉昆,年三十六岁,汉军镶黄旗监生,同治八年二月十三日到任。历练渐深,奉公谨慎。

保宁府知府福兆,年五十六岁,满洲正白旗监生,同治四年三月十七日到任。公事奋勉,历久不懈。

----

① 姚觐元(1824—1890),浙江归安人,道光举人。同治十年(1871),由户部郎中奉旨补授四川川东道员。十二年(1873),加布政使衔。光绪四年(1878),补授湖北臬司。次年,署湖北藩篆。六年(1880),补授广东藩司。十六年(1890),未及赴部,卒。

顺庆府知府李书保,年六十一岁,直隶拔贡,同治六年八月二十五日到任。办事勤恪,表率无惭。

潼川府知府李德良,年五十二岁,顺天拔贡,同治九年八月二十五日到任。勤奋有为,实心任事。

重庆府知府瑞亨,年四十九岁,满洲正白旗官学生,同治八年三月初十日到任。才识稳练,兼洽舆情。

夔州府知府鲍康,年六十一岁,安徽举人,同治九年三月十三日到任。整饬官方,勤求吏治。

绥定府知府顾开第,年六十七岁,江苏进士,咸丰元年七月二十四日到任。老成谙练,率属有方。

叙州府知府朱潮,年五十六岁,浙江进士,同治五年十二月十四日到任。廉静勤能,堪资表率。[1]

一七七 密陈提督胡中和等员考语片

同治十年十二月二十二日(1872年1月31日)

再,实任提、镇各员,每届年底,例应出考密陈。伏思提、镇有专阃之责,川省邻氛未靖,各营武备,尤宜认真讲求。臣随时察看。查提臣胡中和统帅有方,颇资整顿。建昌镇刘宝国,边防熟悉,动协戎机。重庆镇李得太,调署松潘镇,年力正强,渐知历练。松潘镇联昌,调署重庆镇,老成朴练,兵民相安。川北镇杨复东,留意操防,整练营伍。均知慎重操防,弹压要地。臣于该员等,仍留心访

---

① 中国第一历史档案馆藏:清单,档案编号:04-01-12-0511-063。此清单具呈日期未确,兹据军机处随手登记档(档案编号:03-0209-1-1111-020)校正。

察,如有始勤终怠之员,即行据实奏参,断不敢稍涉徇隐。理合附片密陈,伏乞圣鉴。谨奏。①

一七八　查明四川学政夏子鍚考试声名折

同治十年十二月二十二日(1872年1月31日)

头品顶戴四川总督臣吴棠跪奏,为查明学政考试情形,恭折奏闻,仰祈圣鉴事。

窃照各省学政考试有无劣迹,应由督抚于年底陈奏。诚以学政一官,培养人才,主持风教,务须严密关防,衡平去取,庶多士观感奋兴,潜修向上,以期仰副国家广罗俊彦之至意。兹查四川学政夏子鍚,历试成都、松潘、资州、绵州、茂州、眉州、嘉定、叙州、泸州、叙永、重庆、酉阳州、忠州、夔州等府厅州属生童。臣密加访察,并于各该属因公来省人员广咨博采。该学政考试各属均能严密关防,去取公允,士心悦服,舆论翕然。

现在将次举办顺庆等府属岁试,臣惟有破除情面,留心稽查,如有劣迹,即行据实陈奏,断不敢稍事徇隐。所有查明学政考试情形,理合恭折具奏,伏乞皇太后、皇上圣鉴。谨奏。同治十年十二月二十二日。②

① 中国第一历史档案馆藏:军机录副,档案编号:04-01-16-0193-015。此片具奏日期未确,兹据军机处随手登记档(档案编号:03-0209-1-1111-020)校正。
② 中国第一历史档案馆藏:朱批奏折,档案编号:04-01-38-0164-035。

一七九 奏报川省同治十年 应征新赋完欠数目折

同治十年十二月二十二日(1872年1月31日)

头品顶戴四川总督兼署成都将军臣吴棠跪奏,为查明同治十年份川省应征新赋完欠数目,恭折奏闻,仰祈圣鉴事。

窃照新赋完欠实数,例应按年奏报。兹据藩司王德固详:同治十年份川省额征地丁、条粮、屯租、折色等项,共银六十六万八千八百五十两零,上忙征过银三十四万二千四十五两零,业经分别留支批解,造册呈报在案。今下忙完银二十八万五千二百一十五两零,内除留支各项外,实在解到司库银二十二万八千六百六十六两零,尚未完银四万一千五百八十九两零。又,应征火耗银一十万六十四两零,上忙征过银五万一千八百六十八两零,亦经分别留支批解册报;下忙完银四万八百三十六两零,内除扣支各官养廉外,实在解到司库银九千六百一十七两零,尚未完银七千三百六十两零等情,具详请奏前来。

臣查同治十年份川省应征额赋,已完九分有余,比较同治九年年底,收数不相上下。现在督饬该司王德固将未完银两实力催提,务在奏销以前扫数全完,以期年清年款。除咨户部查照外,理合循例恭折具奏,伏乞皇太后、皇上圣鉴。谨奏。十年十二月二十二日。

同治十一年正月二十三日,军机大臣奉旨:户部知道。钦此。①

---

① 中国第一历史档案馆藏:军机录副,档案编号:03-4858-005。

一八〇 奏报川省同治十年征收 地丁比较上三年完欠折

同治十年十二月二十二日(1872年1月31日)

头品顶戴四川总督兼署成都将军臣吴棠跪奏,为查明同治十年四川省征收地丁钱粮,比较上三年完欠数目,恭折具奏,仰祈圣鉴事。

窃照前准部咨:嗣后各省征收钱粮,统于年底截数,次年二月造报春拨之时,即将新旧赋项下各额若干,蠲免若干,已完未完若干,比较上三年或多或少,另行开单具报等因。历经遵办在案。兹届造报春拨之时,据藩司王德固查明开单详细具报前来。

臣查四川省经征地丁钱粮,向系年清年款。所有同治十年份新赋,上下两忙共完过银六十二万七千二百六十两零,尚未完银四万一千五百八十九两零,计欠数不及一分,比较上三年征收尾欠数目不相上下。除严饬藩司分催各属将未完银两务于奏销前催征全完另行题报外,谨缮三年比较清单,恭呈御览,伏乞皇太后、皇上圣鉴。谨奏。十年十二月二十二日。

同治十一年正月二十三日,军机大臣奉旨:户部知道。单并发。钦此。①

---

① 中国第一历史档案馆藏:军机录副,档案编号:03-4858-003。

一八一　呈川省同治十年征收地丁
比较上三年完欠数目清单

同治十年十二月二十二日（1872年1月31日）

　　谨将同治十年四川省征收地丁比较上三年完欠数目,缮具清单,恭呈御览。

　　一、同治七年份额征旧管地丁钱粮、屯租、折色、秋粮、黄蜡折价、草籽折征,正、闰共银六十九万二千一百四十一两七钱九分四厘六毫。上忙征完银三十九万三千六十一两五钱一分三厘五毫,下忙征完银二十三万一十七两一钱九分一厘七毫,奏销前征完银六万九千六十三两八分九厘四毫,已据批解到司,入于同治九年春拨册内报拨在案。统计全完。

　　一、同治八年份额征旧管地丁钱粮、屯租、折色、秋粮、黄蜡折价、草籽折征,共银六十六万八千八百五十两五钱一分二厘。上忙征完银三十七万七千七百三十一两三钱三分五厘一毫,下忙征完银二十四万四千七百八十三两六钱八分三厘三毫,奏销前征完银四万四千七百八十七两三钱六分五厘六毫。其青神县未完银一千五百四十八两一钱二分八厘,已据批解到司,入于同治十年春拨册内报拨在案。统计全完。

　　一、同治九年份额征旧管地丁钱粮、屯租、折色、秋粮、黄蜡折价、草籽折征,共银六十九万二千一百四十一两七钱九分四厘六毫。上忙征完银三十三万七千一百五十五两九钱七分一毫五丝,下忙征完银三十万五千九百九十八两二钱九厘,奏销前征完银四万八千九百八十七两六钱一分五厘四毫五丝,已据批解到司,入于同治十年秋拨册内报拨在案。统计全完。

一、同治十年份额征旧管地丁钱粮、屯租、折色、秋粮、黄蜡折价、草籽折征,共银六十六万八千八百五十两五钱一分二厘。上忙征完银三十四万二千四十五两一钱四厘一毫,下忙征完银二十八万五千二百一十五两八钱一分一厘三毫,尚未完银四万一千五百八十九两五钱九分六厘六毫,定于奏销前催征全完。理合登明。

军机大臣奉旨:览。钦此。①

一八二　委令黄起元署理西充县印务片

同治十年十二月二十二日(1872年1月31日)

再,西充县知县□□□年满调省遗缺,查有射洪县知县黄起元,朴实谙练,堪以调署。该员正、署各任内并无经征钱粮未完展参及承缉盗劫已起四参案件,据藩、臬两司会详前来。除檄饬遵照外,理合附片陈明,伏乞圣鉴。谨奏。

同治十一年正月二十三日,军机大臣奉旨:知道了。钦此。②

一八三　奏报知州吕辉等期满甄别片

同治十年十二月二十二日(1872年1月31日)

再,查吏部奏定章程:道、府、州、县、丞、倅,无论何项劳绩保奏归入候补班者,以到省之日起,予限一年,令督抚详加察看,出具切

---

①　中国第一历史档案馆藏:清单,档案编号:03-4858-004。

②　中国第一历史档案馆藏:军机录副,档案编号:03-4656-069。此片具奏日期未确,兹据军机处随手登记档(档案编号:03-0209-1-1111-020)校正。

实考语,奏明分别繁简补用等因。遵照在案。兹查有补用同知直隶州知州吕辉、军功候补班前先用知县陆法言二员,均到省一年期满,自应照章甄别,据布政使王德固、按察使英祥造具该员等履历清册,会详前奏前来。

臣查该员吕辉,年壮才优,请留川以繁缺直隶州知州补用;陆法言吏事明练,请留川以繁缺知县补用。除将该员等履历清册咨部外,理合附片陈明,伏乞圣鉴。谨奏。

同治十一年正月二十三日,军机大臣奉旨:吏部知道。钦此。①

一八四　奏报川、陕、楚三省会哨片

同治十年十二月二十二日(1872 年 1 月 31 日)

再,查川、陕、楚三省交界地方向定章程,于每年十月间,提、镇分年巡哨。本年秋间,经臣饬委川北镇循例会哨去后。兹据川北镇总兵杨复东禀报:于十月初一日行抵川、陕交界之渔渡坝,与陕西派出之署定远营游击松鹤见面会哨。又于十月二十五日,行至川、楚交界之火峰岭,适护理湖北宜昌镇总兵印务左营游击朱大玲亦抵界所,会同巡哨。该镇等察看三省交界处所及往返经过地方,均属静谧,民情亦甚安堵,并无外来匪徒滋扰等情前来。

臣查三省交界边隘,现在虽均安静,而甘省回逆未平,游匪散勇亦时虞窜越,防范未容稍懈,仍严饬各镇协营,会同地方文武,随

---

① 中国第一历史档案馆藏:军机录副,档案编号:03-4656-072。此片具奏日期未确,兹据军机处随手登记档(档案编号:03-0209-1-1111-020)校正。

时侦探,实力防守,务期有匪必获,以仰副圣主绥靖边圉之至意。所有三省会哨情形,理合恭折具陈,伏乞圣鉴。谨奏。

同治十一年正月二十三日,军机大臣奉旨:知道了。钦此。①

一八五　奏报川省同治十年十一月雨雪、粮价折
同治十年十二月二十六日(1872 年 2 月 4 日)

头品顶戴四川总督兼署成都将军臣吴棠跪奏,为恭报四川省同治十年十一月份各属具报米粮价值及得雪情形,仰祈圣鉴事。

窃照同治十年十月份通省粮价及得雪情形,前经臣恭折奏报在案。兹查本年十一月份绥定、顺庆、潼川、雅州、叙州五府,资州、绵州、泸州三直隶州,叙永一直隶厅,各属先后具报得雪一二次,积厚五六寸不等,祥呈六出,望慰三农。其通省粮价俱与上月相同,据布政使王德固查明列单汇报前来。

臣覆核无异。理合恭折具奏,并分缮清单,恭呈御览,伏乞皇太后、皇上圣鉴。谨奏。十年十二月二十六日。

同治十一年正月二十四日,军机大臣奉旨:知道了。钦此。②

一八六　呈川省同治十年十一月粮价清单
同治十年十二月二十六日(1872 年 2 月 4 日)

谨将同治十年十一月份四川省所属地方报到米粮价值,开具

---

① 中国第一历史档案馆藏:军机录副,档案编号:03-4781-008。此片具奏日期未确,兹据军机处随手登记档(档案编号:03-0209-1-1111-020)校正。

② 中国第一历史档案馆藏:军机录副,档案编号:03-4965-411。

清单，恭呈御览。

成都府属，价贵。中米每仓石价银二两七钱七分至三两八钱一分，与上月同。大麦每仓石价银一两八钱四分至二两一分，与上月同。小麦每仓石价银二两一钱七分至二两三钱四分，与上月同。黄豆每仓石价银一两六分至二两四钱六分，与上月同。荞子每仓石价银一两一钱七分至一两七钱一分，与上月同。

重庆府属，价贵。中米每仓石价银二两五钱七分至三两五钱九分，与上月同。大麦每仓石价银一两六钱五分至二两，与上月同。小麦每仓石价银二两三钱一分至二两七钱三分，与上月同。黄豆每仓石价银二两七钱三分至三两三分，与上月同。

保宁府属，价贵。中米每仓石价银二两六钱五分至三两三钱六分，与上月同。大麦每仓石价银一两九钱二分至二两一钱三分，与上月同。小麦每仓石价银二两八钱六分至三两六钱，与上月同。黄豆每仓石价银一两八钱三分至二两一钱三分，与上月同。

顺庆府属，价贵。中米每仓石价银二两八钱二分至三两二钱三分，与上月同。大麦每仓石价银一两六钱二分至一两八钱一分，与上月同。小麦每仓石价银二两一钱一分至二两一钱四分，与上月同。黄豆每仓石价银一两五钱五分至一两六钱七分，与上月同。

叙州府属，价贵。中米每仓石价银三两八分至三两三钱八分，与上月同。大麦每仓石价银一两六钱七分至二两三分，与上月同。小麦每仓石价银二两一钱五分至二两六钱五分，与上月同。黄豆每仓石价银一两一钱一分至一两五钱二分，与上月同。

夔州府属，价贵。中米每仓石价银二两八钱八分至三两二钱三分，与上月同。大麦每仓石价银一两七钱九分至二两四钱七分，与上月同。小麦每仓石价银二两九钱六分至三两四分，与上月同。

黄豆每仓石价银二两一钱六分至二两二钱六分，与上月同。

龙安府属，价贵。中米每仓石价银二两五钱八分至三两二钱八分，与上月同。青稞每仓石价银一两五钱，与上月同。小麦每仓石价银一两八钱至二两一钱九分，与上月同。黄豆每仓石价银一两八钱五分至一两九钱三分，与上月同。

宁远府属，价贵。中米每仓石价银二两九钱一分至三两二钱四分，与上月同。大麦每仓石价银一两四钱九分至一两六钱一分，与上月同。小麦每仓石价银一两六钱二分至二两二钱三分，与上月同。荞子每仓石价银一两四钱六分，与上月同。黄豆每仓石价银一两五钱六分至一两六钱三分，与上月同。

雅州府属，价中。中米每仓石价银二两八钱三分至二两八钱八分，与上月同。小麦每仓石价银二两三钱至二两六钱六分，与上月同。黄豆每仓石价银一两六钱八分至二两七分，与上月同。

嘉定府属，价贵。中米每仓石价银二两九钱至三两五钱，与上月同。小麦每仓石价银二两三钱七分至二两七钱四分，与上月同。黄豆每仓石价银一两四钱九分至二两五分，与上月同。

潼川府属，价贵。中米每仓石价银二两九钱一分至三两一钱九分，与上月同。大麦每仓石价银一两六钱七分至一两九钱五分，与上月同。小麦每仓石价银二两一钱六分至二两五钱一分，与上月同。黄豆每仓石价银一两七钱九分至二两一钱六分，与上月同。

绥定府属，价中。中米每仓石价银二两六钱至二两九钱，与上月同。大麦每仓石价银一两五钱八分至一两五钱九分，与上月同。小麦每仓石价银一两六钱三分至一两七钱四分，与上月同。黄豆每仓石价银一两四钱三分，与上月同。

眉州直隶州属，价贵。中米每仓石价银二两七钱六分至三两六分，与上月同。

邛州直隶州属，价贵。中米每仓石价银二两六钱六分至三两九分，与上月同。大麦每仓石价银一两九钱三分，与上月同。小麦每仓石价银二两五钱九分，与上月同。黄豆每仓石价银二两一钱至二两二钱四分，与上月同。

泸州直隶州属，价贵。中米每仓石价银二两九分至三两一钱，与上月同。

资州直隶州属，价中。中米每仓石价银二两五钱八分至二两九钱三分，与上月同。

绵州直隶州属，价贵。中米每仓石价银二两七钱五分至三两七分，与上月同。小麦每仓石价银二两三钱四分至二两四钱八分，与上月同。

茂州直隶州属，价中。中米每仓石价银二两六钱三分，与上月同。小麦每仓石价银二两六钱八分，与上月同。青稞每仓石价银二两二钱二分，与上月同。荞子每仓石价银一两二钱五分至一两七钱五分，与上月同。

忠州直隶州属，价贵。中米每仓石价银二两六钱至三两二钱八分，与上月同。大麦每仓石价银一两四钱六分至一两六钱，与上月同。小麦每仓石价银二两五分至二两四钱一分，与上月同。黄豆每仓石价银一两二钱七分至一两三钱七分，与上月同。

酉阳直隶州属，价贵。中米每仓石价银二两六钱一分至三两一钱一分，与上月同。大麦每仓石价银二两三钱至二两六钱二分，与上月同。小麦每仓石价银二两六钱四分至二两七钱八分，与上月同。黄豆每仓石价银一两三钱九分至一两四钱四分，与上月同。

叙永直隶厅属，价中。中米每仓石价银二两九钱九分，与上月同。小麦每仓石价银一两八钱一分,与上月同。荞子每仓石价银一两三钱四分,与上月同。黄豆每仓石价银一两六钱一分,与上月同。

松潘直隶厅,价中。青稞每仓石价银二两七钱六分,与上月同。荞子每仓石价银一两七钱四分,与上月同。

杂谷直隶厅,价中。青稞每仓石价银二两四钱,与上月同。荞子每仓石价银一两七钱九分,与上月同。

石砫直隶厅,价平。中米每仓石价银一两六钱二分,与上月同。大麦每仓石价银一两七钱三分,与上月同。小麦每仓石价银二两六分,与上月同。黄豆每仓石价银一两八钱九分,与上月同。

打箭炉直隶厅,价贵。青稞每仓石价银四两九钱二分,与上月同。油麦每仓石价银一两八钱一分,与上月同。

军机大臣奉旨:览。钦此。①

一八七　呈川省同治十年十一月得雪清单

同治十年十二月二十六日(1872年2月4日)

谨将同治十年十一月份四川省所属地方报到得雪情形,开具清单,恭呈御览。

绥定府属:渠县得雪二次,积厚二三寸不等。

顺庆府属:南充县得雪一次,积厚寸余不等。西充县得雪一次,积厚二寸。仪陇县得雪一次,积厚二寸有余。邻水县得雪一次,积厚二三寸不等。

---

① 中国第一历史档案馆藏:清单,档案编号:03-4965-412。

潼川府属：蓬溪县得雪一次，积厚数寸。乐至县得雪一次，积厚三四寸不等。

雅州府属：雅安县得雪一次，积厚二三寸不等。清溪县得雪一次，积厚四五六寸不等。

叙州府属：隆昌县得雪一次，渐积渐深。

资州直隶州属：仁寿县得雪一次，旋落旋消。

绵州直隶州属：德阳县得雪一次，积厚寸余不等。

泸州直隶州属：泸州得雪一次，积厚寸余不等。江安县得雪一次，积厚寸许。

叙永直隶厅属：叙永厅得雪一次，积厚二三寸不等。永宁县得雪一次，积厚二三寸不等。

军机大臣奉旨：览。钦此。[1]

---

[1] 中国第一历史档案馆藏：清单，档案编号：03-4965-334。

同治十一年（1872）

○○一　委解协黔的饷起程日期折

同治十一年正月二十二日（1872年3月1日）

　　头品顶戴四川总督兼署成都将军臣吴棠跪奏，为续拨同治十年九、十月份协黔的饷，委解起程日期，恭折仰祈圣鉴事。

　　窃臣钦奉寄谕：周达武所需饷银五万八千两，由川按月筹拨，解赴贵阳省城等因。钦此。遵将同治九年冬季应拨饷银十四万五千两及同治十年正月起至八月止应拨饷银四十六万四千两，先后具奏解交各在案。查川省防边戍卒，迭经汰弱留强，就一岁军需计之，所入仍不敷所出。盖以邻氛未靖，协饷过多，而黔饷尤形吃重，遂至偏灾偶值，竭蹶经营，实有兼顾不遑之势。惟时方岁暮，周达武进剿苗疆，悬釜待炊，军士异常艰苦，不得不多方筹画，以救燃眉。先于各属解到厘金项下，凑拨银五万八千两，作为同治十年九月份协黔的饷，饬委候补知县黄沛翘、杨奂章管解，于同治十年十一月二十五日，自省起程，解赴贵州。嗣因十月份协黔的饷，必须于年内设法腾挪，随时接济，续又在于省库凑集银二万两，并酌提川东道库银二万两、富荣局盐厘银一万八千两，作为解司之款，饬委候补直隶州知州张鉴澄、教习知县白楣,守催管解,于同治十年十二月二十四日自省起程,统交周达武军营,专供马步全军之用,据藩司王德固具详前来。

所有续拨同治十年九、十月份协黔的饷委解起程缘由,除分咨外,理合恭折驰陈,伏乞皇太后、皇上圣鉴。再,查派赴贵州助剿之武字副前营、经武左营楚勇一千名,所需饷银,均经臣按月专款拨解。合并声明。谨奏。同治十一年正月二十二日,由驿具奏。①

○○二　奏报川省粮价骤昂请旨拨银赈济折

同治十一年正月二十二日(1872年3月1日)

头品顶戴四川总督兼署成都将军臣吴棠跪奏,为川省粮价骤昂,民情极苦,恳恩准于厘金捐输项下动拨银两,以资赈济,恭折仰祈圣鉴事。

窃查川省地方辽阔,户口繁多,甲于天下。去岁夏旱秋潦,收成歉薄。客冬各州县粮价尚未大涨,是以照例有毋庸接济之奏。维时臣即虑及春荒,预防谷贵,曾饬司道拨银六万两,买谷二万石,存储备用。入春以来,阴雨连绵,麦苗、菜籽、蚕豆一切春花生发不旺,且成熟须至五月。刻下正值青黄不接之交,斗米骤涨至一千五六百文。饥民待哺嗷嗷,实有目不忍睹、耳不忍闻之状。现令成绵道孙濂、署成都府知府彭毓棻赶紧碾米,遴委妥实官绅分厂赈粥,以济目前之急。惟饥民太众,经费不敷,仍需宽筹妥办。臣蒙恩深重,不敢壅于上闻,合无仰恳天恩,准于本省厘金捐输项下,动拨银

---

① 吴棠等:《游蜀疏稿》,第506—510页。

二十万两,先顾省城,旁及被灾郡县,责成地方官实力赈济,以恤民命,如有侵冒,立即严参,以为玩视民瘼者戒。如有绅商居奇把持,亦即照例治罪。

再,查湖、湘、陕、黔各邻省,上年均属丰收,拟恳饬下湖广督臣、湖北、陕西、贵州抚臣出示,晓谕米商,运川接济,所过关卡,概免厘税,以广招徕。理合恭折具陈,是否有当,伏乞皇太后、皇上圣鉴训示。谨奏。正月二十二日。

同治十一年二月初一日,军机大臣奉旨:钦此。①

【案】此折于同治十一年二月初一日得允行。《清实录》载曰:

壬戌,又谕:吴棠奏,川省歉收粮贵,恳请拨银赈济一折。四川上年夏旱秋潦,收成歉薄,入春以来,粮价骤昂,饥民待哺嗷嗷,自应迅筹调剂,加恩着照所请,即于该省厘金捐输项下拨银二十万两,以资赈恤。该督务当督饬地方官尽心经理,俾得实惠均沾,勿使一夫失所。倘查有侵冒情弊,即行从严参办。并着湖广总督、湖北、陕西、贵州各巡抚,晓谕商民,运米赴川接济,所过关卡,概免厘税,以广招徕。②

○○三　请以林占魁等借补都司等缺折

同治十一年正月二十二日(1872年3月1日)

头品顶戴四川总督兼署成都将军臣吴棠跪奏,为拣员请补都

---

① 中国第一历史档案馆藏:军机录副,档案编号:03-4656-118。
② 《穆宗毅皇帝实录(七)》,卷三百二十八,同治十一年二月上,第344—345页。

司、守备，以资治理，恭折仰祈圣鉴事。

　　窃照泰宁营都司童星魁告病开缺，现已接准部覆。新升重庆右营都司滑元吉因委办滇、黔两省火药，经臣奏请先给署札，并开督标左营守备底缺，同治十年十二月二十八日，奉旨：着照所请，兵部知道。钦此。所遗各缺均经声明扣留外补。查泰宁悬处夷疆，督标驻扎省城，操防均关紧要，亟应拣员请补，以资整顿。臣于各标候补都司、守备尽先名次在前各员内逐加遴选，人地均不甚相宜。惟查有尽先游击林占魁，年三十九岁，四川秀山县人，由俊秀投入湖南军营，转战湖北、广西、湖南等省，洊保花翎尽先都司。咸丰九年，请假回籍。嗣因立解涪州等处城围，并克复长宁县城在事出力保奏，同治二年九月初八日，奉上谕：林占魁着以游击留川尽先补用，并赏加参将衔。钦此。该员心地朴诚，办事勤奋，现署越嶲营参将，安抚猓夷，均甚得力，拟请借补永宁营都司。

　　又，查有维州右营守备高绍兴，年五十六岁，马边厅人，由行伍历拔千总。同治七年二月，升补维州右营守备。该员差操慎重，弓马娴熟，拟请调补督标左营守备。以上二员均系军营出力，卓著战功，以之拟补各缺，均堪胜任，距籍各在五百里以外，现在并无事故。林占魁保有游击尽先，名次在前，亦与借补之例相符。

　　合无仰恳天恩，俯准以林占魁借补泰宁营都司，高绍兴调补督标左营守备，实于营伍、边防均有裨益。如蒙俞允，俟接准部覆，再分别给咨引见。其高绍兴所遗维州右营守备缺，川省现有应补人员，仍请扣留外补。除饬取林占魁详细履历送部外，是否有当，理合会同提督臣胡中和，合词恭折具陈，伏乞皇太后、皇上圣鉴训示。再，督标左营守备系推缺，臣为整顿营伍起见，是以拣员调补。至成都将军系臣暂行兼署,未经列衔,合并陈明。谨奏。正月二十二日。

同治十一年二月初八日,军机大臣奉旨:兵部议奏。钦此。①

○○四　奏请奖叙两广捐生折

同治十一年正月二十二日(1872年3月1日)

头品顶戴四川总督兼署成都将军臣吴棠跪奏,为查明两广捐输案内应叙捐生,造具清册,恳恩敕部奖叙,用昭激劝,恭折仰祈圣鉴事。

窃查咸丰九年前兼署督臣有凤任内,钦奉上谕:曹澍钟奏,请饬四川道员仿照江西、两湖捐助本籍军饷章程,劝谕两广绅民普律捐助等因。当经有凤饬委前任盐茶道韩锦云委员劝办,据各属绅商捐解银五万二千九十两零,业经截数奏报,此外认捐未缴银两,概免催收,并将应叙各捐生分晰造册,奏请议叙,声明未到捐生名册,饬取另办。兹查前项捐输银五万二千九十两零,已全数拨解粤省清款,并无存剩;并据乐至、三台等县将前未请奖足敷议叙各捐生,陆续备造册结,详经盐茶道傅庆贻查明册开请叙各项,核与筹饷新例及现行常例减成银数均属相符,详请奏奖前来。

臣覆查无异。合无仰恳天恩,敕部分别奖叙,颁发执照来川。其捐实职人员并请归入到部,卯期掣签铨选,用昭激劝。除册结分咨部、监外,理合恭折具奏,伏乞皇太后、皇上圣鉴。再,此案捐输共收银五万二千九十两两零,计先今四次请叙,共应开除银三万五

---

①　中国第一历史档案馆藏:军机录副,档案编号:03-4747-027。

千三百三十一两零，余银一万六千七百五十九两零，均系不敷议叙，毋庸给奖，合并陈明。谨奏。正月二十二日。

同治十一年二月初八日，军机大臣奉旨：该衙门知道。钦此。①

【案】曹澍钟奏……劝谕两广绅民普律捐助：咸丰九年六月二十六日，广西巡抚曹澍钟奏曰：

再，臣查广西股匪纷歧，军需浩繁，撙节用之，每月非八九万两不足以供支发，邻省协济之款仅恃奏准奉拨之月饷，尚有十余万两可期陆续委解。所有本省丁粮正杂各款均多蠲缓，厂税久已无征。各营弁勇多至一万五千余人，专恃设卡抽厘，以济饷糈，其丰歉尚无定数。正当剿贼吃紧之时，如或停兵待饷，则办理诸多掣肘。臣每念及此，不胜惶悚之至。伏查上年江西、两湖官民寄寓川省者，助捐本籍军需，经臬司张思镗、成绵道蒋征蒲先后督率，劝谕各官民捐银至二十六万两、五十余万两不等；两广之人在川服官服贾者，不乏急公好义之士，惟粤东商民资本较粤西百倍，殷富人数亦稠，均属梓乡，自可不分畛域，一体捐助，同邀奖叙。臣在川有年，深知底细，现任四川盐茶道韩锦云籍隶广东，其人才长守洁，乐于办公，定必关怀桑梓，惟有吁恳圣恩，俯念粤西地瘠民贫，库款无存，军需紧急，饬下四川督臣札知该道，仿照吴、楚三省官民劝捐本籍军需章程，劝谕两广官民踊跃急公，普律捐输。臣亦拣派熟悉川省情形之员，随同办理，如得收有成数，源源接济，则川省除前

_____

① 中国第一历史档案馆藏：军机录副，档案编号：03-4922-017。

此应解协饷之外,不惟此后粤西可以缓向该省奏请筹拨,即在粤之营伍亦见士饱马腾,矢志灭贼朝食,同庆升平于无既矣。臣愚昧之见,是否有当,谨附片陈明具奏,伏乞圣鉴训示遵行。谨奏。咸丰九年七月初十日,奉朱批:钦此。^①

○○五　奏报川省委解滇饷片

同治十一年正月二十二日(1872 年 3 月 1 日)

再,川省奉拨云南协饷,前已解过银十八万两,先后奏咨在案。兹准滇省督抚臣来咨,令将旧欠之饷先解一半,并委员来川催提。伏查川省频年筹解原拨、续拨京饷、直隶练饷、淮军月饷、西征月饷及贵州提臣周达武援黔之饷、汉中镇李辉武防陕之饷,暨新疆、台藏各处要饷、本省防边勇粮,转输不绝于道,库储悉索无遗。在丰稔之岁已觉力难支持,况去岁旱潦频仍,虫蚀禾稻,秋收甚歉,各厅州县报灾之禀纷至沓来。连月筹办赈粜,酌减捐厘,公私均形困竭,势有自顾不遑之势。惟滇省现值分剿吃紧,需饷孔殷,不能不竭力筹措,以维大局。复督同藩司设法腾挪,凑集饷银二万两,拨交来员聂江府同知孙逢源管解,定期于十一年正月十三日自成都起程,解赴云南藩库交收,以应急需。除分咨外,理合附片陈明,伏乞圣鉴。谨奏。

同治十一年二月初八日,军机大臣奉旨:知道了。钦此。^②

---

① 中国第一历史档案馆藏:军机录副,档案编号:03-4220-017。此片具奏日期未确,兹据军机处随手登记档(档案编号:03-0197-1-1009-181)校正。
② 中国第一历史档案馆藏:军机录副,档案编号:03-4831-036。此片具奏日期未确,兹据同批折件校正。

○○六　前收两广捐输悉数拨解片

同治十一年正月二十二日（1872 年 3 月 1 日）

再，咸丰九年份，前广西抚臣曹澍钟奏请饬令前四川盐茶道韩锦云，在于四川劝办两广捐输，接济粤西军饷，奉旨允准在案。嗣据韩锦云先后共收两广捐输银五万二千九十两二钱九分七厘零，于咸丰十年委员罗镇钊管解银二万两，又于同治三年委员温厚管解银四千四百八十两六钱九分七厘零，均驰赴广西藩库交收。

又，同治八年九月，查照广西抚臣来咨，提拨五千两，作为粤西协滇兵饷，发交云南委员杨楷等承领回滇。以上共解过银二万九千四百八十两六钱九分七厘零，尚有银一万二千六百九两六钱零，前经川省借拨京饷及本省军需之用。兹准广西抚臣饬委试用知县蒋明馨来川守提，已由四川藩司王德固将前项未解二万二千六百九两六钱零悉数筹还，拨交该委员蒋明馨，于同治十年十二月二十五日承领起程，解赴粤西藩库交收，以清款项。除分咨外，所有川省前收两广捐输业已悉数拨解并无余剩缘由，理合附片陈明，伏乞圣鉴。谨奏。

同治十一年二月初八日，军机大臣奉旨：知道了。钦此。[①]

○○七　请敕核议奖励捐输军需各生片

同治十一年正月二十二日（1872 年 3 月 1 日）

再，川省自咸丰年间因军务倥偬，用款浩繁，额征赋税不敷供

---

① 中国第一历史档案馆藏：军机录副，档案编号：03-4922-019。此片具奏日期未确，兹据同批折件校正。

支,经前督臣崇实、骆秉章等率同在省司道,仿照江西、两湖劝捐章程,委员设局,劝谕本省殷实绅民,量力输将,以资接济。自咸丰十年起至同治七年止,据各厅州县共解到银二十九万二千七百六十一两零,拨供军糈,并将足敷议叙各捐生四次造册,奏恳恩奖,声明未到册结容俟催取、随时具奏在案。兹据省局司道详称:续据各厅州县扫数报解银二万八百三十两零,拨充各路军饷,统归藩司核实汇报,将应叙各捐生分晰造册,会详请奏前来。

臣查册开请叙各项,核与筹饷新例及现行常例减成银数均属相符,合无仰恳天恩,敕部核议给奖,迅填执照,颁发来川。其实职人员并请归入到部,卯期掣签铨选,以昭激劝。除将各册分咨部、监查照办理,其余银虽缴清,而捐项核与定例未符,另行核明请奖外,理合附片具奏,伏乞圣鉴训示。

再,此项捐输前后共收正项银三十一万一千六百二十四两六钱零,内足敷议叙银十一万二千三十六两二钱。其不敷议叙各捐生,均由臣督饬司道酌给功牌、匾额,毋庸并奖。所有未经举办之处,或因地方迭遭兵燹,民力维艰,或因续办下届捐输,势难并举,俱请停免,以示体恤,合并陈明。谨奏。

同治十一年二月初八日,军机大臣奉旨:户部知道。钦此。①

○○八　奏为赐福字谢恩折

同治十一年正月二十六日(1872 年 3 月 5 日)

头品顶戴四川总督兼署成都将军臣吴棠跪奏,为恭谢天恩,仰

---

① 中国第一历史档案馆藏:军机录副,档案编号:03-4831-037。此片具奏日期未确,兹据同批折件校正。

祈圣鉴事。

同治十一年正月十五日,赍折差弁回川,奉到上年十二月二十一日御赐福字一方。臣当即恭设香案,望阙叩头,谢恩祗领。钦惟我皇上体元出治,建极凝庥,锡万姓以绥康,奉两宫而悦豫! 固已福威普被,华封竞效祝三;尤忻福禄无疆,箕范爰征向五。兹际阳和布濩,上承宸翰荣颁,瞻日云则纠缦垂祥,仰奎璧则昭回启瑞。金銮彩焕,玉垒欢腾。

臣才愧樗庸,情殷葵向,懔自求之无术,沐攸降之酞恩。获睹乾文,弥深震悚! 惟有勉勤弩力,冀答鸿施,合亿兆以登春台,海隅齐上来同之颂;诂祓禧而广帝德,圣世永赓受祉之符! 所有感激下忱,理合恭折具陈,叩谢天恩,伏乞圣鉴。谨奏。正月二十六日。

同治十一年二月二十六日,军机大臣奉旨:知道了。钦此。[1]

○○九　奏报年班土司朝觐旋川回寨折

同治十一年正月二十六日(1872 年 3 月 5 日)

头品顶戴四川总督兼署成都将军臣吴棠跪奏,为恭报年班土司朝觐旋川,遣回本寨住牧,仰祈圣鉴事。

窃照本年川省二班土司入觐后,经原派标下中营尽先副将颜有贵等管带,于同治十年十一月二十八日,先后回至成都省城,沿途行走极为安静。臣等传见该土司等,咸称仰瞻天颜,荷蒙恩慈优渥,不胜感激欢忭之至! 随即照例犒劳,饬令各回本寨,并檄行经

---

① 中国第一历史档案馆藏:军机录副,档案编号:03-4747-064。

过地方官妥为照料前进,俾得早安住牧。

所有年班土司旋川回寨缘由,谨合词恭折具奏,伏乞皇太后、皇上圣鉴。再,成都将军系臣兼署,是以未经列衔,合并陈明。谨奏。正月二十六日。

同治十一年二月二十七日,军机大臣奉旨:知道了。钦此。①

○一○　委令徐景轼等署理知府印务片

同治十一年正月二十六日(1872 年 3 月 5 日)

再,臣接准部咨:同治十年十一月十八日,奉上谕:四川夔州府知府员缺,着蒯德模补授。钦此。伏思夔州府缺,既奉旨简放有人,该府鲍康应即交卸。惟蒯德模来川尚需时日,自应委员接署,以专责成。查雅州府知府徐景轼,精明谙练,堪以调署。所遗雅州府缺,查有候补知府马玉堂,堪以委署,由藩、臬两司会详前来。除檄饬遵照外,理合附片陈明,伏乞圣鉴。谨奏。

同治十一年二月二十七日,军机大臣奉旨:知道了。②

○一一　奏报知州吴昶期满甄别片

同治十一年正月二十六日(1872 年 3 月 5 日)

再,查吏部奏定章程:道、府、州、丞、倅、县,无论何项劳绩保奏归入候补班者,以到省之日起,予限一年,令督抚详加察看,出具切

---

①　中国第一历史档案馆藏:军机录副,档案编号:03-4770-007。
②　中国第一历史档案馆藏:军机录副,档案编号:03-4656-177。

实考语,奏明分别繁简补用等因。通行遵照在案。查有候补班前先用知州吴昶一员,自同治八年五月十三日接准保升知州部文之日起,扣至九年五月十三日,已试看一年期满。因该员管解京饷进京,未及甄别,兹据布政使王德固、按察使英祥查明试看年满月日,造具履历清册会详前来。

臣查该员吴昶,年健才明,办事稳练,堪以繁缺知州补用。除将履历清册咨部外,理合附片陈明,伏乞圣鉴。谨奏。正月二十六日。

同治十一年二月二十七日,军机大臣奉旨:吏部知道。钦此。①

〇一二　奏报知县窦扬曾期满甄别片

同治十一年正月二十六日(1872 年 3 月 5 日)

再,查吏部奏定章程:道府州县无论何项劳绩保奏归入候补班者,以到省之日起,予限一年,令督抚详加察看,出具切实考语,奏明分别繁简补用等因。通行遵照在案。兹查有候补班遇缺即补知县窦扬曾一员,到省一年期满,自应照章甄别,据布政使王德固、按察使英祥造具该员履历清册会详前来。

臣查该员窦扬曾,年强才裕,堪以繁缺知县补用。除将该员履历清册咨部外,理合附片陈明,伏乞圣鉴。谨奏。正月二十六日。

同治十一年二月二十七日,军机大臣奉旨:吏部知道。钦此。②

---

① 中国第一历史档案馆藏:军机录副,档案编号:03-4656-182。
② 中国第一历史档案馆藏:军机录副,档案编号:03-4656-183。

○一三　请准游击张文朝暂缓赴部片

同治十一年正月二十六日（1872年3月5日）

再，臣接据署松潘镇李得太禀称：升补松潘镇标左营游击张文朝，例应给咨引见，惟该游击自赴任以来，操练边防，均形得力，现派统带镇标精兵，驰往南坪黑沙，堵剿甘肃叛番，布置正合机宜，未便遽易生手等情前来。合无仰恳天恩，俯念边防紧要，准张文朝暂行北上，并敕部先给署札，一俟陇、蜀边界静谧，再行给咨引见。是否有当，理合附片陈明，伏乞圣鉴。谨奏。正月二十六日。

同治十一年二月二十七日，军机大臣奉旨：着照所请，兵部知道。钦此。[①]

○一四　特参王兆麟请旨革职片

同治十一年正月二十六日（1872年3月5日）

再，查有五品衔前雅州府司狱候选府经历县丞绅董王兆麟，素行诡秘，习惯钻营，遇有省垣公事，动辄把持，虽访无侵蚀实据，实为地方所不齿。兹当省城办理赈务之时，诚恐其故智复萌，阻挠公事，相应请旨将五品衔前福州府司狱候选府经历县丞王兆麟革职，交该管地方官严加管束，不准出外生事，以儆效尤。理合附片陈明，伏乞圣鉴训示。谨奏。

---

① 中国第一历史档案馆藏：军机录副，档案编号：03-4747-065。

同治十一年二月二十七日,军机大臣奉旨:王兆麟着即革职。余依议。该部知道。钦此。①

○一五　奏报川省同治十年
十二月雨水、粮价折

同治十一年正月二十六日(1872年3月5日)

头品顶戴四川总督兼署成都将军臣吴棠跪奏,为恭报四川省同治十年十二月份各属具报米粮价值及得雨情形,仰祈圣鉴事。

窃照同治十年十一月份通省粮价及得雪情形,前经臣恭折奏报在案。兹查同治十年十二月份成都、重庆、夔州、龙安、保宁、顺庆、潼川、嘉定、叙州九府,资州、绵州、忠州、眉州、泸州、邛州六直隶州,叙永一直隶厅,各属先后具报得雨一二次至八九次不等。田水充足,小春滋长。其通省粮价俱与上月相同,据布政使王德固查明列单汇报前来。

臣覆核无异。理合恭折具奏,并分缮清单,恭呈御览,伏乞皇太后、皇上圣鉴。谨奏。正月二十六日。

同治十一年二月二十七日,军机大臣奉旨:知道了。钦此。②

○一六　呈川省同治十年十二月粮价清单

同治十一年正月二十六日(1872年3月5日)

谨将同治十年十二月份四川省所属地方报到米粮价值开具清

---

①　中国第一历史档案馆藏:军机录副,档案编号:03-4777-008。
②　中国第一历史档案馆藏:军机录副,档案编号:03-4965-449。

单，恭呈御览。

成都府属，价贵。中米每仓石价银二两七钱七分至三两八钱一分，与上月同。大麦每仓石价银一两八钱四分至二两一分，与上月同。小麦每仓石价银二两一钱七分至二两三钱四分，与上月同。黄豆每仓石价银一两六分至二两四钱六分，与上月同。荞子每仓石价银一两一钱七分至一两七钱一分，与上月同。

重庆府属，价贵。中米每仓石价银二两五钱七分至三两五钱九分，与上月同。大麦每仓石价银一两六钱五分至二两，与上月同。小麦每仓石价银二两三钱一分至二两七钱三分，与上月同。黄豆每仓石价银二两七钱三分至三两三分，与上月同。

保宁府属，价贵。中米每仓石价银二两六钱五分至三两三钱六分，与上月同。大麦每仓石价银一两九钱二分至二两一钱三分，与上月同。小麦每仓石价银二两八钱六分至三两六钱，与上月同。黄豆每仓石价银一两八钱三分至二两一钱三分，与上月同。

顺庆府属，价贵。中米每仓石价银二两八钱二分至三两二钱三分，与上月同。大麦每仓石价银一两六钱二分至一两八钱一分，与上月同。小麦每仓石价银二两一钱一分至二两一钱四分，与上月同。黄豆每仓石价银一两五钱五分至一两六钱七分，与上月同。

叙州府属，价贵。中米每仓石价银三两八分至三两三钱八分，与上月同。大麦每仓石价银一两六钱七分至二两三分，与上月同。小麦每仓石价银二两一钱五分至二两六钱五分，与上月同。黄豆每仓石价银一两一钱一分至一两五钱二分，与上月同。

夔州府属，价贵。中米每仓石价银二两八钱八分至三两二钱三分，与上月同。大麦每仓石价银一两七钱九分至二两四钱七分，与上月同。小麦每仓石价银二两九钱六分至三两四分，与上月同。

黄豆每仓石价银二两一钱六分至二两二钱六分，与上月同。

龙安府属，价贵。中米每仓石价银二两五钱八分至三两二钱八分，与上月同。青稞每仓石价银一两五钱，与上月同。小麦每仓石价银一两八钱至二两一钱九分，与上月同。黄豆每仓石价银一两八钱五分至一两九钱三分，与上月同。

宁远府属，价贵。中米每仓石价银二两九钱一分至三两二钱四分，与上月同。大麦每仓石价银一两四钱九分至一两六钱一分，与上月同。小麦每仓石价银一两六钱二分至二两二钱三分，与上月同。荞子每仓石价银一两四钱六分，与上月同。黄豆每仓石价银一两五钱六分至一两六钱三分，与上月同。

雅州府属，价中。中米每仓石价银二两八钱三分至二两八钱八分，与上月同。小麦每仓石价银二两三钱至二两六钱六分，与上月同。黄豆每仓石价银一两六钱八分至二两七分，与上月同。

嘉定府属，价贵。中米每仓石价银二两九钱至三两五钱，与上月同。小麦每仓石价银二两三钱七分至二两七钱四分，与上月同。黄豆每仓石价银一两四钱九分至二两五分，与上月同。

潼川府属，价贵。中米每仓石价银二两九钱一分至三两一钱九分，与上月同。大麦每仓石价银一两六钱七分至一两九钱五分，与上月同。小麦每仓石价银二两一钱六分至二两五钱一分，与上月同。黄豆每仓石价银一两七钱九分至二两一钱六分，与上月同。

绥定府属，价中。中米每仓石价银二两六钱至二两九钱，与上月同。大麦每仓石价银一两五钱八分至一两五钱九分，与上月同。小麦每仓石价银一两六钱三分至一两七钱四分，与上月同。黄豆每仓石价银一两四钱三分，与上月同。

眉州直隶州属，价贵。中米每仓石价银二两七钱六分至三两六分,与上月同。

邛州直隶州属,价贵。中米每仓石价银二两六钱六分至三两九分,与上月同。大麦每仓石价银一两九钱三分,与上月同。小麦每仓石价银二两五钱九分,与上月同。黄豆每仓石价银二两一钱至二两二钱四分,与上月同。

泸州直隶州属,价贵。中米每仓石价银三两九分至三两一钱,与上月同。

资州直隶州属,价中。中米每仓石价银二两五钱八分至二两九钱三分,与上月同。

绵州直隶州属,价贵。中米每仓石价银二两七钱五分至三两七分,与上月同。小麦每仓石价银二两三钱四分至二两四钱八分,与上月同。

茂州直隶州属,价中。中米每仓石价银二两六钱三分,与上月同。小麦每仓石价银二两六钱八分,与上月同。青稞每仓石价银二两二钱二分,与上月同。荞子每仓石价银一两二钱五分至一两七钱五分,与上月同。

忠州直隶州属,价贵。中米每仓石价银二两六钱至三两二钱八分,与上月同。大麦每仓石价银一两四钱六分至一两六钱,与上月同。小麦每仓石价银二两五分至二两四钱一分,与上月同。黄豆每仓石价银一两二钱七分至一两三钱七分,与上月同。

酉阳直隶州属,价贵。中米每仓石价银二两六钱一分至三两一钱一分,与上月同。大麦每仓石价银二两三钱至二两六钱二分,与上月同。小麦每仓石价银二两六钱四分至二两七钱八分,与上月同。黄豆每仓石价银一两三钱九分至一两四钱四分,与上月同。

叙永直隶厅属,价中。中米每仓石价银二两九钱九分,与上月同。小麦每仓石价银一两八钱一分，与上月同。荞子每仓石价银一两三钱四分，与上月同。黄豆每仓石价银一两六钱一分，与上月同。

松潘直隶厅，价中。青稞每仓石价银二两七钱六分，与上月同。荞子每仓石价银一两七钱四分，与上月同。

杂谷直隶厅，价中。青稞每仓石价银二两四钱，与上月同。荞子每仓石价银一两七钱九分，与上月同。

石砫直隶厅，价平。中米每仓石价银一两六钱二分，与上月同。大麦每仓石价银一两七钱三分，与上月同。小麦每仓石价银二两六分，与上月同。黄豆每仓石价银一两八钱九分，与上月同。

打箭炉直隶厅，价贵。青稞每仓石价银四两九钱二分，与上月同。油麦每仓石价银一两八钱一分，与上月同。

军机大臣奉旨：览。钦此。[①]

〇一七　呈川省同治十年十二月得雨清单

同治十一年正月二十六日(1872年3月5日)

谨将同治十年十二月份四川省所属地方报到得雨情形开具清单，恭呈御览。

成都府属：成都、华阳两县得雨三次，小春滋长。崇庆州得雨四次，小春畅茂。汉州得雨四次，小春滋长。温江县得雨四次，小春滋长。郫县得雨四次，小春滋长。崇宁县得雨一次，小春渐长。新都县得雨八次，小春滋长。灌县得雨九次，小春滋长。什邡县得

---

① 中国第一历史档案馆藏：清单，档案编号：03-4965-450。

雨二次,小春滋长。

重庆府属:江津县得雨一次,小春滋长。长寿县得雨二次,小春滋长。永川县得雨五次,小春滋长。荣昌县得雨四次,小春滋长。黔江县得雨二次,小春滋长。南川县得雨四次,小春滋长。合州得雨二次,冬粮滋长。铜梁县得雨六次,小春滋长。定远县得雨四次,小春滋长。

夔州府属:万县得雨一次,小春滋长。

龙安府属:江油县得雨一次,小春滋长。

保宁府属:阆中县得雨二次,地土滋润。苍溪县得雨二次,豆麦滋长。南部县得雨二次,田水充足。广元县得雨一次,豆麦滋长。巴州得雨一次,地土滋润。通江县得雨一次,豆麦滋长。剑州得雨四次,豆麦滋长。

顺庆府属:南充县得雨五次,田水充足。西充县得雨二次,豆麦滋长。营山县得雨一次,豆麦滋长。仪陇县得雨二次,豆麦滋长。广安州得雨一次,冬粮滋长。岳池县得雨四次,冬粮荣茂。邻水县得雨一次,豆麦滋长。

潼川府属:三台县得雨二次,豆麦荣茂。射洪县得雨一次,豆麦滋长。安岳县得雨一次,小春滋长。乐至县得雨一次,小春滋长。

嘉定府属:乐山县得雨三次,小春茂盛。洪雅县得雨二次,豆麦滋长。夹江县得雨三次,田水充足。荣县得雨三次,小春滋长。

叙州府属:南溪县得雨九次,田水充盈。富顺县得雨六次,小春荣茂。隆昌县得雨一次,小春滋长。长宁县得雨二次,小春滋长。马边厅得雨二次,小春青秀。

资州直隶州属:资州得雨四次,小春滋长。资阳县得雨五次,小春滋长。井研县得雨四次，小春滋长。仁寿县得雨六次，小春滋长。内江县得雨五次，小春滋长。

绵州直隶州属：绵州得雨一次，小春渐长。安县得雨二次，小春渐长。绵竹县得雨二次，小春滋长。罗江县得雨一次，豆麦滋长。

忠州直隶州属：忠州得雨一次，小春滋长。酆都县得雨三次，小春滋长。梁山县得雨一次，小春滋长。垫江县得雨四次，小春滋长。

眉州直隶州属：眉州得雨八次，田水充足。彭山县得雨二次，豆麦滋长。丹棱县得雨一次，小春滋长。

泸州直隶州属：泸州得雨八次，田水充足。江安县得雨九次，田水充足。合江县得雨三次，小春茂盛。纳溪县得雨四次，小春滋长。

邛州直隶州属：邛州得雨六次，豆麦畅茂。蒲江县得雨一次，小春滋长。

叙永直隶厅属：叙永厅得雨七次，小春滋长。永宁县得雨四次，小春滋长。

军机大臣奉旨：览。钦此。①

○一八　奏报满营马匹膘壮足额折

同治十一年二月初二日(1872 年 3 月 10 日)

臣吴棠、臣富森保跪奏，为成都满营实栓马匹膘壮、足额缘由，

---

① 中国第一历史档案馆藏：清单，档案编号：03-4965-451。

恭折奏祈圣鉴事。

窃前准兵部咨：本部具奏整顿马政各款等因一折，钦奉谕旨：京外各营、各直省驿站额设马匹，支应差操，及接递公文，均关紧要，并着各该管大臣确切查核，年终具奏。如查有缺额、疲乏等弊，即着从严参办等因。钦此。钦遵咨行前来。查成都满洲营额设喂养骑操马匹，除接准部咨行令裁减两次奏明裁马添兵、节干充饷外，八旗实拴马四百五匹，其中如有口老疲瘦、倒毙，即照前次奏准成案，变价节饬，随时补买足额，每年报部查核在案。

兹于同治十年年终，将满洲营实拴马匹逐一点验，均属膘壮，差操得力，仍严饬协、左各官，督率兵丁，务须加意喂养，留心照料，总期不误差操，得收实效，以冀仰副皇上整顿马政之至意。所有查明成都满洲营实拴马匹膘壮足额缘由，理合恭折具奏，伏乞皇太后、皇上圣鉴。谨奏。二月初二日。

同治十一年三月初六日，军机大臣奉旨：兵部知道。钦此。①

○一九　请将庆康等各开底缺归于绿营差委片

同治十一年二月初二日(1872年3月10日)

再，臣棠前因邻省军务未平，会同前任成都将军臣崇实，仿照直隶等省抽拣营兵之法，在于成都驻防八旗闲散中，挑选精壮五百名，按日操练，并派干练之员充作正、副操官，由奴才富森保督率训练，以备缓急。当经会衔具奏，同治八年二月初五日，奉

---

①　中国第一历史档案馆藏：军机录副，档案编号：03-4784-061。

谕旨：着即督同富森保认真训练，俾成劲旅等因。钦此。钦遵在案。嗣臣等屡赴教场，会同校阅，旗丁等各项技艺日臻娴熟，击刺便捷，步伐整齐，缓急可期得用。该营正标官花翎佐领候补参将庆康、队长蓝翎骁骑校候补守备毓秀、恩沛，均能不辞劳瘁，逐日认真训练，前后三年之久，始终不懈，洵为旗营中得力可靠之员。

查庆康、毓秀、恩沛三员，均经崇实保送堪胜绿营引见，奉旨：佐领庆康着记名以参将用，骁骑校毓秀、恩沛着记名以守备用。钦此。例应以直隶、山西、陕西等省沿边旗缺及四川松潘一镇旗缺轮用，惟近年部定新章：各直省武职员缺，均应先补军营保举尽先人员。查尽先一途，人数众多，旗员轮用无期，未免向隅，合无仰恳天恩，俯准将该佐领庆康、骁骑校毓秀、恩沛各开底缺，归入川省绿营以参将、守备候补，先行差遣委用，俾得及时自效。俟遇有相当缺出，酌量请补，庶八旗出力各员益知奋勉，实于旗营操务大有裨益。臣等为激励人材起见，是否有当，理合附片具陈，并将该员等履历另缮清单，恭呈御览，伏乞圣鉴训示。谨奏。

同治十一年三月初六日，军机大臣奉旨：着照所请，兵部知道。钦此。①

【案】奉谕旨：着即督同富森保认真训练，俾成劲旅：此谕旨军机及宫中档载曰：

军机大臣字寄：成都将军崇、四川总督吴：同治八年二月

① 中国第一历史档案馆藏：军机录副，档案编号：03-9415-016。此片具奏日期未确，兹据军机处随手登记档（档案编号：03-0209-1-1111-062）校正。

初五日,奉上谕:崇实、吴棠奏,川军赴援徽县情形,并派兵援滇,抽练营兵各折片。览奏均悉。甘回由秦州南犯,直扑徽县,经驻防大安之副将宇文秀等带兵掩击,生擒回目马义和等,并将全股逆匪歼灭无遗,徽境一律肃清,剿办甚属奋勉。所有尤为出力之补用同知直隶州知州周振琼,着俟补缺后,以知府用,先换顶戴。副将宇文秀、周莲生均着俟补副将后,以总兵用。其余出力员弁及伤亡勇丁,准其查明,分别奏请奖恤。云南寻甸贼势狉猖,情形紧急,川、滇唇齿相依,自应速筹援应。崇实等现已拨银接济,并调唐友耕一军驰赴东昭,尚能力顾大局。着该将军等饬令会合滇军,相机防剿,以全危局。其川北一带,并着饬令李有恒严为戒备,毋稍松懈。川省用兵日久,饷需支绌,所议裁勇练兵,自为节饷整军起见。着即督同富森保、胡中和,将旗、绿各营认真训练,俾成劲旅,以备缓急之用。所请酌加津贴银两,即着照数核实动支。川省藩司已简放翁同爵。该省事务紧要,着吴棠饬令该藩司,迅速驰赴新任,毋稍延缓。将此由五百里各谕令知之。钦此。遵旨寄信前来。①

〇二〇　呈蒙古佐领庆康等员履历清单

同治十一年二月初二日(1872年3月10日)

镶白旗蒙古花翎佐领候补参将庆康,年五十一岁,食俸饷三十

---

① 台北故宫博物院藏:军机及宫中档,文献编号:408018073;《穆宗毅皇帝实录(六)》,卷二百五十二,同治八年二月上,第512—513页。

五年,前于咸丰十一年因城防出力,经前署成都将军臣全亮①保奏,奉旨:庆康着赏戴花翎。钦此。同治五年,经前任将军臣崇实保举堪胜绿营,是年十一月,由兵部带领引见,奉旨:着记名以参将用。钦此。

正黄旗满洲蓝翎骁骑校候补守备毓秀,年三十八岁,食俸饷二十一年,曾出师川北,打仗出力。嗣于同治五年,经崇实保举堪胜绿营。是年十二月,由兵部带领引见,奉旨:毓秀着记名以守备用。钦此。

正红旗满洲蓝翎骁骑校候补守备恩沛,年三十八岁,曾经出师川北,打仗著绩。嗣于同治五年,经崇实保举堪胜绿营。是年十二月,由兵部带领引见,奉旨:恩沛着记名以守备用。钦此。

军机大臣奉旨:览。钦此。②

○二一　奏报交卸成都将军印务日期折

同治十一年二月初六日(1872 年 3 月 14 日)

头品顶戴四川总督兼署成都将军臣吴棠跪奏,为微臣交卸成都将军印务日期,恭折奏闻,仰祈圣鉴事。

窃臣前于同治十年三月初三日遵旨兼署成都将军印务,当经恭折奏报在案。嗣准兵部火票递到兵部请字咨文内开:内阁钞出

① 全亮,生卒年未详。咸丰五年(1855),以功赏戴花翎,寻授荆州协领。九年(1859),擢成都副都统。十年(1860),署成都将军。同治元年(1862),因病去职。

② 中国第一历史档案馆藏:军机录副,档案编号:03-9415-017。此清单具呈日期未确,兹据军机处随手登记档(档案编号:03-0209-1-1111-062)校正。

2741

同治十年六月二十一日奉旨：成都将军员缺，着魁玉①调补等因。钦此。兹新任成都将军魁玉于同治十一年二月初五日，行抵成都省城。臣当即于初六日委员将乾字第五百六十七号成都将军印信一颗并敕书等件，恭赍移交魁玉祗领任事。

所有微臣交卸成都将军印务日期，理合恭折具奏，伏乞皇太后、皇上圣鉴。谨奏。二月初六日。

同治十一年三月初七日，军机大臣奉旨：知道了。钦此。②

【案】兹新任成都将军魁玉……祗领任事：新授成都将军魁玉于二月初六日接受军篆，并具报接受成都将军印务日期及谢恩一折，曰：

新补成都将军奴才魁玉跪奏，为接受成都将军印务日期，恭折具奏，叩谢天恩事。窃奴才前准兵部咨开：同治十年六月二十一日，奉旨：成都将军员缺，着魁玉调补等因。钦此。钦遵咨行前来。当即具折谢恩，并请入觐天颜，跪聆圣训。钦奉谕旨：毋庸来见。钦此。嗣于同治十年十月初九日，交卸江宁将军印务，并将起程日期恭折驰报在案。即由长江遄行。时

---

① 魁玉（1791—1884），字时若，满洲镶红旗人，富察氏，荆州驻防。父额勒景额，京口副都统。魁玉由二品荫生，于道光十年（1830）授骁骑校。十三年（1833），升防御。十六年（1836），除佐领。二十三年（1843），擢协领。二十九年（1849），俸满引见，得旨交军机处记名，历官至凉州副都统。咸丰初，会同曾国藩镇压太平军。五年（1855），署荆州右翼副都统，旋调江宁副都统。十年（1860），署江宁将军兼署京口副都统。次年（1861），帮办镇江军务，参加围攻南京之役。同治四年（1865），擢江宁将军。九年（1870），署两江总督兼通商大臣。十年（1871），调任成都将军。光绪三年（1877），因病开缺。十年（1884），卒。有《翠筠馆诗》等行世。

② 中国第一历史档案馆藏：军机录副，档案编号：03-4748-010。

值冬令,风雪阻滞,于十一年二月初六日行抵成都。当经兼署
成都将军四川总督臣吴棠差委印房协领吉祥、中军副将贵成,
将钦颁乾字第五百六十七号成都将军印信一颗并敕书等件,
赍送前来。奴才恭设香案,望阙叩头谢恩,祗领任事讫。伏念
奴才满洲世仆,受恩深重,方惧无以报称,兹复调补成都将军,
愈深悚惕。查成都将军有管理满汉官兵、统辖松建文武之责,
奴才惟有倍加勤慎,竭尽愚忱,以期仰副高厚生成于万一。所
有奴才接受成都将军印务日期,除另行恭疏题报外,理合恭折
叩谢天恩,伏乞皇太后、皇上圣鉴。谨奏。同治十一年二月初
六日。①

○二二　暂缓出省查阅营伍片

同治十一年二月初六日(1872年3月14日)

再,上年四月间,接准部咨,奉旨派臣查阅川省营伍。其时,因
兼摄军篆,事务较繁,曾将暂缓办理缘由专折奏明在案。嗣届三年
述职之期,亦未敢拘于成例,冒昧渎陈。兹已交卸将军印务,应即
出省校阅。惟川中粮价高翔,民情竭蹶,昨经奏请动拨银两,以资
赈济。所有放粥、平粜各事宜,必得悉心经理,实力举行,兼之俗尚
浮嚣,人多强悍,非寻常无事之时可比,抚绥弹压,尤不可不因地
制宜。

臣拟乘此春操之际,先将省标十营弁兵认真校阅,仍一面督催
发碾仓谷,无误粥厂要需,一面委员带银,前往贵州遵义等处,采买

---

① 中国第一历史档案馆藏:朱批奏折,档案编号:04-01-16-0194-137。

米石,以为接办平粜之用,一俟救荒诸务渐有成规,体察情形,边地穷黎不至借灾生事,即行出省阅兵,以期兼顾。理合附片陈明,伏乞圣鉴。谨奏。

同治十一年三月初七日,军机大臣奉旨:知道了。钦此。①

○二三　奏报知府王树汉期满甄别折

同治十一年二月二十八日(1872年4月5日)

头品顶戴四川总督臣吴棠跪奏,为知府到省年满,循例甄别,恭折仰祈圣鉴事。

窃照候补道府一年期满,例应察看才具,分别堪胜繁简,专折奏闻。兹发川分缺先补用知府王树汉,年五十五岁,湖北举人。道光二十四年,拣选知县,赴部候选。二十八年,选授河南伊阳县知县,是年五月到任。咸丰三年九月,调补淮宁县知县,四年二月到任。六月,在铜局捐助军饷,奉旨以知府分发四川,分缺先补用,并免试用。旋于是年丁母艰,复接丁父忧,回籍守制,服满起复。同治三年,进京引见,奉旨:着照例发往。钦此。于三年十二月二十五日到川,扣至四年十二月二十五日,早已一年期满,兹据藩、臬两司详请奏报前来。

臣察看该员王树汉,才识优长,办事稳练,堪膺表率之任,应请留川以繁缺知府补用。倘或始勤终怠,仍当随时核办,断不敢稍事姑容,致滋贻误。理合循例恭折具陈,伏乞皇太后、皇上圣鉴。谨

---

① 中国第一历史档案馆藏:军机录副,档案编号:03-4679-053。又,吴棠等《游蜀疏稿》,第517—520页。其尾记曰:"同治十一年二月初六日,专弁附片具奏,于本年四月十六日,专弁赍回原片,内开军机大臣奉旨:知道了。钦此。"

奏。二月二十八日。

同治十一年三月二十八日,军机大臣奉旨:知道了。钦此。①

○二四　请将联昌与李得太对调折

同治十一年二月二十八日(1872年4月5日)

头品顶戴四川总督臣吴棠跪奏,为重庆、松潘两总兵请旨对调,俾人地各得其宜,恭折仰祈圣鉴事。

窃查重庆镇控制川东,管辖两协十四营,地方辽阔,多与黔、楚接壤,途冲水陆,人杂五方,匪徒最易出没。下游之夔州、巫山一带,又为全川门户,现值黔中苗氛未靖,楚南会匪初平,时虞余党窜伏,潜窥川境,抚辑巡防,事繁责重,非老成干练、才具优长之员,不克胜任。查有松潘镇总兵一等子爵联昌,年五十三岁,满洲镶黄旗人,由拣发副将补授河标中军副将,历年剿贼著绩,保升总兵。咸丰九年九月,奉旨补授今职。该总兵老成持重,谋勇兼优,前经调署重庆镇总兵,于今三年,洞悉川东情形,整饬营务,筹办边防,凡安内攘外各事宜,措置无不裕如,闾阎赖以静谧。若以调补重庆镇总兵,实于川东地方有裨。

所遗松潘镇总兵缺,有管束土番之责。自同治初年逆番煽乱,早经大兵勘定。其狡悍桀黠番目相助为逆者,悉就诛夷,群番詟服。现在汉夷各安生业,事务较简。查重庆镇总兵李得太,年三十五岁,湖南长沙县人,由勇目出师江西、广西、川省、陕西等省著绩,

---

① 中国第一历史档案馆藏:军机录副,档案编号:03-4657-062。此片具奏日期未确,兹据同批折件校正。

历保总兵。同治五年六月十四日,奉旨补授今职。该总兵年力正壮,娴习营务,惟于川东繁要之区不甚相宜。自十年八月奏署松潘镇以来,于边势夷情颇能悉心讲求,布置得宜,以之调补松潘镇总兵,亦可收驾轻就熟之效。

合无仰恳天恩,俯准以联昌调补重庆镇总兵,所遗松潘镇总兵缺,即以李得太对调,俾得各效其能。臣为人地务期相宜起见,是否有当,谨会同成都将军臣魁玉、提督臣胡中和,合词恭折具奏,伏乞皇太后、皇上圣鉴训示。谨奏。二月二十八日。

同治十一年三月二十八日,军机大臣奉旨:钦此。①

【案】此折于十年三月二十八日得允行。《清实录》:

调四川松潘镇总兵官联昌为重庆镇总兵官,重庆镇总兵官李得太为松潘镇总兵官。②

○二五　请仍以吴昶调补巴州知州折

同治十一年二月二十八日(1872年4月5日)

头品顶戴四川总督臣吴棠跪奏,为巴州知州员缺紧要,拣补乏员,仍以前次拟补业经甄别之员请补,恭折仰祈圣鉴事。

窃照保宁府属巴州知州陈洪绪丁忧遗缺,前因拣补乏员,经臣以候补班前先用知县吴昶请补。嗣准部覆,以该员系由现任直隶州州判保举开缺,以知府归候补班前补用,照章应试看期满,奏请

---

① 中国第一历史档案馆藏:军机录副,档案编号:03-4748-047。
② 《穆宗毅皇帝实录(七)》,卷三百三十,同治十一年三月,第375页。

甄别繁简补用,方准请补。该员补授巴县之处,核与定章不符,行令另拣合例人员请补等因。奉旨：依议。钦此。遵查例载：州县应调缺出,俱令于现任人员内拣选调补。如无合例堪调之员,准以候补人员请补。又,各省道、府、同知、直隶州知州、通判、知州,如系奉旨命往及督抚题明,留于该省候补,均无论应题、应调、应选之缺,令该督抚酌量才具,择其人地相宜者恳准先尽酌量补用各等因。查巴州系繁、疲、难兼三要缺,幅员辽阔,接壤陕西,民俗强悍,素称难治,非老成谙练之员,不足以资治理。兹复督同两司,在于通省实任府属知州内逐加遴选,非现居要缺,即人地未宜。其候补知州班内各员,亦多与是缺不甚相宜。

惟该员吴昶年五十六岁,湖北房县拔贡生,遵例报捐直隶州州判,签掣四川试用,咸丰元年八月到省,嗣捐归分缺先补用。同治四年,补授酉阳直隶州州判,五年六月到任。因恢复普雄案内保奏,八年三月初一日,奉上谕：着开缺以知州归军功候补班前先用。钦此。五月十三日,接准吏部知照。是年十二月,解饷赴京,并请咨赴部。九年七月初五日,吏部带领引见,奉旨：着照例发往原省补用。钦此。是年闰十月回省。核计到省在前,出缺在后,例准补用。至该员保升知州,系于同治八年五月十三日接准吏部知照,扣至九年五月,试看一年期满。时值该员管解京饷北上,并给咨赴部引见,尚未回川,未及甄别。嗣于请补巴州知州后,已查明补行甄别,请以繁缺知州补用在案。该员年健才优,朴诚稳练,以之请补巴州要缺知州,实堪胜任。从前系签掣来川,并无流寓、寄籍资产、经商及襄办刑钱、捐免回避各情事。其保升知州后,试看年满未及甄别,系由解饷进京所致,事属因公,嗣已补行甄别,堪补繁缺,亦与准补新章相符,且人地实在相需,例准专折奏请,据藩司王德固、枭司英祥会详请奏前来。

合无仰恳天恩,俯念员缺紧要,准以候补知州吴昶补授巴州知州,实于地方有裨。如蒙俞允,该员系军功候补班前先用知州请补知州,衔缺相当,甫经引见回川,毋庸再行送部,并例不开叙参罚,仍照例试俸三年请销试字。臣为人地相需起见,是否有当,理合恭折具奏,伏乞皇太后、皇上圣鉴训示。再,此案系由部驳回另补,应请毋庸扣限,合并陈明。谨奏。二月二十八日。

同治十一年三月二十八日,军机大臣奉旨:吏部议奏。钦此。①

○二六　奏报川省同治十一年正月雨水、粮价折

同治十年二月二十八日(1872年4月5日)

头品顶戴四川总督臣吴棠跪奏,为恭报四川省同治十一年正月份各属具报米粮价值及得雨情形,仰祈圣鉴事。

窃照同治十年十二月份通省粮价及得雪情形,前经臣恭折奏报在案。兹查同治十一年正月份成都、重庆、夔州、龙安、绥定、保宁、顺庆、潼川、雅州、嘉定、叙州十一府,资州、绵州、忠州、眉州、泸州五直隶州,叙永一直隶厅,各属先后具报得雨一、二、三次至八、九、十次不等,附省及川北一带天气过寒,小春欠茂,余多滋长。其通省粮价,成都等十二府、眉州等八直隶州,叙永、石砫二直隶厅中米较上月增二钱八、九分至二分不等,及叙州一府黄豆较上月增一分,余与上月相同,据布政使王德固查明列单

---

① 中国第一历史档案馆藏:军机录副,档案编号:03-4657-061。

汇报前来。

臣覆核无异。理合恭折具奏，并分缮清单，恭呈御览，伏乞皇太后、皇上圣鉴。谨奏。二月二十八日。

同治十一年三月二十八日，军机大臣奉旨：知道了。钦此。①

○二七　呈川省同治十一年正月粮价清单

同治十一年二月二十八日（1872 年 4 月 5 日）

谨将同治十一年正月份四川省所属报到米粮价值，开具清单，恭呈御览。

成都府属，价贵。中米每仓石价银三两零五分至四两九分，较上月增二钱二分。大麦每仓石价银一两八钱四分至二两一分，与上月同。小麦每仓石价银二两一钱七分至二两三钱四分，与上月同。黄豆每仓石价银一两六分至二两四钱六分，与上月同。荞子每仓石价银一两一钱七分至一两七钱一分，与上月同。

重庆府属，价贵。中米每仓石价银二两八钱五分至三两八钱七分，较上月增二钱八分。大麦每仓石价银一两六钱五分至二两，与上月同。小麦每仓石价银二两三钱一分至二两七钱三分，与上月同。黄豆每仓石价银二两七钱三分至三两三分，与上月同。

保宁府属，价贵。中米每仓石价银二两六钱七分至三两三钱八分，较上月增二钱二分。大麦每仓石价银一两九钱二分至二两一钱三分，与上月同。小麦每仓石价银二两八钱六分至三两六钱，与上月同。黄豆每仓石价银一两八钱三分至二两一钱三分，与上

---

① 中国第一历史档案馆藏：军机录副，档案编号：03-4965-489。

月同。

顺庆府属，价贵。中米每仓石价银三两一钱一分至三两五钱二分，较上月增二钱九分。大麦每仓石价银一两六钱二分至一两八钱一分，与上月同。小麦每仓石价银二两一钱一分至二两一钱四分，与上月同。黄豆每仓石价银一两五钱五分至一两六钱七分，与上月同。

叙州府属，价贵。中米每仓石价银三两一钱至三两四钱，较上月增二分。大麦每仓石价银一两六钱七分至二两三分，与上月同。小麦每仓石价银二两一钱五分至二两六钱五分，与上月同。黄豆每仓石价银一两一钱二分至一两五钱三分，较上月增二分。

夔州府属，价贵。中米每仓石价银二两九钱至三两二钱五分，较上月增二分。大麦每仓石价银一两七钱九分至二两四钱七分，与上月同。小麦每仓石价银二两九钱六分至三两四分，与上月同。黄豆每仓石价银二两一钱六分至二两二钱六分，与上月同。

龙安府属，价贵。中米每仓石价银二两六钱至三两三钱，较上月增二分。青稞每仓石价银一两五钱，与上月同。小麦每仓石价银一两八钱至二两一钱九分，与上月同。黄豆每仓石价银一两八钱五分至一两九钱三分，与上月同。

宁远府属，价贵。中米每仓石价银二两九钱三分至三两二钱六分，较上月增二分。大麦每仓石价银一两四钱九分至一两六钱一分，与上月同。小麦每仓石价银一两六钱二分至二两二钱三分，与上月同。荞子每仓石价银一两四钱六分，与上月同。黄豆每仓石价银一两五钱六分至一两六钱三分，与上月同。

雅州府属，价中。中米每仓石价银二两八钱五分至二两九钱，较上月增二分。小麦每仓石价银二两三钱至二两六钱六分，与上月同。黄豆每仓石价银一两六钱八分至二两七分，与上月同。

嘉定府属，价贵。中米每仓石价银二两九钱二分至三两五钱二分，较上月增二分。小麦每仓石价银二两三钱七分至二两七钱四分，与上月同。黄豆每仓石价银一两四钱九分至二两五分，与上月同。

潼川府属，价贵。中米每仓石价银二两九钱三分至三两二钱一分，较上月增二分。大麦每仓石价银一两六钱七分至一两九钱五分，与上月同。小麦每仓石价银二两一钱六分至二两五钱一分，与上月同。黄豆每仓石价银一两七钱九分至二两一钱六分，与上月同。

绥定府属，价中。中米每仓石价银二两八分至二两九钱二分，较上月增二分。大麦每仓石价银一两五钱八分至一两五钱九分，与上月同。小麦每仓石价银一两六钱三分至一两七钱四分，与上月同。黄豆每仓石价银一两四钱三分，与上月同。

眉州直隶州属，价贵。中米每仓石价银二两七钱八分至三两八分，较上月增二分。

邛州直隶州属，价贵。中米每仓石价银二两六钱八分至三两一钱一分，较上月增二分。大麦每仓石价银一两九钱三分，与上月同。小麦每仓石价银二两五钱九分，与上月同。黄豆每仓石价银二两一钱至二两二钱四分，与上月同。

泸州直隶州属，价贵。中米每仓石价银三两一钱一分至三两一钱二分，较上月增二分。

资州直隶州属，价中。中米每仓石价银二两六钱至二两九钱五分，较上月增二分。

绵州直隶州属，价贵。中米每仓石价银二两七钱七分至三两九分,较上月增二分。小麦每仓石价银二两三钱四分至二两四钱八分,与上月同。

茂州直隶州属,价中。中米每仓石价银二两六钱五分,较上月增二分。小麦每仓石价银二两六钱八分,与上月同。青稞每仓石价银二两二钱二分,与上月同。荞子每仓石价银一两二钱五分至一两七钱五分,与上月同。

忠州直隶州属,价贵。中米每仓石价银二两六钱二分至三两三钱,较上月增二分。大麦每仓石价银一两四钱六分至一两六钱,与上月同。小麦每仓石价银二两五分至二两四钱一分,与上月同。黄豆每仓石价银一两二钱七分至一两三钱七分,与上月同。

酉阳直隶州属,价贵。中米每仓石价银二两六钱三分至三两一钱三分,较上月增二分。大麦每仓石价银二两三钱至二两六钱二分,与上月同。小麦每仓石价银二两六钱四分至二两七钱八分,与上月同。黄豆每仓石价银一两三钱九分至一两四钱四分,与上月同。

叙永直隶厅属,价贵。中米每仓石价银三两一分,较上月增二分。小麦每仓石价银一两八钱一分,与上月同。荞子每仓石价银一两三钱四分,与上月同。黄豆每仓石价银一两六钱一分,与上月同。

松潘直隶厅,价中。青稞每仓石价银二两七钱六分,与上月同。荞子每仓石价银一两七钱四分,与上月同。

杂谷直隶厅,价中。青稞每仓石价银二两四钱,与上月同。荞子每仓石价银一两七钱九分,与上月同。

石砫直隶厅,价平。中米每仓石价银一两六钱四分,较上月增二分。大麦每仓石价银一两七钱三分，与上月同。小麦每仓石价银二两六分，与上月同。黄豆每仓石价银一两八钱九分，与上月同。

打箭炉直隶厅，价贵。青稞每仓石价银四两九钱二分，与上月同。油麦每仓石价银一两八钱一分，与上月同。

军机大臣奉旨：览。钦此。①

○二八　呈川省同治十一年正月得雨清单

同治十一年二月二十八日（1872 年 4 月 5 日）

谨将同治十一年正月份四川省所属地方报到得雨情形，开具清单，恭呈御览。

成都府属：成都、华阳两县得雨二次，小春禾茂。简州得雨四次，红花小春未荣。崇庆州得雨三次，豆麦未荣。汉州得雨四次，小春欠茂。温江县得雨二次，小春透土。新都县得雨六次，豆麦渐长。什邡县得雨五次，小春未荣。

重庆府属：江北厅得雨二次，小春渐发。长寿县得雨二次，小春渐长。永川县得雨五次，小春乍长。荣昌县得雨二次，小春乍长。綦江县得雨二次，豆麦滋长。定远县得雨二次，小春未茂。

夔州府属：开县得雨二次，小春渐盛。

龙安府属：江油县得雨三次，小春未茂。

绥定府属：太平县得雨二次，小春欠茂。

保宁府属：广元县得雨一次，豌豆渐长。剑州得雨二次，豆麦

---

① 中国第一历史档案馆藏：清单，档案编号：03-4965-490。

渐长。

顺庆府属:南充县得雨二次,豆麦初发。西充县得雨二次,豆麦未茂。营山县得雨三次,豆麦渐长。仪陇县得雨一次,豆麦渐长。广安州得雨三次,冬粮渐长。岳池县得雨四次,小春未茂。邻水县得雨三次,小春初发。

潼川府属:三台县得雨六次,杂粮乍茂。射洪县得雨七次,豆苗受伤。盐亭县得雨一次,葫豆渐长。蓬溪县得雨三次,二麦未荣。乐至县得雨三次,小春未长。

雅州府属:雅安县得雨二次,小春渐长。

嘉定府属:乐山县得雨六次,小春茂盛。洪雅县得雨五次,豆麦畅茂。

叙州府属:南溪县得雨十次,小春滋长。富顺县得雨七次,小春荣茂。隆昌县得雨四次,小春茂盛。长宁县得雨二次,地土滋润。马边厅得雨二次,小春吐秀。

资州直隶州属:资州得雨三次,小春渐长。资阳县得雨四次,豆麦未荣。仁寿县得雨四次,小春滋长。内江县得雨四次,小春茂盛。

绵州直隶州属:绵州得雨二次,豆麦滋长。安县得雨六次,小春畅茂。梓潼县得雨三次,小春滋长。

忠州直隶州属:梁山县得雨二次,豆麦滋长。垫江县得雨二次,小春茂盛。

眉州直隶州属:眉州得雨一次,豆麦滋长。彭山县得雨四次,豆麦滋长。丹棱县得雨二次,小春滋长。

泸州直隶州属:泸州得雨七次,小春茂盛。江安县得雨二次,小春畅茂。合江县得雨三次,小春扬花。纳溪县得雨五次,小春畅茂。

叙永直隶厅：叙永厅得雨七次，小春滋长。永宁县得雨四次，小春滋长。

军机大臣奉旨：览。钦此。①

○二九　请将郭尔键原参之案查销片

同治十一年二月二十八日(1872 年 4 月 5 日)

再，查同治九年份税契银两，前于奏销时，因前署盐亭县知县郭尔键欠解税契银一百八十三两九钱七分七厘，经臣奏明请旨将该员摘去顶戴，勒限两个月完解在案。兹据布政使王德固、按察使英祥会详：该员郭尔键欠解前项银两，已于限内如数解缴司库收储，尚知愧奋，详请具奏前来。

合无仰恳天恩，俯准将前署盐亭县事试用通判郭尔键原参摘顶之案，敕部查销，出自鸿慈。除咨部外，谨附片陈明，伏乞圣鉴训示。谨奏。

同治十一年三月二十八日，军机大臣奉旨：着照所请，该部知道。钦此。②

○三○　奏报川勇现仍设法随时裁减折

同治十一年三月初四日(1872 年 4 月 11 日)

头品顶戴四川总督臣吴棠跪奏，为川省勇丁历经撤遣，现在邻

---

① 中国第一历史档案馆藏：清单，档案编号：03-4965-491。

② 中国第一历史档案馆藏：军机录副，档案编号：03-5083-006。此片具奏日期未确，兹据同批折件校正。

氛未靖,存营无多,仍设法随时裁减,恭折覆陈,仰祈圣鉴事。

窃臣于同治十一年正月初一日,承准军机大臣字寄:同治十一年十二月初八日,奉上谕:吏部左侍郎胡家玉奏,时局艰难、宜豫筹挽救一折。<u>该侍郎请将各省防勇陆续裁汰,多不过暂留七八千人,少或酌留三四千人,自为节饷起见。着各督抚体察情形,奏明办理</u>①等因。钦此。伏查同治初年,前督臣骆秉章以楚军定蜀乱,招募勇丁,需饷甚巨。迨同治七年,内患既平,尚存勇百余营,共计五万四千五百人。前兼署督臣崇实曾经开列清单奏报有案。是年,臣奉命移督四川,抵任后,留心察看,深悉军需繁重、民力拮据情形,首建练兵裁勇之议。其时,云、贵、陕西等省贼焰方张,各有助剿之军,故不得不斟酌损益,汰弱补强也。嗣值昭、鲁援师凯旋,毕节溃勇遣散以后,大局粗定,甫能逐渐清厘。九年冬间,会议改拨协黔的饷,复将安定、果毅二十余营,概行遣散。统计陆续裁勇已逾三万人。臣忝领专圻,苟为心力所可及,何敢意存瞻徇,事涉虚縻。惟蜀为用武之邦,幅员辽阔,在在与秦、陇、滇、黔接壤,兼界连土司住牧地方,无事之时,迥非若他省情形可比。现在邻氛未靖,尤不可无良将重兵,以资捍卫。截至十年底止,存勇不足二万人。内有厅勇、土练近三千人,专为备夷而设,已不能如昔日之星罗棋布,节节严防。但分缓急重轻,统筹兼顾,及酌留劲旅作为游击之师,随方策应而已。近因筹办春赈,军饷愈艰。于奉到此次谕旨后,又抽减达字、裕字等营勇丁二千人,力求节省。仍一面督饬绿营镇协,将挑选精兵勤加训练,制兵日强,而募勇即可随时裁汰,庶克副臣练兵裁勇本意。

----

　　① 　划线部分军机录副缺,兹据《游蜀疏稿》校补。

第念川省饷项，耗于四邻，如黔之苗疆，自改拨协饷以来，每岁尚需银七十余万，源源解济。目前势已不支，日后恐难为继。其余甘饷、滇饷各款，亦复不少。所盼及时裁定，不惟防勇宜裁，且得省此协拨重资，借以少纾民力。此诚日夕筹维，有志未逮者也。除将弁勇数目、驻防处所另行造册咨部外，所有川省勇丁历经撤遣、现仍设法随时裁减缘由，理合恭折覆陈，伏乞皇太后、皇上圣鉴训示。谨奏。三月初四日。

同治十一年三月二十二日，军机大臣奉旨：知道了。钦此。[①]

【案】胡家玉奏，时局艰难、宜豫筹挽救一折：同治十年十二月初八日，吏部左侍郎胡家玉奏曰：

吏部侍郎臣胡家玉跪奏，为世局艰难，宜预筹挽救，谨就管见所及，恭折仰祈圣鉴事。窃维为政之道，用人与理财并重。我皇上登极以来，求贤若渴，或以战功显，或以保举擢，破格录用，拔十不止得五，称极盛焉。至若大道生财，著于《大学》，今皆反其道以行之。兵勇无数则生者寡，食者众而为者不疾，入不敷出则用不舒。亦何怪度支日绌也。自古言，理财者不外开源节流。于今日则莫大于核勇数、汰勇营，苟且补苴，非开源而似开源，又莫要于一捐纳、谨厘税。请为我皇上约略陈之：咸丰年间，粤匪鸱张，东南财赋之邦糜烂殆尽，征兵募勇，需饷甚巨，司农仰屋，往往空文指拨，无救燃眉。于是，各督抚、统兵大臣就地劝捐抽厘，提正供，

---

① 中国第一历史档案馆藏：军机录副，档案编号：03-4703-086。又，吴棠等：《游蜀疏稿》，第521—529页。其尾记曰："同治十一年三月初四日，由驿具奏，于本年四月十一日，准兵部火票递回原折，后开军机大臣奉旨：知道了。钦此。"

截京帑。勇自外募,饷自外筹,部臣皆不暇过问。今幸发、捻各逆一律荡平,凡军营饷项,部中皆有案可稽,所不得知者勇数耳。不知勇数,但于奏销时凭各省册报,勇八万则销八万之饷,勇十万则销十万之饷,在各督抚、大臣受恩深重,公忠体国,断不肯稍有浮冒,要难保管官、哨官不虚张勇数以少报多也。兵部司员李阳华从陕西军营来言,各营勇丁多不过七八成,少则不及五六成,愤恨形于辞色,该司员前年故有严查营勇之疏。近见营弁因勇不足数,被劾者亦往往而有是。李阳华之说信而有征。同治元年,兵部奏奉上谕:嗣后,各统兵大臣限三个月将现存兵勇之名数,分晰报部。如敢玩延不报者,着该部严参等因。钦此。杜浮冒而除隔阂,圣谕煌煌,至严至切。而恪遵谕旨按限造报者,甚属寥寥。节经兵部奏催咨催,竟有始终无只字回报者。窃计各营勇饷,按月支销数目无难立查,名册亦无难立缮,乃一味迁延,匿不造报,直至奏销,始将花名送部,并有奏称册报勇丁尽属假名者。夫勇丁口粮为报销一大宗,花名既不可凭,报销从何稽核?揆其流弊,不可胜言。应请敕下各督抚、大臣,严核各营勇数,务令一勇一饷,毋浮毋滥,如查有虚冒情弊,即按军法从事,不稍姑容,并饬取各勇丁花名,遵照元年谕旨,限三个月造册,分送户、兵两部。此后有无增减,仍随时咨报,以备查核。如再抗违,即由户、兵两部将办理粮台及军饷局大员,指名劾参,从重惩处,肃功令而重储胥端在是矣。至各省留防之勇,多者数万,少则万余,最少数亦近万,综计不下一二十余万。查十八省绿营兵额,尚不过五十余万,今额兵之外增一二十万坐食之勇,又加以军务

上编：奏议

省份无数征战之勇，国家经费有常，闾阎物力有限，而欲民
不穷、财不匮，得乎？上年侍郎钱宝廉有请裁营勇之奏，谕
旨允行。两年以来，各省报裁者甚少，诚部库一大漏卮，不
可不预塞其流者。或谓此项勇丁皆百战之余，能杀贼，能致
胜，一经裁撤，设有缓急，招之未必遽来，何所恃而不恐？臣
曰不然。咸丰四五年间臣在籍时，贼氛正炽，目击地方官及
各军营招募勇丁，一呼而至，辄数千人。今日成军，明日即
令御贼，盖自行军用火器，而后长枪大戟失其技，孟贲、乌获
失其勇。接仗时但有三五有胆力者，于炮声既绝后，站队不
动，与贼相持，不惟不败，往往获胜。况兵与勇同是中国民
人，同此五官百体，同此三纲五常，忠义之气、杀敌致果之
忱，兵未必独优，勇未尝独绌。今绿营提、镇将备，类皆从勇
队出身，诚以养勇之费养兵、治勇之法治兵，则即兵即勇，安
见节制之兵不逮招募之勇？或又谓勇丁多不逞之徒，一经
遣撤，必相率为匪，驯至攻城劫邑，重烦兵力，不如豢养之，
使不滋事。臣又曰，不然。向者洪逆倡乱，窃据东南数大
省，捻匪蜂起回应，蹂躏皖、豫、兖、鄂、京城，又适有洋人之
哄，其势岌岌，不可终日，无何而洪逆伏冥诛，韦、杨两逆自
相残杀，石逆遁回粤西，张洛刑、苗沛霖相继授首，张总愚及
任、赖各逆聚歼于一隅，数十万跳梁之群丑，不数年消归无
有。斯时稍有知识者，孰敢萌窥伺觊觎。其什百成群，朝抢
暮劫，私立名号，煽惑乡愚，特不识时务之妄人，不过如道光
年间赵金龙、蓝正樽辈，兵到即灭耳。如虑勇散为匪，不惜
无数帑金养其身赡其家，年复一年，竟成额勇。即以湘军饷
章计之，千勇月需银五千八百两，万勇月需银五万八千两，

• 2759 •

若数至二十万,则岁需银一千四百五万两。天地生财,只有此数,此赢则彼绌。现在西北各军营饷不时至,后患尚可言哉?辗转筹思,应请敕下各督抚,体察各省情形,将水陆留防之勇统于一年半内,陆续裁汰,多不过暂留七八千人,少或酌留三四千人,作为游击之师,遇盗贼窃发,会官兵克日掩捕,可期有备无患矣。至长江添设水师二十二营,划分汛地,布置周密,上下数千里,匪徒敛迹,行李晏然。而自瓜洲口上至汉阳镇一带,沿江尚有留防之淮扬水勇,未免重出,亟应议裁。前据两江总督曾国藩奏,里河既设五营,应将李朝斌所带之太湖七营勇船并省。近见江苏册报,该水勇尚在苏州城内外及无锡、常熟、平望等处屯扎,并请敕下该督速筹并省,以专里河营汛之责成,而节糜费。筹饷事例,因饷无可筹,不得已而为之。前因道路梗阻,各督抚、大臣请发给部照,就近收捐。然悉照例定银数,间收钱米,亦无甚出入。嗣黔捐、皖捐委员四出,互相攘挤,减价出售,较户部捐铜局约少一半。陕捐、甘捐复踵而行之,捐铜局渐渐减色。譬如市粟,北市石二金,南市石一金,故无怪趣市者舍近而就远、舍北而趋南也。不独此也,收捐虽减成,而报部仍未尝稍减,每百万约计短收三四十万。此短收之数委员不能赔偿也,督抚不能贴补也,势必由报销局多列款目,浮开用费以弥缝之,殊非核实办公之道。且同一事例、同一职衔、同一官阶,而收捐之数中外悬殊,亦非政体。应请敕下军务省份督抚,将派赴各省劝捐之员迅速撤回,统归各省藩司收捐上兑,如捐监然,每月将捐数报部,听候部拨,不复有四省捐输名目。如此则捐纳画一,名器亦不致滥邀,报销亦不必粉饰矣。厘金始于扬州仙女庙滥觞，于杭州盛行，于江、楚继，遂遍于天下，铢积寸累，无损于商贾，有益于军需，论者莫不诧为善政。而自臣思之，其病民较甚于加赋。赋有田则加，无田则已，穷民犹或有漏网者。厘金则凡米盐琐屑、日用所必须之物，无不抽收。商贾操奇赢，权子母，抽一分厘金即增一分市价，以故百物昂贵，倍于往时，名为征商，实则取之于民，鳏寡孤独穷而无告者，亦莫不阴受其脧削。局员之薪水，吏胥之工食，护局卡兵勇之口粮，皆小民之膏血也。而且层层网罗，处处陷阱，东里收西里之租，路经厘卡则收之。南乡借北乡之粟，路经厘卡亦抽之。取之尽锱铢，用之如泥沙，脧民生而伤元气，莫甚于此。方今军务未平，军饷不继，骤议停止，势必不能。应请敕下各督抚，罢苛细之征，轻漏报之罚，毋令局员需索卡员，毋令卡员掊克百姓，毋借善后之名，而营不急之务。所收实数按月报部，尽行提拨军需，俾士马饱腾，军务得以速竣，厘局得以早撤，天下幸甚。以上四者，皆理财之急务，而最要关键尤在于严核营勇，户部周知天下勇数，然后综计天下地丁钱粮、漕折、关税、洋税，岁入若干万，捐款、厘金约计又若干万，除提充部库外，各路征勇、各省防勇、各藩库留支，岁出共若干万，通盘计算。不足则惟有将各处征勇、防勇大加裁汰，总期岁入之数有余于岁出之数而后已。礼曰：以三十年之通制国用，量入以为出，道不外此矣。不此之务，但斤斤焉裁百官之廉俸，减八旗之粮饷，折扣各衙门吏役之工费，奚救度支匮乏哉？臣愚虑所及，言之不觉觍缕，伏乞皇太后、皇上俯赐采择施行。谨奏。同治十年十二月初八日。①

【案】军机大臣字寄……奏明办理等因:此廷寄《清实录》载曰:

癸亥,谕军机大臣等:吏部左侍郎胡家玉奏,时局艰难,宜豫筹挽救一折。军营勇丁随时招募立营,自应核实办理,方能兵归实用,饷不虚糜。若如所奏,各营勇数多不过七八成,少不及五六成,捏报虚额,冒支军粮,此等情弊殊堪痛恨。当此经费支绌之时,岂可任令陋习相沿,漫无稽察。着各直省督抚,于现有各营认真查核,务按实在数目,归并立营。如查有营官以少报多情事,立即从严惩办,以儆效尤。此外陕、甘、贵州等省现有他省派往助剿之营,如有勇额不足情事,各该督抚访有确据,亦着随时奏闻,并着遵照兵部奏定章程,每届三月,将勇数造册报部,不得任意迟延,消涉含混。其现无军务省份,留防之勇,为数尚属不少,岁糜帑项甚巨。该侍郎请将各省防勇陆续裁汰,多不过暂留七八千人,少或酌留三四千人,自为节饷起见,着各督抚体察情形,奏明办理。至所称长江既添设水师,分布汛地,而自瓜洲口上至汉阳镇一带,沿江尚有留防之淮扬水勇,未免重复。李朝斌所带之水勇,尚在苏州等处屯扎,请一并裁撤等语。着曾国藩等妥筹办理。各省抽收厘金,因军饷孔亟,未能概行停止,第恐局卡各员假公济私,额外需索,借饱私囊,流弊不可胜言,着各督抚随时访察,有犯必惩,毋稍徇纵。其有可以裁减局卡之处,并着酌量情形,分别办理。原折均

---

① 中国第一历史档案馆藏:军机录副,档案编号:03-4655-038。

着摘钞给阅看。将此各谕令知之。①

○三一　奏请教民案件会同将军魁玉办理片

同治十一年三月初四日(1872 年 4 月 11 日)

再，查同治元年十一月间，钦奉上谕：四川、贵州两省教民案件，均着交成都将军崇实，秉公办理，骆秉章着毋庸会办，以专责成。钦此。② 嗣于同治九年十二月间，前任湖广总督臣李鸿章会同前任成都将军臣崇实暨臣奏结酉阳教案，于十二月二十九日奉上谕：酉阳、重庆等处民教仇隙已深，今虽将此案办结，而日后民教杂处，崇实、吴棠必须设法防维。吴棠身任地方，更属责无旁贷，所有该处牧令等官，着随时认真遴选，务令妥为整顿，不可稍存偏袒等因。钦此。臣当即凛遵，刻刻以慎选牧令、整饬地方为急务。而于川东民教杂处之区，尤必尽心抚驭，设法维持。自上年春间兼摄军篆以来，于今一稔，民教均属相安。堪以上纾慈注。

兹新任成都将军臣魁玉③抵省视事，臣接见之余，相与议论民教交涉案件，实属老成持重，深识大体。惟事关重大，系奉特旨交办，在臣身任地方，固属责无旁贷，应否会同将军臣魁玉办理之处，未敢擅专，理合附片陈明，伏乞圣鉴训示遵行。谨奏。

同治十一年三月初四日，由驿附奏。于同治十一年四月十一

---

① 《穆宗毅皇帝实录(七)》，卷三百二十五，同治十年十二月上，第 299—300 页。

② 据《咸丰同治两朝上谕档》，此上谕之发布时间为"同治元年十月初五日"。《咸丰同治两朝上谕档》，第 12 册，第 569—571 页。

③ 魁玉，《游蜀疏稿》空名讳"玉"，兹据补，以下同。

日,准兵部火票递回折,内开军机大臣奉旨:嗣后遇有教民案件,着吴棠会同魁玉办理。钦此。^①

【案】此片于同治十一年三月二十二日获允准。《清实录》:

四川总督吴棠奏,民教案件,应否会同将军办理。得旨:嗣后遇有民教案件,着吴棠会同魁玉办理。^②

○三二　委解同治十一年京饷等项起程日期折

同治十一年三月初四日(1872年4月11日)

头品顶戴四川总督臣吴棠跪奏,为川省委解同治十一年份京饷暨固本饷项起程日期,恭折仰祈圣鉴事。

窃臣前准军机大臣字寄:同治十年十二月初二日,奉上谕:户部奏拨同治十一年京饷,着于来年开印后分批起解等因。钦此。单开拨四川盐厘银十五万两、津贴银十五万两。又,固本饷项月解银五千两,前已解过银二十一万两,作为同治五年九月二十一日奉文之日起至九年二月二十一日止四十二个月协济之项,先后奏报在案。伏查川省频年防边援邻,并分拨各省月饷暨分拨新疆、台藏各饷,需用浩繁。去年旱潦相继,各属解款寥寥。现因岁歉民窘,奏拨捐厘,办理赈济,出多入少,支绌异常。惟京饷为部库正供,固本亦京畿要款,自应勉力筹解。臣督同司道先凑集津贴银四万两、

① 吴棠等:《游蜀疏稿》,第531—535页;中国第一历史档案馆、福建师范大学历史系编:《清末教案》,第2册,第9页,中华书局,1998。

② 《穆宗毅皇帝实录(七)》,卷三百三十,同治十一年三月丙午,第372页。

盐厘银六万两,共银十万两,作为十一年奉拨京饷;又于盐厘项下提拨银二万两,作为同治九年二月二十一日起至六月二十一日止四个月固本饷项,均饬委南充县知县李璲承领,定期于三月初二日自成都起程。

前因秦、陇交界地方回匪溃勇出没靡常,驿路时通时阻,京饷关系甚重,实难冒险径解,于上年正月间复奏请照案发商汇兑,奉旨敕部知照在案。所有此次饷项仍发交蔚泰厚等银号汇解,委员至京兑齐,解赴户部交纳,用昭慎重,据藩司王德固、臬司英祥、盐茶道傅庆贻会详前来。臣覆查无异。除分咨外,理合恭折具奏,伏乞皇太后、皇上圣鉴。谨奏。三月初四日。

同治十一年三月二十二日,军机大臣奉旨:户部知道。钦此。①

【案】户部奏……分批起解:同治十年十月初二日,户部尚书宝鋆等奏曰:

户部尚书臣宝鋆等谨奏,为豫拨来年京饷,恭折仰祈圣鉴事。窃查历届京饷,均系年前豫拨。上年原拨同治十年京饷银七百万两,嗣因例支各款以及内务府借支并恭办大婚典礼等项,需用浩繁,当于七月间添拨银一百万两,统共拨银八百万两。现届豫拨同治十一年京饷,臣等公同商酌,拟照上年原拨数目,在各省地丁、盐课、关税等款内指拨银七百万两,谨缮清单,恭呈御览,请旨饬下各该督抚、将军、盐政、藩司、运司、盐道、监督等,务于来年开印后分批起解,限五月前解到一半,

---

① 中国第一历史档案馆藏:军机录副,档案编号:03-4949-020。

吴棠集

十二月初间全数解清,不准截留改拨,借词延误。倘届限不
到,即照奏定章程,指名严参。其本年未解京饷,节经臣部奏
咨飞催,现已年终,报解仍未踊跃,应再催令迅速报解,以供开
放。所有酌拨来年京饷缘由,理合恭折具奏,伏乞皇太后、皇
上圣鉴。谨奏。同治十年十二月初二日。户部尚书臣宝鋆,
户部尚书臣董恂,户部左侍郎臣宗室延煦(差),户部左侍郎臣
潘祖荫,户部右侍郎臣桂清,户部右侍郎臣温葆深(差)。①

【附】同日,户部尚书宝鋆呈拟拨京饷清单曰:

谨将拟拨同治十一年份京饷银七百万两缮具清单,恭呈
御览。计开:山西地丁银一百万两,山东地丁银三十二万两,
浙江地丁银三十万两,湖北地丁银三十万两,湖南地丁银五万
两,河南地丁银二十万两,安徽地丁银二十万两,江西地丁银
二十万两,长芦盐课银二十五万两,两淮盐课、盐厘银三十五
万两,两浙盐课、盐厘银二十二万两,河东加课银十万两、羡余
银五万两,广东盐课银二十万两、帑息银五万两,山东盐课银
十四万两、加价银七万两,福建盐课银二十万两,湖北盐厘银
十万两,湖南盐厘银三万两,四川盐厘银十五万两、按粮津贴
银十五万两,福建茶税银二十万两,粤海关洋税银十万两、新
增盈余银二万两,闽海关洋税银四十二万两,九江关洋税银三
十五万两,浙海关常规银三万两、洋税银二十万两,江海关洋
税银三十万两,江汉关洋税银三十万两,天津关常税银五万
两、洋税银十万两,赣关税银五万两,江西厘金银五万两,江苏
厘金银五万两,浙江厘金银五万两,广东厘金银五万两,湖北

---

① 中国第一历史档案馆藏:军机录副,档案编号:03-4948-068。

厘金银五万两。共汉字折、片、单三十一件。十二月初
二日。①

【案】军机大臣字寄……分批起解等因：此廷寄上谕档
载曰：

军机大臣字寄：福州将军、直隶、两江、湖广、闽浙、两广、
四川、江苏、安徽、江西、福建、浙江、湖北、湖南、河南、山东、山
西、广东各督抚，传谕粤海关监督：同治十年十二月初二日，奉
上谕：户部奏，豫拨来年京饷一折。据称历届京饷均于年前豫
拨，同治十一年京饷，拟在各省地丁、盐课、关税等款内指拨银
七百万两，请饬各该省于来年分批起解等语。京饷关系紧要，
现经该部就各省缓急情形，斟酌动拨，自应遵照奏定数目源源
报解，以济要需。着该将军、督、抚、盐政、监督等，务于来年开
印后，分批起解，限五月前解到一半，十二月初间全数解清，不
准截留改拨，借词延误。倘届限不到，即照奏定章程，指名严
参。原单均着钞给阅看。至本年未解京饷，前经该部节次奏
咨飞催，现届年终，仍未如数解清，着各该督抚等迅速筹办，毋
再迟延干咎。另片奏，内务府同治十一年份应需经费，拟拨两
淮盐课银五万两，两浙盐课银五万两，广东盐课银五万两，福
建茶税银十万两，闽海关常税银十万两，太平关常税银十万
两，九江关常税银十五万两，共银六十万两，请饬依限完解等
语。着该将军、督、抚、盐政、监督等，各按拨定数目，务于来年
开印后，陆续径解内务府，先将起程日期报部，限六月前解到
一半，十二月初间扫数解清，不准稍有蒂欠。将此由五百里谕

---

① 中国第一历史档案馆藏：清单，档案编号：03-4948-069。

知福州将军、直隶、两江、湖广、闽浙、两广、四川、江苏、安徽、江西、福建、浙江、湖北、湖南、河南、山东、山西、广东各督抚，并传谕粤海关监督知之。钦此。遵旨寄信前来。①

○三三 严禁按粮摊征洋药厘税折

同治十一年三月初四日（1872年4月11日）

头品顶戴四川总督臣吴棠跪奏，为川省洋药厘税遵旨严禁按粮摊征，并禁种罂粟，恭折仰祈圣鉴事。

窃查前准部咨：同治十年八月十九日，奉上谕：御史吴镇泰访闻，四川各州县未禁私种罂粟并将洋药税一项按粮摊征，请饬严禁一折等因。钦此。钦遵知照前来。臣遵即率同司道，通饬各属，凡有征收洋药厘税之处，一律停止按粮摊派，不许加收分毫，并严禁民间栽种罂粟，一面商拟简明告示，发属遍贴晓谕，俾通省粮户一律周知，毋庸完纳厘税在案。

溯查川省洋药税厘，始于咸丰九年春间，前署督臣有凤于接准部咨后，原系分饬各关并委员分赴重庆、广元、泸州、夔州、雅安、绥定、叙永、嘉定等处，设局抽收。嗣经部臣奏提巨款，勒限解完京饷。而各官局委员，虽日奉严檄竭力抽办，收解总属寥寥，尚不敷部拨十分之一，实属无从筹解，不得已于司库预垫银五万两，委员解京交纳。前藩司祥奎等以川省幅员辽阔，道路分歧，何处出产较广，何处商贩最多，自非地方官不能熟悉。当经详明前督臣，拟自

---

① 中国第一历史档案馆编：《咸丰同治两朝上谕档》，第21册，第357页；《穆宗毅皇帝实录（七）》，卷三百二十五，同治十年十二月上，第294—295页。

咸丰十年冬季起，除夔关药税仍责成夔州府另行征解、按季报部外，其余各局抽厘委员概行停撤，通饬各府厅州县，体察所属情形，酌定数目，责成各厅州县实力抽收。无如川省僻处西陲，距海口过远，素鲜华洋巨商。至境接壤之滇、黔、陕、甘各省，俱因军务未平，商贩裹足，来源绝少，本地土药亦因禁种罂粟，出产日稀。各厅州县或因抽不敷解，由官捐廉弥补，或因收项全无，据绅粮公议禀请，按粮摊收。时值部臣催提愈急，旋有指拨西藏欠饷之议，复经司道详明前督臣批饬筹办，计咸丰十年以前，委员抽收共仅只银九千三百余两。自咸丰十年冬季改章以后，计每年可收八九万两上下。截至同治十年底止，共征银一百四万两有零，遵照部议，尽数拨充西藏台饷，其中抽诸商贩者，十之五六，随粮完纳者，亦十有四五。以征商之款，取之农民，于义本有未协。惟此项药厘概供正饷要需，十余年来，商民均尚相安，足以历仍其旧。现在钦奉谕旨，严禁按粮，稽查商贩，业经先后通饬遵办。倘各属仍有按粮摊收及纵民私种罂粟等弊，立予指名严参。各厅州县自顾考成，均可永远停止。惟此后各属征收数目势必倍减于前，以之供支兵饷，不敷甚巨，拟请于百货厘金项下凑解足数，用济饷需，由布政使王德固、盐茶道傅庆贻会详请奏前来。

臣查洋药厘税，本不应征，及农田栽种罂粟，尤虑及有碍禾稼。仰蒙圣训周详，自当力除从前陋习，臣惟有督饬司道等官，严切查禁私种私收之弊。所有同治十一年以后洋药厘税，只责成该管官，稽查商贩，照同治元年二月部议，尽收尽解，永不许累及农民。倘查有前项积弊，分别严参究办。至每年供支藏卫兵饷，若其实在不敷银若干，饬由司道确切查核，请于货厘项下陆续凑拨，以免贻误，并令将同治十年以前收支数目造册报部。

再,川省绅民素称好义急公,各属向多设有栖流所、恤嫠会、育婴、慈幼等堂,俱系地方官绅捐资,置产生息,赡养孤寡,无分土著流寓,均赖以接济。兹复钦遵谕旨,通饬一律举办,由绅民认真经理,加意保全,不得假手胥吏,以仰副圣主轸念民依、体恤穷黎至意。是否有当,理合恭折具陈,伏乞皇太后、皇上圣鉴训示。谨奏。三月初四日。

同治十一年三月二十二日,军机大臣奉旨:知道了。钦此。①

【案】同治十年八月十九日,奉上谕:此谕旨《清实录》载曰:

又谕:据御史吴镇奏,访闻四川各州县未经查禁私种罂粟,并将洋药税一项按粮摊征,请饬严禁一折。民间栽种罂粟,地方官即应认真查禁。至洋药税一项,取之商贩,何得科派农民?若如该御史所奏,是四川省奉行不善,致有前项情弊,恐他省亦在所不免。着各该督抚严饬所属,于征收洋药税务止宜稽察商贩,不准按粮摊征,以免扰累,并随时晓谕农民,不得违禁私种罂粟,致干功令。②

【案】御史吴镇泰访闻……请饬严禁一折:同治十年八月十九日,御史吴镇奏禁私种罂粟等事曰:

浙江道监察御史臣吴镇跪奏,为请禁摊征,以齐政令,恭折仰祈圣鉴事。窃惟政令贵一,一则民信而易从,否则民疑而易沮。年来叠奉谕旨,禁民间不得栽种罂粟,地方官有不认真

① 中国第一历史档案馆藏:军机录副,档案编号:03-5075-009。
② 《穆宗毅皇帝实录(七)》,卷三百十八,同治十年八月下,第201页。

查办者,即据实严参等因。钦此。诚重农民之本、计经世之远猷也。乃训诫屡颁,栽种依然,细询其由,则因有洋药税之设,民间得以借口。故查洋药立税,原不过一时权宜,如谓中外交涉为款甚巨,似止可行之于海口关津;即谓内地民人贩运颇多,亦止可行之于各省商贾,断未有以征商之事而苛派农民者。臣籍隶四川,访闻各州县,不惟不查禁私种,并将洋药税一项按粮摊征,以为其额易足、其征亦最便也。不知商贩转得遗漏,农民徒增苦累,殊失重农抑商之意,与现奉禁种罂粟之谕,亦觉未合。盖官既以此项摊之农,则不能不明知故纵;农既以此项纳之官,亦遂敢公然栽种。此政令所以不行也。相应请旨饬下督臣严饬所属,此项税务只宜设法稽查商贩,不准按粮摊征,致累农民,俾民间晓然于农民之可贵。傥再有贪利忘害、违禁私种者,责令地方官严查,治以应得之罪。至地方官任意摊征,并许农民控告,亦治以应得之罪。如此官民交警,庶几知劝知惩,法立令行矣。臣愚昧之见,是否有当,伏乞皇太后、皇上圣鉴。谨奏。同治十年八月十九日。[1]

○三四　动借盐厘等款拨放例支杂款片

同治十一年三月初四日(1872 年 4 月 11 日)

再,臣于同治十年七月奏明川省司库例支杂款不敷,请借动盐厘等款一片,是年九月初六日,军机大臣奉旨:知道了。钦此。现准户部咨:借动文职养廉截旷,并核减银三万九千两,查与成案相符,

---

[1]　台北故宫博物院藏:军机及宫中档,文献编号:109057。

应准动借。其借动盐厘银三万九千二百两一节,查盐厘为拨解饷需正款,未便借放杂支,该省此次动借盐厘银两,究与拨解正款饷需有无妨碍,应令转饬详查,另行奏明办理等因。遵即行查去后。

兹据布政使王德固、盐茶道傅庆贻详称:遵查司库例支各款,均难缺缓,上年因盐茶羡截银两不敷支放,例由司库借拨津贴等项支放。九年份复因津贴不敷,另行借拨盐厘三万九千二百两,数尚不多。现在川省减勇练兵,粮饷力求撙节,拨解正款尚无妨碍,一俟羡截银两收积有数,挨年归还司库借款,并归还盐厘,系属有项可抵,不致无着。此后例支各款,如有不敷,仍请援案借拨,免误要需等情会详前来。臣覆查无异。除咨部外,理合附片陈明,伏乞圣鉴。谨奏。

同治十一年三月二十二日,军机大臣奉旨:户部知道。钦此。[①]

○三五　请将道员吴镐照例赐恤片

同治十一年三月初四日(1872年4月11日)

再,盐运使衔云南迤南道吴镐,江苏阳湖县人,由广西巡检历年攻剿桂平等处逆匪,防守桂林省城,办理粮台,扫除艇匪出力,迭膺保荐,历补横州知州、庆远府知府。咸丰十一年,升补四川川东道,委办山西、甘肃各省捐输。同治七年,奉旨补授云南迤南道。复经陕、甘、云、贵各省督抚臣先后奏留川省,办理各该省分局捐

---

① 中国第一历史档案馆藏:军机录副,档案编号:03-4932-071。此片具奏日期未确,兹据军机处随手登记档(档案编号:03-0209-1-1111-077)校正。

输。该道频年积劳成疾，于同治十年十二月二十日，在川因病出缺，由布政使王德固详请具奏前来。

臣查该道吴镐，前在广西剿贼，筹饷筹兵，勤劳备至。继为牧令，亦复卓著循声，经前广西巡抚臣劳崇光特荐，蒙恩擢用府道。自同治初年在川东道任内因公调省，委办山西、陕甘新旧捐输，嗣补云南迤南道，仍留川兼办云南捐输，前后八年未能赴任，洁己从公，任劳任怨，四省饷需赖以接济，军务日有起色。兹在差次积劳病故，实与军营病故人员无异。合无仰恳天恩，俯准照军营积劳病故例赐恤，以慰忠魂，出自圣主逾格鸿慈。除分咨吏部暨云贵督抚臣外，理合附片陈明。是否有当，伏乞圣鉴训示。谨奏。

同治十一年三月二十二日，军机大臣奉旨：吏部议奏。钦此。①

〇三六　奏报办理防剿经费数目片

同治十一年三月初四日(1872年4月11日)

再，自军兴以来，川省办理防剿，筹拨经费，均经奏报在案。兹据防剿局司道详：前拨银两已陆续支用无存。嗣因征防各营催拨勇粮、军火，先后移准藩司在于同治十年酌捐项下，七次拨银四十万一千三百两，盐货各项厘金项下四次拨银三十三万两，津贴项下三次拨银十四万两，历年捐助军饷项下四次拨银八万六千三百两，各年普捐项下三次拨银九千五百两，本年续办酌捐项下一次拨银

---

① 中国第一历史档案馆藏：军机录副，档案编号：03-4657-048。此片具奏日期未确，兹据军机处随手登记档(档案编号：03-0209-1-1111-077)校正。

二万三千四百两,共拨银九十九万四百两,均系随拨随支,并无存剩,容另筹拨等情,详请具奏前来。臣覆查无异。理合附片陈明,伏乞圣鉴训示。谨奏。

同治十一年三月二十二日,军机大臣奉旨:知道了。钦此。[①]

○三七 议处土司禄福康等折

同治十一年三月二十八日(1872年5月5日)

头品顶戴四川总督臣吴棠跪奏,为抢掠职官案内凶贼逃逸,捕参限满无获,开送承缉不力职名,恭折仰祈圣鉴事。

窃臣前据会理州详报:文生普兴泰具报,伊虫园内被无名贼匪抢摘蜡虫,将守园之周小二杀毙,报经苦竹汛弁往拿,贼匪放枪轰伤伊雇工黑老四毙命,并将汛弁秦绪绩砍戳伤,越日身死,凶贼逃逸一案,当经批饬严拿在案。兹据宁远府知府许培身转据署会理州知州邓仁恒,以初参限满、凶贼未获,查开土官应议职名,由按察使英祥详参到臣。查土苗地方有犯命盗抢掠等案,如果正犯逃逸,六个月限满无获,将该管土司承缉不力职名咨参等语。此案应以同治九年三月十八失事之日起,扣至九月十八日六个月,初参限满,凶贼未获,所有承缉不力土官职名系会理州属苦竹坝土司禄福康,相应开送,该土司业经另案被杀,应毋庸议。

至苦竹汛把总秦续绩亲身捕贼,惨遭拒毙,情殊可悯。应请照阵亡例议恤,以慰幽魂。除仍饬严缉凶贼务获究报外,理合恭折具

---

① 中国第一历史档案馆藏:军机录副,档案编号:03-4831-079。此片具奏日期未确,兹据军机处随手登记档(档案编号:03-0209-1-1111-077)校正。

奏，伏乞皇太后、皇上圣鉴，敕部核覆施行。谨奏。三月二十八日。

同治十一年五月初三日，军机大臣奉旨：该部议奏。钦此。[①]

○三八　请将屠天培照例开复折

同治十一年三月二十八日(1872年5月5日)

头品顶戴四川总督臣吴棠跪奏，为限内拿获越狱斩犯，年满无过，例准开复，恭折仰祈圣鉴事。

窃臣前因平武县知县屠天培疏防，监犯罗三沆越狱脱逃，专折奏参，一面勒缉提审，由司檄委试用通判周上达驰往查勘越狱情形。即据彰明县知县何庆恩禀报：会同平武县兵役人等，拿获该犯罗三沆等情。经臣批司檄委即用知县胡廷琅驰诣，会同提犯讯明，就地处斩。旋于同治九年十一月二十八日奉旨：所参疏防监犯越狱之有狱官平武县知县屠天培，着革职留任，勒限将逸犯罗三沆严缉务获。倘限满无获，即行从严参办。余着照所议办理，该部知道。钦此。钦遵行司发委审办。嗣据审明定拟，由司核详到臣。经臣核明，将提省审拟缘由专折具奏在案。兹据龙安府知府施灿转据平武县知县屠天培，以疏防斩犯罗三沆越狱脱逃四个月限内拿获，有狱官一年限满无过，所有革留之案，例准开复等情，详由布政使王德固、按察使英祥会详到臣。

查律载：斩绞等犯如系四个月限内拿获，有狱官自拿获之日起，扣限一年无过，将革留之案开复等语。此案斩犯罗三沆于同治九年十月二十二日越狱，至十一月初十日拿获，系在四个月限内，

---

① 中国第一历史档案馆藏：军机录副，档案编号：03-4668-023。

扣至十一年十一月初十日,一年期满无过,核与开复之例相符,所有革职留任之有狱官平武县知县屠天培,应请照例开复。除咨部查核外,理合恭折具奏,伏乞皇太后、皇上圣鉴,敕部核覆施行。谨奏。三月二十八日。

同治十一年五月初三日,军机大臣奉旨:该部议奏。钦此。[①]

○三九　请以徐浩升补雷波厅通判折

同治十一年三月二十八日(1872年5月5日)

头品顶戴四川总督臣吴棠跪奏,为拣员升补要缺通判,以资治理,恭折仰祈圣鉴事。

窃查叙州府属雷波厅通判杨泽溥,边俸三年期满,前经臣奏请撤回,遇有同知直隶州题调缺出,保题升用。声明所遗雷波厅通判缺系要缺,应在外拣员请补,已于同治十年十一月十七日接准部覆,自应照例拣员请补。伏查该厅地居边要,汉夷杂处,弹压抚绥,均关紧要,非精明干练、熟悉夷情之员,不足以资控驭。臣督同藩、臬两司在于通省现任通判及候补班尽先通判暨现任知县劳绩应升各员内逐加遴选,非员缺紧要,即人地未宜,实无堪以升调之员。

惟查有西充县知县徐浩,年四十三岁,顺天大兴县人,祖籍浙江,由监生遵筹饷事例报捐知县,指发四川,咸丰六年十一月初八日到省,补授西充县知县,九年九月二十五日到任。十二月,准吏部咨:该员前次管解京饷银两无误,请俟补缺后,以应升之缺升用。咸丰九年十一月初三日,奉旨:依议。钦此。复捐双月同知,在任

---

① 中国第一历史档案馆藏:军机录副,档案编号:03-4658-025。

候选。同治十年，大计保荐卓异，调署涪州知州，交卸。因西充县知县任内已届十年俸满，并案请咨赴部。十年二月十六日，引见，奉旨：着准其卓异加一级，仍注册回任候升。钦此。于五月初十日回省。该员年强才裕，素著循声，在川多年，熟悉边境夷情，以之升补雷波厅通判，实堪胜任。以前正、署各任内并无积案五十起以上、承缉盗案五起以上、经征钱粮不及七分已起降调、革职、参限。其在西充县任内，虽有承缉不力降级留任处分，向不扣除升调。此外因公处分，例免核计。罚俸银两，饬催完缴。历俸已满十年，又经大计卓异，引见回任候升，虽未请销试俸，例得请升，据藩司王德固、臬司英祥会详前来。

合无仰恳天恩，俯念员缺紧要，准以西充县知县徐浩升补雷波厅通判，洵于边地有裨。该员系甫经引见回任候升之员，今请升雷波厅通判，毋庸再行引见。所遗西充县知县缺系专繁简缺，应归部选，川省现有应补人员，容俟接准部覆，另行拣员请补。是否有当，理合恭折具陈，伏乞皇太后、皇上圣鉴训示。再，此案应以同治十年十二月三十日截缺之日起限，扣至三月十一日限满，合并陈明。谨奏。三月二十八日。

同治十一年五月初三日，军机大臣奉旨：吏部议奏。钦此。[①]

○四○ 请以邵成宗借补把总片

同治十一年三月二十八日(1872 年 5 月 5 日)

再，前准兵部咨：嗣后借补千、把总各弁缺，积至三月开单汇奏

---

① 中国第一历史档案馆藏：军机录副，档案编号：03-4658-026。

一次,以归简易。历经遵办在案。兹同治十年冬季份,查有尽先都司泰宁营额外邵成宗,曾经出师著绩,堪以借补黎雅营左哨头司把总马仁杰病故遗缺,由营取具邵成宗年岁、履历清册,详经提督臣胡中和咨请具奏,暨咨部给札前来。臣覆加查核,与定章相符。除将清册咨部外,理合附片陈明,伏乞圣鉴。谨奏。

同治十一年五月初三日,军机大臣奉旨:知道了。钦此。①

○四一 委令赵霈署理射洪县知县片

同治十一年三月二十八日(1872年5月5日)

再,署射洪县知县沈超骏因病请假遗缺,查有因公在省之大邑县知县赵霈,老成干练,堪以委署。该员正、署各任内并无经征钱粮未完展参及承缉盗劫已起四参案件,据藩、臬两司会详前来。除檄饬遵照外,理合附片陈明,伏乞圣鉴。谨奏。

同治十一年五月初三日,军机大臣奉旨:知道了。钦此。②

○四二 奏报盛锡龄等期满甄别片

同治十一年三月二十八日(1872年5月5日)

再,查吏部奏定章程:州、县、丞、倅,无论何项劳绩保奏归入候补班者,以到省之日起,予限一年,令督抚详加察看,出具切实考语,

① 中国第一历史档案馆藏:军机录副,档案编号:03-4658-029。此片具奏日期未确,兹据军机处随手登记档(档案编号:03-0209-2-1111-116)校正。
② 中国第一历史档案馆藏:军机录副,档案编号:03-4658-022。此片具奏日期未确,兹据军机处随手登记档(档案编号:03-0209-2-1111-116)校正。

奏明分别繁简补用等因。遵照在案。兹查有候补班前补用通判盛锡龄、候补通判吴学曾、候补知县何远庆、尽先前即补知县杨荣光、候补班前先补用知县黄应高五员，到省均一年期满，自应照章甄别，据布政使王德固、按察使英祥分造该员等履历清册，会详请奏前来。

臣查该员盛锡龄才具明敏，请留川以繁缺通判补用；吴学曾办事勤慎，请留川以简缺通判补用；何远庆年强才裕，杨荣光年健才明，均请留川以繁缺知县补用；黄应高留心吏事，请留川以简缺知县补用。除将该员等履历清册咨部外，理合附片陈明，伏乞圣鉴训示。谨奏。

同治十一年五月初三日，军机大臣奉旨：吏部知道。钦此。[1]

○四三　奏报川省同治十一
　　　　年二月雨水、粮价折

同治十一年三月二十八日（1872年5月5日）

头品顶戴四川总督臣吴棠跪奏，为恭报四川省同治十一年二月份各属具报米粮价值及得雨情形，仰祈圣鉴事。

窃照同治十一年正月份通省粮价及得雨情形，前经臣恭折奏报在案。兹查同治十一年二月份成都、重庆、夔州、龙安、保宁、顺庆、潼川、雅州、嘉定、叙州十府，资州、绵州、忠州、眉州、泸州五直隶州，叙永一直隶厅，各属先后具报得雨自一二次至七八次不等。田水充足，小春扬花。其通省粮价俱与上月相同，据布政使王德固

---

① 中国第一历史档案馆藏：军机录副，档案编号：03-4658-030。此片具奏日期未确，兹据军机处随手登记档（档案编号：03-0209-2-1111-116）校正。

查明列单汇报前来。

臣覆核无异。理合恭折具奏,并分缮清单,恭呈御览,伏乞皇太后、皇上圣鉴。谨奏。三月二十八日。

同治十一年五月初三日,军机大臣奉旨:知道了。钦此。[1]

○四四　呈川省同治十一年二月粮价清单

同治十一年三月二十八日(1872年5月5日)

谨将四川省同治十一年二月份各属具报米粮价值,开具清单,恭呈御览。

成都府属,价贵。中米每仓石价银三两零五分至四两九分,与上月同。大麦每仓石价银一两八钱四分至二两一分,与上月同。小麦每仓石价银二两一钱七分至二两三钱四分,与上月同。黄豆每仓石价银一两六分至二两四钱六分,与上月同。荞子每仓石价银一两一钱七分至一两七钱一分,与上月同。

重庆府属,价贵。中米每仓石价银二两八钱五分至三两八钱七分,与上月同。大麦每仓石价银一两六钱五分至二两,与上月同。小麦每仓石价银二两三钱一分至二两七钱三分,与上月同。黄豆每仓石价银二两七钱三分至三两三分,与上月同。

保宁府属,价贵。中米每仓石价银二两六钱七分至三两三钱八分,与上月同。大麦每仓石价银一两九钱二分至二两一钱三分,与上月同。小麦每仓石价银二两八钱六分至三两六钱,与上月同。黄豆每仓石价银一两八钱三分至二两一钱三分,与上月同。

---

① 中国第一历史档案馆藏:军机录副,档案编号:03-4966-008。

顺庆府属，价贵。中米每仓石价银三两一钱一分至三两五钱二分，与上月同。大麦每仓石价银一两六钱二分至一两八钱一分，与上月同。小麦每仓石价银二两一钱一分至二两一钱四分，与上月同。黄豆每仓石价银一两五钱五分至一两六钱七分，与上月同。

叙州府属，价贵。中米每仓石价银三两一钱至三两四钱，与上月同。大麦每仓石价银一两六钱七分至二两三分，与上月同。小麦每仓石价银二两一钱五分至二两六钱五分，与上月同。黄豆每仓石价银一两一钱二分至一两五钱三分，与上月同。

夔州府属，价贵。中米每仓石价银二两九钱至三两二钱五分，与上月同。大麦每仓石价银一两七钱九分至二两四钱七分，与上月同。小麦每仓石价银二两九钱六分至三两四分，与上月同。黄豆每仓石价银二两一钱六分至二两二钱六分，与上月同。

龙安府属，价贵。中米每仓石价银二两六钱至三两三钱，与上月同。青稞每仓石价银一两五钱，与上月同。小麦每仓石价银一两八钱至二两一钱九分，与上月同。黄豆每仓石价银一两八钱五分至一两九钱三分，与上月同。

宁远府属，价贵。中米每仓石价银二两九钱三分至三两二钱六分，与上月同。大麦每仓石价银一两四钱九分至一两六钱一分，与上月同。小麦每仓石价银一两六钱二分至二两二钱三分，与上月同。荞子每仓石价银一两四钱六分，与上月同。黄豆每仓石价银一两五钱六分至一两六钱三分，与上月同。

雅州府属，价中。中米每仓石价银二两八钱五分至二两九钱，与上月同。小麦每仓石价银二两三钱至二两六钱六分，与上月同。黄豆每仓石价银一两六钱八分至二两七钱，与上月同。

嘉定府属，价贵。中米每仓石价银二两九钱二分至三两五钱二分,与上月同。小麦每仓石价银二两三钱七分至二两七钱四分,与上月同。黄豆每仓石价银一两四钱九分至二两五分,与上月同。

潼川府属,价贵。中米每仓石价银二两九钱三分至三两二钱一分,与上月同。大麦每仓石价银一两六钱七分至一两九钱五分,与上月同。小麦每仓石价银二两一钱六分至二两五钱一分,与上月同。黄豆每仓石价银一两七钱九分至二两一钱六分,与上月同。

绥定府属,价中。中米每仓石价银二两八分至二两九钱二分,与上月同。大麦每仓石价银一两五钱八分至一两五钱九分,与上月同。小麦每仓石价银一两六钱三分至一两七钱四分,与上月同。黄豆每仓石价银一两四钱三分,与上月同。

眉州直隶州属,价贵。中米每仓石价银二两七钱八分至三两八分,与上月同。

邛州直隶州属,价贵。中米每仓石价银二两六钱八分至三两一钱一分,与上月同。大麦每仓石价银一两九钱三分,与上月同。小麦每仓石价银二两五钱九分,与上月同。黄豆每仓石价银二两一钱至二两二钱四分,与上月同。

泸州直隶州属,价贵。中米每仓石价银三两一钱一分至三两一钱二分,与上月同。

资州直隶州属,价中。中米每仓石价银二两六钱至二两九钱五分,与上月同。

绵州直隶州属,价贵。中米每仓石价银二两七钱七分至三两九分,与上月同。小麦每仓石价银二两三钱四分至二两四钱八分,与上月同。

茂州直隶州属,价中。中米每仓石价银二两六钱五分,与上月同。小麦每仓石价银二两六钱八分,与上月同。青稞每仓石价银二两二钱二分，与上月同。荞子每仓石价银一两二钱五分至一两七钱五分，与上月同。

忠州直隶州属，价贵。中米每仓石价银二两六钱二分至三两三钱，与上月同。大麦每仓石价银一两四钱六分至一两六钱，与上月同。小麦每仓石价银二两五分至二两四钱一分，与上月同。黄豆每仓石价银一两二钱七分至一两三钱七分，与上月同。

酉阳直隶州属，价贵。中米每仓石价银二两六钱三分至三两一钱三分，与上月同。大麦每仓石价银二两三钱至二两六钱二分，与上月同。小麦每仓石价银二两六钱四分至二两七钱八分，与上月同。黄豆每仓石价银一两三钱九分至一两四钱四分，与上月同。

叙永直隶厅属，价贵。中米每仓石价银三两一分，与上月同。小麦每仓石价银一两八钱一分，与上月同。荞子每仓石价银一两三钱四分，与上月同。黄豆每仓石价银一两六钱一分，与上月同。

松潘直隶厅，价中。青稞每仓石价银二两七钱六分，与上月同。荞子每仓石价银一两七钱四分，与上月同。

杂谷直隶厅，价中。青稞每仓石价银二两四钱，与上月同。荞子每仓石价银一两七钱九分，与上月同。

石砫直隶厅，价平。中米每仓石价银一两六钱四分，与上月同。大麦每仓石价银一两七钱三分，与上月同。小麦每仓石价银二两六分，与上月同。

打箭炉直隶厅，价贵。青稞每仓石价银四两九钱二分，与上月同。油麦每仓石价银一两八钱一分，与上月同。

军机大臣奉旨：览。钦此。[①]

---

① 中国第一历史档案馆藏：清单，档案编号：03-4966-009。

○四五　呈川省同治十一年二月得雨清单

同治十一年三月二十八日(1872年5月5日)

谨将四川省同治十一年二月份各属具报雨水情形,开具清单,恭呈御览。

成都府属:成都、华阳两县得雨三次,小春茂盛。简州得雨三次,豌豆扬花。崇庆州得雨二次,小麦畅茂。汉州得雨二次,小春滋长。温江县得雨一次,小春扬花。郫县得雨二次,小春茂盛。新都县得雨五次,豌、葫豆扬花。灌县得雨四次,小春滋长。双流县得雨二次,小麦畅茂。什邡县得雨五次,荞麦滋长。

重庆府属:江北厅得雨五次,小春茂盛。江津县得雨五次,小春含胎。长寿县得雨七次,小春扬花。永川县得雨六次,小春结实。荣昌县得雨四次,小春畅茂。合州得雨六次,小春滋长。涪州得雨二次,小春茂盛。铜梁县得雨三次,小春滋长。大足县得雨二次,小春滋长。定远县得雨六次,小春吐穗。

夔州府属:万县得雨二次,小麦含胎。

龙安府属:江油县得雨二次,小春滋长。

保宁府属:剑州得雨一次,麦豆滋长。

顺庆府属:南充县得雨一次,二麦茂盛。营山县得雨三次,豆麦滋长。仪陇县得雨一次,豆麦滋长。广安州得雨三次,冬粮茂盛。岳池县得雨二次,小春荣茂。邻水县得雨五次,小春茂盛。

潼川府属:三台县得雨三次,杂粮畅茂。射洪县得雨一次,小春渐茂。蓬溪县得雨一次,二麦吐穗。安岳县得雨二次,山粮滋长。乐至县得雨二次,大麦含苞。

雅州府属：雅安县得雨六次，小春滋长。

嘉定府属：乐山县得雨四次，小春扬花。峨眉县得雨四次，豆麦畅茂。洪雅县得雨四次，豆麦畅茂。夹江县得雨一次，小春滋长。荣县得雨三次，小春放花。

叙州府属：南溪县得雨七次，小春结实。富顺县得雨四次，小春甚茂。隆昌县得雨五次，小春结实。长宁县得雨一次，小春扬花。兴文县得雨五次，小春畅茂。

资州直隶州属：资州得雨四次，小春茂盛。资阳县得雨二次，小春滋长。井研县得雨四次，小春扬花。内江县得雨三次，小春扬花。

绵州直隶州属：绵州得雨三次，小春含胎。安县得雨五次，小春滋长。梓潼县得雨二次，小春扬花。罗江县得雨一次，小春滋长。

忠州直隶州属：忠州得雨六次，小春扬花。酆都县得雨三次，小春滋长。梁山县得雨三次，葫豆开花。垫江县得雨五次，小春滋长。

眉州直隶州属：眉州得雨一次，豆麦含蕊。彭山县得雨四次，豆麦含苞。丹棱县得雨一次，小春畅茂。

泸州直隶州属：泸州得雨八次，小春扬花。江安县得雨一次，小春扬花。合江县得雨七次，小春谢花，初实。纳溪县得雨四次，小春结实。

叙永直隶厅：叙永厅得雨三次，小春扬花。永宁县得雨三次，小春扬花。

军机大臣奉旨：览。钦此。①

---

① 中国第一历史档案馆藏：清单，档案编号：03-4966-010。

吴棠集

○四六 报解同治十年冬、腊 两月协黔的饷日期折

同治十一年四月初七日(1872 年 5 月 13 日)

头品顶戴四川总督臣吴棠跪奏,为续拨同治十年十一、十二月份协黔的饷委解起程日期,恭折驰陈,仰祈圣鉴事。

窃臣钦奉寄谕:周达武所需饷银五万八千两,由川按月筹拨,解赴贵阳省城等因。钦此。遵将同治九年冬季应拨饷银十四万五千两,及同治十年正月起至十月止应拨饷银五十八万两,先后具奏解交各在案。查川省军需以捐输为大宗。上年,剔灾征熟,[①]损之又损,派数已迥不如前。现值青黄不接之交,举办赈粥平粜,当务为急。库储搜括无遗,不敷尚巨,是进款以灾荒而减,用款因赈济而增,[②]入少出多,倍形竭蹶!时已春暮,各属报解寥寥,本省防兵仅放过一关月饷,统观全局,实觉兼顾不遑。而提督周达武进剿苗疆,军事尚称得手,不得不勉筹接济,以策全功。前于各属解到厘金项下,凑拨银五万八千两,作为同治十年十一月份协黔的饷,饬委试用同知吴述亨、候补府经历韩桢管解,于同治十一年二月初八日自省起程,解赴贵州。

兹距拨饷之期又逾匝月,远征士卒,待哺嗷嗷,未便稍存膜视,续拟将上年十二月份协黔的饷酌拨川东道库银三万两,并檄提富荣局盐厘银二万八千两,作为解司之款,饬委候补知县宋棨、试用

---

① "剔灾征熟",《游蜀疏稿》作"剃灾从熟",未确。

② 划线部分《游蜀疏稿》作"是进款以灾荒而顿减,用款因赈济而转增"。

2786

知县吴宝善守催管解，定期于本年三月十五日自省起程，统交周达武军营，专供马步全军之用。再，查派赴贵州助剿之武字副前营、经武左营，复经续拨月饷一批，委员协同解往，以资散放。合并声明。据藩司王德固具详前来。

所有续拨同治十年十一、十二月份协黔的饷委解起程缘由，除分咨外，理合恭折驰陈，伏乞皇太后、皇上圣鉴。谨奏。四月初七日。

同治十一年四月二十五日，军机大臣奉旨：知道了。钦此。[1]

○四七　委解四川第二批京饷日期折

同治十一年四月初七日(1872 年 5 月 13 日)

头品顶戴四川总督臣吴棠跪奏，为川省第二次委解京饷起程日期，恭折仰祈圣鉴事。

窃臣前准军机大臣字寄：同治十年十二月初二日，奉上谕：户部奏拨同治十一年京饷，着于来年开印后分批起解等因。钦此。单开拨四川盐厘银十五万两、津贴银十五万两，当经督饬司道委解过银十万两，将起程日期奏报在案。现在虽值民力拮据，赶办赈粜，各属征解各款俱形减色，而京饷最关紧要，不得不勉力筹解。

臣复督同藩司王德固等，凑集津贴银七万两、盐厘银六万两，共银十三万两，饬委涪州知州濮文升承领，定期四月十五日

---

① 中国第一历史档案馆藏：军机录副，档案编号：03-49498-052。又，吴棠等：《游蜀疏稿》，第 537—543 页。其尾记曰："同治十一年四月初七日，由驿具奏，于五月十二日，准兵部火票递回原折，后开军机大臣奉旨：知道了。钦此。"

自成都起程。前因秦、陇交界地方回匪溃勇出没靡常,驿路时通时阻,部饷正供实难冒险径解,于本年正月间,复奏请照案发商汇兑,奉旨敕部知照在案。所有此次饷项仍发交蔚泰厚等银号汇解,委员至京兑齐,解赴户部交纳,用昭慎重。所有川省第二次委解京饷起程日期,理合恭折具奏,伏乞皇太后、皇上圣鉴。谨奏。四月初七日。

同治十一年四月二十五日,军机大臣奉旨:户部知道。钦此。①

○四八　奏报春季合操省标官兵折

同治十一年四月初七日(1872 年 5 月 13 日)

头品顶戴四川总督臣吴棠、成都将军臣魁玉、四川提督臣胡中和跪奏,为合操省标官兵技艺情形,恭折仰祈圣鉴事。

窃照成都省标官兵向于每年春秋二季合操一次,以申纪律。兹届春操之期,臣等于三月十六日调集军、督、提、城十营官弁兵丁,齐赴较场考校。各兵排演新旧各阵式,步伐整齐;施放连环枪炮,声响联贯。长矛藤牌各技亦俱进退便捷。复按照各营官兵饷册,逐名考核弓箭枪炮,其马步箭中靶统计七成有余,弓用六七力不等。各兵演放抬枪、鸟枪,中靶亦有八成。爰择其技艺娴熟者,当场分别奖赏记拔。间有生疏者亦即勒限练习,分别劝惩。伏思川省为边陲重地,省标为各营表率,现在邻氛未靖,防剿紧要,武备尤应认真。

---

①　中国第一历史档案馆藏:军机录副,档案编号:03-4949-051。

臣等严谕各将备等督率弁兵，仍按日轮流操演，勤加训练，务使各兵技艺日益精进，咸成劲旅，不得以春操已过稍形懈弛，以期仰副圣主整饬戎行、绥靖边陲之至意。所有春季合操省标官兵技艺情形，合词恭折具奏，伏乞皇太后、皇上圣鉴。谨奏。四月初七日。

同治十一年四月二十五日，军机大臣奉旨：知道了。钦此。①

○四九　请准总兵联昌暂缓陛见片

同治十一年四月初七日(1872年5月13日)

再，前奉上谕：军务稍松及无军务各省提、镇人员，均着奏请来京陛见等因。钦此。遵即转行遵照在案。兹查调署重庆镇总兵事松潘镇总兵联昌，年五十三岁，由一等子爵拣发两江，补授河标中军副将，历年剿匪著绩，保升总兵。咸丰九年，奉旨升补松潘镇总兵，十年正月陛见，面奉谕旨，即赴新任，是年闰三月到任。前因三年届满，经前兼署督臣崇实以松属番夷甫定，正须熟手经理，奏请俟下届三年期满，再行陛见，奉旨：着照所请，兵部知道。钦此。迄今又逾三年，自应循例入觐。惟查联昌现署重庆镇总兵，所辖营汛多与黔、楚接壤。去年，因楚南会匪告警，黔中苗氛不靖，未便离任。而本年春间，又探闻黔省铜仁苗匪戕毙知县，抗拒官兵，势颇猖獗，川东边境相距咫尺，亟须严防。该处勇丁无多，全赖知兵大员就近督饬营汛，认真布置。

该镇自调任以来，筹办川东边防，情形最熟，措置裕如，臣等于

① 中国第一历史档案馆藏：军机录副，档案编号：03-4767-087。

本年二月间,奏请调补重庆镇总兵,原为要缺需人起见。值此防务紧要,骤难另易生手,致滋贻误,合无仰恳天恩,俯准该镇暂缓陛见,一俟川、黔防务稍松,再行照例办理,实于边境有裨。理合附片陈明,伏乞圣鉴训示。谨奏。

同治十一年四月二十五日,军机大臣奉旨:着照所请,兵部知道。钦此。①

○五○　奏报袁师锴等期满甄别片

同治十一年四月初七日(1872年5月13日)

再,查吏部奏定章程:州、县、丞、倅,无论何项劳绩保奏归入候补班者,以到省之日起,予限一年,令督抚详加察看,出具切实考语,奏明分别繁简补用等因。遵照在案。兹查有候补班前先即补同知袁师锴、吴之桐②二员,均到省一年期满,自应照章甄别,据布政司王德固、按察使英祥造具该员等履历清册,会详请奏前来。

臣查同知袁师锴才具稳练,吴之桐吏事勤明,均堪留川以繁缺补用。除将该员等履历清册咨部外,理合附片陈明,伏乞圣鉴。谨奏。

同治十一年四月二十五日,军机大臣奉旨:吏部知道。钦此。③

---

① 中国第一历史档案馆藏:军机录副,档案编号:03-4657-181。此片具奏日期未确,兹据同批附件校正。

② 吴之桐(1839—?),河南固始人,附贡生。同治四年(1865),报捐同知。六年(1867),加捐不论双单月,指发四川试用。十二年(1873),以知府补用。光绪二年(1876),题补叙永直隶厅同知,加捐正三品衔。二十二年(1896),补石硅直隶厅同知。

③ 中国第一历史档案馆藏:军机录副,档案编号:03-4657-179。

○五一　奏报道员孙濂年力就衰请旨撤任片

同治十一年四月初七日(1872 年 5 月 13 日)

再,成绵龙茂道孙濂历任府县,尚属勤能,惟现在年力就衰,智虑渐形短浅,近办省城赈粜事务,诸事竭蹶,难胜督率之任。查有候补道尹国珍,办事实心,能任劳怨。除檄委暂行署理外,相应请旨将成绵龙茂道孙濂撤任,所有一切经手未完事件,容臣查察,再行陈奏。是否有当,伏乞圣鉴训示。谨附片具奏。

同治十一年四月二十五日,军机大臣奉旨:着照所请,吏部知道。钦此。①

○五二　奏报省垣及各属平粜赈济片

同治十一年四月初七日(1872 年 5 月 13 日)

再,臣钦奉上谕:吴棠奏,川省歉收粮贵、恳请拨银赈济一折等因。钦此。仰见我皇太后、皇上轸恤灾黎,无遗□届,钦感莫名!遵查本年正月下旬,臣即督率在省司道府县,碾谷发米,先于省垣四门分设粥厂,委员认真经理。两月以来,每日老幼男妇赴厂食粥者,共有三万余人,饥民借以勉活。外府州县亦通饬各备米石,平粜施粥。其委勘被灾较甚之定远、铜梁、合州等二十八州县,分别酌拨银两,严饬地方官悉心赈济,务期灾黎咸沾实惠。复委员候补知府张轴龙等,携带银两,驰赴贵州遵义一带,并饬川东道在于滨

---

① 中国第一历史档案馆藏:军机录副,档案编号:03-4657-182。

江下游州县各购米石,运省接济。现届青黄不接之时,已饬委盐茶道傅庆贻、补用道候补知府彭名湜、署成都府知府彭毓葇,督同委员绅董,赶办省城平粜事务,各属亦陆续禀报举行。

臣不时密加查察,如遇官绅办理不力,或有侵冒,惟有据实严参,以昭儆戒而重民食。刻下小春将届成熟,远近民情日就安恬,堪以上慰宸廑。所有遵旨举办赈粜情形,理合由驿附陈,伏乞圣鉴。谨奏。

同治十一年四月二十五日,军机大臣奉旨:知道了。钦此。①

○五三　添加淮军饷数委解日期片

同治十一年四月初七日(1872年5月13日)

再,臣承准军机大臣字寄:李鸿章奏,淮军月饷每月加拨四川三万两,此项月饷均系有着的款,岂可稍令短绌!着吴棠照原拨淮军额款,按月如数筹解,毋稍延误,以济要需等因。钦此。伏查淮军月饷,前经臣督同藩司十次解过银三十九万两,先后奏报在案。连年川省奉拨京饷、邻饷及援邻勇粮、军火,需用浩繁,加以去年旱潦相继,征解减色,今春粮价昂贵,办理赈粜,酌减捐厘,库储竭蹶,实有自顾不遑之势。

惟此项协饷,大局攸关,不能不设法腾挪。兹复督同藩司凑集厘金银三万两,饬委候补知州曹履安、候补未入流任瑶承领,定期于同治十一年三月二十九日自省起程,解赴湖北粮台交收,拨供李

---

① 中国第一历史档案馆藏:军机录副,档案编号:03-4679-057。此片具奏日期未确,兹据军机处随手登记档(档案编号:03-0209-2-1111-108)校正。

鸿章所部淮军征防协饷，以济要需。除分咨外，理合附片陈明，伏乞圣鉴。谨奏。

同治十一年四月二十五日，军机大臣奉旨：知道了。钦此。[①]

○五四　查明历年防剿出力人员汇案酌保折

同治十一年四月二十四日(1872年5月30日)

头品顶戴四川总督臣吴棠跪奏，为遵旨汇案酌保，恭折仰祈圣鉴事。

窃臣前于同治十年十月间，由驿具奏川省历年防剿秦、陇回逆并援黔之达字营剿办上游股匪尤为出力员弁，恳恩俯准汇案酌奖、以励戎行一折，嗣于十一月二十一日由兵部火票递回原折，后开军机大臣奉旨：着准其择尤汇案酌保，毋许冒滥。钦此。当即恭录檄行各将领钦遵查照。旋据开送清单，呈请核奖。惟积时既久，而为数实多，往返驳查，旁咨博采，期于无滥无遗，以仰副朝廷策励戎行、慎重名器之至意！

伏查川军之出扎汉南也，记名提督李辉武提一旅之师，扼方张之寇，疾驰陇上，转战关中，一捷于县头镇而规复乡场，再捷于周原而踏平巢穴。迨扫两当、唐藏之踞匪，更趋武功、醴泉以赴援，全赖提督李有恒督率虎威宝军，严守边陲，为之后劲。总兵李忠楷、副将陈顺理等督率裕字亲兵各营，确觇贼势，助以先声。故能所向有功，每战必克。于是西北之藩篱渐固，东南之烽燧犹惊。前督臣骆秉章

---

① 中国第一历史档案馆藏：军机录副，档案编号：03-4831-122。此片具奏日期未确，兹据军机处随手登记档（档案编号：03-0209-2-1111-108）校正。

建议先黔后滇，具有老谋胜算。臣与前将军臣崇实，踵而行之。其时，统领达字全军提督陈希祥，派赴贵州上游剿办股匪，亦有攻克定南汛城、收降狆苗七十余寨之报。至今安定士民、不为寇扰者，援师之力居多。若非该将士等竭诚合谋，出奇制胜，安得同时奏凯、越境论功乎！渥荷圣明，录及成劳，准予酌奖，罔弗欢欣鼓舞，感颂同声。

兹谨择其尤为出力员弁汇列清单，恭呈御览，吁恳恩施立沛，以孚众志，而固边防。除拟保千总以下循例造册咨部核办外，所有查明川省历年防剿秦、陇回逆并援黔之达字营剿办上游股匪尤为出力员弁，遵旨汇案酌保缘由，理合恭折具奏，伏乞皇太后、皇上圣鉴训示。谨奏。

同治十一年四月二十四日，由驿具奏，于本年五月二十五日准兵部火票递回原折，后开军机大臣奉旨：另有旨。钦此。[①]

【案】此折于同治十一年五月十二日得允准。《清实录》：

乙未……以四川官军防剿陕西回匪并剿办贵州上游股匪出力，予提督李辉武优叙，赏总兵官赖锡光、副将郑学德巴图鲁名号，同知李辉联、参将贺曙堂等花翎，守备谈嘉祥等蓝翎。余加衔、升叙、开复有差。[②]

○五五　请将李锦贵等照例从优议恤片

同治十一年四月二十四日(1872 年 5 月 30 日)

再，查统领达字全军提督陈希祥，自派贵州上游剿办股匪，攻

---

①　吴棠等:《游蜀疏稿》,第 545—552 页。
②　《穆宗毅皇帝实录(七)》,卷三百三十三,同治十一年五月上,第 410 页。

克定南汛城,收降狆苗七十余寨,悉赖将士血战之功。而要其陷阵冲锋,克敌致果,存者固应奖叙,殁者尤足矜怜。所有打仗阵亡之副将李锦贵,参将徐成旃,花翎游击苏根生、徐大起,都司陈明耀、李猷贵、李洪顺、王兴基、张占超,守备曾连元、刘到春、蔡辅廷,蓝翎守备刘光庆、唐贵保、贺德福,把总萧荣耀、辜仕海。

又,积劳病故之花翎总兵邹绍南,副将衔参将文德备,花翎游击孙鼎臣,蓝翎守备邓锡光、谢连魁、郭宝臣,守备衔千总陈周绍,把总陈大海,陕西补用州判董锡碬,拟保县丞附生刘经镕,均属勋勤卓尔,志节凛然。虽死事不同,而殉身则一,合无吁恳天恩,敕部将副将李锦贵等照阵亡例、总兵邹绍南等照军营立功后病故例,分别优恤,以慰忠魂。理合附片陈明,伏乞圣鉴训示。谨奏。

同治十一年四月二十四日,附驿具奏,于本年五月二十五日准兵部火票递回原片,后开军机大臣奉旨:李锦贵等均着照所请,交部分别优恤。钦此。[1]

【案】同治四年五月,此片得批覆。《清实录》:

予贵州定南阵亡副将李锦贵等十七员祭葬,世职加等。[2]

○五六　请将总兵何行保等留川备补片

同治十一年四月二十四日(1872年5月30日)

再,查提督衔简用总兵何行保、升用参将湖南尽先游击谢思

---

① 吴棠等:《游蜀疏稿》,第553—557页。
② 《穆宗毅皇帝实录(七)》,卷三百三十三,同治十一年五月上,第410页。

友、费三春,因在川、黔等省剿贼立功,洊升今职。又,尽先补用总兵云南普洱营游击陈泽久、升用总兵尽先副将云南景蒙营游击张旭升,曾于淮扬各路军营统带兵勇,熟谙戎机,由升任漕臣张之万咨送来川。以上五员,均经臣留心察看,或令其带队防边,或责以练兵捕盗,于兹数载,尚能勤奋有为,朴诚自矢。此次查办历年防剿秦、陇回逆并援剿黔省上游股匪酌保一案,何行保等皆在行间,著有劳绩。现值川省邻氛未靖,亟应储备将材,为异日干城之选。

合无吁恳天恩,俯准将该员等留于四川,何行保请遇有副参将缺出,按照新章,酌量备补;谢思友、费三春请以游击、都司尽先补用;陈泽久、张旭升籍隶云南,其所得升阶,例应回避本省,并请各开游击底缺,遇有相当缺出,分别借补。统俟补缺后,再行送部,带领引见。臣为整顿营伍起见,是否有当,伏乞圣鉴训示。谨奏。

同治十一年四月二十四日,附驿具奏,于本年五月二十五日准兵部火票递回原片,后开军机大臣奉旨:着照所请,兵部知道。钦此。①

○五七　请准李有恒在原籍建祠将故弁入祀片

同治十一年四月二十四日(1872 年 5 月 30 日)

再,据统领虎威宝营简用提镇奇车博巴图鲁李有恒禀称:窃惟舍生取义,原臣下尽职之常,而崇德报功,乃朝廷教忠之典。盖推恩不遗微贱,故群力益为奋兴。该统领自咸丰二年,效力行间,管带宝勇,随剿湖南湘潭、岳州、江西九江等处股匪,克复湖北武昌、

---

①　吴棠等:《游蜀疏稿》,第 559—563 页。

汉阳、黄州、蕲水等府县城。迨充帮带，援剿荆州、襄阳，固守湖南宝庆，遂统军驰赴贵州，先定毕节，再平夷、杠、土、教各匪，历援安顺、黔西、平远、郎岱各城。同治三年，奉调入川，剿办滇、黔交界逆贼及越嶲夷匪，恢复普雄旧制，并扎防川北之龙安、平武、江油、广元等县与陕西阳平关、大安驿各隘口，截击窜回，迭有斩获。计先后转战六省，阅时廿载，剿平贼匪十余股。或以寡敌众，或以步当骑，皆赖所部弁勇心一气定，肉薄血鏖，幸立微功。其中策勋受赏者，固不乏人。而身膏锋刃、血洒郊原者，正复不少。每念此等死事弁勇，殁而有觉，稽绍之死原甘。生且无家，若敖之鬼将馁。宜使凭依得所，庶几观咸有资。兹查得该营死事将弁勇丁，共七百九十六名，拟于湖南宝庆府新化县本籍地方，捐建宝勇昭忠祠。凡该营及同邑出征亡故弁勇，一体附祀等情。

臣伏查近年用兵省份各营阵亡将士，呈请捐建昭忠祠，均邀俞允，实圣朝破格之隆施，为战士难逢之殊遇。今该统领所请，系为激扬士气起见。合无吁恳天恩，俯准简用提镇李有恒，在于原籍湖南新化县地方捐资建祠，凡该营及同邑出征亡故弁勇一并入祀，以妥忠魂。除将送到清册咨送礼、兵二部暨湖南抚臣查照外，理合附片陈明，伏乞圣鉴训示。谨奏。

同治十一年五月十二日，军机大臣奉旨：着照所请，兵部知道。钦此。①

---

① 中国第一历史档案馆藏：军机录副，档案编号：03-4749-027。又，吴棠等《游蜀疏稿》，第565—571页。其尾记曰："同治十一年四月二十四日，附驿具奏，于本年五月二十五日，准兵部火票递回原片，后开军机大臣奉旨：着照所请，兵部知道。钦此。"

○五八　续拨滇饷委解起程日期折

同治十一年四月二十四日（1872 年 5 月 30 日）

头品顶戴四川总督臣吴棠跪奏，为续拨滇饷委解起程日期，恭折仰祈圣鉴事。

窃查川省奉拨云南协饷，前已解过银二十万两，先后奏报在案。兹复准滇省督、抚臣委员至川守提，伏思川省连月筹拨部饷、甘饷、淮饷、黔饷，转输不绝于道，库储悉索无遗。今春米价昂贵，小民艰食，即在筹办赈粜，酌减捐厘，征解各款，俱形减色，实难兼顾。惟值滇省分剿吃紧，需饷孔殷，不能不移缓就急，以维大局。

兹臣督同藩司王德固设法腾挪，凑集协滇兵饷银二万两，发交来员黑盐井大使萧凤仪承领，定期于四月二十六日自成都起程，解赴云南藩库交收，以应急需。除分咨外，理合恭折陈明，伏乞皇太后、皇上圣鉴。谨奏。四月二十四日。

同治十一年五月十二日，军机大臣奉旨：知道了。钦此。①

○五九　委解甘肃粮台饷银起程日期片

同治十一年四月二十四日（1872 年 5 月 30 日）

再，川省拨饷过繁，库款愈绌，前于筹解淮军、西征各处月饷及现解滇饷各折片内详细陈明。其成禄一军协饷，曾于十年九月委

---

① 中国第一历史档案馆藏：军机录副，档案编号：03-4949-065。

解银三万两,俱赴甘肃秦州交存,听候提拨,亦经奏报在案。兹准成禄咨催,解饷径到凉州,以便料理出关,复委员来川守提,不得不竭力筹拨,以顾大局。

兹臣督饬藩司挪凑厘金银二万两,作为同治十年正、二两月份协饷,内除该营委员借过银二百两,余银一万九千八百两,发交来员府经历侯樾坝、吏目希祥承领,定于四月二十八日自成都起程,解赴甘肃后路粮台,交署甘凉道萧宗幹查收,转运景廉、[①]成禄两军分别应用,以昭慎重,而免疏虞。除分咨外,理合附片陈明,伏乞圣鉴。谨奏。

同治十一年五月十二日,军机大臣奉旨:知道了。钦此。[②]

---

① 景廉(1823—1885),字俭卿,号季泉、秋坪,颜札氏,满洲正黄旗人。咸丰元年(1851),中式举人。二年(1852),中式进士,选庶吉士。三年(1853),授翰林院编修,旋补翰林院侍讲、国史馆协修。同年,补文渊阁校理。四年(1854),充日讲起居注官。是年,授翰林院侍讲学士,管文渊阁直阁。五年(1855),迁咸安宫总裁、管道大臣,寻升内阁学士,兼礼部侍郎衔。是年,充福建乡试正考官。次年,任总试大臣、玉牒馆副总裁。七年(1857),授工部右侍郎,兼管钱法堂事务,充考试汉御史阅卷大臣。八年(1858),补镶红旗满洲副都统,署正蓝旗满洲副都统。同年,充顺天乡试监临。九年(1859),调刑部右侍郎,兼署吏部右侍郎。是年,补授伊犁参赞大臣。同治元年(1862),补叶尔羌参赞大臣。五年(1866),加头等侍卫,调补哈密帮办大臣。十年(1871),擢乌鲁木齐都统。光绪元年(1875),授正白旗汉军都统,转署察院左都御史。同年,充考试大臣。二年(1876),署步军统领、正白旗蒙古都统,充考试大臣。是年,授军机大臣上学习行走,署工部尚书、正红旗满洲都统。同年,任总理各国事务大臣。三年(1877),授军机大臣、工部尚书,管理火药局事务,署正蓝旗蒙古都统、镶红旗汉军都统。四年(1878),调户部尚书,管理户部三库事务,兼署工部尚书。同年,授国史馆正总裁。五年(1879),署吏部尚书,充会试正考官。六年(1880),充经筵讲官。次年,任前引大臣。九年(1883),授兵部尚书。十一年(1885),署镶蓝旗蒙古副都统。同年,卒于任。有《冰岭纪程》等行世。

② 中国第一历史档案馆藏:军机录副,档案编号:03-4949-067。此片具奏日期未确,兹据军机处随手登记档(档案编号:03-0209-2-1111-125)校正。

○六○　筹拨协甘饷银委解起程日期折

同治十一年四月二十四日（1872 年 5 月 30 日）

再，川省协甘月饷前已解至同治十年二月上半月止，均经先后奏报在案。兹叠准办理西征粮台翰林院侍讲学士臣袁保恒、凉州副都统臣瑞云各咨提协饷，并委员来川守提。伏查川省历年迭拨京外各饷，库藏久虚。去年旱潦相继，征解各款俱甚寥寥。今春米麦昂贵，贫民艰食，奏拨库款，办理赈粜，并赶拨京饷，入少出多，愈形拮据，各省协饷实难兼顾。惟甘军进剿河州，需饷亦急，凉、庄兵食尤形匮乏，不得不设法拨济，以维大局。

兹臣督饬藩司勉凑捐厘银三万两，作为同治十年二月下半月及三月份应协甘饷，内遵旨划扣银一万两分济凉、庄两营兵饷，发交凉州来弁达哈苏等汇解回凉，并除西宁办事大臣豫师委员借拨甘饷银五百两外，余银一万九千五百两，委候补知县王钟洧协同西征粮台催饷委员县丞费振方、从九品杨式荣承领，于四月二十四日自成都起程，解赴驻陕西征粮台交收，以应急需。除分咨外，理合附片陈明，伏乞圣鉴。谨奏。

同治十一年五月十二日，军机大臣奉旨：知道了。钦此。①

---

① 　中国第一历史档案馆藏：军机录副，档案编号：03-4949-066。此片具奏日期未确，兹据军机处随手登记档（档案编号：03-0209-2-1111-125）校正。

○六一　汇报同治十年九月至
十一年二月请袭世职折

同治十一年四月二十七日（1872 年 6 月 2 日）

头品顶戴四川总督臣吴棠跪奏，为川省承袭世职，照章汇案办理，恭折仰祈圣鉴事。

窃查前准部咨：钦奉上谕：嗣后阵亡、殉难各员子孙承袭世职，均着该州县将应袭职名迅速查明，径行具报督抚，予限半年汇案具奏一次等因。钦此。历经遵办在案。兹查同治三年九月起至十一年二月底止，陆续据成都等各厅州县先后详请承袭，并将前经请袭年未及岁现已及岁之员呈请验看，造具各故员履历事实暨应袭各员三代宗图、年貌、族邻供结前来。

臣先后验看属实，并将册结、宗图汇总，专咨报部查核。其有并无籍可稽者，请俟咨查覆到，另行办理。所有同治十年九月起至十一年二月底止川省各属请袭世职，遵照奏定章程，谨缮清单，恭呈御览，伏乞皇太后、皇上圣鉴，敕部议覆施行。谨奏。四月二十七日。

同治十一年六月初三日，军机大臣奉旨：兵部议奏，单并发。钦此。①

———————

① 中国第一历史档案馆藏：军机录副，档案编号：03-4658-079。

○六二　同治十年九月至十一年二月请袭世职清单

同治十一年四月二十七日(1872年6月2日)

谨将同治十年九月至十一年二月川省各属请袭世职各案,缮具清单,恭呈御览。

一、许成鳌,成都县人,现年二十四岁。伊曾祖许世亨①由广西提督出师安南阵亡,蒙恩特赠三等壮烈伯,世袭罔替。伊祖及父均承袭后病故。许成鳌前于咸丰七年承袭时,年未及岁,准食半俸。今年已及岁,详请验看,请食全俸。俟接准部覆,再行给咨赴部引见,恭候钦定。

一、王铸鼎,成都县人,现年二十四岁。伊曾祖王正林由外委于嘉庆三年二月初七日,在大宁县属野猪池地方打仗阵亡,经部议给云骑尉世职。伊祖及父均承袭后病故。所遗恩骑尉世职,请以王正林之嫡长曾孙王铸鼎承袭,并将王维藩原领敕书遵照部咨,粘贴印花,径送吏部核办。

一、王春荣,成都县人,现年二十七岁。伊胞兄王春林由四川

① 许世亨(? —1789),四川新都人。乾隆十七年(1752),中式武举。二十四年(1759),拔越巂营把总。二十六年(1761),补越巂营千总。三十六年(1771),升中军守备。次年,补建昌镇标右营都司,赏戴花翎,加劲勤巴图鲁勇号。三十八年(1773),授越巂前营参将。四十年(1775),迁江南漕标中军副将。四十一年(1776),调江南河标左营副将。同年,升云南开化镇总兵。四十三年(1778),授云南腾越镇总兵。四十七年(1782),丁父忧。五十年(1785),补贵州威宁镇总兵。五十三年(1788),擢浙江提督,转广西提督。同年,封一等子。五十四年(1789),卒于阵。进封三等壮烈伯,谥昭毅。

军标左营蓝翎守兵出师江南,于咸丰六年正月十六日在镇江府地方打仗阵亡,经部议给云骑尉世职。同治七年三月十四日,奉旨:依议。钦此。原立官王春林未娶无嗣,请以胞弟王春荣承袭。

一、许培恩,成都县人,现年三十岁。伊胞兄徐培刚由提标左营蓝翎千总出师安徽,于咸丰八年九月三十日,在池州府青阳县属之谢家村地方打仗阵亡,经部议给云骑尉世职。同治十年九月初八日,奉旨:依议。钦此。原立官徐培刚未娶无嗣,请以胞弟许培恩承袭。

一、李永柱,成都县人,现年十八岁。伊父李培基由尽先都司出师安徽,于咸丰十年二月二十八日在寿州打仗阵亡,经部议给云骑尉世职。咸丰十年七月二十四日,奉旨:依议。钦此。请以李培基之嫡长子李永柱承袭。

一、张国恩,成都县人,现年二十二岁。伊父张兴泰由督标中营蓝翎马兵出师江南,于咸丰五年八月初四日在镇江地方打仗阵亡,经部议给云骑尉世职。同治六年二月初九日,奉旨:依议。钦此。请以张兴泰之嫡长子张国恩承袭。

一、马国梁,成都县人,现年十八岁。伊父马占魁由峨边左营把总于咸丰九年十月十三日,在叙州府属吊黄楼打仗阵亡,经部议给云骑尉世职。前于同治三年请袭时,年未及岁,准食半俸。今年已及岁验看,请食全俸。

一、张秉先,成都县人,现年三十一岁。伊胞兄张占先由督标中营蓝翎步兵出师浙江,于咸丰八年四月初七日在衢州府属俞领地方打仗阵亡,经部议给云骑尉世职。同治六年十二月初九日,奉旨:依议。钦此。原立官张占先未娶无嗣,请以胞弟张秉先承袭。

一、傅治平,成都县人,现年三十七岁。伊胞兄傅吉顺由顺庆营外委出师江南，于咸丰八年十月初六日在江南省城外打仗阵亡，经部议给云骑尉世职。咸丰九年十一月初九日，奉旨：依议。钦此。原立官傅吉顺未娶无嗣，请以胞弟傅治平承袭。

一、马国融，华阳县人，现年十九岁。伊父马荣耀由建昌左营把总于咸丰十一年八月十三日，在资州属大井坝地方打仗阵亡，经部议给云骑尉世职。同治五年十二月二十二日，奉旨：依议。钦此。请以马荣耀之嫡长子马国融承袭。

一、伍廷升，双流县人，现年二十六岁。伊胞兄伍纯升由蓝翎外委于同治元年六月十四日，在长宁县所属铧锅井地方与贼打仗，力战阵亡，经部议给云骑尉世职。同治元年十一月二十六日，奉旨：依议。钦此。原立官伍纯升未娶无嗣，请以胞弟伍廷升承袭。

一、李泽溶，双流县人，现年二十三岁。伊父李涵曙由靖远营外委出师湖北，于咸丰五年正月十七日，在汉阳县属沙口地方打仗阵亡，经部议给云骑尉世职。嫡长子李泽溶前于同治元年请袭时，年未及岁，准食半俸。今年已及岁验看，请食全俸。

一、朱国铨，郫县人，现年三十三岁。伊胞兄朱国鼎由提标中营蓝翎战兵出师江南，于咸丰十年三月二十八日，在溧水县地方打仗阵亡，经部议给云骑尉世职。同治九年十一月初八日，奉旨：依议。钦此。原立官朱国鼎未娶无嗣，请以其胞弟朱国铨承袭。

一、吴万清，崇庆州人，现年三十七岁。伊胞兄吴万高投效军营，出师安徽，由六品军功于咸丰九年十二月二十二日，在小池驿地方打仗阵亡，经部议给云骑尉世职。咸丰十年五月二十六日，奉旨：依议。钦此。原立官吴万高无嗣，请以其胞弟吴万清承袭。

一、许占才，松潘厅人，现年二十三岁。伊高祖许芝茂由叠溪营把总出师金川阵亡，经部议给恩骑尉，世袭罔替。伊曾祖及祖父先后承袭病故,伊兄许占鳌亦于承袭后在平番营阵亡,遗有一子,年尚幼稚。所遗世职请以许芝茂之元孙许占才承袭。许占鳌承袭时未领敕书,无凭缴部。

一、丁长春,松潘厅人,现年二十一岁。伊高祖丁元功以张腊营把总出师金川阵亡,经部议给恩骑尉世职。伊曾祖及祖父先后承袭病故,所遗世职请以丁元功之嫡长元孙丁长春承袭。

一、黄晏平,松潘厅人,现年二十五岁。伊胞兄黄晏文由懋功营马兵出师江南,保举尽先千总,于咸丰十年十月初五日在松江府属广富林地方打仗阵亡,经部议给云骑尉世职。同治八年四月二十三日,奉旨:依议。钦此。原立官黄晏文无嗣,请以胞弟黄晏平承袭。

一、陈宣,松潘厅人,现年三十二岁。伊父陈月桂由候选从九品在籍练团御番,于咸丰十一年七月初七日因城陷阵亡,经部议给云骑尉世职。同治九年十二月二十五日,奉旨:依议。钦此。请以陈月桂之嫡长子陈宣承袭。

一、冯万胜,松潘厅人,现年二十一岁。伊父冯登朝由候选正九品在籍带团,力剿逆番,于咸丰十一年七月初七日,在松潘东门外三岔路地方打仗阵亡,经部议给云骑尉世职。同治九年十二月二十五日,奉旨:依议。钦此。请以冯登朝之嫡长子冯万胜承袭。

一、李运超,马边厅人,现年十四岁。伊父李兴隆由马边厅左营蓝翎马兵于咸丰十一年五月十四日,在犍为县攻剿滇匪打仗阵亡,经部议给云骑尉世职。同治十年十一月十九日,奉旨:依议。钦此。请以李兴隆之嫡长子李运超承袭。

一、周九龄,马边厅人,现年二十六岁。伊嗣父周文友由马边左营蓝翎战兵攻剿屏马逆匪,于同治五年十月初五日,在轿顶山地方打仗阵亡,经部议给云骑尉世职。同治六年十二月二十四日,奉旨:依议。钦此。请以周文友之嗣子周九龄承袭。

一、王正文,马边厅人,现年十九岁。伊父王洪顺由马边左营花翎守备于同治五年十月初五日,在轿顶山地方打仗阵亡,经部议给云骑尉世职。同治六年十二月二十四日,奉旨:依议。钦此。请以王洪顺之嫡长子王正文承袭。

一、顾长升,理番厅人,现年二十二岁。伊父顾占彪由维州左营外委于咸丰二年九月内,在湖南长沙河西地方打仗阵亡,经部议给云骑尉世职。嫡长子顾长升前于咸丰十年承袭时,年未及岁,准食半俸。今年已及岁验看,请食全俸。

一、舒占熊,绵州人,现年十九岁。伊父舒大猷由督标右营外委于咸丰八年正月十八日,在云南宣威州属地方打仗阵亡,经部议给云骑尉世职。嫡长子舒占熊前于咸丰十年承袭时,年未及岁,准食半俸。今年已及岁验看,请食全俸。

一、杜瑶,绵竹县人,现年二十二岁。伊嗣父杜李诗由试用知县于同治二年八月二十日,在陕西汉中府城殉难,经部议给云骑尉世职。同治六年四月二十日,奉旨:依议。钦此。请以杜李诗之嗣子杜瑶承袭。

一、罗定远,金堂县人,现年三十五岁。伊胞兄罗定泰由尽先外委出师安徽,于咸丰十年十月二十四日,在宁国府西炮台地方打仗阵亡,经部议给云骑尉世职。同治三年六月二十日,奉旨:依议。钦此。原立官罗定泰未娶无嗣,请以其胞弟罗定远承袭。

一、罗瑞,西昌县人,现年二十七岁。伊父罗应远由平番营守备出师江南,于咸丰十年闰三月十五日,在金陵安德门地方打仗阵亡,经部议给云骑尉世职。同治九年闰十月二十一日,奉旨:依议。

钦此。请以罗应远之嫡长子罗瑞承袭。

一、张映湘，西昌县人，现年二十一岁。伊父张斌由建昌左营把总于咸丰十年闰三月十五日，在金陵江东桥地方打仗阵亡，经部议给云骑尉世职。同治九年十二月初十日，奉旨：依议。钦此。请以张斌之嫡长子张映湘承袭。

一、林光荣，南部县人，现年十九岁。伊父林铸由捐纳卫千总衔于咸丰十一年五月三十日，在县属花牌楼地方御贼，打仗阵亡，经部议给云骑尉世职。同治十年十月二十日，奉旨：依议。钦此。请以林铸之嫡长子林光荣承袭。

一、张春荣，丹棱县人，现年二十五岁。伊父张忠良由尽先千总于咸丰九年六月二十四日，在安徽石埭县七都地方打仗阵亡，经部议给云骑尉世职。咸丰九年十一月初三日，奉旨：依议。钦此。请以张忠良之嫡长子张春荣承袭。

一、白承绪，峨眉县人，现年二十一岁。伊曾祖白玉升由松潘左营守备出师甘肃阵亡，经部议给恩骑尉，世袭罔替。伊祖及父均承袭后病故，白承绪前于咸丰九年承袭时，年未及岁，准食半俸。今年已及岁验看，请食全俸。

一、黄永升，庆符县人，现年二十七岁。伊父黄定山由尽先外委于同治二年六月十四日，在宜宾县属罗锡村地方打仗阵亡，经部议给云骑尉世职。同治九年闰十月二十一日，奉旨：依议。钦此。请以黄定山之嫡长子黄永升承袭。

一、黄玉堂，青神县人，现年十八岁。伊高祖黄文钊由贵州遵义协右营出师金川，于乾隆四十年闰十月十八日攻打咱咮泥河北山梁地方阵亡，经部议给恩骑尉世职。伊曾祖及祖父均经承袭后病故，所遗世职请以黄廷魁之嫡长子黄玉堂承袭。所有伊父黄廷魁原领敕书,遵照部咨,粘贴印花,径送吏部核办。

一、陈体义,清溪县人,现年二十一岁。伊高祖陈定国由平番营都司出师金川,在墨龙沟地方打仗阵亡,经部议给恩骑尉世职。伊曾祖陈斌承袭后缘事斥革,父陈鳌承袭后辞退。所遗世职请以陈定国之嫡长元孙、陈鳌之嫡长子陈体义承袭。所有陈鳌原领敕书,遵照部咨,粘贴印花,径送吏部核办。

军机大臣奉旨:览。钦此。①

○六三　续收按粮津贴拟请加广学额折

同治十一年四月二十七日(1872年6月2日)

头品顶戴四川总督臣吴棠跪奏,为川省续收按粮津贴银两,恳恩加广文武学额,以昭激劝,恭折仰祈圣鉴事。

窃查川省办理按粮津贴以来,节经奏明请加学额,并声明不敷广额之银归入下届并计请奖在案。兹据布政使王德固、按察使英祥详称:计自同治八年正月初一日起至是年十二月底止,征收八年份按粮津贴,并补收咸丰八、九两年暨同治七年未完津贴,共银三十九万三千七百一十一两三钱零。又,彭县等八州县前次造报征解同治六、七等年以前津贴未广学额,今又收八年及元、二、四、五、六、七等年份津贴,计前后共收银一十四万五千五百四十八两二钱零,应请照章加广学额,造册具详前来。

臣查原定章程:一厅一州一县捐银一万两,加文武学额各一名。捐银二千两,加一次文武试学额各一名。又,同治八年九月,

---

①　中国第一历史档案馆藏:清单,档案编号:03-4658-080。

接准礼部咨：请加学额银数，照旧章酌加一倍等因。今川省续收同治八年及补收咸丰、同治各年份津贴，应请按照新章加广一次文武学额各七十六名，共应开除银三十万四千两。又，彭县等八州县征解同治六、七等年以前津贴未广学额，又补收八年及元、二、四、五、六、七等年份津贴，遵照新章，请加广文武学定额各六名，并请加广一次文武学额各三名，银数俱属有盈无绌。其余成都等七十四厅州县均不敷一次广额，请俟下届续收足数，再行并请核办。如蒙俞允，不特士林屡沐恩膏、聿彰得人之盛，将见蔀屋倍殷报效、愈深慕义之忱，实于国家育贤、理财之道两有裨益。

除册咨部外，是否有当，理合恭折具陈，伏乞皇太后、皇上圣鉴训示。再，此项按粮津贴内向不另请议叙，合并陈明。谨奏。四月二十七日。

同治十一年六月初三日，军机大臣奉旨：该部议奏。钦此。[1]

〇六四　奏报川省同治十一年三月雨水、粮价折

同治十一年四月二十七日（1872年6月2日）

头品顶戴四川总督臣吴棠跪奏，为恭报四川省同治十一年三月份各属具报米粮价值及得雨情形，仰祈圣鉴事。

窃照同治十一年二月份通省粮价及得雨情形，前经臣恭折奏报在案。兹查同治十一年三月份成都、重庆、夔州、龙安、绥定、保宁、顺庆、潼川、雅州、嘉定、叙州十一府，资州、绵州、忠州、酉阳、眉州、泸州、邛州七直隶州，叙永一直隶厅，各属先后具报得雨自一二

---

① 中国第一历史档案馆藏：军机录副，档案编号：03-4949-077。

次至八九次不等,堰水充盈,小春结实。其通省粮价俱与上月相同,据布政使王德固查明列单汇报前来。

臣覆核无异。理合恭折具奏,并分缮清单,恭呈御览,伏乞皇太后、皇上圣鉴。谨奏。四月二十七日。

同治十一年六月初三日,军机大臣奉旨:知道了。钦此。^①

○六五 呈川省同治十一年三月粮价清单

同治十一年四月二十七日(1872年6月2日)

谨将四川省同治十一年三月份各属具报米粮价值,开具清单,恭呈御览。

成都府属,价贵。中米每仓石价银三两零五分至四两九分,与上月同。大麦每仓石价银一两八钱四分至二两一分,与上月同。小麦每仓石价银二两一钱七分至二两三钱四分,与上月同。黄豆每仓石价银一两六分至二两四钱六分,与上月同。荞子每仓石价银一两一钱七分至一两七钱一分,与上月同。

重庆府属,价贵。中米每仓石价银二两八钱五分至三两八钱七分,与上月同。大麦每仓石价银一两六钱五分至二两,与上月同。小麦每仓石价银二两三钱一分至二两七钱三分,与上月同。黄豆每仓石价银二两七钱三分至三两三分,与上月同。

保宁府属,价贵。中米每仓石价银二两六钱七分至三两三钱八分,与上月同。大麦每仓石价银一两九钱二分至二两一钱三分,与上月同。小麦每仓石价银二两八钱六分至三两六钱,与上月同。

---

① 中国第一历史档案馆藏:军机录副,档案编号:03-4966-039。

黄豆每仓石价银一两八钱三分至二两一钱三分，与上月同。

顺庆府属，价贵。中米每仓石价银三两一钱一分至三两五钱二分，与上月同。大麦每仓石价银一两六钱二分至一两八钱一分，与上月同。小麦每仓石价银二两一钱一分至二两一钱四分，与上月同。黄豆每仓石价银一两五钱五分至一两六钱七分，与上月同。

叙州府属，价贵。中米每仓石价银三两一钱至三两四钱，与上月同。大麦每仓石价银一两六钱七分至二两三分，与上月同。小麦每仓石价银二两一钱五分至二两六钱五分，与上月同。黄豆每仓石价银一两一钱二分至一两五钱三分，与上月同。

夔州府属，价贵。中米每仓石价银二两九钱至三两二钱五分，与上月同。大麦每仓石价银一两七钱九分至二两四钱七分，与上月同。小麦每仓石价银二两九钱六分至三两四钱，与上月同。黄豆每仓石价银二两一钱六分至二两二钱六分，与上月同。

龙安府属，价贵。中米每仓石价银二两六钱至三两三钱，与上月同。青稞每仓石价银一两五钱，与上月同。小麦每仓石价银一两八钱至二两一钱九分，与上月同。黄豆每仓石价银一两八钱五分至一两九钱三分，与上月同。

宁远府属，价贵。中米每仓石价银二两九钱三分至三两二钱六分，与上月同。大麦每仓石价银一两四钱九分至一两六钱一分，与上月同。小麦每仓石价银一两六钱二分至二两二钱三分，与上月同。荞子每仓石价银一两四钱六分，与上月同。黄豆每仓石价银一两五钱六分至一两六钱三分，与上月同。

雅州府属，价中。中米每仓石价银二两八钱五分至二两九钱，与上月同。小麦每仓石价银二两三钱至二两六钱六分，与上月同。黄豆每仓石价银一两六钱八分至二两七分，与上月同。

嘉定府属,价贵。中米每仓石价银二两九钱二分至三两五钱二分,与上月同。小麦每仓石价银二两三钱七分至二两七钱四分,与上月同。黄豆每仓石价银一两四钱九分至二两五分,与上月同。

潼川府属,价贵。中米每仓石价银二两九钱三分至三两二钱一分,与上月同。大麦每仓石价银一两六钱七分至一两九钱五分,与上月同。小麦每仓石价银二两一钱六分至二两五钱一分,与上月同。黄豆每仓石价银一两七钱九分至二两一钱六分,与上月同。

绥定府属,价中。中米每仓石价银二两八分至二两九钱二分,与上月同。大麦每仓石价银一两五钱八分至一两五钱九分,与上月同。小麦每仓石价银一两六钱三分至一两七钱四分,与上月同。黄豆每仓石价银一两四钱三分,与上月同。

眉州直隶州属,价贵。中米每仓石价银二两七钱八分至三两八分,与上月同。

邛州直隶州属,价贵。中米每仓石价银二两六钱八分至三两一钱一分,与上月同。大麦每仓石价银一两九钱三分,与上月同。小麦每仓石价银二两五钱九分,与上月同。黄豆每仓石价银二两一钱至二两二钱四分,与上月同。

泸州直隶州属,价贵。中米每仓石价银三两一钱一分至三两一钱二分,与上月同。

资州直隶州属,价中。中米每仓石价银二两六钱至二两九钱五分,与上月同。

绵州直隶州属,价贵。中米每仓石价银二两七钱七分至三两九分,与上月同。小麦每仓石价银二两三钱四分至二两四钱八分,与上月同。

茂州直隶州属,价中。中米每仓石价银二两六钱五分,与上月同。小麦每仓石价银二两六钱八分，与上月同。青稞每仓石价银二两二钱二分，与上月同。荞子每仓石价银一两二钱五分至一两七钱五分，与上月同。

忠州直隶州属，价贵。中米每仓石价银二两六钱二分至三两三钱，与上月同。大麦每仓石价银一两四钱六分至一两六钱，与上月同。小麦每仓石价银二两五分至二两四钱一分，与上月同。黄豆每仓石价银一两二钱七分至一两三钱七分，与上月同。

酉阳直隶州属，价贵。中米每仓石价银二两六钱三分至三两一钱三分，与上月同。大麦每仓石价银二两三钱至二两六钱二分，与上月同。小麦每仓石价银二两六钱四分至二两七钱八分，与上月同。黄豆每仓石价银一两三钱九分至一两四钱四分，与上月同。

叙永直隶厅属，价贵。中米每仓石价银三两一分，与上月同。小麦每仓石价银一两八钱一分，与上月同。荞子每仓石价银一两三钱四分，与上月同。黄豆每仓石价银一两六钱一分，与上月同。

松潘直隶厅，价中。青稞每仓石价银二两七钱六分，与上月同。荞子每仓石价银一两七钱四分，与上月同。

杂谷直隶厅，价中。青稞每仓石价银二两四钱，与上月同。荞子每仓石价银一两七钱九分，与上月同。

石砫直隶厅，价平。中米每仓石价银一两六钱四分，与上月同。大麦每仓石价银一两七钱三分，与上月同。小麦每仓石价银二两六分，与上月同。[1]

打箭炉直隶厅，价贵。青稞每仓石价银四两九钱二分，与上月同。油麦每仓石价银一两八钱一分，与上月同。

---

① 中国第一历史档案馆藏：清单，档案编号：03-4966-040。

军机大臣奉旨:览。钦此。①

○六六　呈川省同治十一年三月得雨清单

同治十一年四月二十七日(1872 年 6 月 2 日)

谨将四川省同治十一年三月份各属具报得雨情形开具清单,恭呈御览。

成都府属:成都、华阳两县得雨三次,小春结实。简州得雨三次,小春结实。崇庆州得雨二次,小麦畅茂。汉州得雨四次,秧针出水。温江县得雨一次,小春茂盛。郫县得雨五次,堰水充盈。新都县得雨三次,秧苗播种。灌县得雨二次,二麦成熟。彭县得雨一次,荞麦结实。什邡县得雨四次,田水充足。

重庆府属:江北厅得雨二次,小春收获。巴县得雨三次,堰塘积水。江津县得雨五次,田水充盈。长寿县得雨五次,小春收获。永川县得雨四次,早稻滋长。荣昌县得雨一次,晚秧发苗。南川县得雨一次,小春结实。合州得雨三次,塘水充盈。铜梁县得雨二次,早秧栽插。定远县得雨五次,稻谷播种。

夔州府属:万县得雨三次,早稻滋长。

龙安府属:平武县得雨二次,田水充足。江油县得雨二次,堰塘积水。彰明县得雨二次,田水充足。

绥定府属:太平县得雨四次,小春结实。

保宁府属:阆中县得雨四次,地土滋润。苍溪县得雨三次,田水充足。南部县得雨三次,田亩积水。广元县得雨三次,大麦结

---

① 原件后缺,今推补。

实。巴州得雨三次，豆麦茂盛。通江县得雨三次，田水充足。剑州得雨二次，小麦吐穗。

顺庆府属：南充县得雨三次，田水充盈。西充县得雨二次，二麦结实。蓬州得雨四次，堰水充足。营山县得雨二次，秧苗滋长。广安州得雨三次，二麦滋长。岳池县得雨五次，秧针出水。邻水县得雨四次，田水充盈。

潼川府属：三台县得雨五次，豆麦结实。射洪县得雨三次，堰水充足。盐亭县得雨四次，小春成熟。遂宁县得雨三次，田水充足。蓬溪县得雨三次，田水充盈。安岳县得雨三次，田堰积水。乐至县得雨六次，秧苗滋长。

雅州府属：雅安县得雨二次，田水充盈。名山县得雨二次，田水充盈。荥经县得雨二次，二麦成熟。清溪县得雨二次，田水充足。天全州得雨三次，小春结实。

嘉定府属：乐山县得雨九次，早秧滋长。峨眉县得雨四次，田水充足。洪雅县得雨五次，秧针滋长。夹江县得雨二次，田水充足。犍为县得雨三次，二麦结实。荣县得雨二次，田水充足。威远县得雨五次，晚秧播种。峨边厅得雨三次，田塘水满。

叙州府属：宜宾县得雨五次，大麦黄熟。南溪县得雨三次，秧苗滋长。富顺县得雨四次，秧苗茂盛。隆昌县得雨四次，田水充足。庆符县得雨二次，田水充足。高县得雨四次，早秧滋长。珙县得雨三次，田水充盈。兴文县得雨三次，秧苗滋长。屏山县得雨三次，田堰积水。

资州直隶州属：资州得雨三次，秧苗播种。资阳县得雨二次，田水充足。井研县得雨二次，秧苗发生。内江县得雨一次，堰水充足。

绵州直隶州属:绵州得雨二次,堰塘积水。安县得雨四次,小春结实。绵竹县得雨四次,堰田蓄水。梓潼县得雨四次,早秧栽插。

忠州直隶州属:忠州得雨四次,豆麦结实。酆都县得雨四次,豆麦成熟。梁山县得雨四次,田水充足。垫江县得雨四次,秧针出水。

酉阳州直隶州属:彭水县得雨四次,小春成熟。

眉州直隶州属:眉州得雨三次,堰水畅流。彭山县得雨三次,堰水畅流。丹棱县得雨六次,田塘水盈。青神县得雨三次,小春结实。

泸州直隶州属:泸州得雨五次,晚稻青秀。江安县得雨四次,小春黄熟。合江县得雨四次,秧苗滋长。纳溪县得雨三次,田塘水满。

邛州直隶州属:邛州得雨三次,早秧出水。大邑县得雨五次,堰水充盈。蒲江县得雨五次,田水充盈。

叙永直隶厅属:叙永厅得雨四次,晚秧播种。永宁县得雨四次,早秧滋长。

军机大臣奉旨:览。钦此。①

○六七 审拟已革盐源县知县潘方耒折

同治十一年四月二十七日(1872年6月2日)

头品顶戴四川总督臣吴棠跪奏,为审明知县擅专刑戮,从严定

---

① 中国第一历史档案馆藏:清单,档案编号:03-4966-041。

拟,恭折仰祈圣鉴事。

窃臣前据署盐源县知县潘方末,以贡生曹永贤私通滇匪,纠抢张余氏家衣物,当将其拿获正法,并查出逆书附呈察阅。嗣又以缉获郭大顺、马大顺即马茶房,讯明曹永贤并投滇逆,得获伪职,在永北做官等情具禀。臣因案情歧异,正查办间,即据曹永贤之侄文生曹兴缮以祖丁妄杀等词来臣衙门具控,当经委员驰提人卷,发交臬司审讯,饬令会同藩司先将潘方末撤任,一面咨查滇省,并檄据建昌镇总兵刘宝国查明申覆。旋据曹永贤之妻曹夏氏以贼贤害良并廪生谢申锡等以草芥士命各等情,呈由前学政臣钟骏声咨送核办。因潘方末逗留盐源,屡调不至,经臣附片奏参,奉旨:潘方末着即革职,严讯确情,按律惩办。余依议。钦此。钦遵在案。嗣准云南抚臣岑毓英咨覆,潘方末亦回省投审,并据委员提齐人卷,发委成都府等审办去后。兹据署成都府知府彭毓菜、候补通判贾孝彬、候补知县汪懋源审明定拟,解由布政使王德固、按察使英祥会勘,详请具奏前来。

臣亲提勘审,缘潘方末籍隶安徽宁国府泾县,由监生报捐知县,分发四川试用,咸丰七年到省。张伸元即张签押,系华阳县人,向随潘方末服役。同治七年,潘方末奉委署理盐源县篆,于三月二十九日到任,派张伸元经管签押文案。曹永贤籍隶该县,与城外开设站房之张玉林向来熟识。曹永贤于道光二十五年科考入学。咸丰十年,补廪举优贡生,向在该县干海子地方充当团首。因县属壤接云南永北厅,滇匪逼近。

同治元年,曹永贤带勇赴云南丽江府投效,即在府局报捐通判,填给实收。元年二月,经该处绅民禀由丽江府转禀藩司,暂委曹永贤代理宾川州知州。三年十月,复委代理永北厅同知,令其带勇防剿,均未到任。五年二月间,经前云贵督臣劳崇光查核,曹永贤报捐通判银数不符,扣除捐案,将曹永贤撤任。曹永贤旋亦因病告归。

六年,滇逆窜扰盐邑边界,建昌镇总兵刘宝国办理团防,时兵力甚单,并以曹永贤曾在永北剿贼,熟悉情形,以之前往招抚,必取实效。随委曹永贤带练防堵,兼办招抚。九月间,曹永贤亲往贼营招抚,被贼羁留不放,至七年正月,始行逃回,仍在防所带团。地方绅民遂以曹永贤陷入贼营,又能脱然无恙,疑其暗通逆贼,物议沸腾。该县柳京芳因查无确据,且贼氛甚近,用人之际,不得不暂为隐含。当经交卸时,密告后任留心察访。

三月间,接署县潘方末到任后,防堵吃紧,潘方末赴交界各隘巡防,适值一人自滇界来,形迹可疑。潘方末饬役捕拿,其人慌张逃逸。潘方末旋在途次拾获小包袱一个,内有信二封,面写曹贡老爷收启字样,当即拆阅,系滇逆伪大司卫姚得胜、杜云焕致曹永贤逆书,语多狂悖,信面盖有伪印。潘方末始信曹永贤通贼不虚,因曹永贤带团甚多,恐致激变,当将逆书密藏。此曹永贤在滇奉委代理永北厅事、带勇防剿并潘方末指其通贼之原委也。

先是曹永贤赴贼营招抚,时将衣箱、什物寄交张玉林收存。嗣贼逼近县城,张玉林携家赴乡避难,途遇贼匪,将衣箱砍开,连曹永贤所寄衣物一并抢去,遗有曹永贤绸衫一件、棉被一床、卧单一床、小袖一双,张玉林携回城中。张伸元自到盐源,即与张玉林往来。张玉林子妻小张余氏见面不避。张伸元乘间与小张余氏通奸,并将绸衫借穿。张玉林等均知情纵容。

八月十四日,曹永贤带同练丁马大顺即马茶房、张应夥、李大什子、蔡老五,由防所回城,至张玉林家索取衣物。张玉林告知被抢情由,曹永贤不信,当同马大顺等进内搜寻,见张伸元在小张余氏房内,身穿绸衫系其原物,并搜出棉被、卧单、小袖,当将张伸元拿住拉走,路遇盐源汛把总林绍启巡街。曹永贤即称张伸元偷窃,人赃现获,将张伸元扭交林绍启。次日,林绍启将张伸元送县。时值军书旁午,潘方末未予究追。曹永贤心疑潘方末纵丁窃娼,意欲具呈催审。大张余氏即捏以纠众掳抢等词,赴县具控。潘方末查知曹永贤回城仅带勇丁数人,即于十六日密调练丁,亲带兵役,将曹永贤拿获带县。诘以为何私通逆贼,曹永贤以向为绅士,防堵有功,不肯承认通贼。潘方末将其暂行监禁。时值逆匪逼近,谣传四起,咸谓贼知曹永贤被获,欲来戕官救护。潘方末仓猝惊惶,即于是夜将曹永贤绑缚市曹,正法枭示,一面督饬兵役,调团防守,不图军务倥偬,张伸元乘机逃逸。潘方末即以曹永贤暗通逆匪并纠抢张余氏家衣物各情,拟禀通报,令会盐营游击钟淮列衔会禀,钟淮以曹永贤系属绅士,并无通贼实据,不允会衔。潘方末即自行通禀。

是月十七及十月十三等日,先后拿获郭大顺、马大顺即马茶房,讯据供认在曹永贤团内充当练丁,随同往张余氏家搜查寄存衣物,郭大顺并未在场。潘方末因马大顺曾随曹永贤被贼掳去,复向究诘曹永贤有无通贼情事,加以刑吓。马大顺即畏刑混供:六年二月间,曹永贤曾将宁远府属地图画呈回逆杜云焕,得获伪职,在永北厅做官,指使滇匪姚得胜图攻盐源县城,后因败窜逃回。曹永贤复纠伊等抢掳张余氏家等语。潘方末信以为实,又据供通禀。马大顺旋即在押病故,详委西昌县验明,实系因病身死,看役人等并无凌虐情弊,取结议详。经臣以案情歧异,正查办间,即据曹永贤之侄曹兴缙以祖丁妄杀等词具控,当经委员驰提人卷,发交臬司审讯,饬令会同藩司先将潘方耒撤任,一面咨查滇省,并檄据建昌镇总兵刘宝国查明具覆。维时前学政臣钟骏声按临宁远府,曹兴绪即令曹永贤之妻曹夏氏以贼贤害良、并据廪生谢申锡等以草芥士命各等情,呈由学政臣咨送核办。因潘方耒逗留盐源,屡调不至,经臣附片奏参,奉旨革职审办。嗣准云南抚臣岑毓英咨覆,潘方耒已来省投审。委员调齐人卷,发委成都府等审办去后。兹据审明定拟,由藩、臬两司会勘,详请具奏前来。

臣亲提研鞫,讯悉前情。诘无袒护家丁无故妄杀情事,众供金同,案无遁饰。此案已革署盐源县知县潘方耒因拾获滇匪致曹永贤逆书,并因其前在贼营羁留,安然回归,以为暗通贼匪,将曹永贤拿获监禁。时值贼踪逼近,谣传戕官救护,一时仓猝,将其就地正法。查所拾获逆书得自中途,并非盘获。且核书词,与贼素未谋面,安知非贼营反间以及仇人陷害?事涉可疑,未便指为通贼确据。其在张余氏家搜查衣物,系曹永贤存寄之件,亦非抢劫可比。乃该革员不先访查切实,辄因谣传惶惑,遽行正法枭示。虽军务吃紧,杀出有因,并非有心诬害,办理究属失当。潘方耒应照官员承询引律不当,将无罪之人错拟绞斩,承审官革职例,应照例革职。该革员于此等生死出入重情并不悉心推究,亦不请示遵办,竟自擅专杀戮,仅予革职,不足蔽辜,相应请旨将该革员潘方耒永不叙用,以示惩儆。

小张余氏与张伸元通奸,合律军民相奸妇杖一百、枷号一个月例,拟杖一百,枷号一个月,系犯奸之妇,杖决枷赎。张余氏具控曹永贤纠众掳抢,如果属实,曹永贤罪应满徒,今审属子虚,自应照例反坐。张余氏系张玉林之妻,律应罪坐夫身。张玉林除纵容子妇与人通奸轻罪不议外,合依诬告人徒罪者加所诬罪三等律,应于白昼抢夺人财物杖一百、徒三年律上加三等,拟杖一百、流三千里,到配折杖安置。张余氏合依纵家子孙之妇与人通奸者杖九十律,拟杖九十,照律收赎。曹兴缮具词控渎,系因痛叔情切,并无不合,应与曹夏氏及畏刑随口混供之郭大顺、业经病故之马大顺、并无凌虐之看役人等,均毋庸议。逆书二封系中途捡拾,无从根究,应暂封储,案结销毁。曹永贤寄存衣物,系被贼匪抢失,应免着追。查获绸衫等物同各尸棺,分饬领埋。案已讯明,未到免提,无干省释。张伸元缉获另结。

除将全案供招咨部备查外,是否允协,谨将审明定拟缘由,恭折具奏,伏乞皇太后、皇上圣鉴,敕部核覆施行。谨奏。四月二十七日。

同治十一年六月初三日,军机大臣奉旨:刑部议奏。钦此。[①]

〇六八　奏报丁盛荣等员年满甄别片

同治十一年四月二十七日(1872年6月2日)

再,查吏部奏定章程:州、县、丞、倅,无论何项劳绩保奏归入候补班者,以到省之日起,予限一年,令督抚详加察看,出具切实考语,奏明分别繁简补用等因。遵照在案。兹查有候补班前补用同知直隶州知州丁盛荣、候补知县王廉先、[②]尽先补用知县唐楚翘、候补班前知县陆程鹏、候补班前先用知县辜培源、旷经钟六员,到省均一年期满,自应照章甄别,据布政使王德固、按察使英祥造具

---

①　中国第一历史档案馆藏:军机录副,档案编号:03-5083-021。

②　"王廉先",军机处随手登记档作"王廉光",据前后折件,应为"王廉先"。

该员等履历清册,会详请奏前来。

臣查知县王廉先,吏事勤能,唐楚翘才具明敏,均堪留川以繁缺知县补用。同知直隶州知州丁盛荣年力富强,请留川以繁缺同知直隶州知州补用。知县陆程鹏留心吏治,辜培源年壮才明,旷经钟心地朴诚,均堪留川以简缺知县补用。除将该员等履历清册咨部外,理合附片陈明,伏乞圣鉴。谨奏。

同治十一年六月初三日,军机大臣奉旨:吏部知道。钦此。①

○六九　续查剿贼阵亡绅团等请旨旌恤折

同治十一年五月二十八日(1872年7月3日)

头品顶戴四川总督臣吴棠跪奏,为续查川省剿贼阵亡绅团并殉难绅民、殉节妇女,恳恩分别旌恤,以彰忠节,恭折仰祈圣鉴事。

窃查川省自军兴以来,所有历年各处防剿阵亡官绅、团练及殉难、殉节绅民、妇女,诚恐日久湮没不彰,前经奏明在省城设立采访忠节总局,委员会督绅者,采访汇办,前后十九次奏请旌恤在案。兹据总局司道查明井研等州县阵亡绅团并殉难、殉节绅民、妇女,共一百九十三名口,分别造具花名清册,详请具奏前来。

臣覆查册开阵亡绅团曾达义等八十四名、殉难绅民郑铨等六十四名、殉节妇女陈刘氏等四十五名,或攻剿逆匪,力战捐躯;或被执不屈,骂贼遇害;或恐受污辱,拼死全贞。均属深明大义,忠节凛

---

① 中国第一历史档案馆藏:军机录副,档案编号:03-4658-082。此片具奏日期未确,兹据军机处随手登记档(档案编号:03-0209-2-1111-146)校正。

然！合无仰恳天恩,敕部核议,分别旌恤,以慰忠魂而昭节烈。除将清册咨部外,理合恭折具奏,伏乞皇太后、皇上圣鉴训示。谨奏。五月二十八日。

同治十一年七月十六日,军机大臣奉旨:曾达义等均着交部分别旌恤。钦此。[①]

○七○　委令王宫午等署理知县片

同治十一年五月二十八日(1872 年 7 月 3 日)

再,彭县知县沈芝林调补成都县知县,现已接准部覆,饬赴成都县新任。所遗彭县知县缺,查有三台县知县王宫午,通达干练,堪以调署。所遗三台县缺,查有蒲江县知县林振禧,安详练达,堪以调署。该员等正、署各任内无经征钱粮未完展参及承缉盗劫已起四参案件,据藩、臬两司会详前来。除分饬遵照外,理合附片陈明,伏乞圣鉴。谨奏。

同治十一年七月十六日,军机大臣奉旨:知道了。钦此。[②]

○七一　奏报郫县等县捐输军饷请予奖叙片

同治十一年五月二十八日(1872 年 7 月 3 日)

再,川省频年筹办防剿,库藏支绌,兼之滇、黔边防吃紧,援军四出,需饷浩繁,前办捐输,支用无存。经原任督臣骆秉章等督同司道

---

① 中国第一历史档案馆藏:军机录副,档案编号:03-4697-030。
② 中国第一历史档案馆藏:军机录副,档案编号:03-4659-032。此片具奏日期未确,兹据军机处随手登记档(档案编号:03-0209-3-1111-187)校正。

筹议,于同治六年接办通省捐输,借资接济,当将办理情形于五年十月二十七日奏报,奉旨允准。嗣据简州、崇庆等州县士民陆续捐输银六十一万一千两零,当经分别汇造清册,详请奏咨给奖在案。兹复据郫县、犍为等二十六州县共收解银二十八万三千八十九两零,均已解司兑收,拨充军饷,统归军需项下汇案报销。查明各该州县捐数,内有未经加广学额、中额足敷议叙者,计银二万二千二百二十三两零,造具捐生年貌、履历、银数清册,由捐输厘金局司道核明,会详请奖前来。

臣查册开请叙各项,核与筹饷及现行常例减成银数均属相符,合无仰恳天恩,敕部迅予议叙给奖,用昭激劝,出自鸿慈。除将清册咨送部、监外,理合附片具奏,伏乞圣鉴训示。谨奏。

同治十一年七月十六日,军机大臣奉旨:户部核议具奏。钦此。①

○七二　请以恩起调补提标中营参将片

同治十一年五月二十八日(1872年7月3日)

再,臣查提标中营参将,驻扎省垣重地,巡缉弹压,责任綦重。且现值抽练精兵之际,营务尤为繁剧,必须精明干练、熟悉营制、地方之员,方克胜任。新调提标中营参将苗绍霖,本系湘北德安营参将,因回避湖北本籍,拣调斯缺,迄今已逾一载,尚未来川。前以员缺紧要,经臣题调永宁营参将恩起署理。

抵任以来,缉捕奸匪,抽练精兵,弹压饥民,均能认真经理,省

---

① 中国第一历史档案馆藏:军机录副,档案编号:03-4832-100。此片具奏日期未确,兹据军机处随手登记档(档案编号:03-0209-3-1111-187)校正。

城内外借以静谧。现准提督臣胡中和会商,拟将该员实调斯缺,俾得尽其所长。查恩起现年四十一岁,镶黄旗满洲德祥佐领下人,由云麾使发川,以参将差遣委用,咸丰十年到省。十年,援剿滇匪,力解乐至、岳池两县城围,肃清川北。十一年,经原任督臣骆秉章檄委,护理川北镇总兵篆务,嗣补拔永宁营参将,以筹办川、黔边防出力,经前任云南抚臣刘岳昭保奏,奉旨:着以副将补用。钦此。该员营务谙习,胆识并优,以之调补提标中营参将,必能竭力整顿,于省会营务大有裨益,现在并无事故,亦与调补之例相符。如蒙俞允,系对品调补,毋庸造具履历,应请敕部查照,核给札付。

所遗永宁营参将缺,请即以苗绍霖对调。一俟该员到川,即饬取履历送部,请填札付。臣为人地相需起见,是否有当,理合会同提督臣胡中和,合词附陈,伏乞圣鉴训示。谨奏。

同治十一年七月十六日,军机大臣奉旨:兵部议奏。钦此。①

○七三　奏报川省同治十一年四月雨水、粮价折

同治十一年五月二十八日(1872 年 7 月 3 日)

头品顶戴四川总督臣吴棠跪奏,为恭报四川省同治十一年四月份各属具报米粮价值及得雨情形,仰祈圣鉴事。

窃照同治十一年三月份通省粮价及得雨情形,前经臣恭折奏报在案。兹查同治十一年四月份成都等十二府,资州、绵州、忠州、

---

① 中国第一历史档案馆藏:军机录副,档案编号:03-4751-040,此片具奏日期未确,兹据军机处随手登记档(档案编号:03-0209-3-1111-187)校正。

酉阳、眉州、泸州、邛州七直隶州,叙永一直隶厅,各属先后具报得雨自一二次至七八次不等。小春收获,秧苗栽插。其通省粮价惟大麦、小麦、荞子较上月减一二分至三四分不等,资州中米较上月增五分,余俱与上月相同,据布政使王德固查明列单汇报前来。

臣覆核无异。理合恭折具奏,并分缮清单,恭呈御览,伏乞皇太后、皇上圣鉴。谨奏。五月二十八日。

同治十一年七月十六日,军机大臣奉旨:知道了。钦此。[1]

○七四 呈川省同治十一年四月粮价清单

同治十一年五月二十八日(1872 年 7 月 3 日)

谨将同治十一年四月份四川省各属具报米粮价值,开具清单,恭呈御览。

成都府属,价贵。中米每仓石价银三两零五分至四两九分,与上月同。大麦每仓石价银一两八钱三分至二两,较上月减一分。小麦每仓石价银二两一钱三分至二两三钱,较上月减四分。黄豆每仓石价银一两六分至二两四钱六分,与上月同。荞子每仓石价银一两一钱六分至一两七钱,较上月减一分。

重庆府属,价贵。中米每仓石价银二两八钱五分至三两八钱七分,与上月同。大麦每仓石价银一两六钱二分至一两九钱七分,较上月减三分。小麦每仓石价银二两二钱八分至二两七钱,较上月减三分。黄豆每仓石价银二两七钱三分至三两三分,与上月同。

保宁府属,价贵。中米每仓石价银二两六钱七分至三两三钱八

---

① 中国第一历史档案馆藏:军机录副,档案编号:03-4966-086。

分，与上月同。大麦每仓石价银一两八钱九分至二两一钱，较上月减三分。小麦每仓石价银二两八钱三分至三两五钱七分，较上月减三分。黄豆每仓石价银一两八钱三分至二两一钱三分，与上月同。

顺庆府属，价贵。中米每仓石价银三两一钱一分至三两五钱二分，与上月同。大麦每仓石价银一两六钱一分至一两八钱，较上月减一分。小麦每仓石价银二两九分至二两一钱二分，较上月减二分。黄豆每仓石价银一两五钱五分至一两六钱七分，与上月同。

叙州府属，价贵。中米每仓石价银三两一钱至三两四钱，与上月同。大麦每仓石价银一两六钱六分至二两二分，较上月减一分。小麦每仓石价银二两一钱三分至二两六钱三分，较上月减二分。黄豆每仓石价银一两一钱一分至一两五钱二分，较上月减一分。

夔州府属，价贵。中米每仓石价银二两九钱至三两二钱五分，与上月同。大麦每仓石价银一两七钱八分至二两四钱六分，较上月减一分。小麦每仓石价银二两九钱五分至三两三分，较上月减一分。黄豆每仓石价银二两一钱六分至二两二钱六分，与上月同。

龙安府属，价贵。中米每仓石价银二两六钱至三两三钱，与上月同。青稞每仓石价银一两五钱，与上月同。小麦每仓石价银一两七钱九分至二两一分，较上月减一分。黄豆每仓石价银一两八钱五分至一两九钱三分，与上月同。

宁远府属，价贵。中米每仓石价银二两九钱三分至三两二钱六分，与上月同。大麦每仓石价银一两四钱八分至一两六钱，较上月减一分。小麦每仓石价银一两五钱九分至二两二钱，较上月减三分。荞子每仓石价银一两四钱五分，较上月减一分。黄豆每仓石价银一两五钱六分至一两六钱三分，与上月同。

雅州府属，价中。中米每仓石价银二两八钱五分至二两九钱，与上月同。小麦每仓石价银二两二钱九分至二两六钱五分,较上月减一分。黄豆每仓石价银一两六钱七分至二两六分,较上月减一分。

嘉定府属,价贵。中米每仓石价银二两九钱二分至三两五钱二分,与上月同。小麦每仓石价银二两三钱六分至二两七钱三分,较上月减一分。黄豆每仓石价银一两四钱九分至二两五分,与上月同。

潼川府属,价贵。中米每仓石价银二两九钱三分至三两二钱一分,与上月同。大麦每仓石价银一两六钱五分至一两九钱三分,较上月减二分。小麦每仓石价银二两一钱四分至二两四钱九分,较上月减二分。黄豆每仓石价银一两七钱八分至二两一钱五分,较上月减一分。

绥定府属,价中。中米每仓石价银二两八分至二两九钱二分,与上月同。大麦每仓石价银一两五钱七分至一两五钱八分,较上月减一分。小麦每仓石价银一两六钱二分至一两七钱三分,较上月减一分。黄豆每仓石价银一两四钱三分,与上月同。

眉州直隶州属,价贵。中米每仓石价银二两七钱八分至三两八分,与上月同。

邛州直隶州属,价贵。中米每仓石价银二两六钱八分至三两一钱一分,与上月同。大麦每仓石价银一两九钱,较上月减三分。小麦每仓石价银二两五钱七分,较上月减二分。黄豆每仓石价银二两一钱至二两二钱四分,与上月同。

泸州直隶州属,价贵。中米每仓石价银三两一钱一分至三两一钱二分,与上月同。

资州直隶州属,价贵。中米每仓石价银二两六钱至三两,较上月减五分。

绵州直隶州属，价贵。中米每仓石价银二两七钱七分至三两九分，与上月同。小麦每仓石价银二两三钱二分至二两四钱六分，较上月减二分。

茂州直隶州属，价中。中米每仓石价银二两六钱五分，与上月同。小麦每仓石价银二两六钱八分，与上月同。青稞每仓石价银二两二钱，较上月减二分。荞子每仓石价银一两二钱三分至一两七钱三分，较上月减二分。

忠州直隶州属，价贵。中米每仓石价银二两六钱二分至三两三钱，与上月同。大麦每仓石价银一两四钱六分至一两六钱，与上月同。小麦每仓石价银二两三分至二两三钱九分，较上月减二分。黄豆每仓石价银一两二钱七分至一两三钱七分，与上月同。

酉阳直隶州属，价贵。中米每仓石价银二两六钱三分至三两一钱三分，与上月同。大麦每仓石价银二两二钱八分至二两六钱，较上月减二分。小麦每仓石价银二两六钱二分至二两七钱六分，较上月减二分。黄豆每仓石价银一两三钱九分至一两四钱四分，与上月同。

叙永直隶厅属，价贵。中米每仓石价银三两一分，与上月同。小麦每仓石价银一两八钱一分，与上月同。荞子每仓石价银一两三钱二分，较上月减二分。黄豆每仓石价银一两六钱一分，与上月同。

松潘直隶厅，价中。青稞每仓石价银二两七钱六分，与上月同。荞子每仓石价银一两七钱四分，与上月同。

杂谷直隶厅，价中。青稞每仓石价银二两四钱，与上月同。荞子每仓石价银一两七钱九分，与上月同。

石砫直隶厅，价中。中米每仓石价银一两六钱四分，与上月同。大麦每仓石价银一两七钱三分，与上月同。小麦每仓石价银二两六分,与上月同。

打箭炉厅,价贵。青稞每仓石价银四两九钱,较上月减二分。油麦每仓石价银一两八钱一分,与上月同。

军机大臣奉旨:览。钦此。①

○七五　呈川省同治十一年四月得雨清单

同治十一年五月二十八日(1872 年 7 月 3 日)

谨将四川省同治十一年四月份各属具报得雨情形,开具清单,恭呈御览。

成都府属:成都、华阳两县得雨五次,小春收获。简州得雨三次,秧苗栽插。崇庆州得雨四次,早稻滋生。汉州得雨三次,堰水充足。温江县得雨二次,早秧长发。郫县得雨四次,秧苗播种。崇宁县得雨一次,堰水充足。新都县得雨三次,秧苗滋长。灌县得雨二次,塘堰积水。金堂县得雨三次,秧苗栽插。新繁县得雨一次,小春收毕。彭县得雨二次,荞子滋长。新津县得雨四次,荞麦收毕。双流县得雨一次,秧苗播种。什邡县得雨二次,田水充足。

重庆府属:江北厅得雨三次,秧苗栽种。巴县得雨一次,秧苗滋长。江津县得雨五次,塘水充足。长寿县得雨一次,小春收获。永川县得雨二次,田水蓄足。綦江县得雨二次,塘堰积水。南川县得雨一次,田水稍足。合州得雨三次,塘堰蓄水。涪州得雨二次,早秧发苗。铜梁县得雨二次,早秧插毕。大足县得雨三次,塘水充足。定远县得雨一次,稻谷播种。

---

① 中国第一历史档案馆藏:清单,档案编号:03-4966-87。

夔州府属：奉节县得雨三次，早秧插毕。云阳县得雨三次，稻苗滋长。万县得雨四次，田水充足。大宁县得雨二次，田堰积水。

龙安府属：平武县得雨一次，田水稍足。江油县得雨三次，塘水充积。石泉县得雨一次，早秧栽插。彰明县得雨三次，早禾插毕。

绥定府属：达县得雨五次，田有积水。新宁县得雨二次，田堰积水。大足县得雨一次，禾苗滋长。渠县得雨三次，秧苗栽毕。太平县得雨二次，田水充足。

宁远府属：西昌县得雨三次，塘水充盈。会理州得雨三次，塘水充盈。盐源县得雨二次，堰田积水。

保宁府属：阆中县得雨二次，地土滋润。苍溪县得雨二次，田水充盈。广元县得雨三次，田有积水。昭化县得雨三次，田水充足。巴州得雨六次，早秧栽毕。通江县得雨二次，田水充足。

顺庆府属：南充县得雨四次，秧苗栽毕。西充县得雨四次，田水充盈。蓬州得雨二次，豆麦登场。营山县得雨四次，田水充足。仪陇县得雨三次，田水充足。岳池县得雨七次，早秧耔薅。广安州得雨六次，田水充盈。邻水县得雨六次，秧苗茂盛。

潼川府属：三台县得雨五次，田水充盈。射洪县得雨二次，田堰积水。盐亭县得雨二次，秧苗滋长。中江县得雨二次，田水充足。遂宁县得雨三次，地土滋润。蓬溪县得雨四次，田水充盈。安岳县得雨四次，田水不缺。乐至县得雨三次，秧苗滋长。

雅州府属：雅安县得雨五次，田水充足。名山县得雨四次，田水充盈。荣县得雨三次，秧苗滋长。芦山县得雨三次，田水充足。天全州得雨四次，小麦收毕。

嘉定府属：乐山县得雨六次，田水充足。峨眉县得雨三次，田水充足。洪雅县得雨三次，秧苗滋长。夹江县得雨二次，田水充盈。犍为县得雨四次,禾苗栽毕。荣县得雨五次,田水充盈。威远县得雨五次,秧苗茂盛。峨边厅得雨五次,土地滋润。

叙州府属:宜宾县得雨五次,秧苗栽毕。南溪县得雨五次,田堰积水。富顺县得雨三次,禾苗青秀。隆昌县得雨六次,田水充足。珙县得雨四次,田有积水。兴文县得雨七次,禾苗畅茂。马边厅得雨五次,秧苗青秀。

资州直隶州属:资州得雨三次,秧苗栽毕。资阳县得雨二次,禾苗滋长。井研县得雨二次,塘堰积水。仁寿县得雨一次,堰水稍足。内江县得雨一次,旱禾滋长。

绵州直隶州属:绵州得雨二次,旱秧插毕。安县得雨三次,塘堰积水。绵竹县得雨五次,禾苗滋长。梓潼县得雨三次,农民栽秧。罗江县得雨一次,田堰蓄水。

忠州直隶州属:忠州得雨四次,渐次栽秧。酆都县得雨二次,田水充足。梁山县得雨三次,秧苗插毕。垫江县得雨五次,田水充盈。

酉阳州直隶州属:黔江县得雨一次,堰水稍足。秀山县得雨三次,秧苗插毕。

眉州直隶州属:眉州得雨六次,田水充足。彭山县得雨三次,田地滋润。丹棱县得雨六次,堰水充盈。

泸州直隶州属:泸州得雨八次,禾苗滋长。江安县得雨五次,秧苗栽毕。合江县得雨八次,田水充足。纳溪县得雨五次,田水足用。

邛州直隶州属:邛州得雨四次,秧苗茂盛。大邑县得雨二次,旱秧栽毕。蒲江县得雨三次,农田有水。

叙永直隶厅属:叙永厅得雨四次,田水充足。永宁县得雨四次,田水充足。

军机大臣奉旨：览。钦此。[①]

○七六 续拨协黔的饷委解起程日期折

同治十一年六月初三日(1872 年 7 月 8 日)

头品顶戴四川总督臣吴棠跪奏，为续拨本年正、二月份协黔的饷委解起程日期，恭折仰祈圣鉴事。

窃臣钦奉寄谕：周达武所需饷银五万八千两，由川按月筹拨，解赴贵阳省城等因。钦此。遵将同治九年冬季应拨饷银十四万五千两及同治十年正月起至十二月止应拨饷银六十九万六千两，先后奏明解交各在案。查本年自春徂夏，赈巢兼施，用款较繁，实有自顾不遑之势。惟叠据贵州提督周达武来咨，暨续派助剿之武字副前营、经武左营提督胡国珍等禀报：已将牛角坡、香炉山苗逆老巢及兴义府久踞回匪，次第荡平。川省大举援黔，于今数稔，固已不遗余力，独任其难。当此功亏一篑之时，更不得不多方筹画，加意维持，以期上慰慈厪，下安边徼。先于各属解到厘金项下动拨银五万八千两，作为本年正月份协黔的饷，饬委试用知县蒋尊典、候补知县何清杰管解。据报于同治十一年四月二十六日自省起程。

兹复檄提川东道库银三万两、富荣局盐厘银二万八千两，作为本年二月份协黔的饷，饬委候补知县翁植、萧济川，定期于同治十一年五月二十八日自省起程，分投守领，解赴贵州，统交周达武行营，专供马步全军之用。再，武字副前营、经武左营饷银均由川省按月委员协同解往，以资饱腾而利遄征。合并声明。据藩司王德

---

① 中国第一历史档案馆藏：清单，档案编号：03-4966-088。

固具详前来。

所有续拨本年正、二月份协黔的饷委解起程日期,除分咨外,理合恭折驰陈,伏乞皇太后、皇上圣鉴。谨奏。六月初三日。

同治十一年六月二十二日,军机大臣奉旨:知道了。钦此。①

○七七　请将陈以礼等员从优议恤折

同治十一年六月初三日(1872年7月8日)

头品顶戴四川总督臣吴棠跪奏,为委办赈务之官绅在差次积劳病故,恳恩敕部议恤,以慰舆情,恭折仰祈圣鉴事。

查川省成都等府属各地方,去年夏旱秋潦,收成歉薄。今春米价骤昂,民情困苦,前经臣奏奉谕旨,在于本省捐厘项下拨银二十万两,以资赈恤。除省外报灾各州县分拨银两、责成各地方官绅实力赈济外,省垣城厢地广户烦,饥民尤众,当经檄饬在省道府总理赈务,一面选委饬差勤奋、妥实可靠之官绅,分地设厂,制备器具,先行施粥。自正月下旬起,老幼男妇分道赴食者,日有三万余人。在事各委员、绅董逐日住厂,夜半监视熬粥,黎明点名给签,随赴厂外,亲督工夫,按名发粥,往往自朝至昃。该官绅等尚不遑暇食,外交汗气薰蒸,内则忍饥枵腹。虽有时困惫不支,呕吐交作,未尝休息。兹据禀报:委员候补通判陈以礼、同知衔尽先补用直隶州候补知县王光照、已补崇宁县知县李玉琅、同知衔候补知县吴春耀、寇守智五员,暨委绅在籍候选通判柳廷章、候选从九品方澍、五品封

---

① 中国第一历史档案馆藏:军机录副,档案编号:03-4750-033。又,吴棠等:《游蜀疏稿》,第573—579页。其尾记曰:"同治十一年六月初三日,由驿具奏。于本年七月十二日,准兵部火票递回原折,后开军机大臣奉旨:知道了。钦此。"

职监生傅鸿畴三人，均因力疾从公，在差次先后病故。远近贫民咸稔该故员等劳苦过度，莫不叹息唏嘘，同声悼惜！由藩、臬两司查明详请奏恤前来。

臣查以死勤事则礼法载□经因公积劳病故，例准荫恤。川省岁歉民饥，仰蒙圣恩汪湌，拨帑办赈，实为亿万贫黎生命所关。该员绅陈以礼等委办赈务，事无巨细，必躬必亲，务使民沾实惠。每日饥黎丛集，疮痍满侧，汗满蒸腾。该员绅杂处其中，遇口授餐，应接靡暇，鞠躬尽瘁，寝食不遑。差事之苦，前所未有。时历数月，全活饥民以数万计。而该员绅积劳成疾，竟以身殉，洵属为民御灾，以死勤事，实与军营病故人员无异，且系殁于差次，尤与离营病故者不同。

复查同治三年前署成绵龙茂道何咸宜因赴灌县督修堰工，旋在工次积劳病故，经原任督臣骆秉章奏奉谕旨从优议恤在案。今陈以礼等八员尽职尽忠，同时毕命。小民感怀伤悼，较何咸宜殆犹过之。合无仰恳天恩，敕下部臣将已故候补通判陈以礼、同知衔尽先补用直隶州知州王光照、已补崇宁县知县李玉琅、同知衔候补知县吴春耀、寇守智、候选通判柳廷章、候选从九品方澍、五品封职监生傅鸿畴八员，均从优议恤，以慰舆情而彰忠荩，出自圣主逾格鸿慈。

至该员等或当差多年，忠勤凤著，或甫经补缺，留省办公，内中半有老亲，旅况艰窘，觌此闵凶，无以为养，尤堪轸恤。现由臣倡率僚属捐助资斧，俾得料理回籍，借免失所。是否有当，理合恭折具奏，伏乞皇太后、皇上圣鉴训示。再，四月以后已停止粥厂，改办平粜，合并陈明。谨奏。六月初三日。

同治十一年六月二十二日，军机大臣奉旨：该部议奏。钦此。①

---

① 中国第一历史档案馆藏：军机录副，档案编号：03-4658-134。

○七八　加拨淮军月饷数目及起程日期片

同治十一年六月初三日(1872 年 7 月 8 日)

再,臣准军机大臣字寄:同治九年十月二十六日,奉上谕:李鸿章奏,淮军月饷,每月加拨四川三万两等因。钦此。伏查淮军月饷前经十一次解过银四十二万两,先后奏报在案。连年川省奉拨京、协各饷及援邻勇粮、军火,支用浩繁,惟恃捐输、厘金,借资周转。无如上年旱潦相继,今春米粮昂贵,办理赈粜,酌减捐厘,征解减色,库藏竭蹶,实有自顾不暇之势。第此项协饷为畿辅、江、鄂各军要需,大局攸关,不能不尽力腾挪。

兹复督同藩司凑集厘金银三万两,饬委候补知县吴玉辉、候补府经历周墉承领,定期于五月二十八日自成都起程,解赴湖北粮台交收,拨供李鸿章所部淮军征防饷项,以济要需。除分咨外,理合附片陈明,伏乞圣鉴。谨奏。

同治十一年六月二十二日,军机大臣奉旨:知道了。钦此。[1]

○七九　酉阳教案应给银两扫数交清折

同治十一年六月二十四日(1872 年 7 月 29 日)

成都将军臣魁玉、头品顶戴四川总督臣吴棠跪奏,为议结酉阳教案应给银两,现已扫数交清,民教均属相安,恭折仰祈圣鉴事。

---

[1]　中国第一历史档案馆藏:军机录副,档案编号:03-4832-061。此片具奏日期未确,兹据军机处随手登记档(档案编号:03-0209-2-1111-165)校正。

　　窃查同治八年冬间,调任直隶总督臣李鸿章暨前任成都将军臣崇实,会同臣吴棠,议结酉阳教案,断给银、票两项共三万两。嗣经臣李鸿章回鄂面晤法国公使罗淑亚,必将已收银票专为赔堂恤教之用,张佩超旧案尾欠银一万二千两,另行着追,咨商川省,转饬妥办,均经臣李鸿章先后奏明各在案。臣吴棠当即转饬藩司、川东道,妥为办理。节据禀报:自八年十二月十六日起,至十年六月二十一日止,分次给拨银三万两,均已如数支清,①并将前发银、票陆续收回。惟张佩超旧案尾欠银一万二千两,一时实无此巨款现银,似未便任其借故羁留,另生枝节。只得以田产作抵,俾速迁移。

　　臣吴棠又恐民教杂居,争界抢割之事后患滋多,批饬该司道将田产丈量归公,由道库先行筹垫银两。兹据详报,如数动支,饬传经理教务局绅金含章,当面弹兑,于本年五月初三日,领交渝城主教范若瑟查收,取具收清字据②备查。并据范若瑟声称:张佩超当日并未立有欠约,只有服约一张,未便退还,即在收据内分晰登明。③

　　再,查张佩超前于丈清田亩时,饬令酉阳州,迅速劝谕,徙居出境。已于同治九年九月望间,携子搬移湖北咸丰县④地方居住。刻下川东一带,民教均属相安,堪以上纾慈廑。所有议结酉阳教案应给银两现已扫数交清缘由,谨合词恭折具陈,伏祈皇太后、皇上圣鉴。谨奏。

　　本督部堂会同成都将军魁玉于同治十一年六月二十四日由驿具奏,于同治十一年七月二十七日,准兵部火票递回原折,内开军

---

①　"支清",《清末教案》作"交清"。
②　"字据",《清末教案》作"字样"。
③　"登明",《清末教案》作"言明"。
④　"咸丰县",《清末教案》作"咸丰州",误。

机大臣奉旨：知道了。钦此。①

同治十一年七月十三日，军机大臣奉旨：知道了。钦此。②

○八○　请将律武营仍交李辉武统带片

同治十一年六月二十四日（1872 年 7 月 29 日）

再，查汉中镇总兵李辉武，本系蜀将，上年贵州提督周达武调黔助剿，经臣以带队得力，恳恩暂留。嗣经前任陕西抚臣蒋志章请旨，敕回汉中本任各在案。昨据李辉武牍称，奉旨补授甘肃提督。臣深以北路边防一时乏员接手，又未便越俎代谋。正在筹画间，适准署陕抚臣邵亨豫③咨送疏稿，奏请暂留李辉武，仍署汉中镇任。

臣伏念蜀、秦唇齿相依，同一防陇，必应济以和衷。今邵亨豫所见与臣不约而同，圣明烛照无遗，定邀俞允。臣拟将武字营现改律武营马步川军，仍交该提督统带，以固边防。理合附片陈明，伏

---

① 吴棠等：《游蜀疏稿》，第 585—591 页。

② 中国第一历史档案馆、福建师范大学历史系编：《清末教案》，第 2 册，第 15 页。

③ 邵亨豫（1818—1883），字子立，一字汧生，江苏常熟人，寄籍顺天府宛平县。道光十九年（1839），中顺天乡试副榜。二十四年（1844），中式举人。三十年（1850），中式进士，改庶吉士。咸丰二年（1852），授翰林院编修。四年（1854），补授实录馆纂修，充国史馆协修。八年（1858），充河南乡试正考官、安徽学政。同治二年（1863），授国子监祭酒、实录馆纂修官。三年（1864），补日讲起居注官。次年（1855），补授翰林院侍讲、侍读、右春坊右庶子。七年（1868），授内阁学士兼礼部右侍郎。十年（1871），补礼部右侍郎，兼吏部右侍郎、仓场侍郎。十一年（1872），补授陕西巡抚，兼兵部侍郎，后乞病开缺。光绪三年（1877），调湖北巡抚。次年，再调湖南巡抚。五年（1879），任礼部左侍郎。次年，充会试覆试阅卷大臣、庶吉士散馆阅卷大臣，调吏部左侍郎。七年（1881），兼署户部右侍郎，兼管钱法堂事务。是年，任考试大臣。九年（1883），卒于任。著有《愿学堂诗存》《雪泥鸿爪》等。

乞圣鉴。谨奏。

同治十一年七月十三日，军机大臣奉旨：知道了。钦此。[①]

【案】邵亨豫咨送疏稿，奏请暂留李辉武，仍署汉中镇任：同治十一年五月二十九日，署陕西巡抚邵亨豫具陈曰：

署理陕西巡抚臣邵亨豫跪奏，为暂留升任总兵，并请仍留署汉中镇任，以固边防，恭折仰祈圣鉴事。窃臣于五月初三日准兵部咨：同治十一年四月初十日，内阁奉上谕：甘肃提督着李辉武补授。钦此。当即恭录咨会。旋据该署镇咨称：感戴天恩，敬即恭折谢恩，并请北上陛见等情前来。臣覆查李辉武律武一军，系因汉南贼扰，由川督臣派令驻防汉南，即固四川门户。旋即蒙恩补授汉中镇总兵，复经前抚臣蒋志章、翁同爵先后奏请，添募六营，专办陕南防务。李辉武自受任以后，一切军务悉心筹画，边境回匪惮其声威，踪迹日远，偶有窜扰，即拨队穷追，迭加惩创。且驻扎汉中日久，地方情形熟悉，缉匪筹防各事宜，均能认真整顿，军民爱戴殊沉，实属川、陕两省遮罩不可暂离之员。可否仰恳天恩，令李辉武仍留署汉中镇任，统带所部各营驻扎陕南，借资熟手，实于川、陕两省边防大有神益。一俟边境肃清，即行北上陛见后，迅赴本任，以重职守。谨会同陕甘总督臣左宗棠，合词恭折具奏，伏乞皇太后、皇上

① 中国第一历史档案馆藏：军机录副，档案编号：03-4751-037。又，吴棠等：《游蜀疏稿》，第581—584页。其尾记曰："同治十一年六月二十四日，由驿附奏，于本年七月二十七日，准兵部火票递回原片，后开军机大臣奉旨：知道了。钦此。"关于此片具奏日期，中国第一历史档案馆馆藏军机录副目录为"同治十一年七月十三日"，即把奉旨日期作为具奏时间，未确。查军机处随手登记档（档案编号：03-0209-3-1111-184），其具奏日期与《游蜀疏稿》所载"同治十一年六月二十四日"一致。

圣鉴。谨奏。五月二十九日。同治十一年六月初六日,军机大臣奉旨:着照所请。钦此。①

○八一　奏报藩司严树森赴京陛见日期折

同治十一年六月二十四日(1872年7月29日)

头品顶戴四川总督臣吴棠跪奏,为据情代奏事。

窃臣承准军机大臣字寄:同治十一年五月十七日,奉上谕:前任贵州布政使严树森,着吴棠传知该员,即行来京陛见,并将起程日期奏闻。将此谕令知之。钦此。当即钦遵传知去后。兹据前任贵州布政使严树森禀称:窃树森由湖北知县洊升藩司,升任河南巡抚,调补湖北巡抚,降补道员。旋奉恩命,补授广西臬司,升授贵州藩司。因查办贵州事件未及到省,遽行奏结,奉旨革任。树森自顾菲材,叠膺重寄,廿年外吏,自知获咎滋多,屡蒙天恩曲贷,仅予薄惩。罢职以来,迄今六载,闭门省过,痛悔前非。纵思晚荩之勉图,深惧自新之无路,忽奉纶音宣召,再荷生成,非梦想所敢期,惟感激而涕零! 现在赶紧料理行装,定于七月十八日起程,即由北路入都,匍匐泥首宫门,祗候圣训,呈请代奏等情前来。

除谆嘱赶紧料理起程外,臣为此缮折代奏,伏乞皇太后、皇上圣鉴。谨奏。六月二四日。

同治十一年七月十三日,军机大臣奉旨:知道了。钦此。②

---

① 中国第一历史档案馆藏:军机录副,档案编号:03-4750-008。
② 中国第一历史档案馆藏:军机录副,档案编号:03-4659-019。

【案】军机大臣字寄……将此谕令知之：此廷寄曰：

军机大臣字寄：四川总督吴：同治十一年五月十七日,奉上谕：前任贵州布政使严树森,着吴棠传知该员,即行来京陛见,并将起程日期奏闻。将此谕令知之。钦此。遵旨寄信前来。①

○八二　奏报藩司严树森堪胜艰巨片

同治十一年六月二十四日(1872 年 7 月 29 日)

再,严树森寄居省垣,素著乡望。臣遇有地方重大事务,时与咨询,数年来深得裨益。每述及知遇厚恩,辄思感激图报。臣察其历练已久,意气胥平,涵养既深,识力益定,洵属堪胜艰巨之材。臣既有所见,理合据实附陈,伏乞圣鉴。谨奏。

同治十一年七月十三日,军机大臣奉旨：知道了。钦此。②

○八三　奏报马玉堂等期满甄别折

同治十一年六月二十四日(1872 年 7 月 29 日)

头品顶戴四川总督臣吴棠跪奏,为知府试看年满,照章甄别,恭折仰祈圣鉴事。

窃查吏部奏定章程：道府州县,无论何项劳绩保奏归入候补班者,以到省之日起,予限一年,令督抚详加察看,出具切实考语,奏

---

① 台北故宫博物院藏：军机及宫中档,文献编号：408018127。

② 中国第一历史档案馆藏：军机录副,档案编号：03-4659-020。此片具奏日期未确,兹据军机处随手登记档(档案编号：03-0209-3-1111-184)校正。

明分别繁简补用等因。遵照在案。兹查有遇缺前先补用知府马玉堂,年四十二岁,顺天大兴县监生,原籍陕西,遵例报捐县丞,指发四川试用,咸丰五年七月二十五日到省。因剿捕苗匪出力,七年,保奏免补本班,以知县留川补用。又,攻克牛腹渡贼巢出力,是年十一月,保准俟补缺后,以同知直隶州知州用,并戴花翎。又,力解眉州城围并克复丹棱县城出力,同治元年,保加知府衔。又因剿砖窝番匪出力保奏,六年正月二十七日,奉上谕:着归知府遇缺班前,尽先补用。钦此。又,办理廓尔喀事竣,九年二月二十三日,奉上谕:着遇有四川知府缺出,尽先题补,并赏加道衔。钦此。早已试看年满。

又查有候补班前尽先补用知府胡廷柱,年五十五岁,浙江山阴县监生,遵例报捐双月知县,值贵州桐匪滋事,投效军营出力。咸丰五年,保准以知县不论双单月遇缺即选,并加同知衔,遵例捐指云南试用。六年八月十四日,引见。七年,路经黔省,奏准留黔差遣。嗣复奏准留黔补用。因贵州系游幕省份,呈明回避。以剿办镇远等处贼匪出力,十年,保准免补本班,以同知直隶州知州不论双单月,遇缺即选。经部臣奏改外补。复因收复修文等城案内出力,是年十二月,保戴花翎,旋捐知府双月选用。同治二年,捐足知府三班,分发四川试用。三年七月初十日引见,是年十二月二十九日到省。因前在黔省办理防剿善后出力保奏,十年二月二十日,奉旨:着归候补班前尽先补用。钦此。现亦试看期满。先后由藩、臬两司详请甄别前来。

臣查该员马玉堂,年力富强,才具开展;胡廷柱吏事明练,心地朴诚。均请留川以繁缺知府补用。倘该员等始勤终怠,仍当随时察办,勿庸贻误。理合恭折具陈,伏乞皇太后、皇上圣鉴训示。谨奏。六月二十四日。

同治十一年七月十三日，军机大臣奉旨：吏部知道。钦此。①

○八四　奏拨凉、庄及西征粮台协饷日期折

同治十一年六月二十四日（1872 年 7 月 29 日）

头品顶戴四川总督臣吴棠跪奏，为续拨甘饷委解起程日期，恭折仰祈圣鉴事。

窃臣承准军机大臣字寄：同治十一年四月二十一日，奉上谕：袁保恒奏，各省协饷报解过缓，请旨饬催一折等因。钦此。并准凉州副都统先后委员来川，守提划拨月饷。伏查川省月协甘饷银二万两，前已解至同治十年三月止，迭经奏报在案。综计连年分拨京外各饷，有增无减。去年夏旱秋涝，酌减捐厘。今春米贵民饥，兼办赈粜，出款益见其多，入款益见其少，而滇、黔、西藏、新疆催饷之文络绎不断，均须兼顾。倘仅专拨一处，悉索供应，即有顾此失彼之虞。第甘军追剿，需饷尤殷；凉、庄兵食亦形告匮，不得不尽力拨济，以维大局。

兹臣督同藩司勉凑厘金银三万两，〈作〉为同治十年四月及五月上半月份应协甘饷，内遵旨划扣银一万两，分济凉、庄两营兵饷，发交凉州来弁达哈苏承领，汇解回凉。余银二万两，委试用同知杨仪成、候补县丞汪凤柱承领，于六月十八日自成都起程，解赴西征粮台交收，以应急需。除分咨外，理合恭折具奏，伏乞皇太后、皇上圣鉴。谨奏。六月二十四日。

---

① 中国第一历史档案馆藏：军机录副，档案编号：03-4659-022。

同治十一年七月十三日,军机大臣奉旨:知道了。钦此。①

【案】袁宝恒奏……请旨饬催一折:同治十一年四月十三日,翰林院侍读学士袁保恒奏催各省欠饷曰:

办理西征粮台二品顶戴三品衔翰林院侍读学士臣袁保恒跪奏,为各省协饷报解延缓,军食万分竭蹶,请旨敕催克期并解,以速补迟,免误大局,恭折仰祈圣鉴事。窃臣自办理粮台以来,各处奉拨陕甘协饷除江西一省、闽海关一关如数如期报解、从无延欠外,其余各处批解本不能如数,截至同治十一年三月底,共积欠至一千四百六十余万两之多,实属万难敷衍。不得已将现到之饷先尽粮价、运脚及各军盐菜、火食之用,而月饷竟无所出,是以上年冬间因通年月饷未发,无可如何,始有恳恩饬部筹款之请。部臣有提解积欠六十万两之议,竭蹶情形早在圣明洞鉴之中。查从前各处或按月分批,或按季汇解,虽不能如部拨之数,而各该省筹解之数尚能照常,得以腾挪匀给,借系军心。近则山东以筹堵河工决口为词,山西以增拨边县协饷为词,四川以赶办本省赈济为词,河南以河东拨款改济甘军为词,安徽以自筹征军月饷为词,广东以未清西商借款为词,湖南以专顾援黔湘军为词,纷纷延缓。臣虽函牍并恳,委员守提,赖以空言回覆。山东、山西、四川、安徽、广东五省,除奉提积欠各四五万两如数批解外,山东自上年十月以后仅报解月饷一次二万四千两;自上年十一月以后,九个月未经续解月饷。安徽自上年九月以后,七个月未经续解月饷。广

---

① 中国第一历史档案馆藏:军机录副,档案编号:03-4832-087。

东自七年夏季以后,三年未经续解月饷。湖南则并奉提之积欠四万两,尚未报解。河南则上次奉提积欠十万两,仅解过三万两;此次奉提积欠八万两,仅解过二万两。该二省之应解月饷更无论矣。此又格外拖延,不在向来积欠之数者也。似此饷源枯竭,西事凭何揩拄。臣不敢谓各处借口尽属无因,然昊天财赋之赢绌,综于户部□臣照指拨,自有权衡,尚非强以所不能。纵各省别有用款,亦必另有指项,决不令侵占西饷,置边陲大局于不顾。现当逆回乞抚,正宜广筹储积,固我军心,示以欲战之形,镇以能剿之力,庶可绝其狡逞之谋,坚其输诚之志。而一切安插抚恤之资尤当应手,然后恩威可以兼济,操纵可以自如,方不至坐误戎机,否则贼势不必得而军心先不可恃,西事有不可支矣。臣目击情形,万分焦灼,合无仰恳天恩,俯念事机紧迫,饬下各省将向解之数克期赶筹,并批速解,以补从前迟误,嗣后不准再有拖延,大局幸甚。臣非百呼罔应、万不得已,决不敢屡渎圣虑,而势处万难,亦不敢坐视贻误,不胜迫切待命之至。谨缮折由驿四百里驰陈,伏乞皇太后、皇上圣鉴训示。谨奏。四月十三日。同治十一年四月二十一日,军机大臣奉旨:钦此。[①]

【案】军机大臣字寄……一折等因:此廷寄《清实录》载曰:

甲戌,谕军机大臣等:袁保恒奏,各省协饷报解延缓,请旨饬催一折。据称西征各军月饷,山东自上年十月以后仅解银二万四千两,山西自上年十一月以后仅解银二万两,四川自上年七月以后未经续解,安徽自上年九月以后未经续解,广

① 中国第一历史档案馆藏:军机录副,档案编号:03-4949-047。

东自上年夏季以后未经续解,湖南并前提积欠银四万两亦未报解,河南则两次提解积欠银十八万两,仅解过银五万两等语。甘肃兵多粮缺,转运艰难,且一切安插、抚恤之资需用尤巨,各该省督抚自应源源报解,顾全大局,岂得任意延缓,致误要需!着瑞麟、吴棠、英翰、钱鼎铭、丁宝桢、鲍源深、王文韶将应解西征协饷克期筹拨,并批速解,不准再有拖延!并着袁保恒随时催提运解,以资接济。另片奏,山东、河南、两淮月协豫师军饷,截至三月底止共欠解银三十四万余两,现在西征饷项支绌,实难垫解等语。着何璟、钱鼎铭、丁宝桢将应解豫师饷银,迅速拨交西征粮台转解,毋稍延缓!将此由五百里谕知瑞麟、吴棠、何璟、英翰、钱鼎铭、丁宝桢、鲍源深,并传谕王文韶、袁保恒知之。①

○八五　委署理番厅同知等员片

同治十一年六月二十四日(1872 年 7 月 29 日)

再,理番厅同知刘毓棠调省遗缺,查有绵竹县知县杨垲,明干有为,堪以委署。又,署富顺县知县吴鼎立年满遗缺,查有卸署成都县事中江县知县白庚棣,精明练达,堪以调署。又,永川县知县童炳宸调省察看遗缺,查有因公在省之越巂厅同知周岐源,才具练达,堪以委署。该员等正、署各任内无经征钱粮未完展参及承缉盗劫已起四参案件,据藩、臬两司会详前来。除分饬遵照外,理合附片陈明,伏乞圣鉴。谨奏。

---

① 《穆宗毅皇帝实录(七)》,卷三百三十二,同治十一年四月下,第393页。

同治十一年七月十三日,军机大臣奉旨:知道了。钦此。①

○八六　委解协滇饷银起程日期片

同治十一年六月二十四日(1872年7月29日)

再,川省奉拨云南协饷,前已解过银二十三万两,先后奏报在案。兹准滇省督抚臣迭次催提。伏查川省拨饷过繁,库款愈绌情形,现于奏解甘饷折内陈明。而滇省进剿吃紧,需饷孔殷,又不能不腾挪接济。臣复督同藩司设法凑集协滇兵饷银二万两,委候补同知萧锦及云南楚雄县知县卞庶慥承领,于六月十八日自成都起程,星驰解赴滇省藩库交收,以应急需。除分咨外,理合附片陈明,伏乞圣鉴。谨奏。

同治十一年七月十三日,军机大臣奉旨:知道了。钦此。②

○八七　请将知县张士锜摘顶勒催折

同治十一年六月二十七日(1872年8月1日)

头品顶戴四川总督臣吴棠跪奏,为知县欠解税契银两,延不解清,请旨摘顶勒催,恭折仰祈圣鉴事。

窃照州县经征契税银两,关系正供,例应按年全完,不容丝毫蒂欠。同治十年份各属应解契税银两,叠次催提,已据陆续解司完

---

① 中国第一历史档案馆藏:军机录副,档案编号:03-4659-021。此片具奏日期未确,兹据军机处随手登记档(档案编号:03-0209-3-1111-184)校正。

② 中国第一历史档案馆藏:军机录副,档案编号:03-4949-016。此片具奏日期未确,兹据军机处随手登记档(档案编号:03-0209-3-1111-184)校正。

纳。惟有高县、盐亭、南部、庆符、石泉五县应解同治十年份契税银两,经臣督饬藩司节次勒催,迄今尚未批解,实属泄玩。若不分别参追,何以儆玩愒而重正赋!据藩、臬两司详请奏参前来。

相应请旨将现任署高县事试用知县张士锜摘去顶戴,同前任盐亭县参革知县李汝湘、石泉县参革知县陆长生暨原任南部县已故知县刘恩长、庆符县已故知县王绩康家属各名下,均勒限两月,严追完解。如依限解清,再行奏恳恩施。倘逾限不解,或解不足数,即予从严参办。

至叙永厅额征盐杂税银六千四百七十五两零,除已解司库共银二千七百六十一两零,计现署厅宋恒山尚短征银三千七百一十三两零。实因滇、黔邻氛未靖、商贩稀少所致,与经征不力者有间,现在严饬该丞设法赔缴,另行办理。除咨部外,理合恭折具奏,伏乞皇太后、皇上圣鉴训示。谨奏。六月二十七日。

同治十一年八月初五日,军机大臣奉旨:着照所请,该部知道。钦此。①

○八八　请将英顺等前参之案扣除免议片

同治十一年六月二十七日(1872年8月1日)

再,同治十年奏销九年份茶课税银案内,有名山县未完茶课税银一千一百十一两二钱六分;又,同治十一年奏销十年份茶课税银

---

① 中国第一历史档案馆藏:军机录副,档案编号:03-4991-087;朱批奏折,档案编号:04-01-35-0523-048。其朱批曰:"张士锜着摘顶勒限严追,余着照所议办理。"与军机录副记载不符,查军机处随手登记档(档案编号:03-0209-3-1111-205),所载与军机录副一致。存疑。

案内,有名山县未完茶课税银一千一百十一两二钱六分,当将经征不力各职名分年随案附参。兹据盐茶道傅庆贻详:催据名山县将欠解九、十两年前项银两先后全完,均已弹收存库等情前来。

臣查名山县未完同治九、十两年茶课税银既已全完,所有前参九年份经征不力之署名山县知县英顺、接征不力之署名山县知县刘仰祖及十年份经征不力之署名山县知县刘仰祖、接征不力之署名山县知县杨锡荣各职名,合无仰恳天恩,敕部照例分别扣除,免其议处,出自鸿慈。除咨部外,理合附片陈明,伏乞圣鉴训示。谨奏。

同治十一年八月初五日,[①]军机大臣奉旨:着照所请,该部知道。钦此。[②]

〇八九　奏请借拨盐厘通融接济片

同治十一年六月二十七日(1872年8月1日)

再,查川省司库年例应支杂款,为数甚巨,历由盐茶道征收盐茶耗羡银两陆续解司支放。近年因滇、黔军务未平,盐茶边引口岸尚未疏通,而楚省盐岸自奏定川、淮分地以后,川盐销路顿窄,愈形壅滞,以致同治十年盐茶羡截及带征历年积欠,据各属批解银八万八千七百一十四两零,核计司库例支各款,尚不敷银四万七千有奇。而应支之银均系书吏、水手工食及故兵月米等项,断难缺缓,

---

① 此奉旨日期军机录副署为"同治十一年七月初五日",而军机处随手登记档则为"同治十一年八月初五日"。综合判断,军机录副误署无疑。兹据校正。

② 中国第一历史档案馆藏:军机录副,档案编号:03-4891-080。此奏片具奏日期未确,兹据军机处随手登记档(档案编号:03-0209-3-1111-205)校正。

亟应设法筹款接济。兹据藩司王德固详称:查司库正、杂各款,已搜索无疑,惟盐厘及养廉截旷减成两项积有成数,拟请于在盐厘项下筹借银三万一百两并同治十年份文职养廉截旷银八千两、文职养廉核减三二一成银九千两,尽数借拨,共银四万七千一百两,一并入于十年盐茶奏销案内新收项下,照数开支,核实造报。至借拨盐厘,为数不多,于拨解饷需正款并无妨碍等情前来。

臣查该司所详,系属通融接济要款、俾免缺乏起见,且与拨解饷需正款无碍,自应如议办理。除饬催盐茶道将各属未完盐茶羡截银两勒限严催,征缴齐全,解交司库分别归款支发并咨部外,理合附片陈明,伏乞圣鉴。谨奏。

同治十一年八月初五日,军机大臣奉旨:知道了。钦此。①

○九○ 奏报张鉴澄等期满甄别片

同治十一年六月二十七日(1872年8月1日)

再,查吏部奏定章程:州、县、丞、倅,②无论何项劳绩保奏归入候补班者,以到省之日起,予限一年,令督抚详加察看,出具切实考语,奏明分别繁简补用等因。通行遵照在案。兹查有候补直隶州知州张鉴澄、补用知县陈锡鬯二员,均到省一年期满,应即照章甄别,据布政使王德固、按察使英祥造具该员等履历清册,会详前来。

臣查该州张鉴澄,年强才敏,堪以简缺直隶州知州补用;该县陈锡鬯才具稳练,堪以简缺知县补用。除履历清册咨部外,理合附

---

① 中国第一历史档案馆藏:军机录副,档案编号:03-4891-088。此片具奏日期未确,兹据军机处随手登记档(档案编号:03-0209-3-1111-205)校正。

② "丞倅",军机录副疑夺,兹据补。

片陈明，伏乞圣鉴训示。谨奏。

同治十一年八月初五日，军机大臣奉旨：吏部知道。钦此。[①]

○九一　查明同治十年各军及驿站额马折

同治十一年六月二十七日(1872年8月1日)

头品顶戴四川总督臣吴棠跪奏，为查明同治十年份川省镇、标、协、营及各路驿站额设马匹均各膘壮足额，并无疲乏等弊，恭折具奏，仰祈圣鉴事。

窃查同治元年八月间，钦奉上谕：京外各营、各直省驿站额设马匹，支应差操及接递公文，均关紧要。着该管大臣确切查核具奏。如查有缺额、疲乏等弊，即着从严参办等因。钦此。当经移行遵照办理在案。查川省各标、镇、协、营额设马三千四百六十七匹，东、西、南、北四路驿站额马七百六十三匹，或支应差操，或接递公文，均关紧要。际此邻省军务未平，尤宜力为整顿，以昭核实，节经严饬各标、镇、协、营及有驿州县，督率兵丁、马夫人等，认真牧养，加意照料，遇有口老、疲瘦、倒毙，随时买补足额，不准悬缺，亦不准暗借民马充数。前于同治十年年底，经委员分路查验，各该镇、标、协、营及有驿州县额设马匹均各膘壮精良，驰骋稳捷，并无缺额及疲惫不堪情事，由委员具禀前来。

臣等覆加密查属实，除仍随时确查，如有缺额疲乏等弊，即从严参办，总期驿递、军务两无贻误，以仰副圣主训饬周详之意。除咨兵部外，谨会同成都将军臣魁玉、提督臣胡中和，合词恭折具奏，

---

① 中国第一历史档案馆藏：军机录副，档案编号：03-4659-071。

伏乞皇太后、皇上圣鉴训示。谨奏。六月二十七日。

同治十一年八月初五日,军机大臣奉旨:兵部知道。钦此。[1]

○九二　查审已革知县张琴被参各款折

同治十一年六月二十七日(1872 年 8 月 1 日)

头品顶戴四川总督臣吴棠跪奏,为查审已革知县被参情节,恭折覆奏,仰祈圣鉴事。

窃臣承准军机大臣字寄:奉上谕:有人奏,四川万县张琴横恣贪婪,以遏粜为名,遇有米船过往,纳钱始放,在任数年,赃逾巨万等语。着按照所参各情,详悉查明,据实参办,毋得稍有徇隐。原控着抄给阅看等因。钦此。维时万县士民刘照元等亦以张琴截拿勒罚等情,先后具控。臣即遵旨委员驰往密查,并因张琴不协舆情,先行奏请革职。嗣据委员前任涪州知州姚宝铭、试用同知朱麟参,会同接署万县知县王德嘉,详细查覆,并提齐卷宗、簿据,发交藩、臬两司,督同成都府等勒传张琴到案确讯,会核具详前来。

臣覆加查核,缘川省自军兴以后,民间储粮无多,内地米价渐昂。川东州县及万县一带又因商贩到处采购,载赴两湘贩卖,连樯东下,致本地米粮转行缺乏。同治二年十月,张琴在万县任内虑□民食,示禁米粮出境。因该县江面宽阔,与团绅商议,在近城之拐钟鼓楼与下游余家嘴及隔江之黄柏溪三处,分设巡船水卡,雇勇盘查。适三年春间,通省各府州县米价倍昂,民食维艰,复经原任督臣骆秉章通饬,禁米出蜀。张琴迭饬团绅督率勇丁,在江面认真查

阻。复恐奸商潜在上游起早绕越，又于县属武陵场及陆路风门坳两处添设查卡，以杜偷运。各卡勇丁每月需用口食一百余串，议明先由该县所设之筹饷局暂行垫支，迨筹饷局撤后，收支一切改归向来经理地方公款之公乐堂兼管。张琴并未派人管理。

四年正月，该县绅商闻本省下游奉节、巫山等处缺米，彼此俱系邻封，难以坐视。禀明张琴，请设裕权公局，自凑资本采运粮米，赴奉节等县发卖接济。除本钱、运费外，以赢余钱文帮贴各卡勇丁口食。计自正月起至七月止，四起共运卖米一千九百八十九石六斗七升六合，盈余钱五百九十六串九百三文，尽数交局支发勇丁口食。旋因经手绅商各有家事，乏人经理，停止贩运。至是年八月，奉节等县绅商赵大珍等赴张琴衙门具禀，以本邑米不敷食，议由奉节、巫山两县填给印票，交商人赴万购运，每日买米至多不得过三百石，杂粮不得过六十石，以杜漏楚之弊；并愿每石帮给万县查米卡勇口食钱三百文，至卡验票即放。其钱仍由公乐堂首士收发。自同治四年八月起至六年七月止，奉、巫两县商人共买米粮三千八十一石四升六合，共缴帮勇丁口食钱九百三十四千三百一十四文。计自二年十月二十日设卡起至六年九月二十七日撤卡止，万县首士共支发各卡勇丁口食钱三千三百六十二千一百二十文。除裕权公局售米盈余及奉节、巫山帮费外，尚不敷钱一千八百四十七千九百三文，无款支给。适卡勇盘获长寿县祥兴正等号私贩运楚米一百二十六石禀缴，张琴以二成充赏、八成充公，发首士变价，填补续欠勇丁口食之用。张琴曾禀明前夔州府文勋有案。

复查询奉节等处绅商，既禀明张琴准赴万县买米，何以复愿帮钱？据原管首士张一德、魏太和、程稽勋等佥称：维时万县米价尚贵，本未能兼顾邻封。县官虽准通融，而乡间贫民均不愿米粮出境。原禀绅商恐被沿途拦阻,是以愿帮卡勇口食钱文。如遇贫民至卡拦留,尚须勇丁以验有印票随时劝解,俾米船得以迅速运行,接济奉、巫两县民食,实系绅商自行公议,张琴并无支供勒索情弊。其余控案均经讯明,系因奸商何天春、冉广文等先后私贩洋药、偷漏厘金,经张琴罚令照章加倍完厘,凑齐解省。核对案卷簿账及省库回批,数目相符,亦无私弊。由藩、臬两司会详到臣。覆核无异。此案已革万县知县张琴,先因县境米粮缺少,禁止运楚,嗣因通省米价腾贵,复奉前督臣批饬,严禁偷漏,并非无论遏粜。惟所需卡勇口食并不妥为筹画,幸听奉、巫等县绅商帮给钱文,并将客商祥兴正过境米石充公给赏,以致物议沸腾。虽非贪婪入己,究属办理不善,业已革职,应毋庸议。此外省控各案,均经委员讯结,情节与此案相同。原告刘照元等控出有因,无罪可科,亦毋庸议。所有查讯究结缘由,理合恭折具奏,伏乞皇太后、皇上圣鉴训示。谨奏。六月二十七日。

同治十一年八月初五日,军机大臣奉旨:该部知道。钦此。①

○九三 奏报川省同治十一年五月雨水、粮价折

同治十一年六月二十七日(1872年8月1日)

头品顶戴四川总督臣吴棠跪奏,为恭报四川省同治十一年五月份各属具报米粮价值及得雨情形,仰祈圣鉴事。

窃照同治十一年四月份通省粮价及得雨情形,前经臣恭折奏

---

① 中国第一历史档案馆藏:军机录副,档案编号:03-5033-041。

报在案。兹查同治十一年五月份成都等十二府,资州、绵州、忠州、酉阳、眉州、泸州、邛州七直隶州,石砫、叙永两直隶厅,各属先后具报得雨自一二次至八九次不等。田水充足,秧苗滋长。其通省粮价俱与上月相同,据布政使王德固查明列单汇报前来。

臣覆核无异。理合恭折具奏,并分缮清单,恭呈御览,伏乞皇太后、皇上圣鉴。谨奏。六月二十七日。

同治十一年八月初五日,军机大臣奉旨:知道了。钦此。①

○九四　呈川省同治十一年五月粮价清单

同治十一年六月二十七日(1872年8月1日)

谨将同治十一年五月份四川省各属具报米粮价值,开具清单,恭呈御览。

成都府属,价贵。中米每仓石价银三两零五分至四两九分,与上月同。大麦每仓石价银一两八钱三分至二两,与上月同。小麦每仓石价银二两一钱三分至二两三钱,与上月同。黄豆每仓石价银一两六分至二两四钱六分,与上月同。荞子每仓石价银一两一钱六分至一两七钱,与上月同。

重庆府属,价贵。中米每仓石价银二两八钱五分至三两八钱七分,与上月同。大麦每仓石价银一两六钱二分至一两九钱七分,与上月同。小麦每仓石价银二两二钱八分至二两七钱,与上月同。黄豆每仓石价银二两七钱三分至三两三分,与上月同。

保宁府属,价贵。中米每仓石价银二两六钱七分至三两三钱

---

① 中国第一历史档案馆藏:军机录副,档案编号:03-4966-467。

八分,与上月同。大麦每仓石价银一两八钱九分至二两一钱,与上月同。小麦每仓石价银二两八钱三分至三两五钱七分,与上月同。黄豆每仓石价银一两八钱三分至二两一钱三分,与上月同。

顺庆府属,价贵。中米每仓石价银三两一钱一分至三两五钱二分,与上月同。大麦每仓石价银一两六钱一分至一两八钱,与上月同。小麦每仓石价银二两九分至二两一钱二分,与上月同。黄豆每仓石价银一两五钱五分至一两六钱七分,与上月同。

叙州府属,价贵。中米每仓石价银三两一钱至三两四钱,与上月同。大麦每仓石价银一两六钱六分至二两二分,与上月同。小麦每仓石价银二两一钱三分至二两六钱三分,与上月同。黄豆每仓石价银一两一钱一分至一两五钱二分,与上月同。

夔州府属,价贵。中米每仓石价银二两九钱至三两二钱五分,与上月同。大麦每仓石价银一两七钱八分至二两四钱六分,与上月同。小麦每仓石价银二两九钱五分至三两三分,与上月同。黄豆每仓石价银二两一钱六分至二两二钱六分,与上月同。

龙安府属,价贵。中米每仓石价银二两六钱至三两三钱,与上月同。青稞每仓石价银一两五钱,与上月同。小麦每仓石价银一两七钱九分至二两一分,与上月同。黄豆每仓石价银一两八钱五分至一两九钱三分,与上月同。

宁远府属,价贵。中米每仓石价银二两九钱三分至三两二钱六分,与上月同。大麦每仓石价银一两四钱八分至一两六钱,与上月同。小麦每仓石价银一两五钱九分至二两二钱,与上月同。荞子每仓石价银一两四钱五分,与上月同。黄豆每仓石价银一两五钱六分至一两六钱三分,与上月同。

雅州府属,价中。中米每仓石价银二两八钱五分至二两九钱,与上月同。小麦每仓石价银二两二钱九分至二两六钱五分，与上月同。黄豆每仓石价银一两六钱七分至二两六分，与上月同。

嘉定府属，价贵。中米每仓石价银二两九钱二分至三两五钱二分，与上月同。小麦每仓石价银二两三钱六分至二两七钱三分，与上月同。黄豆每仓石价银一两四钱九分至二两五分，与上月同。

潼川府属，价贵。中米每仓石价银二两九钱三分至三两二钱一分，与上月同。大麦每仓石价银一两六钱五分至一两九钱三分，与上月同。小麦每仓石价银二两一钱四分至二两四钱九分，与上月同。黄豆每仓石价银一两七钱八分至二两一钱五分，与上月同。

绥定府属，价中。中米每仓石价银二两八分至二两九钱二分，与上月同。大麦每仓石价银一两五钱七分至一两五钱八分，与上月同。小麦每仓石价银一两六钱二分至一两七钱三分，与上月同。黄豆每仓石价银一两四钱三分，与上月同。

眉州直隶州属，价贵。中米每仓石价银二两七钱八分至三两八分，与上月同。

邛州直隶州属，价贵。中米每仓石价银二两六钱八分至三两一钱一分，与上月同。大麦每仓石价银一两九钱，与上月同。小麦每仓石价银二两五钱七分，与上月同。黄豆每仓石价银二两一钱至二两二钱四分，与上月同。

泸州直隶州属，价贵。中米每仓石价银三两一钱一分至三两一钱二分，与上月同。

资州直隶州属，价贵。中米每仓石价银二两六钱至三两，与上月同。

绵州直隶州属，价贵。中米每仓石价银二两七钱七分至三两九分，与上月同。小麦每仓石价银二两三钱二分至二两四钱六分，与上月同。

茂州直隶州属，价中。中米每仓石价银二两六钱五分，与上月同。小麦每仓石价银二两六钱八分，与上月同。青稞每仓石价银二两二钱，与上月同。荞子每仓石价银一两二钱三分至一两七钱三分，与上月同。

忠州直隶州属，价贵。中米每仓石价银二两六钱二分至三两三钱，与上月同。大麦每仓石价银一两四钱六分至一两六钱，与上月同。小麦每仓石价银二两三分至二两三钱九分，与上月同。黄豆每仓石价银一两二钱七分至一两三钱七分，与上月同。

酉阳直隶州属，价贵。中米每仓石价银二两六钱三分至三两一钱三分，与上月同。大麦每仓石价银二两二钱八分至二两六钱，与上月同。小麦每仓石价银二两六钱二分至二两七钱六分，与上月同。黄豆每仓石价银一两三钱九分至一两四钱四分，与上月同。

叙永直隶厅属，价贵。中米每仓石价银三两一分，与上月同。小麦每仓石价银一两八钱一分，与上月同。荞子每仓石价银一两三钱二分，与上月同。黄豆每仓石价银一两六钱一分，与上月同。

松潘直隶厅，价中。青稞每仓石价银二两七钱六分，与上月同。荞子每仓石价银一两七钱四分，与上月同。

杂谷直隶厅，价中。青稞每仓石价银二两四钱，与上月同。荞子每仓石价银一两七钱九分，与上月同。

石砫直隶厅，价中。中米每仓石价银一两六钱四分，与上月同。大麦每仓石价银一两七钱三分，与上月同。小麦每仓石价银二两六分，与上月同。

打箭炉厅,价贵。青稞每仓石价银四两九钱,与上月同。油麦每仓石价银一两八钱一分,与上月同。

军机大臣奉旨:览。钦此。①

○九五 呈川省同治十一年五月得雨清单

同治十一年六月二十七日(1872年8月1日)

谨将同治十一年五月份四川省所属地方报到得雨情形,开具清单,恭呈御览。

成都府属:成都、华阳两县得雨六次,秧苗茂盛。简州得雨四次,河堰积水。崇庆州得雨五次,堰水充足。汉州得雨三次,禾苗滋长。温江县得雨四次,堰水充盈。郫县得雨二次,堰水尚足。崇宁县得雨三次,田水充足。新都县得雨三次,田水尚足。灌县得雨二次,秧苗滋长。金堂县得雨五次,塘水充盈。新繁县得雨一次,塘水欠足。彭县得雨二次,田水稍足。新津县得雨四次,晚秧滋长。双流县得雨二次,田水充足。什邡县得雨三次,田水充盈。

重庆府属:江北厅得雨六次,塘堰积水。巴县得雨三次,晚秧滋长。江津县得雨二次,禾苗畅茂。长寿县得雨三次,田亩积水。永川县得雨四次,田水充积。綦江县得雨二次,塘水充盈。南川县得雨一次,田水稍足。合州得雨三次,秧苗茂盛。涪州得雨二次,田水稍足。铜梁县得雨三次,田水欠足。大足县得雨二次,田堰缺水。定远县得雨二次,早秧茂盛。

---

① 中国第一历史档案馆藏:军机录副,档案编号:03-4966-468。

夔州府属:奉节县得雨三次,晚秧滋长。云阳县得雨四次,晚稻滋长。万县得雨三次,田水充足。大宁县得雨四次,禾苗滋长。

龙安府属:平武县得雨一次,田水尚足。江油县得雨二次,塘水渐盈。石泉县得雨三次,塘水充足。彰明县得雨二次,早秧畅茂。

绥定府属:达县得雨四次,田水充盈。新宁县得雨三次,田堰积水。大足县得雨二次,秧苗滋长。渠县得雨一次,早秧滋长。城口厅得雨二次,塘堰积水。

宁远府属:西昌县得雨三次,塘水充足。会理州得雨五次,田水充盈。盐源县得雨二次,塘堰积水。

保宁府属:阆中县得雨二次,地土滋润。苍溪县得雨三次,禾苗茂盛。南部县得雨四次,黄豆滋长。广元县得雨二次,田水充足。昭化县得雨二次,杂粮滋长。巴州得雨四次,晚秧青秀。通江县得雨三次,稻秧栽插。南江县得雨二次,小麦登场。剑州得雨三次,晚粟滋长。

顺庆府属:南充县得雨四次,早秧茂盛。西充县得雨二次,田水充盈。营山县得雨四次,田水充足。仪陇县得雨五次,秧苗畅茂。岳池县得雨六次,田水充足。广安州得雨三次,禾苗滋长。邻水县得雨二次,黄豆滋长。

潼川府属:三台县得雨二次,田堰积水。射洪县得雨三次,早秧吐穗。盐亭县得雨四次,田水充足。中江县得雨六次,禾苗青秀。遂宁县得雨三次,田堰积水。蓬溪县得雨五次,禾苗滋长。安岳县得雨七次,田水充盈。乐至县得雨九次,禾苗滋长。

雅州府属:芦山县得雨三次,田水充足,清溪县得雨三次,杂粮滋长。天全州得雨四次,田水充足。

嘉定府属：乐山县得雨十次，早秧含苞。峨眉县得雨四次，秧苗畅茂。洪雅县得雨六次，田水充盈。夹江县得雨八次，堰水畅流。犍为县得雨五次，晚秧滋长。荣县得雨四次，田水渐足。威远县得雨六次，禾苗茂盛。峨边厅得雨三次，黄豆畅茂。

叙州府属：宜宾县得雨八次，田水充盈。南溪县得雨五次，禾苗青秀。富顺县得雨七次，晚秧滋长。隆昌县得雨七次，田水充足。珙县得雨四次，杂粮滋长。长宁县得雨二次，禾苗畅茂。兴文县得雨四次，田水充盈。

资州直隶州属：资州得雨三次，秧苗畅茂。资阳县得雨三次，禾苗滋长。井研县得雨二次，早禾茂盛。仁寿县得雨一次，堰水充足。内江县得雨二次，田水欠缺。

绵州直隶州属：绵州得雨二次，晚秧滋长。安县得雨三次，塘堰潴水。绵竹县得雨三次，禾苗滋长。梓潼县得雨二次，田水稍足。罗江县得雨一次，田水欠足。

忠州直隶州属：酆都县得雨二次，田水稍足。梁山县得雨三次，秧苗畅茂。垫江县得雨六次，田水充盈。

酉阳直隶州属：黔江县得雨二次，堰水稍足。秀山县得雨三次，秧苗茂盛。

眉州直隶州属：眉州得雨七次，田堰积水。彭山县得雨五次，禾苗茂盛。丹棱县得雨三次，黄豆滋长。

泸州直隶州属：泸州得雨八次，禾苗茂盛。江安县得雨八次，田水充足。合江县得雨十次，早禾含苞。纳溪县得雨七次，田水充足。

邛州直隶州属：邛州得雨四次，早秧茂盛。大邑县得雨三次，晚秧青秀。蒲江县得雨四次，田水充盈。

石硅直隶厅得雨一次,塘水充足。

叙永直隶厅属:叙永厅得雨六次,早秧含苞。永宁县得雨六次,晚秧茂盛。

军机大臣奉旨:览。钦此。①

○九六　奏报同治十一年夏熟收成分数折

同治十一年六月二十七日（1872 年 8 月 1 日）

头品顶戴四川总督臣吴棠跪奏,为恭报四川夏熟收成分数,仰祈圣鉴事。

窃照每年夏熟收成,例应约计分数,先行奏报。兹据各府厅州县将大小二麦收成分数,先行由藩司汇禀前来。臣覆加查核,计通省各府厅州县内,成都一府收成八分有余,邛州、泸州二州收成七分有余,雅州一府收成七分有余,重庆、顺庆、叙州、夔州、龙安、宁远、嘉定、绵州、忠州、酉阳七府三州收成六分有余,绥定一府收成六分,潼川、资州、理番一府一州一厅收成五分有余,叙永、石硅、汶川二厅一县收成五分,保宁、眉州一府一州收成四分有余,统计通省夏熟收成实在六分有余。

至茂州一州,松潘、懋功、打箭炉三厅向不出产夏粮。除照例造册题报外,所有夏熟收成分数,理合恭折具闻,伏乞皇太后、皇上圣鉴。谨奏。六月二十七日。

同治十一年八月初五日,军机大臣奉旨:知道了。钦此。②

---

① 中国第一历史档案馆藏:军机录副,档案编号:03-4966-469。
② 中国第一历史档案馆藏:军机录副,档案编号:03-4960-034。